U0026593

甜蜜的世仇

〔下〕

英法愛恨史
三百年

從路易十四、邱吉爾到歐盟

That Sweet Enemy

The French and the British from the Sun King to the Present

羅伯特・圖姆斯 Robert Tombs、 伊莎貝爾・圖姆斯 Isabelle Tombs ——— 著

馮奕達 ——— 譯

下冊目次

第十一章 失去和平 315

第二部

共存

PART II: COEXISTENCE

自諾曼征服以來頭一遭，英格蘭與法蘭西的軍隊在三代人的時間裡沒有兵戎相向。土魯斯與滑鐵盧的最後一批老兵已經凋零……活著的人當中，沒有人曾經在法國與英格蘭之間的戰事中開過槍……也是第一次兩國男兒未曾看過婦女穿著喪服。

——約翰・愛德華・科沃特尼・博得利（Joh Edward Courtenay Bodley），《法蘭西》（*France*, 1898）[1]

一八一五年夏天開啟了一段時光，不只英國與法國和平相處，而且兩國間也沒有戰爭的可能。放眼全歐，多數人民打從心底鬆了口氣：法國與英國的和平，就等於全歐洲的和平。維也納會議（法國也有參加）建立了一套體系，透過政府之間的協商維持和平，有些政治家還夢想創造永久的泛歐制度。沙皇亞歷山大一世提倡成立「神聖同盟」（Holy Alliance），藉此讓基督教國家有更多討價還價的空間。但卡斯爾雷以英國人慣常的實用思想口吻，稱之為「一紙由崇高神祕主義與胡言亂語寫成的盟約」，民主派與民族主義者則視之為壓迫的遁詞，不過只是證明了一種將理想主義注入國際政局的全新渴望。那些喜歡尋找開端的人，八成會把維也納會議（而非拿破崙的帝國思想）視為歐洲整合的起點，視為聯合國的先驅。英國與法國得試著習慣「和平共處」的概念。兩國毫不費力便當起鄰居、貿易商、旅客，甚至不時成為盟友。但事實證明，締結友誼卻困難得多。

第七章 摘下和平果實

那些穿紅制服的人適才用法蘭西人的血，把自己的衣服染得更深，而正統的君主國跟在他們後面，進了巴黎。

——勒內・德・夏多布里昂[1]

罷黜政治領域與知識領域中的絕對權力……這便是英格蘭在我們文明發展中扮演的角色。

——富蘭索瓦・基佐（François Guizot）[1]，一八二八年於巴黎大學講授歐洲文明課程[2]

經歷拿破崙的「百日復辟」之後，權力現況已經相當明顯。盟軍占領北法與東法，徵收七億法郎的戰爭賠款（其中有五億是占領期間的開銷），並拆除法國邊境具有戰略地位的防禦工事。卡斯爾雷那紙由四國簽訂、意在防止法國侵略捲土重來的《休蒙條約》依然有效，海軍部則繼續祕密刺探法國的海軍基地，畢竟小心駛得萬年船。波旁復辟——英國人期待的法國問題解方——將在一八三〇年遭到推翻，繼承的七月王朝（July Monarchy）也在一八四八年被迫結束。但故事的結局不算完全徒勞無功。法國史家皮耶・羅桑維隆（Pierre Rosanvallon）曾指出，我們能用兩種不同的史觀來看這段時期的法國歷史。[3]其一是「雅各賓式」史觀，強調衝突，強調一連串至少延續到一八七〇年代的革命與戰爭。其二則是「英式」史觀，講的是改革的延續性，但在法國卻鮮有人提及。從後一種史觀來看，復辟標誌著立憲政府（詳細複製了英國西敏體系）的開端，英國下議院的演說家們也為法國新國會提供有關議事規則的建議。法國擁有的思想、政治與文化自由遠高於過去舊政權、共和國或拿破崙治世時。類似基佐等有影響力的聲音，則主張兩國已成為夥伴。過去的觀念認為，兩國是將全世界分為兩個陣營的兩大對手，只是如今人們卻認為兩國是兩大自由國度，以捍衛、傳播自由為使命。然而，雙方仍有許多人對此說並不信服。

我們的敵國友人

每一位巴黎妓女高喊：「祝我們的敵國友人萬歲！」

1【譯註】富蘭索瓦・基佐（François Guizot, 1787-1874），法國駐英大使。一八四〇年至一八四八年擔任法國外相，一八四七年至四八年期間則同時擔任法國總理。

——皮耶・尚・德・貝杭傑寫的歌

總而言之，英格蘭人無論其階級出身，無論人在何方，都表現出他們一貫的模樣：趾高氣昂。

——一位巴黎醫生的回憶[4]

我說不清是什麼讓我**如此**討厭法國；我想，其中一個原因是，我期望太高了。

——十五歲的瑪麗・布朗（Mary Browne）[5]

一如既往，「和平」就等於旅遊業興起，取代私掠，成為海峽口岸主要的生計來源。浩蕩駕到的英國人「多得無人能比」——一八一五年時約有一萬四千人，是所有遊客的百分之七十至八十——外國君主、政治人物與冒險家來到法國，享受本國軍隊贏來的一切；但英國人人數之多，讓當地人以為所有外國人都是英國人。[6]「英式」旅館與講英文的侍者在長期的蟄伏後紛紛冒出頭來。我們難免認為法國已大不相同：不光是勝利的英國人，連法國也把自己扯得粉碎，將英國人以前所讚賞的事物摧毀了大半。遊客打探恐怖統治時期令人毛骨悚然的一手故事。他們提到傾頹的教堂、廢耕的田地，以及乞丐出現的頻率——甚至有些乞童跟士兵學了點英語：「你好。爸爸給我錢。祝福你。」[7]法國如今成為英國人能有優越感的地方。拿破崙的妹妹波林・波拿巴（Pauline Bonaparte）遷離她位於聖奧諾雷市郊路（Faubourg Saint-Honoré）的宅第，換卡斯爾雷搬進去，接著是威靈頓，以及此後的每一任英國大使。波林原本擺床的高臺改放一張豪華的王座，供造訪的君主使用。[8]小說家華特．史考特爵士（Sir Walter Scott）曾經在法國度過一段美好時光。他把巴黎形容成一座冰封之湖，湖水雖深不見底，但如今人們可以在上面滑冰，無須害怕。英國人再也不需要特別得體的表現，也不再有過去那種文化不如人的感受。遊客紛紛趕往羅浮宮，心知本國政府已準備處理宮中大部分的收藏品。如果把法國漫畫家的作品當真，那麼，英國人從此不覺得自己得用法式時尚來隱藏身上的英國特點。以前，切斯特菲爾德勳爵認為，如果被人當成法國人，那可是最高的讚美；如今，英國大使夫人格蘭威爾女士（Lady Granville）聽見法國熟人耳語說「絕對沒人想到她是英格蘭人」時，卻為此火冒三丈。[9]

不過，至少從觀感上來說，法國居然有這麼多地方**沒有變化**，這也令人震驚。作家懷抱與五十年前一樣的屏息與興奮之情，描述的巴黎魅力所在也與當年無異，當然多少有不贊同的地方。雖然發生過革命，但巴黎的車駕仍然能威脅行人生命與四肢安全。英國人依舊認為法國人「冒失」又多話（「他們絕對不會說是自己有不懂的事」）。法國人同樣覺得英國人拘謹、不善表達。威靈頓省話的譏諷，讓與他認識不深的法國人百思不得其解。有一次，有位女士問他為什麼得花這麼多時間渡過阿杜爾河（Adour），他回道：「因為有水，夫人。」類似瑪麗．布朗這等年紀的英國青少年再度尋覓起法國家教，學上流社會的舞蹈、繪畫、寫作與音樂，彷彿羅伯斯比爾從未存在過。但瑪麗（是個言詞尖銳的人）覺得自己的老師很無能（雖然學費便宜），還發現只有一位老婦人所流露的「法式教養……和我所期待的一模一樣」。[10]或許，革命終究讓情況有點不同，但這只是暫時的。巴黎與整個法國未來將成功發動行為舉止上的反革命行動，恢復其作為世界時尚、娛樂、優雅、品味中心的地位。

英國人急著盡棄前嫌——這對贏家來說並不困難。軍隊過去與法國民眾建立了稱得上平和的關係，對此不無幫助。[11]威靈頓（他不認為拿破崙的百日復辟是法國民眾的責任）是盟軍軍事占領期間的最高指揮官，他始終堅持將摩擦減到最小，對惹麻煩的人絕不寬貸。除了他自己不謹慎，跟拿破崙的前情婦——歌手喬瑟皮娜・格拉希尼（Giuseppina Grassini）滾床單之外（此舉在法人眼中既不得體也十分冒犯），他對法國人在意的象徵仍具有一定的敏感度。他叫麾下的一名軍官——此君買下了阿金庫爾古戰場遺址——不要在當地挖掘，他還抵制倫敦要他取回一七四五年在豐特努瓦遭奪走的英國旗幟；此外，他還在耶拿橋（Pont de Jén）上設置英國崗哨，藉此阻止普魯士人炸了這座橋。[12]許多英國人都同情他們過去的對手。英國陸軍大兵成了拿破崙相關紀念品的熱情收藏家——一位法國官員表示，英國士兵「談起〔拿破崙〕時眉飛色舞」。[13]陸軍中士惠勒（Wheeler）對自己幫忙復辟的國王沒什麼興趣：「這位包尿布的陛下……像個大女孩一樣嚎啕大哭……是個臃腫的膽小鬼，堪稱法蘭西的約翰・法斯塔夫爵士（Sir John Falstaff）[2]。」[14]據說，當拿破崙麾下的帝國元帥米歇爾・內依（Michel Ney，滑鐵盧英雄之一）遭到波旁政府處死時，英國陸軍對此普遍感到嫌惡。拿破崙的另一位將領更是得到三位英格蘭人協助脫逃，躲過了行刑隊。

然而，羅浮宮的珍品，就是威靈頓試圖尋求妥協、但功敗垂成的一項議題。一八一五年夏天，英國步槍兵占領羅浮宮，強迫法國歸還過去在義大利、西班牙、日耳曼與低地國光榮征服（或說可恥劫掠）得來的藝術品。共和政府過去以「其軍力與其文化優越地位」為根據，展開系統性的掠奪，拿破崙更是將這項政策變得更有條理。奪來的大量藏品包括兩千幅畫（其中有十五幅拉斐爾、七十五幅魯本斯，以及數十幅林布蘭、達文西、提香與安東尼・范戴克（Anthony Van Dycks）的畫作）、八千份古代手稿、上百尊古典雕像，以及從威尼斯聖馬爾谷教堂（St. Mark）運來的拜占庭駟馬銅像——堪稱歷來規模最大的歐洲藝術收藏。將藝術品移出羅浮宮的做法，不僅令路易十八大失顏面，也讓巴黎人氣憤不已——巴黎民眾甚至謠傳威靈頓本人就在羅浮宮，「爬上梯子」把畫取下，「整個早上都待在宮裡」監督移走威尼斯駟馬像的工作。[15]這件事不僅是拿破崙「百日復辟」的後果之一，也顯示出法國如今受到的待遇益發嚴苛。多數的當代（以及後代）法國人都認為此舉完全是挾怨報復，同情法國的英國人也這麼想。英國政府帶頭，打算挫挫法國人的「虛榮心」，並防止巴黎「成為未來的藝術重鎮」——拿破崙有志讓巴黎成為歐洲中心，這正是其中的文化面向。盟國也附和英國政府的舉動。一群藝術家提出跨國的請願書，敦促有關單位將藝術品歸還羅馬——「所有民族的藝術之都」。[16]教宗派雕塑家安東尼奧・卡諾瓦前去取回屬於天主教會的藝術品（但開銷由英國負擔），法國人則盡可能把東西藏起來，有半數的義大利畫作至今仍藏於法國各博物館中。與此同時，戰勝國也拿了贓物：一八一六年，額爾金伯爵以極具爭議性的方式蒐羅的希臘古物，此後擺進了大英博物館。

法國人對英國人的看法，多半受到自身效忠的政治對象影響：只要看他們是把入侵者稱為「盟友」

2【譯註】莎士比亞筆下多次出現的人物，是個肥胖、自負、愛吹噓、膽怯的騎士。

或是「敵人」，就能明確分辨。自路易十八以降，凡支持復辟的人，都帶有一種融和怨恨和敬意的感受。詩人阿爾方斯・德・拉馬丁（Alphonse de Lamartine）斷言：「你也許不喜歡英格蘭人，但你不可能不尊敬他們。」波旁王朝與他們的多位策士也都曾流亡英國。人們注意到，有少數名流娶了英國太太〔從復辟政權的最後一任首相波利尼亞克親王（Prince de Polignac），到法蘭西第二共和國的第一任總統拉馬丁〕；其他人則是有英國情人，像招搖的年邁王室花花公子波旁公爵（Duc de Bourbon）[3]，他之所以對聲名狼藉的蘇菲・道斯〔（Sophie Dawes），即富榭男爵夫人（Baronne de Feuchères）〕無法自拔，泰半是因為她在「窒息玩法」[4]上具有職業水準。[17]英國在法國的重要代表人物——卡斯爾雷與威靈頓都是親法派，至少從兩人對復辟的波旁君主國真心尊重，也致力於讓波旁王朝取得成功來看，確實如此。美國駐倫敦公使發現，卡斯爾雷家用晚餐時，每個人都講法語，並對此印象相當深刻（其實卡斯爾雷本人法語講得不好）。前去法國宮廷的英國訪客，同樣對路易十八同他們講英文感到肅然起敬（而且講得挺流利的）。

眾多反對波旁王朝的人（包括曾經的共和主義者、波拿巴派，以及許多巴黎勞工），則是把政治與經濟弊端怪罪於英國。一名便衣警察在一八一五年底如此報告：「對於英格蘭人的恨意與日俱增，人們視其為破壞法國產業的人。」儘管檯面上友好，一艘飄著英國船旗、獲命前往布洛涅接送海軍部大臣及其家人的海軍部快艇，卻遭到一頭熱（或者說愛國）的海關官員扣押，而且在英國暴跳如雷抗議之下，仍然將船扣了一個月。普通旅客也經常抱怨海關官員的惡意對待。英國觀光客在杜樂麗花園遭到群眾敵意包圍，只能倉皇離開。[18]人在巴黎的英國軍官經常得做好準備，承接退伍的前敵軍所提出的決鬥挑戰，後者則是有計畫要挑起爭端。當然，英國人還是法國漫畫家主要的目標——這或許有部分是因為諷刺俄羅斯人與普魯士人實在太危險，部分是因為挖苦英國人是種間接嘲諷波旁王朝的方式，部分也因為英國訪客人實在太多，而且他們也樂得將挖苦自己的諷刺漫畫買回家。無論如何，這類漫畫都點出了高昂的反英情緒。吉歐亞奇諾．羅西尼（Gioachino Rossini）膾炙人口的歌劇《漢斯之旅》（*Il Viaggio a Reims*, 1825），是慶祝夏爾十世（Charles X）加冕的委任之作，裡面就有個英格蘭人物「西德尼勳爵」（Lord Sidney），是位浪漫的角色。但許多文學著作中——包括阿爾弗雷．德．維尼（Alfred de Vigny）、司湯達（Stendhal）、熱拉爾．德．內瓦爾（Gérard de Nerval）與巴爾札克的作品裡，英格蘭角色（與十八世紀文學不同）都是惡棍：巴爾札克的小說共有三十一個英格蘭角色，幾乎全部都是壞人。[19]流行（且經常遭到起訴的）歌曲作家貝杭傑是法國第一位偉大的香頌歌手（*chansonnier*），他筆下令人朗朗上口的歌詞乍聽很友善，但放回時代脈絡中便很諷刺。

3【編註】此處波旁公爵指的是孔代親王路易六世．亨利．德．波旁（Louis VI Henri Joseph de Bourbon-Condé, 1759-1830），是波旁家旁支，路易十六的同輩。

4【編註】傳聞波旁公爵性喜窒息式性愛。

〔延伸〕英國人在巴黎

✣ ✣ ✣

英國人的（多種）形象如今已根深柢固，在之後一整個世紀皆是如此，甚至維持更久。這些形象與十八世紀的偏見相呼應，但早期的象徵比較抽象，我們甚至可以從此時形象中辨別出以往的描繪其實缺乏明確的「英國特色」。英國人與法國人皆對於彼此體格的差異大為訝異。英國人確實長得比較高壯。直言不諱的瑪麗·布朗寫到，雖然年老的婦人大都挺胖，但多數法國婦女「平得像塊板子」——這是流行所鼓勵的特色。一位名叫亨利·馬修斯（Henry Mathews）的先生則是大嘆，有些英格蘭婦女學法國女子，「把自己漂亮的胸脯束得盡可能扁平，將迷人之處的每一絲痕跡摧毀殆盡，明明比起其他所有地方的女子，她們說不定在此最是得天獨厚」。[20]法國漫畫家則讓英國人從體態、衣著到行為看來都更顯怪異：男男女女都有特大體型，有時候是胖（「約翰牛」[5]的樣子），但通常畫得有稜有角，其時尚則古怪誇張。英格蘭女孩或許畫得還算可愛，但不解風情、笨手笨腳、缺乏魅力。愛國將領尚·馬克西米連·拉馬克（Jean Maximilien Lamarque）如是說：「上百位細長如楊柳樹的英格蘭婦女……正用她們唐突的儀節與盛氣凌人的做作步伐破壞柔美、平靜的風景。」[21]至於男子，若不是套了件古怪的軍服（穿蘇格蘭裙的高地兵團顯然能引起人們的好奇心），便是穿著隨便的旅行裝扮，總之並不時尚、文明或高雅。他們的姿態與外貌缺乏安適與自然。瞪著大

縱使革命與戰爭已經過了一代人的時間，法國人仍然自視為優美與高雅的化身，與英國人的笨拙、拘謹、缺乏品味相反。

英格蘭人和法國人一樣，感覺兩國禮儀間有著強烈對比—但他們的表現方式大為不同。如今，雨傘已經變成英格蘭的標誌，而非法國。

5【編註】約翰牛（John Bull）是政治諷刺中常見的英國擬人化形象，通常被描繪成一名中年矮胖男子。

眼，手裡拿著旅遊指南，怎麼看都是鄉巴佬。有篇連環漫畫以 *Le Suprême Bon Ton*（大致能譯成「階級的高度」）為題，內容挖苦英國人的儀態、他們帶起的哈英狂熱，以及嘲笑他們無可救藥、不可能真的開竅。格蘭威爾女士——一八二四年上任的英國大使之妻——對此非常敏感。對於會根據「你的腦袋這一側的頭髮是有六個還是五個鬈」來評判人的優雅人士（*les élégantes*）感到又氣又怕。雖然她認為那些「好雅之人」之間「也沒那麼多心思，連個豆莢都裝不滿」，但「她們對我的影響，是在我明明感覺自己高人一等時，用一種我矮人一截的感覺壓垮我……她們有一種自信、一套語言、一種得體的穿著，這我不可能辦到，就像她們之中的任何一個人也無法像個心思細膩、感受深刻的英格蘭婦女一般思考個五分鐘」。[22]

【延伸】英式快餐

小說家大仲馬（Alexandre Dumas）是十九世紀法國的其中一位大美食家，他想起「在一八一五年的軍事行動之後，英格蘭人在巴黎待了兩、三年，之後牛排（*le bifteck*）就在法國誕生了」。大仲馬提議用「切成一指長小方棍」的炸馬鈴薯配牛排。[23]也就是說，法國的國民料理「牛排配薯條」（*le steack-frites*），哲學家羅蘭．巴特（Roland Barthes）將之定義為「法蘭西風範中的飲食符號」，其實是從英格蘭進口的，感謝威靈頓的部隊。[24]

英國人的出手闊綽最是有名，至少能因此得到人們的巴結接待，只是不見得能買到好貨。「英式」商店與服務蓬勃發展。愛爾蘭作家摩根夫人（Lady Morgan）提到自己一度想買點法式甜品給孫女，店員卻說店裡只有葡萄乾蛋糕、百果餡餅、蘋果派和其他「英式點心」。[25]哈莉葉・鄧恩女士（Mrs.

E・德拉克羅瓦所繪製的《揹起行李》(*Campaign Baggage*)，描述紅衫軍跟法國平民處的很好──或許也把牛排配薯條這套料理教給他們。

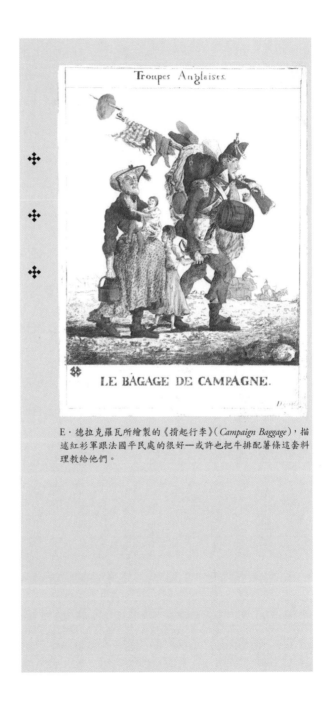

Harriet Dunn）在皇家宮殿廣場附近的公司裡，有位會講英文的侍者（出身敦克爾克）會做烤牛肉與烤羊肉，上面淋上巴黎釀的波特啤酒。納爾遜大酒店（Great Nelson Hotel）早餐時間提供培根、蛋與茶。加里尼亞尼氏英文書店（Galignani's，至今還在）開始發行英語報紙——《記事報》（*Register*）。以巴黎為目的地的訪客遠甚於以往，有些人甚至打算長居，因為可以向遭到拿破崙罷黜的貴族低價承租漂亮的別墅，維持奢華風範的價格也比倫敦便宜得多，何況人們比較不會細究外國人的出身與地位。英國遊客能得到宮廷接見，情況在一八三〇年革命之後尤甚——「這是他們在英格蘭作夢都得不到的榮幸。在英格蘭，他們對英國國王陛下的一切所知，全部是從報紙上讀來的。」[26]小說家威廉・薩克萊（William Thackeray）說得自負：「外國人只要手上有大把鈔票，就能成為大人物。」一切在在吸引著暴發戶、家道中落的貴族家庭，以及藐視權威的人（有時候相當引人注目）——有名者如布萊辛頓勳爵伉儷（Lord and Lady Blessington）與奧賽伯爵（Comte d'Orsay，在巴黎與倫敦都是名列前茅的花花公子）組成的三角家庭；屈斯汀侯爵（Marquis de Custine）和他的英格蘭愛人愛德華・聖白芭蕾（Edward Sainte-Barbe）；以及有錢有品味、但放蕩出名的赫特福德家（Hertfords）。

巴黎社交生活變得愈來愈像倫敦。沙龍雖然還有，但流行風尚逐漸以營利性公共娛樂場所為中心，例如全城導覽、拱廊、劇院、咖啡館、餐廳〔英格蘭咖啡館（Café Anglais）向來是最有名的一間〕，以及用倫敦的沃克斯花園、蘭尼拉花園為範本打造的遊樂園，有時甚至沿用原版的名字。一八二〇年代年的遊客主要聚集地，仍然是皇家宮殿廣場，這兒有吃、賭、購物（「亂成這樣……人們似乎巴不得把一切都賣給你」）和性——「此情此景，絕對超乎所有英格蘭人之想像……奇特、難以言喻之肉慾」。這兒也有巴黎第一間公共廁所（說不定是唯一一間），收入相當不錯。[27] 英國企業家出手，沿著「大馬路」開闢新的、更吸引遊人的社交中心，例如羅賓森新蓋的蒂沃利花園（Tivoli），裡頭有氣氛浪漫的洞穴、華特．史考特小說為靈感的景致、雲霄飛車與舞池。人們也以遠較一七七〇年代詳盡的手法引進賽馬。皇家領地尚蒂利（Chantilly）蓋了一處賽道。根據埃普索姆（Epsom）賽馬道為原型的「尚蒂利德比賽」（derby de Chantilly）和前者跑相同的距離，成為春季的社交盛事，在一八三〇年代中期能吸引三萬名觀眾。賽馬也幫流行花俏的「賽馬會」（Jockey-Club）鋪好了路。這種紳士俱樂部是戰後來自英國的舶來品，與法國由女子籌辦的傳統沙龍大異其趣。賽馬會是十八世紀以降，兩性「分離領域」（separate spheres）發展的其中一個現象。一八二五年，兩位英式競賽愛好者——托馬斯．拜倫（Thomas Bryon）與亨利．西摩「閣下」（'Lord' Henry Seymour，他是赫特福德家的私生子，也是闊綽的巴黎社交名人）成立了英式賽馬暨獵鴿俱樂部（English Jockey and Pigeon Shooting Club）。這間俱樂部迅速成為哈英「紈褲子弟」的聚集地，連同其在義大利大道（Boulevard des Italiens）設立的事務所，也成為社交活動的新重鎮。西摩因為覺得俱樂部成員對比賽不夠熱衷而退出，接替他的是安．愛德華．杜儂蒙迪（Anne-Édouard Denormandie）——此君是第一位法式障礙賽的冠軍，極為熱愛英式生活，甚至不時假裝自己是英格蘭人。由於這間俱樂部與政治無涉，又海納百川，因此不少吸引熱愛流行的年輕人，通常都出身暴發戶家庭。俱樂部立即大獲成功，象徵人們排斥共和派的「美德」與拿破崙式的紀律，重返貴族階級的逸樂，例如賭博以及「大馬路」旁的新娛樂，甚至是跟歌劇院的女伶交往——

俱樂部成員獲准使用工作人員的進出口。賽馬俱樂部讓上層階級與商業娛樂世界結合，這正是林蔭大道兩旁的社團在整個十九世紀吸引人的原因，[28]該俱樂部也在其中扮演了相當突出、通常聲名也不大好的角色。如今的賽馬俱樂部穩重許多，與其推廣賽馬的初衷更接近了。

✣ ✣ ✣

【延伸】波城：貝亞恩的英國

波城（Pau）是個有兩萬五千人口的漂亮城鎮，是省會，有法院、初中、高中、公共圖書館等……但這些地理資訊都少說了一個小細節……波城顯然是、絕對是英格蘭的一部分。

——一位法國諷刺作家，一八七六年[29]

吸引英國人的可不只巴黎。海港向來負債累累，也是人們在面對社交危機時的逃避之處。久病之人也想體驗庇里牛斯山的溫泉。來訪的人雖然發現當地的酒品裡「茴芹籽多到有毒」，但遊客與長期旅居者為了健康、經濟因素與享樂，仍然在南部省份建立自己的聚落。蔚藍海岸（Riviera，直到一八六〇年前都還屬於義大利）便因此吸引人避冬。至於位於法國西南的波城，它的奇特命運則得歸諸於一連串的意外。一八〇三年時，有若干英國人被關押在波城。到了一八一四年，波城人則高喊「解放者萬歲」，在街上載歌載舞、歡迎威靈頓。[30]這些記憶促使英國訪客在接下來數十年故地重遊——或許，此地在恐怖統治時期只有三人上斷頭臺的事實，也起到鼓勵效果。數以百計的英國遊客（以蘇格蘭人為主），受到庇里牛斯山的清新氣候與浪漫景致吸引，開始在一八二〇年代與三〇年代造訪當地。當地人把所有陌生人都當成英格蘭人（*Anglès*）。波城也有徹底的改變：「二十年前，波城沒有一棟房子裡有地毯，也沒有馬車可以雇用。城裡只有一輛私人馬車；沒有我們今天所說的休息處（*le comfort*）的牌子，也沒有任何一條街有鋪人行道。今天，有部分的房子已經按照英格蘭人的需求與習慣來布置了。」[31]一八四一年，有位愛麗絲夫人（Mrs. Ellis）寫了本《冬夏庇里牛斯》（*Summer and Winter in the Pyrenees*），率先開創一種歷久不衰的文學體裁，詳述風景之美，以及居民之古樸——天真、古怪，但真誠熱心。隔年，亞歷山大．泰勒醫師（Dr. Alexander Taylor）的醫學論文也讓波城進帳不少。泰勒在當地執業，發現當地人的預期壽命高得不尋常，他將原因歸諸於氣候，認為對肺病患者特別有好處。一個個家庭紛紛開始將患肺病的成員帶到波城。眾人發現周圍的鄉村很能激發水彩畫家的靈感，附近的山區對熱愛運動的人也是個挑戰，英國登山客蜂擁到當地人不敢踏上的地方。一八三〇年代，一位法國觀察家看到一位「年紀相當大」的英格蘭人和他正值青春期的女兒，從一座瀑布上爬下來，對此「嚇到無法動彈」，時時刻刻擔心兩人「滾下深淵」。[32]查爾斯．帕克（Charles Packe）在一八六二年發表的《庇里牛斯指南》（*Guide to the Pyrenees*）是第一本有關庇里牛斯旅遊的英文指南，而第一本法文的旅遊指南也在三年後出版——由另一位英格蘭人寫成的。

波城狩獵會（Pau Hunt）是歐陸唯一、真正的獵狐活動。然而由於狐狸不常見，出於權宜，人們只好使用捕獲（有時甚至是馴養）的鳥獸，放在獸欄裡，這讓英國人挺難為情。但對於拒絕法籍成員入會，他們可是毫不害臊，直到十九世紀末才終於允許幾位貴族騎兵軍官加入。打獵活動聲名遠播——畢竟對上連狐狸都沒有的蔚藍海岸，波城有其優勢，就連美國人都來了。一八七九年，紐約報業大亨戈登．班奈特（Gordon Bennett）更成為獵狐隊領隊。馬術（*L'équitation*）也成為該鎮非常吸引人的另一項特色，旅客接待所眼明手快，大加宣傳。波城就此成為法式障礙賽馬之都，也是馬球重鎮。一八五六年，三名蘇格蘭人成立波城高爾夫球俱樂部，成為該項運動在歐陸的先驅。當地還有板球、滑冰、槌球等活動與英格蘭俱樂部（English Club），若干英語商店和教堂。當地料理變成英式。俄羅斯人、日耳曼人、美國人與義大利人跟著英國人的腳步而來。比亞里茨與聖戎呂茲的山區度假勝地、水療與海濱景點也隨著波城興盛起來。

但災禍在一八五〇年代與六〇年代接連帶來打擊。嫉妒話與實在話混合起來，創造出具有傷害性的指控。有人說水溝髒臭、旅客遭人敲竹槓，還有人說波城的樂趣就像「蘇格蘭的長老教會城鎮」，無聊的消費者整天在俱樂部裡抽菸、打撞球，消磨時間。一八六四年，有位馬登醫生（Dr. Madden）表示波城冬季氣候與伯明罕相仿，不僅稱不上治療，反而更有可能害死人。波城人反擊——不僅靠否認與閃爍其詞，還同時改善城內基礎建設（鐵路、奢華旅館、「冬宮」、劇院、歌劇院、銀行與診所），並以「競技世界的中心」來推銷自己。總之，名人訪客依舊到來：威爾斯親王、美國總統尤里西斯．葛蘭特（Ulysses Grant）、林肯夫人——證明美國人地位與日俱升，更在二十世紀時取代英國人的主導地位。到了一九一三年，一位愛爾蘭裔美籍石油商當上了英格蘭俱樂部祕書長。波城是旅遊產業的先驅，英國是第一個富裕到足以創造需求、設定發展模式的社會。其他人（甚至是法國人在自己的國家裡）則跟隨英國人的腳步，前往山區、鄉間與海濱。波城高爾夫球俱樂部至今仍相當活躍，英格蘭俱樂部還在，波城狩獵會依舊聚會；二〇〇三年，瑞安航空（Ryanair）更在一年內將八萬名旅客從倫敦載往波城。[33]

✣ ✣ ✣

浪漫相遇

那個地方的每個靈魂，都充滿了我們今天無法想像的活力。我們沉醉於莎士比亞、歌德、拜倫與華特・史考特……我們歷覽美術館，帶著狂熱的讚賞，程度能讓今天這一代人為之捧腹。

——泰奧菲爾・哥提耶（Théophile Gautier），一八五五年[34]

法國民眾同樣渡過英吉利海峽，但人數不僅較少，通常目的也比較嚴肅。他們不僅觀察，還常常寫下對英國社會、政治體系或新經濟的看法，或是體驗新潮的文化。他們和十八世紀的前輩一樣，容易受到「各個階級中……無邊的繁榮所震懾……民眾變得相當得體……孩子長得漂亮」，但也經常對倫敦的美感表示失望。[35]只不過此時的法國人更進一步，對於城市的規模、廢氣、群眾、財富與貧窮有所警惕，甚至是恐懼。前往浪漫主義的源頭朝聖，是十九世紀的新現象。這種文化革命部分發展自十八世紀人對自然、情感的崇拜，部分則是對十八世紀一致性、理性主義與物質主義傾向的排斥。浪漫主義的特徵，在於對往昔、自然、神祕思想、文化多元與個人自我表達有更深刻的關注。對於日耳曼與英國而言，這更是凸顯出對法國文化宰制與政治理念的擯棄。浪漫潮流在法國受到共和國與帝國的新古典普世思想壓抑，浪漫主義在此則是以對法國古老傳統的興趣，以及對歐洲北部前所未有的讚揚為其表徵。英國摩登文化風潮讓朝聖者跨海而來，許多人更一路北上，前往史考特與莪相的故鄉。「今天，」一本法文旅遊書在一八二六年提到「浪漫的蘇格蘭」說，「義大利和它美麗的天空與古蹟，比不過貧窮的蘇格蘭及其濃霧與德魯伊風格（druidic）的岩石，很難再吸引更多觀光客。」法國作家夏爾・諾迪埃（Charles Nodier）大為折服：「哪有人能用冰冷的墨水與乾涸的字詞，來傳達這種激動人心、恐怕你再也沒有力量能感受的情感呢！」有些人因蘇格蘭而反思浪漫主義的真正本質：「以景色而論，『浪漫』難道不正是**狂野自然的吸引力**嗎？……廢墟、岩石（以及）孤單之情不僅動人，而且引人幽思，這就是我們稱之為『浪漫』的所在。」[36]

英國歷史為法國的過去與未來提供了鑰匙：「六十年前，法蘭西走上了英格蘭開闢的道路。」[37]華特・史考特爵士筆下生動的歷史故事，不僅讓過去還了魂，更將英國與法國的歷史化為單一史詩的兩個部分，他也因此博得龐大的人氣。比起路易十六，人們比較能自由談論查理一世之死，但這兩件事都傳達出同一種關於革命與恐怖統治的訊息。無獨有偶，保羅・德拉羅什（Paul Delaroche）也以英國重大史事為題，繪製動人、深受歡迎的畫作，包括知名的《珍・葛蕾夫人之死》（*Death of Lady Jane Grey*）。維克多・雨果在一八二七年寫了一部戲——《克倫威爾》（*Cromwell*）。法國似乎也走上了相仿的歷史道路：先是革命，接著受到軍事獨裁者統治，最後則是權力受限的君主國復辟。「英格蘭的革命……結出雙重的果實：始作俑者在英格蘭建立的立憲君主國，其後代在美洲建立了共和制的美國。」[38]法國必然要跟上腳步。歷史發展成為政治辯論的重點。奧古斯丁・蒂埃里（Augustin Thierry）看出共通的根本模式（迪斯累利後來接受他的看法，寫在小說《西碧拉：兩國記》（*Sybil, or The Two Nations*）中）。英格蘭社會起自諾曼征服，薩克森人遭到罷黜，受異國貴族所統治。蒂埃里表示，高盧人也受到法蘭克貴族所征服，後來的歷史發展（包括革命）就是兩者之間鬥爭的延續。法國史家寫英國的歷次革命時，強調人民自己開闢道路的重要性。富蘭索瓦・基佐志在解釋兩國從類似的起點出發，但英國何以發展出自由的體制，而法國卻不然的緣故。這個問題讓群眾擠滿他在索邦的講座——

人們前去聽講，不僅是為了違逆當局（政府禁止他講學，長達七年），更是為了聽到法國為何陷於高壓體制下，受到波旁王朝、共和政府與拿破崙統治。

綜觀整個一八二〇年代，法國每一個文化領域的創新，都浸潤著英國主題。拜倫的異國情調、史考特的史詩和莎士比亞光彩奪目的劇目，皆化為繪畫、歌劇與音樂〔例如羅西尼的《奧泰羅》（*Otello*，在一八二一年的巴黎大獲成功），以及埃克托・白遼士（Hector Berlioz）拜倫風的《哈洛德在義大利》（*Harold in Italy*）〕。渡過海峽的藝術家雙向皆有，他們前往對岸尋找主題、顧客，同時與其他藝術家交流。對拿破崙著迷的倫敦民眾，蜂擁前往觀賞雅克・路易・大衛（Jacques-Louis David）的巨幅加冕畫。但法國浪漫主義者對這類「單調的巨作」感到厭煩，[39]道貌岸然的新古典主義已經成了政治宣傳，和他們渴望的個人創造力完全相反。歐仁・德拉克羅瓦（Eugène Delacroix）對倫敦藝術界心嚮往之，稱之為「流金國度」，意味著免於受官方影響的自由。透納、約翰・康斯特伯（John Constable）、理查・帕克斯・波寧頓（Richard Parkes Bonington）與托馬斯・勞倫斯爵士（Sir Thomas Lawrence）的作品更有個人特色、更寫實，也不那麼政治——例如風景、肖像與動物畫，風格更自然寫意，帶來解放感。青年波寧頓將水彩畫的速筆與明快引介給法國藝術家，尤其是他的友人德拉克羅瓦（此前法人認為水彩畫是種次等、陰柔、英格蘭人的繪畫類別）。根據小說家泰奧菲爾・哥提耶所言：「從波寧頓掀起的繪畫革命，與起於莎士比亞的文學革命如出一轍。」一八二四年，康斯特伯在官方的沙龍畫展展出《乾草車》（*The Hay Wain*）時，也造成類似的衝擊——「說不定，這是第一次，」法國畫家保羅・于埃（Paul

Huet）如是說：「人們看見蔥鬱、青翠的自然。」勞倫斯閒適而動人（有人說是傷感）的肖像畫則激起爭議。德拉克羅瓦（最是親英的畫家）在一八二〇年代畫了一系列戲劇性、色彩豐富、以狂野風格為特色的畫作，深受波寧頓、康斯特伯、透納與義大利文藝復興所影響。這些作品讓他同時在倫敦與巴黎聲名鵲起（其作品受倫敦讚賞，卻在巴黎引來爭議），成為法國浪漫主義繪畫的領袖。他那幅狂暴的《薩達那帕拉之死》（*Death of Sardanapalus*, 1827）以拜倫為靈感，結果招來警告——倘若他繼續以這種駭人風格作畫，將會失去政府的贊助）。法國藝評對「盎格魯—法蘭西畫派」感到擔憂，認為相對於法國古典主義畫作的理想、奮發、精準與完美，這些作品不僅反智、煽情、瑣碎、筆觸粗糙，而且是以市場為導向。同樣的激辯正好也能在戲劇方面聽到：有位重要藝評家還真用「莎士比亞風格」來形容英國繪畫——但他意不在讚美。

【延伸】法國人與莎士比亞：浪漫時代

✣ ✣ ✣

莎士比亞是英格蘭最大的榮耀……。牛頓之上有哥白尼與加利略，培根之上有笛卡兒與康德，克倫威爾之上有丹東與拿破崙，莎士比亞之上則別無一人。

——維克多．雨果[40]

一八二二年，某個英國劇團首度在巴黎以英語演出《奧泰羅》（素有性與暴力之惡名），觀眾不僅大喝倒采，更是丟東西把「威靈頓的軍官」給趕下舞臺。等到另一個劇團試著在一八二七年於巴黎奧德翁劇院（Odéon）搬演《哈姆雷特》、《羅密歐與茱麗葉》、《奧泰羅》、《理查三世》（*Richard III*）、《馬克白》（*Macbeth*）與《李爾王》（*King Lear*）時，卻大獲成功。年輕的浪漫主義者（許多人曾經在倫敦看過戲）宣稱莎士比亞是他們造反的先知，「詮釋了我的生命」。[41] 一八二七年九月十一日，當《哈姆雷特》在法國首演時（這部戲向來是法人最喜愛的莎士比亞作品），雨果、維尼、哥提耶、大仲馬與德拉克羅瓦都出席了。「這是入侵，」與高采烈的德拉克羅瓦對雨果說：「削弱了所有戲劇原則與規矩……。這部戲必然會讓法蘭西學院發出聲明，表示所有這類外國戲碼全然違逆社會上的高雅標準。」[42] 二十四歲的埃克托．白遼士對音樂學院的音律傳統揭起叛旗。由於他太過沉醉其中，結果瘋狂愛上劇團中飾演歐菲莉亞（Ophelia）與茱麗葉的愛爾蘭演員——哈莉葉．史密森（Harriet Smithson）。

崛起中的浪漫主義文學領袖——聰明而好鬥的維克多．雨果，自命為莎士比亞的代言人。他後來回憶道，年方二十三的他「就跟其他人一樣，不僅沒讀過莎士比亞，而且還取笑他的作品」。一八二五年，夏爾十世在漢斯加冕。雨果的朋友趁過於冗長的加冕儀式進入中場休息時，把一本在舊貨鋪用六蘇買到的《約翰王》（*King John*）遞給他，兩人接著花了整個晚上深入其堂奧。[43]兩年後，雨果寫了《克倫威爾》，其前言堪稱法國浪漫主義宣言——這是他向「荒謬的偽亞里斯多德」古典傳統的宣戰布告，同時也是對「永遠的頂尖詩人」莎士比亞——「劇場之神」的讚詞。

雨果對於知識界當權派的挑戰，遠甚於伏爾泰一世紀之前所為。伏爾泰用高人一等的態度，表示「吉爾」（Gilles）莎士比亞是個有點小聰明的鄉巴佬，比不上法國的大師們。但雨果認為莎士比亞所謂的瑕疵，反而是他更勝一籌的證據：「巨大的橡樹有盤繞的外形、多瘤的枝幹、黝黑的葉片，以及堅硬、粗糙的樹皮。這才叫橡樹。」他將莎士比亞譽為「戲劇本身」，因為莎翁將「扭曲與崇高、恐怖與可笑、悲劇與喜劇」融為一爐。莎士比亞並非伏爾泰所說的古板、原始的劇作家，而是現代戲劇的奠基者——「衝出河岸的奔流」。古板的是法國古典主義，雨果還自視為莎士比亞的傳人，要把法國戲劇拽進十九世紀。[44]

一八三〇年三月，雨果的《艾納尼》（*Hernani*）——劇評家將之形容為西班牙浪漫主義與莎士比亞的結合（劇中有點《羅密歐與茱麗葉》的影子）——在法蘭西劇院（Théâtre Français）首演，進而開啟了一場有名的文學論戰。演出的每晚，古典傳統的衛道士都跑來起鬨、吹口哨。雨果的眾友人（他發了一大堆公關票）則來捧場叫好，質疑那些來搗亂的人。劇評痛恨的點，就跟伏爾泰對莎士比亞的譴責一樣：格律不規則、用語不詩意、卑鄙的角色與暴力的事件——一位女子稱自己的愛人為「我的雄獅」（演員堅持把這句改成「我的主子」）、舞臺上有強盜、君主口出穢言、貴族女子的扮相「有失尊嚴體面」，以及自然的對話——「幾點了？差不多午夜。」根據雨果一位朋友的看法，劇評想到的用詞，要像「白日即將終歸於其安寧」。問題的關鍵與上一個世紀一樣，在於對戲劇、藝術的看法不同。借雨果的話說，古典主義者希望藝術能精煉自然，要能帶來提升、帶來鑑別，但他認為藝術應該「畫出生活」。[45]不過，雨果雖然精心策畫了這場喧嘩，但他並未擊敗古典的端莊——許多浪漫主義者縱然有革命性的志向，實際上仍尊重傳統標準，不僅更動莎士比亞劇作的結局，也把他的用語改得更有詩意。以法語版的《奧泰羅》而論，苔絲狄蒙娜（Desdemona）的手帕（handkerchief）經歷了一百年之後，人們才稱之為「手帕」（mouchoir），接著還得再過一百年，才能描述手帕上有「一點一點的草莓花樣」。[46]

寫出《艾納尼》之後過了三十年，雨果為第一部未刪節的莎士比亞法語譯本寫了一大篇前言。譯者是他的兒子富蘭索瓦．埃克托（François-Victor），埃克托從自己二十四歲、還不懂英語時，便開始著手翻譯工作。這部大作（其中大部分仍然是未來一百四十年的標準本）有其特殊意義，因為是在流亡中完成，而且是在英國土地上完成，因此提獻「給英格蘭」。他埃克托忍不住提到，人們在倫敦「想找莎士比亞的雕像，結果卻只找到威靈頓的雕像」，還尖酸評論說，莎士比亞給全人類的禮物，使英格蘭似乎沒那麼自私——「減少英格蘭與迦太基的相似之處。」[47]莎士比亞確實相當體貼：他的鬼魂對雨果（他是位狂熱的招魂術士）口授了一整部新劇本，而且是用法文——莎翁終於瞭解「英語比較低等」。[48]

✣ ✣ ✣

棉花國王與絲綢女王

他們的物質文明遠遠超前今日所有的鄰國，觀察其文明，多少就等於預見歐洲的未來……。這前景真是駭人。

——阿斯托夫·德·屈斯汀（Astolphe de Custine），一八三〇年[49]

英格蘭人……能鑄鐵、駕馭蒸汽，把東西造成任何一種形狀，發明強大嚇人的機器；……但他們永遠無法掌握真正的藝術；……儘管他們物質方面極為先進，但他們不過是文雅些的蠻子。

——泰奧菲爾·哥提耶，一八五六年[50]

和平帶來繁榮的希望。雖然姍姍來遲，但一定程度的榮景還是來臨了。不過，革命、戰爭與戰後的貿易條件，卻以非常不同的方式影響兩國，影響所及不僅有兩國的經濟體系，其社會與文化亦在其列。兩國在經濟上漸行漸遠的程度，遠超過一七八六年《伊登條約》簽訂時。條約成立後，兩國都成為活躍的海上貿易國與成長中的製造業國，但法國革命與隨後的戰事，卻對法國造成深遠的經濟影響。第一，中小型地主人數大增，農業生產力下降：截至一八一五年，法國已有五百萬地主，更在一八三〇年後隨著選舉人人數增加而成為難以撼動的利益團體。第二，雖然不容易評估，但人們似乎發展出某種本能的擔憂，不鼓勵在經濟上冒險。投資人對通貨膨脹與財政崩潰記憶猶新，傾向於購買土地、房產，甚至是政府債券。政府對群眾暴力也有記憶，希望能避免經濟劇變與不滿情緒。第三，曾經為法國十八世紀成長提供動力的殖民地貿易已一去不返；英國的封鎖限制了繁榮口岸及其腹地的發展。直到一八四〇年代的榮景來臨，法國出口業才重新站上一七八〇年代的水準。第四，戰爭令法國難以取得英國技術，此前雖有法律限制，但仍有引進。總之，法國經濟無法直接與英國抗衡，英國的產品（尤其是紡織品）在一八一五年後如洪水般湧入歐洲。大多數法國人也不想要這些技術：他們一致認為，英國煙霧瀰漫的城鎮與過剩的工業勞動力，將有引發社會與政治災難的風險。法國人出於選擇與必要，得發展不同種類的經濟與社會。保護政策得到鋪天蓋地的支持，早在一八一六年，當局便實施配額限制與補助。棉布進口遭到禁止，鐵料則課以百分之一百二十的關稅。結果，法國的製造品進出口相對稀少，刻意放緩經濟變遷的速度。[51]

儘管戰時與戰後有所起伏，但英國經濟依舊成長。該國的經濟有根本的優勢：便宜的水路運輸與龐大的煤藏——不僅能創造低廉的蒸汽動力，還能熔出價格低廉的鐵。英國在海上享有不受挑戰的自由，生產的商品（尤其是棉布）在世界各地都有市場，不分帝國領土內外。載運商品的是英國船隻，倫敦金融城則為貿易融資，並放款給發展中國家。這些條件讓英國經濟有別於其餘各國，跟法國的差距尤其明顯。英國著力於大規模生產便宜的商品供應遠方市場，時間至少已有一世紀：直到一九一四年，棉紡織業仍然是最大宗的出口品（特別是銷往印度）。到了一八四〇年，英國製造業的勞力已經讓農業瞠乎其後；但在法國，同樣的現象要到一九五〇年代才發生。相較於英國，法國始終是個屬於擁地農民、自雇工匠、小城鎮小村落的國家。一八五〇年，四分之三的法國人所居住的行政區，其主要人口中心居民人數少於兩千人。只有三個城市——巴黎、里昂與馬賽擁有超過十萬的人口。小規模手工業依舊存在，受到嚴格的配額限制與關稅壁壘所保護。有些人支持自由貿易（其中許多都跟葡萄酒出口業有關），其中一位代言人是經濟學家弗雷德里克·巴斯夏（Frédéric Bastiat）：他語帶挖苦，呼籲把所有窗簾都拉起來，保護法國蠟燭製造商不受陽光的「不公平」競爭所害。但工人、雇主與政治家不分派系，對此皆不為所動。對英國競爭的恐懼，是反英情緒的強大來源。他們的主張相當駭人，說一七八六年的條約促成了法國革命。保護措施確實有效。手工紡織成長紮實：截至一八六〇年，法國有二十萬臺手搖織布機，同時間的英國只有三千臺。鐵礦則以木炭爐鎔製。機械以水力為動力。主要的製造業城市——巴黎，在一八七〇年有十萬間工廠，但其中將近三分之二只雇了一名工人，不然就是老闆獨自作業。由於政府用津貼保護製造業與蒸汽機械的競爭抗衡，法國在一九〇〇年時擁有全世界最大的帆船隊。[52]

法國製造業者無法在大規模生產、供應海外市場上與英國競爭，但國內市場卻是由消費甚少的大批農業人口所主導，於是他們往市場上層發展，為歐陸、美國，甚至是英國的有錢消費者提供奢侈品。法國商品的賣點是流行、品質與獨特性，而非廉價和技術。法國製造出口業在十九世紀的兩大支柱，是里昂的精緻絲織品與所謂的 *articles de Paris*——衣服、鞋子、珠寶與香水等流行單品。在農業領域亦然，出口仰賴於奢侈產品——葡萄酒與白蘭地。傳統生產方式達到精緻的巔峰。農民閒暇時，會在製作蕾絲手套或鐘錶等專門產業中兼職。一八六〇年代，強大的里昂絲綢業雇用超過三十萬人，複雜的國內外包製作體系能從里昂市向外延伸到方圓一百英里之遠。奢侈品產業的利潤支持著法國貿易，提供大筆海外投資所需的資金。巴黎工匠（女性例外）收入頗潤。然而大部分的經濟活動（尤其是大部分的農業經濟）仍然生產力低下、品質不良，整體收入與薪資水準不僅跟不上英國產業的腳步，後來甚至連其他歐洲國家都比不上。到了一八九〇年代，蘭開郡棉紡工人的收入，已經是佛日（Vosges）或諾曼第同業工人的兩倍，但他們的單位勞力成本仍低於百分之三十。

法國人將自己的產品與一八五一年倫敦世界博覽會（London Great Exhibition）會上的其他商品相比，他們深信自己能在設計與品味上贏過對手。法人傾力於豪奢，傾力於與貴族昔日有關的風格。但他們也沒有忽略成本問題，從而成功為中產階級提供能夠擔負起的奢華。[53]這些經濟模式也影響了人們的觀點，鞏固了法國人與英國人彼此都接受的刻板印象。法國人有美感、成熟世故，天生具備品味

（*le goût*），一如龐巴度夫人的時代。英國人踏實、粗魯、重視物質，願意跑銀行、打造船隻或火車引擎，大量生產價格低廉的標準化商品，但無法創造美，甚至「連一頂給巴黎女店員戴的帽子都做不出來」。法國人似乎珍視永恆的價值：文化菁英思想、農民生活中的斯巴達美德，以及匠人的執著。

價值觀的影響極為深遠。十九世紀晚期與二十世紀時，兩國經濟對於採納技術上與製造工序的現代化都有難處，當時的英國與法國皆落後於德國與美國。兩國在勞動力的教育上都相對薄弱，英國人仰賴訓練程度不高的工廠工人，法國人則仰賴農事熟手與手工業學徒。影響所及至今猶見，在法國表現為支持政府扮演保護與管制的角色；對全球化與經濟自由主義保持懷疑態度；農產業的政治影響力；高品質、高知名度與時尚商品出口貿易的重要性（這一點從保護高價值品牌名譽，以及原產地命名管制（*appellations contrôlées*）的程度可見一斑）。至於在英國，則是較為接受自由貿易與競爭的態度；全球貿易的範圍；倫敦金融城的重要性；以及普及教育與技術訓練的積弱不振。

然而，兩國之間在社會經濟方面最深刻、長期，也最神祕的差異，在於人口。法國向來是歐洲人口最多的國家，一直到十八世紀末才有俄羅斯堪與匹敵。相形之下，英國就是個侏儒。不過，儘管英國移民北美洲與澳大拉西亞的人數居高不下，且法國海外移民人數少到幾乎可以忽略，但聯合王國人口仍然在一八九〇年代早期超越法國。到了一九〇〇年，法國人口成長陷入停滯，甚至在一九三〇年代確實下跌，愛國人士對此感到絕望。法國人選擇不生孩子，在婚姻關係中使用各種避孕措施。生育率從革命與拿破崙時期開始下降。許多人試圖解釋原因，但答案肯定相當複雜——部分是因為革命削弱了生養大家庭的傳統壓力，部分則恐怕跟不確定的未來有關。可以確定的是，一七八九年之後需要有存款、受教育，才能有社會地位向上流動的機會——許多中下階級的家庭因此只想生一個兒子。英國此時加入戰局（除了該國在引起革命時扮演的角色）——與拿破崙的鬥爭造成全球性的影響，英國經濟也在戰後取得壓倒性的優勢。法國變得更靜止、更著眼於國內。法國人向來對於移民殖民地並不熱烈，但在滑鐵盧一役後，海外世界便顯得更不吸引人。但生育率下降不單純是缺乏工作機會所帶來的影響：許多工作（尤其是較新的產業部門）都被移民拿走了——例如比利時人、日耳曼人、義大利人，甚至是英國人。少生孩子是法國人在後革命、後拿破崙世界中所選擇的生活方式中非常關鍵的一環。法蘭西縮水了：富蘭索瓦．克魯澤曾指出，假使人口成長率與英國相當，法國在一九一四年時會有一億人口。[54]

〔延伸〕粗工與「瘤頭棒子」

✣ ✣ ✣

理論上，從英國出口機器、引進技術工人之舉，在一八二五年之前皆屬非法。儘管如此，上千名工人與管理者仍幫忙把「工業革命」帶到法國。技工與企業家開設公司。詹姆斯．傑克森（James Jackson）將法國人早在舒瓦瑟爾公爵時代，便一直試圖透過刺探與賄賂以取得的煉鋼技術引進法國。由於技術細節必須當面傳授，法人因此用大筆的現金引誘擁有技術的工人。這讓當地工人心生嫉妒。語言困難、傲慢心態、敵對工廠的酬庸、大把現金、遠離故鄉……，都讓英國工人難以管束。洛林鐵工廠老闆富蘭索瓦．德．溫德爾，在一八二四年時派手下的英格蘭工頭回國招募更多人手，這時卻發現自己管不住底下的工人：「你不在時我很難做事，我付錢給你的工人，可他們不工作；那個木匠是個醉鬼，不該雇用他。我覺得你還是回來、待在這裡比較好。」[55]

英國工人中人數最多的一群是粗工，受雇於知名工程師湯瑪斯．布瑞賽（Thomas Brassey）等英國包商，與建法國最早的鐵路，用的英國資金也相當可觀。法國政府早先對鐵路運輸的價值存疑，馬車夫與船夫也激烈反對，但當局意識到有跟英國開戰的可能，因而希望擁有一條能連接英吉利海峽與地中海的戰略要道。布瑞賽的第一個包案是巴黎至盧昂（Rouen）區間，一八四一年開工，這一段也能作為旅客運輸之用。他雇了五千名英國粗工作為勞動力主幹，另外再雇同樣人數的法國工人。一種結合英語、法語的鐵道綜合用語隨之出現，繼而使用於歐洲各地。有些用詞得到各國採用：鐵軌（*rail*）、隧道（*tunnel*）、煤水車（*tender*）、臺車（*wagon*）、道碴（*ballast*）。英國工人吃苦耐勞，而且有相關經驗，因此得到倍於法國工人的薪水，做的也是最吃重、最危險的工作——不過，他們發現法國法律在發生意外時，可以給他們更多的保障。但他們也是一群麻煩的傢伙，把大部分的週薪拿來買酒，而且是大買特買。等到一八四二年與四三年之交的寒冬停工期，許多人只好投靠盧昂的賑濟所。大約有一千人繼而前往新起建的巴黎防禦工事做工（一八四〇年一場危機讓法國與英國衝突迫在眉睫，此後巴黎開始大興防務）。大批工人繼續建設鐵路，直到一八四六年的財政危機迫使建設中斷數年為止。這時，法國四分之三的鐵路工程都有布瑞賽的影子。由於兩國經濟處於競爭關係，加上民族主義宣傳，英國人與法國人之間的關係通常相當惡劣。法國工人攻擊鐵路與橋樑，而一座英國人建造的高架橋在一八四六年六月垮下來之後，民族主義立場的報紙甚至大聲叫好。巴黎人給英國工人起了個「瘤頭棒子」的綽號，顯示這些工人對兩國關係沒什麼幫助。一八四八年革命時（正值高失業率期間）發生針對英國工人的暴動——光是諾曼第，就有四千名英國工人。在勒阿弗爾，暴民追著某些工人一路追上船，其他地方的工人對於針對自己的敵意感到恐懼，想方設法前往海峽邊的港口。不過，仍然有些英國工人在法國安家落戶，與法國女子結婚，其他人則是在一八五〇年代鐵路工程重啟時再度到法國工作。

✣ ✣ ✣

愁雲慘霧

法蘭西與英國能只靠開槍來溝通嗎？確實不行；兩國必須彼此看見、瞭解、交談才行……。因此，讓我們冒險暈船吧。

——埃克托・安東・恩尼昆（Virtor-Antoine Hennequin），《哲學之旅》（Voyage philosophique, 1836）[56]

沒有什麼能讓想像力擺脫天候創造出的消沉，連最強大的好奇心，也無法抵禦無情的單調，主宰這所乏味聖殿中的日常生活。

——阿斯托夫・德・屈斯汀，《英格蘭與蘇格蘭競比》（Courses en Angleterre et en Ecosse, 1830）[57]

法國人鮮少離開自己的國家，一旦他們冒險動身，旅行的腳步卻又太急躁……。我們待在家裡的習慣，讓我們的教育出現一道鴻溝，從而造成我們的許多偏見，也讓我們與其他民族關係困難。

——法蘭西斯・韋依（Francis Wey），《在家學英語》（*Les Anglais chez eux*, 1854）[58]

滑鐵盧一役後的數十年間，自願造訪英國的法國人遠較以往更多，雖然比起造訪法國的英國人，他們的人數始終是小巫見大巫。史家保羅・傑柏（Paul Gerbod）運用官方紀錄，估計在一八一五年時有一千四百五十名法國遊客前往英國，一八三五年時有三千七百人，至一八四七年有四千兩百九十人。旅行變得更容易、更快速，也更便宜。自一八一六年起，便有明輪蒸汽船往來於英吉利海峽，接著在十年內取帆船而代之。雖然汽船無法防治暈船，但起碼能減少暈船的時間。往盧昂的火車以及航行於塞納河的汽船進一步縮短了旅行時間。從巴黎到倫敦的行程能在二十小時內抵達，最便宜的票價為三十一點七五法郎——大約是技術工人一週的週薪。[59]「連個誰都不想理會我講的英語……光是把單字講出來還不夠，還得用特定搭配的方式來發音才行」，這讓屈斯汀大動肝火。[60]語言挑戰經常困擾那些聚集在萊斯特廣場（Leicester Square）附近、講法語的大人物們。萊斯特廣場有法語旅館〔布呂內旅館（Brunet）最為知名〕，以及韋里餐館（Véry，以皇家宮殿廣場的知名餐廳為名）等法國菜餐廳。有人覺得這些餐館雖然比英格蘭小吃店貴，但東西沒有比較好吃。許多人跟十八世紀時如出一轍，前來世界上最大、最有活力的城市討生活，其中不乏語言教師、旅館女服務生、廚師、珠寶匠、美髮師、鞋匠與葡萄酒商人。據女性主義作家弗蘿拉．崔斯坦（Flora Tristan）所言，許多人都假冒自己是尋求庇護的人。十九世紀中的倫敦有超過七千名法國人，足以構成相當大小的移民聚落。一八四二年，法人在此成立家扶會（Société de Bienfaisance），也有人想成立法語教師協會（Society of French Teachers）。[61]作家紛紛跨海來觀察、提出評論，讓從報端獲得對英國印象的大多數民眾能有更多的認識。

甚至連親自前往英國的法國人，通常已經提前曉得可能發生的情況，以及如何應對。通常先知道的都是壞事，因為反英情緒是「愛國論述中最基本的形式」。[62]但他們不得不承認英國著名的優點：富裕的鄉間、絕佳的公共運輸、清潔的環境，甚至還有廁所（有些人覺得太奢侈了）。知識分子讚嘆（至少也會嫉妒）牛津與劍橋的富有與美麗，甚至有人覺得讓沒教養的英格蘭人享受是種浪費。不過整體而言，十九世紀的法國遊客不喜歡英格蘭，也不喜歡英格蘭人。唯一稱得上狂熱分子的，只有自由主義經濟學家與工程師。一八一六年，夏爾・迪潘（Charles Dupin）在英倫諸島溜躂，從海軍造船廠一路逛到濟貧院，隨後出版六卷正面的觀察報告，幫助法國技職教育的初期發展。其他人則五味雜陳。浪漫主義者對湖區（Lake District）讚不絕口，卻對倫敦與曼徹斯特的環境震驚不已。保守派認可英國對雅各賓主義所取得的勝利，卻譴責英國人的粗俗舉止、新教信仰與代議政府，尤其抨擊當局對待天主教愛爾蘭的方式。自由派稱許下議院，欣賞警察與軍人相對少出現的頻率，但對於糟糕的咖啡、乏味的言談以及天氣感到失望。然而，對波拿巴黨、共和主義者與少數社會主義者而言，一切都令人不滿。英國是所有罪惡的根源，他們對未來前景感到擔憂，尤其擔心戰勝的敵國會羞辱自己。有位作家宣稱，自己曾因為計程馬車載他從滑鐵盧車站出發，行經滑鐵盧橋、滑鐵盧廣場，前往滑鐵盧旅館而痛打車夫。

法人通常對英國的第一個看法是——英國很詭異，是「歐洲的日本」。[63]「這兒很奇怪，」法王路易・腓力表示：「跟法國完全不像。」——太整齊、太乾淨，而且太安靜。[64]文化史學者阿蘭・科爾賓（Alain Corbin）曾經指出，「冷霧」在當時已成為人盡皆知的英倫印象，然則南英格蘭的氣候其實不比法國北部更多霧。不過，都市霧霾確實不同於法國，霾害也同時成為憂鬱與現代性的象徵。時人對食物的態度與十八世紀許多人的正面評論截然不同——東西不僅難吃，而且能顯現英國人的性格。人們尤其討厭大量使用胡椒與咖哩的做法——這兩種東西才正要開始演變為英格蘭人的民族菜。「他們的惡劣氣候、冷淡人格與調味過度的餐點之間是有關連的。」一位社會主義者如是說。[65]英國人缺少法國人典型的特質——品味（*le goût*），從油膩的海龜湯、咖哩燉菜、水煮蔬菜與英式布丁，以及建築與婦女時尚，便能明顯看見其症狀。事實上，婦女已成為與濃霧或甘藍菜不相上下的英格蘭象徵：至今仍然有人認為英格蘭婦女沒有女人味、有失風雅，這種看法便起於當時。英格蘭人沒有「品味」，只求「舒服」（comfort）——是個在法語中找不到對應的單字（「算他們走運。」屈斯汀嗤之以鼻）。

工業革命既讓人著迷，又令人恐懼。英格蘭中部與北部如今成為求知性遊客路線中的一地，但他們的反應卻是壓倒性的負面。英格蘭城市的大小、人口及煙霧，成為神話風格誇示修辭的靈感：屈斯汀認為遍地煤炭、礦渣的黑鄉是「屬於獨眼巨人（Cyclops）的平原」，曼徹斯特是「這個新地獄裡的冥河」，要是「〔伯明罕的〕居民下了地獄，他們對一切都不會覺得陌生」。經濟學家阿道夫・布朗基〔（Adolphe Blanqui），創造工業革命（*révolution industrielle*）一詞的人〕對工業的規模及其展現的力量感到敬畏。考察完黑鄉的鑄造廠，「我才頭一次開始理解英格蘭產業」。他回想道，這些工廠「一個月能生產一萬五千把滑膛槍」來對付法國，一旦瞭解到「一個偉大的帝國何以屈服於區區幾百萬島民的作為」，接著「讚嘆之情便化為淚水與復仇的念頭」。雖然一位不情不願的仇英者承認英格蘭平民的衣著比法國平民更好，一位曾經旅居美國的里昂生意人也認為英格蘭的「窮人似乎沒有比其他地方來得貧窮」，但這些看法並不普遍。[66]許多遊客強調都市勞工階層的貧窮，面有病容、渾身髒污的礦工與工廠工人，以及他們眼中貧富之間不斷擴大的鴻溝。英國正顯露病態，朝災難前進。

弗蘿拉．崔斯坦筆下閱讀者眾的《倫敦漫步》（*Promenades dans Londres*, 1840）一書，堪稱敵意最強烈、充滿價值觀指責的誇張之作。她所描繪的倫敦意象，是個冷霧瀰漫、點了瓦斯燈的貧窮地獄，充斥壓迫、偽善與犯罪，到處都是妓女、乞丐與小偷。「你呼吸的空氣裡都是憂鬱，〔產生〕一種無法抵抗、想自殺終結生命的渴望……英格蘭人受其氣候之詛咒，行為有如野獸。」崔斯坦身為女性主義與社會主義先驅，除了上述的老生常談，還添了幾分法國左派的反英民族主義。英格蘭的自由只是假象：因為「學校、教會與報紙」創造了「無知與恐懼」，導致「英格蘭民眾陷入絕境，等著飢餓帶來的緩慢、抽搐之死」，而「一小撮貴族……主教、地主與尸位素餐的人」便能「折磨、餓死這個有兩千六百萬人口的國家」。對法國「無產階級」而言，這既是教訓，也是警鐘。而對於有志與英國關係更為緊密的法國政治人物來說，這種仇恨是個難題。

是盟友，還是「敵法國」？

七月王朝……讓法國社會有了英國的自由，我們所有理念都實現了。

——夏爾．德．雷暮沙（Charles de Rémusat）[67]

如果法國征服英格蘭，全世界將會由二十四個字母所統治；如果英格蘭戰勝法國，稱霸世界的將是十個數字。是思考，還是數數？這就是可能的未來。

——維克多．雨果[68]

連英格蘭仕紳的不絕嘮叨，也無法淹沒神在法蘭西人與英格蘭人之間創造的反感……。就把英格蘭關在她的島上，保持神造英格蘭時為之所做的安排：歐陸所有民族與生俱來的敵人。

——《改革報》（*La Réforme*，共和派大報），一八四七年[69]

一八三〇年的七月革命（July Revolution）之後，一群政治親英派統治了法國——這恐怕是法國史所僅見。遭到這批人取代的夏爾十世及其「鐵桿保王派」支持者，跟「親英」可是相去甚遠。保王派採取較為強硬的外交政策，希望能藉此獲得英國的另一個大敵——俄羅斯的協助。他們在一八二三年入侵西班牙，一八三〇年占領阿爾及爾，法國國內視這些行動為藐視英國之舉，對此表示歡迎。保王派充其量只是勉強改變立場、支持代議政府而已——夏爾十世曾表示「他寧可砍柴，也不想當英格蘭國王」——他們在一八三〇年七月的舉動[6]跟政變相去不遠，結果巴黎民眾反抗，推翻了這個政權。英國駐法國大使是卡斯爾雷性好享樂的弟弟——史都華勳爵（Lord Stewart），據說他如此回報本國：「這些傻子以為一切都會順他們的意，這下他們麻煩大了。」[70]等到夏爾十世再度躲回蘇格蘭荷里路德宮（Holyrood）時，英國鮮少有人感到遺憾。

一八三〇年七月的「光榮三日」（Three Glorious Days，人們將之詮釋為一六八八年「光榮革命」的法國版本），讓一批思想傑出、立論高上的自由派菁英獲得權力——他們以英國為政治典範，期盼身為歐洲進步國家的兩國變成夥伴。新王是過去的奧爾良公爵（代代都是親英派）——聰明、愛講話的路易・腓力。他會在信件與言談中夾雜大量英語，本人曾經流亡英國與美國，而且還希望透過婚姻成為英國王室一員（最後他真的做到了）。近年來，傳記作家甚至認為他真的一度擔任英國間諜。路易・腓力在一八〇四年寫道：「我很早就離開自己的國家，早得幾乎沒有任何法式習慣，而我可以坦承——我跟英格蘭關係緊密不光是因為感恩，更是因為品味與個性……。歐洲與全世界的和平，人類未來的福祉與獨立自主，皆有賴英格蘭的安全與獨立。」[71]新政權主要的政界要人，是束身自修的喀爾文信徒富蘭索瓦・基佐（吉朋與莎士比亞著作的法文譯者，也是研究英格蘭積極自由權首屈一指的史家），以及年輕力壯的記者兼政治人物阿道夫・梯也爾——早在革命發生前，他就預測波旁王朝會以斯圖亞特王朝的方式結束，後來他也因此聞名。莎士比亞的崇拜者維克多・雨果，波寧頓的門徒歐仁・德拉克羅瓦，美國民主制度分析家亞歷西斯・德・托克維爾（Alexis de Tocqueville），在蘇格蘭受教育的政治哲學家與「現代」自由權倡議者班傑明・康斯坦（Benjamin Constant），以及許多傑出的英國歷史、政治評論家，都在新政權的文化蒼穹上閃爍。在英國，執政的輝格黨中有許多人都渴望回應他們——

6【編註】保王派在一八三〇年七月時宣布解散國會，並通過新法限制選民資格，引發七月革命。

尤其是「福克斯派」（Foxite）——格雷（Grey）、克拉倫登、蘭斯當等幾位爵爺，以及福克斯的姪子荷蘭勳爵（Lord Holland）。他們譴責英國長久對抗法國的鬥爭，認為一八三〇年是一七八九年希望的重生，也是對他們親法意見與品味姍姍來遲的肯定。時任駐倫敦大使的基佐，受邀前往倫敦的荷蘭公館（Holland House）作客，而東道主荷蘭勳爵「屬於歐陸與法國的程度，幾乎和他屬於英格蘭的程度不分軒輊……我們用許多時間聊法國的偉大作家與雄辯家——拉布魯耶、巴斯卡（Pascal）、塞維涅夫人（Madame de Sévigné）、波舒哀、芬乃倫（Fénelon）」。荷蘭呼籲，為了抵抗歐洲的反動國家，法國與英國之間要有「摯誠的理解」（cordial understanding）——這個詞之後會有一段光明燦爛的未來[7]。[72]

一八三〇年革命曾讓人們短暫擔心一七九〇年代的戰事會重演，但路易．腓力遵循極為審慎的路線——一位大臣創造出「不計代價維持和平」這種聲名狼藉的說法。即便比利時發生革命、脫離荷蘭，導致法國在比利時人的請求下派軍介入，但當局對兼併比利時的請求卻置之不理，拒絕這個為路易．腓力之子準備的王座；民族主義者要求法軍在行經滑鐵盧時，至少要炸掉反法同盟的戰爭紀念碑，但政府頂住了來自他們的壓力。老練的法國大使塔列朗與英國新任外相巴麥尊子爵兩人就解決了比利時危機，以《倫敦條約》（Treaty of London, 1839）作為擔保——人們今天之所以記得《倫敦條約》，多半是因為這紙條約讓英國在一九一四年以法國盟友身分參戰。比利時人的新國王——薩克森—科堡的利奧波德（Leopold of Saxe-Coburg，他後來成為路易．腓力的女婿，以及維多利亞女王的舅舅），成為兩國之間積極搭橋的人。英、法兩國在西班牙的問題，同樣透過塔列朗與巴麥尊之間的協商解決了。到了一八三四年，兩國更與西班牙、葡萄牙組成四國同盟，意在為伊比利半島上的自由派政府提供支持。

七月王朝是一套妥協的體系，有人甚至認為是個矛盾的體系。保守派政府從民眾起義中現身，政府有個非常王室氣派的君主，但這位君主舉止卻很「布爾喬亞」，不僅送自己的兒子上巴黎的學校，還會自己帶傘四處閒逛。這類妥協不必然是缺點：一八三〇年，年邁的拉法葉將之描述成「包圍在共和制度中的人民御座」，事實也證明這套方法在歐洲大部分地區都行得通，包括英國。但從事後來看，在該政權追求和平、親英的本能，以及其無法迴避的、創造愛國形象的需求之間，卻有無法解決的衝突。許多曾經在一八三〇年的「光榮三日」期間與波旁王朝部隊戰鬥的人（包括拿破崙以前的部下），都相信自己不只是在對抗一八一五年建立的國內制度，也是在抵禦人們稱之為「神聖聯盟」的外部體系——他們認為這既羞辱，又壓迫，而且反動。曾經與威靈頓作戰的拉馬克將軍，如今成為民族主義者聲量最大的代言人（而且他也不喜歡「瘦竹竿似的」英格蘭婦女）。他在國會宣稱：「巴黎的大炮已經讓滑鐵盧的大炮啞火了！」主張法蘭西此時一定要重啟鬥爭。在左派歷久不衰的幻想中，從愛爾蘭到波蘭之間受壓迫的人民，都會集結到法國解放者身邊，而解放者將「半以說服，半以武力」，創造一個由法國主導的歐洲共和國。

對左翼愛國人士而言，英國是他們通往理想國路上的邪惡阻礙。在後滑鐵盧時代那面世界性的壓

7【編註】摯誠（cordial）一詞成為一九〇四年《摯誠協定》（Entente Cordial）的先聲。詳見第八章。

迫與腐敗之網中，英國就是那隻蜘蛛；與此同時，英國又是未來的典範（自由、改革、重視貿易），與他們的革命願景（民主、權力主義、尚武）為敵，因此有必要強調英格蘭有多麼可怖——是「一座大島上的大商店」，是「癌症」——免得讓英格蘭證明自己比他們的斯巴達式理想更有吸引力。弗蘿拉．崔斯坦（我們已經見識過她的煽情描述了）也是其中一員：他們堅持英格蘭人既受剝削又剝削別人，是個受貪婪驅使的腐敗民族，服膺於無情的貴族階級，打算將新形態的工業奴隸制度強加於全世界，並利用他們的力量迫使滿心不願的民族接受其商品、機械與移工。他們使用的表達方式與一七九〇年代的雅各賓宣傳相呼應，把英格蘭人民整體視為全面的敵人——「社會吸血鬼」，甚至稱不上是個真正的「民族」，僅僅是個「註定要滅亡的族群」。[73]根據偉大的共和派歷史學家儒勒．米什萊（Jules Michelet）所言，英格蘭是「敵法國」（anti-France），是「寰宇第一民族」在政治、道德與文化上的對立面。[74]即便是溫和派也同意兩國已捲入一場鬥爭，透過價值觀、貿易與殖民競賽形塑這顆星球的未來。仇英世界觀（延伸成為反美與反猶太主義）足以解釋一切。法國工人的苦難來自英國的經濟競爭。法國國內的政治壓迫，則是法國統治者服從其英國主子所造成的影響。甚至連抵抗法國殖民主義的行動，也能說是英國的陰謀。總之，英國的勢力必須打破，必要時不惜一戰。抱持這種觀點的人雖然是少數，但他們是音量很大的少數，能夠傳到廣大聽眾的耳中。因此，七月王朝試圖與英國建立友好關係的做法，反而帶來「背叛民族」、「怯懦」與「腐敗」的指控——簡言之，與遭到罷黜的波旁王朝相去不遠。支持波旁王室的「正統派」（Legitimist）同樣積極投身反對，指控他們所唾棄的新政權，並譴責英國——正統派也認為英國是現代世界多數罪孽的化身。將七月王朝貶為「反民族的」產物、「統治法蘭西的英格蘭政府」的，正是正統派的報紙（不過左派報紙也有相同看法）。[75]

總之，七月王朝無論如何得設法證明自己既愛國，又愛和平。但這不是個好策略。自由派也愛國，許多人還是法蘭西帝國、甚至是共和政府的老兵。更有甚者，他們相信在政局與社會動盪時團結民族，就不能沒有愛國情操。七月王朝宣稱自己是「法蘭西所有榮耀記憶的唯一合法繼承者」——無論是保王派、共和派，還是拿破崙派的記憶。[76]歷史記憶崇拜的優點，在於將情感聚焦於過去。讓巴黎凱旋門落成的不是拿破崙，而是七月王朝。凱旋門上還加了出自富蘭索瓦．呂德（François Rude）之手、激動人心的一七九二年共和志願軍雕像——法國愛國主義最重要的符號之一。路易．腓力一再提起一七九二年時，他曾經在熱馬普的三色旗下作戰過。如今，冒險家們在遠離歐洲的地方，以安全的方式一展身手——亦即征服阿爾及利亞（對此，英國人的默許非常勉強），法王精神抖擻的兒子們在當地扮演重要角色。

這種以愛國象徵掩蓋外交和平的策略，在一八四〇年達到巔峰。新任總理阿道夫．梯也爾渴望同時展現自己的愛國心，以及與英國的良好關係。他要求倫敦方面交還拿破崙埋在聖赫倫那的遺體（倫敦當局表示同意，只是私底下態度相當倨傲），讓法國當局舉辦儀式遷葬巴黎。「只要英格蘭把我們要的給我們，她和法蘭西的和解便能成就，過去五十年就此一筆勾銷。這對法國會有重大的影響。」[77]事實證明，七月王朝其實玩不起這次的利己計畫：「拿破崙的骨灰都還熱著，」拉馬丁抱怨，「他們就開始玩火。」皇帝的遺骸一抵達法國，數十萬群眾馬上齊聚巴黎，掀起堪稱法國史上最大的一場和平時期愛國遊行。

甚至在此之前，亦即「骨灰」還在從南大西洋歸國的路上，愛國心與政治情緒便已失去控制。皇帝的姪子路易・拿破崙・波拿巴（Louis-Napoléon Bonaparte）試圖發動政變。巴黎爆發罷工與暴動，還有人試圖暗殺法王。一八一五年以來最危險的國際危機發生在一八四〇年七月，引發人們對新拿破崙戰爭爆發的恐懼。法方支持其擁護者——埃及帕夏（pasha）穆罕默德・阿里（Muhammad Ali）擴張領土、深入敘利亞的行動。英國與俄羅斯不願見到法國在近東地區重建勢力，同時擔心過程中恐怕會摧毀奧斯曼帝國，於是命令埃及人撤退[8]。奧地利與普魯士對兩國的做法也表示支持。對法國人而言，這不啻是一八一四年反法同盟的惱人復活。一個看似微不足道、距離遙遠的議題〔但此事卻造成勒凡特地區（Levant）長久動盪〕，在法國國內激起強烈情緒。連托克維爾這位沉穩的自由主義者，都希望法國為自己站出來：「無論是哪一個政府，甚或是哪一個王朝，只要是試圖說服這個國家袖手旁觀，就別想能自外於毀滅的危機。」一旦讓步，便會重傷民族情感——「經常很孩子氣、誇大其詞，但仍然是……維繫這個民族最強大的紐帶」——同時讓法國在政治上與道德顯得衰弱，「比輸了二十仗還要命」。[78]由於英國海軍主宰了東地中海，梯也爾為了虛張聲勢、使各盟國讓步，只好威脅入侵義大利與德國——此舉對反法的日耳曼民族主義而言堪稱里程碑，成為刺激〈德意志高於一切〉（Deutschland über alles）歌詞創作最重要的因素。回到法國內部，愛國派大聲要求開戰。當時住在巴黎的日耳曼詩人海因里希・海涅（Heinrich Heine）寫道：「歡騰的好戰情緒……人們一致高呼『向背信忘義的阿爾比翁開戰』。」

在奧地利、普魯士與英國，有許多人〔包括維多利亞女王、首相墨爾本勳爵（Lord Melbourne）與多位內閣閣員〕敦促外相巴麥尊勳爵給法國政府一個臺階下。據巴麥尊表示，有「來自倫敦〔內部親法人士〕的信件」在鼓勵梯也爾堅持立場。但路易．腓力和大使基佐所做的暗示，卻間接表明不會允許梯也爾得寸進尺。巴麥尊認為法國的態度是種需要強烈回擊的姿態，如此才能阻止進一步的傷害。他以「盡可能友善、不冒犯的態度」告知梯也爾：「倘若法蘭西……開戰，她肯定會失去其船艦、殖民地與貿易……穆罕默德．阿里會被丟進尼羅河。」[79]梯也爾的裝腔作勢就此結束，路易．腓力在一八四〇年十月罷黜了他的官。以支持和平聞名的基佐則受召從倫敦返國，組成政府。

總之，一八四〇年原本是梯也爾希望能讓法英和解成為定局的一年，反而加深了反英情緒，最後更是在國會的激辯中，以拉馬丁所說「法國的外交滑鐵盧」告終。[80]「巴麥尊勳爵對兩國、對全世界犯下的，是多麼嚴重、甚至恐怕無以挽救的惡行啊。」托克維爾下了定論。[81]不過，一位資深的法國外交官則斷言：「持平而論……巴麥尊一方的主張相當有力。」[82]責任可以分成好幾個方面來談。巴麥尊的問題是，當法方弄巧成拙時，他仍拒絕放對方一馬。他把這場危機怪罪於：

8【編註】此事釀成所謂「東方危機」（Oriental Crisis of 1840），並促成列強於隔年簽署倫敦海峽公約。

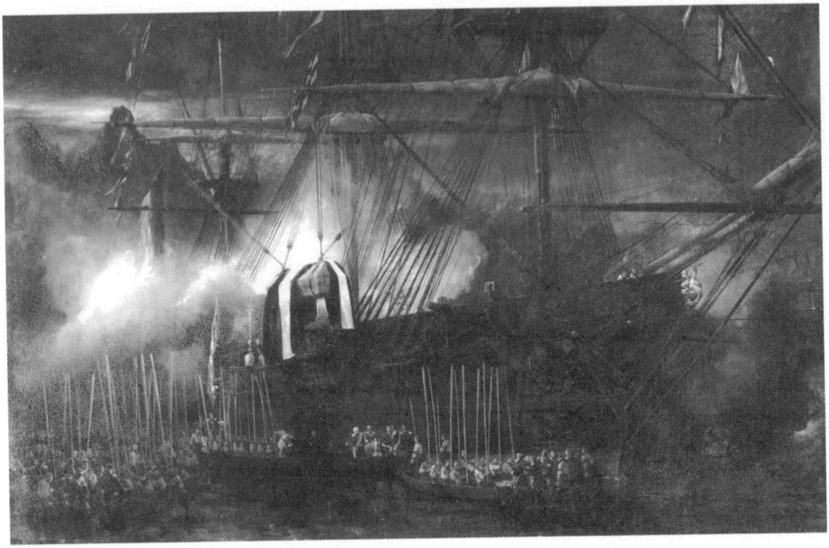

從聖赫倫那島歸還拿破崙遺骸之舉，本是為了改善法國與英國關係，但愛國狂熱卻讓局勢愈演愈烈，釀成滑鐵盧以來最嚴重的政治危機。

> 各階層、各黨派的法蘭西人之間，對英格蘭不斷滋長的強烈敵意；這遲早要引發衝突……。法國人討厭我們，這我不怪他們。他們的虛榮心驅使他們做世界第一等的民族；偏偏每一回他們都發現我們任何事情都強過他們。一個了不起的強大民族……居然有這種民族性格，時乃歐洲之不幸。[83]

至於法國，一八四〇年代早期的反英仇恨，導致當局在阻止非洲奴隸貿易的長期行動上拒絕與英國合作，著實令人遺憾：法方認為，好逐利的英國人不可能真心想保護非洲人，此舉必定是干涉法國貿易的託詞。基佐與路易・腓力試圖修復兩國關係，但他們的努力卻對政局有害。路易・腓力一語成讖——人們咒罵他是「外人的國王」。

第八章　不成戰爭的戰爭

法國的政策就像潛伏在房屋牆上的傳染病，在一個個進入其影響範圍內的住戶身上爆發。

——英國首相巴麥尊勳爵[1]

我們今天已經知道，法國與英國再也沒有彼此為敵過，但在時人眼中看來並非如此。拿破崙戰爭投下的陰影歷久彌新。十九世紀中葉的數十年間，最顯著的就是一連串的危機、戰爭恐慌，以及雙方的備戰行動。但兩國只會互為盟友作戰，對抗俄羅斯與中國，甚至考慮共同介入美國內戰。不過，由於雙方彼此猜忌，因此無法在一八六〇年代對歐洲帶來穩定的影響，最後導致一八七〇年代災難性的普法戰爭。兩國的不和確實會影響局勢。英國與法國無法建立信任關係——這也不是第一次了，但如果兩國能建立這樣的關係，原本或許能讓歐洲免於未來的某些災禍。

美夢：第一次「摯誠協定」[1]，一八四一年至四六年

英格蘭與法蘭西「緊密、長久聯手」或許是個夢，但卻是個美夢。這兩個偉大的民族……將寰宇收入他們寬廣的懷抱，維持安寧與和平——這可是個了不起的理念。

——亞歷西斯・德・托克維爾對議會發言，一八四三年[2]

我相信，兩國實際的利益與歐洲和平真正的堡壘，在於巴黎與倫敦之間建立友好、真心的協議。只是，經過四十年來與對方的接觸，對於打消英格蘭人對我國利益的幻想、懷疑與誤解之難……大大削弱了我對於訂立協約的信心。

——路易・腓力向基佐如此表示[3]

對路易・腓力與基佐來說，戰爭與革命會摧毀一切。兩人的父親（一個是親王，一個是地方律師）皆死於斷頭臺——借路易・腓力的話來說，他們都是「兇殘野獸」的受害者，那頭野獸「熱愛用鮮血沾滿自己的口」。[4]兩人對逃難與流亡都略知一二。他們認為自己的使命，是讓法國成為自由與和平的屏障。他們期待此舉能獲得其他國家的尊敬，尤其是英國，從而安撫國內溫和的愛國派。一八四一年，愛國自由主義人氣代言人兼歐陸保守主義的苦難——巴麥尊，在托利黨勝選後下野。新任外相亞伯丁勳爵向路易・腓力致意。他跟基佐保持私人關係，繞過外交管道。亞伯丁得到女王與蘭斯當等輝格黨

領袖的支持，迫切想「理順逆羽」。一八四三年，維多利亞女王與王夫阿爾伯特（Albert）前往諾曼第，到路易．腓力位於厄鎮（Eu）的城堡拜訪他——這是自亨利八世以來首度有英國君主造訪法國，[5]也是第一次有歐洲君主以個人身分向這位「公民國王」（citizen king）表現團結的姿態。路易．腓力的女兒——比利時王后，要自己的父親拿出最好的一面：「維多利亞**從來不談**政治……她想拜訪的是一位家長，而非國王……。親愛的父親因此得如平常一般自然、慈愛、真誠，有家長風範。」[6]結果真的有效，女王也適時以熱情對待奧爾良家族，態度真摯、家常而關愛——十足「維多利亞」。一八四三年，法王在御座上發表演說時，用了「摯誠協議」一詞。他計畫在一八四四年到溫莎回訪（他的妻子還寫信請維多利亞確保他不會吃太多，也別讓他騎馬），並開始讓王室與部會首長舉行年度會面。路易．腓力對維克多．雨果吐露心聲：

> 我在那兒會受到歡迎的，因為我會講英語。英格蘭人也相當感謝我，因為我很瞭解他們，對他們沒有恨意——畢竟每個人起先都恨英格蘭人……。但我尊重他們，而且也表現我的尊重。在我與英格蘭人之間唯一需要擔心的，只有太過熱情的招呼……。在英格蘭受歡迎，或許代表在本國

1【編註】英法《摯誠協定》（Entente Cordiale），在歷史上共有兩次：第一次是法王路易腓力於一八四三年演說時提出，但當時並未書載於文字，亦因國際情勢無疾而終，僅象徵雙方對彼此的態度開始轉變。第二次則是英法於一九〇四年正式簽訂的《摯誠協定》，雙方正式進入同盟、合作關係，此詞因此也被譯為「英法協約」。英、法兩國後來也與俄國簽訂「三國協約」——這也是後來英、法、俄陣營在一次世界大戰期間被稱為「協約國」的由來。

不受歡迎……。但我絕不能在那兒受到不體面的待遇：一旦如此，連本國也會挖苦我。[7]

這次訪問相當順利，基佐相當開心：「成效絕佳，在英格蘭好，在本國也好……。他〔路易・腓力〕在英格蘭受到的歡迎令人與有榮焉，全歐洲都看到這次的盛大場面。人們對於和平鞏固感到滿意……。我們對英格蘭要的也就只有這些。」[8]歷史上鮮少有如此瞬間，能讓一位法國政府領袖寫下如此字句。

偏偏事情急轉直下的速度，也和扶搖直上的速度一樣快。衛理會傳教士喬治・皮里查（George Pritchard）正好從南太平洋歸國，帶來一段法國人暴行與侮辱的故事。此前他成功在大溪地傳福音，成為大溪地女王波馬雷（Pomare）的幕僚兼英國榮譽領事。一八四二年，法國太平洋分艦隊指揮官小圖阿爾將軍（他是尼羅河戰役那位無腳英雄的姪子，見上冊第五章的「從無法得勝的戰爭到不穩的和平」）宣布大溪地為保護國。小圖阿爾的行動並未得到授權，但符合法國在遠洋攫取基地，作為殖民擴張墊腳石的政策。愛國輿論（特別是左派）贊同此舉，視為拓展法國文明、與英國抗衡的方法。小圖阿爾在一八四三年十一月廢黜波馬雷女王，宣布大溪地為法國領土，同時逮捕皮里查，驅逐他出境。皮里查抵達英格蘭後，讓亞伯丁與基佐極為尷尬。亞伯丁寫道：倘若「你我這兩位管和平的大臣，居然非得因為世界另一端一幫光溜溜的野蠻人而爭執，這實在是糟透了」。[9]媒體與教會慈善家們怒不可遏。沙夫茨伯里勳爵流下了「悲痛而憤慨」的眼淚，因為這些「和平而無助的人」、「基督徒的楷模」，以及「守法、遵循體制的英格蘭人」，居然要遭受「被屠殺、破壞、褻瀆與罪行淹沒」的命運，且英格蘭還袖手旁觀。「令人不齒的懦弱態度。」沙夫茨伯里勳爵寫道。[10]基佐試圖對整件事情冷處理，但最終仍提供皮里查財產賠償。雖然連亞伯丁都覺得這筆錢「相當微薄」，但法國國會與報界仍然反對，他們的看法與亞伯丁完全相反，認為法國才是受到傷害的一方：法國讓大溪地更為開化的高貴努力遭受阻攔，被一個英格蘭人和一個偷偷摸摸的衛理會士踢到一旁；政府居然真的支付賠償金，這不僅駭人聽聞，而且證明「基佐勳爵」是個卑微的魁儡。一篇諷刺文章寫道：「我們有個渾蛋英格蘭人擔任部長，他是皮里查牧師最謙卑的僕人。」[11]「皮里查分子」（*Pritchardiste*）變成基佐支持者身上的負面標籤，貼到他下野為止。民眾募資將一把精緻的榮譽配劍送給小圖阿爾，路易・腓力在海軍服役的兒子儒安維爾親王（Prince de Joinville，曾護送拿破崙的遺骸回到法國）也出了錢。

如果大溪地事件令人尷尬，那接著在西班牙發生的就是一樁悲喜劇。每個人都記得那場削弱拿破崙、同時卻也讓整座伊比利半島化為焦土的「西班牙潰瘍」（指上冊第六章的半島戰爭）。一個世代之後，西班牙仍然是一片混亂，法國與英國則分別支持彼此敵對的派系。商業利益或許重要，但威望與國防安全卻遠甚於商業利益。巴麥尊習慣做最壞的打算，他擔心法國會占領馬德里，西班牙人將再度反抗，而英國則會捲入另一場半島戰爭——但若是姑息，便會鼓勵法國人在比利時與其他地方採取更具威脅性的冒險舉動。宮廷與軍隊派系主宰了馬德里。由於西班牙女王伊莎貝拉（Isabella）和她的妹妹都還是少女，為她倆尋覓合適夫君，便成為獲得重大政治影響力的方法。亞伯丁與基佐都認為彼此得達成協議。英國人只要覺得自己得到對方大致同意便相當開心，但法國人的腦筋都放在協約的細項上——這不是第一次，也不是最後一次。協議的內容是讓西班牙女王與她其中一位表親成婚（可能是加的斯公爵〔Duke of Cadiz〕），之後（英國人的想法是，等到她生下繼承人）再將她的妹妹嫁給路易．腓力的么子，蒙特龐謝公爵（Duc de Montpensier）。但一位史家表示，外號「帕姬塔」（Paquita）的加的斯「稱不上一匹很有吸引力的種馬」，人們普遍懷疑他能生出繼承人——即便路易．腓力語氣輕鬆承諾「動個手術，一切就都成了」，還是無法打消眾人疑慮。假如加的斯表現不佳，西班牙王位就會在某一刻傳給路易．腓力未來的孫子——法國人偷偷期待的是這個結果。西班牙的親英國派系則開始思考，一位薩克森．科堡親王（維多利亞女王的另一位親戚）興許是比帕姬塔更能生的種馬。為了先發制人，親法派趕在同一天——一八四六年十月十日，讓一開始規劃的兩對新人成婚。基佐慶幸自己做了「這麼件天大的好事」。[12]法國人曉得倫敦方面會很生氣，但他們卻沒料到憤怒之情不僅攫住了巴麥尊及其大使（他打算派一批暴民到馬德里掀起暴動）這樣的強硬派，連法國最好的友人亞伯丁，以及蘭斯當等一輩子的親法人士都怒不可遏（蘭斯當火冒三丈，怒斥法方「腐敗」、「欺騙」和「背信」）。維多利亞女王還寫信給曾經的友人——巴麥尊稱之為「是個騙子」的路易．腓力。

為何「摯誠協定」會落得如此下場？一般人都怪巴麥尊，甚至有一位現代的法國學者在描述他時，說：「法國人對他的恨意與藐視，只有對整個英格蘭民族的恨堪與之相比。」[13]但巴麥尊確實是真心誠意，渴望為自由政府的普及盡一份力；此外，皮里查事件與西班牙王室婚姻問題都發生在他下野之後。

巴麥尊勳爵（Lord Palmerston）。這位愛國的自由派對法國的野心感到不耐煩。

史家道格拉斯・約翰遜（Douglas Johnson）點出真正的問題所在：對英國人來說，「協定」是約束法國的手段；但對法國人來講，「協定」則是約束英國的手段。[14]即便是最鴿派的法國政治人物，也希望法國得到平等夥伴般的對待——一八一五年一定要留在過去才行。他們想要殖民地、經濟讓利，以及對西歐小國的影響力——特別是希臘、比利時與西班牙。但是，沒有一個英國政治人物（無論經歷多淺）打算假裝拿破崙戰爭從未發生，更不可能表現得像法國贏得戰爭一樣。由於法國人對英國與國內「皮里查分子」的敵意如此強烈，路易・腓力及大臣也不敢太過溫和。據國王的敵人所說，國王的晨禱詞是：「求祢今天賞給我們日用的平庸（platitude）。」[2]

2【編註】「求祢今天賞給我們日用的……」典出《馬太福音》第六章九至十三節，為基督信仰中知名的主禱文（Oratio Dominica）。法語的*platitude*在此不是作「陳腔濫調」解，而是取「平庸」之義，諷刺法王每天晨禱都在行自貶之舉。

即便是一再遭人挖苦為「基佐爵爺」、「英格蘭人口袋裡的偽善新教徒」的基佐，心中也抱持「不斷滋長的復仇渴望，表面下的深仇大恨隱約可見」。[15]用基佐的話來說：「你得在大勝與慘敗、戰敗與代價高昂的凱旋之間做選擇。」復仇是甜蜜的，「一八四〇年，針對不幸的埃及問題，英格蘭在歐洲取得了勝利。一八四六年，關於西班牙的重大事件，她不僅遭到挫敗，而且隻身一人」。[16]法國外交官主張，法國對於西班牙王室婚姻問題有其權利，英國人只是「輸不起」的偽善者——法國史家至今有人抱持這種看法。我們無須拘泥於是非對錯：看似擊敗英國，讓這起事件在政治上變得極為重要。但此事對當局的政治聲望沒什麼幫助，批評家將基佐的「勝利」貶為區區的王室計謀，與法蘭西真正的名聲與利益無涉。

從有如奧林帕斯眾神的視野來看，我們或許會認為西班牙女王的婚事、皮里查的賠償金，甚至是埃及對貝魯特[3]的主張，都不值得大驚小怪。但政治家、記者與選民難免都是其時代的囚徒。雙方都認為彼此是全球競爭對手，而且他們確實沒錯。滑鐵盧戰後的法國並未放棄鬥爭。事實上，法國**從未**放棄。兩國想法最開明、心地最高尚的人物——包括托克維爾與約翰．史都華．彌爾（John Stewart Mill）等偉大的自由派思想家，都對各自民族的權利與責任堅信不移，自視為進步先鋒，要決定地球的未來。英國之所以如此，是因為過去的勝利、技術的先進，以及自詡的道德高度——福音派的慈善事業強化了這種看法。至於法蘭西，則是因為其引以為傲的優越文化，以及普世性的意識形態主張——尤其是來自一七八九年的《人權宣言》。結果，兩國具備影響力的人物，仍然用法英之爭的角度來看世界，他們也因此成為新自由帝國主義的擁護者。[17]

當時不會有人知道，這種競爭再也不會帶來一場法國與英國之間的戰爭。總之，西班牙王室的爭議有著不成比例的結果，就像是一隻蝴蝶在東京拍動翅膀，卻為紐約帶來一場風暴一樣。儒安維爾親王發表一本小冊子，探討法國的汽船攻擊英國貿易、劫掠其海岸的可能，並描述法國陸軍利用「蒸汽橋」出其不意入侵——威靈頓與巴麥尊對此都感到恐懼，認為確有可能。[18]英國政府宣布大幅增稅，以支付強化海軍與本土防務所需。此舉造成反對與激烈的示威遊行。為了安撫不滿情緒，倫敦方面開始將若干負擔轉嫁到殖民地，指示殖民地上繳更多，並且自己建立防禦部隊。但這種要求反而在整個帝國掀起不滿的風暴，甚至公然反抗政府，結果成了各個殖民地轉變成自治領的歷史性開端。[19]英國此舉在歐洲的影響甚至大於殖民地。法國與英國的分裂，讓奧地利人與俄羅斯人見獵心喜，打算讓裂縫擴大。兩國入侵獨立城市克拉考（Cracow）、在瑞士內戰中鼓動保守的天主教州郡，並威嚇義大利的民族主義者。「自西班牙婚姻問題以來，」拉馬丁控訴：「法蘭西背叛了自己的本性與數世紀以來的傳統……皮埃蒙特有奧地利人，克拉考有俄羅斯人，到處都沒有法國人，到處都在反革命！」這一波突如其來的不穩，開啟了整個脆弱歐洲體系的崩潰。

一八四八年是「革命之年」，歐洲各國政府陷入混亂，七月王朝就是其中一個受害者。史家們無

3【編註】指一八四〇年東方危機的爆發點，參見第七章。

法明確說出革命發生的原因。一八四〇年代晚期的經濟大蕭條顯然有其影響，西歐大部分地區陷入饑荒，經濟遭受重擊，創造大批飢餓的無業工人與破產的生意人。但革命為何發生在法國，而非比利時、荷蘭或英國？一個想當然耳的解釋是，法國就和其他幾個國家一樣，因為革命與拿破崙戰爭而動盪不安、同時實力又不足以渡過社會與政治的嚴重動亂；但法國與英國令人憂心的關係，也在兩個層面上造成影響。其一，路易．腓力與基佐遭人攻擊為不願捍衛法國利益與顏面的「皮里查分子」，過去的支持者因而漸行漸遠。其二，他倆相信（不是空穴來風）自己受到魯莽的軍國主義者圍困，這導致兩人決心繼續抓緊政權，拒絕政治改革。「你們想改革，但你們得不到！」國王告訴其中一位大臣：「改革會導致……戰爭！我不會破壞我的和平政策。」[20]

一八四八年二月二十四日[4]，群眾湧向杜樂麗宮，國王和家人馬上往英吉利海峽出逃。英國人對於西班牙王室婚姻所懷的怒氣還沒消。路易．腓力的女兒很確定：「父親的尊嚴不允許他前往英格蘭領土上的任何地方尋求庇護。」偏偏革命席捲歐洲，他沒有其他地方可去。英國駐勒阿弗爾的副領事用墨鏡、帽子幫他喬裝，刮掉他的鬍子，讓他搭上英國渡輪，持假造的英國護照偷渡出境。法蘭西王國的最後一位國王，就以副領事叔叔比爾．史密斯（Bill Smith）的身分離開自己的國家。「我親愛的叔叔不光多話，講話又大聲，我費盡九牛二虎之力，才讓他安靜下來。」副領事如此搪塞。[21]基佐則逃往約克郡。維多利亞女王說話得體，表示領事的做法表現了「堅定的道德」，但她實則對此並不歡迎。當局沒有多少尊敬的意思，將倫敦南邊的克萊蒙特公館（Claremont House）借給流亡的法王一家，結果這幾位難民因為水管中的鉛而嚴重中毒。巴麥尊向巴黎的新共和政府保證不會允許流亡人士密謀復國。路易·腓力就在海濱聖倫納茲（Leonard's-on-Sea）的病人扶手椅上結束了生命。

「天佑這道狹窄的海」：從革命到帝國，一八四八年至五二年

天佑這道狹窄的海、使她免於紛擾的海，
使我們的不列顛盡皆存乎其內……
我願〔這海〕寬廣有如整面大西洋。

——阿爾弗雷德·丁尼生（Alfred Tennyson），〈公主〉（The Princess, 1850）

法國發生的革命既嚇人又刺激，揭開了一幕幕流血、解放與戰爭的景象。隨著消息從巴黎傳出，革命也在歐洲各地爆發。人在巴黎與倫敦的波蘭、義大利與日耳曼流亡人士歡欣鼓舞，起草各種宣言，購買槍枝。政界與各國君主一片戰慄。普魯士國王預測自己將在斷頭臺上結束生命，一位奧地利大臣則是遭人以法國革命時的風格，吊死在維也納的一盞街燈上。連維多利亞女王都擔心：「接下來即將

4【編註】史稱「二月革命」（February Revolution, 1848）。

降臨我們身上的是什麼，只有上帝曉得。」[22]法國當局宣布阿爾方斯・德・拉馬丁（從保守派轉變為共和派，是一位偉大的法國抒情詩人）為臨時共和政府領袖。這不是他詩藝使然，反而是因為他不久前寫的暢銷書《吉倫特派歷史》（*History of the Girondins*）——書中讚揚革命，從而在民眾心中建立對他的信任。法國內外普遍鬆了口氣，因為整個七月王朝統治期間，他一直勇敢抨擊無所不在的民族主義。他在一八四〇年對國會大膽表示：「我認為無止盡地神化戰爭不是件好事。在經過二十五年和平日子之後鼓勵法人衝動流血，告訴我們要渴望流血，這種做法簡直是把全世界的和平、幸福與光榮當成民族恥辱。」[23]這號人物向歐洲保證，第二共和不打算模仿第一共和。拉馬丁在政府中的同僚包括好戰的左翼民族主義衛士。過去在路易・腓力統治時，他們一再要求革命式的末日對決，但掌權後面對混亂與破產，他們都收手了。「我們熱愛波蘭，熱愛義大利，我們熱愛所有受壓迫的人民，」拉馬丁宣稱：「但我們愛法國甚於一切。」[24]

英國無人對路易・腓力的遭遇感到遺憾，一份報紙表示：「全人類或許有四分之三會用滿意的笑來迎接」他的失勢。[25]許多人熱情支持法蘭西新共和國。牛津大學埃克塞特學院（Exeter College）的青年學者詹姆斯・安東尼・弗羅德（James Anthony Froude）雇了一支管樂隊，到校長的窗下演奏〈馬賽曲〉。革命的消息令激進派、憲章派（Chartists）[5]、愛爾蘭民族主義者與流亡政治人物聞風而動。有些人在倫敦參加政治集會的過程中聽到消息：「法國人、日耳曼人、波蘭人、馬札爾人（Magyars）跳了起來，以最激動的熱情互相擁抱、高聲道賀……當晚，響亮的碰杯聲響徹蘇活區與萊斯特廣場內外。」[26]

縱使白廳氣氛嚴肅得多。人們對於西班牙王室婚姻的怒意依舊激烈，程度甚至到已經準備好向法國新政權表示祝賀了。「我們渴望友誼，並且與擴大與法國的貿易交流，」巴麥尊寫道：「我們會出手防止歐洲其他國家干預……。法國統治者則得預防法國攻擊歐洲其餘地方。若以此為基礎，我們或許能與法國建立……遠比路易腓力和基佐時期更為友好的關係。」[27]雙方若無其事，解決了關於英國工人遭追趕、逃出法國的問題。情勢不比一七八九年，法國政府熱情接受建議，深知英國人的保護能讓俄羅斯人或奧地利人無從下手。拉馬丁寫道：「一旦法蘭西與英格蘭決議共同保障歐洲之和平，便沒有一國能擾亂和平卻不受懲罰。」[28]他甚至去信年邁的威靈頓公爵，保證自己希望讓法國採用英國式的憲政體制。他跟英國大使——前托利黨國會議員諾曼比勳爵（Lord Normanby）天天會面。諾曼比認為，拉馬丁的優點就在於他是唯一一位真心喜愛英國的共和主義者；他甚至娶了英格蘭妻子。拉馬丁透過使館，告知倫敦並與之商討共和國的對外政策，甚至是國內政策——例如官員任命和選舉制度——有時一天好幾次。眾恨所歸的仇法人士、有本事到每一場聖誕童話劇中演出約翰牛的巴麥尊，以及平淡自適的詩人、能帶著同一種安逸上臺飾演法國人的拉馬丁——兩人肩並肩，看顧法國第一個真正民主制度的搖籃。

革命發生後的幾星期，憲章派的代表與愛爾蘭民族主義者趕往巴黎，一面傳達祝賀之意，一面尋求支援。憲章派（從英格蘭的愛爾蘭移民身上獲得濃厚的愛爾蘭元素）舉行多場公開集會，讚揚革命：

5【作者註】憲章運動是英國最重要的民主運動，成員中有大批工人階級，致力追求以民主權利為內容的《人民憲章》（People's Charter）。

「法蘭西有了共和國，英格蘭也該擁有憲章。」若干激進的憲章派領導人對法國倍感親切：費爾加斯·奧康納（Feargus O'Connor）是聯合愛爾蘭人會會員之子，其父在拿破崙手下擔任將領；布隆特爾·歐布萊恩（Bronterre O'Brien）正在寫羅伯斯比爾的傳記；喬治·朱利安·哈尼（George Julian Harney）則是馬拉的崇拜者。英國當局對法國和愛爾蘭激進分子的聯絡相當警惕，尤其是當時的愛爾蘭深受饑荒與鄉間暴動之苦。威廉·史密斯·歐布萊恩（William Smith O'Brien）是其中一位代表，他在演說時提到豐特努瓦戰役中的法國與愛爾蘭同盟，讓諾曼比火冒三丈。拉馬丁的回應則是告訴「青年愛爾蘭黨」（Young Ireland，愛爾蘭民族運動中的激進派）代表：「我們現在處在和平狀態，我們希望維持和平——不光是跟你們，跟大不列顛的一部分，而是跟整個大不列顛保持和平。」巴麥尊稱許此舉「最是高尚而紳士」，《潘趣》（*Punch*）雜誌則把此事畫成愛爾蘭人被人潑了冷水。[29]在愛爾蘭領袖的演說中（以及期待中），法國占的分量開始迅速下跌。

遭受激進派與民族主義者包圍的拉馬丁，以一份措詞謹慎的宣言（發表於三月二日）為共和國的外交政策定調，試圖討好國內輿論，同時安撫外國政府。他提前將宣言內容告知諾曼比，確保諾曼比對此有充分的瞭解：

> 雖然戰爭……對於一七九二年的共和國非常關鍵，更是其必要的光榮，但如今已不是法蘭西共和國的方針……。全世界與我國人民皆渴望推動兄弟情誼與和平……。在法蘭西共和國眼中，

一八一五年的條約已不再有合法的根據；即便如此……那些條約仍然是事實……。本共和國……不會以祕密或煽動的方式宣傳觀點；〔而是〕以光明正大、尊重與同情，作為轉變信念的唯一方式。[30]

拉馬丁甚至為西班牙王室婚姻一事譴責七月王朝：「阻礙我們的自由聯盟。」巴麥尊則斷言：「等水氣散去，撈去浮渣，你會發現剩下來的是與其他政府和平、友好的夥伴關係。」[31]但法方仍留有後手。拉馬丁與其他共和主義者並無二致，都想擺脫一八一五年的條約，重獲拿破崙所失去的領土，並鼓勵民族運動尋求法國的領導。他和繼任者儒勒・巴斯蒂〔（Jules Bastide），好戰派報紙《民族報》（*National*）前總編〕暗中積極援助義大利、比利時、波蘭、匈牙利與日耳曼的革命分子。但會咬人的狗不會叫：仇英人士一片緘默。如果我們想指出法國與英國關係的轉捩點，這便是其中之一：七月王朝的親英派曾嚴肅考慮對英國開戰，共和政府的仇英派卻否決這種做法。他們尋求良好的關係，以防止反法同盟再次出現。一八四八年至四九年，俄羅斯人與奧地利人在匈牙利與義大利殘酷鎮壓民族解放運動，英國輿論因此反轉，法國也從中獲益。巴麥尊甚至考慮鼓勵法方動武，終結奧地利對義大利北部的統治。他加入法國人保護匈牙利難民的行列，而且當奧地利將領尤里烏斯・雅可布・馮・海瑙（Julius Jacob von Haynau）遭倫敦工人痛打時，他也拒絕道歉。

一八四八年春夏之時，英國與法國兩國的注意力都擺在國內政局上。憲章派在英國工業地帶舉辦一系列集會，以四月十日的倫敦大規模遊行為高潮，並且向國會遞交一份厚重的請願書，要求制定憲章。政府（在威靈頓的建議下，而且也從法國的事件中學到教訓）徵集人數龐大、僅配有警棍的志願警察特別部隊。這一天變得非常有名，在若干互相衝突的傳說中成為主題。遊行平和度過，國會對請願不予理會，英國各地的觀察家因此相信本國不會加入「革命之年」的行列——其實原本就不會有機會。英國統治階級遠不像法國那麼分化。當局採取措施，成功維持秩序。各界輕鬆得出「英國無須革命」的論點。《蘇格蘭人報》（*The Scotsman*）表示：「法國發生革命，是因為該國民眾甚至連**要求**我們已經擁有的，都不受允許。」[32]前面已經提到，英國的海外帝國領土對革命可沒那麼冷漠——他們擁有的權利甚至比法國人更少。加拿大（議會被人燒掉）、澳大利亞、錫蘭、開普敦與許多小型殖民地都發生騷亂，人們經常公開呼籲以法國為榜樣。[33]愛爾蘭一如既往，是志向最遠大的殖民地，但若少了法方的支援，「青年愛爾蘭黨」的起事也就不成氣候。

法國的革命浪潮也發生轉變，而且更為血腥。一八四八年六月，巴黎失業工人出於對政治與社會的不滿，發動大規模武裝叛變，但遭到路易．歐仁．卡芬雅克（Louis-Eugène Cavaignac）將軍指揮的部隊擊潰——卡芬雅克是少數幾位真正的共和派將領，後來也成為政府的新領袖。路易．腓力在英格蘭發表評論：「共和政權真是幸運，可以朝人民開槍。」卡芬雅克告訴諾曼比：「他相信倫敦與其他地方都會感到相當滿意。」[34]此時，法國的革命已經結束了，而且再也無法激勵英國的激進分子。

真正的受益者另有其人，此君不久前才開始在英國吸引眾人目光——路易．拿破崙．波拿巴，拿破崙的姪子。拿破崙唯一的兒子——「拿破崙二世」、「小鷹」（The Eaglet），年紀輕輕便已死在奧地利。路易·拿破崙是拿破崙在政治上的傳人。直到一八四八年為止，他的職業生涯都是一樁爛笑話。一八三六年至一八四〇年間，他數次以荒唐的手法試圖奪權，他被關進大牢裡，然後又逃獄，爾後在倫敦過起花花公子的生活。革命發生後，他重返法國，發現自己成為政界名人。等到他宣布自己將競選共和國的第一任民選總統時，情勢立即明朗開來——他會以壓倒性的票數勝選；到了一八四八年十二月，他也一如所料當選。拿破崙神話讓他得以宣稱「我的名字本身就是一場大戲」，該神話成形於聖赫倫那島，將皇帝描繪成無私的善心人士。拿破崙三世塑造一種關心社會問題的形象。其他政治選項——共和派、保王派、社會主義者，全都把自己搞得大失民心。他因為彼此不同甚至互相衝突的原因，吸引到人們的支持：他防止革命進一步發展，同時阻止保王派的反革命；他幫助窮人，同時恢復商界信心；他既能讓法國偉大，又能維護和平。然而，新憲法只容許四年一任的總統擔任一屆，這對波拿巴家的人來說不夠。為了保住權力，他在一八五一年十二月二日發動政變，巴黎陷入短暫的動亂，地方則發生大規模叛亂。一場公民投票讓他獲得民眾壓倒性的支持；但人們絕不會忘記他讓法國人流血，還把上千人流放殖民地。

✣ ✣ ✣

【延伸】親王總統的第一夫人

「哈莉葉．霍華小姐」（Miss Harriet Howard）生於一八二三年，本名伊莉莎白．哈莉葉（Elizabeth Harryett）。她是布萊頓一間酒店老闆的女兒，面容姣好，人又聰明，是位談吐得體的交際花，也是少數幾位能在法國因為魅惑人心而知名的英格蘭女子（雖然她符合不受時下歡迎的刻板印象）。沒有任何英格蘭女子能在法國政局中扮演如此重要的角色——或許只有維多利亞女王例外。她的事業從冠軍騎師傑姆．梅森（Jem Mason）的情婦開始展開，後來在倫敦遇見路易．拿破崙，於是精明地挑中這位贏家。她不僅為這位覬覦權力的人提供寬慰，更在他仍然是個受人鄙夷的局外人時，為他的政治事業投注重要的資金。路易．拿破

從酒吧到王宮：名花霍華小姐。

崙不像大仲馬《茶花女》(*La Dame aux camélias*)的主角，他絲毫不在意從愛人不體面的掙錢方式中獲益。然而，無論霍華小姐的魅力多麼賺錢，都不大可能讓自己富有到能給他好幾十萬法郎。說不定，她是為祕密捐獻者提供一條管道？等到路易．拿破崙成為「親王總統」(Prince-President)後，他經常在她離艾麗榭宮非常近的房子裡，與政治盟友祕密會面。但當她在路易．拿破崙一八五一年政變後，以他的非正式伴侶身分出現在杜樂麗宮時，卻震驚了巴黎社交界。一旦總統成了皇帝，她馬上就得讓路給一位安分的妻子、王朝世系的母親。她夢想幻滅，心中的苦楚用一座城堡、一份年俸、一位丈夫與一個頭銜都無法撫慰，後來在一八六五年過世。

✣ ✣ ✣

一八四八年至一八五一年這段期間的發展，推翻了正統自由派觀點認為「法國與英國遵循的道路將趨於一致」的看法。法國發生了一場革命、一次內戰與一場政變，接下來二十年間，路易．拿破崙(在一八五二年稱帝，號「拿破崙三世」)將法國轉型為現代化的獨裁國家。英國卻與此相反，平安度過「革命之年」，甚至沒有一位閣員下臺。憲章派與愛爾蘭人在一八四八年的行動若非迅速遭人遺忘，就是融入連續、一致、溫和而改革的民族敘事中。一位奧地利大臣說，英國「與歐洲社群相去甚遠」。[35]借丁尼生的知名詩句來說，英國就是——

一個擁有穩固政府的地方，
一個以公正和古老聞名的地方，
自由之河在此緩慢開闊而下，
從一個先例到另一個先例。

這種隔絕感影響了英國人的認同，法國則是再度成為絕佳的實例，代表英國所遠離的一切：一八三〇年終究沒有成為法國的一六八八年。法國似乎配不上自由。英國人則是得到自我滿足感，而且說不定是歷來最高的水準。學童將學到自己屬於「最偉大、最有文化的民族，世所僅見……。歐洲近代文明在不列顛群島得到最完整的展現……。英國人是獨一無二的民族」。[36]法國人則遭受調侃，或者更慘——受人同情。有人判斷這不過是尋常仇法心態的症狀。[37]但情況已有變化。首先，若與一七九〇年代和一八〇〇年代相比，舊有的排法意象——浮誇的言談舉止、細瘦身形、紈褲子弟的外表——已經消失了。漫畫中的法國人（有些出自法國畫家之手，如為《潘趣》雜誌工作的保羅．卡瓦尼〔Paul Gavarni〕）不再畫得像是與英格蘭人不同的人種。自卡芬雅克與路易．拿破崙．波拿巴的獨裁統治以降，最常見的法人特質符號，已經變成軍服、流行的軍人鬍與山羊鬍。從一八一四年開始，法國人便形成了一套固定的「英格蘭人」刻板印象，但英國人對近代法國人卻再也沒有明確的形象。其次，「排法」的英國人批評之詞，跟法國評論家自己表示的說法是分不開的：英國人的看法受到自由派與流亡的共和主義者影響，而流亡人士則是對自己母國抱持悲觀看法。

✣ ✣ ✣

【延伸】去國懷鄉：雨果與法國的雷霆之聲們

戲劇中的勝利者，浪漫故事的勝利者，
為幻夢希望與恐懼編織雲朵，
法蘭西人中的法蘭西人，人類眼淚的主宰……
至今仍桀驁不馴，法蘭西的雷霆之聲！
一個不愛我們英格蘭的人——人們如是說；
但我不曉得——英格蘭或法蘭西，人們都這樣說
卻能在不久前讓一個民族為一人而爭。

——阿爾弗雷德・丁尼生，〈致維克多・雨果〉（To Victor Hugo）

如今問題在於，這幾座島究竟屬於我們，還是屬於維克多・雨果和他的同伴。

——巴麥尊勳爵，一八五五年十月

一八四八年，一位法國流亡人士——即路易．拿破崙．波拿巴——離開英格蘭，還有一條人流流回英格蘭。先是路易．腓力及其隨員，接著是基佐與其他部會大臣。左翼的難民則在一八四八年六月後來到，而後又有更多左翼政治人物在一八四九年五月註定失敗的起事後前來。一八五一年十二月政變後，又一批為數可觀、組成各異的人湧入英國，包括天主教保守派、自由派、共和主義者，以及變色龍維克多．雨果——他曾經擔任過好幾種政治理念的化身，但如今找到自己擔任流亡名人的天命。流亡英倫的人總數約四千五百人，有些人是遭到放逐，但多數是為了躲避牢獄或流放殖民地之災。雖然多佛當地抱怨納稅人的負擔，但整體而言，英國對於自己能不置一詞便提供庇護仍相當得意：自一八二三年至世紀末，英國沒有拒絕任何一為尋求政治庇護的人，或是將之驅逐出境。這種做法令其他國家的政府大為不滿，懷疑英國人與巴麥尊這位「受到所有歐洲人真心痛恨的人」是為了他們自身馬基維利式的目標而煽動顛覆。[38]

流亡、貧困、低潮與挫折並未讓人產生對地主國，或是對其他流亡人士的欽羨。多數的流亡人士相當封閉，對英式生活不感興趣。英格蘭人同樣對他們漠不關心，畢竟這些人並非一場共同抗爭中的盟友。許多難民集中在蘇活區與萊斯特廣場附近消費便宜、骯髒的街道——傳統上流亡者的聚集地，經常在此光顧咖啡店、政治性俱樂部，以及托馬斯．維爾德氏圖書室（Thomas Wyld's Reading Rooms）。一八五一年三月，一場共和主義者的宴會共有六百人出席。一位警察回報，表示這類聚會是「非常奇妙的光景……雜碎（Canaille）、小偷（Voleur）、強盜（Brigand）、匪類（Coquin）、惡棍（Jean-foutre）等字眼一直出現在彼此的言談中」。[39]流亡人士對收容他們的東道主也不客氣批評。激進派領導人亞歷山大．勒德呂．洛蘭（Alexandre Ledru-Rollin）快筆寫出《英格蘭的墮落》（*La Décadence de l'Angleterre*），滿心期待地預測英國將因大規模饑荒而逃不過崩潰的命運，結果引起不滿。這本書是對「在巢穴中孤身等待的禿鷹」常見的長篇謾罵，堪稱酣暢淋漓，內容痛批該國有剝削人的貴族階級、飢餓的工人、地獄般的貧民窟、受苦的殖民地、淪陷於「逸樂放蕩」的大學，而且缺乏理念、組織，人們甚至連講話都沒有語法。[40]流亡的俄羅斯人亞歷山大．赫爾岑（Alexander Herzen）認為：「法國人不願饒過英格蘭人，首先是因為他們不講法語，其次是因為當法國人把查令十字車站（Charing Cross）讀成『沙蘭—庫羅』（Sharan-Kro），或是把萊斯特廣場（Leicester Square）讀成『列賽斯迭爾—斯庫阿』（Lessesstair-Skooa）時，英格蘭人都聽不懂。還有，法國人的胃無法消化英式餐點……英格蘭人所有的習慣，無論好壞，法國人都討厭。」雨果則是發下豪語：「等到英格蘭想跟我交談時，就會學著講法語了。」[41]

入境隨俗（假使真有可能）會傷害流亡人士的團結。基佐謝絕了牛津大學的教席。有位社會主義領袖因為適應得太好（他甚至讀起英文書，買了家具），結果被人嘲笑是「路易．布

維克多·雨果在澤西島上。

朗先生」(Louis Blanc Esquire)[6]。雨果拒絕過倫敦的文藝圈社交生活，也拒絕別人接待，拒絕鄉間別墅——以他的名聲與版稅收入，其實是過得起這種生活的。就連他對性事的貪婪，也無法阻止他選擇在流亡生活中過流亡生活，盡其所能住到最靠近法國的地方——海峽群島(Channel Islands，侍女和當地的貧婦讓他感到心滿意足)。他別出心裁，設法把他用書本篇幅罵人的《小拿破崙》(*Napoléon le Petit*)與《懲罰集》(*Les Châtiments*)偷渡進法國；這兩本書在英國也頗具影響力。他創立了一種新宗教(至今在越南仍有人信奉)[7]，繼續進行降神術實驗(雨果宣稱拿破崙一世稱讚他反對其姪兒)。大約有一百位最激進的流亡者——據長期與雨果共甘苦的愛人朱麗葉·德魯(Juliette Drouet)所說，他們「披頭散髮、駝背而遲鈍」[42]——來到澤西島(Jersey)，聚集在他身邊，受到法國副領事與皇家海軍的監視。但他們在這兒得到的法律保障不比英格蘭，一位流亡人士發表對維多利亞女王的不敬之詞後，有好幾十個人跟著他一起遭到驅逐，簡直就是為了討好法國政府——因為此時的法國，是英國在克里米亞戰爭中的盟友。雨果則

雨果思索自己的島嶼流放生活，宛如「命運」的浪潮。

是直接搬到根息島（Guernsey）。雨果認為真正的流亡人士——比如他過去崇拜的英雄拿破崙，就該待在一塊被海包圍的岩石上。他說：「我要凝望海洋。」拿破崙曾經擁有隆伍德公館，雨果則有奧特維爾公館（Hauteville House），兩座公館對於其主人的自尊心來說都是聖地。對於維多利亞時代的英格蘭和法蘭西第二帝國來說，根息島都是個無人聞問的地方——特別是因為英格蘭在這時開始尋求法國的幫助。

雨果將自己超人般多產的歲月，花了將近二十年在流亡生活上，而他也因此聞名於世，甚至比同樣多產的英格蘭文人狄更斯和丁尼生名氣更大。他完成了《悲慘世界》（*Les Misérables*）——

6【譯註】「Louis Blanc」仍然是法文名，但「esquire」是英文對男子的尊稱。其他人故意用這種方式揶揄之。

7【編註】越南高臺教（Caodaism）是一九二六年興起於越南的新興宗教，今日越南第三大宗教。雨果、孫中山、釋迦摩尼與耶穌等各方宗教人士或聖賢皆為其供奉對象。

後拿破崙時代法國政治與社會的磅礴史詩，叫好叫座的偉大成就。他寫了大量的詩作、文學預言，以及兩部小說。其一以海峽群島為背景，其一則是幻想中的英國，住著關伯蘭（Gwynplaine）、黛雅（Dea）、林奈烏斯．克蘭查理勳爵（Lord Linnaeus Clancharlie）等角色。與此同時，他的兒子則翻譯莎士比亞。雨果與大多數幻想破滅的法國左派一樣，放棄了被拿破崙三世挾持的民族主義。法蘭西「是個可憐傢伙的妓女」，已經證明自己沒有資格執行解放人類的神聖使命。拉馬丁對此鄭重表示：「對人民來說實在太不幸了。」雨果轉向反戰思想，為廢除死刑而奮鬥，並夢想著一個統一的歐洲——屆時，人們得設法在沒有法國領導的情況下創造這樣的歐洲，但它將會以巴黎為首都：「在它的人民尚未出現之前，歐羅巴便有了一座城市。」最後，他始終是反對拿破崙三世獨裁的「持續之聲」：

如果我們只有一千人，那算我一個，
如果只有一百人，也會有我。
如果十人堅定不退，我會是那十人之一
要是只有一人，那鐵定是我！

✣ ✣ ✣

「這般忠實的盟友」：一八五三年至六六年

拿破崙〔三世〕會為一個想法深思數年，之後遲早會實踐之；……在他成為皇帝之前，就有一個根深柢固的念頭，是要藉由羞辱英格蘭，以洗刷滑鐵盧……。此後，他就不知道過六個月或十二個月的感覺有什麼不同。

——巴麥尊勳爵，一八五九年[43]

這實在糟透了！沒有任何國家，沒有任何人會以**騷擾**或**攻擊**法蘭西為夢想；看到她的繁榮，每一個人都會感到高興：可**她**就非得去全球各個角落引發騷動，試圖添亂。

——維多利亞女王，一八六〇年[44]

拿破崙三世是法國自他伯父以來最有野心的領袖，連夏爾·戴高樂都比不過他。他的名聲之所以不如兩人，是因為他的失敗堪稱災難，但他的失敗卻無法像滑鐵盧一樣轉變為英勇的傳說。對於國內，他希望透過民氣支持獨裁政府，以「終結革命」，兼以現代化的經濟體系為支柱。他和夏爾十世以來的所有前任統治者一樣，期盼能撤除「一八一五年諸條約」，重獲因拿破崙戰敗所失去的土地，使法國在新的歐洲體系中成為霸主。這個體系建立在他所謂的「民族身分原則」，大致上與民族自決相仿。上開「原則」能作為法國擴張至其「天然疆界」的根據，分裂其多民族敵國——即奧地利與俄羅斯，同時為法國創造新的民族國家盟友（尤其是波蘭與義大利）。假如推行，法國難免會和其他大國衝突，但若是成功，便能重建法蘭西霸權。拿破崙三世宣稱（很可能是真心的）要實現伯父的理念，但他從聖赫倫那宣言中學到關鍵一課：「我們所有的戰爭，皆起自英格蘭。」——雖然他一再表示這是令人遺憾的誤會。[45]想改變歐洲，他需要英國人的默許。他因此採取與夏爾十世或路易．腓力不同的態度，捍衛法國與英國民眾支持的目標，表示願意做英國的盟友。路易．拿破崙是法國民族主義者中最不反英的一位，不僅享受自己在倫敦的流亡生活，利用這段時光建立友誼。他還稱許英國的現代性——即便連相對親英的知識分子也會流露出吹毛求疵的心態，但他完全沒有展現這種態度。而他絕對是唯一一位曾擔任特別警察，為英國君主效力的法國統治者。

英國內部對於這位新皇帝的看法，和法國國內一樣分歧。他究竟是命中註定要拯救法國於無政府狀態的英雄，或是像阿爾伯特親王的看法，是一位「陰謀家……會走路的謊言」，[46]將殘暴地摧毀法國的自由？英國人的批評是否該為了兩國良好關係而有所收斂——「我國自由的媒體」是否該按照多產的政治詩人丁尼生所言「停止喧嘩」，免得「刺激易怒的法國人開戰」？拿破崙三世宣稱「這個帝國代表和平」，這是真的嗎？還是說，波拿巴家的人免不了會威脅到英國？打從一開始，英國人便表現出心中的疑惑。一八五一年十二月，巴麥尊在未得到授權的情況下對政變表示支持，結果因此丟官。外交部對於波拿巴自稱「拿破崙」或「三世」感到不悅，尤其是因為一八一五年的《巴黎條約》對此明文禁止。駐法國口岸的英國眾領事得到指令，提防法國準備入侵。接下來兩年，英國急忙打造海軍，以嚇阻法國入侵的可能性，但最後卻成為法國的盟國，在對抗俄羅斯的戰爭中投入這些船隻。

今天，英吉利海峽兩岸對於克里米亞戰爭，只記得幾張插圖——《攻占馬拉科夫》（*Taking of the Malakoff*）、《輕騎兵的衝鋒》（*Charge of the Light Brigade*）、《提燈女士》（*Lady with the Lamp*）。但是，克里米亞戰爭卻是一八一五年至一九一四年間，在世界各地爆發的戰爭中傷亡最慘重的——將近五十萬人喪生，主要是俄羅斯人與土耳其人。這場戰爭敲碎了歐洲在一八一五年建立的和平，連同一八四八年至四九年的多起革命（克里米亞戰爭就是革命的結果之一），點燃了長達一世紀的衝突。未受革命影響的沙皇尼古拉一世打算活動筋骨，他對這位新的波拿巴王朝成員抱持敵意，為了對巴勒斯坦地區基督教會的衝突主張，與法方起了爭執。這場修士爭吵的背後，是兩個國家以「保護」基督徒的古老主張為託詞，行干預奧斯曼帝國政局之實。尼古拉不顧後果，利用衝突製造危機，試圖摧毀奧斯曼帝國，重新分配其領土。對此，沒有任何國家樂見，而英國尤其想支持土耳其人，好把歐洲對手遠遠擋在通往印度的陸路之外。

拿破崙三世和他有能的幕僚們意識到，無論他們是跟英國達成和解，或是以盟友身分並肩作戰，這起危機都能讓法國重回歐洲事務的中心——根據法國外相亞歷山大．瓦列夫斯基（Alexandre Walewski，拿破崙一世的私生子）所言，這將是「神意賜予的禮物。」[47] 一八五三年，俄羅斯人進攻土耳其，英國與法國海軍因而開進黑海以保護君士坦丁堡，克里米亞戰爭爆發。倫敦與巴黎決定攻擊位於塞瓦斯托波爾（Sebastopol，位於克里米亞半島）的俄羅斯海軍基地——沙皇從海上威脅君士坦丁堡的力量來源。一支遠征軍在一八五四年九月適時登陸克里米亞，殺出一條通往塞瓦斯托波爾的血路——一場讓海峽兩岸的人用愛國畫作、詩句與街道名稱紀念的英勇故事。拿破崙到英國進行國是訪問，女王很高興發現他「幾乎**不像是個法國人**」。她也回訪法國，帶著兒子前往拿破崙的陵寢參謁，希望這種表示能抹去「古老的不合與敵意」。巴麥尊（一八五五年起再度擔任首相）與拿破崙三世都幻想「席捲」俄羅斯的勢力，兩國海軍也在波羅的海（轟炸俄羅斯基地）和黑海行動。但塞瓦斯托波爾挺住了，盟軍被迫在冬季圍城，過程中因疾病與寒冬而死的人，比被子彈殺死的人還多。

✣ ✣ ✣

【延伸】軍中同袍

這場戰爭，是法國人與英國人自一六七四年的荷蘭戰爭以來，首度以盟國身分並肩作戰。英國指揮官是老邁年高的拉格倫勳爵，他曾經是威靈頓手下活躍的副官，在滑鐵盧一戰失去一條手臂。每一本教科書都會提到，拉格倫時常不經意脫口而出，把敵人喚作「法國人」；但他跟法軍相處融洽，法語也講得相當流利。其實，盟軍無論階級上下，彼此關係都不錯。一位英國陸軍下士寫道：「法國人跟咱們挺合得來，尤其是輕步兵團，大家都覺得他們是一群好玩的傢伙。」英國人對穿了制服的女性伙房（*cantinières*）印象深刻：「實在很醜，

以克里米亞戰爭為題的緞帶，象徵新的同盟關係。

但著實讓我們的弟兄嚇了一跳。」甚至連劍橋公爵的失禮舉動也得到對方一笑置之——他沒想清楚，便邀請法國的富蘭索瓦．色當．德．康羅貝爾（François Certain de Canrobert）將軍參加滑鐵盧紀念日的閱兵，不過康羅貝爾也忘了這是什麼日子。兩個盟國之間的差異，在於法軍專業得多。康羅貝爾說，見到英國人，感覺彷彿回到一世紀之前。法軍的職業表現包括搶最好的營帳和最好的食物，英國士兵也對他們的技巧感到嘆為觀止。至於英國人的魯莽之舉——輕騎兵的衝鋒最令人譁然——似乎既激起人們同情，又招致專業人士的否定。皮耶．富蘭索瓦．伯斯克（Pierre François Bosquet）將軍的評語——「場面很壯觀，但這不叫戰爭」，至今仍是名言；另一位法軍將領則驚呼：「我見識過許多戰鬥場面，但這太超過了。」由於己方的人數與士氣因為疾病而起起落落，只好讓法軍做主角，有些英國人為此生氣，此外也有人指責法軍「吹噓太多」。但在圍城戰正酣時，法軍攻下了關鍵據點馬拉科夫，英國人卻打不下自己的目標雷丹堡（Redan）——「丟臉地慘敗」，此後法軍似乎也不把英國人當成一回事。[48]英國陸軍裝備、管理不佳，指揮官領導無方，結果成了政壇醜聞；法國陸軍則是證明自己再度成為歐洲最高效的軍隊（但疾病造成的傷害卻比戰場傷亡更嚴重）。

❖ ❖ ❖

戰爭的長度與代價引起法國的警覺，尤其是當拿破崙三世宣布他將親赴戰場、執掌兵符時——他的幕僚想方設法避免此事發生。法軍終於在一八五五年九月攻下塞瓦斯托波爾，此時法國人決定議和。這場戰爭徹底扭轉了拿破崙三世與法國的地位，打破了當年曾擊敗第一位拿破崙、讓波旁王朝與路易・腓力屈居下風的英國、俄羅斯、奧地利與普魯士聯盟。一八五六年，和會於巴黎召開，等於承認法國的地位。對皇帝而言，這是他邁向心中歐洲新願景的第一步。他清楚向大臣表示，這一仗就是「每一個人所期待的革命」，並「坦白」告訴英國外相克拉倫登勳爵，他真正的目標向來是「波蘭與義大利」。俄羅斯人此前拒絕承認他是正統君主，如今卻得仰賴他的保護，才能躲過戰敗的結果，因此當他待俄羅斯人為久違故人時，俄羅斯人也感到相當寬慰。英國人大發雷霆：「皇帝和他的大臣舉止……不友善。」[49]但這招有用。俄羅斯人疲弱、臉上無光，而且感覺被過去的盟友奧地利與英國背叛，因而願意讓拿破崙三世在西歐自由發揮。一八五八年七月，奧賽碼頭（Quai d’Orsay）邊的和

奧西尼在巴黎歌劇院外的炸彈攻擊。

會仍在進行，皇帝卻溜去溫泉勝地普隆比埃萊班（Plombière）——不是為了泡溫泉，而是祕密會見薩丁尼亞王國（Kingdom of Sardinia）首相加富爾伯爵卡米洛·本索（Camillo Benso di Cavour）[8]。兩人計畫用一場戰爭，將奧地利人逐出義大利，並成立一個受到法國保護的義大利邦聯。作為回報，法國能得到薩伏依與尼斯（Nice）——拿破崙一世得而復失的土地。

英國無意間為拿破崙三世的義大利密謀做了貢獻。一八五八年一月十四日，三名流亡英國的義大利共和派民族主義者在菲利斯·奧西尼（Felice Orsini，其父是拿破崙撤軍莫斯科的生還者）領導下，趁皇帝的車駕抵達巴黎歌劇院時丟擲炸彈。他們希望能炸死他，讓法國變回一個會

8【作者註】儘管薩丁尼亞王國以薩丁尼亞島為名，但王國統治者卻是薩伏依王朝，主要的領土及其首都都靈（Turin）皆位於義大利本土，坐跨阿爾卑斯山兩側。該王國因此常稱為「皮埃蒙特王國」。

介入義大利的共和國。皇帝毫髮無傷，但有一百五十六人受傷，其中八人後來死亡。奧西尼上了斷頭臺，但獲准發表一場煽動人心的公開呼籲，懇求皇帝解放義大利：「親王，你的權力根基依附在革命的主幹上。願你足夠強大，能確保自己的獨立與自由，它們將令你立於不敗之地。」拿破崙三世本人對此也深信不疑，這回死裡逃生，也讓他感到自己應該行動——因此才有了那場與加富爾的會面。然而，他和眾位大臣對於暗殺事件也感到氣憤與後怕：假使拿破崙三世身亡，法國將被迫再度陷入動盪。當他們得知奧西尼與同夥是在英國進行準備時，波拿巴黨立刻回頭攻擊老敵人。

✣ ✣ ✣

【延伸】給波拿巴的伯明罕炸彈

一八五七年十月，伯明罕鑄鐵師傅約瑟夫．泰勒（Joseph Taylor）接到一份不尋常的訂單，下訂的人名叫托馬斯．阿爾索普（Thomas Allsop），泰勒以為這人應該是軍方關係人士。規格要求用薄鋼片製成六枚設計新穎的大型手榴彈。每一枚都分為兩個半球，下半有幾個突出的雷管，上半則割了好幾條線，以製造一百五十塊破片。阿爾索普是位中產階級憲章主義者，其父是一位德比郡地主，與激進作家威廉．科貝特與威廉．赫茲利特（William Hazlitt）熟識。一位法國難民西蒙．貝納（Simon Bernard）從好幾間倫敦藥房買來水銀與硝酸，用於製作高度不穩定的水銀炸彈。奧西尼的管家伊麗莎．切尼（Eliza Cheney），在位於肯迪什鎮（Kentish Town）的自家爐灶前幫他們烘乾材料。原型炸彈在謝菲爾德一處空曠的採石場成功試爆，負責引爆的喬治．何利歐克（George Holyoake）原本是位伯明罕工匠，後來轉職記者，曾經是憲章派的國會議員候選人，也是合作社運動（cooperative movement）支持者。鋼片製的半球組件取道比利時，以「瓦斯燈具」名義過關，並且在巴黎裝配。儘管所有炸彈都在投擲的當下爆炸，其中一枚更是丟到了皇帝的車廂下，但卻沒能完成主要目標。飛散的破片造成多人受傷，但彈體的設計恐怕讓碎片變得太小，無法穿透車身外殼。不過，這些「英格蘭相關人士」都沒有被捕。[50]

✣ ✣ ✣

白廳面紅耳赤——「對歐洲來說，我們就是個可恨的東西」，克拉倫登承認；不過是否遞解流亡者倒不成「問題」，克拉倫登反諷：「我們乾脆要求國會把英格蘭併進法蘭西吧。」人在巴黎的英國大使考利勳爵（Lord Cowley）力陳，即便遣返流亡人士也於事無補：「假使真做了**什麼**，那也已經**做了**。」這條亙古彌新的政治智慧，促使巴麥尊提出《陰謀謀殺法案》（Conspiracy to Murder Bill），一方面藉此試圖說服法方已有採取行動，一方面向英國人保證一切依舊。不過，一位閣員在日記中吐實：「約翰牛已經繃緊自己的肩膀了。」有位自由派領袖譴責當局「唯唯諾諾，害怕法國，只有在屠殺中國人時才大膽起來」[9]。人們在海德公園（Hyde Park）舉行示威抗議。法案過不了下議院，政府跟著總辭。奧西尼的多數幫手都逃脫了，但西蒙・貝納卻在一八五八年四月落網，在老貝利街（Old Bailey）的中央刑事法院因謀殺罪受審。辯方將此事化為政治審判，聲稱審判的目的在於「讓異國君主滿意」，其王座則「建立在一度自由、且仍然強大的人民之自由的廢墟上」。他呼籲陪審團「即便有六十萬把明晃晃的法國刺刀出現你們眼前」，也要為了「全歐洲的自由與文明大業」挺身而出。陪審團頗識時務，判貝納無罪。外交部長認為這種判決「是種奸詐的表現，丟我國的臉」。[51]

法國大使佩西尼公爵（Duc de Persigny）大駭，外相瓦列夫斯基更質疑是不是「庇護權允許這種行為？對刺客客氣，這應該嗎？」[52]好幾個兵團向皇帝請願，希望讓他們「把這些野獸抓來，深入龍潭虎穴也不惜」。法軍入侵的可能性再度隱現，英國當局更擔心得放棄印度〔當時正值印度譁變（Great Mutiny）的混亂中〕，以集中兵力防禦本土。然而，拿破崙三世決心避免破局，更在三個月後迎接維多利亞女王與其丈夫阿爾伯特，前往瑟堡參加海軍基地剪綵儀式，但這座基地正是在路易十六時代開始興建的——此舉彷彿暗中向他致意，畢竟這座基地是作為入侵行動根據地之用，「一把尖刀直指英國的喉頭」。[53]

一八五九年四月，拿破崙三世與加富爾展開他們對付奧地利——法國歐陸主要敵人的戰爭。一八一五年以來，奧地利一直是主導義大利地區的國家，將奧地利逐出義大利則是法國政策的夢想。

一八四八年至四九年的反革命相當激烈，而奧地利向來是其中最殘酷的力量，英國輿論不僅因此變得反奧地利，而且多反奧地利，便有多挺義大利。國會議員威廉．格拉斯東有位朋友寫道：「看誰跟俄羅斯和羅馬、跟俗世與精神界的專制政權作戰，還有看誰為受奴役民族之自由與良心挺身而出，我就跟他站在同一邊。」義大利民族主義游擊隊員朱塞佩．加里波底（Giuseppe Garibaldi）在英國成為英雄——說不定是該國歷來最受歡迎的外國風雲人物。英國政府協商和解的呼籲被各方所無視。雖然法國人的「海盜行徑」著實令人懷疑，但這絕對不代表要幫助奧地利的「暴政」。[54]因此，法國部隊得以搭乘渡船，從馬賽前往熱那亞，無須擔心皇家海軍干預，隨後在一八五九年六月擊敗奧地利人。薩丁尼亞王國擴張為義大利王國。英國人為之叫好，同時試圖邀點功。這個新國家隨後將薩伏依與尼斯割讓給法國。

英國輿論徹底迷糊了。自從革命發生以來，法國愛國派便一直要求擁有由山海、河流構成的「天然疆界」。薩伏依與尼斯讓法國得到阿爾卑斯山。但「天然疆界」同樣意味著萊茵河，暗示法國將併吞部分的日耳曼、盧森堡，以及最敏感的問題點——比利時。拿破崙三世是否也打算得到這些地方？波拿巴家的人向來似乎不忘初衷。一八六〇年，全世界最強大的戰艦——法國鐵甲船「光榮號」（*Gloire*）下水，讓英國的木造戰艦艦隊有如半個骨董。當局開始以紳士的方式刺探軍情，例如海軍部委員會的國會議員代表克拉倫斯．帕格特勳爵（Lord Clarence Paget），他一路連哄帶騙，上了「光榮號」，再拿自己的雨傘量測尺寸。英國人打造更強大的「勇士號」（*Warrior*）——第一艘全鋼鐵打造的

9【編註】指發生在一八五六至一八六〇年的英法聯軍之役。

戰艦作為回應，一場昂貴的軍備競賽就此展開。雙方的專家都很有職業素養，習慣以最糟糕的情況進行分析，彼此都認為對方正計畫侵略。拿破崙派軍官到英格蘭，表面上是為了他寫關於尤里烏斯．凱薩的書而做研究，實則為研究登陸地點。[55]兩國都在海岸防衛上花費鉅資。巴麥尊說服國會把軍事預算增加為兩倍，以加強南海岸與殖民地的防務——自西班牙王室婚姻爭議以來，就有人提倡修築防禦工事，開始胡亂修整。如今，雄偉的磚石與鋼鐵結構終於成形，鎮守樸次茅斯、普利茅斯與泰晤士河出海口。在這一回或許是英國史上最龐大的計畫中，一共建了七十六座碉堡與炮臺，甚至遠在澳大利亞與紐西蘭都有。其中一些至今從瑟堡遠眺仍然看得到。

女王擔心未來將是「血腥的戰爭與寰宇的苦難」。[56]丁尼生也擔心地寫下：

別對警醒之聲充耳不聞，
別被暴君的託詞哄騙！
蒺藜中能收無花果？荊棘上能收葡萄？
一個暴君對自由會有什麼感想？
〔中略〕
列隊，準備開戰或準備就義！
以自由之名與女王之名列隊！

真是，我們有了——這般忠實的盟友
唯有惡魔能分辨他的打算。

這首詩發表在《倫敦時報》（*The Times*，在巴黎遭到沒收），不僅表達恐懼，同時也提出了解藥：志願軍事單位，熱潮為自第一位拿破崙以來所僅見。人們蜂擁加入行伍。愛國心、真實的恐懼與穿軍服、拿步槍的興奮感相結合——志願從軍在蘇格蘭最受歡迎，但這兒反而是入侵威脅最小的地方。志願軍人數迅速達到十萬人。軍事單位以地方社群和既有社會網絡為基礎，有大學兵團、工廠兵團（通常是工人先動起來）、知名的「能手步槍兵團」（Artists' Rifles）與「倫敦蘇格蘭人兵團」（London Scottish），此外還有禁酒人、板球手、共濟會員，甚至某些激進派的軍事單位還穿起了加里波底式的紅衫。簡言之，志願兵團堪稱社會與政治上的剖面，也是無可否認的團結表現，令愛國者極為自豪。有時候從軍人數甚至達到每十二人便有一人之多。他們改變了英國的「面貌」——讓軍人風格的鬍子大為流行。許多人相信，志願軍無從抵擋在北非、克里米亞與義大利歷練的法國正規軍，但他們確實帶來「英國維多利亞時代中期的觀眾性運動（spectator sport）」，[57]吸引群眾前往他們的閱兵遊行、舞會、音樂會、射擊比賽與戶外演習，只是這些活動也招來一些嘲諷——喬治・格羅史密斯（George Grossmith）與維登・格羅史密斯（Weedon Grossmith）兄弟的《小人物日記》（*Diary of a Nobody*, 1892）裡，普特先生（Mr. Pooter）在東阿克頓步槍旅（East Acton Rifle Brigade）舞會中的經歷，就是個小小挖苦的例子。直到一九〇八年，志願兵團才被陸軍預備役部隊（Territorial Army）取代。

不過，英國與法國仍然一起行動。兩國在一八六〇年遠征中國之舉至今仍聲名狼藉：為了報復外交官與士兵遭到刑求、處刑，英法聯軍攻陷並火燒圓明園——中國最偉大文化成就之一。戰利品隨後出現在拍賣行與博物館。維克多．雨果譴責此次暴行——接著為他的根息島沙龍買了一點絲織品。此時在墨西哥，英國、法國與西班牙在一八六一年派遣船隻，強迫墨西哥政府承兌欠款——不過，巴麥尊（此前早已駁回墨西哥加入大英帝國的請求）倒是拒絕與法國一同派兵。最嚴重的一次事件是，兩國在介入美國內戰的邊緣上搖搖晃晃。法國與英國民眾對於是非對錯意見紛紜，但兩國皆仰賴從擁奴的南方進口而來的棉花。英國政府希望置身事外——「介入爭吵的那些人，經常會搞得自己一鼻子血」，巴麥尊妙語如珠。[58]但英國人因為中立國身分（與交戰雙方貿易、供應武器）而面臨出乎意料的問題，繼而成為海上封鎖的受害者（居然不是實施者）。華盛頓與倫敦之間有熱烈的意見交流。對拿破崙三世來說，介入有政治利益，因為南方的美利堅邦聯能為他在墨西哥的事業提供支持——他正試圖將墨西哥變成半殖民地，由愛打板球的哈布斯堡馬克西米利安大公（Archduke Maximilian）統治。一八六二年夏天，美國內戰顯然已陷入僵局，拿破崙三世提議由法國、英國與俄羅斯聯合調停，但英國與俄羅斯皆不同意。後來，北軍情勢旋即出現短暫的好轉，再加上亞伯拉罕．林肯姍姍來遲、但更為重要的奴隸解放宣言，讓英國絕無可能站在奴隸主一方介入。英法若真的調停（以海軍突破封鎖的做法撐腰），將能拯救邦聯，帶來難以預料的長期影響。但拿破崙三世若少了英國人的支持，便什麼都不能做。突然發生的歐洲問題導致他放棄墨西哥與馬克西米利安，後者則遭人處死。一八五〇年代與六〇年代的事件，顯示了法國與英國聯手將如何強大，但也顯示出兩國夥伴關係有多麼不穩定、缺乏信任。

不過，英國與法國確實成為經濟上的盟友。一八六〇年，兩國簽訂一紙由自由貿易理想派理查·考布登（Richard Cobden）與米歇爾·舍瓦利耶（Michel Chevalier）磋商的商約。提議的是英國人，也得到皇帝同意，作為阻止英國人因併吞薩伏依而「低吼」的一根「骨頭」。[59]對拿破崙三世與其幕僚而言，這紙商約也是減少工人階級生活花費、刺激經濟成長的大膽舉措。過去的聖西蒙主義者（Saint-Simonians，一八三〇年代的派系，結合社會經濟與宗教雙方面的烏托邦思想）在帝國治下的法國有極強的影響力，舍瓦利耶也是其中一員。他們對鐵路、運河（巴拿馬與蘇伊士運河皆出自他們的規劃）、現代化與自由貿易懷抱熱情。商約在英國產業人士與倫敦金融城之間亦大受歡迎。法國勢力強大的絲綢與紅酒製造商也贊成，他們的出口商品能確保本國對英國取得貿易順差。但商約卻不受法國煤礦業、冶金、棉產業歡迎。雇員與工人的抗議，讓此前拿破崙三世受到的微弱反對得以復甦。批評人士提起一七八六年的《伊登條約》，這正是革命的先兆。他們主張法國不同於英國，也不該有樣學樣：英國到處都是吃不飽的無產階級，其糧食與原物料皆仰賴進口，這是人盡皆知的事。法國應該保持「平衡」、和諧，必要時得自給自足。這紙條約對經濟史學者而言始終具有爭議性，他們也延續了當年的論爭：自由貿易究竟是一陣新鮮空氣，能讓法國與英國貿易翻倍，吹走經濟體上的蜘蛛網呢？還是一場教條式的實驗，傷害了法國的農業、工業，加速經濟蕭條發生？

英法之間的條約，是歐洲經濟共同體雛形的核心。這個雛形迅速擴大到整個西歐與中歐：人口可以自由移動，並擁有特定的公民權。歐洲一度成為英國主要的貿易出口地。[60]法國同樣出資投入拉丁貨幣同盟（Latin Monetary Union），與義大利、比利時、瑞士與教宗國共同組成，其共同通貨更延續到第一次世界大戰為止。但跨海峽的關係仍然緊繃、多疑。

雙城記

倫敦或許會成為羅馬，但絕對不會成為雅典：雅典是巴黎獨有的命運。我們能在前者找到黃金、權力、物質進步巔峰造極……實用與舒適，有；但宜人與美麗，沒有。

——泰奧菲爾・哥提耶，一八五二[61]

巴黎……雖然有美妙的吸引力，但卻是個道德淪喪、可憎的地方。

——查爾斯・狄更斯[62]

城市是十九世紀最明顯的體現，體現了當時人們的虛榮心與恐懼。混亂的人口迅速增長、泛出其邊界，飄著臭味冒著煙，新的疾病、邪惡與罪行萌芽於斯，機會與風險在此翻倍，舊慣與界限在此瓦解，令人讚嘆的技術與財富在此誕生。倫敦與巴黎就是兩座出類拔萃的城市，不斷互相比較也互成對比，是「文明的兩種面貌」，也是其所屬國家各自差異與敵對關係的結晶。[63]作家與藝術家用屬於雙城的奧妙與危險傳說，讓人們感到或激動或警覺。政府則爭相洞穿其堂奧、控制其危險，讓人看不見其汙穢，同時讓城市登上舞臺。

十九世紀的兩大人氣小說家——查爾斯．狄更斯與維克多．雨果，在人心中創造這兩座城市縈繞不去的形象，其中之最為《孤雛淚》（*Oliver Twist*, 1837-1838）與《悲慘世界》（1862）。巴爾札克、司湯達與一大群名氣沒那麼響亮，但仍然受人歡迎的作家則共享著魅力與銷量。雨果以《鐘樓怪人》（*Notre Dame de Paris*, 1831）開創風潮，譯本迅速問世，讓巴黎這座中世紀城市成為主角。威廉．哈里遜．安斯沃斯（William Harrison Ainsworth）的《老聖保祿堂》（*Old St. Paul's*, 1841）是雨果此作的二流模仿。當代都市浪漫故事先鋒是皮爾斯．伊根（Pierce Egan），他的《倫敦生活》（*Life in London*, 1821）以湯姆（Tom）與傑利（Jerry）為雙主角。狂放花公子、賽馬會會員兼精明的民粹主義者歐仁．蘇（Eugène Sue），則是受人委託，以巴黎為題寫出與伊根類似的作品。他那部想到哪、寫到哪的《巴黎傳奇》（*Mystères de Paris*, 1842-1843）結合了性、暴力描寫與浪漫情懷，他保證：「這些野蠻人生活中的片段，就跟菲尼莫爾．庫珀（Fenimore Cooper）[10]描寫的蠻族部落一樣未開化。但這些蠻子就在我們之間。」書中貧窮卻正直的受害者、令人不寒而慄的罪犯、無情的迫害者、一位悔罪的妓女與一位微

10【編註】菲尼莫爾．庫珀（Fenimore Cooper, 1789-1851），美國小說家，擅長描寫美國早期與印地安人的歷史浪漫小說。代表作為《最後的莫西甘人》（*The Last of the Mohicans*），曾改編成電影《大地英豪》。

服出巡的善心親王，從首相以降的各個階層中吸引了一批期盼下回分曉的龐大讀者群。當時由於報紙連載小說的出現，讀者便開始與作者通信，對故事走向提出要求；讀者給蘇建議，也從蘇尋求建議，甚至還選他進入國會，為社會主義者喉舌。蘇因此創造了一波跨國文學狂熱浪潮。保羅・費瓦（Paul Féval）厚顏無恥，用《倫敦傳奇》（*Mystères de Londres*, 1844）大搭蘇的順風車——此君從未涉足倫敦，卻把這座城市描寫為「專精於每一種罪孽的大淫婦，其腐敗程度一旦顯露，必將震驚世界；其必然因其恥辱之沉重而崩塌，如所多瑪與尼尼微般腐壞」。[64]但蘇作品的正牌對手，是英國作家喬治・威廉・麥克阿瑟・雷諾茲（George William MacArthur Reynolds）的《倫敦傳奇》（*Mysteries of London*, 1844-1848）。雷諾茲的政治生涯也與蘇相仿，他成為憲章派領袖，也是激進派報紙《雷諾茲新聞》（*Reynolds' News*）的老闆。當時還有許多部根據真實調查與披露所寫的作品，最有名的有從罪犯轉職成偵探的巴黎人歐仁・富蘭索瓦・維克多（Eugène François Vidocq）的回憶錄、悲觀的政治經濟學家傅雷吉（H. A. Frégier）的《危險分類》（*Des Classes dangereuses*, 1840。書中認為窮人犯罪是國家的威脅），以及亨利・梅修（Henry Mayhew）更有同理心的《倫敦勞工與倫敦窮人》（*London Labour and the London Poor*, 1851）。真實犯罪案件報導在兩座城市都很受歡迎。

倫敦與巴黎之間的這種文學交流，創造出了十九世紀的城市圖像，至今仍為吾人所識。這樣的城市是「最複雜的迷宮，由街道與院落組成」，[65]充滿難以理解的行為與密語（巴黎有*argot*（俚語），倫敦有*cant*（黑話）），到處都是野孩子與陰險的罪犯。「巴黎有駭人的小徑、迷宮、廢墟……。巴黎的夜令人恐懼……地下世界的部族紛紛現身……。巴黎憑藉城裡的華美建築隱藏極其恐怖的怪獸巢穴……隱約可見一大群緩緩移動的人群。」[66]這種神祕的都會生活就發生在地底世界裡——有時是種隱喻，有時則是真實的地底世界（洞穴與下水道）；偶爾也會發生在杳無人煙、體面人士絕不冒險涉足的郊區，以及內城區的罪犯大本營。雨果筆下的貧民窟奇蹟花園（Cour des Miracles）堪比狄更斯筆下的雅各島（Jacob's Island），醫院大道（Boulevard de l'Hôpital）之骯髒則有如番紅花丘（Saffron Hill），頑童加夫洛許（Gavroche）也不遜於機靈鬼（Artful Dodger）。巴黎有其惡臭，令人想起腐敗，倫敦則有其霧霾——詭祕的象徵。

巴黎有一項倫敦沒有的祕方：革命。《悲慘世界》的諸多高潮戲之一，便發生在一八三二年那起流產叛亂中的路障間，主角們憑藉「這座城市的良心」——巴黎的古老下水道逃了出來。描寫十九世紀巴黎的作品，泰半都藏著對革命的恐懼。不過，沒有任何一部偉大的法國小說是以一七八九年法國大革命期間的巴黎為背景——這項挑戰太過艱鉅，因為大革命牽連太廣、爭議太深，連巴爾札克和雨果都不發一語。因此，唯一一部談革命期間巴黎的小說劇作，就只有狄更斯的《雙城記》（*A Tale of Two Cities*, 1859）：這部作品讓英語世界中對革命的集體想像定於一尊，從而創造出人們對法國人揮之不去的看法。

狄更斯的小說將他縈繞心頭的概念——監禁、重生、忘我、犧牲——化為具體，情節則假借於一部已為人遺忘的通俗劇。這本書反映了英國人對革命的矛盾心態：「心嚮改革，卻激烈反對暴力。」[67]

不過英國人同樣對暴力著迷，從杜莎夫人舉辦的革命慘狀展覽大獲成功可見一斑。狄更斯不僅熱愛杜莎夫人的蠟像展，也同樣對自己友人托馬斯・卡萊爾（Thomas Carlyle）絢麗的《法國革命史》（*French Revolution*）印象深刻，難以忘懷其中的道德思想、鄉土劇情、多愁善感與激動人心的言詞。卡萊爾為狄更斯的大革命時期研究領路，狄更斯認真投入——他的法文相當好——而且很介意別人批評他不精確。他以誇飾、諷刺的方式表現「卑躬屈膝、諂媚巴結」的法國舊政權，盡是些殘暴而浮誇的貴族、飢餓的巴黎工人與穿著木鞋的憔悴農民——好似威廉・賀加斯（William Hogarth）與吉爾雷的畫作。《雙城記》裡有件震撼人心的事件——某個貴族的車架壓死了一位孩童，讓人想起許多十八世紀人對巴黎街頭的抱怨。狄更斯宣稱這起事件「絕對可信」，並堅持認為貴族特權導致「對農民的惡劣壓迫」，「假若世上有什麼能確定的事情」，就是農民們「遭受的……難以容忍的命運」。[68] 總之，他將革命表現為人民追求正義與復仇的恐怖舉動，只是報復心卻腐化了那些發動革命的人。《雙城記》沒有法國英雄，只有掠食者與受害者。反過來說，英格蘭人雖然常常怪裡怪氣，卻表現出善意、仁慈與自我犧牲；英格蘭雖然有其明顯缺陷，卻是個避風港，讓人們過著「安穩、發揮所長、繁榮而幸福的日子」。連流亡者的藏身處——蘇活區也「森林繁茂、野花叢生……鄉間空氣流動夾帶著朝氣蓬勃的自由」。[69] 這種把英格蘭當避難所的看法，在奧希茲女爵（Baroness Orczy）的《紅花俠》（*Scarlet Pimpernel*, 1905）裡有進一步的描繪，深受民眾喜愛。狄更斯把自己對法蘭西的期許，表現在書中主角在斷頭臺下時預言似的念頭中：貴族與革命人士——「從舊世界的破壞中崛起的新壓迫者」——共同造成的「此刻的邪惡」，將「逐漸為自己贖罪滌清」而終結。[70]

《雙城記》既不反法，也不反動。保守的法國評論家因為內容寬恕革命而抨擊之。即便書中對革命的詮釋是英格蘭人的典型看法，但作如是想的不只他們，多數的法國人同樣擯棄恐怖統治時期。「人血有種恐怖的力量，能夠反過來傷害那些讓他人流血之人，」共和派史家米什萊寫道：「恐怖統治者對我們造成巨大而長久的傷害。倘若你前往歐洲最偏遠鄉下的最偏僻小農舍裡，你也能與那種記憶與詛咒相遇。」[71] 改變法國自身看法的，是自由派與溫和共和主義者自一八二〇年代以降長期的平反——他們與恐怖統治斷絕關係，為革命創造一種刪節過的願景：只是一個更好的年代誕生得狼狽而已。這跟狄更斯式的圖像能夠相容。但法國共和派還高舉革命分子為英雄，將革命譽為現代史的巔峰，法國則是人類的先驅。他們的革命不光是悲劇（對狄更斯而言就是悲劇），而是神祕的贖罪：法國「欠這個世界……。那些法律，那些鮮血與眼淚是她給所有人的，她說：拿著喝了，這是我的血」。[72] 海峽對岸的人對這種版本的世界史置若罔聞，「進步」在此有不同的門第出身，視革命為悲劇而非凱旋的狄更斯式觀點則占了上風。

十八世紀時，倫敦因為缺少莊嚴宏偉的建築而為人所輕視，但倫敦在滑鐵盧後接下了挑戰。攝政王驅策建築師約翰·納許（John Nash），要勝過巴黎。在這場倫敦歷來實行規模最大的單一建築計畫中，納許打造了攝政街（Regent Street）、攝政公園（Regents Park）與卡爾頓公館連排屋（Carlton House Terrace），改造聖詹姆斯公園（St. James's Park）與白金漢宮（Buckingham Palace），並規劃特拉法加廣場。但一八二五年的經濟不景氣、喬治四世駕崩，以及美學風格的徹底改變，卻讓灰泥塗面建築的壯麗願景就此終結。巴黎在拿破崙時代之後大致上沒有改變，中世紀的街道規劃帶來了雨果與蘇提及的那種擁擠、奇特、骯髒而危險的錯縱巷弄。市中心成為龐大的貧民窟，擠滿人、車輛與垃圾，被更富有的居民所遺棄。

巴黎與倫敦都是製造業中心，專門進行小規模、高技術的生產活動，但巴黎重工業較多，也更官僚，倫敦則是更傾向貿易與銀行業。這兩座城市已經是歐洲最大都會，也都得應付迅速成長的問題。十九世紀前半葉，巴黎人口增為兩倍，倫敦增為三倍；倫敦人口在一八一一年達到一百萬人，巴黎則是一八四六年達標。兩城都在一八三二年接到霍亂的無情提醒——霍亂透過飲用水傳染，害死了巴黎的一萬九千人與倫敦的五千人。倫敦已經開始從事艱鉅任務（無論多麼緩慢），試圖保持相當程度的清潔與衛生。兩座城市都在汙水處理體系上打了史詩般的一仗，但巴黎仍落後好幾個世代：明溝排水，街道有如「烏黑腐臭的糞便河流」，汙水橫流，郊區的垃圾山更是臭名遠播。雖然法國（以及許多英國）觀察家指謫倫敦是穢物、貧窮與霧霾之煉獄，比不上巴黎的迷人，但倫敦人擁有更多的空間、更好的衛生、更高的生活水準，更多的孩童（上學的比例也更高），以及更長的期望壽命。儘管倫敦素有「嚴重階級不平等縮影」的罵名，但市民的收入分配遠較巴黎平均，巴黎以非勞動收入過活的人更多，童工也更多。[73] 一位英國畫家在一八六〇年代造訪巴黎，他發現「法國工人普遍的家內生活水準遠低於英國工人」。[74]

一八五一年的萬國博覽會（舉辦的時間緊接在一八四〇年代晚期的大蕭條，以及一八四八至五一年的動盪後）展現出英國的自信與倫敦的優越。博覽會的構想出自商人亨利・柯爾（Henry Cole），他的靈感則是來自一八四九年在巴黎舉辦的展覽——該展覽是展示法國商品的定期展。然而，萬國博覽會的國際性卻是前所未有。以玻璃與鋼鐵打造的水晶宮（Crystal Palace）立面比聖保羅教堂長四倍，令人瞠目結舌，女王更認為水晶宮「瑰麗得無以言喻」。抱持異議的人少之又少——一萬五千名參展人士從世界各地前來展示其商品，時間長達六個月，平均日參觀人數達四萬三千人——這是史上集結人數最多的室內人群。法國報界敦促讀者前往倫敦，「神魂顛倒」一下。參展的法國人與法國政府把萬國博覽會當成法英之間的較量——別國都不重要，並且認為自家贏在品質上。他們決心憑藉一八五五年於巴黎舉行的法國版萬國博覽會，超越倫敦的原版：「勝負在毫釐之間……。一切與藝術、品味、精巧、高雅、卓越有關的事物，法國皆無庸置疑拔得頭籌……。英格蘭則在強度、力量、驚人、龐大、實用等方面占先。」[75] 整體來看，法國作者傾向於宣稱巴黎是世界文化之都，英國人則認為倫敦是全球政治、道德與經濟發展的中心。

儘管（或是因為）有其去中央化的治理方式，但倫敦卻是兩者中更現代，經濟也更成功的城市。多數的法國人恐怕不會承認，但路易・拿破崙・波拿巴卻不是其中之一，而他的看法確實有影響力。他希望巴黎改頭換面，讓這座城市成為其治世的豐碑。他當選總統不過幾個月，便開始規劃工人的住居；青年建築師維多・巴爾達（Victor Baltard）則獲命設計一處龐大的有頂市集，於一八五一年起建——此即著名的中央市場（Halles Centrales），其靈感來自水晶宮。政變之後，波拿巴得到此前各個政權夢寐以求的權力，之後更找來一位高效的代理人——塞納省省長喬治・奧斯曼（Georges Haussmann）。倫敦是他們的模範。他們在布洛涅森林（Bois de Boulogne）為巴黎構思了一處「海德公園」，以蛇形湖（Serpentine）點睛，並規劃若干小型都會公園，用法語化的英文字 *square* 來稱呼。巴黎版的「英式花園」坐落在蒙蘇里（Montsouris）、肖蒙山丘（Buttes Chaumont）與蒙索（Monceau，奧爾良公爵在一七七〇年代舉辦盛大娛樂活動的地方，當時已疏於保養）等新公園內，園內有人造湖與假山——但規定禁止人們踩上稀疏的草皮。當局的努力不僅成功追上倫敦的治安、街道照明、交通疏運、大眾運輸、購物、衛生規範與供水標準，甚至後來居上。至少在一八七〇年代，巴黎開始有了真正的下水道體系，六萬處家內汙水池就此在氣味的記憶中淡去。不過，「巴黎地鐵」（métro）還是比「倫敦地鐵」（tube）晚了四十年。

兩座城市都拆毀了自己的大片歷史，都市規模與財富皆有成長，成為人們所歌頌的「世界之都」，或是詆毀為「當代巴比倫」。它們對彼此瞭若指掌，而後刻意漸行漸遠。管理鬆散、市場導向的倫敦往周遭的鄉村延伸，土地、建築與租金因此維持低廉達一世紀之久，連工人階級家庭都能買房置產。維多利亞時代的人痛恨在城裡人擠人，認為城市既髒亂又危險：他們想要空間、自由、家庭生活與家內隱私——一言以蔽之，就是要城郊（suburbia）。人們的理想，是藉由各種風格、裝潢與物質器物展現個性。直到一九二〇年代為止，巴黎的範圍都局限在一條護城河與眾多城牆之中（其線條至今仍構成行政管理與心理上的界線），由權力集中的權責單位管理，該城也始終更為密不通風、人口眾多。

城市防務、形象與內部安全才是巴黎的要務。巴黎的新風格是紀律、一致、宏偉、積極現代。有些人拿巴黎與倫敦相比：「去看看和平街（Rue de la Paix）、卡斯提里翁街（Rue Castiglione）和里沃利街（Rue de Rivoli）——根本就是塞納河畔的倫敦。」[76]也有人想到紐約或舊金山。當局強行在容易發生動亂的貧民窟開新路，驅走其居民。中世紀的城島（Ile de la Cité）幾乎全面夷平，成為政府機構所在地。寬敞的大道包圍了革命溫床聖安東萬郊區（Faubourg Saint-Antoine），當局的意圖在於「確保首都重要城區與保護首都的軍事基地之間，有開闊、筆直、多重的聯繫」。[77]一位批評家則挖苦政府的目標是「促成思想與軍隊的自由流動」。[78]奧斯曼省長不像自己的上司那樣好心腸，他把注意力集中在富有的西區，而非較貧窮的城東。偏遠的城區有一大堆的工人階級移民，是受到忽略的廢地，也是「都市史上最早的大型社會隔離區」。[79]「家庭成員擠在一起，遠比任何愛爾蘭人的茅舍更糟，」倫敦發行的《建築新聞》（*Building News*）在一八六一年表示：「屋子是用一大堆房屋拆除所剩的灰泥夾板搭建而成……屋頂則是舊錫盤。」[80]我們很難得知巴黎人想要什麼樣的城市，但這肯定不是奧斯曼想要的。由於拿破崙三世與奧斯曼面對這些城區的反應，是把工廠與工人往外推到城郊（*banlieue*），反而引起政治上的反對聲浪，使問題惡化。直到二十世紀，當局才提案在巴黎近郊做實驗，將英式「花園郊區」（garden suburbs）複製到當地，但卻未能對城郊的特色造成整體性的影響。一百五十年後，法國仍為城市改造所引發的問題所苦。不過，二十年累積的成就依舊可觀，而且來得正是時候。倫敦同樣活在其維多利亞遺緒中，倫敦「內城」問題跟巴黎疏於管理的城郊可謂不相上下。

倫敦與巴黎發生的變化，成為兩種互相衝突的現代性願景，引來英吉利海峽兩岸的讚美與譴責。兩座城市分別成為人們眼中另一座城市的對立面。批評者認為倫敦（規模是巴黎的四倍，人口則是兩倍）是個單調乏味、毫無特色的怪物，其居民往城郊散去、遁入獨門獨戶的房子，摧毀了社群。「倫敦算不上是個城市，」一位法國散文家在一八六二年寫道：「而是自治市、村莊、鄉野、平原、牧場與花園……的凝聚，不算是個整體。」[81]巴黎更為密實、擁擠，也更有交際氣氛；但對英格蘭人與若干法國批評者而言，這等於缺乏居家生活，缺乏那個難以翻譯的概念——隱私（privacy）。巴黎變得更像塞繆爾．詹森筆下的倫敦，尤其是公開的社交生活；倫敦則是讓沙龍走入民間，畢竟中產階級家庭都在家待客。儘管這兩座城市為法國與英國之間水火不容的壯闊故事寫下了又一篇章，但內容不是只有尋常的偏見，而是有更多有建設性的內容。人們對新巴黎的態度與民族情緒無涉，而是跟美學、政治與道德有關。批評法蘭西帝國的人（無分法國人或英國人）認為巴黎是集權獨裁體制的荒謬表徵：「我們只有一種街道……只是取了各式各樣的名字。」[82]衛道人士抨擊巴黎重視物質而腐敗。納稅人則是因花費而逡巡不前。美學家則在飛速化為碎塊的舊城區裡挖寶，「貧窮、耀眼、歡樂、崇高、骯髒又迷人的巴黎」已被取代為「一座沒有過去……乏味、排場與直線條之集大成的城市」。[83]批評的言論不分左派與右派，以多種形式表達出來。法國共和主義者譴責投機商人只會賺錢，抱怨經濟與社交生活上的花費，並要求城市自治。英國自由派則指出奧斯曼那些「非英式」的做法，可以用來與倫敦城內規定太過繁瑣、成本高昂的新建築計畫對抗。另一方面，英國當局也決定讓政府建築物〔最著名者有外交部、印度事務部（India Office）與薩默塞特府（Somerset House）〕、教堂、法院、博物館，以及新的泰晤士河河堤（Thames Embankment，要與塞納河岸一較高下）應當跟上巴黎的腳步，以維繫倫敦作為「世界之都」的主張於不墜。[84]

治安也是造成熱議的因素。雖然這兩座城市素有犯罪之都的名聲，但巴黎的治安管控咸認更為嚴格——儘管第二帝國的警方已經複製了英國的「警棍」制度。自由主義者常對法國警察隨處可見一事發表負評，但人們仍然因為警力使巴黎更有秩序而接受之。街道與劇院更安全，無人鬥毆、醉酒；連妓女也受到警方的規範，不比倫敦那樣明目張膽。巴黎公共場所這種相對的「體面」，意味著布爾喬亞婦女有更多在附近繞繞的自由。然而，等到一八六〇年代一連串的《傳染病防治法》（Contagious Diseases Acts）通過，有駐軍的英格蘭城鎮以巴黎的做法為榜樣規範妓女之後，這種「以罪惡為名針對婦女立法」的「拿破崙式制度」卻受到女權主義道德人士的抵制。[85]

卡萊爾將巴黎斥之為「一座腐敗、可憎的城市……純粹是妓院與賭博之地獄」，但對其他維多利亞時代人而言，這樣的巴黎卻有強大的吸引力——「一所巨型的大學，讓男人們上那兒鑽研罪惡」。[86]自一八五五年起，巴黎在八十年內接連舉辦六場萬國博覽會，不僅次數遠多於其他曾舉辦的城市，而且一次比一次盛大，促使許多人造訪。第二帝國與隨後的第三共和精心策畫，不僅要勝過原本的萬國博覽會，同時也要取代倫敦作為世界中心的地位。成千上萬人首度體驗跨國旅遊，旅遊業者托馬斯·庫克（Thomas Cook）也把自己的營業範圍延伸到歐陸：一八五二年時有兩萬六千名英國遊客造訪巴黎，一八五六年有四萬人，一八六七年則有六萬人。興奮之情泰半出自於想像，畢竟咸認奧斯曼巴黎所獨有的新事物，其實經常可以在其他地方見到，而現實也經常比不上幻想。比方說，林蔭大道上重口味的新娛樂與音樂咖啡館（*café-concerts*），通常只是倫敦音樂廳的三流模仿。拿破崙三世宮廷的「所多瑪與蛾摩拉」（維多利亞女王擔心巴黎已經對「英格蘭社會造成恐怖的傷害」[87]）通常只有槌球與比手畫腳的水準。但更重要的是嶄新的印象、激動的情緒，以及「未來的美國式巴比倫」（這是吹毛求疵的龔固爾兄弟（Goncourt brothers）給巴黎起的綽號）所引發的警覺心。[88]懷舊書籍談「消失中的巴黎」的風潮，跟談未來風幻想的風潮不相上下。巴黎與倫敦就此調換了位置：古色古香的傳統都市刻意讓自己成為新事物的縮影。借夏爾·波特萊爾（Charles Baudelaire）的著名詩句來說：

> 老巴黎從此不再（於戲！一座城市發生
> 改變的速度比人心還快）。

這正是拿破崙三世的意思——但在嶄新的建築立面背後，在不知不覺的象徵主義傾向之下，巴黎保有的古老建築仍然比任何歐洲北部大都會都多。法國在一八四〇年代晚期的艱難歲月後迎來了經濟復甦；軍事實力重新展現；精力十足的政權不僅對新貴相對開放，而且全力引領流行；法國人在一八六〇年代甚至出現了一種自己「正在火山口跳舞」[11]的感覺（法國過去的政權對此並不陌生）——這一切為巴黎創造了一種現代典範的世界性形象。未來幾代人的時間裡，藝術家與作家前往巴黎捕捉華麗的標本，繼而鞏固了這種形象。波特萊爾、龔固爾兄弟、古斯塔夫·福樓拜（Gustave Flaubert）、愛德華・馬內（Édouard Manet）、皮耶・奧古斯特・雷諾瓦（Pierre-Auguste Renoir）、古斯塔夫・卡耶博特（Gustave Caillebotte）、卡米耶・畢沙羅（Camille Pissarro）、克勞德・莫內（Claude Monet）、貝爾特・莫里索（Berthe Morisot）、艾德加・竇加（Edgar Degas）、埃米爾・左拉（Émile Zola）、亨利・德・土魯斯・羅特列克（Henri de Toulouse-Lautrec），甚至是賈克・奧芬巴哈（Jacques Offenbach），他們都以各自不同的方式前去「臨摹現代生活」——隱藏身分、腐化而誘惑——基本上就是巴黎生活。「愉悅巴黎」那種跳著康康舞、撩撥情慾的印象（泰半源於旅遊業的塑造，為的也是旅遊業的發展），在一八六〇年代之後漸漸成為英國人對法國刻板印象中的重點特色。

✣　✣　✣

【延伸】巴黎的英格蘭特產：女裝設計師與妓女

我們正讓自己愈來愈英格蘭。婦女開始用以金屬飾邊的英式皮帶……她們找一位英格蘭人——大名鼎鼎的沃思（Worth）做自己的服裝設計師；她們還會買蘇格蘭格子布與花呢。

11【編註】形容美好表象下潛藏等待噴發的危機。日後德國總理古斯塔夫・施特雷澤曼（Gustav Stresemann, 1878-1929）曾用同樣的字句來形容威瑪共和時期的德國。

這時，男人的英式鬍鬚、英式套裝、英式舉止與用詞也已無可救藥。那些散播巴黎優雅的商家若非叫「沃思」，就是叫「約翰氏」(John's)或「彼德氏」(Peter's)。

——《戀戀巴黎》(*Paris Amoureux*)，一八六四年[89]

新巴黎有兩位名人出身英格蘭。查爾斯．弗雷德里克．沃思(Charles Frederick Worth)奠定了高級時裝(*haute couture*)作為跨國產業的地位，他也在無意之間，讓俚語「高雅」(*chic*)普及於世。[90]科拉．珀爾(Cora Pearl)則是巴黎幾十位最有名的高級交際花(*grandes horizontales*)之一。

沃思(一八二五年至九五年)是一位破產的林肯郡(Lincolnshire)事務律師之子，在攝政街的時髦服飾店——史旺與艾德加(Swan & Edgar)擔任學徒。一八四五年，他到法國拓展眼界——最好的織品都從此而來，接著為巴黎首屈一指的服裝公司蓋傑昂—奧比日(Gagelin-Opigez)工作。他的其中一項工作是以真人為模特兒，將披肩與斗篷展示給顧客看。為了襯托商品，他為模特兒設計了素雅的連身裙。在顧客要求下，蓋傑昂勉強同意銷售這類連身裙，後來在一八五一年的倫敦萬國博覽會與一八五五年巴黎萬國博覽會展出，並且獲得一面獎牌。沃思在和平街(當時還不是流行購物的地點)開了自己的店，找了一位同樣在倫敦當過學徒的瑞典男性做合夥人。男性女裝設計師——何況還是外國人——可說是前所未聞，而且不得體，因為女裝設計師會跟顧客的身體有親密接觸。沃思的突破得歸功於另外兩位不受巴黎傳統束縛的外國人。他以非常有競爭力的價格，為跳脫傳統的奧地利大使夫人梅特涅王妃（Princess Metternich）提供服飾，王妃繼而將他介紹給友人——西班牙裔的新成婚法國皇后歐仁妮（Empress Eugenie），皇后相當喜歡他狂放斑斕的風格。沃思因此功成名就。同樣的服裝，這位新皇后絕不穿第二次，所有宮廷婦女也受到一樣的要求：光是在康邊（Compiègne）待一週，就需要十五套新衣服。「沃思先生」（Monsieur Vorss）炙手可熱，他設計的衣服也出現在許多肖像畫中，例如雷諾瓦、馬內與竇加的畫作。他怎麼辦到的？沃思的銷售技巧（從十二歲便開始打磨）起了大用，他把推銷用語發展為一套用「天才藝術家」之名的誇張描述：「我採用類似德拉克羅瓦的色彩來製作。」[91]他引入英式男服裁縫手法，以求更合身的剪裁與收邊，此外還利用縫紉機、設計工作室與一千兩百名員工加速生產。他瞭解紡織業，擁有各種上好的料子可用。服飾業成為第二帝國時代巴黎的重要產業：為一八六四年社交季的一百三十場舞會提供服飾，須花費約兩千九百萬法郎。[92]沃思收取前所未聞的價格，賺取前所未有的利潤。他還讓近代時尚產業的特色——季節服裝、真人模特兒、品牌標籤與授權經營——成為標準。沃思得到幾場巴黎博覽會之助，讓時尚成為全球產業，在英國與美國銷路大開——想以一己之力完成這種事情，只有在當時才有可能發生。一代代的英格蘭時裝設計師跟隨其後（包括約翰．雷德芬〔John Redfern〕，他在一八八五年引進女性西服套裝、查爾斯．克里德〔Charles Creed〕與愛德華．莫利紐克斯〔Edward

Molyneux）」，他們進一步將陽剛的剪裁與布料，以及更自由、貼身的運動風格引入法國女性時尚——堪稱古老傳統的延續（見上冊第二章的「感受力流行：帕梅拉與茱莉的年代」）。連巴黎「高雅」（*chic*）的化身——可可．香奈兒（Coco Chanel）在一九二〇年代的大膽創新，也是以從英格蘭情人那兒借來的服裝為基礎。[93] 英國設計師在一九九〇年代「降臨」巴黎時裝界一事，其實是恢復一種歷史悠久的關係。

「科拉．珀爾」本名艾瑪．克勞奇（Emma Crouch, 1835-1886），父親是一位犯下重婚罪的音樂家。珀爾贏得相當名氣，但財務上的成功難免沒那麼長久。她在布洛涅一所女修道院受教育，一八五〇年代成為妓女，從倫敦遷往巴黎，迅速因自己招搖、花錢如流水的生活而成名；富有的紈褲子弟一個個為她的生活買帳，其中有不少人還是賽馬俱樂部的會員。包養她，成為某個成員選擇嚴格的放蕩兄弟會入會的儀式——成員包括皇帝的堂親拿破崙親王，據說連威爾斯親王也赫赫在列。由於年華老去、政治氛圍丕變，加上醜聞——一位因她而破產的年輕繼承人在她家自殺身亡，她的事業在一八七〇年代每況愈下。她逐漸依賴過去愛人的饋贈為生，此外也試圖靠自己的回憶錄賺錢。她得到大筆的款項，接著花掉。奢華的娛樂、珠寶、衣物、馬匹與車駕都是必要的職業成本，因為昭彰惡名——尤其是「只有非常有錢的人才養得起她」的認知——在她的魅力中占了相當重要的部分，不僅甚於美貌，或許也甚於性。「女人是公開消費的奢侈品，」小仲馬（Dumas the younger）寫道：「就像獵犬、馬匹與車駕。」[94]

沃思與珀爾身為英格蘭人，一般不認為島國人能在他們所從事的行業中成為佼佼者。但兩人都高調展示自己身上的英格蘭特色，也藉此獲利。沃思只找英格蘭人擔任銷售助手。高級的法國妓女在公開場合會表現得像淑女，但珀爾這位「英式交際花」卻以刺眼、「非法式」的舉止、口音與外貌聞名——例如，她是當時極少數將自己的頭髮染成金色的女子。身為英格蘭人，使他們能為跳脫傳統的舉止（如積極的企圖心）開脫，甚至得利。法國人認為英格蘭人性事古怪，這種成見或許對珀爾有利，而她絕對因為自己在賽馬俱樂部那幫人之間善御馬的名聲而得益：「騎乘有如騎師，趾高氣昂揮舞著她的馬鞭，」一位當代人寫道：「她能豪飲……她的胸部妙不可言。」[95]

沃思與珀爾的成就不僅顯示出盎格魯狂熱仍舊強勁，也顯示巴黎的風格與形象益發海納百川。

【延伸】法人眼中的倫敦

一八六〇年代，古斯塔夫．多雷（Gustave Doré）為「狄更斯式」的城市——倫敦，製作了若干最出名的版畫圖像，在一八七二年以《倫敦巡禮》（*London, a Pilgrimage*）為名出版。

人們特別在倫敦成立一間畫廊擺放他的作品，他在英格蘭受歡迎的程度可見一斑。多雷跟眾多法國觀察家不同，他喜歡當地的生活與熙來攘往。他讓人看到工作與休閒活動的「典型」景象，包括碼頭、貧民區、海德公園、牛津劍橋賽艇對抗賽（Boat Race），以及德比（Derby）馬賽。不過，他看似寫實的圖像卻有某種如夢似幻的特質：陰沉、多霧的天氣；極其密集但有序、不具威脅感的群眾；稱得上漂亮但卻單調的面孔——一切都反映法人常有的看法。

多雷畫筆下的英國人：奇特但無害的一群人。

一八七〇年與日耳曼的戰爭和一八七一年的巴黎公社（Paris Commune），導致好幾位法國藝術家逃到英國避難，包括住到肯辛頓（Kensington）的克勞德．莫內，以及卡米耶．畢沙羅——他在克羅艾登（Croydon）的戶政單位結婚。「莫內和我熱愛倫敦的景致。莫內在公園裡畫畫，我呢，則是在當時還是個迷人郊區的下諾伍德（Lower Norwood）生活，鑽研霧靄、雪和春日帶來的效果。」[96]兩人也研究透納與康斯特伯的作品，尤其是關於光線與「瞬間印象」的「戶外」畫作。這是否對兩人的藝術手法有深刻的影響？英國與法國史家對此長期意見不同。事情很明顯，對畢沙羅來

畢沙羅的印象派觀點。

說恐怕只是表面影響，但對莫內來說，透納成了他一輩子的靈感泉源，在他畫泰晤士河與塞納河的畫作中清晰可見。一位當代藝評甚至稱莫內是「法國透納」。[97]

畢沙羅發現沒人找他作畫，抱怨說：「除非出了國，你才會感覺到法國如此美麗、偉大而親切。這裡跟法國實在天差地遠，舉目所見都是鄙夷、漠不關心，甚至無理……這兒沒有藝術，只有生意。」天曉得，他的筆友正好寫信對他說：「巴黎四處都是駭人、恐怖的慘狀……我一心只想逃出這裡……。世人八成會認為巴黎此後再無藝術家。」[98]畢沙羅對倫敦態度不大公平，但當代的法國繪畫在人們心中確實不比英國人或日耳曼人的畫作。因為公社之故而離開巴黎的雅克．約瑟夫．「詹姆斯」．迪索（Jacques-Joseph 'James' Tissot）也發現到這個現象。過沒幾個月，竇加酸溜溜地寫信給他：「人家告訴我你賺了很多錢。是賺多少？」迪索事業有成，但根據一位嫉妒的法國同胞所言，這是因為他「別出心裁，利用英格蘭人的

迪索：讓倫敦高雅起來。

愚蠢」。他的作品因其法國特色──第二帝國的法國特色，亦即花俏、新穎、生硬而淺薄──而同時受人讚揚與批評。他筆下油潤、*chic*的英格蘭景致與民眾表現出「新法英混和」風，但人們認為他的作品跡近於不得體，讓倫敦上層人士看來庸俗、像暴發戶，彷彿巴黎的「浮誇人物」或「法國女演員」，不然就像法國漫畫中英國人的特色，「倨傲不遜」、「目中無人」、「冷淡而一臉反感」，生了一副「難看的長臉與高高的脖子」。許多人認為迪索在傳達負面的訊息。奧斯卡．王爾德（Oscar Wilde）覺得他「缺乏感情與深度」，呈現「過度打扮、長相平凡無奇的人」。[99]

✣

✣

✣

隔岸觀火：一八七〇至七一年

〔英格蘭人〕是群恐怖的人，我可不願意自己的祖國與之為敵──或是為友。

──儒勒．瓦列斯（Jules Vallès）[100]

我擔心，法國人如此出爾反爾、腐敗愚昧、自負又愚蠢，別想指望能以合於情理的方式治理他們……。雖然個人而言，他們非常迷人，但作為民族時，恐怕是無可救藥了。

——維多利亞女王[101]

一八七〇年七月，法蘭西一頭栽進其歷史中最慘的年份之一——雨果稱之為「凶年」。英國則五味雜陳、作壁上觀。英國與法國只要聯手，便強得足以應付任何對歐洲既有權力結構的攻擊。但兩國並不團結。英國懷疑拿破崙三世的意圖，把他當作問題來源而非解方。因此，倫敦沒有採取有效策略，未能防止普魯士成功展開一八六四年對丹麥、一八六六年對奧地利與其他日耳曼國家的侵略戰爭。

拿破崙三世還在玩火。他受到國內壓力，必須表現出自己仍是歐洲事務的主導者。因此到了一八七〇年七月，皇帝與部會首長（就西班牙王位問題與普魯士有所爭執）便將危機推向戰爭邊緣。法國將領相信本國擁有世界上最高效的軍隊，滿心鼓舞的巴黎群眾也高唱：「進軍柏林！」普魯士首相奧托・馮・俾斯麥（Otto von Bismarck）則認為在日耳曼統一之前，免不了要與法國一戰，於是他不斷招惹法國人宣戰。他還向《倫敦時報》洩漏消息，證明拿破崙三世密謀併吞比利時，坐實倫敦方面最深刻的疑慮。[102]英國輿論認為法國人是侵略者，一如既往。人們認為日耳曼處於劣勢——卡萊爾致《倫敦時報》的知名投書稱之為「高貴、耐心、沉穩、虔誠而堅定的日耳曼」——多數人皆報之以同情。女王用一段帶著強調語氣的文字，表達了普遍的觀點：「我們必須**盡可能**保持中立，但對於這場**極端不公平的戰爭**，以及法國人**毫無道理**的舉動，這兒**沒有一人**會隱藏自己的意見！」[103]

戰爭已經成了焦點賽事。電報、戰場畫家與攝影師將克里米亞戰爭與美國內戰的即時戰況傳回給國內民眾。離倫敦不過幾小時之遙的戰役自然更是激動人心的場面。發行全國的各家日報與《倫敦畫報》（*London Illustrated News*）擁有無與倫比的能力，快速將新聞與圖像帶入國內。這些媒體在雙方軍隊中皆派有知名的特派記者，他們不僅與將領、政治家熟識，當時也沒有有效的審查機制。八月時，法軍與日耳曼軍在前線激戰，英國人則隔岸觀火。日耳曼軍隊非但沒有被久經戰陣的法軍打得落荒而逃，反而以驚人的速度推進。多數的法國正規軍被追著跑，躲進梅斯要塞，進入圍城戰。其餘部隊及皇帝本人，則在九月二日當天被迫於色當（Sedan）投降。當這條難以置信的消息一抵達巴黎，帝國政權旋即煙消雲散。歐仁妮皇后（後來連同皇帝）成為連續第四位逃往英吉利海峽對岸的統治者。

經驗豐富的阿道夫．梯也爾前往倫敦，懇求英國協助，確保能達成適度的議和條件。首相威廉．尤爾特．格拉斯東（William Ewart Gladstone）清楚表示法國應該做出讓步。該國拒絕割讓領土的強硬姿態跟軍事情勢「不成比例」。以英國利益為標準，格拉斯東並不反對德國兼併領土，但他不喜歡「把人類當私產般易手」：「如果亞爾薩斯人願意成為德國人，我會覺得比較舒坦。」[104]媒體界傾向認為法國自作自受，而梯也爾——一八四〇時的極端愛國主義者，則是承受罪有應得的羞辱最理想的人物。《曼徹斯特衛報》（*Manchester Guardian*）幸災樂禍：「待他求和時……該國極度的虛榮心（他就是其化身）終於受到足夠的懲罰了。」[105]《帕摩爾報》（*Pall Mall Gazette*）以一句丁尼生風格的俏皮話挖苦他的請求：「梯也爾，無用的梯也爾，我不懂你的意思。」（典出丁尼生的長詩《公主》（*The Princess*），原句是：「眼淚，無用的眼淚，我不懂它們的意思……」）然而，當局允許法國向倫敦金融城借錢，武器也能售予新的共和政府。梯也爾精準總結英國的立場：「我們不停對她訴說歐陸權力平衡，但對她來說，這平衡沒有多大改變……法蘭西過去帶給她的無眠夜晚，如今以後將從普魯士而來。」[106]有個憤慨的巴黎人寫信給倫敦的朋友說：「英國在歐洲的影響力已然不再；英格蘭如今是個屬於商人的國家，跟美國一樣。」[107]住在巴黎的英國人成了過街老鼠。認為英國人旁觀看好戲的看法，出現在居伊．德．莫泊桑（Guy de Maupassant）寫的一樁故事中——兩名英格蘭遊客目擊一名恃強凌弱的日耳曼軍官和一位愛好和平的法國布爾喬亞之間的決鬥：「湊前看得更清楚……滿心歡喜與好奇，準備對決鬥的兩造下注。」[108]

九月十九日，巴黎投降。對英國來說，這場圍城戰變成一場吸引目光的大戲（對法國而言則是英勇事蹟），對於四千名在城內一直待到自己真的受困的英國居民而言，則是一場一輩子難遇的冒險。其中包括埃德溫．柴爾德〔（Edwin Child），一位在巴黎學藝的珠寶匠學徒，志願加入國民衛隊（National Guard）〕、赫特福德家的富有繼承人理查．華勒斯（Richard Wallace）、弗雷德里克．沃思、科拉．珀爾、教士、記者、醫生，以及為英國紅十字會與英格蘭種子基金會（English Seed Fund Society）工作的助人工作者。[109]使館成員與領事盡數離境，留下一千名英國國民，靠富有同胞的經濟資助——有錢人成立了一筆英國慈善基金（British Charitable Fund），由華勒斯擔任主席管理。基金的運用由愛倫・斯帕克斯（Ellen Sparks）與安妮特・斯帕克斯（Annette Sparks）監督，提供金錢與適量的每週食糧——兩盎司的濃縮高湯、一磅米，以及八至十二磅的麵包。[110]許多經歷圍城的英國人後來發表回憶錄，例如富有的激進派國會議員亨利・拉布切（Henry Labouchère）。一八六〇年代的浮華巴黎是「以美女與糖果聞名的現代巴比倫」、「罪惡在街頭盡情展現」，[111]在一八七〇年卻成了熱血愛國的堡壘城市，期間的對比讓所有人深受吸引——人們也從這種改變中汲取道德教訓。新聞報導與回憶錄強調格格不入的景象：美食家吃起老鼠湯，紈褲子弟穿上軍服，溫和的布爾喬亞揹著步槍，時髦的女演員為傷者包紮，英式肉店買下動物園的大象。英國人通常語帶譏諷——有時候是為了跟共和主義者的夸夸其談作對，例如從流亡中返國的維克多・雨果。許多人認為是帝國導致了這一回的衰落，對此搖頭嘆息，同時也懷疑法國人是否能湧現真心誠意，而非裝腔作勢的愛國心：「帝國的巴黎與奧斯曼的巴黎只是棟紙牌屋……讓戰爭與圍城一敲就倒。」[112]這種態度反映了法國上層階級的氛圍，許多記者也受到影響，既鄙視帝國，同時藐視左派。

一八七一年一月十八日，德意志帝國在路易十四的凡爾賽宮鏡廳（Hall of Mirrors）中宣布誕生，巴黎接著在十天後投降，連場輝煌血戰都沒打——雙重的羞辱證明許多人對巴黎人能耐、勇氣與道德品格的懷疑。埃德溫・柴爾德寫道：

> 我向上尉提出辭呈，打從心裡對整件事情感到噁心。四十萬人投降……。二十年不間斷的繁榮

居然就此終結，對一個愛好奉承、自詡為文明先驅的民族來說是什麼樣的教訓啊……。〔經過〕一場不流血的行動……幾乎連敵軍都沒見到……他們居然討論給每個人一枚勳章。我何必掛起來，讓自己丟臉！[113]

不過，隨著戰爭繼續，英國人的態度有了轉變。法國惡霸已經變成落水狗。一位英國激進人士寫道：「關〔於〕這場戰爭，我起先覺得普魯士人有理，但到了目前的階段，我對法國人痛切感到同情。」英國外相格蘭威爾勳爵則寫說：「我心為法蘭西的悲劇淌血——我躺在床上，思考是否已無事可為。」[114]新招募的法國陸軍在地方上艱苦戰鬥，儘管裝備簡陋、訓練不足，卻屢敗屢戰，讓許多人為之動容。至少有一位英國儲備軍官加入他們——赫伯特．基奇納（Herbert Kitchener）。當真正的饑饉、寒冷與疾病開始讓居民送命之後，巴黎圍城戰就再也不是個笑話。婦女們在食物店門外耐心排起一長條隊伍，稱為長列（*les queues*）——是個新字：「在英文裡沒有對應的字——太好啦！」[115]日耳曼人對於巴黎拒絕立刻投降感到不滿，開始在一八七一年一月炮轟巴黎，外交人士隨之抗議，特拉法加廣場也出現小型示威。同情對象的轉變，可以清楚在《潘趣》雜誌的漫畫中看到。象徵法國與共和政府的圖像首度畫得英勇，引人惻隱，而且毫不含糊，日耳曼人反倒開始長得像是沒心沒肺的野人，成為一九一四年至一八年間「匈人」（Huns）的先聲。

法國在一八七一年投降，英國國內對此表示樂見。福南梅森（Fortnum & Mason）與克羅斯布萊克威爾（Crosse & Blackwell）等食品公司，接獲人在巴黎、飢腸轆轆的英國人下的大禮物籃訂單。倫敦市長大人紓困基金（Lord Mayor of London's Relief Fund）得到英國政府協助，送去一艘艘船隻的物資——一千噸麵粉、四百五十噸米、九百噸餅乾、三百六十噸魚、七千頭牲畜與四千噸煤，此外更為一貧如洗的農民與工人提供補助，以購買種子與工具。巴黎市長拍了電報，表示「巴黎市民永誌難忘」，反英國情緒也逐漸消退。此時，理查・華勒斯已默默提供總額估計達兩百五十萬法郎的資金，在巴黎城內濟貧救苦。[116]

巴黎與法國面臨更嚴重的災難。一八七一年三月，巴黎的愛國激進派對梯也爾為首的民選新政府舉起叛旗，兩週後便爆發全面內戰。政府（已後撤馬賽）控制的正規軍在巴黎展開第二次圍城，守城方則是共和派的國民防衛隊（若干士兵配有

人們起先把戰爭歸咎於法國人，但後來卻逐漸同情、甚至欽佩起他們。

「加入公社，不然就死」：英國人想像中的巴黎公社，是一個上下顛倒的惡夢世界。

戰時供應的英國製史奈德步槍（Snider Rifle）」，由民選的公社指揮——「公社」一詞則取自一七九〇年代的革命派市政府。英國人對叛軍的同情有限，最傾向支持他們的是共和主義者、社會主義者、自由思想家與非國教新教徒。有些人讚揚公社擁護者是「徹底的愛國人士與真正的共和主義者」，他們在海德公園舉辦集會，有三、四千人參加。《雷諾茲新聞》與國際工人協會〔（International Working Men's Association），接受卡爾．馬克思（Karl Marx）在倫敦的指揮〕給予支持。喬治．何利歐克（幫奧西尼試爆炸彈的人）把公社擁護者比作英格蘭內戰時的圓顱黨（Roundheads）。《經濟學人》（*Economist*）認可巴黎公社是實質合法的政府，詩人兼評論家馬修．阿諾（Matthew Arnold）則私下寫道：「一切的嚴肅態度、澄明心志與堅定目標，迄今皆為紅軍[12]一側所有。」[117]一些英國旅客（有得到進出許可）語帶同情，回報表示巴黎情勢平穩正常。至少有一位英格蘭青年受到徵召加入國民衛隊，他寫道：「我絕對無法忘記他們待我之親切。」[118]衛理會牧師威廉．吉布森（William Gibson）多少能體會公社痛恨「教士專權」的態度，而公社支持者則主張「羅馬的神職人員」是「自由與進步的積極敵人」，以此解釋公社成員的反教權主義。《倫敦時報》（同樣反天主教）使公社支持者口中神職人員犯罪的傳說更為可信。不過，新教徒雖然認為天主教是部分法國問題的始作俑者，但他們普遍厭惡反天主教的暴力舉動。許多英國共和人士與工會成員都跟「紅色共和人士」（Red Republicans）保持距離。古板的埃德溫・柴爾德認為：「『自由』、『博愛』、『平等』等詞意味著聽我們的命令，劫掠所有的教堂，還要跟你們自己的弟兄為敵。」巴黎公社讓《倫敦時報》所說的「奉九三年為圭臬的恐怖統治[13]」起死回生（只是種比喻），英國報界對此抱有戒心。媒體斥公社的政治操作「幼稚」而「作戲」，卻又著迷於穿上軍服、

12【編註】巴黎公社放棄共和象徵的三色旗，改採用象徵社會主義的紅色旗幟。

13【編註】法國大革命後，羅伯斯比爾的恐怖統治時期始於一七九三年。

PUNCH, OR THE LONDON CHARIVARI.—July 8, 1871.

FIRE AND SMOKE.

French Communist. "ALLONS, MON AMI, LET US GO BURN OUR INCENSE ON THE ALTAR OF EQUALITY."
British Workman. "THANKS, MOSSOO, BUT I'D RATHER SMOKE MY 'BACCY ON THE HEARTH OF LIBERTY."

正直的英國工人拒絕法國極端主義。

— **Mylord, faut pas vous gêner! si ça vous amuse, on peut aller faire ça chez vous.**

造訪巴黎斷垣殘瓦的英國遊客造成民怨：圖中是個巴黎街頭乞兒正威脅「老爺」，表示如果他覺得這很樂，巴黎人也會前往英格蘭依樣畫葫蘆。不過，許多「老爺」出手大方，不僅養活眾人，也重建了城市。

在政治俱樂部中演說的婦女——對巴黎人的勇氣來說，這是一項令人驚訝卻又撩撥情慾的證據，證明巴黎人的自信。等到巴黎公社逮捕巴黎大主教與幾位神職人員，做為人質之後，民眾對公社的反感開始增加。許多觀察家認為公社已經掌握在極端人士所操縱的「暴徒、盜賊與殺手」手中了。柴爾德「想吊死這些割人喉嚨的無賴」。[119]

一八七一年五月二十一日，正規軍突破巴黎的防禦工事，長達一週的惡夢般巷戰就此展開。人們點燃大火，作為防禦或藐視的舉措。許多最壯麗的公共建築——包括杜樂麗宮、巴黎市政廳（Hôtel de Ville）、巴黎司法宮（Palais de Justice）與皇家宮殿廣場——遭到焚毀或嚴重破壞。羅浮宮、聖母院與聖禮拜堂（Sainte-Chapelle）勉強逃過一劫。《每日新聞報》（*Daily News*）將之比喻為「倫敦塔、國會大廈、白金漢宮、溫莎城堡、國家美術館（National Gallery）與大英博物館」同時遭受祝融之災。[120]倫敦消防隊伸出援手。英國報界（和法國同行一道）將女性汽油縱火犯焚燒建築的留言傳播出去。法軍射殺上千名真正的叛軍戰鬥員、縱火犯與嫌疑人。叛軍則射殺若干人質回敬，主要是警察或教士——包括大主教。「這一週的恐怖」所造成的感受怎麼說都不為過，「為世界史之最」——但這類言談間不時帶有一絲衛道人士的滿足感，因為「巴比倫」受到懲罰。英國報界以痛切口吻報導軍隊的暴行——「槍殺、用刺刀捅，將戰俘、婦女與小孩開腸破肚」，叛軍的舉動也不例外。英國記者與報紙插畫家恐怕是唯一能自由在城內移動的人（最不容易被雙方處死），他們也提供目擊報導與圖片。《每日新聞報》有位記者親眼看著戰俘被人抓出來槍殺：「那天，要是有人注意到你比隔壁的人高些、髒些、乾淨些、老些或醜些，可不是好事。」《倫敦時報》高調表示：「法國人正為他們自己或全世界的史書上寫下最黑暗的一頁……。馬賽的部隊顯然打算遍灑人類的鮮血，勝過公社成員。」[121]在成千上萬名遭到射殺的戰俘中，最後一批受死的人裡有個英格蘭學生，名叫馬克思（沒有親戚關係）。

人們大力強調這些事件中嚴肅的反諷：「文明之都」如今「火焰沖天」，「法國人正按照法國文化自豪的做法，拿滑膛槍托打碎彼此的腦袋」。報紙上不偏不倚報導雙方的暴行，必定讓許多英國人覺得（感受甚至比一八四年至五一年後更強烈）法國各黨各派的行為都不能接受。法國「是個註定無法恢復的國家」，國內「人們心中所有的狂野熱情，已經融為一體，化為火勢驚人、不分你我的烈焰」。[122]英國又一次與法國不同，這實在太幸運了！對《潘趣》雜誌來說，這是場「法國教訓」。

遭到嚴重破壞的巴黎成為旅遊勝地，雖然市政當局急著表現巴黎「再度回復原樣」。法國政府一如既往，將內戰衝突的痕跡盡速移除。沃思買來杜樂麗宮裡的焦黑石頭，擺在自家的郊區花園，當作別致的廢墟。埃德溫・柴爾德在戰鬥結束後兩週寫信給父親，表示不到六個月後，「我們便懷疑起所有的大火究竟發生在哪兒」。這座城市似乎沒有「因為災難而傷心」，這讓吉布森牧師相當震驚。[123]托馬斯・庫克規劃參觀事件發生地點的行程，「一大群英格蘭人，脖子上掛著雙筒望遠鏡，腋下夾著廢墟旅遊指南」，「匆匆寫下筆記……不時用喉音發出感嘆，透露了這些人是從海峽對岸而來」，讓巴黎人大為光火。[124]觀光客購買革命激情場面的假照片——包括殺害人質的情境。法國史館則是從倫敦賣店手中，將倒塌的芳登石柱上的雕塑殘片買回國內。法國觀察家蔑稱「英格蘭」旅客是幸災樂禍的偷窺狂，但他們也捐錢修復受損的建物。[125]至少有些人的動機顯然不僅是因為好奇，更是出於與災民同在的心。

✣　✣　✣

〔延伸〕流亡人士：經歷「凶年」之後

加萊與多佛之間只隔著七里格的海水，但英格蘭人與法蘭西人的特質之間卻是一道深淵。

——儒勒・瓦列斯，流亡的公社成員[126]

政府的鎮壓行動中，至少有一萬兩千人被殺，四萬人遭到逮捕。三、四千名男女老幼渡過英吉利海峽，以躲避相同的命運。這一回，英國人對他們的同情心，不比過去前來尋求政治庇護的人：巴黎公社令全世界震驚，法國保守派的宣傳以不公允的方式扭曲現實。但鎮壓之殘酷多少抵銷了這種恐懼之情。法國當局急於撇清責任，試圖把罪過推給國際工人協會從倫敦主導的跨國陰謀。若干保守人士斥之為一場新教徒與共濟會聯手針對法國的陰謀：首先發難的是晚年的巴麥尊勳爵，而「他的弟子格拉斯東」也繼承了這種看法——俾斯麥與卡爾．馬克思（被稱為「俾斯麥的祕書」）都是其中的共犯。[127]法國當局對外國政府施加壓力，要求以罪犯身分認定公社成員，拒絕其政治庇護。《經濟學人》則回應：英格蘭雖然「對公社最後採取的駭人暴行感到不齒」，但他們顯然是政治犯，無須引渡。這一回與過去無異：「無論如何，我國政府都無權妨礙任何一位共產主義領袖前來英格蘭。」[128]英格蘭是最安全的藏身處，許多領導人確實也來了。英國當局對此不大關心，頂多要求卡爾．馬克思提供資訊，又派了一名巡佐去伊斯林頓（Islington）某間酒吧參加「共產主義者」的聚會。他馬上被人攆出去，還遭到威脅若是回來，保證會打破他的頭：「我沒有回去，」巡佐回報的口氣泰然自若，「免得和平的氣氛遭到破壞。」[129]

一如往常，多數的難民都集中在蘇活區。幾百人留在這裡，一直到一八八〇年政府大赦為止。有些人則定了居——這是一場常見的、受盡貧困折磨的嚴峻考驗，生活中還點綴著互相指責、派系鬥爭，以及「當警察線人」等指控（有時是事實）。馬克思與公社社員不和（雖然有兩人與他的女兒結婚），第一國際從此分裂。一開始將公社成員理想化的支持者們，也很快停止了經濟援助。難民因此得自立更生，繼而成立互助會、一間學校、政治俱樂部、共濟會聚會所與一間拘留所，並驅逐通姦者、同性戀或酗酒的人。

超過五十位難民在倫敦做起生意，運用自己做巴黎商品的技術。康登鎮（Camden Town）有位樂器匠雇了另外十五位公社成員；有人做起壁紙生意，有人則製作人造花——典型的巴黎製造業。有些人投資瓷器彩繪，結果血本無歸。貝爾多之家（Maison Bertaux）則成功得多，這間位於希臘人街（Greek Street）的法式糕點店在二〇〇六年時依舊門庭若市。前公社外相巴斯卡．格魯瑟（Pascal Grousset）對體育燃起了興趣，後來將之引入法國。雕刻家儒勒．達魯（Jules Dalou）雖然語言不通，但他卻發現「英格蘭人張開雙手歡迎我們」。[130]他在皇家藝術學院教書，在英國引領新自然主義流派，承接包括位於弗羅戈莫（Frogmore）的皇家禮拜堂等多件委任案，後來更重返巴黎，製作民族廣場（Place de la Nation）的巨型雕像——《共和之凱旋》（*Triumph of the Republic*）。革命極端分子喬治．皮洛泰爾（Georges Pilotell）的事業格外不同——這位藝術家因為殺害人質而獲判死刑，但他先是逃走，後來成為一位成功的劇場設計師。他在威廉．吉伯特（William Gilbert）與亞瑟・蘇利文（Arthur Sullivan）的輕歌劇《佩蒂恩斯》（*Patience*）中，為「超美學」詩人邦索恩（Bunthorne）一角所設計的戲服尤其為人所銘記。[131]文人的生活則拮据得多。有些人勉強靠寫報紙文章賺錢，以為英國讀者引介巴黎藝術與文學為目標。至於在布魯姆斯伯里（Bloomsbury）成立法國文化中心的計畫則失敗了。教書是永遠的備案。陸軍師團將軍拿破崙・拉塞西利亞〔（Napoléon La Cécilia），他曾爭取倫敦大學學院（University College London）梵語教席，但未能獲選〕、陸軍上校布魯內（因焚毀里沃利街而留下惡名）和其他公社領導人在伊頓公學、桑德赫斯特陸軍學院（Royal Military Academy Sandhurst）、伍爾維奇（Woolwich）的陸軍官校與達特茅斯（Dartmouth）的海軍學院執教。布魯內在達特茅斯教了三十多年書，未來的喬治五世說不定也曾是他的學生。詩人保爾・魏爾倫（Paul Verlaine）與阿圖爾・蘭波（Arthur Rimbaud）——「兩位巴黎紳士」（deux Gentlemen parisiens），在《每日電訊報》（*Daily Telegrap*）登廣告：「**法文課**，法人授課——完美而精妙」（LEÇONS de FRANÇAIS, en français – perfection, finesses），至少有一位學生以一堂十先令的學費上過課。蘭波後來在伯克郡（Berkshire）一所語言學校找到工作。[132]

魏爾倫與蘭波來到倫敦，一來是逃離人們對他倆同性情侶關係的反對，二來是想躲避可能的警方調查——他們跟公社有些微不足道的聯繫，魏爾倫曾擔任其中的報紙檢查員。蘭波對於法國遊客通常會討厭的事物感到「驚喜」——「活力」、「辛苦」但「健康」的生活、濃霧（「想像透過灰綢紗的日落」）、酗酒與罪惡，讓巴黎彷彿成了鄉下。[133] 兩人覓得一份工作，為一家美國報紙寫法語商業信件。蘭波在大英博物館閱覽室花去大把時間，在《紳士雜誌》（*Gentleman's Magazine*）上發表一首詩，接著寫出最偉大的法式英語作品——《彩圖集》（*Illuminations*）。

公社出身的優秀記者儒勒．瓦列斯對倫敦沒有蘭波那樣的興奮之情，他抱怨「艾爾淡啤酒之糟」，也抱怨「每個人」都醉醺醺的。他順著弗蘿拉．崔斯坦四十年前的腳步，寫了酸味十足的《倫敦街頭》（*La Rue à Londres*, 1876），英格蘭生活幾乎所有層面——從街上吹著口哨的男孩到建築物的色彩——都受到猛烈批評。他還補充了若干崔斯坦忽略之處，例如倫敦缺乏環境讓人從事違法性行為，實屬可悲。英格蘭女孩居然願意在公園板凳上激吻愛撫，令人「震驚」，但潮濕的氣候讓她們「笨拙」又「冷感」，無法得到真的肉慾滿足。年紀稍長的英格蘭女子則有「馬一般的嘴唇」，無精打采、醉酒，過了二十歲前半便讓人敬謝不敏——她們老得很快，「堪比野味」。此外，她們對流亡的外國作家與趣缺缺，實在太不像話。最糟糕的是女「怪胎」：為反對妓女或殘忍對待動物大聲疾呼的人，還有探險家、登山家或布道家——「不男不女」。倫敦工人缺乏階級意識——衣著與其他人無異，而非穿上其行業的服裝，令他驚駭莫名。窮人的愛國心也讓他感到惱怒。事實上，對於瓦列斯來說，愛國精神正是英格蘭人最深的罪孽，尤其是他們對法國人的憎惡，甚至導致他們一意孤行走上歧路。兩國的衝突非常根本：「頑強的濃霧令太陽憤怒……啤酒與葡萄酒的對決！」然而，他還是勉為其難，承認「這座漆黑的城市」很自由：雖然「這座城市從來不說女王壞話，但它教會我——一個來自共和國的人，讓我曉得自由是什麼」。[134]

理查．華勒斯則是類型極為不同的難民——有鑑於自己差點躲不過轟炸與縱火，他決定將赫特福德家龐大的藝術品收藏中，最有價值的部分搬到倫敦。自從第一代赫特福德侯爵在一七六三年擔任駐法大使以來，一代代的侯爵和其非婚生子嗣便成為名聲最響亮、最富有、最有教養也最放蕩的巴黎英國人家庭。如今的華勒斯捨棄了林蔭大道，成為一位法式派頭的鄉紳、準男爵兼托利黨國會議員；他在愛爾蘭與英格蘭的慷慨作風一如巴黎，因此頗受民眾歡迎。巴黎人之所以記得他，是因為他送給這座城市的臨別禮物——在戰後立刻捐贈的飲用水噴泉（至今仍有約五十座留存）。華勒斯死於一八九〇年，將一切留給婚前原名愛梅莉．卡斯泰爾諾（Amélie Castelnau）的遺孀——五十多年前，他在巴黎一間商店裡遇見賣著香水、年僅十九歲的她。後來，她將世上最精美的十八世紀法國繪畫、家具、珠寶與瓷器收藏遺贈予英國政府，成立華勒斯典藏館——「史上由私人送給國家最重要的一份禮物」。[135]

✣ ✣ ✣

第九章 衰頹與重生

我們得記住，進步並非始終如一的鐵律。

——查爾斯·達爾文（Charles Darwin），《人類的由來》（*The Descent of Man*），一八七一年[1]

佩居謝（Pécuchet）認為人類的未來一片黯淡：當今的人不若以往，變成機器。人類最終將一片混亂。和平無望。過度的個人主義與科學的瘋狂導致野蠻的誕生……。此後再無理想、宗教與人性。美國將征服世界……。布瓦爾（Bouvard）認為人類的未來一片光明。現代人不斷進步……。熱氣球。潛水艇……。邪惡將與匱乏一同消失。哲學將成為宗教。所有人團結一致……。當大地耗竭時，人類將移居星辰。[2]

——古斯塔夫·福樓拜，約一八八〇年

確信的事物正在瓦解。宗教遭受質疑，但理性思想也腹背受敵。傳統已經殞落，但革命同樣傾頹。

「進步」本身產生了無法理解的新罪惡。歐洲各地的人們都嗅到一絲衰頹的氣息。樂觀者期盼衰頹能滋養出重生，而它確實也為欣欣向榮的智識、政治與藝術發展提供了原料——只是有些發展是掠奪性的。保守派要求回歸信仰與紀律。但若干陌生的新信念卻與秩序相去甚遠。有人試圖從政治逃往美的領域（「為藝術而藝術」），但也有人讓美學服務於政治，這正是集權主義的種子之一。理性主義者相信科學，但科學卻不一定理性。事實證明，理性有其局限，心理學理論則強調無意識的重要性。福樓拜未完成的這本《布瓦爾與佩居謝》（*Bouvard et Pécuchet*）帶有深刻的譏諷，不光諷刺書只念一半的人假聰明，也諷刺近代文化的混亂無序：一切都是老調重彈，結局總是響亮而刺耳。

知識界的警告多跟社會與政治動盪有關：人口成長、都市化、經濟變遷、移民、勞工抗爭、普及教育與增進民主權利的壓力，終將演化出社會主義，甚至是激烈的無政府主義。在許多人來看，所謂的「群眾」興起，將威脅社會與政局穩定，文化水準尤其會受到商業文化的「庸俗」與「鄙俚」所夾殺。

科學家提出理論，為這種大難臨頭的感覺背書，並提供解釋。達爾文與那些主張將他的學說用於人類社會的人，造就了「一種永久的危機感」，[3]從內部威脅著上世紀的成就。都市生活、工業社會、群眾與民主……似乎導致人類退化。優生學運動要求限制低等人種的繁衍。歐洲各地都有忿忿不平的現代主義知識分子，他們譴責「布爾喬亞」與「大眾」，自己則追求「前衛」（avant garde）的藝術形式與「貴族」價值觀，孤芳自賞。

法國近年來的災難加深了國內的智識與道德混亂。人們將敗給德國與巴黎公社的危機視為衰頹的信號〔衰頹（decadence）本身即是個新詞〕。保守派怪罪革命削弱了宗教、穩定與階級體系；共和派怪罪天主教摧毀了陽剛的愛國主義；自由派怪罪過度的中央集權；人人皆譴責第二帝國的物質主義、道德淪喪，而且特別埋怨其戰敗。法蘭西似乎病了：低落的生育率與接近停滯的人口成長，彷彿是無可辯駁的證據。政治人物與知識分子提出彼此衝突的解方，導致三十多年嚴重的政治衝突，人們更是視之為衰頹的進一步證據。誰知當法國人哀嘆其地位滑落時，法國卻弔詭地獲得世界性的文化主導權——尤其是精緻藝術。這可是路易十四時代以來所僅見。

關於衰頹，英國亦有其理由擔心。該國的工業革命創造了醜陋的城市，彷彿新危機的溫床，此外還造成知識分子、中產階級對反璞歸真、手作商品與退避鄉林的渴望，即便躲在郊區的灌木籬笆後也行。經濟的優勢地位過去還能遮醜，如今也在滑落。在一八六七年巴黎世界博覽會的九十個類別中，英國商品只贏得其中十面獎牌。法國品質仍然領先，美國與德國在數量上則穩步前進。宗教復興運動以人數龐大、事業有成、受過教育、值得尊重的中下階級與工人階層男女為訴求對象，對道德與社會之罪惡（尤其是性與酒精）有種強迫性的關注——過去幾代人若非對此習以為常，就是認為無力回天。

這些淨化社會的運動，正是藝術家與作家之所以受到吸引〔以沃爾特·帕特（Walter Pater）、阿哲儂·斯溫伯恩（Algernon Swinburne）與後來的奧斯卡·王爾德為首〕，渡過海峽，追求「講究的貴腐」（*pourriture noble*）的一個原因。到了十九世紀末，英國已呈現出其他衰頹跡象，例如生育率下降、薄弱的戰略形勢，以及許多城市居民糟糕的體格條件。基督徒、優生學者、帝國主義者、激進派與女權人士組成了一支雜牌十字軍，經營各式各樣、直言不諱的改革團體。一些知識分子——最知名的有吉爾伯特・基斯・切斯特頓（Gilbert Keith Chesterton）、英法混血兒希萊爾・貝洛克（Hilaire Belloc），以及後來的T・S・艾略特（Thomas Stearns Eliot, T.S. Eliot）——深受對抗腐敗現代性的猛藥所吸引，而散播現代性最力者，則是夏爾・莫拉斯（Charles Maurras）等法國民族主義者。他再次發揚天主教信仰，作為對抗民主的屏障與區別人我貴賤的泉源，表現出「我們才是老大，才高雅（*chic*）」的樣子。[4]

德國力量日漸成長，改變了法國與英國之間的關係。兩世紀以來，兩國始終關注彼此，既是冤家，亦是文明的競爭典範。兩國以外的人皆深受其吸引。但法國如今身處另一種緊張關係中，而且延續至今。德國成為法國（與其他國家）的新典範，結合威權式的指導與現代的效率。對英國而言，德國成了經濟上的對手，其成就令人懷疑起英國認為自由貿易、公司自由與政府低度干預才叫做進步的先入之見。美國與俄羅斯向來是人們心中的未來強權，這時也攪和進來。文化上的靈感也開始從非歐洲社會而來。除了從加萊往多佛方向看以外，法國還有其他願景可眺望。

即便如此，舊有的魅力仍未消失。儘管德國的大學、工業、音樂與軍事科技令人神魂顛倒，但該國的政治與社會制度太過陌生，難以對法國或英國造成太多影響。法國在一八七五年採用共和立憲制，創造這套制度的人多半是親英派。他們試圖讓結構盡可能類似代議君主國，設有保守的上議院與一名總統，有得到預先知會、提供建議與警告之權。全球競爭導致一波帝國擴張浪潮，英國與法國在此背景下再度成為對手，如同一八四〇年代。無論目的是尋求差異或相似之處，人們依舊渡過海峽去學習，同時去稱讚、批評，一如既往。

下入深淵

我稱不上是個進步或博愛的人。但我也有我的夢！而且，我沒料到會看到世界末日。現在就是末日。我們正目睹拉丁語世界的終結。

——古斯塔夫・福樓拜，一八七一年[5]

作家——散文家、無神論者、小說家、現實主義者、好押韻者各司其職，
以藝術鮮活呼號在凡人身上塗抹自然之羞慚。
扯開你兄弟的罪孽於光天化日，剝光你自身猥褻熱情；
諱莫如深、心懷崇敬而下——前進——赤裸——任人直視。
澆灌童年含苞薔薇以你陰溝之汙水；

引陰溝入泉，免得水潔淨流出。
使處子渴求於索拉主義之溝中打滾，——
前進，前進，唉呀後退，下入深淵。

——阿爾弗雷德・丁尼生，一八八六年[6]

法國觀察家詮釋「凶年」的災難時，仍然套用既有的意識形態框架，即便得扭曲框架以配合解釋也在所不惜。兩位最引人注目的知識分子——歐內斯特・勒南（Ernest Renan）與伊波利特・泰納（Hippolyte Taine），便發揮得淋漓盡致。勒南遠遠稱不上是個親英派，他和一般人一樣有刻板印象，認為英國人崇尚物質、實際、不用腦、缺乏理想。但到了一八七〇年後，他開始認為法國多少該嘗試得到這些特質所帶來的好處。泰納則是真正的哈英族，他主要是藉由研究英語文學培養喜好，親自造訪英格蘭的次數寥寥無幾、為時短暫，英語口語也不流利。他認為人類社會是種族、地理與客觀環境的產物，其《英格蘭評論》（*Notes sur l'Angleterre*, 1871）便帶有這種色調。這本書是旅遊類作品中獨具慧眼的一部，很快便以英語出版。泰納的觀察當然不脫傳統的標籤：濃霧、潮濕的禮拜日、倫敦暴雨、速度與效率、高水準的生活與極端的貧窮比鄰、醜陋且穿著糟糕的婦女、殘忍的庶民娛樂與酗酒、偏好事實而非理論、勢利眼、選舉腐敗、無所事事的牛劍學生等。他的結論相當有名：「英格蘭人比較強大，法蘭西人比較快樂。」[7]但他最主要的借鏡，則著重在英格蘭稱職的統治階級：「堅定而能傳達情感的表情，承擔著——或者說展現出——責任的重量。既不像法國統治階級一樣筋疲力竭，也不會匆匆堆笑，耍些看來客氣的把戲，而是〔創造出〕一種穩重的大致印象……貴族、國會議員、地主的舉止與相貌，皆顯示他們習於發號司令與行動。」[8] 最關鍵的原因在於教育：「別無其他方面的比較，能更凸顯出兩個民族之間的差異。」[9] 雖然他對英格蘭公學學生的粗野與智識之狹隘感到震驚，但也認為他們更自由、更自然：「學童好比英式花園中的樹木，我國的學童則像凡爾賽宮經過修剪的筆直樹籬」（又是個老掉牙的比喻）。公學學生的運動雖然消耗大量時間，卻讓他想起古代的奧林匹克運動會——這個想法即將在法國開花結果。學生的自治與球隊、社團和年級長，都是「為指揮與服從預做準備」。[10] 泰納後來投身於筆調悲觀的《當代法國的起源》（*Les Origines de la France contemporaine*, 1878-1894）六卷本，描寫法國困境的歷史全貌，持平地抨擊舊政權、革命與帝國應為法國的衰落負責，隱約間不斷與英國對比。簡言之，法國在走下坡路。泰納的論點擲地有聲。

作家和藝術家都很擔心各種衰頹的觀念。一八四〇年代的歡快文學與政治浪漫思想在今人眼中既荒唐又空洞，一般人不僅排拒之，也對第二帝國腐敗的民粹作風感到嫌惡，將之比作羅馬帝國的衰亡。許多藝術家反對讓藝術扮演公共角色，認為這是製造媚俗的宣傳品。他們強調以藝術本身作為藝術的根據——法諺「為藝術而藝術」（*l'art pour l'art*）。有些人採取這種挑剔態度，遁入純粹的美學價值、內省、社會與智識菁英主義，並且輕視政治與慣俗。波特萊爾與福樓拜就是這股潮流的主角，兩人在一八五〇年代皆曾因違反公共道德而遭到起訴。「高蹈派」（Parnassian）詩人則比較不具爭議性，他們擁護純粹的美感，關心風格與美的問題。「現實主義」（Realism）與「自然主義」（Naturalism）——志在反浪漫主義，創造客觀、「科學」的藝術——激發了古斯塔夫·庫爾貝（Gustave Courbet）與馬內的畫作，以及龔固爾兄弟的小說。經歷一八七〇年之敗與帝國失勢後，埃米爾·左拉（Emile Zola）與其追隨者（受到泰納與當代遺傳科學理論影響）開始有意披露法國墮落社會之貪婪、慾望、偽善與殘忍，讓人震驚。魏爾倫、斯特凡·馬拉美（Stéphane Mallarmé）與蘭波等象徵主義詩人，則為詩歌表現與自我探索尋求新形式。還有一份叫《頹廢》（*Le Décadent*）的藝評，用誘人的方式來描述與雜誌同名的這種狀態，是「精於慾望、感受、品味、奢華、悅樂；官能、歇斯底里、催眠術、嗎啡成癮、科學的伎倆、極端的叔本華主義（schopenhauerism）」。[11]

法國人的自我鞭笞與自我沉溺同樣吸引外國人。英國傳教士努力讓法國工人改信新教——勒南等法國自由主義者對此表示支持。法國在十六世紀時錯過了宗教改革，咸認這是該國走向墮落的第一步；據說能促進工作倫理與思想自由的新教，則是通往現代性的道路。另一項使命則屬於富領袖魅力的基督教女權主義者約瑟芬·巴特勒（Josephine Butler），她把對抗賣淫的聖戰推向海峽對岸：「一位女子以所有女人之名，從口中吐出四個字，這四個字就是——我們反抗！」[12]她和許多支持者對《傳染病防治法》深感憤怒——這項法律讓警方有權宣稱婦女為妓女，強迫她們接受私密性的醫檢。《傳染病防治法》以歐陸的習慣為摹本，其中發展最完整的是巴黎，當地的「道德警察」（*police des moeurs*）嚴密管制妓女，將之編入鄰近的妓院與監獄醫院。巴特勒以消除賣淫為目標，她首先瞄準法律與規定，因為法國與英國政府藉此縱容這門生意。維克多·雨果寫信給她（從雨果的嗜好來看，無疑是因為他有點愧疚）：「美國已廢除奴役黑人女子之舉，但歐洲仍在奴役白人女子。」拿奴隸制比喻的做法實在恰到好處，因為美國的奴隸制瓦解後，龐大的廢奴主義者聯盟正好能騰出手，追求新的道德目標。巴特勒在法國找到盟友——經歷「凶年」後，有不少人希望重振法國社會。新教徒、女權人士與自由派皆給予支持，痛恨警方高壓權威的左翼人士也不落人後。他們與英國的廢奴主義者看法相近，認為賣淫是階級問題：有錢人的兒子褻瀆窮人的女兒，國家卻視若無睹。一場追求道德純淨的偉大聖戰正推而廣之，試圖讓文化去性化，強調性病與手淫的致死風險。這項運動經常與優生學有關，優生學對於「振興種族」的必要性非常執著。「性行為」——無論是異性間、同性間或自瀆，兩國的醫生皆視之為危險、使人虛弱的活動，必須盡可能壓抑。

不過，人們對法國最重要的反應，並非道貌岸然搖著頭。作家與藝術家望向「衰頹」的法國（尤其是巴黎），尋找靈感，熱烈的程度為一世紀以來所僅見，而且將延續到一九四〇年的災難為止。我們可以提出幾個推波助瀾的因素。巴黎依舊享有帝國的負面魅力，新成立的第三共和國也繼續以「世界文化中心」知名推銷這座城市——一如一八八九年鋪張的萬國博覽會，就讓艾菲爾鐵塔成為舉世公認的現代性無畏象徵。法語仍然是最多人使用的外語。巴黎有高水準、低學費的公私立藝術學校〔名氣最響亮的是法蘭西藝術院（Académie des Beaux Arts）〕、主要大學、政府出資的展覽，以及法蘭西學術院（Académie Française）等得天獨厚的官方文化機構。作為世界上最主要的觀光目的地，城裡有大量的旅館、餐廳、咖啡店、劇場……以及妓院。巴黎經濟、政治、社會與文化生活集中的程度，其他所有城市皆望塵莫及：只有三分之一的英國知識分子住在倫敦，但法國三分之二的知識分子都在巴黎生活。[13]總之，巴黎有許多小眾評論刊物，拉丁區（Latin Quarter）或嬉皮風的蒙馬特區（Montmartre）又有咖啡館與俱樂部，讓作家、藝術家齊聚一堂，在此受人追捧，甚至親近。包括威廉・巴特勒・葉慈（William Butler Yeats）與約翰・沁孤（John Synge）在內的愛爾蘭文學界領袖，對巴黎皆印象深刻，希望用咖啡館取代都柏林的酒吧。

第三共和有種獨特的自由。教會影響力下降，言論審查鬆弛。社會壁壘相對容易滲透——只是馬塞爾・普魯斯特（Marcel Proust）積極嘗試後，依舊發現知識分子鮮少、甚至無法受到社會上層接納。個人自由——藝術、思想，尤其是性——也在增加。改革人士向賣淫開戰時，畫家與作家卻發現這是個迷人的主題。知名的私人藝術學校朱利安學院（Académie Julian），有一種龍蛇混雜、喧嘩而不受約束的氣氛，比一板一眼的倫敦斯萊德藝術學院（Slade School）刺激得多——小說家喬治・摩爾（George Moore）說，這是種「性感」。[14]摩爾的評論指的主要不是學生，而是巴黎名產——裸體模特兒。畢竟巴黎的學校以男學生占多數，不像以斯萊德以女學生為主，法蘭西藝術院更是只收男生。看到裸體的經驗有可能很嚇人：一名蘇格蘭女學生第一次看到裸男之後，「我躲進廁所裡，感覺很不舒服」。[15]最後一點是，巴黎物價便宜——至少對擠滿藝術學校的英國人與美國人來說如此：「上好的白蘭地一瓶兩法郎，乾紅葡萄酒也很廉價；一大堆桃子和葡萄只要兩便士，至於**女人，開口問**就有。」[16]巴黎龐大的時尚產業中，有許多收入不豐的年輕女子，等著擔任模特兒、傭人，提供性服務。當然，男人的性解放通常意味著女人的性奴役。波西米亞生活的黑暗面就是梅毒——年少時的風流，將在幾年之後回頭復仇，摧毀心靈與身體，而且會傳給下一代。這種病也因此成為對墮落的文學隱喻，揮之不去。[17]

巴黎的吸引力也有純文化的理由。對於譴責西方社會、試圖將法國藝術取徑應用在自己文化上的知識分子而言，法國的「衰頹」以及由此而生的文化反應，似乎值得他們注意。這或許意味著不遺餘力地研究自然主義者；或許代表到更溫暖的氣候帶尋找未受汙染的奇風異俗；或許是追求精緻的美學——無精打采的埃聖公爵（Duc des Esseintes）即為其化身，他是若里・加爾・於斯曼（Joris-Karl Huysmans）小說《逆流》（*A Rebours*, 1884）的主角，該書英譯本書名叫《違抗自然》（*Against Nature*）。埃聖是某個「陰柔」貴族家庭中最後的成員，對縱慾與「女人與生俱來的愚蠢」感到無趣。他舉辦一場宴會，來哀悼自己死去的雄風（每一道菜都是黑色的——例如魚子醬、松露、豬血香腸〔black pudding〕）。隨後他隱遁，帶著一隻寵物蟋蟀、一隻貼了金箔的海龜、土耳其香菸、一臺用來調異國雞尾酒的機器與一批由拉丁文作家所寫的「墮落」藏書，退入一個由細膩感官悅樂構成的世界，一個躲避「一波波人類平庸浪潮」的庇護所，在此以灌腸的方式吸收美食佳餚的營養。埃聖成為審美家的英雄。「我也得了同一種病」，奧斯卡・王爾德如此宣稱，但他似乎誤解了於斯曼的諷刺。

簡言之，巴黎文化處處能帶給人靈感。王爾德在寫作《莎樂美》（*Salome*）時雖有埃及香菸提神，搭配鴉片與無數杯的苦艾酒，卻仍缺乏點子。人在林蔭大道旁一間咖啡店的他，要求一位小提琴手來點即興音樂，要適合「一名女子光著腳，在一名她渴望而後殺害的男人血泊中起舞」。樂手拉奏出如此「狂亂而恐怖的音樂，讓在場的人都停止聊天，蒼白的臉孔面面相覷。接著我回頭完成了《莎樂美》」。查令十字路口的皇冠酒吧（Crown）就不可能發生這種事情：因為沒有苦艾酒，王爾德和友人只能喝加熱的波特酒將就將就。[18]

英國、愛爾蘭與美國知識分子（其實也不僅止於知識分子）群聚巴黎。憤世嫉俗的亨利・穆傑（Henri Murger）在一八四〇年代所寫的短篇故事，讓拉丁區「波西米亞」生活形象廣為人知，而英法混血畫家兼作家喬治・杜・莫里哀（George du Maurier）大為成功的小說兼劇本《軟帽子》（*Trilby*, 1894），更為之增添情懷。波西米亞（法語中對「吉普賽」的稱呼）許諾了一種遠離家庭束縛的成年出逃：痛飲苦艾酒、流連咖啡館、決鬥、跟惹人憐愛的女工（*grisettes*）睡覺——或者還能學畫畫。穆傑的法國波西米亞人向來窮困，但效仿他們的外國人通常不窮。愛爾蘭小說家喬治・摩爾本來是個畫家，他是一處大采邑的繼承人，在一八七〇年代的巴黎開風氣之先，過起講究的「學生」生活。巴黎的工作室與模特兒費用都比倫敦便宜，在倫敦一年要花四百英鎊，是法國學校老師薪水的六倍。他自吹自擂、加油添醋的《一名青年的自白》（*Confessions of a Young Man*, 1888）有不少精彩的自嘲，比方他描述自己住處的段落：「客廳採深紅色調……有許多繩結，以塑造帳篷的意象；有尊赤陶燒成的牧神像，在紅色的陰鬱氣氛中笑著；還有土耳其長沙發與檯燈……一張聖餐桌、佛教神龕、阿波羅的雕像與雪萊胸像……一隻波斯貓，以及一條整個月都在吞天竺鼠的巨蟒。」[19] 追求文化的遊客湧向拉丁區、蒙帕納斯區（Montparnasse）與蒙馬特。他們與其他國家的人摩肩擦踵。巴黎至少有一所藝術學校以英語授課。連許多模特兒也都是外國人，義大利移民尤多，但「巴黎最有名的模特兒」卻是個英格蘭女孩，莎拉・布朗（Sarah Brown）。她在一年一度的學生舞會——四藝舞會（Bal des Quat'z Arts）中，冒著因「違反公共道德」而被關好幾天的風險，以埃及豔后克麗歐佩特拉（Cleopatra）之姿出場，身上只穿金色的薄紗，結果成了醜聞。[20]《軟帽子》有個不尋常的特色：全書沒有一位主要角色是法國人。故事的主角是三位英國裔藝校學生、英法混血模特兒特麗兒比・歐法瑞爾（Trilby O'Ferrall），以及一位陰險的猶太裔日耳曼音樂家催眠術士斯文加利（Svengali）。特麗兒比本人（喜歡戴軟帽子）是位令人印象深刻的前拉斐爾派美人胚，書中將她描述得更像英國人（而非法國人），尤其是她結實的體態。故事結局中，她和穆傑筆下的咪咪（Mimi）一樣都得死：一名女工（即便是一位三一學院出格教師之女）跟一位紳士（即便是個畫家）是不會有未來的。

曾待過巴黎一段時間，擺出跟法國文化親近的樣子，就是不凡的象徵：「再也沒有其他國家，能讓人們一直用來劃分英國的階級分野。」[21]在一個由庸俗的布爾喬亞所統治，嗓音粗啞、教育程度不高、過分拘謹的「群眾」日益主導的英國裡，文化正漸漸貶值、俚俗化——這樣的信念，成為這幾年「衰頹」的中心議題。英國「不學無術」（philistine，親法派馬修・阿諾讓這個詞風行起來）。法國文化與巴黎風格成為逃脫的方法與武器，讓人們得以「在漂亮的英格蘭人之間獲得狂喜，超脫於英語文學、英式藝術、英式音樂、任何英格蘭事物之低下」。[22]奧斯卡・王爾德卻向一家法國報紙表示：「對我來說，世上只有兩種語言：法語和希臘語。雖然我有英人朋友，但整體而言我不喜歡英格蘭人。英格蘭有無數偽善之舉，你們在法國的人埋怨得確實有理。典型的英格蘭人就像偽君子（Tartuffe）[1]，人就坐在自己店裡收銀臺後。」[23]英國與美國現代主義藝術家不分類別，都跟巴黎建立關係：例如畫家沃爾特・西克特（Walter Sickert）與詹姆斯・惠斯勒（James Whistler，他為英語系國家的學生成立一所藝術學校），喬治・吉辛（George Gissing）與阿諾・班奈特（Arnold Bennett）等「自然主義」小說家與劇作家；還有彼此重疊的「審美」與「頹廢」小圈子——如沃爾特・帕特及其信徒、奧斯卡・王爾德與友人、文藝期刊《黃皮書》的讀者群、皇家咖啡館（Café Royal）一派、韻癡俱樂部（Rhymers' Club），以及新英格蘭藝術俱樂部（New English Art Club）。二十世紀早期，T・S・艾略特〔受象徵主義者與極端民族主義運動——法蘭西運動（Action Française）所影響〕和布魯姆斯伯里派（Bloomsbury group，一群設法仿效十八世紀法國沙龍文化，以為風尚的人）也以類似的方式發展與巴黎的關係。一九一〇年，羅傑・弗萊（Roger Fry）在倫敦舉辦一場訴諸感官的畫展，並起了「後印象派」（post-Impressionism）之名。「就在一九一〇年十二月前後，」維吉尼亞・吳爾芙（Virginia Woolf）以一種混和了寬大與狹隘的奇特筆調寫道：「人性有了變化。」[24]

儘管這些年來，藝術上的影響力從法國強勁流向英國，但也有趣味橫生的逆流。有些法國藝評甚至譴責英國與「北方」文化的「入侵」——喬治・艾略特（George Eliot）的小說也在其列——斥之為

1【編註】偽君子（Tartuffe），出典自法國劇作家莫里哀的同名喜劇。

濫情、說教。英國的現代主義藝術以「積極的國際主義（internationalism），甚至是反民族主義」為表徵，[25]但法國的主流卻是以法蘭西的「澄澈」（經常與豔陽高照、產生希臘羅馬古典文藝的南方相連）與英國（或日耳曼、斯堪地那維亞）的模糊（與陰鬱、浪漫的北方有關）之間不斷的衝突為表現手法，藉此重申民族認同。不過，有若干法國藝術家希望能碰觸超越視覺與理性之上的真實，並試圖以新手法來表現。對濃霧的古老執著因此有了新的意義，而莫內畫泰晤士河的畫作，便是這種執著最偉大的藝術豐碑。一八九九年至一九〇一年間，莫內從聖湯瑪士醫院（St. Thomas's Hospital），以及他位於薩伏依旅館（Savoy Hotel）的房間望向泰晤士河：「我熱愛倫敦」——禮拜日除外——「但我愛之甚於一切的，則是霧……兩個月期間，我在泰晤士河上觀察到的美妙光影，實在令人難以置信……。對一位畫家來說，別無其他國家能更超凡絕卓。」[26]蘭波與馬拉美兩人都是英文老師，對英語字詞的聲響深感興趣。馬拉美認為英語保有古法文的年輕活力。他翻譯埃德加・愛倫・坡（Edgar Allan Poe）與丁尼生的詩作，為學英文的人寫些藝術價值不高的文字（以「織給我的狗兒一條短褲，給我的貓兒一襲燕尾服」這類的詞組為特色），還發明一種有可移動舌頭的玩偶，幫助法國孩童發出「th」的音。馬拉美對英語下的功夫，同時影響了他發展的獨門法語詞彙與語法。馬塞爾・普魯斯特相當推崇喬治・艾略特，他本人也受到約翰・羅斯金（John Ruskin）美學理念的影響。雖然普魯斯特英語不大靈光（但他說，他瞭解羅斯金），可他還是翻譯了羅斯金的若干作品。年輕的雕刻家亨利・高第耶（Henri Gaudier）在倫敦度過他短暫的職業生涯：他除了到倫敦找工作、躲避兵役之外，也是因為他跟年紀較他年長的佐菲亞・布雷策絲卡（Zofia Brzeska）有著非比尋常的柏拉圖式情感關係，因此藉由前往倫敦逃離煩人的困擾。[27]

英國人在巴黎隨處可見。於斯曼筆下性格軟爛的埃聖公爵發現，只要碰上下雨天，他就能來一趟道地的倫敦之旅，「浸淫於英式生活」，還能免於渡海的波濤。他上里沃利街，造訪加里尼亞尼氏英文書店，還進了一間酒吧，裡面提供波特酒、雪利酒、帕默氏（Palmer's）牌的餅乾、肉派與「將嗆人芥末抹醬藏在無味外皮裡」的三明治。到了聖拉查車站（Gare Saint-Lazare）附近的英式客棧，他居然吃下了牛尾湯、黑線鱈、烤牛肉、斯蒂爾頓乾酪（Stilton，「甜中帶苦」）與大黃餡餅，還將三品脫的啤酒一飲而盡（「有點麝香、牛棚的氣息」）。最關鍵的是還有英格蘭人——穿著花呢，聞起來像濕答答的狗。男人有「陶瓷般的雙眼、紅潤的面孔、深思熟慮或傲慢的表情」；「強壯」的女人用牛肉派填飽自己，「一群女人聚在一起用餐，無須男人護花，其長相彷彿男孩，牙齒跟蝙蝠一樣大，蘋果色的臉頰，手長腳長」。[28]

【延伸】感官之樂朝聖者：威爾斯親王與奧斯卡．王爾德

我想讓自己的一生成為藝術作品。我清楚寫一首好詩的代價，但也知道一朵玫瑰、一瓶美酒、一條斑斕的領帶、一道佳餚的行情。

——奧斯卡．王爾德，一八九一年於巴黎[29]

看見我眼中的閃爍嗎？
剛從法蘭西回來，就是原因
喜歡我的妝嗎？不是很漂亮嗎？
這可是從巴黎直接來的最新潮流
我還想再去一回
去塞納河畔的巴黎
巴黎就是一齣貨真價實的童話劇
只要他們把哈克尼路（Hackney Road）搬過去安在那兒
我就想一直住在巴黎！

——瑪麗．洛依德（Marie Lloyd），〈巴黎小販女孩〉（The Coster Girl in Paris, 1912）

一八七〇年代以來，威爾斯親王一直是法國的常客。他經常隱瞞身分，避開繁文縟節，不過仍有多不勝數的禮貌拜會，有時則是政治會議。巴黎代表他能恣意沉醉在自己最喜歡的娛樂中，亦即性愛、食物、賭博、劇院、賽馬、與老友聚首。親王的朋友多半是法國貴族，他們的先祖在一七八〇年代時，也是前代威爾斯親王的「哈英」狐群狗黨。賽馬會在隆香（Longchamps）與尚蒂利舉辦投其所好的運動比賽。林蔭大道上的劇院則提供各種夜裡的活動：相較於一心一意探討社會問題，他比較偏好製造問題——但報紙曾經報導，他對女演員莎拉．伯恩哈特（Sarah Bernhardt）的喜愛，促成內容大膽的《茶花女》得以解禁，作者小仲馬因此感謝他的「仁慈庇護」。[30]賭博要在看完戲之後的深夜，到私人住宅中進行——有些私人宅邸是專門、半職業的賭場。至於吃呢，當然有各式佳餚提供。親王的心頭好正好是英格蘭咖啡館，這間餐廳數十年來都是巴黎最好的館子之一。他的巴黎生活跟著一套慣例走：芳登廣場——往北幾百碼，去大馬路邊的餐廳與劇院——位於鄰近街區的友人家——郊區的賽馬場。這一圈相當累人，很難在白天結束。威爾斯王妃（如果有來的話）會在劇院之行結束後就上床睡覺。他的社交生活稱得上人盡皆知。一八八六年發生一件事——警方將一部出版品的廣告海報盡數撕下，其書名就叫《威爾斯親王的愛好》（*Les Amours du Prince de Galles*）。

警方密切注意他的活動，既為了確保他的安全（尤其是因為城裡有愛爾蘭芬尼亞〔Fenian〕陰謀人士），也是監督政治與其他方面的接觸。[31]他有些貴族朋友與共和國為敵。更教人擔心的是，他有幾次與政府的**共和派**反對者會面——萊昂．甘必大（Léon Gambetta）最為有名。一八七八年，親王第一次與甘必大見面，居中牽線的可能是他的友人：身為貴族但心懷共和的加利費將軍（General de Galliffet）與激進派國會議員查爾斯．迪爾克爵士（Sir Charles Dilke）。會議的目的似乎是想幫助甘必大這位崛起中的法國政治家，提升他作為跨國政治人物的地位，同時為未來的英法修好（包括一紙貿易協定）做準備。迪爾克告訴親王：

「甘必大先生支持自由貿易，與我們有同樣的渴望。」[32]親王雖然熱切想成就他個人的外交貢獻，但他可不是自走炮：這次會面是由白廳與使館安排的。一八八〇年代，極端民族主義者喬治．厄內斯特．布朗熱（Georges Ernest Boulanger）將軍滿懷希望地在親王下榻的旅館附近徘徊，但親王也以類似的謹慎，巧妙避免與他相遇。

關於親王賭博這件事，法國警方也很關心。親王似乎很缺錢，在巴黎贏錢就是賺錢的一種方法。但他有些賭友賭品不佳，賭輸的法國人也頗有怨言。警察同樣關心女人問題，他們想知道親王有哪些愛人，主要是為了確保這些女子不是保王派「影響力的推手」。警方會盯著這些女子，確保警員能認出她們，必要時還會向其鄰居、僕人與門房打探。但親王做事謹慎：無論傳說如何，他的情婦幾乎沒有一個是巴黎人。警方只有一回報告提到，他和幾位賽馬會密友色迷迷盯著大馬路上的專業戶看。之所以就這麼一回，恐怕不只是因為親王有特定的喜好——根據警方紀錄，他偏愛高挑、衣著得體的金髮女郎——也是因為他對守密、信賴有所要求。他當時的情婦會先他一步離開倫敦，通常會選擇住在萊茵旅館（Hôtel du Rhin），更刺激一點就住巴摩羅旅館（Balmoral），離親王的臨時寓所——芳登廣場的布里斯托旅館（Hôtel Bristol，館內始終為他留一套家具）更近。牽著狗出去散步，就是幽會的祕密機會。一八八四年，出身巴爾的摩、趨炎附勢的珍妮．張伯倫小姐（Miss Jennie Chamberlain）便在母親的陪同下住進芳登廣場的寓所中。後來她嫁給一位禁衛軍官。

一八八〇年代，好幾位俄羅斯貴族在外交團施壓下被迫提供幽會場所，例如皮拉・馮・皮爾蕭男爵夫人（Baroness Pilar von Pilchau，一位俄羅斯駐倫敦武官的妻子），以及布圖林伯爵夫人（Countess Buturlin，華沙警察局長夫人，另一位武官的嫂子）。但這不保證能完全保密：愛八卦的龔固爾兄弟曾報導，一位俄羅斯女子說：「威爾斯親王讓人筋疲力竭：他不只是操你，還要生生吃掉你。」[33] 一八八八年，警方一度感到非常憂心，因為親王盯著一位不知其名、但稱呼聽來像法語的「虞德麗夫人」（Madame Hudrie）。但調查後很快發現，她其實是俄羅斯人，只是借了侍女的姓來用。[34]

一八九一年，王爾德浩浩蕩蕩造訪巴黎一回，在那兒遇見真愛，向好交際的馬拉美獻殷勤，粗魯對待普魯斯特，還跟年輕的安德烈・紀德（André Gide）成為朋友。有人為他傾倒，有人嫌他無聊。或許他苦心孤詣的雋語，用口音重的法語來讀就沒那麼有趣，又或許法國人比較難逗樂〔詩人尚・莫雷亞斯（Jean Moréas）就覺得「這英格蘭人挺惱人」（Cet Anglais est emmerdant）〕。[35]

親王與這位詩人似乎沒有在巴黎聚首。不過這類的會面也不是不可能，畢竟愛德華曾要求與奧斯卡見面，一八八一年也曾經與他一同度過傍晚時光，同席的還有女演員莉莉・蘭崔（Lillie Langtry）——她是奧斯卡的朋友，也是愛德華的情婦。親王後來對奧斯卡的劇作大加讚賞，覺得太對自己的胃口——「實在是個了不起的國家，王侯與詩人相知相惜。」[36] 兩人的巴黎足跡不難在劇院或林蔭大道交會，甚或出現在更刺激、王公貴族與其他旅客不時涉足的地方，像是紅磨坊（Moulin Rouge）、以藝術氣息聞名的黑貓夜總會（Chat Noir），有作曲家艾瑞克・薩提（Erik Satie）演奏鋼琴，藝術界大老與前衛新銳在此交流」，或是名聲不佳的拉丁區馬比耶舞廳（Mabille，傳統上學生與女工相會的地方）。王爾德也曾經在底層場所廝混，去過蒙馬特的紅堡舞廳（Chateau Rouge），但他覺得裡頭相當恐怖。

❖ ❖ ❖

「維多利亞思想」（Victorianism）要反擊「頹廢」與「左拉思想」（Zolaism）。一八八八年三月，正氣凜然的《帕摩爾報》與一位法國出版商進行一場訪談，題目是〈法國小說何以暢銷〉（Why French novels sell）。[37]答案是：「貴國的年輕貴族姑娘，多半對任何下流的事情都感興趣……。你們英格蘭人就喜歡絮絮叨叨，說自己的文學多純潔，但英格蘭社會卻在為左拉尖叫。」——所以巴黎交際花的故事《娜娜》（*Nana*），才會在英國賣出二十萬本。六月，布洛涅的英文報紙《海峽報》（*Channel*）報導舞臺劇版的《娜娜》讓當地戲院擠滿觀眾，想來也包括幾位英格蘭旅客。[38]八月，全國守望協會（National Vigilance Association）開始展開對亨利・維澤特利（Henry Vizetelly）的自訴。維澤特利是倫敦首屈一指的外國文學出版商，在左拉遭禁的「盧貢・馬卡爾家族」（Rougon-Macquart）二十三冊系列作中，他銷售其中三本──《娜娜》、《泣血鄉戀》（*La Terre*）與《家常事》[（*Pot-Bouille*），英文本起了聳動書名《滾燙》（*Piping Hot!*）］稍事刪節過的英譯本。當局根據《猥褻出版品法》（Obscene Publications Act）起訴維澤特利，等到滿臉通紅的陪審團請求不要再讀其他摘錄段落之後（讓他們喊停的故事場景，是一位小女孩幫助公牛趴到母牛身上交配），維澤特利便認罪了。法庭判處維澤特利罰款。但他馬上推出新的刪節本，接著在一八八九年再度被告。這一回他在霍洛威監獄（Holloway Prison）蹲了三個月，成為第一位因出版咸認具文學重要性的作品而下獄的出版商。「異國穢物」洪流可沒那麼容易止住。隔年，伊頓公學校長向首相抱怨，表示學生不斷收到一包包從巴黎寄來的色情書刊。最後，全國守望協會找到自己的法國盟友──令人敬畏的參議員雷內・貝杭傑（René Béranger），共同起訴主要的跨國書商，結果發現是位名叫查爾斯・卡靈頓（Charles Carrington）的英格蘭人。

《莎樂美》（以法文寫就）在英格蘭遭禁，原因是在舞臺上搬演聖經人物。王爾德當時深感挫折，他憤慨表示：「我決心離開英格蘭，到法國定居，我會提交歸化文件。這麼一個在藝術評判上展現狹窄心胸的國家，我絕不會稱自己是該國的公民。」[39]

維澤特利與左拉恐怕找不到比一八八〇年代更有敵意的處境了。我們先前已經提到，英國與法國內部都有政治與道德上的動盪。一八八七年，貪腐的政治與布朗熱將軍蠱惑人心的民族主義正撼動法蘭西，同時間的倫敦則發生「流血星期日」（Bloody Sunday）動亂。範圍跨越英吉利海峽，對抗賣淫、虐童、酗酒（新劃分的社會疾病之一）與虐待動物的激進運動始終存在，而且在一八八〇年代到達高峰。一八八五年，一名女子指控查爾斯．迪爾克爵士教會她「每一種形式的法國罪惡」，迪爾克耀眼的政治生涯也隨之瓦解。[40] 一八八九年的克利夫蘭街醜聞（Cleveland Street Scandal，事由與態度積極的送電報男孩將電報送給上流顧客時，得到比表定遞送費更多的錢有關）成為世界頭條，許多法國人對英格蘭人的變態心理感到不齒。《帕摩爾報》及其總編威廉．史戴（William Stead）將道德訓誡與報紙銷量相結合，在一八八五年七月推出具爭議性的「白奴」披露報導——〈現代巴比倫的女童貢品〉（The Maiden Tribute of Modern Babylon）：史戴在文中宣稱自己若有意，是能夠跟十二歲的女孩買春的。抗議聲浪化為聚集在海德公園的十萬民眾，其中包括女權主義者、社會主義者、所有宗派的神職人員以及工會成員。輿論迫使國會廢除《傳染病防治法》，並通過《刑法修正法案》（Criminal Law Amendment Act），宣布妓院與拉皮條非法，將合意性交的合法年齡提高到十六歲，並且（根據親法激進派國會議員亨利．拉布切的修正提案）將同性性行為入罪。全國守望協會（在是次行動中確立其地位）旋即起訴強暴犯、戀童者、同性戀者、製作色情作品的人與皮條客。最慘的是，維澤特利正好與八件謀殺案一同起訴——死者多為妓女，下手的則是「開膛手傑克」（Jack the Ripper）。在維澤特利的審判中呈堂的左拉作品片段，特別選了涉及脅迫性的女性性關係、兒童性行為、亂倫，以及這一切的結合——一名女孩因親姐的教唆而遭人強暴；最讓人震驚的是，受害者居然享受其中。推動起訴的人認為維澤特利要罪加一等，因為他出版便宜的插畫譯本系列，稱之為「聳動小說」（Sensational Novels）和「林蔭道小說」（Boulevard Novels），讓年輕女子取得，並且「在教育程度不高的人之間傳播」。他們相信性事在文化中的再現，會刺激出他們所對抗的社會犯罪。

有人提出請願書，呼籲釋放維澤特利。作家、藝術家、演員與少數持異見的國會議員都連署了。雖然他們對維澤特利表示譴責，驚覺藝術自由受到威脅，但他們的評論卻弄巧成拙，內容多半在批評左拉的作品。左拉本人也不好說話，雖說他的書本來就不是為廣大讀者所寫，不該閱讀譯本，而且法國人也不允許年輕女子讀他的書。[41]批評左拉的人為數眾多（包括格拉斯東），他們聲稱左拉與維澤特利幾近於製作、販賣色情作品的人，動機都是錢。整起事件導致英國作家投鼠忌器，同時鬱鬱寡歡地自我審查。他們比以往更清楚體會到，這裡不比法國，「雜貨店國度（Grocerdom）是由非國教信徒的聚會、教會所組成的，而且講話口氣充滿敵意」。[42]抗爭繼續。一位法國藝術家以富蘭索瓦・拉伯雷（François Rabelais）故事場景為本，畫了二十二幅畫，狂熱的純潔十字軍卻打算毀了他的畫。英國當局搶救了他的畫作，勉強避開一場外交事件。當竇加的《苦艾酒》（*L'Absinthe*）在一八九三年展出時，也發生數起群情激憤的抗議活動。

【延伸】墮落與腐敗

怎麼能讓異國的穢物氾濫於英格蘭，讓我們的年輕人因為置身於最離經叛道的法人劣跡描述中而受到汙染？

——《帕摩爾報》，一八八九年五月一日[43]

這些英格蘭苦行僧的盎格魯薩克遜偽善令人難以容忍……全世界會因此以為該國社會體系中所有的罪惡都是我們引入的，而且，他們似乎認為我是法蘭西一切至惡的化身。

——埃米爾．左拉，一八八八年[44]

SANCTA SIMPLICITAS!
Mamma. "Don't stand idling there, Tommy! Why don't you read French sometimes! Look at dear Papa, he hasn't much time for Reading; but whenever he's got a spare moment or two, he takes a French Book out of his Pocket and reads it—just to keep up his French, you know!"
[Dear Papa is much tickled, but keeps his amusement to himself.

英格蘭紳士何以讀左拉的作品，《潘趣》雜誌對真正的原因毫不懷疑。

左拉、竇加與其他人的法人身分就是邪惡腐化的初步證據，甚至身為法國人本身就有罪。就算巴爾札克名氣響亮且人已作古，卻仍躲不過全國守望協會曼徹斯特分會的狂熱之舉，將兩萬五千本他的小說打成紙漿。許多法國小說有好幾年的時間停止在大不列顛流通，直到受無情刪節為止；左拉的作品即便在愛爾蘭獨立許久之後依然遭禁。不過，衛道人士雖然為「含苞待放的孩提時光」，為不受控制的「處子渴望」而憂，但英格蘭讀者間最受歡迎的法國書籍，顯然是大仲馬筆下的俠義冒險故事，以及拿破崙時代的歷史。[45]

人們之所以誇大壓抑（或正直）的英國與解放（或腐化）的法國之間的對比，顯然是為了口頭之爭。許多現代法國藝術家在英國受到盛情款待，無論是在當權派或異議圈內皆然。印象派橫掃英國的藝術學校，此時法國藝術界大老仍在抵制之。法國藝術品定期在倫敦展出，而且所有英國評論刊物都會報導巴黎的表演，鉅細靡遺。魏爾倫與馬拉美受邀到倫敦、劍橋與牛津演講，得到的認可也多於法國——事實上，牛津基督堂學院在請心情愉快的魏爾倫騰出房間時，確實碰到了困難。[46] 奧古斯特·羅丹（Auguste Rodin）在法國「始終無法擺脫與『現代藝術』有關的醜聞氣息」，但他卻在英格然受到擁戴，人稱米開朗基羅的傳人。[47] 一九〇七年，牛津大學授予他榮譽學位，他對此深感光榮，人在巴黎時經常穿著自己的博士袍，還希望把袍子帶進棺材裡。英國國王愛德華七世在一九〇八年拜訪他的工作室。[48] 埃德蒙·德·龔固爾（Edmond de Goncourt）有位女性友人向他打包票，倫敦舞臺上的「親吻與愛撫比任何法國戲院裡都大膽」。[49] 另一方面，經歷一八九五年的起訴之後，王爾德發現自己被巴黎社會列為黑名單——左翼的巴黎市政廳不久前向國會施壓，要禁止同性性行為。法國鄉下的性行為比較接近愛爾蘭的高威（Galway），而非蛾摩拉，年輕女子受到「嚴格對待的程度，是英格蘭人無從想像的」。[50]英格蘭婦女有更多的自由，她們的法國姐妹總懷疑她們不檢點。遲至一九〇七年，還有督學因為某位老師在她服務的地方鎮上獨自一人走路，而批評她「丟臉」：「在英格蘭待太久，〔她〕已經接受英格蘭**小姐們**那種隨便的舉止。」[51]法國布爾喬亞家庭不准兒女到巴黎學藝術，當地的藝術學校之所以如此依賴英國與美國學生，這也是其中一個原因。至於「左拉思想」，法國人也是大皺眉頭。左拉本人為了避風頭，在一八七〇年代晚期推遲發表自己的小說，而且曾二十四度被法蘭西學術院拒之門外。但在一八八〇年代，有七位「自然主義」作者（包括居伊・德・莫泊桑）因為作品淫穢而遭到起訴，其中三人下獄。左拉有五位門生因為《泣血鄉戀》——維澤特利為之遭人控訴的一本書——而與他公開斷絕關係。[52]最後，假使英國人對性是假正經，但這說不定還配不上法國人傳統上對於英國人偽善的嚴厲批評。借用法國人優雅的說法：邪惡向美德所致上的最崇高敬意，是受到管理的賣淫——這是個人盡皆知、但官方故意忽略的祕密。[53]

儘管左拉、莫泊桑等人創造出粗鄙的法國農民生活印象，但英國人與法國鄉間長久的戀愛關係中最早的你儂我儂，卻發生在這幾年間。當然，自從一八一五年起，便有成千上萬的英國人到法國鄉間消磨時間。但他們認為大多數的風景都千篇一律，過多的楊樹、無趣的平原，[54]眼前出現的法國人並非正向的吸引力，而是不得不然的現實。然而，與衰頹有關的其中一個面向，就是拒絕跟「群眾」的都市工業社會往來，並尋求原始、沒被糟蹋的事物。在前一個世代時，只要躲到湖區就行了。但到了十九世紀最後二十五年，由於人口成長、都市擴張與教育普及之故，擠滿觀光巴士的城市社會也已追了上來。法國由於人口幾乎沒有成長，因此許多地區「沒被糟蹋」，地方民眾似乎體現出那些已經在英國消失，或是行將消亡的價值觀。有些讀者不光對波城或比亞里茨的舒適環境，或是阿爾卑斯山與庇里牛斯山的壯闊感興趣，而是也想瞭解當地人民以及非熱門地區的生活方式。許多記述與小說應運而生。移居鄉間、書寫法國農村的先驅，是藝評菲利浦·吉爾伯特·哈默頓（Philip Gilbert Hamerton）。他為了「美景與方便」，在隆河（Rhône valley）買了間房子。在《我家門前》（*Around My House*, 1876）一書中，他以鉅細靡遺的方式，將農業社會描寫為法國的基石，同時強調其文化上的疏離。哈默頓筆下的農人雖然沒有二十世紀人氣作品中那麼討喜，但他與其他作家開始抬高其道德地位，甚至高於英格蘭農人與工人。羅伯特·路易斯·史蒂文森（Robert Louis Stevenson）則憑藉《偕驢漫遊記》（*Travels with a Donkey*，一八七九年，描述一次在塞文高地徒步旅行的過程），成為另一種文類的先驅。過程一點都不浪漫——農人多半不友善，史蒂文森還帶了一把左輪手槍，以策安全。這本書超前於時代，連作者本人都覺得自己想法古怪。還需要一整代的觀光客朝法國鄉間（始終以髒亂、語言費解與糟糕的食物為典型）滲透，當地人對遊人才友善起來。亨利·詹姆斯（Henry James）的《法國小旅行》（*A Little Tour in France*, 1884）談的大都仍是建築與歷史，只要突然提到人，都是因為其骯髒、寡言、吃噁心的食物，讓人大失所望之故。但大量的新觀點已經開始浮現，例如《法西一載》（*A Year in Western France*, 1877）、《法國農村生活》（*Life in a French Village*, 1879）、《吾鄉亞維宏》（*Our Home in*

Aveyron, 1890），甚至還有《法國牧師館羅曼史》（*The Romance of a French Parsonage*, 1892）。到了一九三〇年代，作家如佛特斯裘夫人（Lady Fortescue）則以《普羅旺斯來的香水》（*Perfume from Provence*），創造出今人所熟悉的、「英鎊崩盤前」的異國閒適情調。她筆下的工人滑稽而「幽默諷刺」，農人「讓人大發雷霆，絲毫沒有主動精神，非常不負責任，但多半還算可愛」，有時候還「非常、非常睿智」。[55]伊莉莎白．大衛（Elizabeth David）、彼得．梅爾（Peter Mayle）與大規模農舍改造的時代正要降臨。

重生：權力與帝國

我們必須治好法蘭西的靈魂。

——哲學家兼政治家儒勒．西蒙（Jules Simon）對法蘭西學術院演說，一八七一年[56]

在北邊，我們有冉冉升起的未來；在南邊，則是衰亡傾頹的過往。

——埃德蒙．狄摩林（Edmond Demolins），《盎格魯薩克遜之優越》（*Anglo-Saxon Superiority*, 1898）[57]

當若干知識分子、藝術家與政治人物或譴責或接棄「頹廢」時，其他人（有時候還是同一批人）正試圖終結之。勒南與泰納雖然悲觀，但他們並未對法蘭西絕望：兩人提倡徹底改革政治與教育，以治癒這個國家的病痛。共和人士在一八七〇年代末掌權，他們打算重新打造一個健康、愛國的民族，滌清天主教與波拿巴主義的所有罪孽。天主教徒雖然對共和制的勝利感到沮喪，傾向把法國的命運看成天罰，但他們也沒有放棄贖罪的希望。許多人仍然對未來感到樂觀，而儒勒・凡爾納（Jules Verne）的小說或福樓拜筆下布瓦爾先生的意見，比左拉、於斯曼、亨里克・易卜生（Henrik Ibsen）或托馬斯・哈代（Thomas Hardy）的著作更貼近他們這種樂觀的觀點。但樂觀不等於自滿：雖然對於手段意見分歧，但改革人士皆認為法國需要更大膽、更健康，接受更好的教育。

自波旁復辟以來，殖民擴張一直是治療法國病症的藥方，其論點從托克維爾到戴高樂都鮮有不同。法蘭西必須證明自己仍是大國，處在戰敗、頹廢的時代，這件事比以往更為迫切。共和派領導人茹費理（Jules Ferry）在一八八二年說：「如果對這個世界的重要性不過只像個大比利時，那法蘭西可不會輕易滿足。」帝國主義將成為全民一心的事業，更將創造一支由無畏的軍人、堅忍的殖民者組成的血脈，讓鬆垮的政治體恢復精神。龐大的海外帝國人口將彌補停滯的生育率——這是十九世紀晚期的民族主義者最關注的其中一項議題。共和派的愛國者萊昂・甘必大宣稱：「藉由擴張，藉由影響外面的世界，藉由在人類日常生活中占有的土地，這個民族才能長久延續。」擴張算是左右兩派都支持的事。對右派來說，法國要透過廣泛的傳教活動，將天主教與法國的影響力傳播出去。左派則是在一八八三年成立法國文化協會（Alliance Française），作為世俗版的傳教組織，「讓我們的語言為人所知所愛」，從而為「讓歐陸增加速度太慢的法蘭西民族擴展到海外」帶來貢獻。[58]皮耶・羅逖（Pierre Loti）與厄內斯特・熙察利（Ernest Psichari）等小說家，稱許沙漠空氣與東方感官享受具備的振奮效果；保羅・高更（Paul Gauguin）的友人甚至出資，讓他到大溪地的黝黑少女之間尋求熱情與靈感。連蘭波都壯起膽子，在衣索比亞做起咖啡與軍火買賣。

並非所有人都對這些願景感到興奮。選民擔心戰爭與代價。投資人要的是更安全的利潤。有些民族主義者認為帝國主義會削弱法國在歐陸的力量，他們輕視殖民地，覺得不值得為之分散收復亞爾薩斯與洛林的任務。民族主義領袖保羅・德務列（Paul Déroulède）高喊著：「我失去了兩個姐妹，結果你給我二十個僕人！」俾斯麥鼓勵法國發展海外野心，確實是出於這個原因，此外還有附帶好處——為英國創造對手。法國的殖民擴張，靠的是共和派政治領袖、地理學社團、傳教士、軍隊與少數經濟利益者等少數狂熱分子。他們把目光投向北非與印度支那。事實證明，法國跟英國能就後者達成妥協；法國在一八八一年宣布突尼西亞為受保護國時，倫敦表示的反對甚至比法國國內的評論家更少。甘必大宣稱：「法蘭西已恢復其為大國之地位。」

法國與英國確實曾因埃及而發生嚴重衝突。從一七九八年到一九五六年，兩國不時爭奪埃及。例如一八四〇年，法國人不僅認為自己在埃及有利益，而且兩國間有一種親和力，拿破崙的入侵彷彿是對一個古老文明的精心禮讚。他們投資金錢與精力，打造文化、經濟與政治上的影響力。一八六九年蘇伊士運河開通，便是其中之最：這條運河是拿破崙三世與聖西門主義者的構想，由法國最偉大（但晚景淒涼）的經濟冒險家斐迪南・德・雷賽布（Ferdinand de Lesseps）主持開鑿。這條運河深具戰略價值，對英國人與印度的聯繫尤其重要。因此，當埃及赫迪夫（khedive）在一八七五年因缺錢而出售手上的蘇伊士運河公司持股時，迪斯累利政府迅速出手搶購。一八八一年至八二年，埃及發生民族主義動亂，導致英國海、陸軍行動干預。但法方並未介入，主要是國內反對之故。英國發現自己統治了埃及。法國殖民者與（後知後覺的）法國國內輿論，因為背信棄義的阿爾比翁最近以詭計剝奪法國重要的殖民目標而暴跳如雷。法人甚至指控英國人賄賂埃及人，要他們假裝革命，以造成軍事干預的處境。情況和一八四〇年代的殖民摩擦類似，法國海軍暗中策畫如何搶先於英國人。英法海底隧道的計畫（挖掘已經開始）這時也受到質疑。

✣ ✣ ✣

【延伸】英法海底隧道：虛假的曙光

第一份海底隧道計畫，是一八〇二年亞眠和會（Peace of Amiens）期間，由法國工程師阿爾貝・馬提約（Albert Mathieu）提出的。這個構想稱不上癡人說夢。人們有各式各樣的計畫，要建橋樑、挖隧道、安置水下管路，甚至有用高壓空氣為動力的防水列車。渡過英吉利海峽的新方法總是吸引關注的保證。早在一七八五年，第一次以熱氣球飛越海峽便已實現（實行的是一名法國人與一名美國人）。海底電報纜線已經於一八五一年鋪設——據一位熱心人士所言，此舉讓英國與法國成了「連體嬰」。美國人保羅．波伊頓（Paul Boyton）利用充氣服、一支槳與一面小帆，叼著根雪茄，在一八七五年四月「游」過海峽。第一起真正泳渡海峽的事件發生在同年八月，主角是武裝商船隊船長馬修．韋伯（Matthew Webb），途中則靠啤酒、白蘭地與咖啡提供營養。這時，海峽兩岸都有人強烈支持隧道，他們贊助泳渡海峽的活動，以爭取能見度。法案送交國會，一個由英、法雙方組成的調查團在一八七六年起草條約，等待批准。人們無來由地樂觀，認為不久前為鑿穿阿爾卑斯山所開發的技術，能解決隧道工程問題，大陸海底鐵路公司（Submarine Continental Railway Company）與法國海底隧道公司（Société Française du Tunnel Sous-marin）於焉成立。他們用一位英國陸軍上校發明的鑽孔機，在多佛附近

維多利亞時代的技術受阻於政治。

的莎士比亞懸崖（Shakespeare Cliff）與加萊附近的桑加特（Sangatte）試鑽。到了一八八二年，英國側的隧道已經推進超過一英里，政客、記者、軍人與名流獲邀到海底下喝香檳、吃開胃小點。兩間公司預期兩國隧道將在四、五年內合龍。然而，雙方也各有顧慮。法國有人擔心英國人對加萊有所圖謀，但對隧道最擔心的還是英國人（因為自家陸軍不強），軍方反應尤其強烈。無論提出多少保證——隧道可以加蓋防禦工事、灌毒氣，或是輕易用水淹沒——但都無法完全消除入侵部隊占領隧道的可能。隨著海峽兩岸關係急轉直下，一個由國會選派的委員會在一八八一年對隧道表示反對，格拉斯東政府也同意了。雖然兩國隧道公司態度不變，下議院也在一九一三年四月得知隧道仍在考量之中，但一九一四年以前沒有一屆政府願意重提此問題。[59]擱置的做法確實能至少避免發生技術與財政災難。此時，路易．布萊里奧（Louis Blériot）已讓人們見到未來，在海峽兩岸激起一陣狂熱——一九〇九年七月二十五日清晨，他駕駛飛機從桑加特附近起飛，降落在多佛附近一處高爾夫球道。

✣ ✣ ✣

雖然這麼說不大得體，但英國人無疑是更成功的帝國主義者，不僅在埃及或印度如此，在大量設立拓墾殖民地時也是如此（例如美國）。有些法國人強調盎格魯薩克遜人（*les Anglo-Saxons*）的全球力量——這個詞如今進入了法國政治詞彙領域。[60]「嚴重的危機、強大的對手」這時已不在「萊茵河對岸」，而是在「海峽〔與〕大西洋的對岸」。[61]美方提案各國採用同一條本初子午線，這意味著採用格林威治子午線（Greenwich Meridian），當時幾乎只有法國人表示反對，他們的不滿一覽無疑；一八九四年，一位法國無政府主義青年試圖炸掉格林威治天文臺，結果身亡。[62]一八八〇年代與九〇年代，有幾位具影響力的評論家（多半是備受尊重的自由派）坦率提出明擺著的問題。要怎麼解釋盎格魯薩克遜人的高人一等？法國得做什麼才能競爭，維持她在天底下的位置？一系列的出版品指出「英格蘭民族的政治心理」和「中間階層與統治階層受的教育」為其優勢。[63]這些診斷都不新鮮。有些其實不只能回溯到泰納，甚至能回溯到托克維爾，以至於伏爾泰。但還是有個重要的新發現。今人不再那麼欽佩英國的國會制度——一八八四年《改革法案》（Reform Act）通過後，看起來跟法國的制度顯有不同。法國人轉而把焦點擺在他們認為真正的統治者身上——公務人員、殖民地行政官員與商人——並瞭解這些人是如何創造的。

他們主張，英國教育制度不像法國那樣，死背經典與無法消化的填鴨理論，而是教導實用的技術、鼓勵自由思考，尤其是發展自立、團隊合作與品格——這正是「重實效、有活力」的近代經濟與政治菁英所需要的。[64]泰納在一個世代以前，可沒把話說這麼滿。畢竟，法國與許多英國評論家向來都有共識，抨擊英國大學與各級學校不僅無用，甚至更糟；一般人都認為，無論法國人在其他方面有什麼問題，他們總是受過良好的教育。洛格比公學（Rugby）的名校長托馬斯・阿諾德博士（Dr. Thomas Arnold）認為法國培養出比英格蘭「更前進、更寬宏的心靈」，多次帶自己的孩子前去遊歷。[65]他的兒子馬修・阿諾德（Matthew Arnold，維多利亞時代最有影響力的知識分子之一）在一八六〇年代曾因一所地方高中（*lycée*）為中產階級提供有品質的教育而讚其為「法國伊頓」，並推動法式的教育改革。就是他，用羨慕的口吻講述這段知名的傳聞：法國教育部長可以從辦公室牆上的圖表，瞭解每一位學童在一天中每一分鐘的作息。但一八七〇年法國戰敗（一般人將張歸功於「普魯士學校老師」），讓法國教育的名聲蒙塵，導致共和人士往海外尋找模範。他們為了創造法國特色的標竿——世俗學校（*école laïque*）[2]，於是研究英格蘭與蘇格蘭的教育法規。[66]批評人士攻擊法國古典傳統本身毫無成果，拿破崙的高中則是令人厭倦的「兵營」。更有甚者，他們要採取行動。一八九九年，社會學家埃德蒙・狄摩林以比得萊斯學校（Bedales）等改良式的英格蘭寄宿學校為榜樣，在諾曼第成立示範性的奧施學校（Ecole des Roches，至今仍是法國首屈一指的私立學校）。埃米爾・布特米（Emile Boutmy，他找泰納擔任顧問）在一八七一年成立的巴黎自由政治學堂（Ecole Libre des Sciences Politiques）更是重要——旋即以「巴黎政治學院」的校名聞名。這間學校並未模仿任何英格蘭的教育機構〔倫敦政經學院（London School of Economics）其實是抄它的〕，而是一次有意識的嘗試：立校者認為英國躲過了革命，躲過了拿破崙政權，其統治階級具備務實的心態，而他們也想創造出這樣的新

2【編註】法國政府特別以法律保障一般公立學校不受各種意識形態或宗教之干擾；但學校亦不得教導宗教教義或干涉學生之信仰自由，故稱「世俗學校」。

統治階級。在一代人的時間裡，政治學堂所培養的學生，在法國公務人員高層占據相當高的比例，而且一直延續至今。

【延伸】教育、教育、教育

✣ ✣ ✣

無論阿諾德與狄摩林等教改人士有什麼抱負，事實證明兩國的教育理念、習慣與機構都無以讓另一方的影響力滲透——本書不會在其原因上花太多篇幅，但我們得稍微指出教育差異（跟英、法各自的宗教、司法體系與知識傳統有關）對教育以外的兩國關係所造成的影響。長話短說。法國教育本質上始終是「古典」的，是要將行事時受眾人肯定的準則、正確方法傳遞下去，熟習、複製之。從幼稚園（*école maternelle*）到高等專業學院（*grande école*）皆是如此。一位前途看好、在牛津受教育的英國年輕公務員，在二〇〇四年借調到菁英輩出的法國國家行政學院（École Nationale d'Administration），後來他告訴我倆：「如果你沒有在講座課上坐滿四小時，他們就不覺得你有學到任何東西。」獲得公認的典範可以是理念、技術，以及組織與呈現知識的風格（這是最重要的特色）——通常是以邏輯與修辭學的傳統原則「正、反、合」，作為有名的「三段論」的基礎。人們通常將之形容為「笛卡兒式」（Cartesian）

的方法，以演繹推理為本，也就是「先理論，後應用」。英國的教育沒什麼系統，習慣以個人式的表現為目標，而非正確性，亦非精通一套知識體系。想成功，就需要起碼的原創性與「橫向思維」，有錯誤或知識落差都可以接受。思考多半先於歸納，歸納即是「從事實而理論」。法國傳統認為，每一種層次的職業活動都需要專門訓練；層次愈高，專門的程度愈高。英國人對「證書」抱持更為懷疑的態度，認為熱情、團隊合作與想像力等非知識性特質具有價值，並推崇非專業教育，認為這才能帶來潛在的新洞見。這兩種取徑當然有其獨一無二的優點與缺點。從我們的角度看，重要的地方在於兩國教育方式仍在培養不同的思考與表達風格，無論法國人與英國人在什麼方面有所接觸，都能清楚看出。在政治上，法國人已經抱怨了好幾個世代的時間，說英國人拒絕討論假設，只願意考慮實際問題。巴麥尊表示：「對英格蘭來說，動手處理尚未完全浮現的情況並非尋常做法」；格蘭威爾在一個世代後與他呼應，指出英國的做法是「避免用預想的看法處理偶發事件，因為事情通常不會按照預料發生」。[67]英國人無法以邏輯的方式思索未來的可能性（法國人如此認為）。一九二〇年代，未來的法國總理安德烈．塔爾迪厄（André Tardieu）譴責「盎格魯薩克遜人對拉丁人心靈有序的建構抱持反感」。一位一九五〇年代的大使也贊同：「對英格蘭人來說，定理並非真實的存在。」情況到二〇〇三年同樣沒有改變：一位英國外交官發現「能清楚列出一套原則時，法國人最是感到安心……。英國人則是避免原則。」[68]總之，英國人習慣將有關未來意向的整體陳述，視為拗口的空話，不予理會——這種習慣有時候會讓他們後悔。例如，瑪格麗特．柴契爾

（Margaret Thatcher）承認在討論歐洲整合時，「在英國代表團，我們傾向於把這類浮誇的言詞當成脫離現實、不切實際的期待打發掉，根本沒有實現的可能」。[69] 在商業關係上，咸認法方參與討論的人準備比較充分，他們提前擬定清楚的議程，但卻沒有能力「腦力激盪」，也不願意討論、採納新觀點。他們習慣在一開始便表明立場，邏輯清楚，之後就是堅守立場。英國人經常視之為傲慢、沒有彈性：「法國人不願意聽，他們只顧自己的立場，藐視你的想法。」但英國人的「開放態度」在法國人眼中，卻叫沒有邏輯、沒有魄力、浪費時間。[70] 歐洲隧道公司（Eurotunnel）財務長格拉罕．科彼特（Graham Corbett）總結了兩國的差異：「法國人只會用三段論思考，英國人則是根本沒有結構；法國人比較傾向於不讓你碰上麻煩，而英國人則是一旦你陷入麻煩，就會救你出來。」[71]

✣ ✣ ✣

讓法人有點血色

我要在孤僻、禁錮的青年臉頰上添上血色。

——奧林匹克之父，皮耶・德・顧拜旦（Pierre de Coubertin）[72]

模仿英格蘭人。法國人在運動場上學到了對競爭的愛好，從而勇敢展現自己，試圖征服全球更大的一部分。

——法國探險家加布里埃爾・邦瓦洛（Gabriel Bonvalot）[73]

對於法國學童來說，從用整個下午的時間在球場上玩球的過程中覺察其詩意，似乎比設法發掘……詩意是否居於拉辛特定的詩句中重要得多。

——法國作家亨利・德・蒙泰朗（Henry de Montherlant）[74]

英格蘭文化與教育中，有一面長期遭到法國人鄙視，如今卻被人提出來，視為盎格魯薩克遜成就中的關鍵元素：體育比賽。巴黎近郊一所道明會學校的校長，在參觀伊頓公學之後斷言：「孩子們在比賽中學習發號施令，同時也在學習統治印度。」[75]法國一八七〇年之敗，讓體能訓練成為一種愛國責任。人們的首要目標是軍事訓練，一開始表現在仿效德國、大規模發展體操的風氣。綜合體操能強化軍事操演所需的力量與肢體協調。體操在數十年間受到極大的歡迎，尤其是愛國風氣旺盛的法國東北，而且直到一九〇〇年仍是群眾主要的單一形式休閒活動。但體操有其極限。體操無法培養人們所渴望的、志願合作的自由品質，也無法將個人的努力與創造性的團體合作相結合，更別提公平競賽精神了。這時，所謂的英格蘭的運動（*les sports anglais*）便能派上用場，例如自行車、游泳、划船、田徑、拳擊、網球、競技滑雪——其中又以足球與橄欖球兩種團隊運動最為重要。起先作為教育改革的一個面向、作為對抗民族頹廢手段的運動，在不出一代人的時間裡為大眾文化帶來徹底變革。運動和議會制度，是法國自英國引入最重要的舶來品。

一八六〇年代之前，法國人不大打團體比賽，有時候還稱之為「英格蘭的小遊戲」（les petits jeux anglais）。無必要性的戶外活動並不常見。波城市長在一八四二年解釋：「**運動**（*sport*）這個字，是無法翻譯為法語的英語表達方式之一。」一八九〇年代，一份巴黎報紙還相信足球需要用「扁長的擊球棍」。[76]上層階級與其仿效者依然在打獵、賽馬。有位法國總理曾奪得劍橋賽艇藍獎（Cambridge rowing blue），這不僅是個例外，而且跟習慣相去甚遠。擊劍連同決鬥，在十九世紀下半葉擴大到中下階級。下層階級則有狗鬥牛（bull-baiting）、滾木球、鬥雞、射擊等等，這些活動不僅留存下來，而且還隨著休息時間增加而進一步發展。英式運動少不了激烈的身體接觸，為法國人長久以來所不齒，認為這表現了英格蘭人的粗野、愚昧，缺乏社交禮節。貝杭傑其中一首最損人的反英歌曲，歌名就叫〈拳擊手〉（Le Boxeur）。早期的巴黎橄欖球球員覺得身體接觸、在泥裡打滾很噁心，他們也比較不注重爭球與擒抱——堪稱是法國橄欖球球風之始。[77]

十九世紀中葉，運動在英國的學校與大學中形成成文規則，接著在法國工作或度假的人很快便玩起來。與英國的社會、經濟接觸，影響了法國運動的地方分布：海峽口岸、巴黎地區、法國西南（旅遊業與紅酒）與北部（紡織與工程）是受到影響的主要區域。法國最早的運動俱樂部是勒阿弗爾田徑俱樂部（Havre Athletic Club, 1872）與巴黎的英人泰勒氏俱樂部（English Taylors' Club, 1877）。蘇格蘭天主教學校的畢業生則是建立足球運動的先驅。這些僑居外地的人並未以在法國推廣運動，或是與法國人捉對廝殺為使命。引領本地風潮的，反而是巴黎的學生。知名的法國競技俱樂部（Racing Club de France）是第一個本土運動俱樂部，一八八二年由四所右岸學校的學生所成立的，其對手法國體育會（Stade Français）主要是由左岸的聖路易中學（Lycée Saint-Louis）學生所組成。「競技」（俱樂部以其為名）的價值觀與參與者，都是極度地「貴族風範」與知性。他們一開始起步不佳，在聖拉查車站附近橫衝直撞，穿得像騎師，還會下注。其他俱樂部則是以雜技為主，而且形成高度排外的私人圈子。但英國風格的正統運動迅速席捲一切，僑民也加入了。一八九二年，法國首次的橄欖球冠軍賽就有英國球員參加。一八九三年，競技俱樂部與牛津大學比賽，賽後還帶著他們的客人去見識紅磨坊之樂。一九〇〇年，他們主辦了第二次奧林匹克運動會中的田徑項目。[78]

運動的推廣，泰半得歸功於熱情的個人，他們相信自己正對抗著現代的頹廢。法國人在籌組國際運動組織時的重要作用，便能顯示出他們使命般的熱忱——因此國際足總縮寫才會是法文的「FIFA」，而非英文的「IFAF」。政治學堂畢業生皮耶・德・顧拜旦男爵便是一位偉大的倡導者。鼓舞他的，是泰納對英式公學的推崇，是閱讀《湯姆・布朗的學校生活》（*Tom Brown's Schooldays*）的體會，是公平競爭（*le fair-play*）的理想，也是「提升祖國、民族與旗幟」的願望。在他二十多歲時

（一八八〇年代），他便利用自己的社會與政治關係，為引入運動遊說。一開始也有挫折：一八九三年，他帶一隊法國船員參加亨利賽艇比賽（Henley Regatta），結果泰晤士河賽艇俱樂部（Thames Rowing Club）撞翻了他們。但顧拜旦不屈不撓，在一八九四年籌組法國最大的運動協會，並於同年開始推動現代奧林匹克運動。他的靈感得自大溫洛克奧林匹亞運動會（Much Wenlock Olympian Games）：這是一場有各種運動競賽的盛宴，由古裝紋章遊行、頒獎典禮、旗幟等增添活絡氣氛，每年都在施洛普郡（Shropshire）的一處村莊舉辦，顧拜旦曾經在那兒當個開開心心的遊客。[79]其他的運動先驅有喬治．德．聖克萊（Georges de Saint-Clair），他是法國駐愛丁堡前領事，希望運動比賽能「陶冶行動的人……懂得如何運用意志力，鼓起勇氣敢於行動、組織、治理與受治理」。[80]前巴黎公社流亡人士巴斯卡．格魯瑟不希望把運動留給右翼或親英者所左右，於是在一八八〇年代晚期試圖將法國的運動朝民族主義的方向推，仿效美國與愛爾蘭，發展本土的運動。菲利浦．提西（Philippe Tissier，是位醫生）在一八八八年成立第一個巴黎以外的運動協會——波爾多的吉倫特體育聯盟（Ligue Girondine de l'Education Physique）。這些人都是親英派，只有格魯瑟除外。他們在一個相對反英的時代取得成功，顯示出惡意再度不敵流行模仿。

這些開路先鋒運用既有的教育、宗教與政治網絡。提西讓橄欖球成為法國西南的運動。他借助英國人對波爾多、波城與比亞里茨的強大影響力，說服共和派的教育當局支持公立學校發展橄欖球，尤其藉此與教會贊助的足球相抗衡。人們不免覺得橄欖球與南方鄉村粗野陽剛的文化一拍即合——夏天鬥牛，冬天爭球。橄欖球成為對城市、村莊，甚至是對巴斯克（Basque）、貝亞恩（Béarn）和普羅旺斯等族群表現強烈忠誠心的方式。朗德（Landes）一所村莊裡，有間橄欖球聖母禮拜堂（Notre Dame du Rugby），花窗玻璃上的聖母與聖子拿著一顆橄欖球，彷彿正參與天界的爭邊球（line-out）過程。今天，朗德的小鎮聖萬森德提羅斯（Saint Vincent de Tirosse，有七間俱樂部）堪稱是法國橄欖球之都。到了一九〇〇年，橄欖球已經成為法國國球。一九一一年，法國首度在國際比賽中取勝，對手是蘇格蘭。原本是賽艇俱樂部的巴約納埃維昂（Aviron Bayonnais）橄欖球會，讓迅速、開放的打法（法式球風）成為新標準，並稱霸賽場數年時間——這要歸功於隊上的威爾斯接鋒（fly-half）兼教練歐文・羅（Owen Roe），比亞里茨的英國教會也用一面玻璃花窗來紀念他。這支有骨氣的巴斯克球隊讓當地的貝雷帽蔚為風尚——先是在年輕男女間成為流行，後來連外國人都認為這是法國人人都戴的帽子。

拳擊是另一項盎格魯薩克遜舶來品〔一九〇七年，巴黎第一所拳擊館成立時，是以倫敦白教堂區（Whitechapel）的拳擊館之名，命名為「仙境」（Wonderland）〕。當喬治・蓋彭提（Georges Carpentier）在一九一三年世界輕重量級錦標賽中擊敗「炮手」比利・威爾斯（'Bombardier' Billy Wells）之後，這項運動也就生根落戶了。拳擊跟某些法國的刻板印象有所衝突——「全英格蘭都在起鬨。打拳的法國人！絕對是最古怪的矛盾。」但其他的刻板印象依舊維持：法國評論人誇獎蓋彭提的技術、速度、勇氣與榮譽，不像盎格魯薩克遜的蠻力。[81]足球在第一次世界大戰前並不興盛，而且一開始幾乎只有英國人在踢。第一個俱樂部是標準競技（Standard Athletic，至今仍是個使用英語的孤島），由巴黎某間英國公司的員工成立的。一八九四年的全國錦標賽，由一支有十名英國球員的隊伍奪得冠軍。到了一九一四年，法國只有四間算是大型的俱樂部：巴黎、馬賽、里爾與史特拉斯堡。有興趣的民眾僅限於北方的工業區與東南方的城鎮。[82]第一次世界大戰成了分水嶺，這得歸功於與英國士兵的接觸，以及軍隊舉辦的足球賽。此後，足球迅速發展，不過人氣與專業程度始終不比英國或鄰近的歐陸國家，法國在國際賽事中自然也不成功。

自行車、田徑、團隊運動與拳擊，為社會與文化生活、服裝體態、性別關係，甚至是思想觀念帶來改變。不過，人們接納運動時，也會加以改造。自行車就是最好的例子。最早的自行車公路賽是在一八七〇年代舉辦，由英國與法國的上層階級業餘選手稱霸。但英國在一八九六年公路賽，運動風氣隨之衰微。但在法國，隨著自行車愈來愈便宜，自行車運動也走入民間，自行車生產也成為重要的產業。生產商與新的運動報紙透過贊助賽事（室內賽與道路賽皆有）而觸及成長中的市場。[83]自行車比賽成為法國第一種商業觀賞型運動——不僅非常有利可圖，而且腐敗。環法自行車賽（Tour de France）成為最早的全國運動賽事，「環法」之名令人聯想到傳統上工匠出師後的漫遊之行，同時也是一本暢銷愛國童書的書名。環法始於一九〇三年（正值混亂的德雷福斯事件（Dreyfus affair）發生時），由右派運動報紙《汽車報》（*L'Auto*）主辦，意在打擊政治上的競爭報刊。這場比賽（騎著沉重的單速車，是一場對意志力與耐力的嚴峻考驗）成了一場對法國多元融合的禮讚，一堂歷史與地理課，也讓路線上的偏遠城鎮與鄉村興奮品嘗了現代的滋味。民眾「從酒館跑出來」為騎士歡呼，「和過去群眾熱情迎接拿破崙手下從西班牙、奧地利歸國的疲憊老兵一樣」。[84]

知識分子與藝術家受到運動的吸引，視之為民族復興的手段。運動表現出現代性、對傳統的反叛，以及身體的新體驗。前衛藝術家以運動為主題作畫。若干戰前與戰間最追流行的文藝界人物也是運動愛好者，包括小說家亞蘭・傅尼葉（Alain-Fournier）、作家兼製作人尚・考克多（Jean Cocteau），以及劇作家尚・季洛杜（Jean Giraudoux）與亨利・德・蒙泰朗。詩人夏爾・佩吉（Charles Péguy）將街頭踢的足球引進自己在奧爾良讀的高中，等到他搬去巴黎之後，就改打橄欖球。由於和民族主義者和軍國主義者的關連——「戰爭就是真實的運動」——運動長期都是屬於男性的活動，女性始終處於邊緣（網球除外），這種情況直到第二次世界大戰後才結束。

第一次世界大戰提高了運動的吸引力，甚至走出了上層階級的親英背景。政治團體與寶獅（Peugeot）、米其林（Michelin）等公司對運動愈來愈有興趣。南法的礦業城鎮卡爾莫（Carmaux，勞資之間有一段激烈的歷史）有兩家俱樂部，一家是老闆們資助的天主教球隊，另一家則是工會支持的球隊。這類聯繫讓球場內外早已高張的暴力層級更加惡化——一九〇五年一場校園族錦標賽時，有球員的手指虎遭到沒收；一九一三年的法國與蘇格蘭橄欖球賽導致暴動發生，比賽的英格蘭籍裁判甚至得靠憲兵搭救才逃出來。[85]一九二〇年代無法控制的暴力，讓英國、自治領與愛爾蘭橄欖球盟斷絕關係。法國繼續跟德國、義大利與羅馬尼亞較勁，這些國家的極權政府也支持橄欖球。但橄欖球也在法國式微，人氣地位則被足球所取代。在兩國政府強烈施壓下，一支英國橄欖球隊才同意與法國隊在一九四〇年一月比賽，作為鞏固邦誼的表示：英國以38比3贏球了。

近代法國運動在人氣、素質與參與程度的上升，與英國以勇敢的業餘精神或營利的職業主義建構的體系，有非常不同的基礎——也就是政府的支持。學校老師與軍人向來扮演一定角色，但從一九三〇年代晚期開始，中央政府的重要性便開始提升。左翼的人民陣線（Popular Front）開始把錢花在運動設施上，右翼的維琪政權（Vichy regime）在運動部長、溫布頓（Wimbledon）網球冠軍吉恩·伯勒特拉（Jean Borotra）主導下，大幅提升投入的資金。戴高樂將軍本人對一九六〇年代的運動成就也很感興趣。運動實質上已國家化：政府擔負起籌備大型運動賽事與國家隊選拔的任務。[86]到了二十一世紀初，英國有十名公務員的職責與經營運動有關；法國卻有一萬兩千名。運動是一種可預測、有規則、重複性的活動，也是官僚體制有一日之長的地方。情況一如一八八〇年代，民族的重生與聲望成了動機。國家透過挹注大量教練課程以提升草根參與（包括讓學童滑雪，以及將必修運動納入業士文憑〔*baccalauréat*〕與大學等級課程的一部分），同時改善訓練設施，並且為在國際舞臺上表演的人提供經濟支援。二〇〇二年時，十五歲至七十五歲之間的法國人，有百分之八十三參與某些運動活動，有八百萬人參加比賽。[87]這解釋了法國運動員在各種運動項目中的成就，也說明法國訓練的專業人士在轉變英國足球隊訓練方式、戰術、飲食與紀律時的重要影響——歷史的諷刺真是夠味。如果我們考慮運動在法國文化中顯著的程度、參與各種活動的人數，以及在特定運動範圍（從橄欖球與足球，到網球與田徑，以至滑雪與海上帆船）的高度國際成就，法國堪稱世界上最愛好運動的國家。換作是一度作為典範的英國，若以相同的運動領域來看，人們恐怕會覺得該國是個與頭名相去甚遠的亞軍。

有一項英國主流運動是法國人不玩的——板球。這是他們對維多利亞運動帝國唯一的反抗。是有人嘗試過。標準競技俱樂部在巴黎南方不遠處有面場地，而在一九〇〇年的巴黎奧運，法國則是錯失了唯一一次贏得板球金牌的機會，輸給了德文郡流浪者隊（Devon County Wanderers）。不過從當時到今天，法國板球協會（Fédération Française du Cricket）的選手其實一直都是外國僑民。[88]這個斷層理應透露了點什麼，但是是什麼呢？維多利亞時代的人在法國玩的團隊運動，是否多為冬季運動？是不是有什麼社會上、經濟上的障礙？板球與最典型的城市性運動——足球不同，板球要打得好，就需要精密的隊伍組織、複雜的技術、一面球場、精良的球具，以及空閒時間。不過，連英格蘭孩童也和印度、巴基斯坦與加勒比海的小孩們一樣，找幾根木棍就能玩，至於三柱門就用粉筆畫在牆上。那麼，是否如人們常常所笑稱，有什麼無法跨越的法國文化障礙呢？但橄欖球與拳擊明明更格格不入。相形之下，板球島是完美符合法國人的自我形象——細心、聰明、靈巧、勇氣、優雅。更有甚者，板球的運動家精神、團隊合作與自我控制，皆完美符合親英派教改人士的目標——*le fair-play* 確實進入法語詞彙了。對於抵抗條頓鐵騎的愛國行動來說，擊球手面對重重困難時的孤獨鬥爭，似乎是很得體的訓練。我們只好對從未出現的巴黎貴族擊球手與剽悍的巴斯克投手表示惋惜。運動史學者理查・霍爾特（Richard Holt）主張，板球看起來不夠有精神，對顧拜旦等人來說也太過平民，而且板球實在跟英格蘭鄉村田園風光密不可分。在法國與板球地位相當的是環法自行車賽——一種既漫長、需要策略，而且外行人難以承受的夏季運動，也是做日光浴的好理由。

食物與文明

巴黎是全世界的飲食重鎮。所有傳播好廚藝的偉大使節皆由此出發，而巴黎的料理過去、現在與未來都將是世界上一項偉大藝術中最卓越的表現方式。

——《歐洲美食指南》（*The Gourmet's Guide to Europe*，倫敦，一九〇三年）

如果說，運動是英國對法國最重要的文化輸出，那法國人的回報就是料理（*la cuisine*）。英國人「一向是法國食物最重要的顧客」。[89]在飲食上，英國人同樣有意模仿，同樣哀嘆本國不如人，也同樣受到法國流行的影響。飲食甚至與世紀末對於頹廢的恐懼有關：對許多文化評論家而言，英格蘭食物低人一等，就是美感衰頹的症狀，證明沒有教養的「群眾」正在興起，也證明都市生活之駭人。藝評家約翰・凱瑞（John Carey）曾經提到，罐頭食物特別會激起英國知識分子的憤怒。布魯姆斯伯里派的評論家克里夫・貝爾（Clive Bell）則感嘆「倫敦只有兩三間餐廳，能讓人享有不受限制的進餐之樂」。[90]法國菜就像法國藝術與文學，受到有教養的英國人所傾慕。然而，英國人在內化法國料理時，卻沒有法國人內化英式運動來得成功。法國料理影響英國的歷史不僅複雜，而且相當悲慘。英國社會上層與其模仿者對於「像法國人那樣吃」有無庸置疑的渴望，但在國內卻一再大失所望。這也是他們前往法國鄉間尋幽探贖，甚至移居過去的主要原因。

十八世紀晚期巴黎發展出的餐廳，其實部分是參考倫敦的酒館而來——反映出當代盎格魯狂熱的一面。第一個有名而成功的例子，是前御廚布維利耶在一七八〇年代於皇家宮殿廣場開的餐廳，店名叫倫敦大酒店。相較於巴黎，當時的倫敦是個普遍以外食為社交活動的城市。這一點也受人指責為倫敦生活野蠻成性的一點，而就體面的娛樂來說，倫敦的住宿也不夠好。革命廢除了當時仍有的行會限制，創造出包括政治人物與新貴在內的新客群，讓巴黎的餐廳大有起色。餐廳與酒館、客棧之間最大的分野，在於分桌、相對高的隱私，以及菜色選擇。出身宮廷與貴族宅邸的廚師開餐館的老故事多少有點真實性，不過早在革命前，就有這樣的事情了。[91]有些廚師去了倫敦，有名者如路易·埃斯塔許·烏德（Louis-Eustache Ude）——此前他受雇於路易十六，如今則在克羅克福特氏俱樂部（Crockford's Club）掌廚。弔詭的是，革命使得宮廷與大貴族家的烹飪手法，成了新興營利性的高級料理（*haute cuisine*）的基礎——法國新統治者對舊政權的這一面倒不排斥。有些廚師成為國際名人，來回於私人顧客、官方招待所與餐館之間。地位最崇高的要屬安東萬·加咸姆（Antonin Carême），他曾為塔列朗、攝政王與沙皇掌廚。加咸姆為高級料理訂定了嚴格標準，與布爾喬亞料理（*la cuisine bourgeoise*）這種家常菜完全不同世界。極致的高級料理風格有種貴族式的炫富，花錢如流水；視覺上要讓人印象深刻，食物有如裝飾品般擺盤，放在柱座上展示。在隆重的場合中，還會有用動物油雕出來的別致廢墟造景，以及加咸姆本人的專長——以冰糖製成的迷你古典建築。

經過整個十九世紀的發展，這種高級料理（對錢包和血管都很折磨）成為巴黎餐廳的招牌。大多數的高級餐館先是在皇家宮殿廣場比鄰而居，後來則在林蔭道旁開設——英格蘭咖啡館、巴黎咖啡館（Café de Paris）、富郁咖啡館（Café Riche）、金屋餐廳（Maison Dorée）、普羅旺斯三兄弟（Trois Frères Provençaux）與（唯一現存的）大維富餐廳（Grand Véfour）。他們創造了一種獨立的創新專業烹飪形式，憑藉品質與推陳出新來吸引客人：例如貝亞恩醬（*sauce béarnaise*），便出自林蔭道，而非庇里牛斯山。[92]法式料理無論過去或現在皆非單一風格，而是有多種風味，能工巧手的廚師將技術與專注灌注其中。在這種文化脈絡下，食物就像衣著與儀態，是人們眼中高貴的象徵。高級料理成為飲食中優雅與傑出的縮影，也是社會名望的重要面向。塔列朗以加咸姆的廚藝為外交工具，巴黎的羅斯柴爾德家也靠他「作為〔家族〕社會地位攀升早期階段最主要的魅力」，每週舉辦四次盛宴以款待各國貴族與外交使節團。[93]摩根夫人在參加過一次宴會後表示，會上的料理是一種「衡量現代文明的藝術形式」。[94]

英國遊客占餐廳客群相當重要的一部分。第十一代漢彌爾頓公爵（Duke of Hamilton）甚至為高級料理殉難——一八六三年七月十五日，他在金屋餐廳享用一頓很棒的晚餐，之後卻跌下樓梯，摔斷脖子。有人說英國人缺乏品味，拉低標準，但知名餐廳鄰馨（Voisin's）有位一流服務生捍衛了這些水準——某年聖誕節，一位英國客人點了葡萄乾布丁，這位服務生告訴他：「鄰馨家不做葡萄乾布丁，以前沒做過，未來也絕不會做。」[95]法國廚師（清一色都是男的）受過嚴格訓練，行事有條有理，講話清楚而霸道，在世界各地都炙手可熱。倫敦改革俱樂部（Reform Club）主廚亞列克西．索耶（Alexis Soyer）是最有名的廚師之一，他成為維多利亞時代一位引人注目的花花公子、企業家，也是個不同凡響的人——一八四〇年代，他在倫敦與愛爾蘭安排濟貧的流動廚房，最後還跟佛羅倫斯．南丁格爾（Florence Nightingale）一起在克里米亞工作，改善部隊的營養。倫敦成為高級料理世界主要的附庸。

然而，十九世紀中葉的倫敦實際上沒有餐廳，只有蘇活區（煙霧瀰漫、嘈雜，陌生得讓人緊張）有少數幾間，既由僑民經營，也供僑民用餐。倫敦當然有許多吃東西的地方，光譜的一端有酒吧，另一端則是紳士俱樂部。後者（有名者如克羅克福特氏俱樂部與改革俱樂部）提供一些倫敦最好的食物，填補了巴黎餐廳的若干功能——巴黎的餐廳其實也很類似紳士俱樂部，不習慣讓男人帶妻子上門。然而，巴黎餐廳與倫敦俱樂部不同的是，男人可以帶別的女人去，林蔭道各餐廳的私人包廂更是以提供美食以外的樂趣聞名。法式高級料理在英國的其餘聖地，則是少數貴族的宅邸，以及一兩所旅館。倫敦與巴黎的這種差異（一八九〇年時，巴黎約有一萬人在餐廳工作）反映出巴黎作為旅遊重鎮的獨有地位，此外也反映出先前已經提過的一處不同。倫敦的發展強調舒適的家內生活、空間與隱私，郊區宅院隨之成長——晚餐聚會便是這種英格蘭現象的生態表現。多數的巴黎人住在相對狹小的公寓或家具套房，到各種飲食場所用餐、找樂子，價格從低廉到高昂都有。總之，巴黎擁有龐大、高度專業的飲食業，而大多數訓練不足、薪水不高的英格蘭職業廚師，則是為一般家庭工作。

這對英國人的吃飯習慣有兩種影響。其一，法國菜最有聲望，最好的廚師都在嘗試做法國菜——許多二流廚師也是。直到十八世紀末以前，人們仍認為英格蘭「鄉間別墅」的料理聲望不下法國料理，甚至在某些方面的品質還勝過法國。這種飲食傳統下的最後一些重要英式食譜，時代可以回溯到十八世紀，例如伊莉莎白・拉法爾德（Elizabeth Raffald）的《英格蘭家政老手談》（*The Experienced English Housekeeper*, 1769）。[96]此後的情況〔用社會學家斯蒂芬・梅內爾（Stephen Mennell）的用詞〕就是「斷頭」，[97]聲望陡降，沒有受過良好訓練的職業廚師制定準則與創新，不像法國餐廳的大廚會透過食譜、講座與報章雜誌為之。十九世紀期間，一種衍生、「血統不純」的假法式風格變得相當普遍，法式的外表比實質更為重要。[98]一八六〇年至一八八〇年間，皇家咖啡館與標準餐廳（Criterion）等現代大型餐廳確實在倫敦開張，但提供的就是假法國菜，無論火候跟技巧都無法與其巴黎範本相比。

英格蘭本土烹飪若非在便宜的小吃店以發展不全的形式存活下來，就是降級為家內料理。家內烹飪法通常是供在社會往上流動、但方法有限的家庭所用，比頓女士（Mrs. Beeton）十九世紀中的廚藝大全即為其縮影。家內烹飪開始強調經濟實惠、方便、簡單而安全。善用剩菜成為主題——大塊烤肉在英式烹飪中占有重要位置，剩菜便是其影響。英國廚師突然反轉十八世紀的習慣，開始把肉跟蔬菜煮得過頭——這時的法國人反而受到過去英國的影響，與現在的英國人反其道而行。英國人這麼做，衛生是個明顯的原因，日耳曼化學家尤斯圖斯・馮・李比希（Justus von Liebig）對此倡導尤力，但文雅風度或許也有影響：血淋淋的肉與重口味的蔬菜感覺沒那麼「好」。總之，英國最後集兩國料理缺點之大成：法式高級料理的聲望導致人們忽略本土傳統，但只有極少數的人能確實吃到真正的法式食物，而他們的影響總是名大於實。中產階級的法國大使保羅．康朋（Paul Cambon），對維多利亞女王在溫莎城堡「恐怖的」食物大為震驚：「我家裡絕對不允許這種晚餐上桌。」[99]沒那麼氣派的英國家庭，只吃得起「炸肉丸配水煮蔬菜」風格的英式家庭烹飪；如果他們外食，吃的東西也「煮得不用心（且）安上法文菜名，因為覺得用餐的人會被唬住，認為食物有比較好吃」。[100]無怪乎他們會試著迅速掃光盤中物，盡可能不講話。當然，我們不能把一切都解釋成法國影響力之下的反常效應。都市化、即食食物興起、進口食物，以及無能而貪婪的餐飲業造成的惡性影響，都對英國人的味蕾帶來強大、初期而歷久不衰的效果。3

偉大的喬治．奧古斯特．埃斯科菲耶（Georges Auguste Escoffier）在一八九〇年前來救援，他先後經營薩伏依旅館與卡爾頓旅館（Carlton Hotel）的廚房長達一代人的時間，使之成為現代高效烹飪的藍本。他讓倫敦成為新「法式」料理的大本營。其中一項噱頭，是在塞西爾酒店（Cecil Hotel）準備一道「豐盛饗宴」，同時在歐陸三十七座城市一同為上百位饕客上菜。[101]埃斯科菲耶重寫了職業烹飪的準則，並推行全世界，成為標準。傳統的法式高級料理已經變得過於死板、昂貴、油膩，甚至難以下咽。埃斯科菲耶將之簡化、合理化、現代化，以配合人數日漸擴張的各國顧客（泰半是新興海濱勝地與城

3【作者註】羅伯特．托姆記得第一次到法國時，一位法國友人的媽媽問他英格蘭人怎麼做英式蛋奶醬（*crème anglaise*）。她原本期待有些關於香草莢和蛋黃的小竅門；他只好承認是用博德牌（Bird's）的卡士達粉。

市旅館中的遊客）。他的《烹飪指南》（*Guide Culinaire*, 1903）成為後人所謂「國際旅館業與餐廳烹飪」的寶典——法式香煎比目魚片（Sole Véronique）與蜜桃梅爾芭（Pêche Melba）或許是他最知名的新創菜色。一八九八年，埃斯科菲耶因為侵吞公款（金額遠超過這一行容許的範圍）而被薩伏依旅館開除，但他的擁護者（包括威爾斯親王）根本無所謂。[102]畢竟身為藝術家，有點缺陷也無傷大雅。

埃斯科菲耶最偉大的創新，是將改良版的法國地方烹飪帶入專業菜單裡。此前，人們眼中的鄉間食物頂多是種引人疑慮的怪味料理。巴黎唯一一間與地方有聯繫的知名餐館——普羅旺斯三兄弟，很快便放棄了幾乎所有地中海菜色。在大仲馬殫精竭慮，於一八六九年所寫的《料理大詞典》（*Grand Dictionnaire de cuisine*）一書中，完全沒有提到白扁豆燉肉（*cassoulet*）、勃艮第紅酒燉牛肉（*boeuf bourguignon*）、紅酒燉香雞（*coq au vin*）、巴斯克燉雞（*poulet à la basquaise*）或亞爾薩斯酸菜（*choucroûte à l'alsacienne*）等後來的標準菜色，但書裡**倒是有**葡萄乾布丁，「近年來在法蘭西非常普遍」。[103]

對於先前提到的「發現法國鄉間」而言，發現法國鄉間烹飪也是其中重要一環。英國人一馬當先。陸軍中校納薩尼爾．紐納姆．戴維斯（Nathaniel Newnham-Davis，早期的美食記者）與阿哲儂．巴斯塔（Algernon Bastard）所著的《歐洲美食指南》（一九〇三年）提供了最早的考察之一。二十年前，亨利．詹姆斯表示牛肚（*gras double*）「是種淺灰色、帶黏性、噁心的髒東西」，但《歐洲美食指南》與他的意見不同，認為卡昂式牛肚（*tripes à la mode de Caen*）是「一道家常菜，但可別瞧不起它」。書中涵蓋的範圍只有巴黎、海岸與庇里牛斯山的度假地區；整個法國內陸，甚至連法國第二大料理城市——里昂，對這本書的作者與讀者來說都是未知之地。卡昂是「西諾曼第糟糕烹飪中的綠洲」。作者還把乳酪城羅克福爾（Roquefort），跟海港羅什福爾混為一談。他們將奶油鱈魚醬（*brandade*）描述為「燉鱈魚」，油封（*confit*）料理則是「一種天鵝燉菜，和你以前嘗過的菜完全不同」。像《歐洲美食指南》這種相對勇於嘗試的食記，還是會不時警告讀者：要是暴露在大蒜與其他強烈的口味或香氣中時，可千萬要挺住。[104]

一直到一九二〇年代與三〇年代，巴黎人才開始對地方烹飪有興趣，這跟開車的成長與《米其林指南》（*Guide Michelin*）有關。例如奧爾良近郊的妲丹姐妹（Demoiselles Tatin）無意間創造的倒扣焦糖蘋果塔，便是在一九三〇年代被第一部地方菜百科——《美食法國》（*La France Gastronomique*）所發掘，並廣為周知。[105]幾位年輕姑娘因此流芳千古——甚至連放在英國超市冷凍食品區、索然無味的低脂版蘋果塔也記念著她們的名字。傳統農家菜的風潮，要晚至一九七〇年代才算席捲法國。

地方菜向來是法國料理中對英國飲食習慣影響最深的一個面向——連白扁豆燉肉後來都演變成「一些放久的香腸和豆子一起煮」的料理。這也難怪，畢竟地方料理的發展多半得歸功於觀光業。貧困意味著法國農家日常的飲食相當寒酸（與英格蘭農家菜一樣）、單調，準備也很隨便——而且至今仍然如此。蔬菜湯〔吉爾雷挖苦為無肉湯（*soupe maigre*）〕是最常見的主食，加了乾麵包來勾芡。好的食物「是昂貴的奢侈品……不是他們所能享用」。[106]人們只在特殊場合才會備辦節慶餐點，不過，處境比較好的農家、工匠和鄉間的中產階級倒是比較常吃這類菜色。觀光客在二十世紀早期發現的地方特色菜，主要就是這類節慶料理。一些鄉間客棧為了賺旅遊業的錢，把自己打理成旅館和餐廳，提供這類節慶料理，最後在埃斯科菲耶一派底下普及開來。經歷艱苦的第二次世界大戰之後，美食作家佩興絲・格雷（Patience Gray）、伊莉莎白・大衛（Elizabeth David）和她們的傳人，讓聰明的英格蘭都會婦女以「像理想中的法國老奶奶一樣煮飯的能力」，帶點地中海夏日享樂風為目標。

一位英國作家幽了一默，說巴黎社會彷彿為蘭開郡羊肉鍋（Lancashire hot-pot）瘋狂一樣。[107]這話以一種趣味的方式，顯示出法國美食家自十九世紀中葉承認對烤牛肉（*le rosbif*）、葡萄乾布丁（*le plumpouding*）等食物的喜愛以來，情況有了多少轉變。到了一九二〇年代，連英國美食家都對農家菜不感興趣。英格蘭民間廚藝協會（English Folk Cookery Association）試圖蒐集、推廣英國傳統食譜時，卻受到專業餐飲業者與英國美食家的勸阻——兩者都唯法國菜是瞻。我們可以打包票，絕對沒有民間料理食譜從北往南渡過英吉利海峽。阿弗列・蘇珊（Alfred Suzanne）整個職業生涯都在為英國貴族下廚，他在一八九四年發表的《英格蘭料理》（*La Cuisine anglaise*），或許是唯一一本由法國人所寫、談英格蘭烹飪的重要著作。他無意將牛排腰子餅（steak and kidney pudding）與葡萄乾布丁的美好介紹給法國饕客，而是打算給在英格蘭工作的法國廚師一點建議，讓他們曉得如何不時給自己的雇主做些孩提時的享受——不過是法國化的，添上了「精緻改良與美味的名聲」。[108]

無論如何，英國人的品味（不管講不講究）都改變了法國人的飲食習慣——透過流行、透過他們對巴黎人與後來專做觀光客生意的地方餐廳帶來的影響，以及透過曾在英格蘭工作一段時間的法國廚師。牛肉在十八世紀時是人們眼中的英格蘭特色菜，到了十九世紀卻「君臨」巴黎高級料理。[109]加咸姆推出英式烤牛肉（*rosbif à l'anglaise*），而改革俱樂部[110]與巴黎林蔭道餐廳所提供的、聽來像法國菜的料理〔例如羊肋排（*selle de mouton*）和烤野雞（*faisans rôtis*）〕不免啟人疑竇，根本就是英格蘭料理。十八世紀時，炙烤與烘烤的半熟肉還顯現英格蘭人的野蠻，如今卻生根落戶。我們已經見識到（見第七章的【英式快餐】）牛排是如何來到法國的。桑威治伯爵〔賭徒、色鬼兼有能的海軍首席大臣（First Lord of the Admiralty）〕的桌邊點心英式吐司（*tartine à l'anglaise*）在十九世紀時流行開來。法國饕客接受這些進口食物，加進自己的愛好中。為了製作三明治，大仲馬想出了相當講究的備餐指示。比起法國人喜歡用索然無味的牛腰（*aloyau*），他贊成英格蘭人選擇用「絕對更有滋味」的臀肉做牛排的做法（「牛排就要在英式酒館吃」）。但他提到英格蘭醬汁之貧瘠，建議用松露或小龍蝦奶油為牛排（*le bifteck*）增添風味。大仲馬在一八六九年將英式小羊排描述成「深受巴黎饕客所誇獎，我們與英格蘭之間兩百一十七年的戰爭，從來沒有讓他們對渡過海峽而來的一切感到根深柢固的恐懼」。[111]然而鄉間的農民「對羊肉深感嫌惡」。[112]但過了一世紀，英格蘭招牌菜烤羊腿（*gigot rôti*）卻成為法國最受歡迎的菜色，無分年齡、社會群體和政治傾向，比法國菜的精華——火鍋（*pot-au-feu*）聲勢更旺，也最受農民所歡迎。威士忌也變得比雅文邑（Armagnac）或蘋果白蘭地（Calvados）更有人氣[4]。

4【作者註】這是根據一九八四年九月《法國菜與葡萄酒雜誌》（*Cuisines et Vins de France*）的調查。烤羊腿最受戴高樂主義者（Gaullists）喜愛，共產黨人則最排斥。人們喜歡的搭配方式是：生蠔、燻鮭魚、羊腿、卡芒貝爾乾酪（Camembert，但重視享樂的共產黨員居然偏好羅克福爾乳酪！）與草莓夏洛特蛋糕（strawberry charlotte）。這稱不大上傳統法國菜，但說到海納百川這點，還比不上英國人對咖哩的愛——早在十八世紀，他們便深深愛上了咖哩。

或許我們該明智地想想人類的虛榮野心，作為結語。大英帝國幾乎只在運動領域留存下來。法國人影響普世文化的遠大志向只有在餐桌上成功。但英國的足球隊得靠法國球員，而倫敦則成為人人稱道的世界美食之都（席哈克總統例外）。更糟的是，法國家庭廚師得師法傑米．奧利佛（Jamie Oliver）的《搖滾料理》（*Rock 'n roll cuisine*）與德莉亞．史密斯（Delia Smith）的《日常簡便料理》（*La Cuisine facile d'aujourd'hui*）。

臨淵：一八九八年至一九〇二年

整體而言，法國已經亂了套……對歐洲是個立即的危險與威脅。

——英國大使埃德蒙．孟森爵士（Sir Edmund Monson），一八九八年二月[113]

在各國之中，英格蘭最是跋扈乖戾。

——法國外相泰奧菲勒．德爾卡塞（Theophile Delcassé），一九〇〇年四月[114]

三起同時發生的危機——法紹達事件（Fashoda incident）、德雷福斯事件與波爾戰爭（Boer war），讓世紀之交的法國與英國關係來到至少五十年來的低點。雙方不僅彼此叫罵，許多人甚至擔心有戰爭的危機。這三起危機都跟人們對「衰落」無所不在的恐懼有關。法國與英國皆渴望鞏固其帝國力量，免得德國、俄羅斯、日本與美國等新對手的挑戰大到難以面對。非洲的兩起事件都由此而來，德雷福斯事件則直接來自於法國人對國內外威脅的恐懼。一位重要的法國民族主義者深信：「共濟會員、猶太人與外國人沆瀣一氣，試圖讓軍隊聲威重挫，藉此把我們的國家交到英格蘭人與德國人手中。」[115]英國人的看法是：法國真是墮落到家了。

一八九四年，陸軍上尉阿弗列・德雷福斯（Alfred Dreyfus，法國陸軍少數的猶太裔軍官）被指控為德國間諜。軍法審判判其有罪，他遭到拔階，終身單獨監禁於法屬圭亞那外海小小的惡魔島（Devil's Island）。英國觀察家認為這起叛國陰謀是法國腐敗的症狀，但沒有跡象顯示他們覺得德雷福斯是無辜的，也不認為法國已瀕臨重大危機。隨著三年後，德雷福斯家（雇用倫敦一間偵探社）發現聲名狼藉、品味高貴的陸軍少校費迪南・瓦爾辛・埃斯特哈吉（Ferdinand Walsin Esterhazy）才是真正的叛徒，一切亂象才開始浮上檯面。駐巴黎的使館迅速告訴倫敦方面德雷福斯實屬無辜，是軍隊「狠毒陰謀」的受害者，而這起陰謀還得到「狂熱、反猶太民眾」所支持。[116]但整起事件直到一八九八年一月，軍事法庭宣布埃斯特哈吉無罪時——《倫敦時報》認為這是「顛倒是非，實在教人吃驚」的判決——才引發英國輿論注意。威爾斯親王斷定：「肯定有些文章是法國政府不希望公諸於世的。」[117]人們的觀點一面倒：唯一要隱藏的祕密，就是參謀本部的偏見與腐敗。隨著局勢益發明朗，英國報界的評論也變得愈來愈刻薄，連法國政府都正式提出抗議。等到一位情報官員被人發現捏造證據、抹黑德雷福斯，接著自殺後，醜聞也隨之爆發。一八九九年八、九月時，德雷福斯（因遭受嚴酷對待而健康不佳）在雷恩接受軍事法庭重審。這件事情引來的關注之多，連女王都要求皇家首席大法官前去旁聽，並對自己報告。當德雷福斯再度被判有罪時，一場抗議風暴跟著發生，而且不只是在英國，而是全世界：有人說，德雷福斯成了拿破崙之後最有名的法國人。[118]

當英國得知迫害德里福斯的人有反英民族主義者，還指控英國與德國為德雷福斯陣營提供資金時，英國人開始有激烈反應。一八九八年十一月的法紹達事件似乎顯示了雙方的敵意。駐法大使警告，若法國發生軍事政變（一八九九年便有未遂的政變，只是政變方無能地可笑），將對英國帶來危險，因為民族主義政權會試圖「用外交上的爭端，將人們對內部不和諧與丟臉事件的注意力引開來」。[119]維多利亞女王對於「可憐的烈士德雷福斯受到荒謬不公的駭人判決」尤其義憤填膺。她不僅對首相索爾茲伯里勳爵（Lord Salisbury）這麼說，

象徵法國的小紅帽「瑪麗安娜」。注意「阿爾比翁」凌亂的頭髮與暴牙——這是法國人眼中英格蘭婦女的特色。

而且還在一封拍給駐巴黎使館的明碼電報中重申類似情緒——她必然已料到，電報內容會有人洩漏給報界。女王還取消自己在法國的例行度假——兩國政府（以及旅遊業）都認為女王到法國過節，是關係友好的重要象徵。[120]女王大部分的子民也懷抱著與她相同的憤怒。英國遊客離法國遠遠的。各行各業考慮抵制一九〇〇年的巴黎萬國博覽會。相關人士促請英國科學協會（British Association for the Advancement of Science）取消即將在布洛涅舉行的法英聯合會議。湖區的旅館取消了一對法國新婚夫妻的蜜月預約。法國大使受到抗議轟炸，他要求當局應部署三千名警力，以免法國三色旗在五萬民眾齊聚海德公園抗議時遭到侮辱。

支持德雷福斯的英國人，覺得自己對於法國墮落的定見得到證實。他們認為德雷福斯遭受的迫害，是法國悠久的暴虐壓迫史之大成。個人的權利不受國家、暴民或報界所尊重。《布萊克伍德雜誌》（*Blackwood's Magazine*，一八九九年十月）宣稱法國文明「只不過是外皮，虛飾腐化、崩壞、行將就木的身體」。並非所有人都接受這種看法。最主要的例外看來是天主教徒，他們視德雷福斯事件是左派對教會的迂迴攻擊。皇家首席大法官基洛文的羅素勳爵（Lord Russell of Killowen）也包括在這一派人裡。他是都柏林人，在向女王報告雷恩審判時，對「長相邪惡」的德雷福斯態度出奇冷淡。[121]另一個未與國人一同抱持德雷福斯狂熱的主要群體，則是反猶太的社會主義者。他們夾在自己對英國國內「反動分子」、「無賴猶太報界」、「自認有理的偽善者」，以及「我們超級偏好德國的王室」的不屑之間，「對德雷福斯感到作嘔」。此外，以「一群飢餓猶太鑽石竊賊的傭兵」身分在南非開戰的英國人，也沒有資格說教。[122]

整體而言，針對德雷福斯的大辯論還是證明了普遍的觀點（不限於英國）——法國既不穩，又墮落。然而在一八九九年六月，態度溫和、親德雷福斯的「捍衛共和的政府」上了臺，閣員有激進派、一名社會主義者，以及威爾斯親王的密友加利費將軍等若干共和派。由「誠實正直之人」與英國之友（兩者實際上被看作同義詞）組成的政府讓人們鬆了一口氣。法國政府赦免了德雷福斯，德雷福斯隨後也無罪開釋。

一八九八年七月十日，德雷福斯危機正烈時，從法屬西非出發、用兩年時間試圖穿越非洲的八名法國與塞內加爾士兵，在荒廢的法紹達要塞（位於蘇丹境內的上尼羅河畔）升起了三色旗。若要穿越中非，即使這麼小一支隊伍也需要龐大的努力，尤其是成千上萬的腳夫與槳手——「我們能找到的任何男男女女」所付出的勞力。他們通常是強迫徵召而來，以人力搬運裝備與補給。其中包括十萬捲彈藥、十六噸彩珠、七萬公尺的彩布、十噸米、五噸鹹牛肉、一噸咖啡（但茶只有五十公斤）、一臺自動演奏鋼琴、一千三百公升的乾紅葡萄酒、五十桶保樂牌（Pernod）苦艾酒、白蘭地、香檳，還有一艘很不耐用的小汽船——經常得拆解後拖行穿越樹叢。行進速度有時候平均只有一天三百碼。儘管有蚊子、鱷魚、生氣的河馬與相當害怕他們的原住民（「射殺或吊死那些抓到的人一點用也沒有……。有時候一整群人都逃走了，這時我會燒掉一兩間草屋，通常能讓所有人回頭……。唯有如此，才能從這些蠻子身上得到東西」），他們還是抵達了目的地。[123]

除了激怒在埃及的英國人——作為「海峽對岸的當局故意抵制我們的舉動」之外，這起遠征的計畫其實並不明確。[124]自一八八二年起，原由埃及統治的蘇丹國落入一位伊斯蘭「馬赫迪」（Mahdi，導師）之手。他驅逐境內的埃及人，還在一八八五年殺了蘇丹總督——英國陸軍將領查爾斯・喬治・戈登（Charles George Gordon）[5]。一八九八年，一支由基奇納將軍指揮的英埃聯軍擊敗了馬赫迪分子，將蘇丹納入英埃共管。法國民族主義者還沒原諒英國一開始對埃及的占領，而今英國人居然厚顏如斯，利用埃及為進一步擴張的基地。尚・巴普蒂斯特・馬爾尚（Jean-Baptiste Marchand）的遠征行動就是阻止英國擴張的倉促之舉，試圖以建立據點，以及贏得馬赫迪分子、當地居民或獨立的阿比西尼亞（Abyssinia，今衣索比亞）支持來達成目標。早有人吹噓華而不實的計畫，要在上尼羅河地區興建水壩以挾持埃及，迫使英國人讓步——但想到連移動一臺自動鋼琴到尼羅河都有困難，興建水壩只能是不自量力的挑戰。簡言之，法國人希望挑起足夠的糾紛，迫使各國召開會議決定埃及未來，藉此動搖英國對該國的控制。馬爾尚抵達法紹達的三週後，基奇納麾下兩萬六千人的部隊在一八九八年九月二日於恩圖曼（Omdurman）擊潰馬赫迪一黨。法國報界大為讚許，稱之為文明的勝利。但到了九月十八日，基奇納親自率領五艘炮艦、一連卡麥隆高地兵團（Cameron Highlanders），以及兩營的蘇丹士兵抵達法紹達。「咱們可憐的法國蛙們實際上等於我們的囚犯，動彈不得。」一位軍官寫道。[125]基奇納指示勸那些法國人離開。

奧斯卡・王爾德察覺到生活就好比藝術，基奇納與馬爾尚之間的交鋒就是一場法國與英國的童話

5【編註】在太平天國戰爭期間，李鴻章組織的淮軍曾聘請戈登指揮洋槍隊（日後更名為「常勝軍」），獲清廷賜予「提督」稱號。後調任蘇丹總督。

劇。看戲的人拿著雙筒望遠鏡，看馬爾尚做手勢，基奇納則一派淡然。基奇納給了對方一杯威士忌蘇打：「喝下這杯恐怖冒煙的酒，算是我對自己國家所做的最大犧牲之一。」等到基奇納回訪時，馬爾尚的人馬全穿上嶄新的制服，是他們小心翼翼帶過整個非洲的。雙方拿香甜、溫暖的香檳敬酒。基奇納注意到法國人已經蓋了一座花園——「法紹達有花！噢，這些法國人！」基奇納警告馬爾尚麾下的軍官，表示法國正因其他事情分身乏術，無法給予他們支援。為了證明，他留下幾份法國報紙，上面記載德雷福斯事件的細節，而法國遠征隊對此事一無所知：「我們翻開了法文報紙，一小時後〔大家〕都在顫抖流淚。」[126]

遠方對峙的消息讓兩國人皆義憤填膺。雙方都不想打仗，但雙方一度認真考慮過開戰的可能性。法國人希望英國人提出協議，但英國人反而加強地中海艦隊的武備。法國人擔心哥本哈根式的突擊[6]會摧毀他們脆弱的海軍，於是同意無條件撤回馬爾尚。豪壯的馬爾尚堅持行軍穿越衣索比亞，而非舒舒服服搭乘英國炮艦，沿尼羅河而下。幸好士兵當時的健康狀況都很良好。基奇納會講法語，曾經在一八七一年志願加入法國陸軍。馬爾尚離開時，英國人送給他一面繳獲的馬赫迪旗幟，並演奏〈馬賽曲〉。

馬爾尚以英雄身分歸國，法國政客稱之為一場道德勝利。溫斯頓・邱吉爾同意地寫道：「真高興這個國家能創造如此漢子。雖然她國運晦暗，政局紛擾，但法蘭西仍然能找到馬爾尚這樣的軍人……她的公民不須絕望。」許多法國政治人物瞭解到自己是勉強逃過一劫，法國總統表示：「我們在非洲行事就像瘋子。」殖民狂熱人士也意識到他們與英國正面對決的方針已經失敗了，此後他們變成《摯誠協定》的早期推動者。但受辱的苦楚仍在。夏爾．戴高樂當年八歲，他後來回憶：「當我國的脆弱與錯誤暴露在我童稚的凝視下時，沒有什麼比這更教我傷心了：法紹達拱手讓人、德雷福斯事件、社會衝突、宗教鬥爭。」[127]

【延伸】流亡：奧斯卡．王爾德與埃米爾．左拉

奧斯卡．王爾德在一八九五年進了本頓維爾（Pentonville）監獄，離阿弗列．德雷福斯抵達惡魔島後還不滿一個月。王爾德的苦難始於一八九四年，他因為昆斯伯里侯爵（Marquess of Queensberry）罵他「性悖軌者」，一時衝動與後者打起誹謗訴訟，結果被人告發與少年男妓發生關係。處境尷尬的人傳統上會逃往法國，但他拒絕了。他的命運在法國已廣為人知，反英人士對此津津樂道。流行作家威利（Willy）寫道：「看到你鼻子脫臼可真樂啊，老英格蘭。」《巴黎回聲報》（*Echo de Paris*）則宣稱其齷齪細節「絕不會在法國任何法庭上

6【編註】指納爾遜在拿破崙戰爭期間突襲法國盟友丹麥的艦隊一事。

公布」——總之，這種事情在法國不會發生。據埃德蒙．德．龔固爾的文藝圈成員所推測，英格蘭人的性怪癖「出自盎格魯薩克遜人的習慣，雞姦的增加則是自由的結構帶來的」；或者問題在於英格蘭女人因為運動而身形細瘦，「彷彿男人」。《街燈雜誌》（*La Lanterne*）認為無論如何解釋，來自「背信棄義的阿爾比翁」的醜聞「在法人耳中聽來尤其開心」，「對我們來說，這一絲淫穢的氣息彷彿復仇的香水」，證明墮落的英格蘭人「比我們更迫切需要淨化」。這件事也為文學界宿敵提供武器。《費加洛報》（*Le Figaro*）開始公布王爾德巴黎友人的名字。詩人卡圖爾．曼德斯（Catulle Mendès）否認與王爾德有交情，「我對他的才情評價不高」，還跟一名暗示內情不單純的記者決鬥。法國人說，王爾德獲判做兩年苦工，這既偽善又野蠻，因為英格蘭上流社會泰半跟王爾德有一樣的性傾向：「倫敦比開羅或拿坡里更像所多瑪。」因此「我對這位美學家感受到的噁心，同樣能從那些譴責他的人身上感覺道」，曼德斯如是說。《巴黎回聲報》為了「其監獄與勞改營……的駭人殘忍」而痛斥英格蘭可恥，「在我們的法國，人們要寬大、友善得多」，王爾德能在這裡找到人為他喉舌。一位支持王爾德的人說：「假使我能代吾輩所有異端藝術家與作家……親見本頓維爾監獄燒起來，不知會多麼歡喜。」然而，人們就算對英格蘭感到憤慨，對王爾德的同情卻相當有限。包括左拉在內，許多文壇要人婉拒為開恩王爾德的請願書簽字。不過，前衛劇場導演呂涅．波（Lugné-Poë）倒是在王爾德下獄時搬演《莎樂美》。王爾德在一八九七年獲釋後渡過英吉利海峽，先是待在第厄普，為維多利亞女王登基鑽禧紀念籌備宴會。但餐廳取消他的預約，副省長更威脅將他驅逐出境，他只好搬到更能隱姓埋名的巴黎世界。[128]

埃米爾．左拉跟王爾德一樣是個惡名昭彰的作家。他在一八九八年一月十三日發表著名的公開信〈我控訴〉（*J'accuse*），時間是雷恩軍法審判的兩天後，也是王爾德到巴黎尋求庇護的一個月前。他在信中控訴陸軍、政府閣員與教士密謀懲罰無辜的人。左拉因侮辱軍隊而遭到起訴，接著在混亂與威脅中獲判一年監禁——不禁讓人想到政治的自由沒有書寫性事的自由走的那麼遠。英國大使回報：「許多人高喊若無罪開釋他，將會帶來一場革命，或者至少是一場猶太人大屠殺。」[129]左拉潛逃英格蘭。他半色情作家的名聲，意味著許多人會懷疑他的動機：有人指控他利用左拉事件重振自己搖搖欲墜的事業。但是人們對德雷福斯的同情沛然莫之能禦，公眾的態度因此轉變。《倫敦時報》迅速將左拉抬舉為新伏爾泰。他沒有讓人邀請，自己也沒有參與德雷福斯支持者的抗議活動，而是不露行蹤，免得正式收到定罪與判刑的通知書。他多半在威布里奇（Weybridge）一間租來的房子裡生活，接受他忠實的出版商維澤特利的保護。除了靠文法書來爬梳《電訊報》與《旗幟報》（*Standard*）上對德雷福斯事件的報導之外，他還忙著在巷弄中騎腳踏車，寫另一本小說——《繁殖》（*La Fécondité*）。[130]

王爾德同樣在巴黎靜靜生活，在那兒度過生命中餘下的幾個月時光。這是段悲慘歲月。巴黎社會對於公然的同性關係感到震驚，何況墮落已不再流行：他們「不過十年前還在舔我的征服者之靴」，但「現在每個人都砍我一刀」。唯一來取暖的人是埃斯特哈吉中校。這次古怪的相遇激發了王爾德若干最愚蠢的聲明。他要埃斯特哈吉放寬心，說道：「無辜的人總是受苦……這是他們的專長。獲判有罪，接著將罪惡的誘惑當光環一般戴上，肯定是件趣事。」[131]有時候他潦倒到跟人討酒喝，甚至在街上跟半生不熟的人要錢。他靠著左岸亞爾薩斯旅館（Hôtel d'Alsace）主人的接濟度日，這間位於布雜藝術街（Rue des Beaux-Arts）的旅館當時仍相當簡陋。一九〇〇年十一月，他在旅館內過世，死於腦膜炎。

波爾戰爭始於一八九九年[7]。這場戰爭為法國提供機會，在政治與道德上對他們的英國敵人精彩復仇。英國人試圖壓制兩個波爾人的共和國——奧蘭治自由邦（Orange Free State）與川斯瓦（Transvaal）。原因並非過於自負的帝國傲慢，而是恐懼。倫敦相信，普利托利亞（Pretoria）政府[8]因蘭德山脈（Rand）所產的金子而致富（「波爾人擁有的武器與彈藥，足以射倒全歐洲的軍隊」），準備在法國與德國的支持下摧毀英國人在非洲南部的優勢地位。這不僅威脅至關重要的、通往亞洲的開普海路，還會向全世界展現英國不再是主導力量。以殖民事務部大臣約瑟夫·張伯倫（Joseph Chamberlain）為首的帝國主義者深信，若要創造一個帝國邦聯，且實力足以承受俄羅斯、德國與美國崛起勢力（其中任何一國都有可能與永遠的搗蛋鬼——法國結盟），這將是他們最後的機會。「如今最關鍵的，就是大不列顛在南非的地位，我國的實力、對殖民地與全世界的影響力在此一舉。」[132]全世界都同情波爾人的抗戰，為他們初期的勝利感到喜悅，為他們的受挫感到失望，也對英國人對待婦孺的方式感到憤怒（數千人死於「集中營」）。例外的是非洲人與其同情者，他們希望英國的勝利能保護他們免於波爾人的傷害，而他們也在最終擊敗波爾人時扮演重要角色。波爾人自稱「對抗新世界的資本主義暴政」。[133]法國人對波爾人的讚賞，導致痛恨英國人與猶太人的民族主義者、厭惡帝國主義與資本主義的社會主義者、稱許白人農民家父長制的保守派，以及尊重民族自決的共和主義者們，全部團結起來。女士們戴起波爾樣式的垂邊軟帽。聖西爾軍校（Saint-Cyr）的軍校生將他們的一九〇〇年一屆命名為「川斯瓦」。一九〇〇年巴黎萬國博覽會最受歡迎的展覽品之一，就是一棟波爾農舍。這場戰爭的起因是「倫敦金融城的金商永不饜足的胃口」，對此幾乎沒有法國人表示懷疑。[134]這也吻合「對英格蘭人來說，唯有經濟利益算數」的老觀念。全歐洲都和法國站在同一邊，如今剛好有機會去傷害那些在埃及與法紹達羞辱自己，用德雷福斯事件侮辱自己的人：「法國志願軍將在法紹達被人扯下，以及在倫敦遭人撕毀的三色旗都帶去了普利托利亞。」[135]

這些志願者（包括法國罷黜王室的一位王子，以及一七九〇年代朱安黨領袖夏爾特家（Charette）

7【編註】一八九九年的戰爭其實是「第二次波爾戰爭」。英國與南非的波爾人曾在一八八〇年發生過一次規模較小的衝突，史稱「第一次波爾戰爭」。一般常講的波爾戰爭多半是指第二次。

8【編註】普利托利亞（Pretoria）是川斯瓦首都。

的一位傳人」加入一支奇特的跨國兵團，人數約一千六百人，有俄羅斯人、德國人、荷蘭人、愛爾蘭人、梵谷的兄弟、教宗的姪子與齊柏林伯爵（Graf von Zeppelin）。這群人則由一位法國軍官——陸軍上校維勒布瓦·馬勒伊伯爵（Comte de Villebois-Mareuil）所指揮。《事件報》（*L'Événement*）寫道：「〔他〕像拉法葉一樣〔展現〕法國是弱者的保護者，無須任何人請求其寶劍與盾牌的幫助。」[136]人們之所以對自己知之甚少的遠方問題採取極端立場，多半是受到與本國更接近的事件所影響。維勒布瓦·馬勒伊便是如此。身為古老軍人家族之子，他是激烈的反德雷福斯派，也是民族主義的法蘭西運動共同發起人。對德雷福斯事件的反感，導致他辭去軍職，改為波爾人效力。他希望此舉多少能為法國及其軍隊的榮譽平反。「法蘭西，」他宣稱：「受到其他國家輕蔑以待……墮落與各種異國風俗見證了民族精神的終結。」[137]維勒布瓦·馬勒伊表現就像典型的法國英雄。廣受讚譽的劇作家埃德蒙·羅斯唐（Edmond Rostand）是他的姪子，羅斯唐很可能以他這個人（以及濃密而威嚴的大鬍子與發表浮誇聲明的愛好），作為自己《大鼻子情聖》（*Cyrano de Bergerac*, 1897）的角色模板。但維勒布瓦·馬勒伊也有出乎人意料的一面。他是知名的哈英族，一口流利英語，衣服在倫敦訂製，還為女兒找了位英格蘭女家教。他認識奧斯卡·王爾德與威爾斯親王，與作家約翰·愛德華·科特尼·博德利（John Edward Courtenay Bodley）為友——博德利有本講法國的重要著作，他已經著手翻譯；臨出發前往非洲前，還在博德利位於比亞里茨的別墅裡作客。

維勒布瓦·馬勒伊和跨國兵團的英勇冒險相當短暫。波爾人覺得歐洲的志願者都很惹人討厭，維勒布瓦・馬勒伊決心向懷疑的波爾人證明兵團的價值。於是，他在一九〇〇年四月率領六百人發動一場無謀的襲擊，無視敵軍有優勢兵力的情報。梅休因勳爵（Lord Methuen）與帝國自由民兵團的一支部隊包圍了他們。維勒布瓦・馬勒伊拒絕投降，在一座南非小山上挖起壕溝。等到英國人終於發起衝鋒時，他在自己陣亡之前，還先射殺了陸軍中士派翠克・坎貝爾（Patrick Campbell，知名女演員的丈夫）。這場無意義的小小慘敗非但沒人挖苦，也沒有人對這些在今天會歸類為「非法戰鬥員」（illegal combatants，本來就會遭到射殺）的人感到憤怒，反而製造出大量的騎士精神表彰。在維勒布瓦・馬勒伊的葬禮上（梅休因寫說自己「傷心地說不出話」），兵團的副指揮官（另一位法國貴族）布雷達伯爵（Comte de Bréda）表示「我們是一支最勇敢的軍隊、勇士中的勇士底下的戰俘」。梅休因出了墓碑錢，還寫信向維勒布瓦・馬勒伊的女兒致上「我與同袍的惋惜之情」：「我們都為這位有能而英勇的軍人之死感到哀痛，只是他寧可死，也不願淪為戰俘。」這位法國人的馬被人帶回英格蘭，作為寶貴的戰利品，甚至今天在白金漢郡村莊的青草地上還有紀念這匹馬的銘牌。法國志願軍發現俘擄他們的人是「出身良好家庭的年輕人，幾乎所有人都是牛津大學的成員」，因此感到放心。一位英格蘭陸軍少校「待我們極為親切，法語講得很好，是在聖芭芭拉高中（Lycée Sainte-Barbe）念書的」。許多人獲釋，包括布雷達。至於比較不幸的人，下場就是跟著拿破崙的腳步，去了聖赫倫那島。[138]維勒布瓦・馬勒伊在法國成了英雄。一九七一年，他的遺體儀式性地遷葬於波爾國家公墓，法國政府的使節也到場觀禮——這算是歐洲人最後一次表現出阿非利卡民族主義（Afrikaner nationalism）團結一致的態度。

在這段大小事情不斷的歲月裡，英國人與法國人幾乎就要成為敵人，而且也準備好如此想像彼此的關係（下面將會提到）。但無論口頭交鋒多麼激烈，衝突當下的私人關係似乎沒有多少苦澀與真正的恨意。兩國內某些圈子的憤恨情緒，與其他圈子的讚賞情緒彼此中和。或許文化與個人間的接觸如此頻繁，創造出了期盼改善關係的願望。堅實的經濟聯繫也確實存在。作為歐洲最民主、最自由的強權，兩國在政治上也相仿。當然，在若干脈絡中也浮現出一種看法——英國與法國應該站在同一邊。

❖　❖　❖

【延伸】想像敵人

對入侵的恐懼以及談戰爭的小說都不是新鮮事，但一八九〇年代與一九〇〇年代確實是幻想戰爭小說在英格蘭與法國的黃金時期。頂尖的作家有英法混血的空想家兼業餘間諜威廉．勒．克斯（William Le Queux），以及信奉民族主義的法國軍官，陸軍上尉埃米爾．德里昂（Emile Driant）。兩人的作品在類似阿爾弗雷德．哈姆斯沃思（Alfred Harmsworth）的《每日郵報》（*Daily Mail*）等新興大規模流通報紙上連載，觸及龐大的讀者群，也曾改編搬上舞臺。勒．克斯的其中一本書譯成了二十七種語言，賣了一百萬本。哈姆斯沃思堅持故事要在盡可能多的地方爆發血戰，以吸引地方讀者。胡爾（Hull）、伯明罕、格拉斯哥、伊斯特本、倫敦與許多地方在小說中都遭到炮轟與入侵，文中不厭其煩地羅列街道名稱與建築，真實存在的地方民兵單位與其指揮官也在報紙上悲壯遭人殺害。英國文字著作中的警世論調並非偶然。在如今分為數個聯盟的國際體系中，英國孤身一人。「我們是其餘大國羨慕嫉妒的對象。」印度事務大臣在一九〇一年表示感嘆。[139]悲觀論者則想像不列顛總有一天會成為一座「受到嚴重破壞的島嶼，踩在某個專制軍事政府的腳跟下，變成比保加利亞更不重要的朝貢國，人民意志粉碎、一文不名，受人奴役」。[140]

如果英格蘭的小說是岌岌可危的惡夢，法國小說就是復仇的幻想。在暢銷的《併吞英格蘭》（*Plus d'Angleterre*，一八八七年。譯本書名叫《打倒英格蘭》〔*Down with England*〕）裡，埃及爭奪戰以英國失去其殖民地、額爾金的大理石像遭到沒收為結局。[141]德里昂（筆名「唐里上尉」〔Capitaine Danrit〕）寫了好幾部暢銷小說，描述對英格蘭的戰爭，在三卷本的《命定之戰：法蘭西對英格蘭》（*La Guerre fatale: France–Angleterre*, 1902-1903）走向高峰。這場「無法避免的戰爭」是要對抗英國的全球經濟宰制。主角亨利．達貢（Henri d'Argonne）註定是反英派，他出身不列塔尼，與一頭紅髮的愛爾蘭美女茉德．卡西（Maud Carthy）結為連理〔卡西的藍本是極端愛爾蘭民族主義者茉德．岡恩（Maud Gonne），她在法國國內親波爾人與反猶太圈內人盡皆知〕。德里昂採用為人熟知的主題：英國是剝削世界的「迦太基」，但外強中乾。法軍在迪爾登陸並攻下倫敦，飽受壓迫的英格蘭工人在倫敦迎接他們。他們炸掉「滑鐵盧紀念柱」(Waterloo Column)，將英國海外帝國領土分給更有資格的國家，解放愛爾蘭，並且索求十億法郎的賠款。為了讓英國人永遠低頭，法國人讓他們來蓋海底隧道，由法軍士兵鎮守。雖然德里昂自一九〇六年起開始寫對德戰爭，據說也已改變自己反英的立場，但遲至一九〇八年，新版《命定之戰》書中仍表示反英情緒早已「瀰漫於〔法國〕民眾間，無視官方的壓力和《摯誠協定》的把戲」。

儘管這些小說內容聳動血腥，而且非得讓外國政府顯得陰謀畫策、無情冷血，但通常不會深入刺激非理性的民族仇恨。就連勒．克斯筆下的法國間諜頭子蓋斯頓．拉杜許（Gaston La Touche），雖然是個「惡魔心腸」而「毫無憐憫」的惡棍，卻也「性情隨和、漫不經心」，擁有「鋼鐵一般的神經與肌肉，讓他在扭打中不會受傷」，有一籮筐「離奇的故事，讓同伴爆笑如雷」。[142]另一位人氣作家崔西（Tracy）也提到「法國軍人的光榮精神」。[143]小說裡很少誇大地描寫敵人（這在二十世紀的戰爭小說相當常見），也不會長篇幅描述暴行。法國陸軍表現有效率、英勇而愛國，只是經常樂於承認英國人更為優秀。當一位勇猛頑抗的考克尼（Cockney，倫敦工人的俗稱）自行車手被法國輕步兵抓起來、威脅要把他當間諜射殺時，他反抗高喊「英歌蘭是世界上第一等的國家」(La Hongletaire est la première nation de la monde，原文如此)，讓法國人不禁低語「了不起，是條漢子！」(Sacré bleu, c'est vrai!)，接著放了他，與他熱情握手。[144]

這些小說最明顯的特色，在於顯示出敵人的身分有了變化。一八九〇年代的英國出版品中，法國人和他們的俄羅斯盟友永遠是入侵者。哥薩克騎兵與法國輕步兵若非自波羅的海破浪而來，就是從海底隧道猛攻。美國與義大利通常以友好或中立國身分出現，澳洲、加拿大與印度軍隊（有時候甚至是德軍）則是最後時刻的救星。在一樁故事裡，英德同盟簽訂引發了法國與俄羅斯的突襲。陣容在一九〇〇年代有了變化，原因是人們擔心德國海軍擴軍。厄斯金．奇爾德斯（Erskine Childers）大獲成功的作品《沙岸之謎》（*The Riddle of the Sands*, 1903），是這類作品中的傑作。書中，德國海軍計畫從潮濕的弗里西亞海岸動身，在某個多霧的早晨突然入侵。這種可能性足以讓海軍部著手調查。海軍部發現其危險純屬幻想——德國人也知道，他們曾在一八九六年起草實驗性的入侵計畫。奇爾德斯與其他後起之秀的著作之所以重要，是因為它們一再重申如今的德國才是威脅，法國與英國因此成為潛在的盟友。這些小說家的法國同行也做了一樣的事，最後連「唐里上尉」等滿腔怒火的反英人士也不例外。這些故事情節雖然荒唐，但也並非全不合理。無論是戰爭突然因為一場發生在巴爾幹的暗殺行動而爆發，德國取道比利時發動突襲，海軍炮轟胡爾與洛斯托夫特（Lowestoft），或是英國巡洋艦在海峽遭到潛水艇擊沉——勒．克斯或唐里的瘋狂讀者對此都不陌生。更有甚者，這些故事天啟般的大結局——戰爭以全面勝利告終，接著一片寰宇昇平——可說預示了「用一場大戰終結眾多戰爭」（a great war to end wars）的想法。

✣ ✣ ✣

離淵：邁向新《摯誠協定》，一九〇二年至〇四年

讓我們好好承認，像個做生意的民族，
我們有學不完的教訓：這對我們有無盡的好處。

——魯德雅德．吉卜林

這種政策……造成跟英格蘭，亦即跟我國農業、商業與工業的主要顧客之間的衝突，甚至不只跟英格蘭，而是……整個大英帝國，那些年輕的國家……我們向來太過愚昧，沒料到它們的大幅進步。

——保羅．德斯圖內勒（Paul D'Estournelles），法國共和派議員[145]

我擔心……這兩國之間不可能有任何由衷的善意。

——英國首相索爾茲伯里勳爵[146]

一九〇二年五月，英國終於打贏波爾戰爭。對大英帝國，甚至是對其所奉行的「光榮孤立」[9]政策來說，這都是一場勝利。英國本土與澳洲、紐西蘭和加拿大之間的團結更加鞏固。主要的戰略與政治目標——英國對開普地區的控制——始終不受影響，甚至歷兩次世界大戰而不墜。英國與波爾領

導層妥協，創造出自治的南非聯邦（Union of South Africa），雙方甚至結為同盟。長期的輸家是非洲人——雖然白廳是真心想限制波爾人造成的壓迫，但仍讓史瓦濟蘭、貝專那（Bechuanaland）與巴蘇陀蘭（Basutoland）以保護國身分，不加入南非聯邦。[147]這一仗遠比人們期待的更長、更血腥，代價也更大。從白廳的角度看，一個四散全球各地的帝國容易受到攻擊，國防花費恐怕會壓垮財政。但在巴黎、聖彼得堡與柏林眼裡，這個帝國卻是令人畏懼。法方甚至曾擔心英國先發制人，攻擊他們的海軍或殖民地。法國陸軍部長提出警告，表示英國陸軍在南非戰勝後，可能會挾其勝利入侵馬達加斯加。[148]無論波爾人的目標多麼受人擁戴，都沒有國家會想對付皇家海軍，頂多就是有些謹慎的外交論調，想先看看其他國家可能的想法。其中最小心的，就是一八九八年至一九〇五年間擔任法國外交部長的泰奧菲勒・德爾卡塞。

因為小心翼翼，所以很難得知他和其他法國決策者決定改變對英國的政策，認為此舉可能有利的確切時間。他告訴英國大使，希望英國、法國與俄羅斯之間重修舊好，大使回報國內時也說：「我確實相信這個小矮個說的是真心話。」[149]法國人的牛皮在法紹達吹破了，法國的盟友俄羅斯也拒絕支持其殖民冒險。波爾戰爭期間，法國與德國、俄羅斯曾打算合作，卻在德方堅持法國明確承認一八七一年已失去亞爾薩斯—洛林後告吹。假如俄羅斯與德國都不支持法國與英國的殖民競爭，另一種做法就

9【編註】十九世紀下半葉，英國奉行光榮孤立政策，不積極干預歐洲事務，亦不與其他列強組成同盟關係。此政策止於一九〇二年英日同盟與一九〇四年英法《摯誠協定》簽署。

是直接與英國打交道。法紹達事件後，法國的殖民遊說團體（此前是反英情緒的溫床）便開始促成英法間的協議。政治人物開始討論「友好協議」，雖然一開始對此不予重視。摩洛哥是讓他們上鉤的餌。摩洛哥的吸引力在於，殖民主義者把它想成北非帝國的基石，當地跟法國距離夠近，不大需要仰賴海上力量保護。摩洛哥幾乎是「法國的一部分」，可以化為法國的澳大利亞，最終將有「一千五百萬至兩千萬同胞」住在那裡。[150]

英國人曉得，在跟任何強權沒有條約關係的條件下，「光榮孤立」正益發危險而昂貴。俄羅斯（所有國家都高估了其實力）似乎是目前最危險的敵人。該國在中東、中亞與中國積極擴張，工業化速度驚人，而且「比我們的帝國……更難攻擊。其領土完全沒有我們能施以打擊之處」。[151]德國顯然是個制衡力量。所有人都認為種族與宗教上的親近關係非常重要，即便撇除這一點不談，德國的陸上力量也能與英國的海上力量相輔相成。有關人士在一八九〇年代進行接觸，但徒勞無功。德皇不可信賴，德國輿情反英，德國海軍又在一九〇〇年開始擴軍——海軍第一大臣在一九〇二年就此事警告內閣說，德國海軍「是以與我國開戰的角度仔細打造的」。[152]法國因此成為可能的夥伴，只是在德雷福斯危機餘波中，當局認為法國政治不穩、軍力弱小——而且還一心向著俄羅斯，從根本上採取仇英態度。二十世紀開始時，鮮少有人想到英國與法國即將展開一段歷史性的嶄新關係。英國首相索爾茲伯里勳爵只希望雙方起碼「相互間有種無動於衷的寬容態度」。[153]

為了減輕本國戰略負擔，索爾茲伯里政府非但沒有向任何歐洲國家尋求結盟，反而致力改善與美國的關係，並且在一九〇二年與日本簽訂條約。此舉是為了鼓勵日本起身面對俄羅斯在中國北方的擴張。事實證明，這紙條約成了法國與英國關係的催化劑，因為日本希望英國阻止法國在戰時援助俄羅斯。無論是白廳或奧賽碼頭，都不希望自己因為俄羅斯與日本在滿洲或朝鮮的衝突，而在英吉利海峽開打。根據史家A．J．P．泰勒（Alan John Percivale Taylor）的看法，英國與法國之間的協議因此「勢在必行」。[154]

然而，考慮到兩國國內的敵意，達成政治協議並不容易。「我們不能忘記」，法國駐倫敦大使提醒德爾卡塞說：「法國輿論中有相當顯著的反英格蘭成見。」[155]英王愛德華七世得到政府不慍不火的默許，採取個人行動，讓一九〇三年的行程成為近代史上最重要的王室訪問。由於法國人錯以為國王「個人能影響大不列顛外交政策的走向」，此行因此變得格外重要。[156]矛盾的是，法蘭西共和國若與英國君主國相比，其外交政策反而是由少數核心圈內人所決定的。知道國王心裡話的人不多，但一般認為他偏愛法國（早在一八七八年，他便在某次演說中提到友好協議），[157]加上他懷疑自己的德皇姪兒，導致他希望恢復與法國的邦誼。這是個大膽的策略，畢竟若無法透過訪問成功得到民眾的回應，將會讓外交協議更難達成。一九〇〇年與一九〇五年都有人試圖暗殺來訪的國家元首，侮辱維多利亞與愛德華的漫畫也早已引發憤怒。如果國王被人嘲諷——尤其是在巴黎街頭受人侮辱的話，事情就完了。但此次拜訪成了分水嶺，化為傳奇美談——彷彿不過幾天，國王便以睿智的魅力與恭維話贏得一個不友善民族的心。但真實情況比這複雜一些。

【延伸】我們的好愛德華萬歲

他以征服者之姿前來，
但卻只征服最可愛的女孩
所以來吧，小姐們，排好行列
他在我們之間度過青春年華
亦是唯一一位國王同意
這兒是個自由的領域。
他認為自己的王國就在這裡
讓我們為這位拉伯雷般的國王歡呼，
因為這能讓威廉皇帝不是滋味
還能促進巴黎的生意。

——一九〇三年的歌謠[158]

王室的計畫是在歐洲巡訪結束時，到巴黎待幾天，並邀請法國總統埃米爾．盧貝（Émile Loubet）回訪。主要的風險來自反英、親波爾與反猶太的民族主義者，他們在巴黎聲勢最旺，而且素有暴力前科——包括公然襲擊盧貝本人。當「法蘭西人世仇之國王」來訪的消息宣布時，《祖國報》（*La Patrie*）的頭條便是〈打倒法紹達！打倒波爾人的謀殺犯！〉，許多人打算到國王走的路線旁高喊支持波爾人的口號，揮舞川斯瓦旗幟。不過，民族主義者的最高領袖——俠義心腸的保羅．德務列，卻是個親英派（非比尋常）。他向來把收復亞爾薩斯—洛林的順位擺在殖民擴張之前，而且認為與英國達成協議能強化法國對抗德國的力量。他的愛國者同盟（Ligue des Patriotes）威脅要開除任何一位煽動反英情緒的成員，因為這等於「資敵」——德國。他的追隨者雖然不滿，但仍服從決定，繼而支持以友好協議為同盟的官方政策。[159]更有甚者，出身上流的民族主義者通常是保王派（他們政治上反英，社會發展上親英，兩相衝突），不大可能侮辱一位君主，或是在某個自己扮演重要角色的場合搞破壞。總之，「波爾人萬歲」或「法紹達萬歲」的口號鮮少襲擊御耳——即便真的有，法國外相德爾卡塞也假裝那是熱情歡呼。

另一股受民眾歡迎的勢力是社會主義者，他們比較不危險——雖然國王抵達的時候正值五朔節（May Day），是習慣上發動激烈抗議的時節。德爾卡塞後來開起玩笑：「他〔英王〕一定很有興趣見識一場革命。」[160]其實，社會主義者與工會相對親英，認為英國是高週薪、社福立法與限制工時的典範。儘管有些社會主義領袖譴責「群眾簡直愚蠢，忽視自己的利益，跑去看路過的國王」，但多數還是歡迎此次訪問，視為國際和平的象徵，也證明法蘭西共共和國並非像右翼宣傳所說的「在其他大國眼中是一片廢墟、毫無尊嚴」。[161]愛德華在大革命的發源地聖安東萬郊區受到的歡呼，比優雅的巴黎西區還響亮。

賓主盡歡。在艾麗榭宮，人們為國王端上（可以想像不是他的最愛）溫莎醬（*crème Windsor*）、牛尾湯、里奇蒙雞蛋（*oeufs à la Richmond*）、英式羊肋排與溫莎布丁（*pudding à la Windsor*）。奧賽碼頭用約克火腿佐香檳區松露作為午餐，成就了真正的跨海峽結合。國王充分利用自己身為巴黎浪子的名聲。他跟賽馬會的友人去看賽馬（一匹名叫「約翰牛」的馬贏了——

法國警方在愛德華七世到訪前沒收了許多諷刺明信片，此後幾乎不見天日。這是其中一張。他好享樂的名聲人盡皆知。

這真的沒有作弊嗎？）到了劇院，他和一位在倫敦結識的女演員交談，讚美她「有著法國人所有的優雅與精神」。他在艾麗榭宮「風度迷人」，談到自己「孩提時對巴黎的記憶」，以及後來多次造訪這個城市，遇見的人「都很聰明漂亮」。報紙報導這些言談，對他真心喜愛法國和「巴黎國王」的形象有所助益。他以法語迷住、奉承其聽眾，演說不看稿，並一再強調他個人對良好關係的期待。

歡呼的群眾對政治場合再好也不過了，群眾也適時出現，高喊「我們的好愛德華萬歲！」和「吾王萬歲！」夾了幾聲沒有套好招的「共和國萬歲！」，英國旅客讓人群更加壅擠。商業界非常希望關係能更好，畢竟英國是法國最大的顧客。商界也為這種節慶氣氛出了力。街上大量的裝飾，有部分是多英國商店提供的，此外英格蘭商品也大打廣告。新時尚開始流行，例如叫做「愛德華國王」（Le King Edward）的大衣；街上的小販兜售印有訪問日程表的手帕、刻了國王頭像的手杖，以及無數的小裝飾品和明信片。咖啡座老闆熱心促成歡樂氣氛，趁著當局允許人們上街跳舞時大賺一筆。

盧貝總統立即回訪，雖然沒那麼魅力四射，但也很成功。根據法國大使保羅．康朋所言，「英格蘭人典型的冷淡與矜持一時間都消失了」，總統也得到群眾的熱烈歡迎。[162]他與倫敦的「法國殖民地」居民相見，有些人告訴他自己是「政治流亡者的孩子」，已經在「這個偉大的國家」生活了半個世紀。相關單位允許他和德爾卡塞「穿寬褲而非『緊身褲』」進宮，從而克服了棘手的問題——對無套褲漢的繼承者[10]來說，穿緊身褲想必是件尷尬的事。[163]國王設想周到，用「巴黎市送給我的高腳杯」向盧貝祝酒，女高音內莉·梅爾巴（Nelly Melba）獻唱喬治·比才（Georges Bizet）、夏爾·古諾（Charles Gounod）與雷納多·漢恩（Reynaldo Hahn）的歌曲。愛德華決定，既然盧貝出身農家，那就送他一頭純種短角牛與一頭來自溫莎的小母牛——顯然讓收禮的人很受用。[164]盧貝平實的形象頗受英國報界好評。康朋總結，媒體喜歡他「對簡約的愛好，他的冷靜態度、辛勤工作、無暇的私生活、偏好踏實而不浮華，而且聰明」。[165]簡言之，英格蘭人喜歡盧貝，是因為他們認為他具備非法國的特質，就像法國人是因為愛德華的非英格蘭特質而喜愛他——以投人所好的方式達成跨海峽的和解。

修好的過程原先可能頂多只是小家子氣地討價還價，但這兩次訪問將摯誠注入其中。法國外交老手阿爾庫爾子爵（Vicomte d'Harcourt）私下寫道，國王已經「吹走了烏雲」；對於「誤解與偏見」的歲月已經結束，子爵表現出自己的「欣喜」。[166]報紙反覆報導雀躍的群眾與友誼的表現，世界各地對此皆有回應，尤其是摩擦最嚴重的殖民地。澳洲政府對法屬鄰居新喀里多尼亞發了封友好訊息。在新加坡，有四百名法國海軍陸戰隊員獲准參觀景點，當英國軍樂隊奏起〈馬賽曲〉時，他們也不禁叫好。不久前，馬達加斯加才為了因應皇家海軍的襲擊而做準備，如今皇家海軍「福克斯號」（HMS *Fox*）卻受到法國駐軍的慷慨招待。[167]

愛德華七世一生經常造訪法國，人們總待他為《摯誠協定》的化身。赫伯特·阿斯奎斯

（Herbert Asquith）是在一九〇八年四月於法國比亞里茨正式成為首相的，這在英國史上絕無僅有——比亞里茨王宮酒店（Hôtel du Palais）大廳還有一塊銘版紀念此事。國王生命中最後幾個月多半在當地的海邊度過，他還拜訪了波城與庇里牛斯山。他在一九一〇年五月駕崩，距他返回英格蘭不過十天。

✣ ✣ ✣

現在可以開始討價還價了。法國駐英大使康朋在談判開始時說：「總之，我們把埃及給你們，用來交換摩洛哥。」[168]這件事自始至終都是關鍵，但談判也是把兩個世紀的爭吵解開來的漫長過程。A・J・P・泰勒寫道：英國贏了，樂得給「英勇的輸家……競賽勝利者的喝采」。[169]阿爾庫爾希望「我們的自尊心得到一些安慰獎」。[170]自從《烏特列支條約》以來，每一回談判中最難解的問題之一，就屬法國在紐芬蘭的捕鱈特權。困難之處，在於紐芬蘭政府對外相蘭斯當勳爵施壓，而由速科夫先生率領的不列塔尼漁業港口代表們也同時對德爾卡塞施壓——據推測，速科夫是那位聖馬洛知名海盜的後代，其祖上在拿破崙時代讓英國有如芒刺在背。經過九個月的艱辛磋商後，康朋與蘭斯當握手通過了

10【編註】無套褲漢（*sans-culotte*）是指法國大革命中的底層勞動群眾，因為未如貴族般穿套褲的群眾而得名。盧貝總統與德爾卡塞部長實際上並不算出身此一階層，稱他們是無套褲漢的繼承者，象徵法國共和繼承的是法國大革命的傳統。

協議，法國承認英國占領埃及，英國則保證幫助法國得到殘破不堪的摩洛哥為保護國，細節上則互有來往。蘭斯當是第五代的侯爵，他肯定想過其家世與自己的角色多麼般配：初代的侯爵（原為謝爾本勳爵）在一七八三年簽訂了終結美國獨立戰爭的《凡爾賽條約》，對法國革命也表示歡迎。後來的蘭斯當家主也承襲了塔列朗的作風。一九〇四年四月八日，正式協議簽訂——早在議定之前，便已得名《摯誠協定》。

人們很難確認這是不是眾所期盼的那道歷史性分水嶺。對白廳而言，協定的目的在於消弭衝突，而非創造友好關係。之所以需要這紙條約，以及在一九〇七年與法國的盟友俄羅斯簽訂類似的協議，是因為這兩個國家跟英國有最多衝突。解決這些問題之後，英國便確定能超然於歐洲的各同盟，用比波爾戰爭前更強大的海上力量保衛自己。更有甚者，就算是歡呼的群眾（憤世嫉俗的人因群眾展現激情而非秩序而抨擊之），也藏不住深刻的猶疑——法國人與英國人對彼此抱持的那種猶疑。

第二部　結論與異見

經歷一世紀的戰爭後，一世紀的和平降臨法國與英國之間。從兩國歷史來看，這可是了不起的成就。和平讓造成我倆意見不合的原因少了些。不過，雙方至少在半打的情勢中對戰爭嚴肅以待，甚至花大錢備戰。戰爭之所以沒有發生，原因不只是幸運或理智。滑鐵盧一役後，法國歐陸霸權就鮮少有可預期的前景，甚至是完全沒有。拿破崙三世的擴張政策最近似於威脅，可他其實決定絕對不與英國為敵。因此，從七月王朝到第三共和國，多數的爭端都關乎殖民。大溪地、埃及或法紹達雖然造成強烈情緒，但其重要性從來不足以成為重大衝突的動力。此外，只有在雙方都認為自己能獲勝時，戰爭才會爆發。法國人對此不再確信。皇家海軍讓英國固若金湯，只有發生像一八六〇年法國蒸汽動力鐵甲船「光榮號」（*La Gloire*）下水這樣的事情，才會讓英國人對海軍實力有所疑慮時。但英國的海上力量足以面對任何挑戰，其經濟力、甚至連人口都遠超過法國。

和平為貿易、投資、觀光與文化交流帶來契機。人們一如十八世紀時積極投身這些活動，但如今其影響兩國人口的比例大得多，甚至延伸進更多生活領域。在經濟發展、文學、思想、政治、時尚、藝術、運動甚至是飲食方面，兩國給予（或售予）對方之多，讓彼此的物質與文化生活相互滲透。如果巴黎和人們常說的一樣，是時尚與娛樂的「十九世紀之都」，那麼倫敦就是金融與政治的世界之都。兩國對彼此都很有興趣，許多傑出作家都寫了頗具見地的分析。從蘇格蘭赫布里底群島（Hebrides）到庇里牛斯山，愈來愈多的人前去見識、學習和享受。儘管如此，十九世紀的關係仍經常留下一股不愉快的味道：雙方的爭吵、譏笑與傲慢自誇很快就變得不好玩，無論是出自浮誇的英國保守派，還是嫉妒的法國共和派。恫嚇之舉經常在無意間流露出不安，但事情很難因此變得有趣。

虛張聲勢很重要嗎？皮里查事件、西班牙王室婚姻問題、反左拉分子的假道學、因法紹達事件而起的軍國主義……可以單純當成誇張之舉，但事情還是有嚴肅的一面。法國與英國是兩個最強大的立憲國家。理想主義者希望兩國結為同盟，在歐洲捍衛、促進自由價值：只要攜手，它們或許便能平息十九世紀中葉發生在西班牙、義大利與中歐的政治衝突。假使它們克制在殖民事務上的敵對，或許能對非歐洲民族有所饒益。只要法國與英國真心合作，一個更穩定的世界說不定就在它們力所能及的範圍內，甚至延續到二十世紀。總之，兩國的失敗有著嚴重的後果。

羅伯特：很不幸，在穩定歐洲局勢、推廣自由，甚至及於整個世界時，法國不是個可靠的夥伴。近年來一份研究認為在法國外交政策中，「自由團結扮演不起眼的角色」。[1]法國一再試圖推翻一八一五年的條約。法國史家如今也承認法國民族主義的害處，連基佐這樣的理想主義者也被迫低頭。到了歐洲以外的地方，法國——無論其政權的性質——都在攫取其勢力範圍內的一切，從墨西哥到印度支那都不放過。自由思想與共和思想皆鼓勵肆意掠奪的帝國主義，其主張根據則是「肩負獨一無二的全球『教化使命』」。從後見之明來看，英國或許該更努力嘗試限制普魯士在一八六〇年代的擴張。但有鑑於拿破崙三世刻意在歐洲造成不穩局面，恐怕英國也無能為力。何況英國就算有能力，也沒有理由在一八七〇年介入，拯救拿破崙三世，進一步增加他投機的氣焰。未來的災難無可避免。

伊莎貝爾：問題真正的根源，是英國在外交與心理上日漸從歐洲抽離，再加上對法國毫不動搖的懷疑所導致。我們已經看到七月王朝對一紙《摯誠協定》的真誠渴望，是如何一次次受到巴麥尊這樣的沙文主義者所冷落——他們心懷荒謬的恐懼，擔心法國始終抱持敵意，甚至在英格蘭南海岸蓋滿巨大的碉堡。結果就是一八六〇年代的目光短淺，對歐洲事務缺乏興趣，以及在一八七〇年至七一年時對法國的命運幾乎不聞不問。法國政界已經警告，這對英國自己的利益沒有好處，會讓俾斯麥的普魯士成為一個不自由、有潛在侵略性的德意志帝國，對法國、英國與全世界帶來恐怖的後果。等到為時已晚，英國才意識到這一切。

插曲　各種觀感

英格蘭男人：都很有錢。
英格蘭女人：她們居然生得出這麼漂亮的孩子。

——古斯塔夫．福樓拜，《常識詞典》（*Dictionary of Commonplaces*）[1]

維多利亞時代的英格蘭人，大致相信十九世紀的法國過得太好，法國人笑得太多，吃得也太好……。更有甚者，維多利亞時代的英格蘭人認為法國人投入於、得之於性的程度比英格蘭人更多。對於事情何以如此，維多利亞時代的英格蘭人想法非常清楚，深信法國人的優勢並不公平，也非常確定這不是好事！

——羅伯特．凡西塔特爵士（Sir Robert Vansittart），英國外交官[2]

法國與英國之間相互的看法（以法國人的角度來看，是法國與**英格蘭**之間），是一再重複、積累而成的。許多陳腔濫調都很古老：蝸牛、大蒜與青蛙腿在賀加斯的時代已經人盡皆知；法國人對英格蘭天氣、婦女與英人沉默寡言的看法亦然。大量的形象經過修改、增添，但很少有新發明，舊形象也很少拋棄：十八世紀的英格蘭有錢老爺，便是如此演化為二十世紀的英格蘭紳士。這類形象在片語、典故、歌曲、書籍、事件、傳說與圖像中具象化，由接收者不見得能掌握的歷史與邏輯維繫在一起。當人們（不光是作家和政治人物）的思維隨傳統的車軌滑動時，仍經常相信自己所思、所說是某種原創的東西。

對彼此的刻板印象多為雙方所接受。把某些陳述明確劃歸「英格蘭人」或「法國人」——諸如「英格蘭人重視傳統」、「法國人在政治上並不堅定」、「英格蘭人古怪」、「法國人輕浮」，甚至是「英格蘭食物難吃」或「法國女人很吸引人」——是不可能的。但有些例外：英國人絕不接受別人說自己背信棄義，法國人也絕不接受別人說自己娘娘腔。不過，有許多正面或負面的觀點，是海峽**兩岸**的人都接受的。許多法國的「反英」觀點在英格蘭得到接受（例如「我們英格蘭人不懂藝術」，許多英國的「反法」觀點在法國也深有共鳴（例如「我們法國人自視甚高」）。同時我們已經強調過，兩國總是對彼此的特質有強烈（但經常五味雜陳的）讚賞——從伏爾泰到克里蒙梭，從切斯特菲爾德勳爵到溫斯頓·邱吉爾皆然（「那些英國人真守秩序」；「那些法國人好有教養」）。

許多關於法國特色與英國特色的信念，都可以用褒獎或貶抑的角度來詮釋：「偏好」（philia）與「恐懼」（phobia）經常是同一種潮流的兩個方面。例如，英國的經濟成就可以視為「進取」或「貪婪」。

法國人的禮貌可以描述成「迷人」或「賣弄」。法國人的品味可以讚許為「高雅」，或是批評為「浮誇」。英國人的「淡然」可以用「冷靜」讚美，或是用「冷淡」指責。諸如此類。一旦「偏好」與「恐懼」不一致時，人們也很少為了特定性格的真實性而你來我往——例如否認法國人有品味，或是不承認英格蘭人冷感。對彼此的共同看法，加上猶疑不定的矛盾情感，讓一種緊密但不穩定的關係得以實現，也讓正面與負面感受的轉換輕而易舉，無須重新進行任何評價。《摯誠協定》成立時，不滿的敵意迅速化為奔放的友誼。這也造成一種相互理解的幻覺。「典型的英國人／法國人就是這樣」總是比「或許我們誤會了法國人／英國人」更容易說出口。

民族成見是以觀察為根據，只是經常來自二手或三手的觀察。衡量若干成見的正確性是有一定可能的，甚至還有些趣味。（倫敦是否如法國作家所說的多霧？不是。倫敦生活水準不平等的程度大於巴黎？否。英國旅客穿粗花呢？經常如此。法國人吃得比英國人好？這要看人。法國人的性行為比較不壓抑？不一定）。[3]但詮釋——相當於用連連看的方式來畫圖——比正確性重要得多。觀感是選擇性的（人們只重視特定事情）、片面的（人們從來不會看到、瞭解到其他社會的全貌），以及陳舊的（根據過去幾代人經歷的事件或留下的記載）。對於觀感來說，書籍（以及後來的報紙、電影與電視）始終關鍵。伏爾泰、拜倫、狄更斯、大仲馬、薩克萊、泰納、凡爾納與柯南・道爾（Conan Doyle）都有深遠的影響。二十世紀的安德烈・莫洛亞（André Maurois）、阿嘉莎・克莉絲蒂（Agatha Christie）、伊恩・佛萊明（Ian Fleming）、喬治・西默農（Georges Simenon）亦然——或許可以加上彼得・梅爾與朱利安・

巴恩斯（Julian Barnes）。一旦人們接受特定的性情屬於「英國人」或「法國人」，就會影響所見所感。馬爾尚中校討厭基奇納的威士忌（見第九章的「臨淵」），原因並非杯中物是**劣等的**威士忌，而是因為嘗起來有英國風味——不是讓埃聖想起看牙醫之折騰的愛爾蘭威士忌。巴黎時尚之所以優雅，並非出於其本身的特質，而是因為來自巴黎。

法國人對英國的觀感素來受到法國國內政局所左右，甚至在革命前便是如此：極右派與極左派傾向反英，中間派親英。但英格蘭人對法國的觀感卻鮮少受到政局決定（自一七九〇年代以來，就鮮有英國人對法國政局感興趣，經常完全不關心），反而跟文化、社會或道德有關。至於「喜好」與「厭惡」情緒的整體平衡，則受兩國的相對成就、財富與力量影響。[4]低人一等的感受會製造出強烈的情緒，有讚許也有憤恨。因此，相對力量的劇烈改變一向是重塑觀感的分水嶺。

縱使在關係緊繃的時節，法國與英國的評論家仍多少認可對方為模範，例如英國的政府與行政管理，法國的文化。這一點在二十世紀也與十八世紀時無異。英國知識分子讚許、羨慕，甚至是希望與他們的法國同路人生活在一起。法國社會改革家則追求英國人在健康、社會保障、薪資與居住的成就。這種跨越海峽的參照點，是對抗本國對手的順手武器——無論是勸誡英國「不學無術之人」應該要展現有如法國人對文化的重視，或是要求法國共和人士表現出「對我國工人的照顧，至少要跟英格蘭君主國的表現不相上下」。[5]儘管老大不情願，多數人仍同意彼此為具有歷史重要性的文化與國家，在世界上扮演特殊的角色——說得難聽點，就是「教化使命」和「白種人的負擔」。

英格蘭特色與法國特色的「表現方式」，對大多數的受眾都很好理解：這些刻板印象出現的頻率與一致性，足見眾所周知。讓我們試著探索其根源、意義與邏輯。

起源：種族、土地、氣候

有關英國與法國何以不同的看法，至少能回溯到十七世紀，接著受到十九世紀氣候、種族與歷史理論的更新。米什萊如是說：「巢是什麼樣，鳥是什麼樣。」英國人的鳥窩是塊四面環海的岩石，荒涼、潮濕、多霧、偏北、與世隔絕。法國人至今還會講一個關於英國島民心態的笑話，據說其根據是某份英國報紙的頭條：〈海峽起霧，孤立歐陸〉(Fog in the Channel: Continent isolated)。法國位於歐陸，舒適、充滿陽光、位置居中，類似歐洲的「中國」，人們經常說它自成一格：「法蘭西是座美麗的花園。其各省有如各種花朵……一同讓我們深愛的祖國成為最美好、生活最舒適的國家。」[6] 此外，在十九世紀晚期，人們逐漸認為法國的基石在於農民：這也反映在英國的漫畫裡，法國的形象是個農村姑娘，而非士兵。隨著種族理論影響力漸增，一般人接受英國人本質上是日耳曼人的看法，其歷史悠久的自由是從條頓部落繼承而來。咸認法國人主要以凱爾特人與拉丁人為主——「高盧—羅馬人」(Gallo-Roman)。儘管法國人口多半生活在濕冷的北部，這點無可否認，但人們仍然認為法國的本質是地中海的。他們就像拉丁人，理應有文化、社會穩定，至於凱爾特元素則能從社會的平等思想、文化自由與普遍的頑固個性（而非政治自由）看出來——一般都說法國人喜歡權威。重要批評家保羅．布爾熱（Paul Bourget）在一八九一年鄭重表示：「盎格魯薩克遜人與高盧—羅馬人之間彼此無法理解，在心智與感受上有著無法克服的差異。」[7]

宗教、不道德與背信

看起來，新教與天主教之間的對比一直都很重要。直到十九世紀晚期，新教都是自由與個人主義公認的基礎，天主教則意味著權威與階級。頗具影響力的民族主義者夏爾．莫拉斯，在十九世紀末帶起這種看法。他稱許天主教為國家統一與古典文化（法國獨一無二的傳承）的支柱，並且將法國大革命歸罪於路德，最終更怪到散播個人主義與反抗的人——亞伯拉罕頭上。同樣有人認為新教陰鬱而壓抑，隨著部分的法國在十九世紀晚期益發公開地去宗教，這種觀點也變成主流。因此，人們認為法國更「思想自由」、「異教徒」、坦然享樂，不像道德拘謹、壓抑因而偽善的英國。「背信棄義的阿爾比翁」這張老標籤（原先是用來責備英國對羅馬的不忠），這時則指維多利亞人「表面虔誠、實則罪惡」之間的鴻溝（法國人如此認為），無論在正式或私人生活皆然。情況一如十八世紀，天主教修士是專制與法國性的象徵。到了十九世紀晚期，新教牧師成了英國性的代表——他們先是強迫國人接受濃縮的陰鬱，然後將偏見、棉布僧袍與資本主義強加在自由而快樂的原住民身上。「新教傳教士向來是純粹的生意人」，參議院在一八九五年受人如此告知。[8]

英國人傾向於至少同意上述分析的一部分：也就是說，他們會批評法國人的放浪形骸（有時候則是讚美）。法國——尤其是巴黎，成為英國人眼中（但當然不只他們這麼看）性放蕩的縮影。但情況在一八五〇前並非如此。這一部分是因為人們出於反波拿巴，而批評第二帝國時期的巴黎為腐敗的「新巴比倫」（結合政治壓迫與道德墮落），接著又受到第三共和國時期文化與道德放蕩所影響。幻想破滅的馬修．阿諾德在一八八〇年代大聲疾呼，反對法國人對「大淫蕩女神」的崇拜。「法國的」成為英文口語中指性露骨的形容詞。

「自然」對「文明」

另一種根本的差異源自十八世紀，亦即「英國代表自然，法蘭西代表文明」的看法（見第二章的「愛恨糾葛」）。這種看法仍然套用在文化、社會規約，甚至是政治上。一位二十世紀早期的法國作家說，英國人「令人不快的實際性格」，在「我們的骨頭裡」創造了你我有別的感覺。[9]英國人崇尚「事實」，法國人崇尚「理論」；英國人偏好家居生活，法國人喜歡社交；英國人「幽默」，法國人「機智」；英國人「就是吃」，法國人「會用餐」；英國人重視「實際」，法國人重視「優雅」，諸如此類。有許多視覺圖像以不同的方式表現這個主題。英國人是「鬥牛犬」；法國人（在英國人的想像中）是「貴賓犬」，愛打扮、不自然且不實用。伊波利特・泰納分析約翰牛的形象，認為其重要性在於這是英格蘭人自己選擇的形象，因此有其「民族性格的精華」。他像一條「鬥牛犬」，是個「牛販子」，「想法為數有限」，但「通情達理」、「精力十足」、「性情和善」、「正直」、「有決心」——都是讓一個人成功的特質，「就算不討喜，至少很有用」。[10]

自然與文明之間的區別，以及各種用以訴說之的詞彙與意象，幾乎套用在每一個生活領域。我們可以想想藝術與文學（英國的「天才」叫陣法國的「品味」），莎士比亞仍然是其試金石。因此，雖然馬修・阿諾心向法國，卻仍斷定法國戲劇永遠無法達到莎士比亞的層次，因為亞歷山大詩行體（Alexandrine）「矯揉造作無可救藥」。[11] 法國古典學者的主張完全相反：無韻詩就像日常言談，無從創造最崇高的詩意。法國藝評不能接受狄更斯是最偉大的小說家，雖然他的英文帶有他典型的談笑風生、自然而然，但他不講究、粗俗、大驚小怪、感情用事。文化萌發之處——教育，成為人們激辯差異最徹底的領域。英格蘭的學校據說是以家庭、家人等「自然的」團體為模範，因此能促進個人發展。法國的學校則是以軍隊或修院等「人為」規範的環境為模型。學校本身（通常與刻板印象大致符合，看看吳甦樂會（Ursuline）學校多達八百頁的規定）與關於學校的論辯，大有鞏固、長久延續對於兩國相異看法的趨勢。[12]法國人是真的有教養、比較聰明，或者只是死守規矩、重視表面，「對每件事淺嘗則止，對每件事都能寫、能談」？英格蘭人是「實際而有活力」，「不只是學究」。[13]但他們會不會只是對藝術一竅不通、「修飾過的野蠻人」呢？

陽剛和陰柔

人們對女性的角色、性格與待遇的重視，也跟「自然／文明」的分野有關。在由男人主宰的社會中，女人是獻殷勤與奢侈品的接受者，是重要價值觀的乘載者，也是文明的縮影。作為差異的象徵，法國與英國女子之間所謂的差異，總是受到人們一而再、再而三以嚴肅或挖苦的方式反覆提及——毫無疑問，這也是侮辱人的有效方式。海峽兩岸皆公認法國（尤其是巴黎）女子是法國文明最好與最差的化身：優雅、聰慧、合群、迷人、世故，但也流於表面、奢侈、變幻莫測、不道德。英國女子則被人刻劃為真誠、靦腆、虔誠、嚴肅而獨立；反過來說，她們幼稚、拘謹、不優雅、無理、像男人。

女人作為文明象徵的重要性，足以解釋法國人攻擊英國女人時何以如此惡毒——不光是反英宣傳中，連嚴肅的分析亦然。這有一部分或許跟女性角色的變化有關，但相關看法遠早於平權思想與婦女參政運動興起之前。自十八世紀以降，英格蘭婦女的醜陋與缺乏服裝品味，便是法人一再重述的題材。牙齒變成持續不斷的主旋律，讓人吃驚——連美麗的特麗兒比都長著「英國人的大門牙」。有學者氣息的泰納提到英國女子「肉食動物般的突出下顎」[14]——用至今仍流行的片語，就是「吃了牛排才長的牙齒」(*les dents qui courent après le bifteck*)。這些都出現在畫不列顛女神（Britannia）的諷刺畫上，連一個世紀之後畫伊莉莎白二世與瑪格麗特．柴契爾的漫畫都還有出現。其他男性特質也幾乎一樣常見，例如大手和大腳（尤其是後者）。這在一幅漫畫中相當明顯（見附圖），圖說解釋道：「英格蘭女子的身體相當莊重，沒有法國女子多得令人難過的那些輕浮、下流吸引力。」[15]

英國女人不像女人，是因為英國特色就是陽剛。反過來說，法國特色就是陰柔。早在十八世紀，

r cette étude faite sur nature que le corps de la femme anglaise est sérieux, qu'il est dépourvu des frivoles et indécents appas qui sont le la Française.. .Ah! si les Grecs avaient connu l'Anglaise!

— Les Français sont des gens impioudiques!.. Faut jèmais les regâârder...

英格蘭婦女是下手的好目標：上圖是不性感、大腳的女子；下圖則是兩名其貌不揚的遊客，居然還擔心會有法國男人來求愛。

這種分野便很常見。「姑且不論好壞，法國始終是個陰柔的國家：不是娘娘腔，也不是懦弱，只是國內絕大多數人都有女人的美德與缺點，從母親到交際花皆然。」[16]兩國的象徵經常都有性別含意，最明顯的就屬約翰牛（John Bull）與瑪麗安娜（Marianne）。法國的符號象徵不僅變成以女性為象徵，而且陰柔魅惑，不像冷淡的不列顛女神或男性化的日耳曼女神（Germania）。人們也視典型的英國活動為陽剛的活動——無論是重工業或運動（女性的參與就是「像男人」的跡象）。許多法國與眾不同的活動——最明顯的就是烹飪與流行商品製造業，都有陰柔的弦外之音。以十九世紀規模最大的產業——紡織業來說，法國將女裝所需的毛料與絲織品出口英國，英國則將男裝用的羊毛出口法國。男性時尚由英國人主導，法國在女性時尚則有壓倒性的地位。歸諸於法國男人的特徵（最明顯的是浮誇的衣著）便被人視為娘娘腔。兩國在十九世紀時國力差距愈來愈大，也加強了這種印象——法國生育率跌落成為凸顯問題的痛苦方式，海峽兩岸皆認為這是民族生育能力岌岌可危的證據。法國人對這類有多不悅，或許可以從他們經常主張英格蘭人性匱乏或性偏差看出——這在今天的法國民間傳說仍層出不窮，尤其是跟一國的象徵——王室是特別有關。[17]法人宣稱同性戀是英國人的專長，法國文學也常以英國人異性關係的壓抑、假道學與古怪為題材——跟精力旺盛、循規蹈矩的法國人天差地遠。

崇尚物質、剝削、貪婪

法國人認為（其他人也有一樣看法）英國這個國家有著物質至上的陰謀，意在經濟宰制。這種想法同時跟「新教／天主教」與「自然／文明」的對比有關。法蘭西的歷史使命，就是要領導世界抵抗英格蘭黃金的力量。我們已經知道：「迦太基」或「店東民族」等主題在一八一五年之前便已盛行，十九世紀中葉的法國左派將之吸收，再傳給十九世紀晚期與二十世紀的民族主義者。早在一八三〇年代，這些看法已跟反猶太與反美思潮相結合，而反美思想基本上就是人們熟悉的反英思想再詮釋。唐里上尉筆下一位英格蘭惡棍在一九〇二年先透露了劇情：

> 祖國啊，旗幟啊！這都是另一個時代的偏見……。但在今天，憑藉我們的文明，我們已經有方法運輸、聯繫，將距離最遙遠的國家結合起來……「邊界」一詞如今已無意義！現在只有一個人類族群憑藉科學之應用，追求盡可能大的福祉。這種福祉放諸四海的關鍵是什麼？就是錢！……。儘管我們做了這麼多宣傳，但因為法國反對所有新思想之故……。法國完蛋了！[18]

就連沒有唐里那麼狂熱的作家與政客，也理所當然認為利用海軍與（後來令人討厭的）情報機構之力的英國政府，不過是倫敦金融城的打手而已。英國做的任何看似無利可圖的事情，都只是經濟自利行為上的偽善外衣。法蘭西——無論是王國、帝國或共和國——都與之對立，追尋教化與解放的利他使命。借用一本最多人使用的教科書裡面的說法：「像法蘭西這樣高貴的國家，不會只想到賺錢。」[19]這類觀感至今仍舊強烈，從二〇一二年奧運主辦權在二〇〇五年時確定獎落倫敦而非巴黎時，法國人對此的反應可見一斑——評論家與政治人物怪罪英國人作弊、跨國資本主義、盎格魯薩克遜人沆瀣一氣，甚至怪情報組織。[20]

十九世紀期間，英國人所呈現的法人視覺形象變得愈來愈不發自內心、不鮮活，但法國的情況卻正好相反。這無疑反映出權力平衡的變化、嫉妒與恐懼，以及維多利亞時代人的克制。賀加斯、吉爾雷或羅蘭森等人繪製搔首弄姿的紈褲子弟與飢腸轆轆的農民，但十九世紀中晚期英國人描繪的形象卻與之不同，其中鮮少有什麼本質上「屬於法國」，或是帶有與生俱來的敵意。為了指出國籍，這些圖像還經常得訴諸於制服，或是

嚕啦啦，嚕啦啦，英格蘭人來啦……

其他傳統的象徵。最常見的法人樣板就是士兵（尤其是異國風的北非殖民地輕步兵），到了一八七一年後，則是穿著共和國時代佛里幾亞（Phrygian）繫帶帽與（或）農家木屐的漂亮女性。一八四八年與一八七一年時，人們描繪法國各起革命時雖然帶有敵意，但遠比吉爾雷或是當代法國畫家的程度溫和得多。法國諷刺家反而發展出各式各樣刻薄的英國人樣板，熾烈與敵意的程度堪比吉爾雷筆下的法國人，甚至連今人也能認出來。這些樣板人物顯然出自對英國遊客的觀察，極盡誇張之能事，並加以裁剪以吻合反英看法，教導法國民眾如何詮釋自己所見。花呢衣物成了英國人的標誌：「中產階級的英格蘭人在歐陸旅遊時……穿著約定俗成的方格套裝」，有時候戴了「板球帽，但帽沿的方向卻轉錯邊」。[21]十九世紀的法人與十八世紀無異，認為輕便的運動服冒犯了法國的優雅端莊。但許多人眼中的沒教養與粗野，也同樣會有人欣賞——刻板印象自相矛盾的完美例子。狄摩林遇到一位穿花呢的英格蘭校長，留下深刻的印象。這位校長讓他想到「拓荒者、遙遠西部的牧羊場主」，

— *Une seule chambre pour Monsieur et Madame ?*
— *Nô... deux chambres... avec communiquècheun...*

「分開的房間，帶有可以相通的門」：描述一位偽善、帶有一絲古怪性癖的漂亮英格蘭女孩（就漂亮這麼一回），典型的腦袋空空、傻裡傻氣—泰納把這類型的女孩描述為「容易受騙的寶貝，像蠟像娃娃，有著沒有任何想法的玻璃眼珠子」[22]

對他大加描述：「高瘦結實……穿灰花呢外套……燈籠褲，厚毛襪拉到膝下，穿雙大靴……戴頂蘇格蘭圓扁帽」，跟穿著「黑色長大衣」、「驕傲溢於言表」的陳腐法國學校老師截然不同。[23]他的話總結了兩國文化的差異，這在盧梭的時代便相當清楚——嶄新、活力與「自然」的文化對壘過時、傳統而「文雅」的文化。

法國人的敵意在法紹達事件、波爾戰爭以及愛德華七世訪法期間達到高峰。民族主義者與無政府主義者的出版品最是直言不諱。下圖所繪[24]正是兩個重要的題材——背信忘義的阿爾比翁之殘暴貪婪，以及英格蘭民族有多麼討厭（尤其是他們來法國時）。

阿道夫・維列（Adolphe Willette）一八九九年的環景畫裡，畫著行進中的背信阿爾比翁人：衣服花俏的軍人（包括一位穿迷你裙、引人遐想的蘇格蘭人）、枯燥乏味的救世軍（Salvation Army）衛道士（格外令人不

— La loge du Président de la Répioublique, please?

〈你好，我要共和國總統的包廂〉：文雅的法國與醜陋、怪異的英格蘭人對比鮮明，後者穿著難看的花呢格紋旅人裝，講破爛的法語，要求特權待遇。這是另一個常見的創作主題。有首流行的歌廳曲子，唱的是在巴黎歌劇院裡，有個英格蘭人拒絕把自己的帽子從另一位法國人的座位上移開。

快，因為他們打著保守道德之名，卻有著女性的行為舉止，讓人生厭）與雛妓並列；一位不苟言笑的牧師發放聖經、火藥與商品樣品；野蠻的約翰牛一手拿著步槍，一手夾著錢袋；他們所到之處一片狼藉，波爾人吊在電線桿上搖來晃去，而那面軍旗上則繡著從聖女貞德、拿破崙到川斯瓦等戰役榮銜。

最後這張圖的標題無法翻譯，大意是這個人令來到自己家的訪客感到彆扭，卻又太把別人家當自己家一樣：這位粗野空洞的男人滿臉是毛，儀容疏於整理，而且太過隨便，對於合宜的舉止與儀態不在乎到輕慢的程度——這是法國人的老題材。一部一九〇八年發表的知名小說聲稱：「英格蘭人無論去到何處，都會因為他不可一世的態度，加上全然缺乏得體言行而招人憎恨。他在自己的國家過度有禮，因此深信一旦自己出了國就不用再管禮貌，把外國當自己家，粗魯無視他人。」[25]

典型的英格蘭人：「一位在自己家裡讓別人尷尬，卻又把別人家當自己家的先生。」

典型以偽善為訴求的英國商品模仿廣告：有新教教士穿的「隱士用救贖衫」、救世軍婦女吃的墮胎藥丸，以及「滿足一切需要」的電報童—暗指十四年前駭人聽聞的克利夫蘭街醜聞。

第三部

生存

PART III: SURVIVAL

為了從歷史上兩場最具毀滅性的戰爭中生存下來，法國人與英國人肩並肩作戰。經歷了恐怖的試煉與苦難之後，它們兩度以勝者之姿現身，並且在凱旋的瞬間相互致上大方而真誠的敬意。但兩國彼此並不瞭解。無論是在政府層面或是大部分的公民之間，兩國都無法建立信任與長久的喜愛（當然偶有例外）。連在情勢最好的時候，同盟關係也是怨恨的潛在來源，畢竟夥伴會追求不同的目標，還會試圖將若干苦難的負擔轉移到對方身上。第一次世界大戰自不例外。兩國人民曾為了「一場止戰之戰」而奮鬥，但法國與英國在戰間期的數十年間缺乏團結，災難性地粉碎了他們（以及全世界）的希望。雖然兩國終究還是第二次世界大戰的勝利國，但在戰爭期間不同的命運，卻進一步種下了不信任的種子，也創造出迥異的民族神話。

第十章 止戰之戰

有人主張，我國與法國之間沒有成文的條約結合彼此，嚴格來說這是對的。我們沒有約定要履行的義務。但《摯誠協定》既成，而且經過鞏固，受到考驗與讚揚，過程中等於證實「道德紐帶已經形成」的看法。如果《摯誠協定》指的不是在一場合理的爭端中，英格蘭將支持其友人……那這整個政策就沒有意義。事實將證明，在法國需要的時候支持之，才是我國責任與利益之所在。法國並未試圖挑起爭端。是爭端找上了她。

——英國外交部備忘錄，一九一四年七月

從協定到同盟：一九〇四年至一四年

法蘭西……這個國家與這個民族，其想法、目標、理念是我們所能瞭解，也知道其極限的……。

雙方如今沒有恐懼，也沒有感傷……。法國已經變得保守……敏感、審慎，**提防**自己的老邁。

——喬治・桑德斯（George Saunders），英國外事記者。[1]

《摯誠協定》並非一紙盟約。人們或將發現其完全不具實質內容，以防緊要關頭。

——英國外交官艾爾・克勞（Eyre Crowe），一九一一年[2]

二十世紀初，英國人無論是抱著讚賞或不以為然的態度，都已不再害怕法國，但他們倒是擔心俄羅斯，也開始對德國有所警惕。法國人鮮少特別受英國吸引，但他們把《摯誠協定》當成面臨德國時潛在的安全感來源——法國人不只認為德國人是歷史上的大敵，更是捲土重來的威脅。然而，《摯誠協定》並非兩國關係更為親密的證據。假如有哪兩個歐洲國家長期認為彼此關係匪淺，那就是英國與德國了。它們是非常重要的貿易夥伴國。自由派稱讚日耳曼人的認真與效率，左派羡慕德國社會民主黨（Social Democrats）與工會的大規模組織，知識分子則稱許其大學。德國騎兵軍官會參加皮奇利（Pytchley）與庫沃恩（Quorn）等地的打獵比賽。德國學生獲得羅德獎學金（Rhodes scholarships）前往牛津就讀，法國則幾乎沒有學生念英國的大學。海軍將領阿爾弗雷德・馮・鐵必制（Alfred von Tirpitz，德國帶來的海軍挑戰就是他策畫的）送自己的女兒到切騰納姆女子學院（Cheltenham Ladies' College）。[3]法國人跟英國人之間就很難看出這種自發性的聯繫，只有我們先前提到的藝術、文學界例外。法國與英國的外交官、政治人物，在文化與社交上經常出現分歧。鮮少有法國政治人物造訪英國〔喬治・克里蒙梭（Georges Clemenceau）是明顯的例外〕。雙方試圖安排表現友誼，以縮短差距。最有名的活動（但後來為人所遺忘）是一九〇八在倫敦舉行的法英科學、藝術、產業博覽會（Franco-British Exhibition of Science, Arts and Industries，人稱「Franco」），場館則是專為此博覽會所興建的「白城」（White City）。[4] 官方還有許多其他的善意表現，包括尼斯與比亞里茨的維多利亞女王像，以及坎城和巴黎的愛德華七世像。

沒有人確定英國會在任何歐洲戰事中與法國成為盟友。兩國都有若干頗具影響力的聲音，想抵抗對《摯誠協定》的興奮之情。亞瑟・詹姆斯・貝爾福（Arthur James Balfour）是簽訂《摯誠協定》時的首相，他完全不知道「這對英法間的理解有什麼好期待，甚至還準備明天就跟德國簽署協議」。[5] 法國只對某個渾身肌肉、對手裡大把鈔票感到滿意的保護者——俄羅斯拋媚眼。但英國與俄羅斯關係冷若冰霜。海軍部與印度政府認為長期來看，俄羅斯與法國仍然是全球威脅。無論是巴黎還是倫敦，都有人擔心本國做了過多讓步，以及更不祥的——對方恐怕把自己拖下水，不情不願參與一場對德衝突。

讓情勢徹底改觀的，則是柏林的舉動——如此無法預測、教人困惑，甚至至今仍沒有人能確切詮釋之。德國在一九〇〇年代打造一支近海艦隊，唯一的目的就是威脅英國的國防安全。一九〇五年三月，德國干預英法之間讓法國取得摩洛哥的協議。原因是要讓全世界看到——尤其是讓法國看到，沒有任何協議能在缺少德國的認可、以犧牲德國為代價成立，繼而顯示《摯誠協定》不值一哂。法國政府如坐針氈。策畫《摯誠協定》的德爾卡塞在一九〇五年六月被迫下野。但結果卻跟德國在那幾年裡的外交舉措一樣，與原本的意圖背道而馳：英國與其死敵俄羅斯的關係愈來愈近。愛德華．格雷爵士（Sir Edward Grey）自一九〇五年起擔任外交大臣，他寫道：「一紙俄羅斯、法國與我國之間的友好協定絕對能成。只要是箝制德國所必需，就簽。」一九〇六年四月，他開啟磋商，結果就是一九〇七年八月的英俄協約。但殖民事務仍然在英國與法國，以及英國與俄羅斯之間製造彼此的猜疑與不滿，直到一九一四年。

一九一一年，德國第二次試圖對摩洛哥事務施壓，派出炮艦「黑豹號」（*Panther*）到阿加迪爾（Agadir）「保護」德國僑民。（德國政府還特別派了一個人去給這艘船保護）。此舉惹惱了英國人，他們認為派戰艦是自己的特權。財政大臣大衛．勞合．喬治在倫敦市場官邸發表一場措詞強烈，但內容模糊的演說，實則意在威脅與德國開戰。沒人想為了摩洛哥打仗，就像過去沒人想為南非打仗，但這場演講確實是歐洲外交衝突日深的一個跡

德皇擔綱舞臺上的惡棍，讓法國與英國團結一致。時人已習慣將法國畫成漂亮的農村女孩了。

象。相關國家的政府與人民開始認為大戰可能爆發，甚至為此準備。英國人意識到德國的野心（或許是誇大了）。許多德國人認為英國傲慢、壓迫而腐敗（其實許多法國人也這麼覺得）。但柏林實際上的外交方針與全球爭霸的反英幻想相去甚遠——德國的外交雖然前後不一致、咄咄逼人，但並非妄自尊大。

勞合．喬治的演說之所以重要，是因為他是激進派領導人，也是前「親波爾派」。儘管他措詞強烈，一九〇五年上臺的自由派卻比他們的托利前任更愛好和平、不親法國、支持德國，以及反對俄羅斯。多數的自由派希望安撫德國，拒絕對法國做出任何承諾。格雷的外交政策因此必須模稜兩可，甚至欺瞞。格雷是一個老輝格世家的後裔，也是一位內省的賞鳥人士，他溫和的舉止掩蓋了他令人驚訝的不懈毅力。他必須使自己認為國防安全所必需者，與自由黨及其工黨盟友所能忍受者達成一致——大致上就是不帶威脅、有原則、不傾向俄羅斯的舉動。格雷與蘭斯當、索爾茲伯里等托利黨前輩不同，他不會講法語。保羅．康朋（自一八九八年起擔任大使，卻從不待在倫敦）不會說英語。兩人交談的方式，是以極慢的速度、咬字清晰地使用各自的母語。不意外，英國政策中的細微巧妙之處（法國人傾向認為那叫背信與偽善）就在過程中傳達不見了。不過，雙方真正的誤會不在語言，而在政治——這是格雷的模糊、諱莫如深，以及有時候陳義高潔的欺瞞，跟康朋執著於邏輯、一廂情願的看法加在一起的結果。對康朋來說，他希望有個法英同盟：無論自由派政府與其西敏寺的追隨者怎麼想，只要順著之前的協議，同盟便理所當然，必須視為已經存在。英國與法國將領開始祕密會面，商討如何將英國陸軍派到法國（假使有必要）。有關單位鼓勵低階將領友好接觸。陸軍部行動指揮官——亨利．威爾遜（Henry Wilson）將軍是個熱情親法的愛爾蘭阿爾斯特人，放假時會到法國騎單車，偵查地形。他甚至在法國某個一八七〇年戰場的戰爭紀念碑上留下一小張地圖，當成憑弔的祭品，上面畫了他規劃的英國部隊移防動向。[6]兩國達成協議，讓皇家海軍集中軍力於近海，面對德軍艦隊，法國海軍則著力在地中海。一九一二年十一月，格雷與康朋魚雁往返，確認當戰爭威脅出現時，兩國對於採取的行動有共同認知。英國人堅持以口頭承諾，否認有任何義務。法國人想表示兩國「將立即考慮共同行動的方式」，但英國人只願同意「與對方討論**是否**〔要〕共同行動……以及**假使共同行動**，雙方將準備採取何種手段」。[7]這讓格雷與阿斯奎斯得以向國會保證英國未受任何承諾所約束。法國人認為，假如自己成了德國侵略的受害者，英國將確實支持自己。格雷希望若情勢如此發生時，輿論會明確要求介入。但一九一四年四月時，一位外交部資深官員仍認為：「假使歐陸爆發戰爭，我國派出任何遠征軍的可能性仍微乎其微。」[8]

一九一四年七月，災難降臨。戰爭隨著塞爾維亞、奧匈帝國與俄羅斯之間一場不三不四的爭端而起——這正是自由黨與自由派的報紙最不願捲入的那種衝突。「我們對貝爾格勒毫不關心，」《曼徹斯特衛報》如此表示：「就像貝爾格勒對曼徹斯特一樣興趣缺缺。」[9]格雷察覺到，英國人認為法國之所被捲入事件，只是因為它「不幸跟俄羅斯的爭端牽涉在一起」。阿斯奎斯的想法跟自己的政策有所牴觸，內心天人交戰。他在八月二日的日記中寫著：「無論對法國或俄羅斯，我們都沒有任何義務給予其陸軍或海軍的援助⋯⋯。我們絕不能忘記我國與法國長久、親密友誼所建立的紐帶。」[10]

德國在八月一日對法國宣戰。這是長久以來的既定計畫：為了因應與俄羅斯開戰，就必須先消滅法國。阿斯奎斯、格雷與其他若干自由派（尤其是溫斯頓・邱吉爾）、多數的托利黨以及許多外交官與軍人，皆相信防止法國戰敗不僅有益於英國的國家利益，英國也有這麼做的道德義務。格雷後來寫到：「德國⋯⋯原本有機會成為歐陸全境與小亞細亞的霸主」，而這將意味著「英國的孤立，無論擔心她介入或希望她介入的人都會痛恨她；德國終將掌握歐陸大權」。[11]邱吉爾主張在負擔不大的情況下，英國的干預將有決定性的影響，有限的駐軍便能造成強烈的道德、政治甚至戰略影響，主要的重責大任則由皇家海軍負擔。總之，「英國陸軍現身與否⋯⋯非常有可能決定法國的命運」，但「海戰代價才低」。格雷甚至主張置身戰爭之外或是參戰，英國受到的實際影響都一樣大。[12]

政府面臨垮臺危機：如果內閣拒絕援助法國，阿斯奎斯與格雷就會辭職；但若內閣同意援助，至少有三到五名閣員也會辭職。自由黨的後排議員強烈反戰。[13]假如政府垮臺，包括托利黨閣員在內的聯合政府會傾向介入，但英國國內肯定會嚴重分裂，行動將因此延宕，跟法國關係也會緊繃。正當內閣深入坦率商討時（一位反戰的閣員說「要下定決心不做決定」[14]），格雷出於緊迫而孤注一擲，告訴德國人他們不該指望英國人保持中立，也告訴法國人他們不能指望英國的協助。康朋正經歷「我一生最黑暗的時刻」，他痛陳「『榮譽』這個詞是不是該從英語詞典裡劃掉了」。[15]與他同為大使、駐巴黎的法蘭西斯・伯提爵士（Sir Francis Bertie）感到「噁心、恥辱⋯⋯。今天這兒還喊著『英格蘭萬歲』，明天說不定就是『背信棄義的阿爾比翁』了」。[16]他開始要使館做好準備，以防暴民襲擊。

八月二日，德國為了繞過法國邊防、從後方襲擊法軍而入侵中立的比利時，結果卻終結了英國的兩難。英國在《倫敦條約》（一八三九年）承諾捍衛比利時的中立。《倫敦條約》表現了英國外交政策中最古老的一項原則：低地國港口是入侵英格蘭的跳板，因此有必要讓潛在的敵人（在當時自然是法國）跟當地保持距離。保衛比利時為參戰同時帶來託詞與真誠的理由。然而在內閣看來，如果「支持法國對英國利益至關重要」的看法不夠穩固，就不能夠成參戰的充分理由。勞合．喬治等猶豫不決的閣員曉得，辭職只會讓自由黨與托利黨聯合政府上臺，最後還是會介入。至於在民眾眼中，比利時的遭遇顯示這是一場義戰——德軍對平民犯下的野蠻暴行坐實了他們的印象。

爭議此後始終不斷。戰爭很難開打，除非先討論出英國對於參戰抱持開放或明確態度的情況下，德國人或法俄同盟是否有一方會退兵。史家如今同意，其他政府決策時，並未考慮英國是行動或不行動。各方大都希望衝突盡快取得結果，但柏林與巴黎方面都相信英國陸軍弱到不足以影響戰局。法國人（對俄羅斯信任多於英國）希望得到政治、經濟與海軍的支援，但認為英國部隊出現在法國會有象徵作用。一九〇九年，威爾遜將軍詢問其友人斐迪南．福煦（Ferdinand Foch）將軍：假若戰爭發生，能帶來幫助的部隊至少需要多少人？福煦回答：「一個二等兵就好，要是他陣亡，我們會照顧到底。」[17]

第二個爭議分量更重，跟戰爭的廣泛影響有關：一九一四年至一八年的極大苦難與毀滅讓歐洲受到永久的打擊，英國衰落，為後來的災難創造條件，但似乎沒有政治目標值得用這一切來換。將近一世紀後，我們傾向於認為這場戰爭不值得打，不僅其目標曇花一現，追求國家威望等陳舊的價值更是無用而浪費。當然，多數參戰國並不作如是想。各方民眾皆深信自己不只是在捍衛國家、抵禦侵犯，更是為普世價值而戰。法國與英國國內迅速形成以下觀點——自己是在捍衛正義、民主與文明，對抗「軍國主義」的暴行，因此打的是詩人夏爾・沛吉（Charles Péguy）所說的「最終之戰」（*la dernière des guerres*），或是如赫伯特・喬治・威爾斯（Herbert George Wells）的名言所說，是「止戰之戰」。人們的觀念改變了。縱使是現在，人們也無法想像民主國家面對類似德國在一九一四年發動的侵略之舉時，不會以武力反擊之。

一九一四年時，鮮少有人、甚至是沒有人意識到工業化的戰爭能有多恐怖。協約國經歷四年屠殺後得不償失的勝利，會不會比讓德軍迅速取勝（假設這是英國拒絕援助法國的結果）更加慘痛？這仍有爭議。像這樣的判斷少不了後見之明，但我們哪能確定顯現出來的是哪種後見之明？主張介入的人擔心德國戰勝意味的不是和平，而是進一步對英國與海外帝國的侵略（或許是得到法國與俄羅斯的默許），迫使英國打一場慘痛的戰爭，以毀滅、失去獨立而告終。我們或許認為這太戲劇性了。但樂觀過頭，以為英國的中立與德國的勝利代表長遠的和平，英國與其帝國完好無缺，只不過是創造歐洲聯盟的前身，由開明的德國霸權主導……這也同樣不具說服力。[18]我們不可能知道德國若全面勝利，會對勝利國與戰敗國造成什麼影響。毫無疑問，歐洲的自由與民主政府不會因此向前發展，甚至無法保存下來。德國、俄羅斯、奧地利與法國盡數由極權政權統治，低地國、北法與東歐的眾多人口則在違逆其意願的情況下遭到戰勝國併吞——這種想像還算合理。殖民地人民也不會從戰爭與分裂中得益。格雷擔心，凱旋後的德國將不會滿足於稱霸歐洲，而是會把英國當成下一個目標。他的擔憂在當年言之成理，如今來看也相當可信。

英國人與法國防務：一九一四年

我們……與我們英勇的盟友在法國與比利時並肩作戰，這一仗非但不妄尊自大，更是要維護我們國家的榮譽、獨立與自由。我們並未侵犯中立，也沒有違法任何條約……。抱著對我們公義目標的信心，對我們光榮尚武傳統的驕傲，以及對我國陸軍效率的信念，我們一同前進，為**上帝**、**國王與國家**而戰而亡。

——約翰・弗倫奇爵士（Sir John French），〈當日訓令〉(Order of the Day)[19]

英國在沒有行動計畫的情況下，於八月四日參戰。直到最後一刻，當局才決定派出英國遠征軍

（British Expeditionary Force, BEF，原先是規劃到印度效力，抵抗俄國）——兩天前，阿斯奎斯才說「絕不可能」有此等冒險之舉。[20]當時似乎別無選擇。海軍計畫在德國海岸登陸（讓人想起老皮特的美好時光），但陸軍出手阻止。遠征軍以令人印象深刻的效率抵達法國：用了一千八百趟特殊專列、兩百四十艘徵用船隻、十六萬五千匹馬、倫敦巴士與貨車（有幾輛還寫著：HP醬〔HP Sauce〕是「世界性的開胃食品」）——一位法國人回憶當時「無邊無際的車隊」，「載著培根、茶和柑橘醬」——戰爭開始才十六天，一切便已到位。[21]遠征軍中某些軍事單位帶著木髓頭盔，好像殖民地官；最早登陸的部隊是穿著蘇格蘭短裙、帶著風笛的高地兵團，這讓布洛涅居民大吃一驚。現代多數陸軍的卡其制服會讓某些人想到高爾夫球服。軍樂隊演奏〈馬賽曲〉，士兵把硬幣丟給小孩們。法國人以慷慨、大量的酒回敬，甚至如甚囂塵上的傳聞所說，有出於愛國的性招待。一名士兵回憶當時：「在那天身為英格蘭人可真好；那時，英格蘭人能在法國正眼看著法國人的臉，感覺真棒。」[22]

人們常說英國遠征軍是英國有史以來最精銳的陸軍。以英國歷來用於開戰時的部隊而言，確實是如此。軍方在南非學到教訓：步兵接獲指示要精準、快速射擊，騎兵則能選擇在馬上或徒步作戰。部隊士氣高昂：「我們的座右銘是：『我們能行。要做什麼？』」[23]但部隊人數太少。戰爭之初，遠征軍囊括聯合王國幾乎所有的正規軍，加上補充的後備役（總數的百分之六十）約有十一萬人，其中七萬五千人為戰鬥部隊。但德軍有一百七十萬人，法軍有兩百萬人。新任陸軍部長是陸軍元帥基奇納勳爵，他向遠征軍指揮官陸軍元帥約翰·弗倫奇爵士下指示，要他別期望會有多少援軍，因此必須避免嚴重

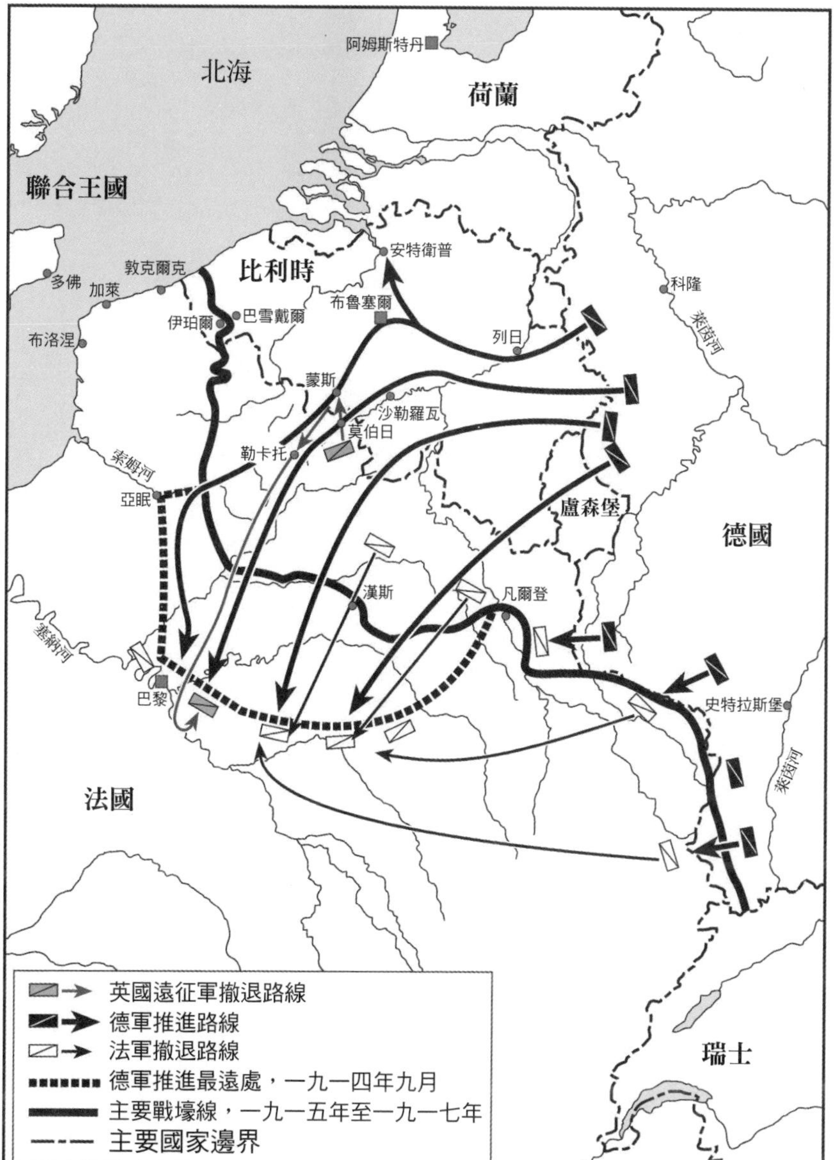

西線，一九一四年至一九一七年

的傷亡。即便如此，當局仍估計在六個月的戰鬥後，遠征軍會有百分之七十五傷亡或被俘。[24]事實證明這還低估了。

無論英國人或法國人，都對彼此的打算沒什麼概念。由陸軍將領約瑟夫·霞飛（Joseph Joffre）指揮的法軍，一直不確定英國人〔稱之為W軍隊（*l'armée W*）〕會不會出現，也不確定假設出現的話會有多少人，因此沒有為英國遠征軍規劃工作內容。根據先前的協議，英國遠征軍將在法軍左側集結，包圍比利時邊境附近的古老城塞莫伯日（Maubeuge）。他們左右則有一支法國騎兵團（在軍隊側翼的空曠地帶巡邏）以及若干年邁的法國義勇軍。遠征軍仰賴法軍的計畫，也沒有做好情勢有變時的撤退計畫。[25]人們八成覺得危險遠在天邊，畢竟主要的戰鬥預料將發生在一百五十英里外，德國邊境東邊的地方。

長久以來，人們（連暢銷小說家）都認為德國人會派軍進入比利時，但法國最高指揮部堅持己見，認為只會是佯攻。到了八月中，多方（包括基奇納）皆推斷不只如此。事實上，比利時正是聲名狼藉的施里芬計畫（Schlieffen Plan）之矛頭所在。施里芬計畫意在擊潰法國，借道比利時中部與法國西北直至巴黎，施以決定性的打擊，從法軍主力背後攻擊之。這項計畫（如果成功的話）預計在幾週內結束西邊的戰事，讓德國與奧地利調動主力對付俄羅斯。

沒有人預料到，剛剛抵達的五個英國師團將直接站在德軍右鉤拳揮動的路徑上：這可是有三十四個師，五十八萬人的拳頭啊。比利時人決定抗戰，並促請盟軍支援。英國遠征軍與法國部隊推進比利時，希望能阻止德軍的攻勢，但這時他們仍大大低估了德軍。幾位年輕的英國軍官在夜色降臨時領教到真相：

> 傍晚寧靜、和平而美好……。有條狗對幾頭羊吠叫。一位女孩唱著歌，從我們後方的小巷走過……。接著連片刻的警告都沒有，突然間發生的事讓我們跳起來……我們眼見整條地平線成了一片火海……。恐怖的惡寒籠罩了我們……我們感覺好像有什麼恐怖的事情將要攫住我們，毫不留情。[26]

英國遠征軍在附近的工業城鎮蒙斯（Mons）挖起掩體。急行軍的德國人並未發現遠征軍在此，雙方於八月二十三日發生衝突——這是自滑鐵盧一役以來，英國人首度在西歐作戰，地點距離滑鐵盧三十英里。英國人步槍開火，對密集縱隊帶來五千至一萬人的傷亡，火線之密集讓德軍以為自己碰上了自動武器。但遠征軍人數居於一比三的劣勢，右役的法軍又突然撤退，他們只好退兵，在二十六日於勒卡托（Le Cateau）的另一場耽擱的軍事行動中作戰，而且同樣寡不敵眾。這一回他們損失慘重得多，被迫在十天內沿擠滿車輛與難民的路迅速後撤一百英里，艱難走過令人揮汗如雨的高熱，後頭還有德國騎兵追趕。部隊倉皇撤退，有一部分得怪他們的指揮官約翰·弗倫奇爵士——他在南非是位光鮮亮麗的騎兵指揮官，但法國的情況超越了他的能力。新盟友之間的不信任與誤會差點造成災難。右翼的法軍突然撤退，嚇壞了弗倫奇。率領這支部隊的是指揮無能、心高氣傲、不顧英國人的夏爾・朗熱札克（Charles Lanrezac）將軍。雙方的高階指揮官沒有能力以對方的語言溝通，讓情況雪上加霜，重責大任因此落在低階聯絡官的肩上，例如能通雙語的陸軍中尉愛德華・史畢爾斯（Edward Spears）——他出身國際化的法國與愛爾蘭家庭，不僅出生於法國，成長時也大都在此。有些文化障礙比語言障礙更神奇：一名英國軍官被法國人逮捕，抓到他的人懷疑他是間諜，這時居然要他脫掉衣服，提供「一些證據證明你是英格蘭人」——實在不曉得法國人到底期待看到什麼。[27]

弗倫奇的目標變成拯救麾下的英國遠征軍免於殲滅，不管盟友打算怎麼做。他一度打算衝向海岸，幾乎成了一九四〇年事件的預言[1]。他在九月初抵達巴黎近郊，要求脫離戰線兩週以休整部隊——這是個瘋狂的念頭，畢竟戰爭都已到決定時刻了。阿斯奎斯寫道：「我們都覺得此舉錯得離譜，因為他將從此……給我們的盟友留下口實，說英格蘭人在緊要關頭遺棄他們。」[28]基奇納趕往巴黎，告訴弗倫奇繼續戰鬥。弗倫奇的恐慌到底其來有自，畢竟法軍似乎深陷危機，許多英國軍事單位一直沒停下撤退的腳步，平均每晚只睡三小時。超過兩萬人陣亡、負傷、被俘，或是被留在後頭。[29]一名龍騎兵衛隊斥候回想行軍過程中睡著的人馬：「我不止一次從馬上跌下來……。痛可以忍，食物可以張羅，但想休息的渴望永無止境。」[30]幸好追擊的德軍情況也沒多好，他們的卡車幾乎都壞了，馬幾乎都死了，人也都筋疲力盡。

到了九月五日，德軍已經大致沿巴黎東邊的馬恩河（River Marne）擺好陣勢，最逼近的軍事單位距離巴黎城牆僅約二十英里。霞飛從東線抽調數個師團以遏阻這一回的攻勢，他下令將任何表現怯懦的人就地正法，並撤換無能的將領。朗熱札克亦在其列，改由氣宇軒昂的弗朗謝·德斯佩雷（Franchet d'Esperay）接任，英國遠征軍很快對他滿心敬佩，稱呼他敢死法蘭奇（Desperate Frankie）。霞飛再三請求弗倫奇加入大反攻：「元帥閣下，法蘭西懇求你。」（Monsieur le Maréchal, c'est la France qui vous supplie.）。弗倫奇爵士先是艱難地用法語回答，接著爆出口：「該死，我不知道怎麼說。就告訴他咱們的小夥子會跟別人幹一樣的活。」[31]遠征軍偶然發現自己正對上德軍第一與第二軍之間的廣大空隙，只有一道騎兵隊把守。根據一位可靠的法國史家所說：「縱使有霞飛的請求與壓倒性的人數優勢，英國人進攻時卻帶著嚴重的怯態，完全沒能利用局部取得的成功。」[32]遠征軍確實一直小心翼翼，但「馬恩河奇蹟」本來就不是以快速或決定性的行動為特色：所有軍隊都皆已力竭。真正的奇蹟是，德軍司令部居然認定自己打輸了，繼而在九月九日至十四日後撤到三十英里外的埃納河（River Aisne）。這代表德國計畫迅速擊潰法國的計畫失敗了，但仍讓法軍在五週的戰鬥中出現三十八萬五千人的傷亡。[33]

英國史家經常強調英國遠征軍的關鍵角色。部隊正好出現在險要位置，扭轉馬恩河戰役的局勢，延緩德軍的攻勢。這種觀點肯定了那些在戰爭爆發時力主介入者的主張：假使遠征軍沒有出現在那兒，或者晚幾天抵達，德國便會征服法國，世界史就此不同。然而，法國史家卻鮮少承認有欠這麼一分情。就他們來看，是法國陸軍阻擋了德軍入侵，遠征軍扮演的角色微不足道。很難說遠征軍是否對

1【譯註】指一九四〇年的敦克爾克大撤退，德軍瓦解法國馬奇諾防線後，英法聯軍於敦克爾克成功撤離歐陸之事。

延緩德軍的矛頭有決定性的影響，因為德軍也筋疲力竭、缺少補給，還將部隊分散往其他前線，無論如何都會停下腳步。「馬恩河奇蹟」是場超過一百萬人參戰，戰線長達一百英里的龐大軍事行動。英國人戰鬥不多，僅一千七百零一人傷亡。相形之下，法軍損失八萬人。相較於實際的作為，遠征軍的重要性在於德軍擔心其可能的動向：他們決定，只要英國人渡過馬恩河（英國人在九月九日過河），就要撤退。[34]因此，遠征軍確實對德軍突然喪失信心有所貢獻，而這正是馬恩河戰役的主要戰果。

一九一四年剩餘的時間，就是看雙方為了盡快取勝而不斷奮鬥，彼此都想從西北方包抄對手。英國遠征軍重新部署在協約國戰線的左翼，靠近自己的補給港。十月，法國人、英國人、印度人與比利時人在比利時城鎮伊普爾（Ypres）打了場血腥的防衛戰——有四場戰役在伊普爾的廢墟上打響，一場比一場血腥，這回是第一場。此後，戰線便固定下來。原本的遠征軍幾乎徹底消失，九萬人傷亡或被俘，而且有三分之二發生在伊普爾。許多遠征軍中的兵團減到剩一百人；三個月前，第二高地輕步兵團在奧爾德肖特（Aldershot）集結時有六百多人，如今只剩三十人。到了一九一四年底，法軍有九十九萬五千人傷亡或被俘，德軍則有八萬人。這幾個月是整場大戰中傷亡最慘重的月份——軍隊在空曠地的衝突，遠比最慘烈的壕溝戰更致命[2]。[35]

與多數專家所期盼的不同，這一年的戰事並未能快速了結。法軍與法國政府的戰力與復原力都超出預期，並未屈服於施里芬計畫下。這場戰爭將化為一次令人腸斷的耐力、鮮血與財富考驗，而德國從來沒有贏的可能。基奇納很早便預料到這是一場長期抗戰，英國將首次招募一支大軍。他警告法國人，英國其實沒有更多部隊可用，畢竟「把沒受過訓的人送上戰線，幾近於謀殺」。結果，「直到一九一五年晚春之前，都不能期待英國對實際戰力有非常重要的補充，而且……要到一九一七年夏天……英國陸軍才能拿出全部力量」。[36]目前，法國人得承擔殺戮的正面衝擊。

德國人占領了煤田、鐵礦與北法的工業城市。法國人因此在巴黎、里昂與土魯斯新建工廠，香水廠改生產炸藥，山谷裡也蓋了數十座水力發電廠。法國兵工廠及時將大炮、機關槍，以及後來的飛機與坦克供應給塞爾維亞人、俄羅斯人，最後則是美國人。[37]但一切皆有賴英國的錢、煤礦、鋼鐵與船隻，畢竟德國奪取了法國百分之七十五的煤產與百分之六十三的鋼材。法國政府原打算以黃金儲備支應短期戰爭，但早從一九一五年四月起，當局便非得向英國信貸十五億法郎，才有資金跟美國、加拿大與英國採購，而這只是許多筆借款中的第一筆。一九一六年八月之後，法國便仰賴英國的補助，少了這些錢，仗就打不下去。這讓人想起一六八八年以來的每一場戰爭：英國為歐陸盟友提供金援，以防敵對勢力稱霸。在現代的情勢下，兩國的經濟少不了前所未有的控制。協約國成立聯合採購權責單位，如此一來，各國才不會在小麥、糖等商品的世界價格上與彼此競價。隨著戰爭繼續，經濟上的共生也在增加。英國與美國進口品對武器生產至關重要。法國平時與歐陸鄰國的陸上貿易已經停頓，因此需要出口英國，以維持平民就業，並遏止貿易逆差。截至一九一七年，法國已有超過百分之六十的國民

2【作者註】以陣亡人數而論，法國陸軍在一九一四年每月大約六萬人，一九一五年每月三萬人，一九一六年每月兩萬一千人，一九一七年每月一萬四千人，一九一八年每月兩萬兩千人。

生產毛額消耗在戰爭上——堪比蘇聯在第二次世界大戰期間的情況。[38]

雙方為錢爭吵，導致長久的不滿——法國人懷疑英國人從戰爭中獲利，英國人則對法國人想保留黃金儲備，同時卻花英國提供的補助而惱火。多數的進出口得由英國船隻載運，而且需求愈來愈大，這實際上等於讓法國經濟受到英國人監管。英國政府徵用所有船隻，限制非必要商品進口英國（包括對法國經濟至關重要的奢侈品），以便為食物與原物料騰出運載空間。當局堅持法國人如果想用英國的船，就該如法炮製。一九一六年九月，英國的領事回報有兩百艘商船在法國港口中閒置，英國政府於是開始從法國業務中抽回船隻。此舉延緩了煤、鋼進口與武器生產。有人指控英國船隻遭到「濫用」，兩國報界對此都有憤怒的評論。法國政府同意釋出更多鐵路運量，以加速船隻裝運與卸載——等於限制平民交通需求與部隊的探親假。英國與法國經濟處於官方的聯合控制之下，由跨盟國的權責單位負責購買、分配商品，目標是讓所有協約國公民擔負相仿的經濟負擔。到了一九一七年十一月，英國與法國實際上等於將各自的經濟資源集合起來。兩國也創造了單一的單位，向美國購買補給。法國貿易部長艾蒂安·克萊蒙泰爾（Etienne Clémentel）希望這個聯合貿易體系在戰後繼續下去，充作對德國經濟宰制的屏障。他手下會講英語的助手尚·莫內（Jean Monnet），則在第二次世界大戰讓這類思想重出江湖。

法國部會首長曉得管制有其必要，但把不受歡迎的限制怪罪於英國的施壓，確實對政治有大用。英國大使伯提警告：「人們傾向……認為我們利用法國與德國的對抗，純為我們自己的益處。」英國工會成員前往法國，試圖讓法國社會主義者相信英國並非為利潤而戰，連學校教師代表團都去了。曾在法國求學的史家赫伯特．阿爾伯特．勞倫斯．費雪（Herbert Albert Laurens Fisher），在一九一六年執行官方交派的任務。他觀察到人們沒有意識到英國人的付出，甚至「實際上是貶低英格蘭在戰爭中扮演的角色」，情況在造成法人苦痛的凡爾登戰役（Battle of Verdun）後尤甚，對此他表示憂心。但白廳不喜歡做宣傳，對於在法國為英國辯護也鮮有作為。大使在自己的日記中寫說：許多法國人相信英國「正因戰爭而富，因此我們希望戰爭延長下去，拖得愈久，我們更能確保將全世界的貿易……掌握在自己手裡」。[39]「迦太基」活得好好的。

湯米大兵與法國人

只要戰爭結束（Après la guerre finie），
英格蘭士兵就會離開（Soldat anglais parti）。

——法文歌謠

英國遠征軍在一九一四年八月登陸時，布洛涅市長呼籲向「英勇堅定的英國部隊」致上「熱情、友好的歡迎」。基奇納擔心歡迎會超乎友好，於是提醒要抵抗「誘惑，酒和女人都是。諸君必須堅定抗拒兩者的誘惑……以完美的禮貌對待所有女性，避免任何親密互動」。[40]人們鮮少如此熱情地違反一位元帥的命令。

到了一九一七年的高峰期，有超過兩百萬「不列顛」部隊（包括印度人與自治領人）駐在法國。整個戰爭期間有超過五百萬人在法國服過役，這是兩個民族間有史以來最密集、人數最多的直接接觸，也是英國男性經歷過最盛大的單一「出國」經驗。誰知這居然鮮有人研究，[41]這證明了大戰的記憶變得多麼內斂而具選擇性，兩國皆埋首於自己的創傷中。因此，我們所能談論的記憶，也因此既偏重印象，甚至多少出於猜測。

這種經驗之所以很少人記得（比方說，相較於第二次世界大戰期間出現在英國的美軍），遺留的感受之所以矛盾，部分可以透過情勢造成的限制來解釋。雙方的接觸有地理上的限制。自一九一五年來，戰局多半呈現停滯，而英國遠征軍的活動範圍也因為政治、實際需求與戰略之故，主要局限在西北的三個省——加萊海峽（Pas de Calais）、諾爾（Nord）與索姆（Somme），而且還被戰壕線切成兩半。這個地區有著跟英格蘭北部紡織業接觸的歷史。里爾是法人學習英語的重鎮。盧貝（Roubaix）有法國歷史第二悠久的足球俱樂部，是由英格蘭紡織工程師成立的。[42]駐紮的英國軍隊人數龐大可見。許多地方的英國人甚至比法國人還多。當地有英式的巴士、路標，商店裡也有英國廣告海報與商品。地名甚至非正式地英語化，例如蒙希布雷頓（Monchy Breton）變成「猴子英國」（Monkey Britain），歐雄維萊爾（Auchonvillers）變成「臨海別墅群」（Ocean Villas）。戰情需要讓士兵不斷移動著，從平民人去樓空、滿目瘡痍的戰區，前往後方有人居住的休整區，再經由轉運點與基地（主要是亞眠、盧昂、勒阿弗爾與埃塔普勒）往返英國。軍民之間最密切的接觸，便發生在休整區。法國多數地方都見不到湯米大兵（*les Tommy*），至於確實能看到大兵的地區，也是看到他們在移防。私人的接觸因此都很匆忙。更有甚者，軍方高層與社福機構也設法限制他們與平民的接觸，避免部隊透過運動、音樂會、操演、食堂、圖書館與寄宿處而有「不當行為」。[43]只有在軍需庫與補給線上的非戰鬥部隊（人數相當多，包括行政人員、倉管人員、醫官與憲兵），才會跟法國平民有持續的接觸。

戰爭同樣對社會、經濟生活帶來限制。北法的生活已經毀於一旦，製造出破碎的家庭，人們失去生計，陷入貧困。許多民眾逃離當地，或是被迫撤離；其他人則是以比利時與遭到占領的北法難民身分來到，德國人對這些地方的統治非常嚴酷。雖然英國遠征軍就是戰爭的一種展現，這支部隊本身也是造成破壞的工具，但也是個收入來源：相較於法國士兵，英國人有大把的錢，自治領部隊甚至更多。一旦一九一四年八月那種興高采烈的歡迎過去之後，軍人與平民日常的接觸就純屬（或者部分是）生意性質：農民與酒吧（*estaminets*，法國北方對酒吧的稱呼）的店主、店員一起販售食物與非法酒類，家戶長提供住宿，婦女則提供性。一位憤世嫉俗的法國官員在一九一七年表示：「英格蘭人受喜愛的程度與留下來的錢呈正比。」[44]農業為主的社會與多半出身都市的軍隊之間有不少文化差異，軍人經常嫌當地的情況原始：「農夫跟他妻子脾氣都很暴躁，到處髒兮兮；我們寧可睡國內的『跳蚤旅館』，也不想睡房裡髒臭的床。」[45]至少有一個正規軍營單位穿著短褲，彷彿自己還在印度，而且「成員待法國平民有如『黑鬼』（niggers），拳打腳踢，對他們講部隊裡用的印度斯坦語」。[46]許多法國家庭認為強制分配住宿的大量軍人經常喧嘩，需索無度的部隊更是打亂生活的負擔：「這一帶沒有誰是自己房子的主人。」[47]

人們迅速採用洋涇濱英語與法語，克服了語言困難（例如 *il n'y a plus*（再多一點）和 *ça ne fait rien*（不要緊）就演變成 *napoo* 和 *san fairy ann*）。「噢，簡單，」一名蘇格蘭士兵解釋：「我只是跟拿個老女人要兩張紙，她酒給我三顆蛋。」有位法國女侍講得也很流利：「先生，等你ㄘ完載說。」（Messieurs, when you 'ave finis, 'op it）但寫字就很困難，也因此人一旦離開之後也很難維持關係。儘管如此，一名法國信件檢查員在一九一六年時，仍然對法國女子在英國士兵的單位開拔後所寫的信件之多感到震驚，「好像訂婚一樣」。愛爾蘭戰爭畫家威廉・奧本（William Orpen）認為，到了一九一七年「幾乎每位法國女孩都能講一點英語，要是別人聽不懂，她們還會非常生氣」。[48]

對於這種漫長、反常，而且經常緊繃的關係，我們所知多來自信件（受到當局監管，也經常為了家鄉父老而自我審查）、日記、後來寫的回憶錄與文學作品，此外也來自關心秩序與軍紀的軍事當局紀錄——有時候其內容難免影響我們的看法，以竊盜、惡意破壞物品、醉酒與嫖妓占據明顯位置。竊盜與毀損物品有許多形式。從蒙斯撤退之後，士兵們又飢又渴，於是自動從蘋果園摘蘋果，或是自發拿走自己能找到的任何東西。來到戰區，遭人遺棄或半廢棄的房舍與農場，就是生火木料與建材的來源。生火是為了取暖，但火勢也會蔓延。雖然德軍做法更糟，法軍也沒比較好，但當地人很難因此感到安慰。「白拿」可是門發展成熟的藝術，規模也很龐大。任何能帶走的東西——馬鈴薯、煤炭、稻草、雞、雞蛋、牛奶、木頭，都可能被人拿走。讓憲兵大感挫折的是，團部軍官居然對這些行為睜一隻眼、閉一隻眼。我們或許會覺得奇怪，這關憲兵什麼事？但他們得回應當地民眾與市長的抱怨，人家從一九一六年起可說是怨聲載道。英國人深信法國人知道軍隊會賠償，因而誇大損失。官方軍事活動的影響更為嚴重。馬匹在田間吃草，軍隊操演時也會踩壞莊稼。草料遭徵收，牲棚遭占據，打斷了農事。土地還被人拿去用，從足球場到飛機場都有。[49]

酒成了法國與英國關係的推動力。少數能在前線附近蓬勃發展的產業，就是酒類生產與供應，這得益於既有的私釀、蒸餾習慣。在某些聚落，每兩三間房子就有一間變成酒吧，同時供應食物。「只要酒吧有便宜的紅酒，還有雞蛋跟馬鈴薯可吃，對我們來說就是天堂。」[50]當然會有人為價格起爭執（不安分的士兵絕對很難應付），但士兵與平民之間合謀哄騙軍事當局的例子也很多。年輕的軍官羅伯特·格雷夫斯（Robert Graves），對於整個情況感到噁心：

> 我很難喜歡這裡的法國人……。人們會在其他國家遇到好客的農人，但我在這裡從沒遇過任何好客的例子，雖然我們正在為他們骯髒卑微的生命作戰。他們還從我們這兒吸取大量的錢……。每個二等兵每十天會領到一張五法郎的紙鈔（將近四先令），接著立刻到當地酒館把錢花在雞蛋、咖啡與啤酒上。東西價格荒謬，品質又差……後來某天，我還看到人們用軟管取運河的水，加進

一桶桶已經很稀的啤酒裡。[51]

他很驚訝「英國人與法國當地人之間居然沒有發生多少衝突——法國人對我們同樣憎惡，而且深信戰爭結束時，我們會留下來把持海峽邊的港口」。這個觀點是有點極端——格雷夫斯假道學的吹毛求疵對此增色不少，但甚至連法國政府圈內人，也表現出對戰後軍事占領的古老恐懼。英王喬治五世前來勞軍，邀請法國總統雷蒙．普恩加萊（Raymond Poincaré）共進午餐，但普恩加萊對此感到坐立不安——他覺得在法國土地上，應該他才是東道主。[52]至於沒那麼高的層級，老百姓純粹是對這麼多外國人排山倒海而來感到膩了。

✣ ✣ ✣

〔延伸〕廊酒加熱水

法國如何在英國人的行為上留下影響的痕跡？有個奇特的例子，是來自蘭開郡的部隊學到喝香甜利口酒——廊酒（Benedictine）的習慣，特別是在酒裡摻熱水——「廊酒加熱水」，創造出某種類似溫熱止咳藥水的飲料。這種習慣在戰後發展起來，蘭開郡也變成廊酒消費重鎮。將近一世紀後，伯恩利礦工俱樂部（Burnley Miners' Club）仍然是世界上最大的廊酒單一消費者。

皇家藝術協會與皇家喜伯年協會會士威廉・奧本（Sir William Orpen）繪製的〈第厄普〉，描述英國軍人倏地愛上了廊酒。

【延伸】足球

英國人的出現，是否對法人生活帶來持久的影響？對此我們所知不多，除了一個重要的領域：足球。一有空閒就開始踢球，情勢允許就籌辦賽事——英國人這種無所不在的習慣，讓法國人與德國人都驚嘆不已。德國人認為，英國人習慣把球踢進「無人地帶」、當作進攻時「開球」的做法，實在非軍事得可以。法國人「無法理解英格蘭人何以在足球上耗費這麼多生命……而不去為戰爭做操演」。[53]最後，法國第五軍團還是成立了運動隊伍，舉辦盟軍間的賽事。法國人顯然缺乏經驗，「法國球員完全沒有足以控球到球門口的能力……。〔他們〕速度很快，只要多跟英國隊練球，絕對會是優秀的足球員」。[54]這種戰時經驗讓足球起飛，成為法國的全民運動。

❖ ❖ ❖

位於休整區的村落為士兵們提供一處避風港（他們通常每十二天裡在此停留四天），在這裡洗澡、睡覺、吃飯，暫時忘記戰爭。相較於「一片破爛荒蕪，到處都是卡其服」的壕溝，這兒簡直是首田園詩：「地上長滿銀蓮花與黃花九輪草……在森林的深處，根本不可能聽到外界的聲音。」「這個在戰線後方十四英里的平靜村莊，恢復了我們所有人的心智健康與慣有的奮發精神，我們的虧欠不知凡幾。」除了親近自然，與平民間的人性接觸（尤其是女人）對放鬆至關重要：「一直看到穿長褲和卡其服的人，已經讓人厭煩至極！」[55]在房舍與農莊中寄宿，讓人得以培養類似家庭生活的人際關係——借宿的津貼（軍官每日一法郎，士官五十分，列兵五分）讓許多法國家庭得以維持生活。士兵對寄宿家庭的親切非常感激。一位得到主人家照料的病人說：「他們待我的方式，讓我覺得即便是他們最親的親人，也莫過於此。」[56]

法國地方社群變成以女性為主，畢竟年齡從十八至五十歲的男性已經接受徵召，到英國駐紮區以外的地方作戰。對年輕士兵來說，這不僅在酒吧與寄宿所創造一種母性的氛圍，同時也意味著某種很挑逗的氣息。戰前的刻板印象帶來幻想，不僅巴黎成了「某種巨型妓院，裡面的女人除了喬琪紗內衣與超長絲襪，便什麼都沒穿」，連整個法國「對性都有一套不同的禁忌」。這樣的期待相當滑稽，不僅讓士兵感到失望（覺得「貧窮階級」的人「相當倒胃口」[57]），還造成嚴重的誤解——戰時極為不尋常的性行為（在法國遭到強硬反對）被英國人詮釋成「典型的法國做法」。

當時的人一再表示戰爭創造了特殊的情境：缺乏平常的社會控制；飽受驚嚇、遭受創傷的男人（包括「不希望死時還是處男」的少年[58]）有感情與親密關係的需要；證明自己是個男人的同儕壓力、無聊、有錢無處花、酒精的影響，以及大量的機會（不在戰線上的人更是得天獨厚）。而在平民這一方，缺少掙錢的男丁、無家可歸、在食物短缺但物價上漲的情況下（一九一六年至一七年寒冬時尤其嚴重）

養育小孩的需要、政府援助不足，以及官方徵收農產的嚴酷政策……這一切共同創造出一批貧困的女性人口。正是在這種背景下，人際關係從法人這方的愛國癡情與英國那廂的孩子氣幻想出發（有位士兵「只要坐著看……不用講話」，看著自己寄宿家庭的女兒就感到滿足[59]），經過調情與愛撫，演變為浪漫熱情、純為賺錢或半為賺錢的性關係。有些農家採取莫泊桑的讀者不會驚訝的務實態度，而且至少有些例子裡還是勞逸結合：「這個農場是由一位寡婦和她的三個女兒經營的，四人皆相當貌美。中士就睡在農莊裡，兩天後我才知道我的兩名戰友已經跟其中的兩個女兒搞上，睡在一起，打算把小女兒留給我。離開的時候，我真的感到很抱歉。」[60]這類關係以及軍事基地、港口與火車站附近的性交易，導致性病大流行（在澳洲人之間最為嚴重），「嚴重危害部隊戰力，軍官情況尤甚」。[61]光是一九一七年，就有大約五萬五千名英國士兵（將近三十分之一）需要住院治療。[62]勸誡和處罰的收效有限，一如預期。陸軍最後只能不顧英國國內批評，求諸於法國模式，開辦有牌妓院——軍官上的妓院點藍燈，其他階級則是紅燈。據估計，有五至六萬名女性以妓女身分服務英國軍人。一旦被人發現是性病帶原者，就有可能送到盧昂拘留。

法國士兵天生不喜歡英格蘭人（*les Anglais*），後者更有錢，制服也比較好看——因此得到諧音諢號「皮帶仔」（*les sanglés*）。各國軍人都擔心家裡的女人通姦，對此牽腸掛肚。在戰爭的大多數時候，法國人眼中最主要的勾引者就是英國人（「人人厭惡的逃兵（*embusqués*）除外」）。一本不知名戰爭小說中的角色發著牢騷：「在英格蘭人營地逮到的女人更多。而且你確定她們不是妓女，而是結了婚的女人……。等到她們的丈夫發現，那會是多大的打擊……真該把她們剃光頭。」[63]已婚婦女若是被人看到與英國士兵在一起，是件「很可恥」的事，義憤填膺的鄰人還會把不守規矩的人當成妓女抓起來。有份報告指出，當一名已婚婦女發現放假回家的丈夫正要進門，便宣稱自己是遭人強暴。一位訪法的英國政治人物擔心「我們年輕軍官……對法國婦女的態度，光天化日下用那種輕浮舉止待人」。[64]法國女性主義者震驚地發現士兵們有本「幾近於淫邪」的片語書，標題是「跟年輕小姐的五分鐘對話」。書中一開始是「喝點開胃酒嗎？」(Voulez-vous accepter l'apéritif?）和「要不要共進晚餐？」(Pouvezvous dîner avec moi?），接著進展飛快到「讓我吻你的手，吻你的唇」(Permettez-moi de vous baiser la main – de vous embrasser）和「你住哪兒？」

幻想中與實際上的法國女孩。英國人對法國的期望造成了荒唐誤解。

（Où habitez-vous?），然後是傷感但坦白的觀察——「我們的幸福不會長久」（Notre bonheur sera de courte durée）。這本書不僅被斥為對法國的侮辱，對盎格魯薩克遜婦女也是打擊，她們可是期待自己的男人返家時「道德上、身體上都清清白白的」。[65]

以上種種原因，導致戰時的互動未能創造出純粹的好感。英國人的回憶錄除了歡呼的群眾與好客的農民，也有貪財、性亂交與流言蜚語。法國人雖然對他們的英國保護者相當感激，但也經常覺得他們舉止就像征服者。大量出現的英國人雖然創造了友情與少數的婚姻，但也同樣在海峽兩岸創造相互間的反感——甚至是羅伯特．格雷夫斯所說的「憎惡」。幸好，英國遠征軍還是「史上最有教養的一支軍隊」。[66] 法國人與軍紀素來不佳的澳洲人，以及姍姍來遲的美國人之間關係更差，最後演變成法軍與美軍在巴黎的一連串鬧事，以及一九一九年盟軍橄欖球賽中法國對美國「激烈駭人」的比賽（法國獲勝）。[67] 儘管如此，美軍的到來還是讓英國人失寵。理由看來很簡單：人們在一九一四年熱情歡迎遠征軍抵達，但遠征軍並未帶來迅速的勝利，可是一九一八年抵達的美國遠征軍（American Expeditionary Force）卻很有可能實現這個目標。

我們不可能幫回憶錄中的態度做精確的損益表，但有兩點值得一提。首先，對於英國駐軍的記憶，其正面程度使之在一九四〇年成為反抗德軍新近占領的號召，也為一九四四年北法地區迎接英國人時添了額外的溫暖。另一方面，法國人與英國人通婚的數量似乎相當少——以加萊為例，整場戰爭期間只有五十一對新人。[68] 史家理查．科布（Richard Cobb）提到有少數過去的湯米大兵在北法定居，他們經常是近水樓臺先得月，與商店或酒吧老闆的女兒結婚，講「一口英語和北方工業地帶的方言（*chtimi*）的古怪混和」。[69] 無論如何，這場戰爭並未創造出大量的跨海峽家庭紐帶。

有些法國平民與英國人的接觸不僅危險得多，有時甚至是悲劇。事情來得很早，也來得意外——一九一四年英國遠征軍撤退後，就有法國家庭（包括孩童）發現、幫助脫隊的士兵，有時他們已經在樹林裡躲了幾星期了。一般人都認為德軍會殺害，甚至是折磨被捕的士兵——從德軍在比利時的暴行來看，這大有可能。幾個月過去，孤立無援的士兵愈來愈有可能被人當成間諜射殺，幫助他們的平民則得冒著被殺或強迫勞動、家園被燒的風險。在一起事件中，十一名躲在一處磨坊中的英國士兵遭到逮捕，連同保護他們的法國人一同死在槍下。有些法國人成立有點規模的非正式逃脫網，其他人則單純將英國軍人藏在自己家裡。第十一驃騎兵團（11th Hussars）斥候派翠克・福勒（Patrick Fowler）的經歷堪稱惡夢。

威廉・奧本繪製的《更換寄宿點》（*Changing billets*），描述寄宿在法國平民家中的軍人經常展開一段熱烈，但恐怕相當短暫的情愛關係。

一九一五年一月，人們發現他渾身髒汙，餓著肚子在勒卡托附近的森林中失神遊蕩。農家貝爾蒙・戈別（Belmont-Goberts）一家人將他藏在自家廚房櫥櫃裡，但他們家已住滿寄宿的德軍士兵。他在櫥櫃裡待到一九一八年，透過木頭間的縫隙呼吸、拿到食物，等到德國人離開才能出來。儘管他和收留他的一家人身心皆已超過極限，但他們還是設法在這場戰爭中活了下來。和福勒同兵團、躲在同個村莊裡的一位下士就沒那麼幸運了——他在一九一五年九月被捕、槍決，窩藏他的女主人則被判在德國做二十年的苦工。類似的例子還有幾件。[70]

最知名的故事要屬二等兵羅伯特・迪格比（Robert Digby）的遭遇，這得歸功近年來作家班・麥金泰爾（Ben Macintyre）的挖掘。迪格比是漢普郡人，從一九一四年九月起便與幾名同袍一起接受維勒雷（Villeret，位於勒卡托西南方二十英里）村民的庇護。[71]好幾家的人直接與此有關，他們將彼此微不足道的口糧集中起來，為這些士兵提供躲藏的地方，不讓村裡駐紮的德軍找到。許多鄰居都知道有事情在發生，因為這些士兵試圖像當地人那樣在路上走動——這在德軍別有要務時不難，但真正的皮卡第人一眼就能看穿。迪格比由迪先家（Dessennes）庇護——這務農的一家人也兼做菸草走私。他與二十歲的克萊兒（Claire）相戀，兩人生了個女兒，即一九一五年十一月出生的愛倫／埃蓮（Ellen/Hélène）。不知是出於嫉妒還是村裡的封建規矩，或是德軍對教唆英國「間諜」的人威脅愈來愈嚴重、單純出於害怕？總之，迪格比與三名同袍被人出賣，一九一六年五月在村裡公開槍決。他寫下「我這一生最後一封信」給「親愛的克萊兒」：「永別了，別忘了羅伯特，他可是為法國與自己的國家死得心安理得……。為我擁抱我的小女兒，等她長大後，告訴她關於父親的真相。」[72]

隔年德軍撤退到興登堡防線（Hindenburg Line）時，他們按部就班，將維勒雷與其餘數百個村莊夷為平地，化為一大片荒土。人們在停戰後返鄉，身上一貧如洗。一九二〇年代，有些居民得到英國政府與民眾提供的獎牌與經濟補償，感謝他們幫助英國士兵。貧困的貝爾蒙・戈別夫人不僅獲獎，還得到斥候福勒躲在她家農舍期間的補發膳宿費（兩便士一天）；第十一驃騎兵團為她募資更多錢，並買下那個櫥櫃，供兵團收藏。[73]

法國平民跟英國人之間另一種危險的牽扯方式，是在德軍防線後從事間諜或抵抗活動。女性領導重要的網絡，這得益於她們更有能力在法國與比利時的德軍占領區移動。出身里爾的學校老師路易絲・圖利耶（Louise Thuliez）開始「像條意志堅定的　犬」四處奔走，接觸失散的士兵，為他們找躲藏處，之後為他們領路穿越比利時到荷蘭。克羅伊的瑪麗公主（Princesse Marie de Croÿ，她是半個英國人）也加入，提供她位於勒卡托北邊的莊園（當時已經成了軍醫院）作為藏身處，並提供衣物、食物、金錢與偽造的文件。這些網絡也向盟軍提供軍事情報（例如計算部隊火車數量），發放反抗文宣。這類的網絡有好幾個，但他們沒有保密經驗，受到他們幫助的士兵也沒有。一位滿懷謝意的逃脫者從英國寄來感謝信，克羅伊的瑪麗因此暴露。另一位名叫歐仁・傑克（Eugène Jacquet）的里爾紅酒商之所以遭到槍殺，其間諜網破壞，部分是因為一名逃脫的英國空軍士兵留下的日記成了證據。[74]這類組織很快便遭人滲透，主事者成為階下囚。比利時有位重要的聯絡人——艾迪絲・卡維爾（Edith

Cavell）。卡維爾是布魯塞爾一所護校的校長，她同意為路易絲·圖利耶一群群帶來的逃脫者提供庇護，繼而由情報傳遞小組（有些成員在承平時是走私販）帶領他們到荷蘭邊境。路易絲·德·貝蒂尼（Louise de Bettignies）從事的抵抗活動更專業。她來自里爾，是位受英式教育的年輕女家教。一九一四年她以難民身分抵達福克斯通（Folkestone）時，被英國情報單位吸收。貝蒂尼利用天主教的關係，打造了有兩百名間諜的網絡，蒐集德軍情資，用無線電與信鴿維持聯絡。咸認她是個「完全值得信任的可靠人物，擅長判斷人的個性，對手下的間諜相當嚴格」。一九一五年，皇家總參謀部首長寫到她，說她「不要求也不接受任何獎勵，她組織、指揮一個龐大、成效卓著的情報機構……在過去多個月送來完整的部隊動向報告」。[75]

一九一五年八月，艾迪絲·卡維爾被捕，原因可能是因為她和逃脫的士兵保密不夠到家。出於不知道的理由，她把事情全盤托出，包括網絡中其他成員的姓名與活動內容。[76]十月時，卡維爾與一位男性夥伴遭到處刑。人們推崇她為烈士，在法國經常稱為新聖女貞德——這是和解的真正跡象，畢竟貞德長期都是反英的象徵。圖利耶、克羅伊等人判處長期監禁，但在一九一八年獲釋。路易絲·德·貝蒂尼在一九一五年十一月被抓，但她把身上帶著的一份報告吞下肚，完全沒有透露任何情報。由於國際撻伐槍殺卡維爾一事，德國人因此將貝蒂尼的死刑減為苦工，但她在獄中抵抗不懈，遭受的虐待導致她在一九一八年身亡。里爾為她立起紀念碑，她的名字也在一九四〇年代用來激起反抗，只是後來她和其他的反抗人士（戰爭結束時有六百名婦女關在德國監獄中）消逝在群眾的記憶中，受到第二次世界大戰時的抵抗行動所掩蓋。[77]

僵局與屠戮：一九一五年至一七年

我們正在法國擊敗英格蘭……這話再確切不過了。

——〈德軍參謀本部對未來戰爭行為的報告〉（A Paper by the General Staff on the Future Conduct of the War, 1915）[78]

在我看來，多得到兩、三公里的土地，影響也不大……。我們的目標比較像盡可能殺多一點德國人，同時自己人損失愈少愈好。

——英國將領[79]

不管你怎麼做，你都會損失很多人。

——法國將領[80]

戰爭該怎麼打？怎麼做才能贏得勝利？多數的專家認為，由於軍事、經濟與政治因素使然，現代戰爭只能維持少少幾個月，但他們的假設已然破滅。有人斷定，決定性的對決在於西線，英國與法國必須在此擊敗德軍——這是「西線派」的看法。這種看法要求英國盡速投入其最大軍力，為此要優先考慮徵兵。人數與火力能讓敵人流血致死，但自家士兵也得付出必要的代價。不贊成這種觀點的人則尋求其他戰略：以海上封鎖扼殺德國的貿易，必要時就讓其民眾挨餓；或是在巴爾幹或土耳其帝國開闢新的東部戰線。「東線派」希望迫使德國分散戰力援助其盟國。他們也想鼓吹俄羅斯人，俄羅斯人雖然遭遇慘敗，但其人力資源或許終將帶來勝利。東線觀點需要人們接受長期作戰，西線也要採取防守策略。這也意味著新集結的英國部隊要趕赴其他舞臺，法軍得因此承受西線的主要壓力。此舉在道德上與政治上都有弦外之音。法國人（與俄羅斯人）將暫時承擔大多數的傷亡。可以預期，英國軍隊（一九一七年達到軍力巔峰）將扮演贏得戰爭的關鍵角色，從而讓英國政府在和平時期占據主導地位。

這種戰略上的兩難並未成為法國與英國之間的嫌隙。有些法國政治人物不相信本國的將領，因而很能接受「東線」計畫；多數的英國將領若非「西線派」，就是正在靠攏；所有的英國政客與將領都曉得，法國不能戰敗或求和，否則就無法保全他們。但在實務上，辯論的內容轉向英國是否願意答應法國的要求，派更多的人到法國，承擔更長的戰壕線。戰壕已經發展到四百五十英里長，但英國人至多只負責四分之一——其中固然包括需要重兵鎮守的兵家必爭之地。但怎麼樣算重兵？英國人不該負起更多責任嗎？沒完沒了的爭吵意味著英國與法國政府，以及英軍與法軍司令部之間的關係經常緊繃，不時瀕臨瓦解：「至少在雙方眼中，法國人的期待太多太急，英國人的作為太少太遲。」[81]彼此難免惡意懷疑對方。「我們曉得自己忠誠而無私地和盟友『在場上比賽』」，一名英國遠征軍高階軍官以平淡的口氣提到：「與此同時，『背信忘義的阿爾比翁』的觀念卻沒有在法國消失，恐怕我們的朋友對於我國政策與外交並未抱以絕對的信心。」[82]

兩個盟友雖然肩並肩，卻是各自戰鬥，自然很難化解差異、共同決策。兩個主權政府掌控兩支獨立的軍隊，做自己的決定，守自己的祕密。合作則由內閣或軍事會議磋商決定。兩國沒有聯合戰略權責單位，也沒有統一的指揮，泰半得依賴來來去去的閣員與將軍彼此間的個人接觸與信心。法國與英國的傳統偏見總會有影響，語言不通又讓情況更加惡化。約翰．弗倫奇爵士是個狂熱的拿破崙紀念品收藏家，接替他的道格拉斯．黑格爵士（Sir Douglas Haig）更是在降神會與拿破崙的靈魂有過對話，但這似乎沒有多少幫助。英國人認為法國人需索無度、事事保密、感情用事、嘮叨、沒規矩。法國人認為英國人業餘、遲緩、膽小、不合作又不願溝通。約翰．弗倫奇爵士語現機鋒，他在自己的日記中寫道：「交談的方式一如既往，就像我以前面對法國將軍時那樣。情況實在難以形容；一旦他們的想法受到任何一絲反對，他們便把所有的邏輯論證一股腦全拋出來。他們簡直像驢子一樣頑固。」黑格至少有上過法語課，而且顯然講得愈來愈流利——至少是這位不善言詞出了名的人能力所及。他喜歡霞飛（「不聰明，但可靠」），而且儘管「這群法國將軍就是些可笑的傢伙……。我想我能跟他們合作」。但我們不該過度誇大個人與民族間摩擦的影響。雙方都知道他們得繼續合作，彼此的關係在一九一四年的開局不佳後多少也漸入佳境。「和他們打交道時得記得這個關鍵，」皇家參謀總長的建議是：「他們是法國人，不是英格蘭人，看事情的方式現在不會、未來也不會跟我們一樣。我猜，他們也覺得我們是群怪人。」[83]

到了一九一五年，「東線派」迎來了他們的機會。法軍提議遠征薩洛尼卡（Salonika），馳援塞爾維亞人。英國人（尤其是基奇納與邱吉爾）偏好從海上攻擊君士坦丁堡——「協約國這方一次很有想像力的戰略構想」。[84]相較於在法國的血腥僵局，這次相對小的付出帶來的潛在獲益似乎讓人眼花撩亂：把德國的新盟友土耳其打得退出戰爭；讓俄羅斯得以從土耳其人在高加索地區的攻勢中解放；獲得穿越黑海的溫水水道，為俄羅斯供應彈藥，同時確保俄羅斯龐大的潛力為協約國所用。還有其他好處——有機會把義大利與若干巴爾幹國家拉進戰爭，站在協約國一方。但這是否太樂觀了？就算計畫成功，艦隊也抵達君士坦丁堡，土耳其政府難道就會乖乖投降？說起來，這整個戰略都很不切實際。[85]

法國人躍躍欲試，畢竟英國人會提供大半的部隊，承擔大半風險。一九一五年三月十八日，英法聯合艦隊（包括十六艘幾乎要淘汰的戰艦）在英國海軍將領約翰·德·羅貝克（John de Robeck）指揮下，試圖強行開闢前往伊斯坦堡的狹窄海峽。他們幾乎就要成功了，但面對岸上炮火時很難掃除水雷，沉了幾艘船（包括三艘戰艦），艦隊於是撤退，勝利或許也從他們的掌握中消失。部隊得掃除陸上守軍。四月二十五日，英國部隊、法國殖民地部隊與澳紐軍團（澳洲與紐西蘭軍團，Australian and

New Zealand Army Corps, ANZAC）乘坐兩百艘船，在加里波利半島（Gallipoli peninsula）的狹窄尖端登陸。他們幾乎打得土耳其人措手不及，搶在土耳其軍隊集結前突破敵營就是他們最好的機會。眼看目標就在眼前，澳紐軍團卻陷入苦戰。面對土耳其人愈來愈激烈的抵抗，他們也無法推進。到了八月，兩萬名英國與廓爾喀（Gurkhas）部隊發起第二波登陸，再度距離突破只剩幾碼之遙。這次行動極為慘烈——戰區水洩不通、缺乏炮火遮蔽處、高熱、口渴，還有傳染病。一名法國殖民地輕步兵中尉寫說：

疾病躡手躡腳，在熾熱陽光下穿越戰壕……出現在空氣裡、食物裡、髒臭的水裡，以及蚊子惱人的嗡嗡聲、巨型蒼蠅嚇人的喳喳聲、跳蚤與蝨無數折磨人的叮咬裡……同時間更有無數的金屬破片劃破無法呼吸的空氣……。我們跪在地上吃麵包，呼吸的空氣是由塵土與鋼鐵組成的。[86]

傷亡非常慘重：恐怕有超過二十五萬土耳其人陣亡，盟軍也有四萬六千人戰死（英國兩萬一千人，法國一萬五千人與澳紐軍團一萬人）。溫斯頓·邱吉爾是另一種受害者，他辭去內閣職位，前往戰壕中作戰。盟軍決定中止行動，部隊在十二月與一月時高效撤離，過程中未失兵卒。法軍領銜的薩洛尼卡遠征同樣失敗了，只是血流得少些。從北方港口莫曼斯克（Murmansk）興建的鐵路多少緩解了補給俄羅斯的問題——歷史證明，這條鐵路在第二次世界大戰中成了一條生命線。

戰爭雙方都打算在一九一六年硬打出個結果，結局便是一系列的工業化毀滅之戰，在所有參戰國的社會、文化與記憶中留下永久的疤痕。一九一五年十二月六日，一場參謀會議在尚蒂利舉行。會中，法國、英國（在一九一六年初採取徵兵）、俄羅斯與義大利同意發動「一次同步、合力的攻勢，在各自的戰線投入盡可能多的部隊」。[87]此舉將迫使德軍同時間四處作戰，「耗損」（也就是殺死）他們的後備軍人，以人數壓倒他們，帶來勝利。經過大量的客氣磋商後（霞飛不情不願地「將我對戰區的選擇強迫我們的盟友接受」，黑格則渴望「做任何事」以推行自己的計畫[88]）會中決定，主要行動將同時調動法軍與英軍，於一九一六年六月在索姆河兩岸發動攻擊，以配合俄羅斯與義大利的攻勢。

德軍同樣有終結戰爭的計畫。陸軍將領埃里希・馮・法金漢（Erich von Falkenhayn）打算搶在協約國進攻前先發制人，而不是等到「人數平衡剝奪德國剩餘所有希望」的時刻。他和許多德國民族主義者有志一同，認為英國是維繫《摯誠協定》的「大敵」，就像當年領導反拿破崙同盟一樣。英國戰略家擔心德國突襲、占領海峽口岸，趁英國遠征軍困在法蘭德斯泥淖時入侵英格蘭。但法金漢排除入侵選項，認為不可行，而且他相信英國陸軍防禦到家，不能直接攻擊之。他轉而決定摧毀法國陸軍，剝奪英國的歐陸援軍：

法國已堅撐到極限——當然，這是因為有人民最了不起的奉獻之故。如果我們成功讓法國人民張開眼睛看見事實，知道從軍事角度來看他們已經沒什麼能期待了，就能鑿出突破口，把英格蘭最好的劍從她手中打掉。

法軍實力堅強，無法以傳統方式擊敗他們，因此法金漢決定迫使法軍在不利的情勢下作戰。他的做法是攻擊一處要地，重要到讓法國不得不「投入手頭所有人。只要他們這麼做，法國便會流血致死」。假如法國人不吃毒餌，選擇撤退，「對法軍士氣也有極大影響」。[89]更有甚者，法國人的困境將迫使經驗不足的英國人進攻以幫助他們，從而蒙受巨大的傷亡。法金漢為審判行動（Operation *Gericht*，意即「審判」）挑選的殺戮場，是毫無遮蔽的凡爾登城塞。審判日在一九一六年二月二十一日到來。「唐里上尉」（民族主義作家埃米爾．德里昂）當時正守著一處突出的陣地。他在前一天寫信給朋友：「預見『明日之戰』並不難：這一仗必然來臨。要預料這次會攻擊凡爾登……就得更別出心裁些。我們準備要打仗了。」[90]他也在最早陣亡的那批人當中。德軍在四個月時間裡奮力向前，雙方士兵在一場所有人都難以形容的毀滅混沌中喪命。「如果你能，就想像一陣強風、一場風暴愈演愈烈，**雨水全是由石塊構成，冰雹也全是磚頭**。」沒有人能找到辦法精確計算人命損失——「從我腳下的土地給我的觸感，我意識到自己正踩在屍體上，感覺又滑又軟」，但雙方皆蒙受超過三十萬人的傷亡。[91]

黑格為了回應霞飛的請求，心不甘情不願地接手法國部分的防線。基奇納的新部隊根本沒有準備進攻，黑格也不希望讓手下代替法國人被殺。他不願意從計畫中六月的索姆河攻勢中分力，也不願意帶兵向前，除非「情勢緊急，要拯救法國人於危亡，或是拯救巴黎免於遭到占領」。[92]因此，法國人有三個月的時間得獨自承擔凡爾登攻勢的衝擊。此事長遠影響了法國人對英國人的觀感，許多士兵的家書都在抱怨英國人毫無作為。其中一人說英國人是想「保留他們漂亮的軍隊，供戰後之用」。[93]英國人願意「讓法國打到只剩最後一人」的看法流傳之廣，不僅足以為德國戰時宣傳所用，甚至到一九三〇年代與一九四〇年代都有效果。

凡爾登成為法蘭西民族的各各他山[3]，是對意志與堅忍的終極考驗，是第一次世界大戰的轉捩點，也是整場戰爭最恐怖的所在，至今仍在留在法國人的記憶中。這場戰役之所以延續，是因為對法軍與德軍來說，凡爾登已經成了勝利或戰敗的象徵：戰死的士兵愈多，對凡爾登的堅持便愈發重要。凡爾登戰役在法國人的想像中占有重要地位。他們對第一次世界大戰的記憶，之所以是一場法國人（而非協約國）的奮鬥，凡爾登是很重要的因素——雖然德軍進攻凡爾登，是為了打擊英國。

對英國人來說，地位與凡爾登相當的民族記憶就是對索姆河的記憶，是「凡爾登的鬼魅雙胞胎」。[94]總參謀部希望這場攻勢能揮出決定戰局的一拳。英國陸軍將首度領銜——日後戲份也愈來愈重，畢竟法軍在凡爾登大失血，英國人因而大有義務得減少他們在這起攻勢中承擔的份。法國總統普恩加萊擔心「英格蘭人以後會說他們拯救了法國，勝利將是英格蘭的勝利，和平將是英格蘭的和平」。[95]但勝利沒有發生。一九一六年七月一日，十九個英國師團與三個法國師團同時進攻。法軍有相當的推進，若干英國編組也是，但主要是那些得益於法軍重炮支援的單位。但推進的十萬名英國部隊卻承受五萬七千人傷亡，其中一萬九千人陣亡——這是英國陸軍史上最慘重的單日傷亡，相當於法軍在拿破崙戰爭中最血腥的萊比錫戰役（一八一三年）裡的傷亡。推進的援軍聽到的聲音就像「用濕手指在超大片的玻璃上發出尖銳的聲響」——成千上萬名傷者的慘叫聲。[96]一名英國軍官在幾週後推進同一片地方，發現當天傷者的屍體，這些人「爬進炮彈坑中，用自己的防水布裹著身體，拿出隨身帶的聖經，死在那裡」。[97]七月一日的大屠殺是個至今仍能引起激烈論戰的主題。之所以會發生，是因為高估了巨炮轟出一百七十萬炮彈的效果——盟軍錯以為這能粉碎德軍的防禦。進攻的法軍傷亡較少，而英國指揮官沒能從法軍先前慘痛經驗中得到教訓，或許也是盟國間不完美關係的結果之一。

儘管人們對凡爾登與索姆河同樣都有恐怖與徒勞的記憶，但兩者之間有很大的差異。凡爾登是大無畏地守護法蘭西土地，自有其意義。索姆河戰役卻是一場在異國泥濘土地上的失敗進攻，變成徒勞無功的完美象徵——雖然這種徒勞無功的核心形象，也就是「訓練不足的英國部隊在機關槍前成排推進」，後來成了神話。黑格事後辯解，自己之所以發動、延續這場攻勢，是為了減輕法軍在凡爾登的壓力。至於是否如此，至今仍是個爭議。[98]這次的行動早在德軍攻擊凡爾登前就已安排，是盟軍協同戰略的一部分。行動並未提前，而是按照原本的時間表進行，只是參與的法軍遠少於預期。幫助法軍雖然變成重要的目標，但這既非主要、亦非原始的作戰動機，而且也不能作為英國人損失慘重的理由。以提前攻擊的方式幫助凡爾登的，不是英國人，而是俄羅斯人。俄羅斯陸軍將領阿列克謝．布魯西洛夫（Alexei Brusilov）計畫一絲不苟，他們的攻勢也是盟軍唯一的勝績，不僅打垮了奧地利陸軍，在寬闊的前線推進約六十英里，迫使德軍從西線與義大利戰線調軍。儘管受制於消耗戰的恐怖邏輯，但索

3【譯註】耶路撒冷郊山，耶穌在此遭釘上十字架受難。

姆河確實造成重大影響。德國人發現英國陸軍遠比想像中更難對付，己方損失也極為慘重，甚於凡爾登一役。雖然英國一方失去的生命差不多是德軍的兩倍，但他們沒有崩潰，德軍也無法發動計畫中能一槌定音的反攻。德軍與贏得戰爭相去甚遠，只是撐著而已。英國人儘管損失慘重，如今卻成了協約國領袖。[99]

法國與英國決心在一九一七年再試一次，當時新成立的俄羅斯民主共和政府（自三月起掌權）仍在東線作戰。英國的大衛．勞合．喬治與法國的阿里斯蒂德．白里安（Aristide Briand）兩位新首相，對慘重的傷亡感到恐懼，不相信手下的將領，希望有不同的解決方式。「他們想找個能帶來新希望的新人，」這是史家威廉．費爾帕特（William Philpott）的看法：「而他們找到了個光會承諾的人。」[100]這人便是法國陸軍將領羅貝爾．尼維勒（Robert Nivelle），他母親是英國人，尼維勒因而能講一口流利的英語。這原本該是個優點，結果卻促成了災難。尼維勒人聰明、樂觀，有說服力。他說服勞合．喬治支持他的計畫，藉由一次法國與英國的協同進攻，一舉贏得戰爭。法國內閣雖然默許，但不無疑慮。持懷疑態度的黑格被勞合．喬治擺在尼維勒的節制之下。尼維勒相信，自己已經發現可以迅速突破，又能避免龐大損失的「竅門」：先是壓倒性、精密協調的炮火，接著是步兵密集陣行的迅速推進。這和布魯西洛夫前一年的做法有相似之處。但尼維勒不是布魯西洛夫，德國人也不是奧地利人。德軍決定維持西線的守勢，同時終結俄軍，但被布魯西洛夫代價高昂的勝利所阻止。因此在一九一七年三月，德軍大出協約國意料，放棄了與英國對峙的陣地，後撤三十英里到興登堡防線。棄守的地區一片狼藉：建築物被炸毀，樹被砍斷，水井下了毒，廢墟裡還裝了詭雷。新的防線較短，需要的守軍也較少。這意味著英國人為支持尼維勒的攻勢所計畫的攻擊行動，已大半失去意義。但尼維勒依舊進行，法軍在四月十六日進攻，目標擺在埃納河北邊高處的貴婦小徑（Chemin des Dames）。結果是一場大屠殺，與英國人在索姆河的遭遇不相上下：五天內有十三萬名士兵傷亡。高層喊停進攻，將尼維勒解職。法國政府與最高指揮部焦頭爛額。法國士兵覺得受夠了，半數的陸軍師團都發生譁變，將近四萬人參與。

然而，這幾場譁變卻很奇特。是有發生騷動，也有大量的演說與破壞公物的情況，甚至有人高喊「革命萬歲！」——無疑是受到俄羅斯近期的事件與法國人自己的歷史所啟發。但暴力事件相當少，也幾乎沒有人向敵人輸誠或棄守自己的陣地。他們是為了無意義的屠殺而罷工。當局的回應也很溫和。雖然有少數軍官下令集體處刑，但多數人在新任參謀總長——沉著的陸軍將領菲利浦・貝當（Philippe Pétain）領導下，採取措施穩定人心。他們還保證不會再有無用的進攻，會有更好的食物、休息與假期。雖然有超過三千人因譁變而被判有罪，四百九十九人判處死刑，但只有二十七人遭處死。[101] 德軍絕對想不到一九一七年夏天的法軍有多麼脆弱。假使他們曉得，或許就贏下戰爭了。說起來，法國陸軍直到一九一八年的最後幾場戰役為止，態度都相當消極——只是抱持這種主張的英國作者比法國作者多得多。貝當決定「等美國人和坦克來」。

黑格並未追隨貝當的防守策略，反而深信自己能從伊普爾獲得突破。這麼做有個重要原因，是迫使德軍遠離海岸，從而占領德國潛艇基地——其潛艇行動目標在於讓英國陷入飢餓，如今擊沉的船隻數量已達到最高峰。黑格採信樂觀的情報，而該情報的根據卻是繁複但不可靠的德軍傷亡估計。報告指出德軍已瀕臨瓦解，只消最後一擊便能打垮他們。[102]此舉的結果便是一九一七年七月打響的第三次伊普爾戰役，人稱帕尚戴爾戰役（Battle of Passchendaele）。戰局陰鬱得令人熟悉——僵局與互相殺戮緊跟著初期的推進而來，還要加上泥濘的折磨，炮彈與超乎尋常的豪雨攪動著泥水：「地面被攪拌成十呎深的泥灘，跟粥一樣濃。」[103]成千上萬的人死在這片泥塘中。英國、澳洲與加拿大軍隊死了超過二十五萬人，德軍也差不多。繼索姆河之戰後，再度有人指出為了幫士氣不振的法軍減輕負擔，這一仗非打不可，但真正的原因是黑格確信英國人能揮出重拳，加速戰爭結束。

所有強行決定戰局的計畫，無論是在加里波利、凡爾登、索姆河或伊普爾，都變成消耗戰：進攻方（通常是協約國）難免損失慘重，但防守方亦然，畢竟雙方皆被迫在鋪天蓋地的炮火下讓援軍推進。英國人稱之為「耗損」（wearing-out），法國人稱之為「消耗」（usure）。但各國軍隊消耗敵軍同時，自己也消耗一樣多的人，每一方都想靠近突破口，有時候也真有所突破。布魯西洛夫的攻勢嚴重打擊了奧地利軍隊，後者開始因臨陣脫逃與集體投降而瓦解；但俄羅斯人本身也損失一百萬人，促成革命發生。法軍接連被凡爾登戰役與尼維勒的徒勞攻勢搞得面目全非，在一九一七年四月兵變。義大利陸軍在一九一七年十月解體。英國與德國陸軍繼續戰鬥，但深受索姆河與伊普爾之駭人所折磨。一九一八年三月至四月，德軍發動最後一次猛攻，承受攻擊的英國軍隊一度看見崩潰就在眼前；而自一九一八年八月已降，德軍則是真的崩潰了。

德國人對於持久戰向來感到悲觀。就人力與生產而言，軸心國遠遜於協約國。奧地利與土耳其需要德軍做後盾。西線的血流漂杵正傷害其軍隊的肺腑。同樣具有影響力的鬥爭正發生在海上。皇家海軍扼殺的德國的海上貿易，並對中立國造成壓力。英國的錢與信貸不僅支持著協約國的行動，就連在皇家海軍無法控制的少數中立市場，也能喊出比敵國更高的價格（拿破崙深有體會）。德國產業原物料短缺，人民逐漸陷入飢餓。每人每天攝取的熱量從三千四百大卡跌到一千大卡，民眾的死亡率也增加到百分之三十七。德軍的水面艦隊（導致衝突的因素之一）縱使在北海也無法撼動英國的控制，而且在日德蘭海戰（Battle of Jutland, 1916.05）之後，艦隊便停在港內。既然英國正讓德國餓著，潛艇就不失為讓英國挨餓的手段。但德國的海軍計畫樂觀得出奇。一九一五年時，德國只有二十七艘U艇（U-boat），而且用盡辦法才將進出英國的五千艘船中擊沉二十一艘。德國在一九一五年二月宣布發動無限制潛艇戰，將歐洲水域所有能見範圍內的船隻一律擊沉——這是場政治災難，尤其是一九一五年五月擊沉郵輪「盧西塔尼亞號」（*Lusitania*）之舉。美國已經是協約國戰時原物料的重要來源，如今與戰爭也更加靠近。一九一七年，德國人把最後的希望寄託在又一次的U艇行動。據海軍估計，只要每月擊沉六十萬噸的船運量，持續六個月時間，就能迫使英國在一九一七年八月一日前投降。但是，雖然擊沉的船隻數量在一九一七年春天達到恐怖的高峰，英國也採取適度的配給措施，但德軍的計算大錯特錯，英國從未因此面臨戰敗的危機。[104]這次行動的主要結果，是讓美國不得不參戰。

各國都有議和的呼籲，聲音主要來自左派、人道主義者或宗教界。美國總統伍德羅・威爾遜（Woodrow Wilson）發表「十四點原則」，以妥協與民族自決作為和議的基礎。但妥協已經不可能了：各國損失之慘重，讓政府與民眾都希望勝利，而且雙方都認為勝利是可能的。一九一七年十月，有關單位以士兵家書審查為基礎，發表英國軍隊士氣報告，結論是：「厭戰情緒有之，幾乎所有人都期盼和平，但也有一股強大的感受，認為只能接受一種和平，而且時間還沒到來。」[105]各國軍隊都能得出類似的評估，只有俄軍與部分的奧地利軍隊例外。協約國打的是一場摧毀「軍國主義」的戰爭，這不只需要勝利，更要瓦解德國與奧地利國內維持其軍事力量的結構。德國如今實際上掌控在軍事獨裁體制下，由冷淡的陸軍元帥保羅・馮・興登堡（Paul von Hindenburg）與才華洋溢、毫不留情又變幻莫測的埃里希・魯登道夫（Erich Ludendorff）將軍主導。這個國家需要勝利，以維持德國的大國地位，同時延緩國內的革命。

慘勝之路：一九一八年

我們當中許多人如今已相當疲憊。我想對這些人說，勝利將屬於堅持最久的一方……我們面前沒有坦途，而是要自己打出一條路。每個陣地都要堅守到最後一人，不能有人離開崗位。我們每一個人都要背靠著牆，戰鬥到最後，相信我們的目標是正義的。我們家園與人類自由的安危，皆繫於我們每一個人在這個關鍵時刻的行動。

——陸軍元帥黑格，〈當日訓令〉，一九一八年四月十一日

德國人知道，他們最後的勝利機會就出現在一九一八年上半年。列寧的布爾什維克政權（一九一七年十一月掌握俄羅斯大權）放棄戰鬥，將龐大的領土割讓給德國。這不僅為德國提供重要的戰爭資源，更解放德軍部隊供西線之用。美國在一九一七年四月宣戰，但在歐洲有好幾個月時間都沒有重兵。魯登道夫重回施里芬計畫的思路：先摧毀最危險的敵人。如今，這就是英國陸軍。一九一七年十一月十一日，德軍決定發動「毀滅之一擊」——一連串的大規模突襲。這是德國賭的最後一把。

一九一八年三月二十一日，第一拳打在舊索姆河戰場。在濃霧掩護下，「米夏耶爾行動」（Operation Michael）以六千六百門炮與三千五百具迫擊炮的密集炮轟開始，接著是配有火焰放射器與機關槍的突擊隊率領進攻。英國第五軍首當其衝——部隊分散薄弱、缺乏火炮，而且因為不久前承擔部分法軍防線而防守不完全。英國人原以為攻擊會發生在更北方，用來威脅英吉利海峽。但德軍反而打中他們的弱點，亦即與法軍交接處。德軍就像一九一四年時，幾乎就要分斷盟軍。慌張、混亂，大量士兵投降，無序的撤退過程充滿了掠奪與醉酒——一名法國婦女寫道：「德國佬再壞也不過如此。」平民們突然

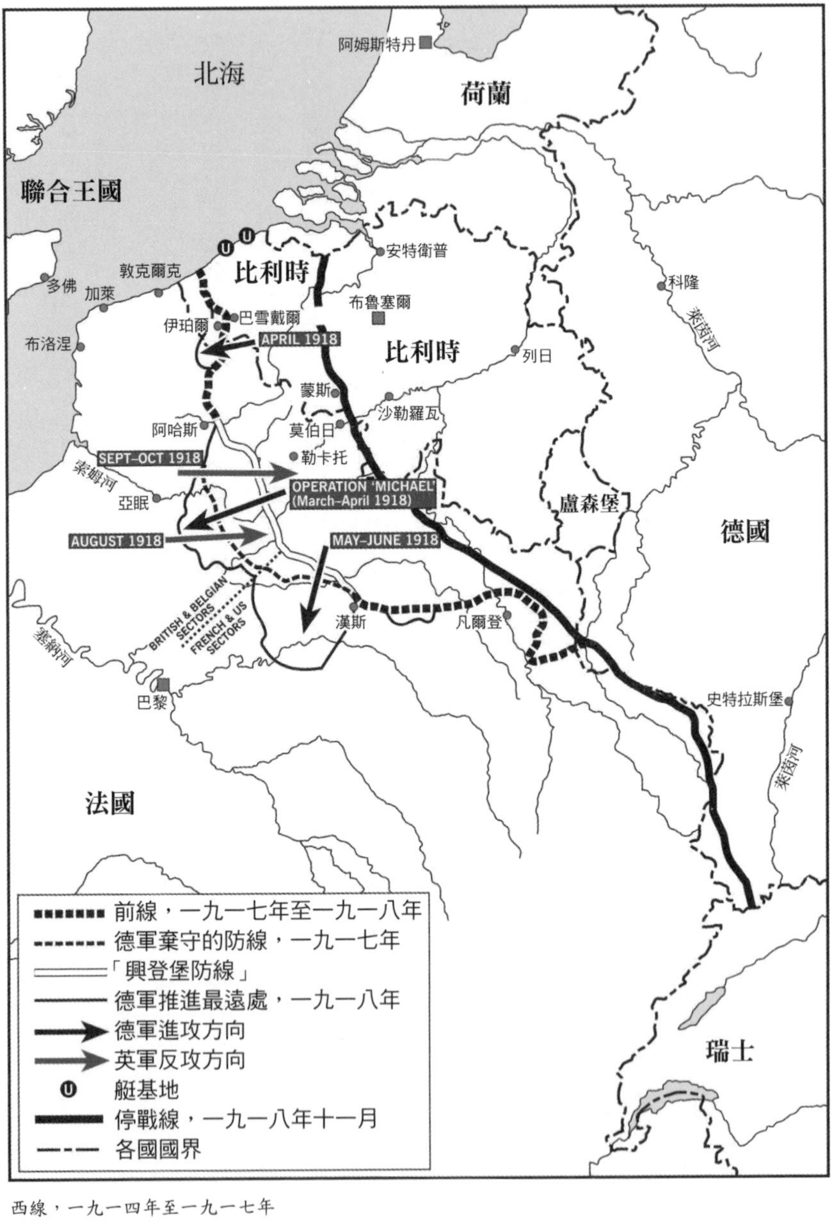

西線，一九一四年至一九一七年

暴露在另一波德軍入侵之下，許多人只得拋下一切逃走。他們對英國人感到失望，諾爾省省長更表示英國遠征軍已經「贏得民眾的敵意」。一位澳洲士兵在劫掠一間房子時，被屋主射殺身亡。[106] 部分地區的聯絡與指揮瓦解，德軍突破的謠言增添了人們的驚慌。英國官方史家後來發表意見：「實情難以為外人道。」[107] 這是否終於成了戰爭的突破點，是否是索姆河與帕尚戴爾遲來的結果？此時的英國人近乎於俄羅斯人、奧地利人與義大利人曾領教的那種潰逃：「我們得倉皇撤退，丟下所有財物——每一條離開村莊的道路都擠滿湍急的車流——卡車、炮架……手推車、拉著大炮的履帶拖拉機，全都沿著一條不斷的車流猛衝。」[108] 德國皇帝歡欣鼓舞：「要是英格蘭代表來求和，就非得臣服於德國的標準之前，畢竟現在的局面是君主國戰勝民主國。」[109] 一位老練的法國步兵軍官對此全無同情（而且態度完全不公允[110]）：

> 英格蘭人放棄了……。拯救情勢的又一次是我國的部隊……居民很高興再度看到法軍。他們對英格蘭人再也沒有信心……第一天在亞眠時，他們的兵團就丟下武器，跟平民一起逃離。據說他們損失了七萬人與一千一百門炮……。
>
> 民眾都在稱讚加拿大人、澳洲人與印度人——是他們阻止了敵軍的攻勢……（英格蘭人）已經逃了十五公里，抵達時大受驚嚇，喊著：「快逃啊！」……大家異口同聲：英格蘭人沒希望了，事情全是蘇格蘭人、澳洲人和加拿大在做。[111]

郵件檢查員回報：「自從德軍展開攻勢……就出現對英國部隊明顯的敵意。」[112]

對英國遠征軍來說，事情其實沒那麼糟。儘管有兩萬一千人在三月二十一號淪為戰俘（英國史上總數最多的一次），原因多半是因為遭人出其不易、寡不敵眾和錯誤的防守位置。湧向後方或在附近走失的人，通常都是後勤部隊或非戰鬥員。根據憲兵的看法，路上的戰鬥部隊「主要是那些真的迷失而焦慮，無法回到其單位的人」。如果第五軍的士氣真的瓦解，德軍恐怕已經贏下戰爭了。[113]儘管德軍在英國防線上鑿開了寬四十英里的大空檔，而且推進到亞眠的通訊中心，但從行動伊始，他們就沒有達到既定目標。

英國向法國求援，但貝當將軍對於派太多後備部隊去做沒有希望的事情，感到相當不情願。他打算自己發動進攻，而且決心要保衛巴黎——三月二十三日，德軍在六十五英里外以重炮轟炸這座城市。他告訴克里蒙梭英國陸軍業已戰敗，將被迫投降，法軍也是。[114]他的消極態度以及對英國人的不信任，將在一九四〇年註定重演。儘管如此，法軍師團還是在幾天內抵達，填補兩軍之間的空隙。這次的危機催生了幾年來討論一直沒有效果的東西：聯合指揮。斐迪南·福煦將軍獲命為協約國最高指揮官。他是唯一能擔任總指揮的人選——尤其勞合·喬治痛恨黑格。福煦的智慧與人格都很有影響力，他自一九一四年起便參與英法間的協調，而且已經是跨政府最高作戰委員會（Supreme War Council）的軍事顧問。

四月九日，魯登道夫發動他的第二起攻勢，對付更北方的英國遠征軍——即「小喬治行動」（Operation Georgette），目標威脅海峽港口，也就是協約國運送補給與美國人力的頸動脈。英國人與德國人如今皆步履蹣跚。黑格發表著名的〈當日訓令〉，呼籲戰鬥到最後。福煦（就英國人來看）吝於動用法軍增援，但遠征軍設法阻止了德軍的推進。德軍碰到的其中一個意想不到的阻礙，是物資豐富的英國臨時補給存放處——靠保久麵包與蕪菁果腹的德軍部隊到了這兒，便停下來「拿食物與酒類狼吞虎嚥」。[115]他們失望地發現，儘管有吹噓累累的潛艇行動，協約國的補給仍然比自己和國內親人好得太多。魯登道夫接著在五月二十七日發動第三起攻勢，這一回是對付埃納河沿岸的法軍與美軍，後者也遭到擊退。德軍跨過馬恩河，遠及一九一四年時曾經占領的地方。推進的步伐超過魯登道夫的希望，他攻擊此處只是為了聲東擊西，讓法美聯軍無暇他顧，同時則能對法蘭德斯的英國軍隊發動最後的致命一擊。他因此被迫暫停腳步，而法軍則在美國、英國與義大利部隊支持下，於七月時反攻馬恩河。

魯登道夫攻擊英國人之前，英國人反而先攻擊他。八月八日，德軍在亞眠東方的一次攻勢中遭到徹底偷襲——四百五十輛英國坦克領著加拿大與澳洲步兵前進。他們往前推進八英里，這是整場戰爭中單日最遠的推進距離。魯登道夫後來稱這是「德軍的倒楣日……〔這天〕明白顯示〔我軍〕戰力的崩潰，雙方全體都看見了」。[116]德軍不光對不知不覺間集結的英國軍力大吃一驚，被戰爭新技術壓倒，許多士兵還放棄了抵抗。德國領導人們意識到自己再也無法贏得戰爭，但他們相信自己仍能堅持。

福煦將軍雖然跟一九一四年全案進攻的要命政策不脫干係，但他也和其他協約國將領一樣，反省自己的觀點。他「先是激烈揮著拳，接著連腳也加入」，向大出意料的英國外相A．J．貝爾福表達自己的看法。[117]他希望沿德軍防線各處發動一系列快速打擊，運用火炮、坦克與飛機的數量優勢。目標並非創造突破口（已經多次證明不可能），而是迫使敵軍全面撤離。他下令：「每個人都要作戰！」（Tout le monde à la bataille!）九月十二日，疲憊的法軍與躍躍欲試但沒有經驗的美軍，都擠到了阿貢（Argonne）。每個人都在等大批美軍到來。等到美軍真來了，人人卻又千頭萬緒。一位法國士兵在一九一八年八月寫著：「到處都有美國人入侵，想要什麼就拿什麼。但你不能怪他們，因為他們真的有在做事，他們戰鬥的時候從來不像膽小的英格蘭人，他們狠狠痛打德國佬。」[118]但在德軍占領區，對英國人的態度就不同了。經歷了三月撤退的苦澀經歷，遠征軍終於可以放下心來，以解放者的身分受人款待。「人們受到德國兵一貫的殘酷對待所苦，我們對他們表現的丁點善意，對他們來說都承受不起，眼淚就這麼從他們的臉頰滾落。」當蘇格蘭部隊解放里爾時（風笛隊被當地人形容是「可笑但親切」），迎接群眾將他們團團包圍，在他們身上灑滿鮮花。來到英格蘭巡邏隊解放的工業城阿韋訥（Avesnes），民眾「又哭又笑，人人帶著狂喜彼此握手。只有經歷過那種難忘瞬間的人才能理解」。[119]

戰爭中最浩大、最能決定結果的行動，是在一九一八年秋天發動的，主要發生在英國人與德國人之間。自一九一四年以來，這是英國人首次證明自己戰技、戰術、領導、理念、組織與裝備遠優於對手。德軍堅守在自己史上最堅固的防守據點——深達六層的興登堡防線。亨利．羅林森（Henry

Rawlinson）將軍的第四軍在九月底突襲興登堡防線。主要的防線沿著水深的聖康坦運河（Saint-Quentin canal）布防，戰車無法通過，更有大量的帶刺鐵絲網與機槍臺鞏固之。只有一處地方有可能發動攻擊，亦即運河流經隧道處。不過，澳大利亞軍團與兩個精力充沛但缺乏經驗的美軍師團仔細準備的突擊行動，卻在一片混戰中被擊退。第四十六北中西地師團〔46th（North Midland）Division〕另起爐灶，在雙方都認為不可能的地方發動攻擊：渡過運河本身。九月二十九日，他們得益於得來不易的情報、詳細地計畫、成功地保密與科學般精準的炮火，穿上防彈背心，運用運河渡口的筏船迅速渡河，只有一百五十人傷亡。北斯塔福郡人攻占了關鍵的里克瓦爾橋（Riqueval bridge），用刺刀刺死一名正要點燃引信炸橋的德軍工兵。這一回驚人的戰績，證明英國遠征軍如今有能力刺穿德軍所建造最堅固、由最強的部隊鎮守的防禦據點。他們「不僅擊破興登堡防線，還擊潰了德國陸軍與德國領袖的信心」。[120]此後，整條戰線沿線的德軍紛紛撤退，軸心國也開始瓦解。人命損失非常恐怖，在空曠地帶的戰事將傷亡人數再度提高到一九一四年的水準。遠征軍有二十六萬人傷亡，是整場戰爭中單日最高的傷亡率。但結果是決定性的。法軍、美軍與比利時軍隊在最後四個月的戰鬥中擄獲十九萬三千名戰俘；人數不到他們一半的英國本土及海外地國部隊，則擄獲二十萬人。[121]但協約國這方鮮少有人認為戰爭會立即結束。英國人有準備要戰鬥到一九二〇年。但興登堡防線陷落後，德軍最高指揮部擔心軍隊全面瓦解，本土陷入無政府狀態。因此在十月五日，他們抱著分化敵人的心態，向美國總統威爾遜要求停戰。法國與英國政界與將領打算同意，而非要求無條件投降。他們擔心，假如戰爭繼續，美國勢力將會坐大，自己的影響力則式微，從而削弱自己影響和約條件的能力。[122]十一月十一日，各方停止戰鬥。

遠征軍——如今有一百八十五萬九千人，半數是青少年——就在蒙斯北邊止步，也就是一九一四年開始戰鬥之處：

我們回師十五英里……。霧氣像毯子覆在鄉間。十一點整，我們揹著行囊，在泥濘的步道上踱步。樂隊奏著曲子，但很少有人唱歌……。我們歷經滄桑，疲憊不堪，如今眼已雪亮。[123]

悼念

這場戰爭創造了新的跨海峽紐帶。許多人對法人在戰禍摧殘的北部受的苦難感到同情。溫尼弗雷德・史帝芬斯（Winifred Stephens）的《法蘭西之書》（*Book of France*, 1915），一部分也是為了募集紓困基金而作。戰後，英國本土、海外自治領與美國多個城鎮認養了毀壞的城鎮與村莊，為之募捐並給予直接援助。例如新堡認養阿哈斯（Arras），謝菲爾德認養巴波姆（Bapaume），蘭迪德諾（Llandudno）認養馬梅斯（Mametz），伯明罕認養阿爾貝——通常都是當地的軍團曾經作戰的地方。停戰之後不久，死者家屬、老兵與家人便開始拜訪戰區。米其林出版旅遊指南。最早大批前往法國的就是英國人。一九二八年，英國兵團安排一場讓一萬五千人造訪伊普爾的行程。[124]相關單位為戰死法國的六十萬人建起紀念碑，有些到下一場戰爭開始時才剛剛完工。人們前來憑弔自己國家的犧牲者，也悼念自己失去的親人。英國人的情感焦點在法蘭德斯與皮卡第，許多人到英國軍人公墓追思。法國人自己的悲劇聖陵則在東方遠處的凡爾登。

這樣的分歧或許在每一場戰爭後都會出現。只是這一回似乎是個極端例子。部分原因與打這場戰爭的方式有關。威廉・羅伯森（William Robertson）將軍曾在一九一五年寫道：「我相信〔法國人〕是任何國家不可多得的好盟友。我只想強調，由聯軍指揮的軍事行動向來都有，未來也會有很大的困難。這很自然。」[125]英美在第二次世界大戰的關係，或許得益於兩個同盟國各自在不同戰場作戰的事實，只有往凱旋終局前進的幾場戰事例外。相形之下，一九一四年至一九一八年的西線尤其不適合促進協約國之間的好感。原因不只是因為戰爭場面駭人、不光彩。英國人與法國人雖然肩並肩，卻多半是各打各的仗，不像同袍，反而像提防著彼此，有時甚至會嫉妒的鄰人。一位法國史家說，當兩國軍隊確實一起作戰時（例如加里波利），他們會保有「強烈的團結感」。[126]但在西線，他們泰半局限在彼此危機之時出手幫忙，這難免會造成緊張。英國人對於接手法國戰壕感到憤恨，因為他們覺得挖得不好，而且很髒——在民間記憶中揮之不去。我們已經看到，有些法國人變得相當鄙視英國（尤其是英格蘭）士兵，嫌他們遲緩、無能，甚至懦弱。從他們的信件來看，多數時候他們都不大在乎英國人的存在。[127]一九一八年八月至十月間，英國遠征軍終於迫使德軍撤離法國的英勇事蹟，泰半為人相忘於協約國的整體攻勢中，各國都在為自己的成就歡呼。今天的法國史家認為戰爭的轉捩點並非英國人進攻亞眠——也就是魯登道夫說的「倒楣日」，而是法軍攻擊馬恩河。另一方面，英國人在三月倉促撤軍一事未能為人所遺忘——許多法軍士兵肯定會認為這讓他們又回到一九一四年的起點處。陸軍上尉夏爾．戴高樂在戰爭結束時深深認為「盟國軍官粗魯而無能」，他心中「全面的排外情緒排山倒海而來」。羅伯特．格雷夫斯上尉回到牛津後，發現從戰壕中回國的大學生們有一股「反法情緒……強烈得幾近於偏執」。[128]

許多回憶錄、歷史著作與小說單純忽略了盟友的存在，而且至今亦然。至於那些沒有忘記盟友的作品，則傳達出一種混雜的訊息。魯德雅德．吉卜林與約翰．布肯（John Buchan）誇獎法軍，強調他們強硬的農民士兵有多麼堅忍不拔。作家安德烈．莫洛亞曾擔任對英國遠征軍的聯絡官，他寫了一系列廣為人閱讀、以「布蘭博上校」（Colonel Bramble）及其友人為主角的小說——據說是懷著好意，將英國人描繪成無來由的古怪、冷淡與疏離。另外兩位聯絡官——史畢爾斯與維克多．胡吉耶（Victor Huguet）都留下個人的紀錄，分別指證遠征軍在戰爭中的重要地位或無足輕重——胡吉耶認為，遠征軍的微不足道，正反映了英國民族褊狹、圖利、背叛的天性。官方的紀念碑與儀式當然會感謝協約國盟友。尤其是在法國，當局依舊如此，在馬恩河戰役九十週年紀念儀式上大大感謝遠征軍。但勝利並未為戰後年間的法國與英國帶來信任與熱誠。假使如此，「止戰之戰」之後就該跟著一紙關於維持和平的、充滿信心的協議。偏偏事情不然。對殺戮者的痛恨，對於與過去的敵人和解的渴望，以及對於鮮血白流的擔憂，難免讓戰時的盟友關係有所貶值。

第十一章　失去和平

沒錯，我們贏了戰爭，贏得不輕鬆；但如今我們得贏得和平，這恐怕比打勝仗更困難。

——喬治・克里蒙梭，一九一八年[1]

這不是和平，而是休戰二十年。

——福煦元帥[2]

我們兩國共同歷史上最大的失敗，便是錯失一九一八年慘勝後鞏固和平的契機。原因不全是，甚至不主要是法國與英國的責任。德國是罪魁禍首，無庸置疑。美國因為不負責任而難辭其咎。蘇聯、日本與義大利則在慢慢下毒。但堅定、互信的法英夥伴關係本應是防止另一場戰爭、一場甚至更慘烈戰爭的最大希望。兩國無法發揮堅定與信任的品質，這是世界的悲劇。這個故事無關惡意，而是關乎恐懼與自私、個別與集體。

失望悲劇：巴黎與凡爾賽，一九一八年至一九年

我真心希望自己是錯的——但我所見似乎只有失望的悲劇。

——伍德羅．威爾遜，一九一八年[3]

我懇求你們瞭解我的立場，就像我正試圖瞭解你倆一樣。美國遠在天邊，兼有海洋屏障。英格蘭連拿破崙本人都無法企及。你們都受到掩蔽，兩國都有；但我們沒有。

——喬治．克里蒙梭，一九一九年[4]

我發現〔法國人〕滿肚子各種陰謀詭計，完全沒有好好比賽的意思。

——巴黎和會書記莫里斯．漢基（Maurice Hankey），一九一九年[5]

和會在法國堅持下於巴黎召開。協約國（如今為數眾多）[1]代表、記者與大批熱愛政治八卦的人蜂擁到這座城市。融合政治與享樂的氛圍，令許多人想起一八一四年的維也納。英國外交部設想周到，發放了由史家查爾斯．韋布斯特（Charles Webster）所寫、談維也納和會時期的英國外交史，覺得說不定能提供有用的洞見。書是很有價值，但有讀的人不多。一八一四年與一九一八年確實有些相似處。「三巨頭」——伍德羅．威爾遜總統和大衛．勞合．喬治與喬治．克里蒙梭兩位首相——經常一起祕

密會晤，三人都講英語，發揮的個人影響力與卡斯爾雷勳爵、沙皇亞歷山大與梅特涅親王也相去無幾。他們無視幕僚、同僚與國會，把成堆的專家報告擺著不看，同時把記者擋在門外。三巨頭的維也納前人們都具備無分國界的貴族舉止與觀念。他們當然與前人不同，但確實也建立了緊密的私人關係。他們還試圖在利他思想與國家利益間取得平衡，以創造持久的和平；但他們還有一個跟前人不同之處，他們必須不時關注選民——這是外交難題，卻也是有用的外交制衡力。

若有心思縝密的讀者讀過韋布斯特的那本寫維也納會議的英國外交史，雖然會贊同卡斯爾雷那句「不要搜刮戰利品，而是為世界帶回和平的習慣」的格言，但也會意識到有個地緣問題是一八一五年所沒有的。當年，法國顯然已經戰敗，盟國（軍隊駐在巴黎）有志一同要防止法國威脅再興。各國也有足夠的力量做到。法國人大有自知之明，復辟的波旁王朝能從與盟國合作中得益，後者最終允許塔列朗加入協商。縱使經歷拿破崙的百日復辟，反法同盟國家也有足夠的信心，敢於寬大對待法國——只是法國人不覺得寬大。但在一九一八年，人們卻不敢說德國已經徹底遭到擊敗。德國蒙受的實質傷害微乎其微。該國軍隊還在外國土地上，而且甚至連最善戰的軍人（比如福煦）也怕入侵德國心臟地帶。只有少數邊境地區是由協約國占領，而協約國厭戰的軍隊也已經復員。之所以必得將德國排除在協商之外，並不是因為德國無力，而是因為該國仍有相當力量。對戰勝國而言，最困難也最分歧的問題，就是如何處理其力量。而他們失敗了。

1【作者註】嚴格來說，美國並非協約國，而是「協力國」（Associated State）。

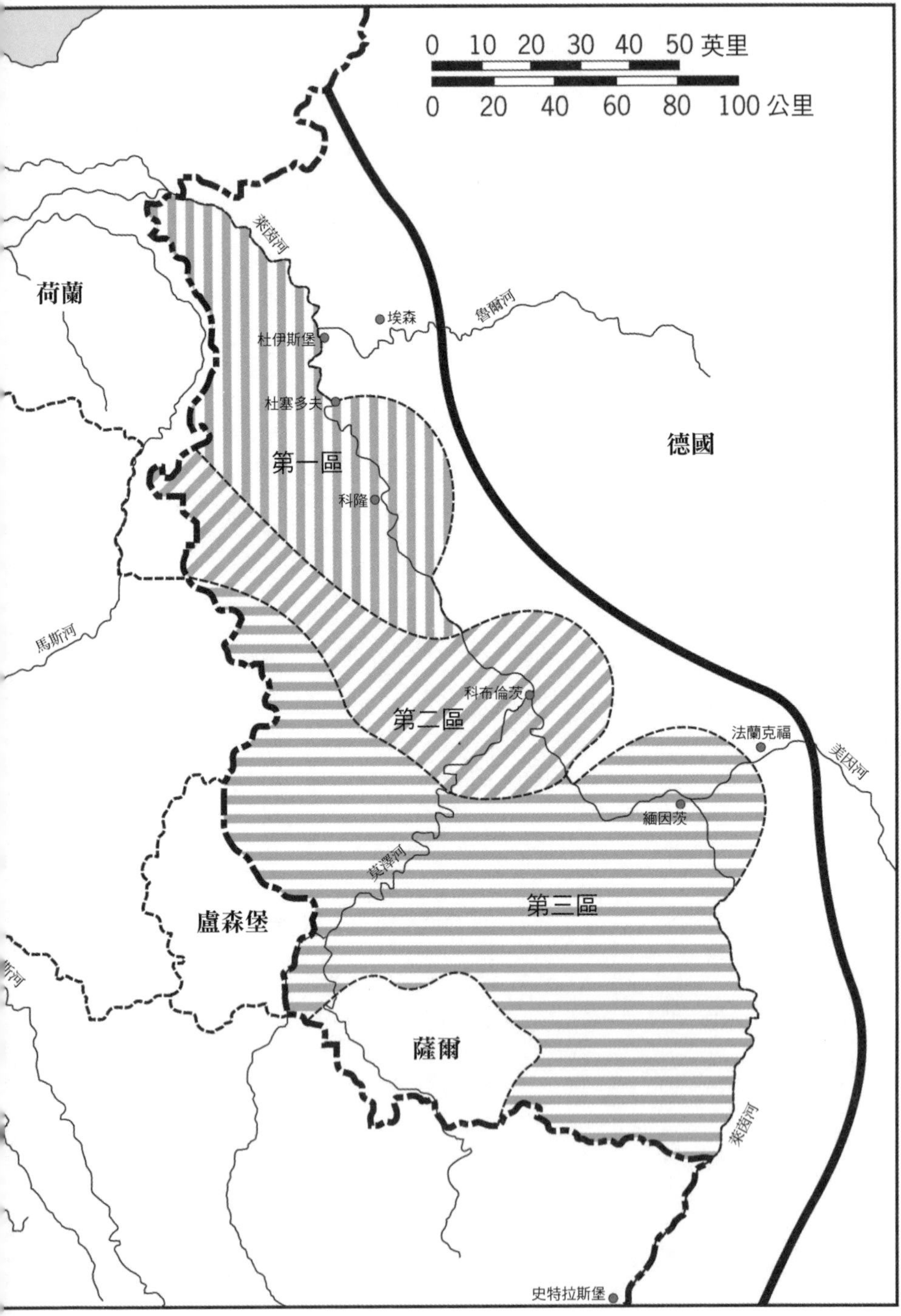

0 10 20 30 40 50 英里
0 20 40 60 80 100 公里
荷蘭
德國
萊茵河
魯爾河
埃森
杜伊斯堡
杜塞多夫
第一區
科隆
馬斯河
科布倫茨
第二區
法蘭克福
美因河
緬因茨
莫澤河
第三區
盧森堡
薩爾
萊茵河
史特拉斯堡

萊茵蘭，一九一九年至一九三六年

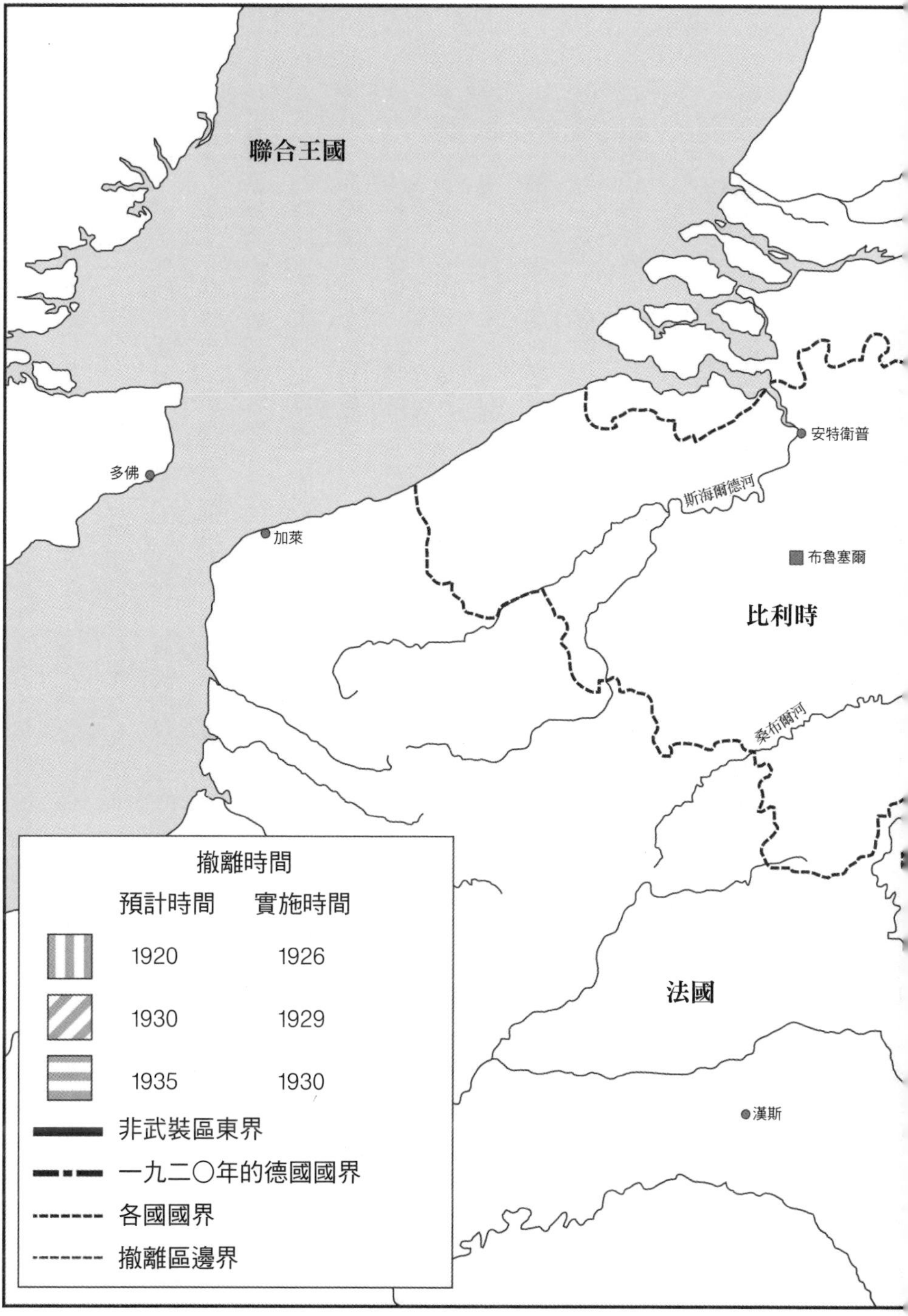

萊茵蘭，一九一九年至一九三六年。嚇阻德國：占領萊茵蘭以威脅關鍵的魯爾地區，並為一百五十英里外的法國盟友捷克斯洛伐克提供可能的聯繫。

大批代表們以頗有風格的方式在巴黎安頓下來。勞合・喬治向一位富有的英格蘭女士租了一大間公寓，帶著情婦兼祕書法蘭西絲・史蒂文生、十多歲的女兒梅根（Megan）與助手菲利浦・柯爾（Philip Kerr）住了進去。大英帝國代表團以威儀酒店（Hôtel Majestic）為根據地。這裡成了凱旋門附近的小英格蘭，酒店裡的法籍員工改由英國人擔任（避免刺探），食物因此「像間不錯的鐵路旅館」，管理規定也讓人想起某些學校。酒類免費提供給自治領與印度代表，但英國代表得自己買酒。一安頓下來，代表與職員們便舉辦音樂會與大量的宴會（不修邊幅的官方畫家奧古斯都・約翰〔Augustus John〕花在宴會的時間比畫畫還來得多，而他的同事威廉・奧本則為音樂會設計海報）。週六晚上的舞會大受歡迎，甚至讓有關單位考慮停辦。有位年邁的外交官覺得護理師與聽打員彷彿「小仙女」。代表們曉得所有最新的舞步，福煦對於「英國人臉這麼臭，屁股居然這麼會扭」而大感驚訝。英國外相貝爾福勳爵在美國社交名流愛爾莎・麥斯威爾（Elsa Maxwell）帶領下，平生第一次踏進夜總會——「是我經歷過最開心、最墮落的一晚」。不過，為首的政治家埋首於工作，很少分心。克里蒙梭高齡七十八，過著彷彿修士的生活，吃完晚餐的麵包、牛奶之後，九點就上床睡覺了；六十三歲的威爾遜通常在十點時就寢。五十六歲的勞合・喬治精力充沛，「像無人管教的放假學童」，他的樂子就比較多——上咖啡館和餐廳觀察巴黎人，還在自家公寓的鋼琴邊領唱。[6]

「三巨頭」不喜歡彼此。眾人沒多久便發現，威爾遜渾身充滿理想主義的缺點：假道學、虛榮而傲慢。綽號「老虎」的克里蒙梭，罵勞合・喬治「是個難相處，脾氣頗糟的老蠻子」。克里蒙梭在弱肉強食的法國政壇發跡，一開始是反對拿破崙三世的極左派，在一八八〇年代後以打擊政府聞名，最後以罷工終結者的身分掌權。他有許多敵人，其中一位說他有三件事情教人害怕：他的劍、他的手槍，和他的舌頭。年紀沒有讓他變得溫和。他在一九一七年的黑暗時刻上臺，用牢房與行刑隊撲滅失敗主義。許多人以為他主導和會，畢竟他主導其進程。但他很清楚，法國是三個大國中最小的一個，他的態度也比批評家或支持者深信的更中庸。克里蒙梭對於勞合・喬治「不是英格蘭紳士」大感遺憾——他是現代職業政治人物的原型，聰明、勤奮、欺瞞、膚淺。克里蒙梭嫌勞合・喬治不誠實、投機、粗魯——他在一次唇槍舌戰後大喊「你這小子真是可惡至極」，據說還下戰書要跟勞合・喬治決鬥。[7]但兩人曉得彼此得繼續合作，而且也確實合作了相當程度。但私人衝突卻讓國家利益的分歧更為惡化。他們讓理解、同情不同的觀點變得困難得多。

克里蒙梭真心親英，早在民族主義者指控他收英國人的錢之前好幾年就是如此—這張一八九三年的諷刺漫畫裡，他正拋接著一袋袋的英鎊。

【延伸】克里蒙梭——幻想破滅的親英派

我這輩子對英格蘭已幡然醒悟。

——喬治・克里蒙梭

英國人眼中法人固執己見的化身，其實是自基佐以來法國統治者中的頭號親英派，或許也是最後一位。他不只在英式服裝、英式獵犬、楓木家具、出席雅士谷（Ascot）賽馬日、握手的習慣等流行時尚方面哈英，連思想、友誼與品味也不例外。年輕時的克里蒙梭曾親炙約翰・史都華・彌爾，翻譯他的一本書，同時跟英格蘭激進派、自由派與社會主義者培養長期的關係。他在一九一七年說自己曾讀過「二十年來每一本出版的重要英語著作」，[8]這可比勞合・喬治說得出口的還多。他在紐約生活過，曾與一位美國人結婚（挺不情願）。他最密切的跨海峽關係，是跟法國進步哲學兼教派——實證主義的英國信徒之間的關係，這些人親法、支持民主、反帝國主義、反日耳曼。他跟卓爾不群的馬斯家（Maxse）有著長久的友誼——「我的英格蘭家人」——這家人設法將實證主義、新聞業、對法國文化的興趣和成功的軍旅生涯相結合。他們圈子裡的親法知識分子包括馬修・阿諾與喬治・梅瑞狄斯（George Meredith），以及約瑟夫・張伯倫與約翰・莫萊（John Morley）等激進派政治人物。上述與英格蘭的聯繫，導致克里蒙梭在一八九〇年代年代遭受嚴重攻擊，對手指控他是英格蘭間諜：他演說時，民族主義者更大喊「Aoh yes!」來干擾他。

克里蒙梭在一九〇六年至一九〇九年擔任總理，致力於化《摯誠協定》為同盟關係。雙方展開祕密軍事對話，他還下令軍隊撕毀對英國的戰爭計畫。一九一〇年，他和約翰．弗倫奇爵士參觀邊境，甚至在一九一一年加入英國的全國兵役聯盟（British National Service League），推動徵兵制。戰爭期間，他和陸軍將領伊佛爾．馬斯（Ivor Maxse，英國最有能的兵團指揮官之一）的友誼，促成了與英國陸軍之間的摯誠交流，可能也幫助他決定支持福煦的決策，在一九一八年春天危機之時支援英國人。這些接觸讓克里蒙梭對英國政界當權派發展出適度的不信任，尤其是對勞合．喬治等中間派的政治人物。但他不信任的程度還不夠，我們之後會提到。

克里蒙梭在一九二一年前往英格蘭，接受牛津大學的榮譽博士學位，並接受勞合．喬治的邀請，拜訪國會。心有不滿的克里蒙梭質問勞合．喬治為何變成「法蘭西的敵人」，後者回他：「這不是一直都是我們的傳統政策嗎？」[9]克里蒙梭不夠「英格蘭」，不瞭解這是個冷笑話，反而把這當成「利己」的承認，而且是出自於他心中「背信忘義的阿爾比翁」的化身之口——或者應該說是「背信忘義的威爾斯」[2]。但他仍然認為法國與英國的關係至關重要。

2【譯註】勞合．喬治的雙親皆是威爾斯人。

只是英國人不作如是想。

✣ ✣ ✣

和會與會人士發現自己要處理全世界的問題，尤其是俄羅斯、奧匈與土耳其等帝國崩潰後帶來的難題。但最棘手的問題則是如何處置德國。德國政治人物主張，他們是因為瞭解和議處置將遵循伍德羅・威爾遜「不併吞、不瓜分、不報復性傷害」的聲明，所以才要求停戰。許多盎格魯薩克遜人四處宣傳法國堅持嚴厲處置德國，不像他們開明寬大，但這種說法只是利己的宣傳。各方皆同意德國必須接受懲罰與限制。除非先達到自己的利益，不然所有人都不打算寬宏大量。英國人得到自己想要的：德國喪失其海軍與殖民地，比利時恢復獨立。他們還堅持要有財政賠償，而且確保能拿到一大部分。但協約國在原則上也有差異。威爾遜與美國人（和他們的英國追隨者）希望以民族自決為基礎，打造世界新秩序，而且相信他們寶貝的國際聯盟能解決所有問題。勞合・喬治則志在與德國和解，反對會造成長期敵意的領土變遷——例如一八七一年德國併吞亞爾薩斯—洛林對法國帶來的影響。英國人與美國人大出彼此意料之外，發現他們居然有類似的觀點。克里蒙梭與法國人對國際聯盟、對德和解表示懷疑。他們跟盟國不同，不認為變成共和國就能除去潛在的德國威脅。他們寧可瓦解德意志帝國，否則便要求具體的領土、戰略、經濟與條約保證，以對抗捲土重來的攻擊。路易十五必定會對他們堅持的問題點感到熟悉：創造強大的波蘭、控制萊茵河流域、在法國與德國之間要有「天然疆界」。霞飛元帥寫著：「一八一五年的疆界是給戰敗國的，已經不再適合大戰勝利國。」[10]

各方就波蘭邊界達成妥協。萊茵河問題則困難得多，因為法國人認為該國安全繫乎於此。控制渡口將保障法國，令德國不設防，再加上解除軍備，等於德軍未來不可能入侵。美國與英國對併吞德國領土表示否決，法國轉而要求讓萊茵地區變成法國影響力下的獨立國家，並且駐軍於萊茵河西岸與德國一側位於科隆、科布倫茨（Koblenz）與緬因茨（Mainz，拿破崙認為這是中歐的戰略關鍵）的橋頭堡。法國人還想要薩爾（Saarland），原因主要在於當地的煤田。盎格魯薩克遜人只同意範圍有限的占領與後續的萊茵地區非武裝化，以及暫時占領薩爾。

這些意見衝突險些毀了和會，期間充滿惡意氣氛與退席威脅。一九一九年三月，勞合．喬治急轉彎，向法國提供對抗德國侵略的永久保證，威爾遜也同意照做。勞合．喬治還提議興建海底隧道，一旦未來德軍進攻時便能加速英國馳援，讓承諾更為有力。此舉打破了僵局：法方同意不再堅持建立獨立的萊茵蘭國家。克里蒙梭是個現實主義者，認為協約國的團結是法國唯一、真正的保障。他喜出望外：「這對法蘭西的未來真是幸運！」但他隱藏自己的感受，並要求軍事占領萊茵地區至少十五年，若德國行為不軌則再度占領。此舉讓盎格魯薩克遜人大為光火，但他們還是同意了。貝爾福認為「對萊茵河邊界的任何操弄，都無法讓法國脫離二流國家之列」，因此法國人應該致力於穩定的國際體系，而非以「藏不住的嘲弄態度」待之。[11]但克里蒙梭看來已經得到自己真正想要的了。

其他的重大議題則是「賠償」——這是個政治正確的新造詞。加諸於德國的賠款後來變成（或許至今仍是）條約最受批評的部分，人們斥之為卑鄙、不理智，造成德國局勢不穩，扭曲世界經濟，導致希特勒掌權，繼而促成第二次的戰爭。但在一九一九年，各方都接受賠償在原則上符合公益、有其必要，也是遏止未來侵略者的因素。用協約國直白的官方宣言表示：「非得有誰來承受戰爭的結果。這該是由德國，還是只有她所傷害的民眾來承擔呢？」[12]德國承受的代價與傷害少於大多數的戰勝國。德國劫掠其征服的領土，將北法紡織業的多數毛料、存貨與線捆帶回德國。德國在戰爭末尾的幾個月裡，對法國與比利時刻意實施報復性破壞，甚至在停戰協商期間亦如此。看來，德國理應協助「彌補」傷害，畢竟經濟與金融之健全，決定了軍事實力。各國皆欠下鉅額債務，以戰爭公債的形式向本國人民借錢，此外也向英國與美國借款。英國與法國向來是人均開支最高的國家。據估計，法國國債相當於其國民財富的百分之九十四。英國本身花了七十億，將當於戰前四十年的公共開銷。英國也是最大的放貸國，借了十六億給各協約國，以俄羅斯為主。英國還借了四億一千六百萬英鎊給法國，法國再轉而借給俄羅斯與其他較小的協約國。英國同樣跟美國借了八億英鎊，泰半轉借給信用較差的國家。[13]

假如歐洲經濟潛在力量最強大的國家——德國不付錢，負擔便會落在法國、英國或美國納稅人身上，尤其是英國人。美國人表現得公正無私，強烈拒絕任何減免協約國間債務的提案。雖然法國與義大利一再尋求機會，要英國將對自己的債務一筆勾銷，但英國人不會在償還對美債務的情況下同時免除兩國債務。法國政府不敢一面讓德國逃過懲罰，一面讓本國民眾承受加稅與失業。唯一可以接受的解決方法，似乎就是盡可能榨取德國，將之按照花費比例分給各協約國——此舉帶來難看的討價還價，以及德國人的哀鴻遍野。和約中安插了一條債務條款（後來成為惡名昭彰的「戰爭罪責條款」，但條文中並未提到罪責），為賠款提供法律基礎。最終要求的賠款金額為六十六億英鎊，以三十六年時間支付。但這只是個象徵性的數字，不到咸認實際補償需求的半數。[14]

協商過程中沒有德國代表的位子。一九一九年五月七日，他們受召領取《凡爾賽條約》文件。場面變得相當不堪——德國代表團長拒絕接受戰爭責任——「謊言」，並錯誤指責協約國在停戰後繼續封鎖，以「冷酷從容」殺害「成千上萬」的德國民眾。[15]德國人獲得兩週時間製作書面意見，等到書面意見出爐，內容實際上等於拒絕整份條約。德國人大有可能拒絕簽字，一旦如此，協約國便得面臨在一片混亂中入侵、接管德國的可能。勞合・

PEACE AND FUTURE CANNON FODDER
1940 CLASS
PEACE TREATY
The Tiger: "Curious! I seem to hear a child weeping!"

這張洞若觀火、描述和談的漫畫，與福煦元帥說「和平只是一段二十年休戰」的預測雷同，但漫畫家威爾・戴森（William Dyson）的解釋完全不同—他怪克里蒙梭無視於未來。

POUR UN RENSEIGNEMENT
19 mars 1919
— Je viens leur demander si, oui ou non, je suis vainqueur.

尚・路易・福杭（Jean-Louis Forain）的漫畫《打聽點消息》（*Pour un renseignement*）。描繪一名傷殘的法國士兵跑到巴黎和會會議廳，問政治人物：「我是不是勝利者，是還不是？」這問題可不好回答。

喬治與大英帝國代表團最早膽寒。南非將領揚・史末資（Jan Smuts）「悲痛溢於言表」，說自己恐怕不會先簽這麼一紙「對歐洲的未來充滿惡意」的條約。內閣一致撻伐，多數從實際角度下手，有些人則訴諸道德立場。年輕的政府官員感到憤慨：「這份恃強凌弱的該死和約將是舊傳統的最後餘光……我們年輕人會再度開創新局。」[16]他們展開遊說，試圖軟化波蘭、賠款與萊茵蘭相關條文。五月三十日，他們在威儀酒店成立國際事務研究院（Institute of International Affairs），表達他們的不滿。坎特伯里大主教（Archbishop of Canterbury）表示於心不安。勞合・喬治開始縮手。

人們迫切想讓德國人息怒，自然會責怪法國人心懷報復。史末資對代表團說：「法方在協議中做了過多的要求。」一位頗具影響力的外交部官員認為「他們在各方面似乎都缺乏正義感、公平競爭或寬容的精神」,「他們討價還價時像猶太人,而且也多半是猶太人」。溫斯頓・邱吉爾表示:「法國人對德國人的恨,已經超過人類的程度了。」[17]因此,戰爭結束時懷抱希望的理想主義開啟了「綏靖」潮流,迅速主導英國官方政策,繼而讓推動《凡爾賽條約》的舉措顯得相當無情。英國人的第一步,是堅持允許上西利西亞(Upper Silesia)維持德國國土的身分,而非劃歸眾所鄙夷的法國衛星國——波蘭(史末資稱之為「黑鬼」(Kaffirs))。[18]另一方面,失去耐心的威爾遜拒絕做出修改。入侵德國的備戰工作於是展開,德國人因此放棄。法方安排在鏡廳——亦即日耳曼軍隊在一八七一年結束其征途、宣布德意志帝國成立的地方——舉辦盛大的簽字儀式。有些人認為這種做法很不厚道。英國軍官向德國代表行禮——他們也是唯一這麼做的人。

✣ ✣ ✣

【延伸】凱因斯先生的政治後果

假如我們認為……我們近年來的敵人……是惡魔的子嗣,必須年復一年讓德國保持貧困,讓她的孩子飢餓殘缺,且必讓她受敵人環伺;那……求上蒼保佑我們大家吧。

——約翰・梅納德・凱因斯(John Maynard Keynes)[19]

我們必須溫柔
還要謹言慎行
一旦他們受戰敗所苦
我們可不能讓
他們感覺沮喪
或是有
我們對他們生氣或恨他們的感受
我們未來的政策必得是扶持他們。

——英國劇作家諾爾・寇威爾（Noel Coward），
〈咱們別像野獸般對德國人〉（Don't let's be beastly to the Germans）[20]

一九一九年六月正值條約懸而未決的緊繃時日，劍橋大學教授兼和會中的財政部首席幕僚J．M．凱因斯辭去職務，斷定「草約已經沒有做出重大修正的希望了」。史末資敦促他就和會寫一份老嫗能解的批評報告，於是《凡爾賽和約的經濟後果》（*The Economic Consequences of the Peace*）便在十二月應運而生。這本書迅速銷售超過十萬本，在英國與美國成為暢銷書，並譯成十一種語言。根據一位法國評論家的看法，自從伯克的《對法國大革命的反思》(*Reflexions on the French Revolution*)以來，還沒有一本書像凱因斯的著作這般，「對歐洲的命運……發揮如此廣泛而立即的影響」。[21] 這本書讓凡爾賽的處置聲名狼藉的程度，遠超過任何一本單一著作，其主張也成為幾個世代中進步思想的常識。此外，本書也為英國人對法國的敵意添柴加薪。

書的衝擊力部分歸諸於凱恩斯以內部人士的身分，表現了英國與美國官員廣泛共有的觀點。就困難而含混的賠款主題來說，他是公認的專家，頗具權威，這一點影響也很大。但他以擲地有聲的散文所表達的強烈看法，才是主因。巴黎成了「病態的……背信的……泥淖」，是一場「夢魘」。威爾遜是個「又盲又聾的唐吉訶德」，受到詭辯家與偽善者的哄騙，特別是機巧的勞合．喬治和損人利己的克里蒙梭。背景都是些「面無表情的人，彷彿自己在戰爭中表現出眾」。條約的動機是「愚蠢的貪婪……偏見與欺瞞……是殘酷的勝者在文明史上做出最令人髮指的舉動之一」。戰勝國強加詐欺、不可能的賠款，「是要德國淪為奴隸」。他支持德國代表團長的抗議「在這條約上簽字的人，等於簽下上百萬德國男女與孩童的死刑令」。[22]

假如德國人是受害者，那惡棍就是法國人——早在戰爭期間，凱因斯便已表現出對法國缺乏同情的態度。[23] 他雖然宣稱瞭解克里蒙梭的擔憂，但還是將他刻劃成皮膚乾癟的厭世者，對新黎明視而不見：

心靈乾枯、空無希望……他只幻想法蘭西，卻對全人類感到幻滅……。因此，他的哲學中沒有為國際關係中的「善感」留下餘地，因此對國際聯盟所代表的所有信條抱持懷疑……。他是從法國與德國的角度看待這個議題，而不是從人性與歐洲文明奮力朝新秩序前進的角度出發。[24]

凱因斯指控法國人根據「判斷不佳的貪婪」，「無恥誇大」物質損害的程度，還用浮誇的口吻告訴法國人：「沒有人會為我的論點激烈爭辯，在法國以外是如此」，因為法國的政治人物「蒙上自己的雙眼，摀住自己的雙耳」。他後來譴責法國是個「夏洛克」（Shylock）[3]，為「那一磅肉」「埋怨」，他還指控法國遵循「一套明確而幾乎不掩藏的計畫行事，〔想藉此主宰〕全歐洲」。[25]

那一磅肉指的自然是賠款，凱因斯主打的是法人出於「報復」與「貪婪」而強加的金額，是多麼不切實際與不公平。他的說法是對真相的拙劣取代。現代經濟史家多半同意賠款合理，而且在德國能力範圍內。新成立的德意志共和國為了削弱條約而精心宣傳，凱因斯則讓自己成了他們無價的幫兇。身為一位與戰爭脫不了干係的自由派知識分子，他絕對有個人動機，而他對「白白淨淨」的漢堡銀行家卡爾．梅齊奧爾（Karl Melchior）的迷戀更強化了他的動機。[26]但傳記細節對此解釋不多，畢竟凱恩斯寫的是許多人都在說的事情：他所用的詞彙，可以在大英帝國與美國駐巴黎代表的信件與日記中找到。

凱因斯的主張何以受到英國、美國，甚或是法國自由派菁英的歡迎？年輕的金斯利．馬丁（Kingsley Martin），日後的《新政治家》（*New Statesman*）總編〕當時就讀劍橋大學，聽過凱因斯的課，覺得「對我們來說，能夠用關於條約的內情占據有利位置，談我們深有感觸之事，感覺實在很飄飄然」。[27] 這種情緒源自於用來為戰爭提供根據的理想主義，來自對戰壕恐怖處境的憎惡，也來自晚期受伍德羅．威爾遜的「十四點原則」激發的樂觀主義洪流。為了終結戰爭的犧牲，將因為凱恩斯斥之為「終結和平的一紙和約」的條約而前功盡棄——厭戰的民眾對於任何這樣的跡象感到恐懼。只要戰勝國夠寬大，以「我們對未來國際關係的道德與情緒反應」為指引，便能確保未來的和解。[28] 用貝爾福的話來說，理想主義者想要相信「德國後悔已極，她的靈魂已經歷轉變，如今絕對是個不同的國家」。[29] 此外，許多人因為德國與蘇聯的宣傳，因而堅持德國不該承受開啟戰端的罪責——錯的是沙皇，是普恩加萊，是格雷，是帝國主義，或是資本主義。

總之，大家都有罪。如今的危險不在德國，而在法國：英國人把戰間期的緊張關係怪罪

3【譯註】莎士比亞《威尼斯商人》中的猶太裔放高利貸者。主角安東尼奧（Antonio）與他是仇家，為幫助友人而向他借貸，承諾以自己的一磅肉為抵押。當安東尼奧因故無力償還時，夏洛克堅持不和解，要求那一磅的肉。

於法國。凱因斯把克里蒙梭當對手，他是對的。鮮少有人想聽克里蒙梭不快的預言——「我們得如履薄冰……。沒錯，這紙條約將為我們帶來負擔、麻煩、痛苦、困難，而且將持續漫長的歲月。」[30]還有一位稍微有些幻滅的親英法國人——艾蒂安．曼圖（Etienne Mantoux）。他真心誠意，寫了對凱恩斯一書的駁斥：《迦太基的和平：凱恩斯先生的經濟後果》（*The Carthaginian Peace, or The Economic Consequences of Mr. Keynes*, 1946）。曼圖的父親是倫敦大學的法語教授，曾經在巴黎和會上擔任官方翻譯。曼圖在英格蘭度過部分的成長時光。他主張凱因斯削弱了協約國的團結，促成對德國的姑息，從而為希特勒與另一場戰爭鋪路。他在一九四四年完成本書，當時他正效力於自由法國的空軍。「凱因斯先生二十五年前的書，是獻給將來的世代的。本書便是將來的世代對他的回應。」曼圖在戰爭結束前十天陣亡。

威爾遜與勞合．喬治簽署和約後旋即離開法國。威爾遜必須說服美國參議員批准條約，並加入國際聯盟。在國會辯論時，他的對手在攻擊條約時大篇幅引用，甚或釋義凱因斯的書。參議院拒絕批准《凡爾賽條約》，拒絕成為國際聯盟會員，也拒絕同意保障法國安全的條約。美國放手撤出歐洲事務。美利堅合眾國在世界史上作為道德領袖、且殆無疑義的短暫瞬間就此結束。

勞合．喬治跟下議院沒有這種問題。一九一九年，下議院未經分組表決，便通過《英法條約（法國國防）法案》〔Anglo-French Treaty（Defence of France）Act〕，這在承平時期是史無前例的。他原本甚至能在美方（以及打退堂鼓的自治領）並未參與的情況下維持和法國的同盟，但他選擇不這麼做。勞合．喬治在草約中偷渡了「唯有（美方的條約）得到批准的時候」，條約才會生效的條文；向克里蒙梭宣讀內文時，顯然沒人注意到這一條。勞合．喬治恐怕是鐵了心要耍法國人，他知道美方的保證不大可能落實。[31]當克里蒙梭同意放棄將萊茵地區從德國分裂出來，卻又堅持軍事占領時，他可能就做了決定——法方的做法也是欺騙，畢竟他們打算用盡每一種理由，要盡可能長久駐軍，爭取時間祕密推動萊茵分離。包括勞合．喬治在內的英國人，都沒意識到法國在沒有外援的情況下與德國保持國力平衡的能力，居然只是暫時的。[32]英國方面在巴黎的代辦警告，假如法國人把持萊茵河，他們「將能讓德國人一直看他們的臉色；等到他們感覺自己是歐陸絕對的主人，便會轉頭對付我們，就像冬去夏來一樣自然」。外相喬治．寇松勳爵（Lord George Curzon）也抱持這種恐懼，他說法國或許會成為歐洲的「黷武之君」。他的話言過其實、荒誕不經，但法方武力盛脅之舉卻為之帶來可信度。一九一九年，法國當局舉辦一場場面盛大的軍事儀式，將革命將領奧什還葬於萊茵蘭，象徵再度征服：「此刻，」一位法國將軍公開表示：「法蘭西再度感覺到自己是個偉大的國家。」總之，雙方都很無辜，但英國人實際上更背信忘義些。「我信了勞合．喬治，」克里蒙梭親承：「而他擺了我一道。」[33]

✣　✣　✣

疏遠：一九一九年至二五年

拉丁人的思維比我們更有邏輯，而且總傾向於將論證導向……他們合輯的結論上。我們的天性則是迴避這些合理的結論。

——英國外相奧斯丁．張伯倫（Austen Chamberlain），一九二六年[34]

針對討厭做假設、只活在此刻的人制定長期的政策，是件傻事。

——法國駐倫敦大使保羅．康朋，一八九八年至一九二〇年[35]

勞合．喬治讓防務條約無效之舉，導致英國與法國分道揚鑣。巴黎重視英國人的保證，甚於美方含糊的承諾。一位資深法國外交官表示：「如果跟英格蘭沒有協議，我們就無法保持歐洲局勢穩定。」[36]這樣的保證也是和約的支柱，分量不下於國際聯盟。少了英國人的保證，法國人恐怕會拒絕對萊茵蘭做出重要讓步。法國政界與民眾感覺被英國欺騙。由於同時喪失了戰略與政治上的國防保障，法國人再度嘗試無情實施《凡爾賽條約》，並與波蘭和捷克斯洛伐克建立密切的軍事關係。此舉令他們跟英國與德國的關係同時惡化。

自拿破崙以來，中東就是法國與英國你爭我奪的對象，如今也成了敵意更甚的原因。英國人在對抗土耳其人時，對猶太復國主義者、托馬斯·愛德華·勞倫斯（Thomas Edward Lawrence）的阿拉伯友人以及法國人〔透過《賽克斯—皮科—薩佐諾協議》（Sykes–Picot agreement）〕，做出潛在衝突的承諾，而且又以對法方的承諾影響最大。古怪的外交官馬克·賽克斯爵士（Sir Mark Sykes，他私下認為法國殖民者「沒有能力受人尊重，他們不是歐洲老爺，個個都不是紳士」）答應讓法方控制敘利亞海岸。如今，英國人想在承諾中灌水，主張法國人在對抗土耳其人時出力甚微。這話激怒了法國人，他們認為英國部隊大幅分兵中東，留他們在西線承擔不成比例的戰鬥。實際上，要達成協議（包括石油在內）並不困難——盡可能少涉入這個地區，才合於兩國利益。兩國旋即明白這個道理，但這於國威有損。英國人認為法國人很沒禮貌，干預一個照理與其無關的地區。法國人則決心顯示自己並非英國的附庸。正是因為若干議題之瑣碎，才讓爭端充滿更多惡意。「發自法國當局的照會，」英國大使在一九一九年回報本國：「簡直不能更糟，彷彿我們不是盟友，而是敵人。」[37] 一九二〇年代初期，英國情報單位一再揭發法國人在勒凡特幹的「髒活」。「法國人卑鄙下流。他們不……打板球。」一九二二年，英國外相寇松勳爵跟同職位的對手雷蒙·普恩加萊一度交鋒，之後他噙著淚、踉蹌走出房間，不停咕噥：「我受不了那個討厭的矮子。我受不了他。」[38] 兩國原本計畫同時在倫敦與巴黎舉辦殖民地博覽，表現大方合作的姿態，這時法國人喊停了他們這一方的活動。

錢是泰半惡意與恨意的根源。美國人深信自己對歐洲的幫助已經夠了，堅持他國償還借款。法國人認為自己應該什麼都不用還，畢竟他們付出了不成比例的鮮血：法國士兵可是穿著進口的軍服赴死，盟國怎麼能為這些衣服大敲竹槓？英國人持續施壓，希望能全面減少債務與賠款金額，但不願意只有自己還錢。德國人則用盡每一個藉口，不還錢。法國當局試圖利用不穩定的世界經濟情勢來累積大量英鎊與黃金，與倫敦的歐洲金融中心地位一較高下。此舉讓英格蘭銀行與法蘭西銀行（Banque de France）之間起了齟齬，更導致前者的總裁蒙塔古．諾曼（Montagu Norman）把法國人加進自己的黑名單（與天主教徒、猶太人、特許會計師與蘇格蘭人作伴）。[39]錢就是力量。法國人一面表示沒有能力承還債務的利息，一面卻花更多錢在軍備上。英國人為此大為光火，甚至起了戒心。隨著英國與美國復員與德國解除武裝，法國因此擁有當時全世界最強大的軍力：法國在一九二〇年七月仍有九十萬軍人，還有全世界最多的空軍。進一步的軍費（尤其是花在轟炸機上）引起倫敦的關注。雖然鮮少有人認為「世界級災難」的英法之戰會爆發，但英國認為有必要對空防挹注更多，以防萬一。[40]

一九二三年一月，在數度警告德國之後，七萬人的法軍部隊不顧英國與美國反對，占領了魯爾河（Ruhr）流域——當地提供德國百分之八十五的煤與百分之八十的鋼鐵。許多法國士兵痛恨德國人，對於有機會對德軍在法國曾經的所作所為報復，他們感到心花怒放。儘管法軍指揮官似乎有努力維持軍紀，還是有不少對劫掠、破壞、不時發生的暴力與強暴的投訴。德國人針對法方的暴行發動強力的宣傳戰，強調法軍中的非裔與阿拉伯裔士兵對亞利安婦女既是種族侮辱，也是威脅。[41]（晚近研究指出，雙方的性關係多半出於合意，甚至發展為長期關係；誕生其中的混血兒後來成了納粹受害者）。英國戰時輿論雖然也反德，但鮮少有切身因素讓民眾長期抱持恨意，如今更有人接受德國宣傳的說法。工黨議會領袖菲利浦．斯諾登（Philip Snowden）撻伐占領魯爾之舉為「陳腐、惡毒的政策」，運用「野蠻人……強烈性本能」的做法更是雪上加霜。法國社會主義政黨同樣譴責本國政府的行動。[42]

普恩加萊起先拒絕對批評讓步。德國人開始罷工、「消極抵抗」並破壞機具——部分出於自發，部分則是由柏林組織的行動。貨幣重貶，一張公車票旋即要價一億五千萬馬克。法軍宣布戒嚴，射殺若干從事破壞活動的人，甚至將十五萬名「麻煩製造者」從占領區中驅逐——包括公務員與警察。德國人只好放棄抵抗，多少償還一些賠款。經濟混亂與隨之而來的政治動盪（包括慕尼黑發生的一起民族主義政變，一位叫阿道夫．希特勒的人也參與其中），讓柏林大為震動。占領魯爾不僅讓法方付出的代價比確保的賠款更多，還加速法郎嚴重擠兌，導致喪失百分之四十八的貨幣價值。「法國已經變得相當侵略成性」已經是許多人的常識，法國的做法只是坐實他們的看法。貝爾福認為法國人「無可救藥」又「瘋狂」，「擔心被老虎吞下肚……卻總在捋虎鬚」。[43]美國與英國（短暫由同情德國人的工黨政府執政）呼籲妥協。道斯計畫（Dawes Plan）於焉成形，意味著賠款處理終成定案——金額減少，強制執行的條款也得到取消。德國總計只須在十三年間支付約十億英鎊，以現金支付者不到其中的三分之一。[44]但威瑪共和國進一步遭到削弱，民族主義宣傳則言之鑿鑿，充滿怨言。

緊跟著道斯計畫而來的，是英國、法國、德國與義大利在洛迦諾（Locarno）敲定的條約——接納德國加入國際聯盟，並共同擔保德國的西部（而非東部）國界線。簽約國同意放棄軍事入侵。托利黨新任外相，相對親法的奧斯丁．張伯倫暢談此事：「法國外相邀請德國外相和我，到一艘叫『橙花號』

（*Orange Blossom*）、通常用來辦婚宴的汽艇上遊湖，為我太太慶生，順便聊聊公事。這時我不禁揉揉眼，想知道自己是不是在作夢。」[45]一九二五年十二月一日，條約正式在倫敦簽訂——為了這個場合，喜出望外的外交部重新裝潢最華麗的房間，至今仍叫洛迦諾廳（Locarno Suite）。

法國單方面實施《凡爾賽條約》的打算，在這片洋洋喜氣中失敗了。盎格魯薩克遜人在德方的抵制下妥協。這對法國人「有著龐大的心理衝擊」。[46]白廳幾乎沒人對此感到遺憾。當財政大臣邱吉爾主張英國應該自外於歐陸爭議、專心經營帝國時，他是在表達一般人的心聲。法國得對德國人做出「全面」的讓步，後者得以活動自己在東歐的筋骨，而英國對此並不關心。人們視洛迦諾邊境保證為問題的結束，而非軍事承諾的開端，英國的國防開支也進一步刪減。法軍撤出魯爾地區，仍然駐留在萊茵蘭的協約國部隊也在不久後離開。法國政府索性順水推舟，在外相阿里斯蒂德・白里安主導下提倡法德和解與歐洲聯邦，藉此短暫贏得掌聲。當他表示法國與德國母親再也不用擔心孩子的未來時，連利字當頭的外交官們都流淚了。白里安本人沒哭：「我是根據我國出生率來制定外交政策。」[47]但柏林出現了雜音，在這兒連道斯計畫都有人譴責。共產黨與納粹攻擊這紙條約是資本家和猶太人強加而來的。德國政府正致力於重建德國作為歐洲主導勢力的地位，做法包括非法再武裝。洛迦諾一事讓監督德國解除軍備的殘餘安排煙消雲散：外國政客傾向視而不見。

戰爭勝利後才過五年，法國人與英國人便已不信任、討厭、無討厭、無法理解彼此。法國人眼中的英國馬基維利主義，泰半是後者一廂情願的理想主義。英國人眼中法人的窮兵黷武，則是暴露在危險前的恐懼感。雙方對這樣的誤會都有責任。以「老虎」克里蒙梭及其頑固繼任者普恩加萊為首的法國政治人物，對於交朋友或影響輿論都不擅長。他們在戰後做軍事與金融伸展操的做法，恐怕是誤判了情勢。但海峽北邊的人誤判更為嚴重，不僅高估法國實力，而且還荒唐地懷疑殘破不堪、憂心忡忡的法國有意讓拿破崙霸權復活——勝利者對失敗者的恐懼。有些誤解能以雙方陳舊的偏見來解釋。英格蘭人鐵定是為利所趨、偽善；法國人必然口是心非、虛榮。但是，真正的問題在於兩國對德國的衝突評估。法國人不相信德國人。他們不覺得有理由要為自己的勝利賠不是——克里蒙梭如是說。他們這樣很沒氣度，但是……唉，他們也沒錯。只有一紙不帶任何懲罰，能讓德國成為歐洲主宰，同時讓鄰國脆弱、貧困的和約，才足以避免德國人的氣憤。但連這也無法保證未來的和平，畢竟「生存空間」（*Lebensraum*）並非希特勒的發明。日耳曼民族主義早在納粹現身前便相當強勢，而且民族主義者從未接受戰爭的結果。協約國的讓步沒能安撫之。但英國輿論（至少政界菁英間如此，民眾或許比較不這麼想）認為必然要安撫民主德國，增強其實力。勞合．喬治的某位密友在日記中提到：

> 英國官方的觀點是：德國不用為戰爭負責，貴族地主勢力必須排除，德國政府理當支持，德國產業需要振興，而且整體來說不該懷疑德國人。[48]

一位英國重要史家在不久前推論說：「若盎格魯薩克遜人接受更多法方的要求，或許更能維護國際局勢穩定。」[49]只是事與願違，法國的遏止政策（已占領萊茵地區為基礎）遭到反對。條約中解除武裝的條款在各方心照不宣下捨棄。長期而言，歐洲的安全將繫於德國的自制。白廳與西敏宮都能接受，或許只有軍隊保持異議。奧斯丁．張伯倫認為德國不可能在一九六〇年以前成為威脅。他的老對手普恩加萊卻與克里蒙梭有如出一轍的預測。據前者觀察，和平「全賴德國的善意……不光是當今的柏林政府，還有後續的所有政府」。克里蒙梭則認為德國必然再度進攻——「看是六個月內、一年內、五年內還是十年內，看他們什麼時候想，隨他們意思」。[50]

✣ ✣ ✣

【延伸】海底隧道：順天命

天意賜我們一座島——我想，這對歐洲與世界歷史有其深意。

——內閣書記莫里斯．漢基，一九一九年十一月[51]

早在一九一四年，海底隧道便再度受到帝國防務委員會（Committee of Imperial Defence）討論。委員們斷定：「假如我國部隊要參與歐洲戰事，與法軍並肩作戰，我們擁有的隧道就愈多愈好；反之，倘若不考慮這類軍事行動，則我們完全不考慮建隧道。」除非英國與法國成為緊密盟友，關係好到「在每一起戰事中皆能視為同一個國家」，隧道才是

威廉．希斯．羅賓森（William Heath Robinson）繪製的《海底隧道漏水》（*A Leak in the Channel Tunnel*），描繪海底隧道在戰間期成了笑柄。

理想解決方案。[52]法方在一九一八年成立委員會研究隧道可行性，認為具有戰略與經濟上的好處。我們先前提到，勞合．喬治在一九一九年利用隧道的願景吸引法國人，使之放棄對萊茵蘭的打算：隧道能加速英國調度部隊，情況將異於一九一四年，協約國得以保護北法工業區，從而降低萊茵蘭防區的必要性。下議院海底隧道委員會（Channel Tunnel Committee）得到三百一十位堅信隧道計畫極為有利的國會議員所支持。法國人提議一起研究，但白廳卻有所遲疑。陸軍表示，建海底隧道將使英國與法國、比利時國防緊密相依，而且由於俄羅斯不再是盟國，國防將需要「竭盡我國最大的努力」，否則隧道將成為風險：「如果在歐陸打一場攻勢戰爭，我們就需要隧道，但如果是在英格蘭打一場守勢戰爭，我們就不希望有隧道。」奧斯丁．張伯倫認為，倘若事情果真如此，隧道便成了「我國軍事與政治未來的主宰」，因此不希望建隧道。[53]此外，與建隧道所費不貲，估計需要六千萬英鎊。負責寫內閣會議紀錄的漢基推遲了決定。外交部提醒每一個人：「直到一世紀前，法國仍是英格蘭在歷史與地理上的敵人，兩國人民之間始終難以建立真摯友誼。」結論並不樂觀：「我國與法國的關係向來不夠、現在不夠，未來恐怕也不夠穩定而友好，難以成為與建海底隧道的理據。」[54]

❖ ❖ ❖

五味雜陳：一九一九年至三九年

我們在法國不受歡迎，也永遠不會受歡迎，沒有什麼能改變這個根本的事實。

——英國外交部備忘錄，一九二〇年[55]

無論代價幾何，我都不想再打仗了！除非是打法國人。如果要跟他們打仗，我會衝得跟子彈一樣快。

——英國戰爭詩人埃德蒙・布倫登（Edmund Blunden）[56]

一戰影響了生活的每一個層面。戰爭強行擠進人們的思維與記憶，改變了文化、行為、信仰、忠誠對象、價值觀、恐懼與希望。對於戰爭之恐怖，人們的憎惡同樣創造出重返常軌、恢復戰前公認社會支柱的渴望。法國人與英國人之間的各種關係也符合這個模式。除了戰爭造就的新局面，我們也會看到表面上似乎未曾改變的觀念與習慣。

英國知識分子迅速與戰前的巴黎前衛藝術重新搭上線：「戰爭從未扼殺這股動向。」布魯姆斯伯里派藝評克里夫・貝爾（Clive Bell）這麼寫著。一九一九年，年輕的奧斯伯特・西特維爾（Osbert Sitwell）甫從陸軍退伍，旋即舉辦倫敦自一九一四年以來的第一場法國畫展。巴黎現代主義領袖現身會場，如馬諦斯、畢卡索、安德烈・德蘭（André Derain）、莫里斯・德弗拉芒克（Maurice de Vlaminck）與亞美迪歐・莫迪里安尼（Amedeo Modigliani）。這場畫展一如傳統般毀譽參半，因「藝盲之憤」而起的辯論連續六週見諸報端，若干參與者還記得一八八〇年代年代的激辯。[57]藝術界當權派內部出現變化——多年來，人們始終對於將當代法國藝術引進英國的國家級收藏中感到猶疑。直到一九一四年，國家美術館仍有一位年邁的信託人表示抗議，說自己「八成馬上就會聽聞有摩門教徒……在聖保羅座堂中服事，就像在特拉法加廣場的聖域中……眼見現代法國藝術亂賊的展覽。」但情況迅速起了變化——多半得感謝紡織業鉅子山謬・庫托（Samuel Courtauld）的慷慨與熱心。國家美術館與泰特美術館（Tate）也都在一九二〇年代蒐羅出色的印象派與後印象派畫作。[58]巴黎仍保有藝術聖地的地位。法國人積極主張巴黎至高無上的位置，深知其民族與政治上的價值——雖然普魯斯特對於「自請擔綱那個角色」的做法感到尷尬。[59]

不過，從克里斯多福・伊舍伍（Christopher Isherwood）到佩勒姆・格倫維爾・伍德豪斯（Pelham Grenville Wodehouse）的年輕世代卻望向別處，尋求刺激，如柏林、莫斯科、維也納、羅馬，甚至紐約和好萊塢。巴黎再也不是唯一能提供解放與有利匯率的異國城市了。更有甚者，盎格魯薩克遜旅客在巴黎遭遇公開的敵意（恐怕是史上頭一遭），甚至是群眾暴力，觀光巴士不時遭受攻擊。[60]這種情況似乎融合了巴黎人經濟上的不滿，以及認為前盟友背叛法國利益的感受。旅客至少還能帶錢來。到法國工作的人覺得「我們……並非真受人歡迎，頂多是容忍而已」。[61]對法國人來說，英國長期以來都是新娛樂活動的源頭，但在美國的強烈影響下，英國也相形見絀，出現在法國的美軍更加速了這個過程。美國對流行文化具有毫無疑義的影響力。爵士樂在一九二〇年代的巴黎紅極一時，英國卻沒能帶來和約瑟芬・貝克（Josephine Baker）同樣性感的人物。美國的衝擊激起若干反對。以反戰小說聞名的喬治・杜哈梅爾（George Duhamel）呼籲「我們西方人」，「從我們的房子、我們的衣物與我們的心靈中」根除一切美國的事物。[62]演員莫里斯・舍瓦利耶（Maurice Chevalier）的職業生涯，勾勒出流行從倫敦轉往紐約與好萊塢的變化。

【延伸】從「巴黎的英格蘭人」到「好萊塢的法國人」

年輕的莫里斯．舍瓦利耶（生於一八八八年）在戰前展開喜劇歌手的生涯。他在戰爭中負傷被俘，在戰俘營中跟英國戰俘同伴學習英語，並與他們一同舉辦音樂會——這是他踏入英國表演事業的開始。停戰之後，他前往倫敦工作，採用英式表演風格，穿上晚禮服或條紋西裝外套、領結與硬草帽——這套扮相也成為他漫長職業生涯的正字標記。他將英國元素融入自己下了舞臺後的形象，其熱愛運動尤其廣為人知，從而創造出當代法人的陽剛形象：「他很優雅……他是個運動員，風格自在。他屬於汽車、拳擊與橄欖球的時代……他把我們表現得這麼好，是我們的榮幸。」[63]但美國對於後來演變出來的中大西洋風格影響愈來愈深——結合了盎格魯薩克遜的光彩與傳統巴黎工人階級厚顏粗俗、誘人魅力的內涵。舍瓦利耶在一九二八年前往美國，收入比當代任何法國演員都高。他把自己重塑成英語世界中的法國人原型（小心翼翼保留自己的法語口音），而非人在法國的英式風格表演者。

自法蘭西第二帝國以來（或著說是從革命以來），反法思維首度成為進步派的主張。劇作家兼外交官尚．季洛社感嘆不已：「不過五年時間，我們便從代表世界之自由的國家，變成反動的化身。」[64]這種態度以各種不同的方式涵蓋整個政治光譜，從希望英國裁軍、放棄海外帝國的工黨領袖喬治．蘭斯伯里（George Lansbury）等和平主義者，到打算放棄歐洲亂局的邱吉爾等托利黨帝國主義者皆然。支持綏靖德國的態度，在自由黨與工黨支持者之間最為強烈。這類觀點相當美好、大方而得體（至少對德國而言如此，卻也自以為是、自我欺騙，而且難免是反法的。如果德國人正盡力做個好公民，那麼在理論上，所有問題必然都是那些「無可救藥的人」——法國人的錯。[65]

海峽兩岸投身論戰的人都在歷史裡尋找相似的情況與解釋的樣板。雙方都很有見地，提到拿破崙戰爭。根據工黨重要新聞人亨利．諾爾．布雷斯福德（Henry Noel Brailsford）所言：「法國已經恢復她在第一位拿破崙治下所享有的支配性軍力」，並對「這個最民族主義的民族毫不間斷的黷武傳統」提出警告。工黨黨魁菲利浦．斯諾登的敵對態度，讓他的法國對手威脅要跟他決鬥，法國報界更將他比為殺害聖女貞德的劊子手（斯諾登的太太則澄清這只是他們約克郡人的作風）。攻擊英國人的文字在法國出現，廣泛為人閱讀，內容足以讓白廳感到心煩意亂，甚至正式提出抗議。[66]民族主義者與左派譴責倫敦金融城的罪孽。最惡毒的攻擊發表於一九三五年，知名新聞記者亨利．貝勞德（Henri Béraud）探討是否「必須讓英格蘭淪落到奴隸的境地」。他的主旨放到一八九〇年代，甚或是一七九〇年代也不奇怪：「約翰牛只有一種政策，就是銀行家跟商人的政策。」英國引發全球動盪以獲得權力與利益，將一艘艘「維克斯公司（Messrs Vickers）的玩具、情報單位的先生、胡說瞎扯的大腳小姐和來自牛津的乏味處男」送去統治海外帝國。貝勞德缺乏篇幅，無法「重新提起每一件臭名遠播的暴力、背信、無情自私與不忠，汙染該國歷史的實例」。最常見的受害者是愛爾蘭人、波爾人、印度人、阿拉伯人（以極為卑鄙的把戲，鼓勵他們抵制饒有益處的法國統治）、全歐洲的人（彷彿「出身加萊的黑奴」）——尤其是法國人。「英格蘭人向來是我們世世代代的敵人，也是歐洲的敵人。」大戰期間，英格蘭人雖然「與我們**一同**作戰」，卻「並非**為**我們而戰」。如今他們跟德國人站在一起，甚至在滑鐵盧週年和德國簽署海軍協議，故意侮辱法國。「我生來恨這個民族，我本人與我的祖先皆如此」：他們故意「破壞我們的勝利」。[67]新的惡棍已經出現了，就是「惡魔般的」情報局——在不少暢銷小說中，情報局都是英國全球勢力的象徵，也是世界上費解難題的始作俑者。羅貝爾・布加（Robert Boucard）在一九二六年一篇聳動的披露報導中，揭發情報局的祕密總部就在唐寧街（Downing Street）十號——「一棟正面令人感到壓迫、線條十分死板的建築，充分展現英格蘭清教思想的特質」。情報局讓戰爭延續，好讓倫敦金融城得以從與德國的祕密貿易中獲利。[68]銷路上佳的類似作品必然有其影響。一九三五年十月，一位震驚的使館官員回報本國，表示有一部新聞短片內容是威爾斯親王在巴黎被人飽以噓聲。使館外甚至派駐有荷槍實彈的警察。[69]

跨海峽的敵意並未放諸四海皆準。白廳與西敏宮還是有親法的聲音（有些是最近才改變立場的人），他們從一九三〇年代中葉開始促成與法國關係更為緊密，並堅定對德國的立場。這些「親蛙小子」

〔（pro-Frog boys），政壇博迪．伍斯特（Bertie Wooster）——托利黨國會議員間日記作者「薯條」查農（'Chips' Channon）這麼稱呼他們〕有外交部萬年次長羅伯特．凡希塔特爵士（Sir Robert Vansittart）、大不列顛與法蘭西協會（Great Britain-France Association）主席愛德華．史畢爾斯爵士，以及他們的靠山溫斯頓．邱吉爾。至於奧賽碼頭（以及法國的廣大地方），一直有人不停強調與英國的關係不可或缺。支持者有溫文爾雅的菲利浦．貝特洛（Philippe Berthelot，凡希塔特在奧賽碼頭的同輩）以及他身邊的外交官間知識分子群，包括他後來的接班人阿列克西．萊熱〔（Alexis Léger），即詩人聖瓊．佩斯（Saint-Jean Perse）〕。有些小規模的推廣性、地方性的行動，還有透過上層階級壓力團體〔例如協約俱樂部（Club Interallié）〕的禮貌接觸。大不列顛與法蘭西協會兼具兩者的功能，一方面舉辦年度晚宴，邀請部會首長參加，地方分會也安排談話會與社交活動。在英國這一方，政府對宣傳活動產生興趣的腳步很慢，認為這不是英國的做法。因此，一九二六年成立於巴黎的英國學社（British Institute）只獲得兩百至三百英鎊的補助，相形之下，位於肯辛頓的法國文化中心（Institut Français）卻獲得二十萬英鎊補助。英國文化協會（British Council）直到一九三九年才成立巴黎辦公室。從不熱絡的學術交流在一九二〇年代逐漸減少，儘管有些表示——例如倫敦大學開設了福煦法國史教授職（Foch Professorship of French History），但也無濟於事。一九一四年前，每年約有兩百名法國學生到英國的大學上課，到了一九二六年卻只剩一位。[70]

到了「友好」變得極為迫切的一九三〇年代晚期，兩國皆做了許多引導民眾情緒的努力，以符合戰略需求。有人安排藝術活動。一九三七年，托馬斯·畢勤爵士（Sir Thomas Beecham）和倫敦愛樂樂團（LPO）到巴黎演出愛德華·艾爾加（Edward Elgar）、菲德列克·戴流士（Frederick Delius）與白遼士的作品。劍橋大學牧歌社（Madrigal Society）也跟上腳步。一九三八年，羅浮宮舉行英國畫展。同年七月還有一次成功的王室訪問。相關單位安排演出一曲〈英格蘭頌〉（*Ode à l'Angleterre*），向「躺在白色十字架下的英格蘭士兵」致敬，《費加洛報》還貼心刊印了拼音版的〈Godd saive zhe Kingg〉（〈天佑女王〉）歌詞。一座巨大的不列顛女神紀念碑，在第一個英國遠征軍單位於一九一四年登陸布洛涅的地點揭幕，距離拿破崙在一八〇五年出軍失敗的地方不遠。（兩年後，德軍炸了這座紀念碑）。法國總統阿爾貝·勒布倫（Albert Lebrun）在一九三九年三月拜訪倫敦，查農蔑稱這段時間為「青蛙週」（Frog week），但他很開心能穿起法袍——「我心愛的豐特瓦勳爵（Lord Fauntleroy）天鵝絨裝」。當年七月適逢法國革命一百五十週年慶，英國的擲彈兵衛隊（Grenadier Guards）也在香榭麗舍大道（Champs Elysées）上參加閱兵行進。此舉意在強調民主國家共有的文化、歷史與政治遺產。一九三九年成立的坎城影展也以此為公開目標，和墨索里尼的威尼斯影展叫陣。法國使館的文化專員請求導演亞歷山大·科達（Alexander Korda），讓他的愛國大片《關鍵時刻》（*The Four Feathers*）在坎城上映，而非威尼斯。這部片的劇情是，一位英國軍官因為畏戰而棄部隊而去，但重新歸隊成為英雄——必定

4【譯註】小說家佩勒姆·格倫維爾·伍德豪斯（Pelham Grenville Wodehouse）筆下的人物，形象為年輕的英格蘭紳士，有錢有閒，有強烈道德意識，對形形色色的人都能親切以待，卻常常與朋友遭遇窘境，每每由精明的男僕雷吉納德·吉福斯（Reginald Jeeves）助他脫險。

讓許多身歷其境的人心有戚戚焉。馬塞爾・萊爾比埃（Marcel L'Herbier）的巨作《摯誠協定》（*Entente Cordiale*, 1939）也在坎城影展放映。這齣美化過的歷史故事（劇本出自安德烈・莫洛亞之手）賦予愛德華七世一種相當恭維的形象——「最偉大的外交官」，同時強調英法夥伴關係對和平與勝利的歷史必要性。電影溫和演出海峽兩岸的刻板印象，講一段可人但健康不佳的英格蘭外交官之女（「我寧可她跟個英格蘭人結婚，雖然比較無趣，但婚姻能更長久」）和兩位帥氣法國兄弟之間的三角戀。兄弟倆一位是參加過遠征法紹達的軍人，另一位則是某家瘋狂仇英報紙的記者——「一個法國人，一名舞者，再加個記者——這樣就夠了！」不過，在跨海峽的好感集體爆發之前還是有許多尚待完成的工作，而且也和一九一四年前一樣，需要一個人人喊打的德國對手。

通往黝暗深淵：一九二九年至三九年

沒道理急著建立同盟關係，讓德國感到自己受威脅。

——英國首相詹姆斯・拉姆西・麥克唐納（James Ramsay MacDonald），一九三三年[71]

早該告訴法國人「自己下來走」……。時候到了，我們別再跟他們的學步車綁在一起，這個國家裡有許許多多的人也這麼想。

——帝國防務委員會助理書記，一九三六年三月[72]

法國有誰能在一九三〇年，便想像到這個偉大的民主國家不出十年就成了二流國家，失去對中歐的影響力，還得為了自己的安全而仰賴某個固執、苛刻的盟友？

——美國財政部長亨利・摩根索（Henry Morgenthau），一九三八年九月[73]

等到一九二〇年代步入尾聲時，樂觀人士已經感到相當滿意了。邱吉爾在蒙特婁告訴聽眾：「五十年以來，和平的前景從未如此樂觀。」[74]戰爭的後遺症似乎已經在脅迫、賄賂與疲憊的總和下清掃而空。[75]德國向美國借錢，部分用於支付大幅刪減後的賠款，但也是為了增加本國的公共支出。英國重新採用金本位制，回到戰前英鎊對美元的平價匯率，展現事情恢復正常、倫敦仍是世界金融市場的樣子。美國享有一陣投資榮景。法國穩定法郎對英鎊匯率，維持戰前匯率四分之一的水準。得益於匯價低估，法國出口強勁，將外幣收入轉為黃金——多少是為了增加影響力，與法蘭西銀行總裁所謂的「英格蘭銀行帝國主義」相抗衡。[76]然而，金融體系仍然脆弱，而大半個歐洲的政治制度也同樣如此。一九二九年十月，紐約股市崩盤。個人與公司行號皆毀於一旦。銀行倒閉。美國停止放款。各國刪減國內花費與成本，減少進口，試圖以此自保。世界貿易崩潰。上百萬人失業。經濟崩盤的原因與後續影響至今仍占據了經濟史家的注意力。許多當時的人認為原因顯而易見——就是法國。英國財政部認為：「法方追求的貨幣政策，要為這場世界危機負起大部分的責任。」[77]法國的低價貨幣與累積黃金之舉，削弱了國際金融體系，迫使其他國家採取通貨緊縮措施，從而擴大、加深經濟蕭條的範圍與影響。與此同時，法國本身卻相對不受結果所動搖。上述分析有些真實性，但原因比此更為深刻。

各國皆感受到政治衝擊。憤怒的選民轉向極端政黨，極端政黨則訴諸戰爭經驗，鼓吹國家作為、紀律與激烈手段。一九三二年七月，德國最極端的民族主義政黨——希特勒的國家社會黨（National Socialists）獲得兩倍於一九二八年選舉的總票數，囊括百分之三十七點四的選票，接著在來年一月籌組聯合政府。他們把握機會，建立一黨獨裁。支持者希望他們降低失業率，大體而言他們也做到了。他們也計畫加速執行、激化歷屆政府所追求的方針——摧毀殘餘的凡爾賽處置（他們把德國的經濟災難怪罪於和約），從而推翻戰爭的結果。

這種驚人的發展並未讓英國與法國政策改弦更張。許多人做出和希特勒從前的聯合執政夥伴相同的假設：他的誇張言論不可能是認真的，掌權的現實會讓他冷靜下來，否則他會被人推翻。綏靖的邏輯已根深柢固——正因為德國遭受「無情」對待，才會湧現這股民族主義反彈，因此要以溫和、合理的讓步撫平。《曼徹斯特衛報》便認為，「納粹革命」是「對德國受的苦耿耿於懷」造成的結果。此話泰半在怪罪法國人。英國首相麥克唐納提到近年來態度強硬的法國總理，認為「要不是塔爾迪厄」，「就不會有希特勒總理」。[78]

更有甚者，**不安撫**德國的危險突然陡增。英國與法國情報傾向於低估德國的野心，同時高估德國的軍力——堪稱讓步的完美配方。對於兩國而言，所有的回應都會同時受到武力對抗的代價，以及民眾對任何動武跡象的強烈反對所掣肘。以英國來說，工黨譴責「主張還得花好幾百萬在軍備上的做法……，」認為其「純屬恐嚇」。邱吉爾希望結合威嚇與讓步來限制希特勒，如此一來，強大的英國便能對歐陸衝突「作壁上觀」：「我希望，也相信法國人會照顧自己的安危，讓我們能在我們的島上過自己的生活……我們必須足夠強大，以捍衛我國的中立。」[79]至於在如今受到經濟衰退遲來打擊的法國，人們的主張也很類似。法國政壇與外交界對於姑息雖有疑慮，但他們別無選擇，只能等待、希望英國與法國選民會在為時已晚前支持更強硬的政策。

法國此時的政策奠基於兩個基礎之上。由於失去萊茵蘭，法國只得興建縝密而昂貴的防禦工事體系，亦即馬其諾防線（Maginot Line），宛如現代版的沃邦城堡。法國也和德國的其他潛在目標鞏固邦誼，其中最重要的是波蘭與捷克斯洛伐克。這些國家在軍事上是否可靠仍屬未知。但墨索里尼的義大利則是另一回事，畢竟義大利與法國有共同的利益，要防止德國併吞奧地利。與義大利結盟將扭轉法國的戰略位置。墨索里尼計畫征服非洲的獨立君主國：衣索比亞。法國政府（和更不情願的英國人）準備默許之，當作換取義大利在歐洲支持的代價。法國總理皮耶・拉瓦爾（Pierre Laval）與英國外相山謬・霍爾爵士（Sir Samuel Hoare）在一九三五年祕密達成妥協，將部分的衣索比亞讓予義大利。結果消息走漏到報界，在英國造成強烈抗議：居然有人密謀縱容明目張膽的侵略，削弱國際聯盟的地位。霍爾辭職。英國支持國聯對義大利實施的經濟制裁，同時將一支艦隊派往地中海；法國則被迫跟隨英國的腳步。制裁的主要影響，在於讓法義同盟的前景（或者說幻想）就此結束。法國民族主義者勃然大怒。背信忘義的阿爾比翁先是剝奪了法國在萊茵河的屏障，如今又破壞該國國防安全最好的機會。英國民眾的理想主義，因此被法國人詮釋成白廳的利己作為。

但白廳的利己作為在這一年確實存在。英國想避免跟希特勒進行軍備競賽，提議簽署雙邊限武協定。但此舉等於接受德國重新武裝，而這違反了《凡爾賽條約》。英國甚至沒跟法國商量。英國展開為期五年的軍備汰換計畫，但目的卻不是抵抗希特勒。早期支持更新軍備的人（以邱吉爾為首）希望規模更大的海軍與空軍能讓英國足夠強大，避免歐陸爭端，同時捍衛帝國。人們寄望皇家空軍（RAF）能成為相對節省金錢、人力的嚇阻力量。陸軍並非首要之務。「英國遠征軍」一詞瀰漫著一九一四年的氣息，成了禁語。白廳頂多只願意考慮兩師團象徵性的「野戰部隊」。

法國與英國的紊亂步伐，讓希特勒放膽第一次賭博：一九三六年三月，萊茵地區非法再武裝化。事情的開端是用軍靴的鞋尖做最躊躇的試探。德國陸軍還沒準備好作戰，因此僅有一支三千人的部隊推進到非武裝區。他們有令在身，只要法方有所回應，就要立即撤退。根據傳說（希特勒本人鼓吹的傳說），納粹大業原本可能在此刻破滅：元首受到侮辱，軍隊恐怕會推翻他。其實這種風險很小。連邱吉爾都希望有「和平、友好的解決方案」。[80]對理想的綏靖主義者來說，萊茵蘭問題承襲自「不義的」《凡爾賽條約》，是法國「軍國主義」的象徵。麥克唐納期待希特勒的大膽舉動，能給法國人來場

「嚴重教訓」。斯諾登則嘀咕說：「該死的法國人又玩起他們的老把戲，拉我國跟隨他們包圍德國的政策。」[81]事實與此差距不能再遠。倫敦沒有必要限制巴黎採取軍事行動，因為巴黎沒有動武的意思。其他國家仍然認為法國陸軍強大而危險，但法軍的指揮官卻過度高估德軍實力，因此告訴政府軍隊沒有足以逐出德軍的快速反應部隊。[82]

接下來三年的模式，通常是放心的法方順從於英國的綏靖做法。法國史家富蘭索瓦・貝達希達（François Bédarida）把這描述成「英格蘭女家教」用嬰幼兒輔步繩牽著法國——這在法語資料中是很有影響力的看法。英國史家的回應是，法國政界利用英國，為自己的不願作為找藉口。這一點在西班牙問題上清楚可見。一九三六年七月，西班牙發生了反對左派政府的民族主義軍事政變。該國成為歐洲的意

法國的厭戰情緒遠甚英國，而且政治光譜兩端皆然。保守派擔心只有共產主義者會得益。此圖題名《合不攏嘴》（*L' Homne Qui Rit*）。圖中，象徵英國的約翰牛與象徵法國的瑪麗安娜正跟墨索里尼與佛朗哥大吵，希特勒作壁上觀，巨大的史達林則在背景沾沾自喜。

識形態與政治戰場，情況在義大利與德國援助民族主義「國民軍」陣營後愈演愈烈。當時的西班牙是由共和派、社會主義者與共產主義者組成的反法西斯「人民陣線」（Popular Front）聯合政府所統治，而一九三六年六月後的法國也是由反法西斯的社會主義者萊昂．布魯姆（Léon Blum）執政。布魯姆政府（尤其是特定幾位閣員）希望協助西班牙共和人士，全歐洲的左派也抱持相同態度；但英國政府與大多數民眾（除了左派團體之外）反而對雙方皆不甚同情。他們希望防止戰局擴大，無論哪一方獲勝，都要保持情況在合理限度內。當時與此後的許多描述皆指出，英國看似要阻止法國政府馳援共和派，但實情卻是布魯姆當局提議不要軍事干預，並鼓勵倫敦領頭採取成效不佳的反干預措施。布魯姆心知，若法國公開援助西班牙共和政府，他的聯合政府便會垮臺，造成法國國內動盪。因此，他一面允許象徵性的武器運送，一面放手拿英國當保持中立的擋箭牌。奧賽碼頭認為此舉能拯救法國政府。[83]法國民族主義者原本強烈認同墨索里尼與西班牙國民軍將領弗朗西斯科．佛朗哥（Francisco Franco），如今轉而支持綏靖。此時的法國外交政策在意識形態上遠比以往更為分歧。無論如何，布魯姆在一九三六年九月踏出勇敢的一步，展開關鍵的法國軍備重整，但軍費卻迫使他擱置社會改革，讓他的支持者大感失望。

法國與英國並未懷抱決意或信心進行再武裝。人人擔心發生新的索姆河與凡爾登戰役，政壇許多人都親歷其間。人人都擔心更汰軍備造成的經濟與政治影響。人人都害怕毒氣與生化武器。人人夜不成眠，耳朵注意著空襲警報。英國人得到新任首相史丹利．鮑德溫（Stanley Baldwin）警告：「轟炸機永遠都能穿越防線」，他們史上頭一次深信英吉利海峽無法提供屏障。哲學家伯特蘭．羅素（Bertrand

Russell）在一九三六年預言：「倫敦……將會滿目瘡痍，醫院遭到狂轟濫炸，車流不再，無家可歸的人尖聲求救……而政府……將被恐懼的洪流沖走。」一位法國專家指出，在一小時之內，一百架轟炸機便能讓一層厚達二十公尺的毒氣覆蓋全巴黎。巴黎消防隊指揮官耳提面命，警告只要五十枚燒夷彈，便能讓整個城市灰飛煙滅，唯一的希望就是逃跑。有人認真提議要巴黎居民遷居到屋頂鋪有裝甲的高樓，樓高要高於毒氣的覆蓋範圍。[84]這一切都不是歇斯底里：大英帝國防務委員會預料戰爭頭幾週將有數百萬傷亡，而照料他們的計畫，就成了未來國民保健署（National Health Service）成立的第一步。

法國人特別對未來有種陰鬱的恐懼，認為一切都徒勞無功：德國在人力與生產力上的領先距離不停擴大。法國人口成長停滯半世紀，一九一四年至一八年的遲來影響，更是讓人口在一九三〇年代呈實質衰退。老兵與農民（他們清楚自己得供應大多數士兵所需，許多人因此轉向共產主義）之所以有反戰心態，是因為深信法國無法承受再一場戰爭。一家農民報紙在一九三八年寫道：「再浴血一回，就意味著我國農民階層的毀滅。少了農民，法蘭西還剩什麼？勝利幾乎和戰敗一樣有破壞力。」[85]

英國反戰熱的高峰在一九三三年一月到來：納粹在此時上臺，首度喚起戰爭的鬼魅。當時有不少眾所周知的活動，例如牛津聯合會（Oxford Union）在一九三三年二月的「國王與國家」（King and Country）辯論[5]，以及一九三四年至三五年的「和平投票」（Peace Ballot）。主辦和平投票的是國際聯

5【作者註】這個聲譽卓著的學生辯論社團通過動議，表示「本會將不會為國王與國家而戰」，一般將此詮釋為青年領袖之間反戰態度的證明。

盟聯合會（League of Nations Union），有超過一千一百萬人連署，強調裁減軍備、支持國際聯盟，並以經濟制裁防止侵略。至於法國，大部分左派和他們的英國同志一樣，不僅都對國際聯盟有種半宗教的渴慕，也同樣譴責《凡爾賽條約》，懷疑「帝國主義式」的軍事盟約，同時對綏靖德國有理想般的熱情。法國學校教師領袖教育學生要痛恨戰爭，認為自己正致力於「道德去武裝」。[86]英國工黨領袖喬治·蘭斯伯里與工人國際法國支部總書記保羅·富爾（Paul Faure）都是反戰人士。但隨著法西斯勢力成長，左派也開始改變立場。工運人士厄尼斯特·貝文（Ernest Bevin）在一九三五年的工黨大會激烈抨擊蘭斯伯里，說他「四處叫賣自己的良心……要別人告訴自己該怎麼做」——此情此景令維吉尼亞·吳爾芙不禁淚下。法國共產黨則支持布魯姆強化軍備的做法，作為對莫斯科突然警告法西斯威脅的回應。衣索比亞與影響更大的西班牙情勢，促成了上述的轉變。工黨開始慢慢放棄黨內知識分子與工人一概反對重整軍備的寶貴立場，在一九三七年對保守黨的計畫給予有保留的支持。但絕大多數的法國與英國民眾仍相信綏靖能緩和衝突。「即便是希特勒，」布魯姆寫道：「我們也不該認為他的念頭有這麼荒唐而瘋狂。」蘭斯伯里前去與希特勒會面，熱情寫下後者對和平的渴望——畢竟，他「滴酒不沾、不抽菸，〔而且〕吃素」。[87]由於善意的進步人士過去並不相信一九一四年至一八年的反德宣傳，如今他們也拒絕視希特勒的德國為罪無可逭。他們和軍方將領一樣，為逼不得已的戰爭做準備。

出於職業使然，陸軍、海軍和外交官已經對戰爭的可能性見怪不怪了，但連他們也困於無法解決的戰略問題中。法國人如今受到義大利與西班牙，以及德國和日本的潛在威脅，同時也相信印度支那這塊自己最富有的殖民地簡直毫不設防。英國人預料從蘇格蘭赫布里底島到香港都得面臨戰爭，這意味著英國全球霸者的地位就此結束。他們拒絕與法國人進行任何嚴肅的計畫，因為後者會拿來「炫耀」，繼而招惹德國。每個人都希望增加軍備最終將帶來裁減軍備的協商，而不是戰爭。為了確保戰爭不會發生，外交部努力要「削弱」布魯姆，讓他「難堪」，覺得他跟捷克人太過密切了。[88]

一九三八年三月，一場由納粹策畫的政變在維也納爆發，希特勒應邀前去將奧地利併入德意志國。《凡爾賽條約》雖然禁止德奧合併，但是否合法已無關緊要。民族自決原則有無所不在的戰車撐腰。邱吉爾如今發出明確的警告：「我看著這座島不由自主、不負責任地走下通往幽暗深淵的階梯。」他開始接觸有志一同的法國人，但輿論仍支持綏靖，支持這「外交詞令中最高貴的詞彙」。[89] 內維爾．張伯倫（Neville Chamberlain，一九三七年五月起擔任首相）便表示：「我們每個人都是人類的一員……。我們彼此間必定有共通之處，只要我們能找到它——或許再加上與歐洲其餘各地所保持的距離——我們便能扮演特別的調停角色。」[90]

捷克斯洛伐克是瑞士以東最後一個真正的民主國家，如今幾乎被德國團團包圍，顯然就是下一個目標了。《凡爾賽條約》將以德語人口為主的蘇臺德地區（Sudetenland）劃入該國（主要是為了讓這個新國家有可以防守的邊界），而當地的族群民族主義者（ethnic nationalists）自哈布斯堡時代便是害群之馬。希特勒承諾將德語人口從捷克人的宰制中解救出來。捷克斯洛伐克和波蘭都是法國的跟班，也是巴黎方面期待能集體制衡德國力量的國家之一。然而，這項對策已經破滅了。捷克人擁有一支裝備精良、由三十五個師組成的陸軍，隨時備戰。但義大利與德國結盟，加上希特勒占領萊茵蘭，等於讓法國無法迅速伸出援手。白廳始終譴責法國的東歐盟友是刺激德國的因素，堅決反對為「某個我們既不瞭解，也拼不出名字的國家」而戰，何況白廳上下普遍認為該國是《凡爾賽條約》造就的錯誤。法國與英國情報單位都過於誇大德國的陸軍與空軍力量，英國人甚至相信德軍能在二十四小時內，造成英國五萬平民傷亡。[91]

借一位法國左派工運人士的話來說，光想到要為了「將三百萬日耳曼人留在捷克斯洛伐克境內」而打一場世界大戰（日本與義大利可是躍躍欲試），就覺得不可理喻。[92]右派記者亨利·貝勞德也同意：「何必為蘇臺德地區送命？」心驚膽顫的民眾開始離開巴黎，其中包括空軍部長的家人。倫敦與巴黎聽任德國對中歐與東歐大部分地區的經濟與政治掌控，無論德國人行徑如何粗魯，只要有遵守規則就好。外交部的觀點是：「只要希特勒能**假裝**自己只是將日耳曼人納入德意志國，我們就能**當作**他有理。」[93]倫敦與巴黎分別得出一樣的結論：捷克人必須允許蘇臺德日耳曼人自己做決定，捷克政府也勉強同意了。但希特勒就是想動武取得別人和平奉上的東西。張伯倫相信德軍的攻擊迫在眉睫，於是在一九三八年九月十五日不請自來，前往貝希特斯加登（Berchtesgaden）[6]，告訴他其實可以用蘇臺德區交換四國對其新國界的保證，但此舉卻讓希特勒感到難堪。工黨大報《每日先鋒報》（*Daily Herald*）表示張伯倫「對各地的意見皆表同情，獨獨不顧黨意」。萊昂·布魯姆在其政黨喉舌《人民報》（*Le Populaire*）上承認，自己「被怯懦的慶幸與羞恥所撕裂」——英吉利海峽兩岸許多人都有同感。一位黨內同志輕蔑回應：「我們會怕，這是好事。」[94] 九月二十二日，張伯倫在萊茵河畔的巴德戈德斯貝格（Bad Godesberg）與希特勒二度會面。他想敲定協議，卻又驚又怒地發現希特勒扯下了國際外交的遮羞布，要求更多領土，還威脅會立刻發動入侵。張伯倫返回倫敦，內閣則駁回德方的要求。英國與法國兩國輿論不僅分歧，而且一觸即發。

以「沃克呂茲蠻牛」（Vaucluse bull）之名聞名的法國總理——南法鐵桿激進派愛德華．達拉第（Édouard Daladier）痛下決心，認為「與其接受這等羞辱，不如戰死」。[95] 九月二十五日，他前往倫敦告知張伯倫，法國將抵抗毀滅捷克斯洛伐克之舉。他能言善道，警告說希特勒的野心遠甚於拿破崙——「一派胡言。」外交部如是想。[96] 法軍開始部分動員。倫敦警告柏林，表示英國將會加入。但張伯倫清楚告訴法方（同時試著避免「在有絕對必要的限度外冒犯法國人」）英國能為歐陸做的不多。[97] 英國大使（與達拉第贊成綏靖的對手關係友好）則堅稱法國人是真心想要和平。

各國領導訴諸其民眾。希特勒在柏林運動宮（Berlin Sportpalast）對一群發出嘶吼的納粹聽眾發表他最激動人心的一次演說。達拉第態度堅決，告訴法國民眾不能以令國家蒙羞為代價買來和平，這會「為未來的災難開啟大門」。張伯倫則講了一席惡名昭彰、不出意料令人洩氣的廣播談話，對於為「一個吾人一無所知的遙遠國家」而戰的「惡夢」感到悲痛。法國人認為他的發言堪稱「綏靖政策的完美

6【編註】希特勒用來款待重要客人的別墅——鷹巢（Eagle's Nest）坐落此處。

範例」。[98]由於戰爭似乎無法避免，墨索里尼於是提議立即召開會議，以期達成和平處置。

「慕尼黑」——九月二十九日召開會議之處——後來成為西方世界政治詞典中的一員，是缺乏遠見、背叛與膽怯的代稱，也是法國與英國兩國史上最不名譽的其中一個篇章。當時，這似乎是拯救世界免於戰爭的唯一機會。從下議院的座席到慕尼黑街頭，民眾皆是一片歡呼，慕尼黑人甚至高喊：「張伯倫萬歲！」連此時批評綏靖最力的邱吉爾，也祝張伯倫好運。達拉第曾經在張伯倫動身前往巴伐利亞前與他通電話，卻找不到人。等到代表團抵達各自在慕尼黑的旅館後，法方再度嘗試聯繫英國人，但仍然不果。雙方根本沒有討論。直到會議在招搖、新落成的元首行館（Führer Building）開幕前，張伯倫與達拉第都沒有見上面。前者表情一派淡然，達拉第開始擔心自己「掉進某個陷阱」。[99]會議以希特勒對捷克人咄咄逼人的攻擊開場，達拉第怒對，表示若希特勒計畫毀滅捷克斯洛伐克，他可不會縱容這種罪行，還會就此返回巴黎。墨索里尼打起圓場，提出一份「妥協」計畫（是德方交給他的），讓各國代表在午餐後研究。這一回，法國與英國之間還是沒有商討。雙方的說法存有分歧。法國人相信達拉第試圖堅守原則，卻遭到傾向姑息的張伯倫刻意孤立、放棄：「我獨木難支，張伯倫根本不幫我。」但張伯倫則宣稱法國代表團「消極」又「士氣低落」，膽小已極、缺乏自信的達拉第則任由他們擺布。[100]對此可能的解釋是，英國人已經全面失去對法國政治領袖的信心，尤其相信達拉第並未得到自己內閣的支持——英國駐巴黎使館力陳這種觀點。結果，張伯倫將實質的協商掌控在自己手中，把達拉第蒙在鼓裡。會議通過「義大利」的方案，德國則做出為數不多的小規模讓步——犖犖大者如蘇臺德區的接管必須在國際監督下，分階段進行。

張伯倫要求與希特勒私下會面，在會面時表明「我們兩國人民絕不再有彼此殺伐的渴望」，並承諾「磋商」，「努力消弭可能的分歧原因……以確保歐洲和平」。他跟希特勒都簽字了。達拉第回到巴黎後才得知此事，他不禁懷疑起英國對法國的承諾。希特勒非常生氣，認為自己被人騙來協商，使他失去一場軍事勝利所能帶來的威望──「張伯倫這傢伙掃了我進布拉格的興頭」。[101]他對於自己失去堅持的勇氣而暗自感到羞恥，決心下一回定要策動他所渴望的戰爭。只是世事難料，希特勒的人氣與威望還是有所提升──儘管其麾下的軍界與外交界對此並不看好，但希特勒還是獲得了蘇臺德區，而且沒有發生德國人民擔心的戰爭。軍中原有一樁不甚可靠的密謀，若發生戰爭就要罷黜他，但也因此取消了。此後，希特勒的行動再也不受拘束：「我們的敵人不過是蟲子。我在慕尼黑看穿他們了。」[102]

張伯倫與達拉第贏得掌聲，但只是暫時。法國的社會主義反戰人士宣稱這是「民主國家的勝利」，過程中「沒有屍體，沒有木頭十字架，沒有寡婦，沒有孤兒。拿破崙、英雄豪傑、聖女貞德的時代已經結束了」。[103]張伯倫成了「世界上最受歡迎的人」，收到四萬封以祝賀為主旨的信，以及成百上千的禮物。布萊克浦足球俱樂部（Blackpool Football Club）以他的名義捐錢，蓋了十二棟給退伍軍人住的房子。法國右派知識分子夏爾．莫拉斯得到十四國立場相同的學者提名角逐諾貝爾和平獎，但莫拉斯則聲明他更希望獎能頒給張伯倫。[104]為數甚多的法國城鎮有了各自的「張伯倫街」（Rue Chamberlain），巴黎還出現一種新的舞步──「張伯倫舞」（Le Chamberlain，要拿雨傘跳）。《巴黎晚報》（*Paris-Soir*）

發起認捐，為張伯倫買一條有鱒魚的小溪，這樣他就能在法國盡情享受自己的興趣。至於在艦隊街，只有《每日電訊報》抱持強烈批評態度。來到政治光譜另一端，也有若干左派反法西斯人士表示不滿。張伯倫深信自己獲得了成功，失望之情溢於言表的達拉第則否。兩人返國時都有歡呼的民眾接機。作為回禮，張伯倫揮舞著他那份友好宣言，就「我們時代的和平」發表談話。達拉第則簡練評道：「群眾一片狂熱。」——若用尚．保羅．沙特的講法，就是：「一堆白癡！」

張伯倫與達拉第之間的不和，就是英國與法國自一九一九年以來態度分歧的結果。達拉第對戰爭的痛恨不下張伯倫，他本人曾經在戰壕中重傷。兩人都知道戰爭帶來的慘狀，也曉得勝利的前景多麼遙不可及。我們不能簡單說張伯倫相信希特勒，達拉第則否；但張伯倫確實仍願意懷抱希望，想引導希特勒多少顧及國際上的規矩，以合理的方式行事。這便是綏靖政策自一九一九年以來的基礎：綏靖主義者認為，德國有些合理的不滿是可以化解的，而造成敵意的原因也能解決。但達拉第瞭解，希特勒用《凡爾賽條約》引發的怨言當作無限制擴張的藉口。他斷定，假如法國將被迫作戰，就應該在自尊心、國際信譽與盟友還沒進一步失去的時候開戰。可是，少了英國支持，就不可能打仗。慕尼黑會議的真正目標，是否是為無法避免的戰爭爭取時間？這點猶在熱議之中。但這種計算似乎不存在於法國一方，畢竟法國政府意見嚴重分歧。至於英國這廂，目標亦非為未來的衝突做準備，而是想爭取時間建立空軍來嚇阻衝突——縱使意味著陸軍不足以在歐陸作戰，或是海軍孱弱到無法與日本抗衡也在所不惜。唯一利用休息時間備戰的，就是德國人：「現在就是要武裝、武裝、再武裝。」[105]

雖然慕尼黑以前是、當時也是個強而有力的象徵，但卻不是強行與德國攤牌的理想場合。不只法國人，甚至連英國人都考慮過終須一戰，這點頗出人意料。蘇臺德區主權轉移是否稱得上民族自決仍有爭議，但總之是通過了，因此爭議點是擺在方法上，而非結果上——某個法國工會的宣言譴責蘇臺德處置只不過是「程序、自尊或威信問題」。[106]這個議題無法讓法國、英國與自治領的綏靖派團結起來，更別說美國了。希特勒深信自己能打贏戰爭，不見得會接受退讓的羞辱，因此法國、英國與捷克斯洛伐克恐怕真得開戰。在一九三八年擊敗德國的可能性，是否比一九三九年或一九四〇年更大？這件事始終受人熱議。各方都曉得，自己能為包圍下的捷克人做的不多，甚至無能為力——據法軍估計，捷克人只能撐一個月。至於一九三八年九月對於向德國開戰來說，究竟是太晚，還是太早？這倒可以商量。說太晚，是因為入侵的起點——萊茵蘭已經沒了，而且法國陸軍已經不比以往；雖然部隊人數仍然可觀，但訓練或裝備皆不足以進攻德國。說太早，則是因為綏靖政策還沒信用破產：希特勒一再宣稱蘇臺德區是他在歐洲索要的最後一個地方，許多人想相信他；此外也是因為英國與法國才剛開始重整軍備。法國空軍認為自己會在兩星期內遭到殲滅，而皇家空軍才剛從一九一八年後的蟄伏中探出頭來。到了一九四〇年，兩國空軍的戰備會更充分。但德軍也是。

不過，假如希特勒堅持強行開戰，假如張伯倫沒有急著協商，假如達拉第能堅守立場、拒絕讓步，假如法國與英國能同時做好進攻的準備（一大堆的假如）……畢竟德國陸軍軍力不強，也無法同時維持兩面作戰，擊敗或推翻希特勒是可以想見的，而全世界也能躲過森然逼臨的災難。

《慕尼黑協定》的頭號反對者是邱吉爾：「別以為這樣就結束了……。這只是第一步，淺嚐的第一口苦澀。」（一位沒沒無聞的法國陸軍上校夏爾．戴高樂，也在給妻子的信上寫了類似的話：「我們得整杯喝完（這口苦澀）。」）[107]邱吉爾呼籲法國與英國結盟，作為「大同盟」（grand alliance）的核心，以遏止希特勒。英國與法國的輿論走向，如今皆與邱吉爾及其法國友人——例如中間偏左的政治人物保羅．雷諾（Paul Reynaud）方向一致。但綏靖政策還沒告終。法國左派基層仍有強烈的反戰情緒：「最艱鉅的讓步也好過最徹底的勝仗。」[108]極右派也極端反戰，他們發現莫斯科密謀在西方引發戰爭，以摧毀法國、帶來共產革命。英國在意識形態上分歧比較不嚴重。大部分的報紙（尤其是《倫敦時報》）仍然偏好綏靖，但這或許無法及時反映民眾的意思。有些威爾斯礦工甚至上街抗議慕尼黑會議。儘管貝文與工會大會（TUC）表示支持，但工黨與自由黨仍批評軍費開銷，並在一九三九年四月反對（工黨領導人克萊曼．艾德禮（Clement Attlee）發言時甚至氣得發抖）朝徵兵制踏出第一步。[109]

情勢的發展旋即證明了邱吉爾的悲觀預測。水晶之夜（*Kristallnacht*）——德國首度針對猶太人的集體暴力事件，在一九三八年九月發生。查農抱怨：「我得說，希特勒從來沒幫上忙，總是讓張伯倫的任務更加艱難。」[110]若干意見調查顯示，多數民眾不再相信希特勒聲明自己對歐洲沒有進一步領土野心的說法。法國有百分之七十的人認為應抵制德國進一步的要求。幫張伯倫買條釣魚小溪的募捐只籌到一千五百英鎊。一九三九年三月十三日，德軍違反《慕尼黑協定》，占領布拉格。蓋洛普公司（Gallup）調查，有百分之八十七的英國人如今支持英國、法國與俄羅斯結盟，但仍有百分之五十五的人相信張伯倫。[111]

駭人的情報指出德國正計畫突襲荷蘭，甚至英國。這是由德國國內反納粹保守派人士洩漏出來的假情報，以期刺激西方國家採取行動。他們成功造成群情激憤，白廳也聞風而動。隨著軍備重整的步調加速，英國人不但一點都不慌張，反而一反常態，信心十足。張伯倫在二月寫道：「面對獨裁者，我們終於占了上風。」[112]他突然公開保證會支持法國，大出國會意料——一位國會議員說：「張伯倫真是個令人吃驚、摸不著頭緒的老傢伙。」[113]聯合軍事計畫終於展開。英國政府現在全盤接受法國的政治與軍事策略——晚了好幾年。支援如雨點般落在法國的東歐盟國身上，尤其是羅馬尼亞（其石油非常重要）與波蘭。波蘭的情況最棘手，畢竟納粹已經開始重複他們的蘇臺德戰術，以同樣的邏輯為藉口，侵略但澤（Danzig）與穿過德國領土、連接波蘭與海岸的走廊地帶。一九三九年三月三十一日，張伯倫告訴下議院，一旦波蘭獨立遭受威脅，英國與法國將援助波蘭。[114]然而，是否接受希特勒的挑戰、面對不可避免的戰爭，卻不是他能下的決定。倫敦與巴黎的部會首長與政府官員依舊透過嚇阻（透過升級軍備與軍事同盟）與安撫（為希特勒提供非洲殖民地與經濟誘因）的結合，以避免戰爭為目標。

法國與英國之所以不情不願，在一九三九年八月試圖與蘇聯就結盟磋商，也是為了嚇阻效果。此舉如今仍意見紛紜。人們當時並不清楚（現在也不確定）兩面押寶、多疑的史達林究竟想要什麼，也不瞭解如果發生戰爭，他是否有意願或能力提供實際協助。此外，無論是波蘭或羅馬尼亞，都不希望紅軍出現在他們的國土上。談判陷入僵局。到了八月二十三日，史達林轉而與德國簽訂一紙互不侵犯協定，幾乎震驚全世界。說不定他一直打算這麼做：跟法國與英國協商，是為了從希特勒身上得到更好條件的談判籌碼，而互不侵犯條約還能在「帝國主義」國家之間促成一場毀滅性的戰爭。蘇聯開始售出大量食物與原物料給德國。希特勒的戰爭從此成為定局。

戰禍以令人為之顫慄的可預見性降臨。希勒特加大對但澤的壓力。這一回沒有慕尼黑會議：希特勒想打他的仗，達拉第與張伯倫則比當時更不願意妥協。希特勒已經掏空了綏靖政策，讓眾人看到其理念與效果都是幻覺。一份法國右翼報紙挖苦問道：「要為但澤而死嗎？」但民調卻顯示有百分之七十六的法國民眾準備甘冒風險。[115]慕尼黑危機才過了十二個月，此時卻鮮有當時的情緒。「我想，這就像結婚吧，」查農回憶當時：「結第二次婚時不可能激起同樣的緊張情緒。」[116]法國與英國政府重申對波蘭的保證（不知為何，兩國都誇大了波蘭的軍事力量），兩國民眾也有開戰的心理準備。「希特勒或許在虛張聲勢」，就是他們最後的希望。

「綏靖」大致上是英國的選擇，法國則不得不為。關於以國際聯盟為基礎、打造世界新秩序，「盎格魯薩克遜人」的意見向來都比旁人樂觀許多。他們認為，只要德國的合理不滿得到解決，就會真心加入這個新秩序。例如外交部便表示：「身為實事求是的民族，我們清楚《凡爾賽條約》有其站不住腳、不可原諒的地方。自戰後最初幾年以來，我們的政策便是消除這些部分。」[117]希特勒的降臨並未帶來不同：白廳對納粹外交政策的真正目標——無止境的擴張——瞭解並不透徹。綏靖的失敗不僅是英國外交政策的失敗，也是英國對歐洲瞭解的失敗——甚至可以說，英國對人性的瞭解也失敗了。福煦、普恩加萊與克里蒙梭的悲觀預測成真：歐洲並未得到和平，有的只是休戰，期間法國則愈來愈弱。人人認為重理論的法國人，居然一直抱持懷疑、現實的態度；理應重實用、重經驗的英國人（在對強大法國的恐懼與弱小法國的鄙視間瘋狂跳針），卻始終受烏托邦主義與一廂情願的想法所掌控。

戰爭原本有可能避免嗎？邱吉爾在回憶錄裡斷言，免於戰爭的唯一機會，在於法國與英國之間結成強大同盟。後世史家也有相同結論。但這個分析只有一個問題——包括邱吉爾在內，英國沒有人想跟法國結盟，直到為時已晚。外相哈利法克斯勳爵總結說，法國人因此認為「戰爭之所以再度降臨在他們身上，都是因為我們沒有緊咬著《凡爾賽條約》，此後甚至還在處理德國問題時表現得感情用事、沒有骨氣」。[118]

連德國在九月一日進攻波蘭時，白廳與巴黎甚至還無法採取一致行動。墨索里尼試圖重複慕尼黑的花招，提議召開另一次會議。憤怒的英國下議院迫使慌張的張伯倫對他置之不理，並且在九月三日早上九點向德國發表最後通牒。然而以總理喬治・博內（Georges Bonnet）為首的法方卻想拖延，導致盟國間言詞益發激烈。法國最後晚英國六小時宣戰。

第十二章　最輝煌的時刻與最黑暗的年代

基督教文明的存亡，繫於此役。我們英國人的生命亦繫乎於此……。希特勒曉得，他得擊敗這座島上的我們，否則便會輸掉戰爭。假如我們能起身反抗他，全歐洲或許就能自由，全世界的生靈就能前進到一片陽光照耀的寬闊高地。可一旦我們失敗，則全世界……便將落入新黑暗紀元的深淵中……。因此，讓我們向前擁抱自己的義務，起身擔起責任，倘若大英帝國及其國協成員能延續千年，眾人必定傳頌：「此時是他們最輝煌的時刻。」

——溫斯頓·邱吉爾在下議院演說，一九四〇年六月十八日

已經有結論了嗎？希望必然會消失嗎？戰敗已成定局嗎？不！……因為法蘭西並不孤單！她並不孤單！她並不孤單！她身後有個遼闊的帝國。她能跟統御大海並依舊奮戰的大英帝國志向一致……。法國戰役（Battle of France）並未決定這場戰爭的結果。這是一場世界大戰……。全世界的命運正值存亡關頭……。無論發生什麼，法國人的抵抗烈焰絕不能、也絕不會冷卻。

——夏爾・戴高樂在BBC發表演說，一九四〇年六月十八日

一九四〇年六月十八日，兩個國家的命運交會了。兩個在各自歷史上的要角互相召喚，共赴一場抗爭，不只為了彼此，更是為了全人類——愛國人士經常宣稱兩國扮演如此偉大的角色，但原因可沒那麼美好。接下來的五年時光，雖然讓兩國的距離遠比以往更近，卻也創造出情緒與記憶的差異，為兩國留下維持整個世紀、甚至延續至今的印記。

「假戰」：一九三九年九月至一九四〇年五月

對於英國人的背叛，他〔達拉第〕已做好充分的準備，還補充說這就是英國盟友一貫的命運。

——法國總理愛德華・達拉第的評論，美國大使紀錄，一九三九年一月[1]

英格蘭人……對法國陸軍居然這麼有信心，大膽認為自己的軍事援助只是展現團結的姿態，而不是少不了的關鍵。

——法國大使，一九三九年十月[2]

隨著張伯倫發布英國再度開戰的消息，空襲警報也響徹倫敦，可是卻沒有炸彈掉下來。法國陸軍擔心轟炸會打亂他們的動員，而這正是法國延遲宣戰的原因，但這和英倫的警報聲一樣毫無根據。兵營滿員；人員進駐馬其諾防線；皇家空軍為法國的基地運補；英國陸軍渡過海峽、暢通無阻，重返前輩們熟悉的地方。一位將軍來到朗斯（Lens），前往戰爭紀念碑參加法國、英國聯合獻花儀式，他想起二十年前自己下令時，「炮擊的就是這個廣場」。[3]英國人所說的「假戰」——或法國人所說的「怪戰」（drôle de guerre）於焉展開。法國與英國政府、軍部皆深信自己無法拯救波蘭人。法軍承諾華沙，將在動員後的第十七日發動一波攻勢；但其陸軍只是象徵性進攻薩爾，為了顧及面子而在報紙上大書特書。三分之二的德軍主力正在波蘭，西線則是以中年的後備軍人防守，他們只有三天的彈藥，而且沒有空中支援。同盟國擁有三比一的人數優勢，火炮更達到五比一，所有德國坦克此時都在東線。但盟軍沒有進攻的意思，甚至不打算轟炸德國在魯爾區的工廠，擔心法國遭受報復。波蘭被盟國拋棄，進行一場無望的防守之戰，延續了一個月時間。德軍指揮官無法相信自己這麼好運。[4]

盟國什麼都不做，就怕前一場戰爭的屠殺再度重演。戰爭雙方都利用上次的經驗，根據科學計畫打造了防禦體系——德國的「齊格菲防線」（Siegfried Line）和法國的馬其諾防線，可說是一九一六年至一八年所學教訓的具象化，鉅細靡遺。德方生產的帶刺鐵絲網和炮彈遠比飛機、坦克更多。盟軍則是規劃一場比上一回更現代、相對不流血的戰爭。當時，德國已經因為同盟國的優越資源與讓人喘不過氣的封鎖而疲憊不堪。自一九三六年以來，盟國最擔心的向來是德國從空中發動立即性的致命一擊。由於此事並未發生，人們或許有理由像張伯倫所說的一樣，相信希特勒已經錯失良機。英國人與法國人看來信心十足，而且都高估了彼此的實力。[5]根據計畫，隨著英國陸軍因徵兵而軍容壯盛、兩個帝國會師一處、軍備重整計畫（漸漸為人所接受）在一九四〇年至四一年至臻完善，兩國的力量也會提升。德國國力則會因為經濟封鎖剝奪了該國重要的食物與原物料、國內輿論轉向、反對希特勒等因素而衰落。盟軍預測德國將在一九四三年或一九四四年遭到擊敗，除非德國人如樂觀主義者預測般更早推翻希特勒。義大利與日本沒有立刻參戰，讓同盟國鬆了口氣。等時間一到，美國說不定會再度加入同盟陣營。

然而，由於東線情勢急轉直下、法國國內政治分歧，加上瞭解到法國產業無法達到武器生產目標，法方突然對這種樂觀願景有了質疑。[6]他們開始擔心拉長戰事實際上有利於德國，因此不顧一切、想方設法盡速取勝。他們有兩個主要構想，其一是幫助芬蘭人（當時正抵抗希特勒的蘇維埃盟友進攻），其二是轟炸俄羅斯油田。一旦與芬蘭結盟，就能讓他們切斷瑞典鐵礦石出口（占德國百分之四十的需求量），轟炸蘇聯治下的巴庫（Baku）則能減少流向德國的俄羅斯石油。達拉第嘲笑對此表示懷疑的英國人，說他們是「一群老頭」。法國的這個戰略不切實際得出奇，而且有讓蘇聯以希特勒盟友身分參戰的風險。但先動手的是德國。一九四〇年四月，德軍在俄羅斯人和瑞典人的默許下，入侵丹麥與挪威。盟軍支援挪威的遠征行動的確讓德國海軍的水面艦艇蒙受巨大損失，但並未達到拯救挪威的目標。達拉第與張伯倫辭職，由保羅．雷諾與溫斯頓．邱吉爾接任。

英國遠征軍——正確名稱是「野戰部隊」——一如一九一四年，只是個小幫手，規模大致是法國陸軍的十分之一。部隊接受法方指揮，接受名將莫里斯．甘莫林（Maurice Gamelin）麾下的法軍指揮官專業能力更傑出的事實。法軍對待英國同僚時確實有點屈尊俯就：「我們有必要給予他們道德支持、規劃行動策略，並提供必要的計畫和靈感。」[7] 英國部隊依賴程度驚人，這一點最晚可以從帝國陸軍總參謀長埃德蒙．艾恩塞德（Edmund Ironside）將軍十二月十七日的日記裡看到：「關於可能的攻勢，目前我還猜不透甘莫林的想法。說他大概沒想法，或許也不為過。」[8] 到了一九四〇年五月，遠征軍從原有的四個師擴增到九個師與一個裝甲旅。不像一九一四年，如今的遠征軍置於法軍指揮下，只是外表並不明顯。雖然部隊人數多於一九三八年承諾的兩個象徵性師團，但仍然遠遠不及法方的期待。他們希望英國人建立一支機械化裝甲打擊部隊，彌補他們不多的人數，以防施里芬計畫重現江湖。但英國的擴軍集中在皇家空軍，為本土防務打造一支具嚇阻力的轟炸機與戰鬥機部隊。這需要錢和生產力，陸軍因此遭到忽略。

英國人二十年來都不願考慮涉入另一場歐陸戰事，遠征軍就是這種心態之大成。部隊人數少、訓練糟，裝備也爛，甚至連張現代法國地圖都沒有。英國正規軍不久前還在巴勒斯坦與印度執行帝國警隊（Imperial Police）的勤務，國防預備軍仍是業餘人士。遠征軍是唯一公認的機械化陸軍，擁有大量軍用卡車——德國陸軍跟他們買了不少淘汰的馬匹。但他們的火炮少得可憐，堪用的無線電很少，而根據陸軍總司令戈特勳爵（Lord Gort）無可辯駁的觀察，他們「主要的短處」在於「連一輛配備火炮的坦克都沒有」。[9] 法方希望能用皇家空軍彌補防空力量，一來防禦法國城市，二來支援兩國陸軍。但英國人的目光死守在未來的戰略性空戰上——守護英國城市，轟炸德國城市。軍方派了少量的颶風式戰鬥機（Hurricanes）和偵察機部隊給遠征軍，並派遣一支先遣空中打擊部隊（Advanced Air Striking Force，由十個中隊的老朽短距離輕轟炸機與六個中隊戰鬥機組成）到法國東部，伺機轟炸接壤的德國各地。英國空中支援之局限，將成為盟國之間「最令人惱火」和法國痛心譴責之事。[10]

法國陸軍太晚更新其裝備，但其諸多難處也顯而易見。強大的利益團體長期為一九一四年至一八年發揮作用的方法辯護。比方說，機械化就會威脅那些提供馬匹、騾子與草料的法國農民。當達拉第開始用軍用卡車取代牲口時，深具影響力的國會遊說團體馬上抗議。即便如此，人民陣線及其繼任者仍強行通過軍備更新計畫，法國在一九四〇年已擁有比德軍更龐大的戰車部隊，戰車本身也更精良。但一九一四年至一八年的經驗讓他們自廢武功。陸軍指揮官以複雜的理論與數學計算為基礎，建構完美的防守戰術：「一切都在預料之中，準備妥當。」他們相信戰略性的突破不可能發生。這是種不在乎外界發展、不願考慮其他可能性的偽科學。其中一種古怪的現象，就是軍事作家對於借用英語為法語新詞的「沒教養」做法所表現的不悅，例如「戰車」（*le tank*）、「摩托化」（*la motorisation*）和「機械化」（la *mécanisation*）——「我們非得繼續師法英格蘭人那恐怖的語言嗎？」[11] 守勢信條得到貝當元帥的大力背書。貝當是戰間期的軍界巨頭，小心翼翼的個性使他在一九一七年奠定其成就與名望：防守意味著饒過士兵們一命。「防禦」化為水泥，就成了馬其諾防線——讓好幾位參訪的人聯想到一支由不沉戰艦組成的艦隊。一位英國將軍跟人四處參觀後，留下相當深刻的印象——「此道中的傑作」。但他自忖，假如把錢花在戰車和飛機上，難道不會更好嗎？他還擔心，假如這道「柵欄」倒了下來，「法軍的戰意〔將〕隨之土崩瓦解」。[12]不過，馬其諾防線並未導致消極心態：法國最精良的步兵與裝甲單位仍得以自由行動，推進比利時與荷蘭。法國人甚至積極派遣遠征軍，前往從芬蘭到希臘薩洛尼卡的遙遠彼方。只是舊有的設想仍揮之不去。法軍雖然急於打造新的機動裝甲師，但三分之二的戰車仍像一九一八年一樣打散成小組，由旗號溝通（而非無線電），用於支援步兵。一位法國將領後來說得好：法軍有上千組戰車，每三輛一組；德軍有三組戰車，每組上千輛。

盟軍在該世紀最寒冷的冬天裡按兵不動。英國國王、首相與女演員格雷茜・菲爾茲（Gracie Fields）前來勞軍。高級軍官與法國要人共進午餐，有人認為吃生蠔「對『摯誠友誼』是非常大的考驗」。由香菸與培根構成的典型英格蘭氣息，讓一位法國訪客無言以對。[13]皇家空軍飛行員好意找法國飛行員一起大吃大喝，偶有沒結果的混戰點綴其間。陸軍訓練防禦作戰，並興建碉堡。陸軍少將伯納德・蒙哥馬利（Bernard Montgomery）以十分「傷風敗俗」的直白方式提醒手下要注意性病（「哪位士兵需要滾床單樂一下的，我非常推薦他找個警察問個恰當的地址」），讓軍隊裡的國教與天主教隨軍教士差點想把他攆出去。偉大的法國史家馬克・布洛克（Marc Bloch）被人從劍橋找來，擔任對遠征軍的聯絡官。他對英國正規軍可說是五味雜陳。「英國士兵因吉卜林而永垂不朽，他們懂得怎麼服從、怎麼戰鬥……。但他們天生就是個打家劫舍的浪蕩子……一旦有損於農地、有損於農家女兒的兩罪併立，法國農民恐怕很難原諒他。」他甚至提到英格蘭人在國內雖然「態度親切，天性善良」，一旦出了國，卻傾向「把他們的歐陸東道主當成『土著』」——「天生的不善言詞」讓這種粗野行徑更形嚴重。英國士兵支薪遠高於法軍，引人不滿。英國軍官（若干回憶錄指出）過度熱衷於瞭解他們的法國同袍是不是「紳士」。他們肯定常常失望。有時候，法國步兵團高達百分之四十的軍官原本是學校老師，許多人還是社會主義者。[14]

第二兵團指揮官艾倫．布魯克（Alan Brooke）將軍會講法語，他在波城長大，念當地的法語學校。布魯克「不禁懷疑法國人是否仍是個夠堅強的民族，能經受這場戰爭，再度承擔自己的責任」。他雖然感受到法國人的好客，但他們的「邋遢、骯

《樂著聽》（*Happy Listening*），此圖描述英國遠征軍準備好長期抗戰。根據若干記載，遠征軍表現足堪表率。托馬斯．泰普拉迪牧師（Revd Thomas Tiplady）對此相當滿意，並在《衛禮記事週報》（*Methodist Recorder*）報導：「我沒見過英軍士兵受到酒精的影響。軍隊謙沖自牧……。我的確很少看到有軍官或士兵身邊跟著小姐，縱使看到，當下的情境也不會讓我合理認為其間的交往有所不妥。」[15]

髒和無效率，我覺得遠比以往糟得多」，許多防務「實際上等於沒有」。士兵「看起來非常業餘」，甘莫林則一副「又老又累」的模樣。布魯克對於自己幾乎沒受過訓練的手下也沒少挑剔，他的長官——拿過維多利亞勳章（Victoria Cross）的戈特勳爵，「腦袋……好比過譽了的童子軍」。[16]人們在表面上還是一片信心滿滿。邱吉爾在十月造訪法國，對法國陸軍留下深刻印象。一九四〇年三月，艾恩塞德發現法國官兵「辛勤工作，而且非常聰明」，感到相當欣慰，不像英國人得分心上操場演練，這「扼殺我們軍人的智慧」。[17]與此相對的，法軍對英國遠征軍的信心則十分有限。

甘莫林認為：「一九一四年至一八年的經驗明擺著，你得一直在英國人身邊……留法軍的大部隊。只要部隊不在，英國人就會在危急時刻奔逃。」他把法國戰略儲備兵力中最強的第七軍重新部署在英國遠征軍左翼，一來迎擊德軍推進荷蘭的可能行動，二來想打消英國人逃往港口的任何念頭。[18]事後證明此舉大錯特錯。

法國政府與民眾有不少怨言，泰半是因為他們得承認法國有上百萬人從軍，受到戰爭影響的程度遠甚於英國。有人擔心英國人「和他們的主教跟社會主義者」，會在和平協商時再度讓人失望。為了強化同盟關係，巴黎和白廳提出各種讓經濟、政治事務「更加緊密結合」的方案以供參考，甚至連「建立英法聯邦」都出爐了。人們提出各種點子，從基層強化法國與英國的團結：在電影院播放彼此的國歌、發行特別郵票、政治正確的歷史教科書、強制語言課，還有在英國學校舉辦法式烹飪觀摩。

兩國都有人力陳應停止戰爭，跟希特勒或更理性的納粹領袖達成協議。當時仍有一股支持綏靖的潮流，成員有反戰主義者、反帝國主義的左派、擔心革命的右派、因為害怕世界末日而癡心妄想的人，或是根本不思考的人。其中不乏當權派、名人和知識分子。以英國而論，有前首相勞合．喬治、蕭伯納（George Bernard Shaw）、一群教士、誓言和平聯盟（Peace Pledge Union）與直言不諱的平權主義者薇拉．布里坦（Vera Brittain）、布魯姆斯伯里派美學家、演員約翰．吉爾古德（John Gielgud）等影劇圈名人、邊緣的親法西斯主義者、喬治．道格拉斯．霍華德．科爾（George Douglas Howard Cole）等社會主義學者、一批橫跨各黨派的下院議員以及有資格進上院的貴族——為首的是工黨的「議會和平目標小組」(Parliamentary Peace Aims Group)，他們甚至跟德國人有聯絡。至於法國，反對者行動激烈得多。對工會深具影響力的共產黨發動反戰遊行，繼而遭禁。有些親法西斯派採取類似做法，但其中許多人接獲徵召，後來投入戰場。但守舊派中採取行動的人更是危險，包括前總理皮耶．拉瓦爾等支持綏靖的政治人物，以及外交部長喬治．博內——他當時雖然支持繼續戰爭，但對結果表示悲觀。一旦情勢發展遠不如預期，其中就有許多人改變立場。他們在當時算是少數，畢竟對反戰主義的大規模支持已經瓦解。在多數民眾看來，綏靖已經失敗了，想阻止希特勒就需要戰爭。不過，法國人與英國人對此也有分歧，這反映了雙方戰前的觀點。民意調查顯示法國人認為自己在跟德國人打仗。英國人則壓倒性認為自己是跟希特勒為敵，而非整個日耳曼民族。[19]

希特勒回敬的方式，是把英國當成自己的頭號敵人。他計畫猛攻荷蘭與比利時，確保起降場和港口，供轟炸與最終入侵英格蘭所需。盟軍截獲計畫副本，決定急行軍穿越比利時阻擊之。但先前希特勒重新武裝萊茵蘭時，法國與英國毫無作為，嚇得比利時人宣布中立。他們擔心和同盟國合作將導致德軍進攻，因此拒絕讓聯合作戰計畫實現。比利時人有自己的現代邊防，有信心能撐到援軍抵達。法國與英國軍隊未來得因此離開自己仔細修築的戰壕，在未知的比利時土地上急就章，匆匆建立防線。兵貴神速，兩國得派自己裝備最精良的機動師團。布魯克擔心，一旦情勢急轉直下，「我們不光會失去整個比利時，恐怕連整場戰爭都跟著葬送」。[20]

大難臨頭：一九四〇年五月至六月

格林伍德〔指內閣的工黨成員亞瑟・格林伍德（Arthur Greenwood）〕常常講「這些該死的招搖盟友」。我告訴他，我們少不了法國陸軍。畢竟我們沒有陸軍，因此沒有資格罵人「這些該死的招搖盟友」。這話是讓他們來罵我們的。

——帝國陸軍總參謀長，陸軍上將埃德蒙・艾恩塞德爵士，一九四〇年五月十七日[21]

你們英格蘭人以前〔一九一八年三月時〕一敗塗地，但我派了四十個師去救你們。今天換我們兵敗如山倒。你們的四十個師去哪了？

——一九四〇年六月十一日，貝當元帥對溫斯頓．邱吉爾如是說[22]

五月十日，亦即邱吉爾就職當日，德軍對荷蘭、盧森堡與比利時發動他們準備已久的入侵行動。荷蘭人撤退，比利時人守不住自己的邊防要塞，盟軍轟炸機也沒能摧毀馬斯垂克（Maastricht）跨萊茵河的橋樑。皇家空軍投入此役的飛機有三分之二受損或遭擊落。地面支援作戰喊停，因為先遣空中打擊部隊在四十八小時內損失半數的飛機。法國與英國陸軍趕赴北方，在比利時中部與荷蘭西南部設下防線。歷史上最早的幾場坦克戰就此爆發，法軍成了贏家，在布雷達（Breda）附近摧毀一百輛德軍戰車，自己只損失五輛。[23]

然而，盟軍也知道德軍在他們原定的計畫外，還有一次大膽、危險的附加行動。他們會一面入侵低地國，一面在更南方發動一場幾乎同時進行的攻擊，穿過阿登（Ardennes）林木蒼鬱的山丘。一旦抵達流經馬斯河流經色當的防守空虛處，德軍便能突破、截斷駐比利時盟軍的退路，一舉結束戰爭。這個計畫不是信心的產物，而是孤注一擲的結果：若想避免重蹈一戰戰局僵持的覆轍（德國人怕，法國人也怕），這似乎是唯一的辦法。德軍參謀總長決定：「縱使這次行動只有百分之十的成功機會，我也不會放棄。唯有此舉能毀滅對手。」為免行動失敗，希勒特下令繼續為長期戰事做準備。[24]

行動成敗有賴於保密與出奇不意。穿越阿登的坦克與車輛速度不快，處境危險，畢竟它們得行駛於道路上，輜重車列也經不起空襲。經常有人說，法軍指揮官以為阿登難以通過。其實，甘莫林早料到德軍會攻擊該地；但法國人多估了進攻方穿越當地地形所需的時間。他們原以為在必要時刻，自己有時間能馳援阿登。盟軍受其截獲的德軍原始計畫所誤導——堪稱歷史上最慘痛的情報「成就」。情報單位未能察覺萊茵蘭南部有另一批部隊集結。兩國空軍注意力投注於更北方，因而未攻擊由十三萬四千名德軍士兵、一千兩百輛戰車，以及上千輛其餘車輛組成的世界史上最大堵車行列。連德軍緩緩走出森林時，法軍也沒有趕往增援，消滅他們。花了四天，盟軍才在五月十四日發現這不只是佯攻。此時，德軍已經抵達色當（一八七〇年，他們曾在此獲得壓倒性的勝利），更在五月十三日渡過馬斯河。大多數在這個守區的法軍部隊是第二線的補充兵，缺乏有效的反坦克和防空武器。他們在沒有空中支援的情況下，遭受歷來最密集的空中轟炸，措手不及：「一輪接著一輪……。連一架法國或英國的飛機都沒看到。它們死去哪了？」[25]整支部隊終究瓦解。到了五月十四日，同盟國空軍終於出手，試圖轟炸色當的橋樑。根據法軍指揮官加斯東．比約特（Gaston Billotte）將軍所言，成敗在此一舉。然而，分成小組的過時輕轟炸機失敗了：橋樑是很難對付的目標，炸彈又太小顆。飛機要是飛高，會被戰鬥機擊落；要是飛低，則是被地面炮火擊落。即便皇家空軍的七十一架轟炸機中有四十架遭擊墜（歷來最嚴重的傷亡率），但還是有些法國軍官怪他們沒把攻擊擋回去。法國空軍在一個月內損失百分之三十的空勤人員——高於陸軍在一九一八年整年的傷亡比例——而且根據報告，再過兩週就會連半架戰鬥機都不剩了。[26]

法國陷落，一九四〇年。

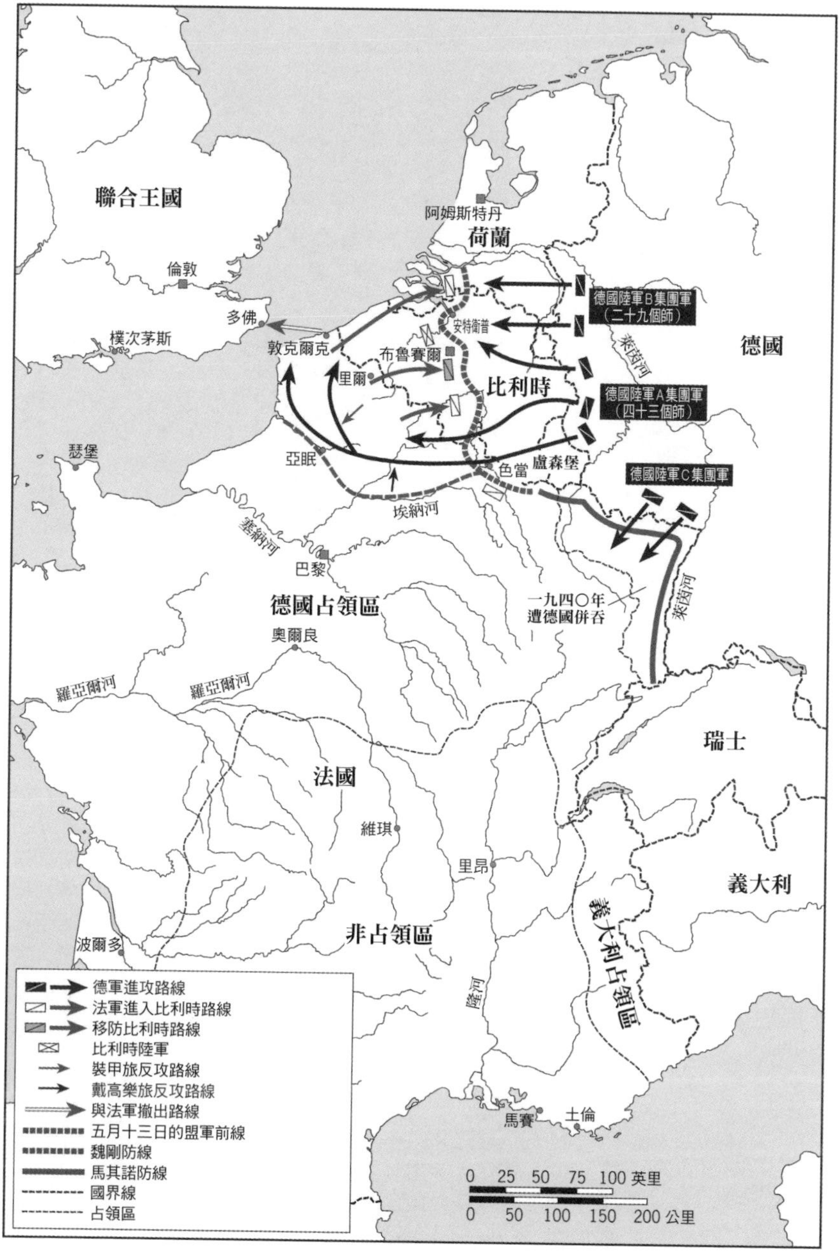
聯合王國
倫敦
多佛
樸次茅斯
瑟堡
阿姆斯特丹
荷蘭
安特衛普
布魯賽爾
敦克爾克
里爾
比利時
亞眠
色當
盧森堡
德國陸軍B集團軍
（二十九個師）
德國陸軍A集團軍
（四十三個師）
德國陸軍C集團軍
德國
萊茵河
埃納河
塞納河
巴黎
德國占領區
一九四〇年
遭德國併吞
奧爾良
羅亞爾河
羅亞爾河
瑞士
法國
維琪
里昂
義大利
非占領區
義大利占領區
波爾多
隆河
馬賽
土倫
德軍進攻路線
法軍進入比利時路線
移防比利時路線
比利時陸軍
裝甲旅反攻路線
戴高樂旅反攻路線
與法軍撤出路線
五月十三日的盟軍前線
魏剛防線
馬其諾防線
國界線
占領區
0 25 50 75 100 英里
0 50 100 150 200 公里

一九四〇年的德文雜誌《明白》（*Simplicissimus*）上的反英漫畫。這幅德國的宣傳操弄著言之鑿鑿、承繼自第一次世界大戰的看法：英國人樂得靠法國人承受戰鬥的煎熬。英國人彷彿在說：「怎啦，吾友阿勇（Poilu）。」1

色當遭到突破的消息造成法軍司令部的動搖與恐慌。「部隊連試著認真抵抗都沒有便放棄陣地……當法國軍官得知這駭人事實，不得不忍受隨之而來的恥辱時，眼淚都流了下來。」[27]抵抗行動確實在色當以南繼續。一位德國軍官在戰後提到某個摩洛哥騎兵旅，有半數成員陣亡：「我在兩次大戰中面對許多敵人……。很少有人打得這麼出色。」[28]他們鎮守在馬其諾防線北側，認為這裡是德軍的目標。但德軍並未往南方或西南方朝巴黎前進，而是全速往西走，路上完全沒有阻礙。這並非德軍原訂計畫，而是海因茨・古德林（Hainz Guderian）將軍無視命令的行動，結果導致他短暫遭到撤職。[29]

雷諾在五月十四日致電邱吉爾，告訴他壞消息，請求再增援十個戰鬥機中隊來對付俯衝轟炸機。一位與皇家空軍對口的英國陸軍聯絡官認為：「有五百架戰鬥機就能挽救色當」，把斯圖卡（Stukas，俯衝轟炸機的德文縮寫）趕跑，「就我看來，缺少戰機支援是法國人對我們唯一有理的抱怨」。人在倫敦的艾恩塞德將軍為那些「遭殃」的空軍而憤怒，他也有相同看法，認為「此役恐怕能左右整場戰爭，不可能忽視來自法國的這種要求」。但皇家空軍決定不要大舉增援。轟炸機司令部（Bomber Command）自欺欺人，認為只要獲准轟炸魯爾，就能贏下戰爭；戰鬥機司令部（Fighter Command）則認為英國的存亡和戰鬥機分不開，堅持本國至少要留三十六個中隊。駐守在法國的皇家空軍在十天內損失將近一半的戰力——包括一百九十五架颶風式戰鬥機（英國所有新式戰機的四分之一），對於德軍推進的影響卻微不足道。多數的颶風戰機若非正在修理，就是沒有燃油，於是在撤退時遭到放棄。一位飛行員如是說：「咱們全跟自己帥氣的小飛機一塊兒在這，只是沒有該死的部隊、該死的裝備、該死的汽油。」[30] 以這種速率來看，無論是哪個基地，兩星期內就會連一架颶風戰機都沒有。少了戰機反制，德國空軍便能在大白天轟炸工廠，削弱海軍，並掩護入侵。空軍元帥休・道丁爵士（Sir Hugh Dowding）將事情挑明來說：「假如本國的防禦部隊為了彌補法國的情勢而孤注一擲、涓滴不剩，則在法國的敗局便會帶來這個國家最終、最全面也最無法挽救的失敗。」皇家空軍拒絕了雷諾提出再增援十個中隊的請求，但答應投入四個中隊。[31]

五月十五日時，德軍已有七個裝甲車師能自由運用。雷諾在早上七點半打給邱吉爾，「顯然壓力很大」，用英語講：「我們打敗仗了……我們已經輸了這場戰役。」邱吉爾希望他只是誇大，並提議搭

1【編註】阿勇（Poilu），這個詞專指一次世界大戰時的法國士兵。類似用法包括稱英國士兵為湯米（Tommy）、稱德國士兵為傑瑞（Jerry）。

飛機過去「談談」，但也告訴他：「無論法國怎麼做，我們都該繼續戰鬥——必要時獨力作戰也行」。邱吉爾在隔天下午抵達巴黎，得知法方預期德軍不日便會抵達。他在奧賽碼頭和法國政軍高層會面時，煙雲也從官方文件的火堆中冉冉上升。根據邱吉爾回憶錄的戲劇性說法，甘莫林描述了情況，當邱吉爾問起戰略後備部隊時，他答道：「全沒了。」[32]還記得嗎？最精良的後備部隊已經趕往荷蘭，部分是因為法國人對英國遠征軍抱持懷疑。邱吉爾的紀錄是「極為巧妙的一段話」，雷諾那「我們打敗仗了」的發言在歷史上流傳下來，等於是「第三共和國的訃聞」，全無想法與決心。事實上，雷諾根本沒有接受戰敗，商討過程遠沒有邱吉爾的描述那麼「情節聳動」。[33]儘管如此，英國人仍得面對一再發生且無法化解的兩難局面：任何勝利的契機，似乎都少不了法國的士氣與抵抗，那麼，在支持他們的同時，要如何為獨力作戰的可能性做好準備呢？前一個目標需要全心投入，後一個目標卻得保存遠征軍與皇家空軍的戰力。英國人的第一個舉動便展現出這種矛盾。他們這時雖然同意法方早先的要求，新投入十個戰鬥機中隊，但又將之部屬在肯特；與此同時，仍然駐紮於法國的中隊卻馬上開始撤軍。邱吉爾還下令制定初步的遠征軍撤離計畫。[34]當天深夜，他在香菸的煙霧繚繞中試圖讓法國部會首長們「重新打起精神」，承諾英國無論如何都會作戰，還會轟炸德國城鎮，焚燒他們的穀物和森林。這種「末世預言般的景象」對不止一位法國官員造成反效果。邱吉爾「以為自己置身加拿大的心臟地帶，在新大陸指揮空戰，飛越被高爆彈夷為平地的英格蘭，飛越廢墟早已冷卻的法蘭西，對付舊大陸」。[35]這幅景象可不吸引人，法國政壇與軍界有愈來愈多人開始認為自己必須「讓法蘭西掙脫她正經歷的苦難，即便在戰場上遭到擊敗也行，如此才能讓她再度崛起」。[36]

德軍心知肚明，當他們試圖切斷盟軍時，推進中的戰車無法抵擋同時從南北兩側來的進攻，屆時被切斷的恐怕是自己，因此大為緊張。希特勒此時瀕臨精神崩潰，下令部隊放慢速度。[37]如今由陸軍上將馬克西姆・魏剛（Maxime Weygand）指揮的法軍，希望涉入戰局尚淺的英國遠征軍領軍，從北進攻。但英國人此時正在跟比利時的德軍交戰，掉頭作戰非常危險，甚至是不可能的。部隊糧食與油料短缺，彈藥只能再打一仗。戈特愈來愈懷疑法軍的反擊能力，他相信撤離才是拯救麾下軍隊唯一的方法。但倫敦方面堅持戈特加入魏剛的行列，發動進攻，孤立德軍的先頭部隊。高大威武的艾恩塞德前去活絡戈特和法軍的精神。他大發雷霆，讓沮喪的法國將軍比約特（英國遠征軍名義上的指揮官）連「身上緊身軍夾克的扣子」都在晃動。但任何激勵士氣的效果都維持不久。遠征軍最出色的攻擊行動發生在五月二十一日的阿哈斯近郊，只靠一支裝甲旅〔由兩營的皇家戰車團（Royal Tank Regiment）組成，杜蘭輕步兵團（Durham Light Infantry）的兩營預備役軍隊提供支援〕便讓埃爾溫・隆美爾（Erwin Rommel）將軍的裝甲師驚慌失措，在他們的後勤縱隊上鑿了個洞，殺了一些訓練不足的黨衛隊步兵。過程中，這支部隊失去了大多數的坦克，繼而撤退。戈特原本安排兩個師，跟法軍可能從南方發動的攻擊協同作戰，但他在五月二十五日重新部署，以應付東北方德軍與日俱增的壓力——此舉事前沒有和法軍商討，也違反了倫敦的命令。許多法國人責怪這個決定，原因不只是反英情緒，也是因為扭轉情勢的最後機會就此告吹。但魏剛的部隊真會反攻嗎？戈特可不相信。

盟軍接受的是應對穩定戰況的訓練，他們反應遲緩、混亂、不時驚慌失措，通訊與補給線中斷，而且缺少有效的領導，其行動之慢、協調之差不足以抵擋德軍的突襲。部隊得不到情報與指示，數以百計的坦克與飛機沒有燃油與彈藥，大部分單位開始崩解。「這就像某種荒唐的惡夢，」一位英國軍官在日記中寫著：「遠征軍被敵軍截斷。我們的通訊沒了……。我一遍遍對自己說，德軍的威脅不可能維持，誰知居然維持住了，根本違反所有作戰準則。德軍無險不涉，而且是蠢得無以復加的危險，但他們卻成功了。」艾恩塞德認為法軍將領「處在完全的低潮。沒有計畫，也沒有想到要有計畫。他們準備好送死……。累得無法動彈。」[38]戈特堅持撤到敦克爾克。遠征軍完成了難度甚高的且戰且退，但他們炸了橋樑，放棄並摧毀里爾電信交換所，讓法國第一軍斷絕大多數的聯繫，從而妨礙了自己的盟友。[39]此刻是英國聲勢的最低點。遠征軍看來受困在敦克爾克。政府內外都有力主求和的聲音，人們私底下抱怨邱吉爾。五月二十八日，邱吉爾對同僚堅稱仍有可能抗戰成功，而且完全不該對希特勒有所指望。「假如我們這座島嶼的悠久歷史就要結束，那也得等我們每一個人都被自己的鮮血嗆死才能結束。」[40]

✣ ✣ ✣

【延伸】敦克爾克與法軍：五月二十六日至六月四日

哈洛德・亞歷山大（Harold Alexander）將軍：能救的都已經救了。

德拉貝魯茲（de La Pérouse）上尉：不，將軍。還有榮譽可救。

——敦克爾克，五月三十一日下午四點半[41]

英格蘭的時代已經過去了。無論發生什麼事，她都會失去她的帝國……。她再也無法立足歐洲。她離開敦克爾克的那會兒，就是永遠離開了……。一切最後不是落入俄羅斯人手中，就是美國人手中……大英帝國將讓位給美利堅帝國。

——維琪法國總理皮耶．拉瓦爾（Perre Laval），一九四〇年八月[42]

對英國人來說，敦克爾克大撤退是他們歷史上最驚人的壯舉。一支寡不敵眾、看來在劫難逃的軍隊，在敵人的眼皮底下靠著民眾的沉著勇氣與自發精神回到故鄉，擇日再戰；平民百姓駕著漁船、帆船和遊船出海，為的不是征服，而是在一次聽天由命的任務中手無寸鐵，面對炸彈與炮彈。對一群擔心歐陸危險的島民來說，敦克爾克有深遠的意義；但許多法國人卻不以為然。法國人覺得撤退這件事很英國：「他們抵抗不了港口的呼喚，」魏剛揶揄道：「早在一九一八年三月，他們就想上船了。」[43]對法國人來說，敦克爾克意味著被英國人拋棄，獨自面對戰敗。

德軍展開攻擊一週後，英國人開始考慮撤離。他們和一九一四年一樣不相信盟友，擔心一旦法國人和比利時人放棄抵抗，自己便會陷入重圍。早在五月十八日，當局便有從敦克爾克撤離的初步規劃。當時處境相當危急，沒有人相信能讓大部隊逃脫。到了二十三日，布魯克將軍心想：「唯有奇蹟才能拯救英國遠征軍……。我們已經……開始缺少彈藥，補給只能再撐三天，但之後就不夠了。」[44]德軍已經抵達海岸，切斷部隊與加萊、布洛涅的聯繫。但到了五月二十四日，神經依舊緊繃的希特勒下令戰車止步。法國人同意朝敦克爾克撤退，但兩個盟國的想法卻不一樣。英國人想上船，邱吉爾也在五月二十六日下令撤離；但法國人想建立強大的法英聯合橋頭堡，透過海路供應物資，一旦德軍轉為南進、入侵法國內陸，便能威脅德軍後方。這個方法能爭取時間，但英國無法接受其代價——亦即恐怕會犧牲整支陸軍，海、空軍也會傷亡慘重，讓英國暴露在德國的入侵風險下。雖然法軍鐵定意識到遠征軍可能會走人（一九一四年和

在這張維琪政府的海報上，敦克爾克大撤退被描繪成一場背叛：英軍離開了，還強迫法軍留下。

一九一八年就差點發生過），但英國人把自己的意圖一直保密到五月二十七日。這導致法軍上下的憤怒與不諒解。法軍在當地的指揮官威脅以武力阻止撤離；法軍士兵還想繼續作戰，準備撤離的英國部隊卻摧毀武器與裝備，讓他們勃然大怒。一旦英國人離開，法軍得獨力防守的敦克爾克周邊地區會愈來愈多。馬克．布洛克便提到，法軍士兵「眼見一艘接著一艘的船開離岸邊，載著他們的外國同袍前往安全處，他們得宅心仁厚超乎常人，才不會心懷怨懟」。[45]等到五月二十九日時，英軍已有七萬兩千人離開，但法軍只有六百五十五人。若干試圖登船的法軍被趕下船，有時候甚至兵戎相向——但許多受此待遇的是掉隊的軍人或逃兵，當船位不夠、甚至得把傷兵拋下時，人們認為這些人沒有資格撤離。

戈特在接獲命令返回英格蘭之前，曾經保證三個英國師團便能幫助守下敦克爾克。但在五月三十一日一次緊繃而苦澀的場合上，哈洛德．亞歷山大將軍告訴法軍指揮官、海軍上將尚．阿布利亞（Jean Abrial），表示英國遠征軍將盡快撤軍。「意思是，你認為只靠法軍就能掩護英軍上船，而英軍自己撤退時還完全不幫忙法軍？」法國軍官抗議，「你的決策……讓英格蘭蒙羞。」[46]巴黎方面也同樣憤怒，邱吉爾倒是下令英國人和法國人一定要「手挽著手離開」（bras-dessus bras-dessous）。他承諾，遠征軍會協助鎮守周邊地區，也確實撐了一下子。但陸軍部與現場指揮官不同意邱吉爾。一旦有機會回家，就很難要求人堅守陣地，許多單位也真溜走，最終讓法軍孤立無援。幸虧法國部隊在里爾從這家打到那家，把德軍的七個師擋在敦克爾克之外，爭取關鍵的四天，直到六月一日為止。當時，法軍第十二步兵師得到當地後備軍人支援，「有意犧牲」以守住通往敦克爾克的路。[47]德軍既疲憊又缺乏彈藥，希特勒擔心有詐，下令不用堅持進攻。人員與戰車需要往南移動，完成征服法國的行動。希特勒不相信遠征軍能全身而退——畢竟連英國人或法國人自己也不相信。

截至五月三十一日傍晚，留在敦克爾克的英國部隊只剩五萬人，法軍則有二十萬人。船上現在已經騰出一些空間，留給法國部隊。從六月一日起，由於英國遠征軍已幾乎離境，行動目標便改為盡可能多帶點法國人走。法國海軍艦艇與法國、比利時民間船隻一起加入，載走約三萬至四萬人。六月三日，皇家海軍開始破壞港口，避免為德軍所用；但此舉假使成功，剩餘的法軍將被困在港內。當晚又有三萬名法軍上了船。等到殿後部隊終於離開戰鬥位置時，最後一艘船已經先開走了。有位英國海軍軍官把他們比擬成死守溫泉關（Thermopylae）的斯巴達人。另一位德軍軍官的說法則沒那麼優雅：「湯米大兵走了，你們卻還在這。你們根本瘋了。」[48]

法軍抵達英格蘭時，歡迎他們的是「衣服五顏六色的女孩，從窗口遞來的火腿和乳酪三明治……我們沐浴在香菸似有若無的香甜氣息中……檸檬水的酸味和紅茶倒了太多牛奶的膩味……平交道旁成群歡呼的孩子……。『他們可真是親切！』，我的戰友這麼說。」他們飛速穿越普利茅斯，只迷濛一瞥「舒服的青草地，一片由公園、教堂尖頂和樹籬構成的風景」，接著就被送回瑟堡重新加入戰局，在英格蘭才待了幾小時。[49]

敦克爾克在六月四日投降。大約有四萬名法軍被俘。但十八萬六千名英軍（大都在五月二十九日至六月一日間撤離）和十二萬五千名法軍與其餘同盟國部隊（主要在六月一日至四日間撤離）逃出生天——遠超過任何人認為的可能數字。[50]儘管邱吉爾提醒下議院光靠撤離不能贏下戰爭，但這次行動肯定讓英國免於戰敗。一位德國軍事史家認定，敦克爾克撤退「對德軍戰略是致命一擊」。[51]若不是皇家海軍大無畏的專業能力、平民船員的勇氣，以及法軍阻擋德軍時的頑強，英國遠征軍可是無法保住性命、來日再戰的。阿布利亞將軍獲邀在六月五日前往白金漢宮，接受英王個人的感謝。或許這多少有點安慰效果。但邱吉爾在下議院時鮮少提及法軍的勇氣，法國大使對此極為失望。此番壯舉令英國人信心大振，也讓邱吉爾能在六月四日發下豪語（靈感或許來自克里蒙梭的一次著名演說，他對此知之甚詳）：「我們將在灘頭上作戰，在跑道上作戰，在原野上和街頭作戰，我們會在山崗上作戰；我們絕不投降。」2

來到海峽對岸，仇英情緒開始滋長，敦克爾克也成了反英宣傳的材料。可是真的有理由

2【作者註】克里蒙梭是說：「我們將在巴黎前方作戰，在巴黎城內作戰，在巴黎後方作戰。」邱吉爾曾在自己演講的幾天前，向貝當引述這段話。

責備人嗎？有些法軍指揮官指控英國人對他們隱瞞撤離計畫，棄法軍於不顧。但事情沒那麼單純。直到五月二十八日晚上，法國陸軍高層才命令部隊上船，而法國海軍更遲至二十九日才參與行動。法方太晚意識到時間所剩不多，也沒有告知皇家海軍得載運多少人。有些法軍官兵則是決定無論如何都要寸土不讓。

✣ ✣ ✣

法國當局一開始考慮兩種方式繼續戰爭：將陸軍撤到不列塔尼與諾曼第，跟英國保持海上聯繫，或是立即撤退至北非。然而，魏剛卻堅持走另一條路：沿著索姆河與埃納河——一九一四年至一八年的殺戮戰場，設立一條橫跨北法的最後防線。魏剛也很清楚，此舉假如失敗，法國幾乎沒有求和以外的選擇；但法國與英國曾在三月二十八日簽署協議，不能在沒有對方同意下議和。雷諾在五月二十六日前往倫敦，暗示兩國一同要求停戰，或是英國同意法國求和。英國人不僅拒絕，還敦促法國人繼續作戰。

雙方開始把打敗仗的責任甩到對方身上。「許多人如今把整個醜態怪罪於英格蘭最高指揮部，或是傳言中邱吉爾某些前後不一的命令，說這導致魏剛最後突圍的嘗試功敗垂成。」[52]魏剛指責英國遠征軍「拒絕作戰」。[53]英國人是可以回嘴，說法軍指揮官嘴裡說要打下去，卻沒有實在的計畫，而且說不定並非真相信自己有成功的機會（早在五月十六日就開始考慮休戰），何況他們也無權要求英國的陸軍與空軍為沒有希望的事情犧牲。姑且不論情緒性的互相指責，兩國政府的目標也漸不相同：英國政府想為本國諸島的防務做準備，繼續戰爭；法國政府則希望延長抗戰時間，爭取合理的議和條件。法國政府、軍界與民間有愈來愈多人相信，法國如今得為自己打算。

法軍繼續作戰，但此時已失去四分之一的軍力。六月七日，一位年輕軍官在信中以堅毅的口吻寫著（邱吉爾肯定會喜歡他的話）：「我正等著和手下出身法蘭西鄉間的農夫們一塊上火紅的鐵砧，他們沒有什麼了不起的信念，但準備好徒勞赴死了。」英國聯絡官與德軍皆報告法軍士氣漸高，抵抗益強，此時他們正為守住索姆河與埃納河而戰。這是一九四〇年的一場大戰，但在法國已為人遺忘，在英格蘭甚至聞所未聞。德軍的傷亡率在六月三日後翻了一倍。六月五日至七日間，德軍第十裝甲師在亞眠附近損失三分之二的坦克。法軍第十七步兵團在敗下陣來之前，每一門反戰車炮平均擊毀五輛德國坦克。有個外籍志願兵團力戰而終，最後幾位生存者甚至自殺，以免落入德軍手裡。一位法國戰車軍官寫信對妻子說：

我們兵敗如山倒，幾乎連人都不剩，但留下來的人仍有極高的士氣……我們再也不去想自己經歷過什麼樣的夢魘。法國士兵都是這樣，你只知道，和這樣一群弟兄上戰場有多麼快樂……。我身上的傷已經完全好了。我不知道新聞報導裡會不會提到自己，但話說回來，我才不在乎。你就是做你該做的事，不去想回報。[54]

工廠與造船廠的生產也在加速。儘管遭受入侵與轟炸，法國的武器產量仍在五月與六月激增。來到北方最大的戰車工廠，工人在德軍丟的炸彈之間，將尚未完工的戰車裝載上火車。泰半的軍備最後都幫了德軍，讓他們在一九四一年進攻俄國時，得到充分供應的法國坦克和飛機。法方要求皇家空軍應全力投入戰鬥，畢竟法軍寡不敵眾，前線的飛機數量為一比三。但皇家空軍已經在兩個月裡損失九百五十九架飛機與四百三十五名飛行員，對地攻擊也完全無效：轟炸機在白天會被擊落，晚上卻又看不見目標。空軍在法國已損失超過四百架颶風式與噴火式戰鬥機（Spitfire），只剩三百三十一架新式戰機。飛機可以靠增加產量補充，但人命不行。因此，人們沒有理由指望皇家空軍有能力拯救法國，軍方的參謀長們更是正式建議政府，表示只有空中戰力能防止德軍入侵英格蘭。雖然駐英格蘭基地的飛機確實有出動若干架次到西法，但軍方拒絕將仍然駐在法國的三個空軍中隊投入戰鬥。[55]六月七日與九日，德軍戰車開始刺穿過度延伸的戰線，魏剛也在十二日下令全面撤退。德軍在兩天後開進巴黎。

愈來愈多法國人認為他們付出了不成比例的犧牲，而英國人卻保留自己的實力。這種看法嚴重傷害了同盟關係。魏剛與貝當（當時的副總理，也是法國人氣最高的人物）對於英國人的「自私」大為憤慨，怪英國害法國無法阻止德軍推進。有幾回發怒時，魏剛還真因為英國人故態復萌而「大吼大叫」。[56]貝當對美國大使表示，英國將「戰到法國只剩一兵一卒，接著求和」，他還對戰時內閣書記保羅・博杜安（Paul Baudoin）說：「英格蘭害我們陷入這般境地。我們的責任不是忍受，而是擺脫這種處境。」[57]魏剛決心維護陸軍（和他自己的）尊嚴，強迫政治人物要求停戰。政府內大多數人想繼續作戰，但他們的決心正受到穩定侵蝕。六月十日從巴黎疏散之後，部會首長與政府官員四散於羅亞爾河各地的莊園，通訊也因為鄉間缺乏電話而受到妨礙，「車輛……和博斯沃思戰場上的馬匹一樣重要，但也一樣稀少」。[58]雷諾漸漸陷入重圍，包括干預他、處處可見其身影的情婦——失敗論者波爾泰伯爵夫人埃蓮（Comtesse Hélène de Portes）。她穿著紅色睡衣褲的模樣，讓愛德華・史畢爾斯想到「一九一四年之後，我還沒看過哪位法國人腳上套了紅褲子」。此情此景坐實了吹毛求疵的英國人對法國人的偏見。史畢爾斯在一九一四年是個年輕的聯絡官，如今已經發福，成了陸軍將領和托利黨國會議員。邱吉爾派史畢爾斯擔任他的私人代表。儘管史畢爾斯是「親蛙小子」中為首的成員，但他太瞭解法國，不是眼冒愛心的哈法族。他跟邱吉爾旋即認為他們摯愛的盟友已經藥石罔效。

邱吉爾決心延長法國的抵抗，甚至從北非發起抗戰也行。兩國都受到三月協定的約束，不能獨自求和。對法國人來說，這既是面子問題，也是為了避免激怒大英帝國與美國。六月十三日，邱吉爾與法方的最後一次會面在土爾舉行。英國人發現機場無人接待，找不到法國政府，也找不到午餐，因此戒心大起。等他們找到指定的會場時，邱吉爾堅持戰爭一定要繼續：英國絕不接受任何條件，也不同意法國考慮任何條件。雷諾尖酸回嘴，說自己確信大不列顛絕不會放棄：「除非她感受到跟法國人民如今所承受程度相當的苦。」邱吉爾主張美國很快就會成為盟友。同時，法國要作戰下去，絕不能指望希特勒。如果軍隊寡不敵眾，就應該打一場「規模龐大」的游擊戰。政府在必要時刻可以撤到北非。法國人必須接受英國的自衛有優先的重要性，因為「假如德國無法摧毀英格蘭……整棟納粹主義的可恨大廈必將垮下」，法國也能共享盎格魯薩克遜的最終勝果。[59]法國人面對賭局，得決定是把自己的未來押在看來神智不清的英國身上，還是討價還價、在一個由德國主宰的歐洲內獲得一席之地。雷諾仍然傾向前者。他告訴同僚，希特勒不是德國皇帝，而是成吉思汗。剛升官的陸軍准將兼國防部次長夏爾・戴高樂銜命前往倫敦，安排往北非的運務。但政府內部意見的天秤正倒向另一方。

此時，最後一批英國部隊正在撤離。先前當局曾派遣增援（包括從敦克爾克回國的單位）重返諾曼第，組織第二支英國遠征軍。第五十一蘇格蘭高地師是唯一真正加入戰局的英軍部隊，他們受困諾曼第港口索姆河畔聖瓦萊里（Saint-Valéry-en-Caux），並於六月十二日投降。其餘部隊則在六月十四日接獲命令重新登船。他們的指揮官「心急如焚，除非必要，否則連一小時都不想在這個國家多待」。[60]不久後，皇家空軍的最後一架飛機也飛回本國。部隊再度放棄大量的戰爭物資。無法使用的飛機與其他軍備遭到破壞——除了一輛軍官座車，送給了一位好心的咖啡店老闆。

一九四〇年六月十六日，發生了堪稱「一連串事件中最戲劇性、也最讓人不知所措的一件事，或許是兩國歷史記載中所僅見」。[61]法國政府要求英國同意商討停戰條件。英國人一開始的回應一如既往，要法國繼續奮戰，政府可以流亡到英格蘭或北非。後來轉念一想，情勢或許已無可為，控制傷害範圍才是最佳選擇。倫敦方面在中午通知法方，表示可以研究議和條件，但法國艦隊必須立刻啟程前往英國。不久後，人在倫敦的戴高樂便打電話回國，表達一項驚人的提案——法國與英國在政治上合併，打造單一戰爭內閣、雙重國民身分、統一軍事指揮，以及經濟夥伴關係。戴高樂甚至提議由雷諾領導聯合政府。

❖　❖　❖

【延伸】「再也不是兩國」：一九四〇年六月十六日

這只是神話，跟尚・莫內想像的其他神話一樣子虛烏有。無論邱吉爾或我，都沒有一絲幻想。

——夏爾・戴高樂[62]

「法蘭西與大不列顛將再也不是兩個國家，而是單一的法英聯邦」——在任何「歷史本來可能如何發展」的清單上，這項提案都能名列其中。六月十四日的一場會議後，幾個人將這個想法提交給邱吉爾——包括邱吉爾的親法首席外交幕僚羅伯特・凡西塔特爵士、私人祕書陸軍少校戴斯蒙・莫頓（Desmond Morton），以及人在倫敦的法國經貿代表團員勒內・普利文（René Pleven）與尚・莫內。後兩人共同起草了一份聯邦宣言。建立聯邦的想法咸認出自於莫內，而他後來的「歐盟之父」生涯，更是為這個點子添了點額外的風味。聯邦的構想來自莫內在第一次世界大戰期間的研究，以及更早之前的經濟聯盟提案；但也有其他源頭。皇家國際事務研究所（Royal Institute of International Affairs）所長阿諾．湯恩比（Arnold Toynbee）教授曾在一九三九年末提出這個看法。左翼知識分子休．道耳吞（Hugh Dalton）與菲利普．諾埃爾．貝克（Philip Noel-Baker）希望法國與英國組成戰後歐洲聯盟的核心，以及「新世界秩序的中流砥柱」。某位法國參議員曾在一九四〇年三月提議兩國合併。好幾個委員會曾討論這個構想（甚至連由絕對稱不上親法的漢基勳爵所主持的委員會亦然），關於英法聯合的論調也漸漸在白廳成為一股潮流。三月二十八日的法英聯合宣言，也已經宣布「在各個層面建立採取行動的團體」。

邱吉爾對這份六月提案持懷疑態度，但他對自己內閣與法方在倫敦的代表所表現的支持感到印象深刻——特別記得性格冷淡的戴高樂展現的「罕見熱情」。或許是戴高樂的奮戰精神，讓邱吉爾認為值得試著做點吸睛的事情，好把法國留在戰局之中。然而，英國人對於歐洲的投入並沒有表面上來的熱衷。漢基對於「這類半吊子的點子」、「讓我們的民族性……我們最珍貴的財產消失於其中」感到「震驚」，他尤其把戰爭與敗戰怪罪於法國——「自凡爾賽和會以來糾纏我國的邪靈」。但他得到時任樞密院議長（Lord President of the Council）的張伯倫與外相哈利法克斯勳爵的保證，兩人都表示聯邦構想只是戰時權宜之舉。法國的部會首長反應甚至更為犬儒。多數人認為這不是決心的跡象，而是瓦解的病徵，是讓法國受到英國最終的戰敗所牽連的詭計。貝當壞心地說這是在引誘人冥婚。波爾泰的埃蓮力勸雷諾不要模仿巴伐利亞的伊莎貝（Isabelle of Bavaria）——這位法國王后為了討好英格蘭的亨利五世，於是在一四二〇年剝奪其子的繼承權。法方懷疑，英國人真正的動機是想控制法國的艦隊與殖民地，根深柢固的反英情緒使他們將之描述為經過計算的自私之舉，而非作戰到最後的決心。當天傍晚，法國部長會議便輕蔑拒絕了兩國聯合的提案。有人酸言酸語，說不希望成為英國國王陛下的子民，不想讓法國成為大英帝國的一個自治領。雷諾隨即辭職，由他的副手貝當接任。計畫正式提出後不過一星期，哈利法克斯便大鬆一口氣，寫說這個構想已經「死透了」。但法方拒絕方式之粗魯，卻對英國的態度造成極大影響。除了單純恢復獨立之外，此後再也沒有人提議建立如此密切的盟友關係或戰後聯盟，對未來局勢也不再有承諾。哈利法克斯預測，英國與美國之間的特殊關係將會在戰後取代《摯誠協定》。[63]

✣ ✣ ✣

關於這些事件以及主要人物的複雜動機，其是非功過已經有許多人寫過。我們不能忘記，法國遭受一場令人頭暈目眩的危機所打擊。軍隊開始瓦解，敵人的推進已無法阻擋。介於六至八百萬的難民從戰區湧入南方。政府在整個法國被敵人追著跑，從巴黎經土爾到波爾多，沒有國會，也沒有平常時的權力制衡。民眾施壓要求和平，波爾多甚至受暴動所威脅。尋求出路的壓力令人傷透腦筋，溫和派就此屈服。

當時自動走向幕前的人，都傾向於抱持「這場戰爭是個恐怖的錯誤，戰敗早已註定」的價值判斷。貝當仰慕佛朗哥將軍，他有種浪漫的看法，認為自己對法國有如凡爾登戰役時、父親般的救世主。他完全拒絕政府應該渡海的觀點，拒絕讓國家受其命運操弄，也拒絕搶著登上英國人正在進水的船隻：法蘭西將不只任由德國人，亦得由其共產盟友所擺布。魏剛問，一個共和國究竟要怎麼流亡？貝當的第一步，是在六月十七日透過廣播向全國宣布：「帶著沉重的心，我在今天告訴各位：戰鬥必須停止。」當天傍晚，他要求停戰。

由於尚未停戰，貝當語意不清的廣播等於給仍在戰鬥的人拆臺。德軍士兵揮舞白旗，促使法軍相信戰爭已經結束。直到這時為止，才有人大規模投降：全體法國戰俘中將近三分之二是在貝當的廣播後被俘的，有超過一百萬士兵開始放下手上的武器。地方官員試圖停止戰鬥，特別是連新任內政部長下令城鎮無須抵抗之後。但仍然有些軍人堅持戰鬥。直到六月二十日，羅亞爾河上的橋樑一直有人鎮守：普通的學生發揮自己儲備軍官的訓練成果，與貴族出身的索米爾騎兵學校（Saumur Cavalry School）見習軍官，以及一個以左派分子的好鬥而聲名狼藉的步兵營一同奮戰。戰意最堅決的還包括非洲來的殖民地部隊，其中有三千人隨後遭到德軍殺害——多少算是對法軍一九二三年占領魯爾的遲來報復。[64]法軍總計有五萬人陣亡，英國遠征軍有一萬三千人，德軍則超過兩萬七千人。[65]

邱吉爾和英國人瞭解法國處境艱難，深感同情，但不到默許法國全面投降的程度。邱吉爾得到自家內閣同意——「但不是沒有爭議」，他跳過法國新政府領袖，透過廣播呼籲法國民眾，讓「一位法國將軍」在六月十八日晚上十點時上英國廣播公司（British Broadcasting Corporation, BBC）發表演說。這就是戴高樂的〈告法蘭西同胞書〉（Appeal to the French People）——法國史上最有名的廣播演說，但聽過直播的人少之又少，內容也沒有錄音。戴高樂號召民眾反對貝當的政策，並加入自己的行列，與英國一起繼續奮戰。[66]他對這場戰爭抱持全球性的觀點——「法蘭西並不孤單！」——與貝當和魏剛的歐洲中心觀點大相逕庭，反而與邱吉爾不謀而合。

英國人當下的首要之務，是不能讓法國海軍有落入德國手中的危險。倫敦一再堅持法國海軍艦艇必須開往英國或美國，這是英國同意法國政府求和的先決條件。但法方（連支持盟約的人亦然）認為海軍是其海外帝國抵抗義大利攻擊的重要保險，同時能強化未來與希特勒談判時的地位。不支持盟約的人則認為英國陸、空軍支援之敷衍，讓倫敦完全沒有談條件的立場。讓艦隊開往英國將會觸怒德國人，破壞談出有利條件的機會，何況英國馬上就會投降了。法方一致同意，他們保證不會允許艦隊用於對付英國，英國人應該要接受。希特勒展現不尋常的敏銳嗅覺，提供貝當政府一個「下臺階」：在法國南部保留一塊非軍事占領區，允許法國保有政府和管理權、一支十萬人的軍隊，以及繼續擁有其殖民地與海軍。他和英國人一樣，想的是未來。

倫敦方面的壓力因為六月二十一日的停戰條件而加倍——其內容一方面聲明德國「沒有意圖」利用法軍艦隊，卻同時要求「在德國或義大利控制下」解除武裝。語意問題讓爭議更加嚴重：法文「*contrôle*」的意思是監督，但英文「*control*」卻暗示著占有。假如法國海軍被德國或義大利吸收，皇家海軍在主力艦數量上就會占下風。地中海形同拱手讓人，而大西洋船隊受到水面船艦的威脅，將遠甚於此前潛艇帶來的危害。邱吉爾強烈抗議，表示英國「歷經千年」都不會原諒如此背叛之舉。[67]法國將面臨封鎖與轟炸，戰後亦將承受嚴厲的懲罰。兩國政府等於在六月的最後一週斷絕關係。

✣ ✣ ✣

【延伸】凱比爾港

雙方在七月三日撕破臉。英國發動「彈弓作戰」（Operation Catapult），以奪取或摧毀法軍艦艇為目標。部隊登上留在英國各口岸的法國船隻（總數約兩百艘），在僅有些微抵抗的情況下將之占領（連同七千桶紅酒）。[68]下錨於亞歷山卓的船隻，則在緊繃的協商後同意自行解除武裝。一艘在達卡（Dakar）的戰鬥巡洋艦挨了魚雷。但問題的關鍵在於大西洋主力艦隊的核心——當時已開往位於阿爾及利亞西北方奧倫（Oran）的海軍基地：凱比爾港（Mers-el-Kébir）。法國海軍最大的船隻有半數在此——兩艘新式戰鬥巡航艦與兩艘舊型戰艦，此外還有若干驅逐艦與一艘水上飛機母艦。皇家海軍中將詹姆斯．索梅維爾爵士（Sir James Somerville）在七月三日抵達，帶著一支由一艘戰鬥巡洋艦、兩艘戰艦與一艘航空母艦組成的部隊。他對法國海軍上將馬塞爾．榮蘇爾（Marcel Gensoul）提出一份措詞禮貌的最後通牒：法軍可以「即刻加入其同袍」與德軍作戰，帶人數減少後的船員航向英國口岸、法屬西印度群島，或是前往美國，抑或是自沉船隻。否則，他將動用「任何必要武力」。海軍部預測法軍將選擇自沉。榮蘇爾上將則認為出於榮譽與責任，他不能接受最後通牒的要求（遞交文件的人只是區區一名海軍上校——一位會講法文的前使館武官，這也讓他感到冒犯）。他認為英國人在虛張聲勢，於是拖延時間，等待援軍抵達。但邱吉爾可沒唬人。海軍部提醒索梅維爾，增援的法軍已經在路上，索梅維爾則不情願地告訴榮蘇爾：他必須接受條件，不然會被擊沉。榮蘇爾的處境令人感到心酸。他不是一般法國海軍軍官，不僅會講英文，是親英的新教徒，妻子更是威靈頓公爵的遠親。他欽佩皇家海軍，一度指揮一支由法國與英國船艦組成的混成分艦隊，並引以為其職業生涯的高峰。儘管已經準備好開戰，但他還是說服自己，認為他的英國同袍絕對不會開火。經過十一小時的僵持，英軍開火了，不到十分鐘便發射一百四十四枚十五吋炮彈，將一艘戰鬥巡洋艦與兩艘戰艦擊沉或使之失去戰鬥能力。法軍有一千兩百九十七人陣亡，三百五十一人負傷，是海軍在整場戰爭中最慘重的傷亡。[69]兩名英國水兵受到輕傷。十七天之內，兩國便從討論牢不可破的聯邦，走向武裝衝突。

法國人對「凱比爾港」的記憶仍是全然的憤怒（這事在英國幾乎沒人記得），此役也是寫作源源不斷的主題。今天的法國海軍軍官受訓時會以此為個案，研究指揮的問題。多數人認為榮蘇爾並沒有錯。[70]歷來鮮少有法國人認為英國師出有名：法國政府與海軍已經承諾，這些艦艇不會用於對付英國，他們也會守信。幾位法國海軍軍官去信索梅維爾將軍，表達他們的「不屑」，「光榮的英國白船旗已經染上無法抹滅的謀殺汙點」。[71]希特勒對此龍心大悅。人們用「憤怒」或「震驚」描述戴高樂的反應，而他有一瞬間真考慮離開英國，前往加拿大。但幾天之後，他「不動感情」現身並發表演說，一方面表達對這起「慘痛悲劇」的痛心，一方面也承認摧毀這些艦艇比交出去好。[72]這一點事後看來還是很難說。德軍日後在一九四二年占領南法時，土倫的法國戰艦確實是自沉了，但停在比塞大（Bizerta）的船卻交了出去。一九四〇年，英國人不確定自己能否相信貝當政府，對於未來某個未知人物主導的政權甚至更難相信，但他們相當確定不能相信德國人。美方對此「非常理解」。羅斯福總統還說，假如德軍有十分之一的機會得到這些艦艇，英國就不能縱容危機發生。人們在一週內研究是否有其他選擇——甚至有人提議用一億英鎊買下這支艦隊。[73]海軍部願意相信法國海軍，內閣起先也是。他們認為縱使德國人取得這些船隻，也不大可能找到船員開船。參與其中的英國海軍軍官極度不情願攻擊自己過去的僚友。但邱吉爾在各軍種參謀長的支持下，最終堅持採取無情的行動。根據他自己的說法，他不僅瞭解、也克服了一場要命危機，這能證明英國是真心打算繼續作戰，就像法國大革命時用斷頭臺處死路易十六的人一樣。「我想起一七九三年的丹敦：『各國國王聯合起來威脅我們，我們便拿一位國王的頭顱往他們的雙腳狠砸，當作下戰書。』」[74]

❖ ❖ ❖

法國的敗象看在許多英國人，以及世界各地人們的眼裡，被認為是決心、領導與國家凝聚力的失敗。人們的看法持續受此扭曲：幾十年後的法國政策批評家一下子就從一九四〇年嗅到失敗的氣息。英國軍界、政界與媒體界，很早就透過與法國政治人物與將領的接觸形成這種觀點。但這不只是傳統反法心態的再現，感到幻滅的親法人士也有一樣的想法，例如邱吉爾、史畢爾斯與艾恩塞德。艾恩塞德更是不客氣，直說：「法國人沒在打仗，連試著打仗都沒有。」[75]這扭轉了標準的（尤其是一九一九年以降的）反法觀點：此前的法國人侵略成性、窮兵黷武，如今卻成了人們眼中由軟弱投降者組成的民族。「他們太放不下自己的情婦、他們的湯品和他們的小房產，」新任的工黨戰時經濟部長道耳吞寫著：「我們彷彿眼睜睜看著法國化為一攤水。」[76]類似的觀點連法國人自己也在傳播，特別是貝當和他上百萬的追隨者。貝當不只把戰敗歸咎於軟弱的盟友，也怪罪全民的不道德。他語帶陰沉，表示自一九一八年以來，「享樂的精神便勝過了犧牲的精神」。戰前的領導人（有名者如布魯姆與達拉第）因戰敗而遭究責、交付審判。無足輕重的國會透過投票，將完整的權力授予貝當，新首都則設在湧泉城鎮維琪。當局發動一場極權的「民族革命」（National Revolution）來改造國家，方法是消滅民主制度與個人主義，剷除猶太人、共濟會員與外國人，恢復宗教權威，推行傳統價值——簡言之，就是掃除一七八九年的遺產。

假如一九四〇年之敗是國家「墮落」的證據，那麼，有罪的就不只是法國（與其他遭人擊敗的國家），英國也不脫干係。英國對盟國的貢獻軟弱得可恥。人們公開撻伐導致英國弱勢的「罪人」，其做法與法國無異。只是造化弄人，兩國國內承受怪罪的人，居然包括此前力排眾議、展開軍備重整的人。雖然法國政府沒能帶來團結的領導層，但這在歐洲並不特別。假如德軍成功入侵英國，勞合．喬治或溫莎公爵恐怕也會扮演貝當的角色。

其實，法國一九四〇年之所以戰敗，原因並非某種普遍的道德問題。法國民眾面對戰爭的方式自一九一四年來並無二致，軍隊也奮戰不懈，直到貝當元帥——他們信任的人叫他們停手為止。戰敗的原因在於戰略錯誤與政治決策。自一九四〇年以降，人們普遍批評法國人試圖重打上一次的戰爭。說起來，他們（和英國人）確實如此，但德國人也是。差別在於後者成功了（無論對自己成功的機會有多麼焦慮），他們發展的戰術與科技——地面滲透、戰車與飛機，皆領先於一九一八年的交戰雙方。一九四〇年的突破，實現了施里芬計畫所無法成就的一切：粉碎法軍、占領巴黎，再把英國遠征軍丟進海裡。法國與英國政界、軍界未能充分備戰，因為他們希望永遠不要打仗：他們的目標始終是嚇阻，不是凱旋。他們以限制戰爭規模、與戰爭保持距離為目標，而非重複一九一四年至一八年的大屠殺。

法國戰敗至少能避免那樣的苦難發生，也能避免盟軍重啟法方轟炸俄羅斯油田的計畫，從而躲過創造出「納粹─蘇聯同盟」這種無法估量的危機。接著就是一九四〇年版本的「馬恩河奇蹟」──不列顛戰役（Battle of Britain）。希特勒沒有能力擊敗或勸降英國，結果刺激他發動他多年以來的幻想──在一九四一年對俄羅斯展開種族滅絕式的攻擊。日本將衝突擴大，因而迫使美國參戰。英國與法國之所以能以戰勝國身分出線，泰半得歸功於東線的慘狀與美國的資源。法國史家羅貝爾・法蘭克（Robert Frank）便指出，原本的假戰邏輯仍然適用於西線：盟軍等到一九四四年才發動一波攻勢，這時他們已經打造了大批的軍力，德軍實力則已日漸喪失。[77]

然而，英國人與法國人確實以不同的態度面對一九四〇年的災難，而這不僅是地理因素使然。法國重要政治人物未戰先敗、甚至是叛國的行為，其實是一九三〇年代派系鬥爭明目張膽的延續。英國面對災難時，確實有更強的政治凝聚力──但根據雷諾的觀察，這是因為他們面對的災難遠沒有法國那般排山倒海。美國史家約翰・盧卡奇（John Lukacs）做了一番全面但精準的評估，他指出英國人有種「遲鈍」的勇氣，拒絕認清情勢危急的程度。他引述喬治・歐威爾（George Orwell）的話：「人們向來有股衝動，想踹向那堵無法穿透的愚蠢之牆。但想當然耳，他們的愚蠢不時也對他們大有好處。」盧卡奇強調兩國歷史經驗的差異：「英格蘭人已經將近一千年沒有被入侵者征服過了。他們骨子裡清楚，自己的失敗將意味著英格蘭一命嗚呼，其影響絕非一時半刻。另一方面，法國人腦裡有清楚的：……國家戰敗與國家復興的記憶同時存在。」[78]外交部有份備忘錄率直表現出英國人的觀點：「輸的若非德意志國，就是我國，而且不只是輸，是一敗塗地。」[79]邱吉爾與貝當分別是兩種不同看法的化身，好鬥的邱吉爾說要獻出「鮮血、辛勞、淚水與汗水」，容易落淚的貝當則承諾會「減輕這場災難」。

雖然差異頗大，但英國的抗戰不僅有賴於海峽的寬度、英勇的「少數人」和德軍的失敗，也還欠法國士兵未獲承認的犧牲一份情。反過來說，法國之所以戰敗，英國在戰前的綏靖做法卻有很大的責任，這不僅讓英國成了個無力的盟友，對法國的外交、戰略與信心也有深遠的影響。許多法國人覺得敦克爾克撤退是冷酷無情的背棄，縱使不是，那也是一九一八年至一九三九年來，英國採取有意疏遠法國的政策所造成的影響。英國得到了一直以來所期待的持久戰，該國人民也度過「他們最輝煌的時刻」。但是法國——唯一一個與德國之間沒有海洋或距離所保障的大國——卻不出福煦、克里蒙梭與普恩加萊許久前所預測，屈服面對其最慘澹的年代。

邱吉爾與戴高樂

在我看來，我的使命既突然、清晰而又可怖。此刻，也就是法蘭西歷史上最糟的時刻，輪到我擔起她的重擔了。

——夏爾・戴高樂[80]

我曉得他不是英格蘭的朋友。但我總能在他身上認出「法蘭西」的精神，以及遍覽史頁中該詞所代表的觀念。我一方面對他的傲慢舉止感到憤怒，一方面卻也理解、欽佩他……。德國人已經征服了他的國家。無論何處，他都沒有真正的立錐之地。但沒差，反正他目空一切。

——溫斯頓・邱吉爾[81]

從這些粉碎西方世界的事件中，邱吉爾先生和我至少都能得出這點共識，甚至可說是最終的結論：等到一切塵埃落定，大不列顛還是座島，法國還是某個大陸上的海角，而美國則仍是另一個世界。

——夏爾・戴高樂[82]

邱吉爾與戴高樂各自的同胞皆視兩人為該國最偉大的歷史人物，彼此之間火花迸裂的親密關係，便體現了法國與英國歷史緊密交織的程度。兩人都是作家，也都是行動者，憑藉其言語的力量為不勝負荷的民族帶來生氣。兩人都訴諸於歷史、戲劇、詩詞與愛國心。兩人皆深諳公開演說的戲劇效果，其雄渾甚至不會因為廣播電波的親切友好而削弱。他們喚起過去，配上千秋萬世、命中註定與浪漫的意象，以挫敗希特勒與墨索里尼所勾勒的末世未來。「感性上，我傾向於把法國想像成童話故事裡的公主……註定有崇高而不群的命運。」「我們必須把接下來幾週的重要性，與西班牙艦隊逼近英吉利海峽、德雷克（Drake）打完滾球比賽[3]，或是納爾遜擋在我們和拿破崙大軍團之間的時刻（相提並論）……只不過現在發生的一切……對於世人的生活與未來影響深遠得多。」[83]

他倆何以有信心，為大難臨頭的國家發聲？兩人自孩提時便幻想自己是命定之人。兩人甚至也都真說出口過。五月十日就職這天，邱吉爾感覺「彷彿我與命運同行，我過往的生命都是為這一刻所做的準備」。戴高樂在六月十八日廣播演說：「那些一出口便收不回去的言詞自顧自流瀉而出，我深深感到自己有某種生活結束了……我走上冒險之途，就像個被命運扔出自己權責範圍之外的人。」[84]這種自命不凡雖令人惱怒、懷疑，但也帶來忠誠與崇拜。邱吉爾清楚知道自己系出馬爾博羅公爵，他是那一代最重要的政治人物，呼籲他重回內閣的呼聲早自一九三八年便與日俱增，而且他掌握了合法政府的力量與威望，隆重上位，執掌獨一無二的權力。戴高樂則是里爾一位學校老師的兒子，他是位沒沒無名的中階陸軍軍官，從未躋身當權派，對祖國的救世主[4]來說是個叛徒。他只能像拿破崙一樣，順著亂世的發展崛起。曾經有人以或挖苦、或歌頌的方式，把戴高樂比作路易十四或聖女貞德。但他既沒有路易十四的王室血統，也沒有聖女貞德所受到的天啟，那是什麼讓他如此厚顏無恥，去「擔起法蘭西的重擔」？身為天主教徒、共和分子與軍人，他將法國認同中最強大、卻經常互相衝突的元素集於一身，但也因此有凝聚廣泛支持的潛力。身為穿著軍服的作家（就像拿破崙），他的靈感不僅來自法國高雅文化，也來自過去流亡英格蘭的愛國知識分子：勒內・德・夏多布里昂與維克多・雨果——他欽佩他倆，也引述他們的話來用。

邱吉爾與戴高樂皆是從事後證明的正確而獲得道德高度。邱吉爾過去以反對裁軍和綏靖聞名，只是沒有後來的史書所指陳的那麼早、那麼直接（部分也是他自己編的）。「我過去六年來的警告……如今大大證明我的看法不容反駁。」戴高樂生來帶刺、桀驁不馴，此前他批評最高指揮部的保守，提倡新式、機械化的陸軍，並預言若非如此，德國人將「在三週內從阿登推進到巴約訥」。[85]他受到以貝當為首的軍界上層所抵制。當後者把法國戰敗歸咎於根深柢固的民族病時，戴高樂卻反駁，表示真正的原因是貝當這類人的盲目。邱吉爾與戴高樂都瞭解，他們打的是一場長期的世界大戰。想體認這個事實，在島上會比在「某個大陸上的海角」來得容易。魏剛曾在六月八日對戴高樂說：「至於世界，要是我在這兒打敗仗，英格蘭等不到一星期就會和談。」戴高樂不相信魏剛的話，證明他確有遠見。

戴高樂一待獲命成為國防次長，便立即召開發布會。據一位目擊者說，他正在準備寫法國的「復活神話」，自己就是彌賽亞。[86]但他想顯靈的話，還得靠別人——尤其是邱吉爾。兩人在六月九日一早見面——一位法國史家稱之為「世紀會面」。[87]一位資深的戴高樂主義者把兩人的關係總結為：「一見鍾情，接著衝動訂婚、急就章的婚禮和一段動盪不安的婚姻，最後成了一對因過往而永遠相連的老夫

3【譯註】一五八八年，西班牙無敵艦隊進攻英格蘭前夕，據說英格蘭艦隊中將法蘭西斯・德雷克（Francis Drake，同時也是探險家、私掠船長）人在玩滾球。得知西班牙人來襲的消息時，他表示時間充裕，可以把比賽打完，然後解決敵人。

4【譯註】指貝當。

老妻。」[88]戴高樂從波爾多出逃一事，是由史畢爾斯所安排，後者在六月十七日時是真用拉的把他拉下英國籍的飛機。隔天，他便獲准發表他那歷史性的廣播演說，回覆貝當三十小時前的停戰訊息。

外交部抱怨，說邱吉爾把「世界上每一個怪胎」都招募過來。[89]對於領導一國抗戰來說，他顯得太沒名氣。原本的打算是集結一批更有分量的人物，只讓戴高樂負責指揮在英國的法軍部隊。更有資格的人——例如雷諾或布魯姆，若非選擇不來，就是來不了。喬治・門德爾（Georges Mandel）——克里蒙梭堅毅無畏的前助手、邱吉爾欽佩的友人——原本是英國人的首選，但他的躊躇太要命：他是猶太人，知道反猶太分子會指控他逃跑。這一猶豫就太遲了。為防他離境前往英格蘭，他遭到逮捕、下獄，最後被法國法西斯主義者殺害。

邱吉爾一輩子親法。自從童年時幾度到訪巴黎以來，他在法國的時間加起來將近有四年。他對法國軍事榮耀讚賞有加（「融合佩吉與拿破崙於一爐」）[90]，可以回溯至一九〇七年參加陸軍演習時。一九一六年獻身戰壕時，他戴的是頂法軍頭盔。他崇拜克里蒙梭。他和尋常愛德華時代人有一樣的享受——法國景點、品味與陽光，而且定期到蔚藍海岸過冬。一九四五年七月，他在比亞里茨度過戰後的第一個假日。他喜歡講一口「古怪，有時難以理解」的法語。「他講得非常流利，但懂的人不多。」他這麼做，多少是為了符合約翰牛的形象：「要是我講得太完美，他們可不會太開心。」[91]一九三〇年代晚期，他和「親蛙小子」與有志一同、反對綏靖的人培養政治友誼，包括雷諾與門德爾。但此舉代表的是改變方針，而非一貫的先見之明。不過幾年前，他還大力支持讓法國「自食惡果」，而且傾向一紙包括德國在內的三邊協議，而非單獨與法國結盟。[92]一九二〇年代時，他和一般人同樣有與德國和解、避免參與歐陸事務的渴望。只有他對裁減軍備表現的不耐，以及堅持唯有己方立場強勢時才綏靖對手的做法上與主流有異。他在一九三三年講了句有名的喟嘆——「感謝老天，有法軍！」他的意思不是呼籲建立同盟，而是支持由法國遏阻德國，英國則「作壁上觀」。這根本是作夢。直到一九三八年，他才力陳看待「兩國的國防需求時，要當作它們是同個國家」。[93]

對於英國，戴高樂沒有相應的浪漫情感。他在愛國氛圍中長大，對「英格蘭」的憤恨不下於對德國的恨：他記憶中的法紹達是孩提時的悲劇，對莫里斯・巴雷斯（Maurice Barrès）與夏爾・佩吉歌頌法蘭西土地、天主教、聖女貞德、拿破崙的愛國作品讚賞有加。他的法軍歷史裡略去了滑鐵盧。在這些人的圈子裡，懷疑英國——「拿破崙所嘲笑的那個寡頭政權」是第二天性，他也仍然保有之。戴高樂對英格蘭民族性格的看法相當傳統：他認為「這群人有著壓抑的天性，不時想粉碎一切藩籬」，凱比爾港的舉動「就是其中一回惡毒的迸發」。[94]他對英語文學知之甚微，只讀過一些莎士比亞與吉卜林的譯本。他不大會講英語，就算講也很不情願。一九四〇年以前，他從未到過英國。他貶低英國在第一次世界大戰中的軍事貢獻，認為一九四〇年的災難多半是英國的錯。[95]一九四〇年後，他得仰賴邱吉爾才能得到地位和一切行動所需：辦公空間、錢、部隊、武器，以及最重要的——跟法國的聯繫。「他從未假裝自己喜歡英格蘭人。但像個乞丐有求於他們，祖國的慘狀烙印在他的額頭和心中，這實在難以承受。」[96]一位認識他的人記得：「他對英格蘭與英格蘭人的批評經常尖酸刻薄……不下於對法國的批評，甚至有過之而無不及。」[97]這理所當然，但他也是經過思考，才認為咄咄逼人是跟英國人打交道的正確方式：「你得拍桌，」他對屬下說：「他們才會退讓。」[98]至於這種做法是不是萬靈丹，恐怕有待商榷：咄咄逼人反而讓盟軍解放法國海外帝國領土時，將戴高樂排除在外。但是，對這位把「英格蘭人」(*les Anglais*)視為冷酷、無情、欺瞞成性的人而言，遭受這種待遇並不出他的意料。一九四〇年時，他認為「掌握實權的是區區幾百名貴族、大商人與銀行家」。[99]他關在自己的總部，由法籍隨員團團圍繞，縮在自己的偏見硬殼中，跟外界切斷聯繫，因此錯過了歷史上純屬平民自發的抵抗運動裡最重大的其中一次行動。這不禁讓人想到多塞特公爵試圖靠一場板球賽阻止法國大革命的舉動。

人們經常以邱吉爾與戴高樂作為各自民族性的代表。其實，他們反而大大改變了這些看法：過去在整個歐洲，一板一眼、帶把雨傘的張伯倫和短小精幹的雷諾才是眾人心目中的民族形象典範。邱吉爾和戴高樂反而體現了公認是另一方民族的許多特色。這位高大的法國人個性冷淡、少話、尖酸、拘謹、只會一種語言、舉止傲慢，活像從《布蘭博上校》書裡走出來的人物。那位體型福泰的英格蘭人卻個性奔放、情感豐富、愛好藝術、崇尚享樂、能言善道，跟西哈諾[5]一定會相處愉快。這或許多少能解釋他們何以能這麼理解彼此的國家。

扛起洛林十字

我們這兩群古老的人民，我們這兩個偉大的民族，仍然彼此相連。若非一起屈服，就是一起勝利。

——夏爾・戴高樂，一九四〇年六月二十三日[100]

一般法國人的特色……是喋喋不休、過度激動、鬍子不多，個性多少有點好色。

——英國群眾觀察組織（Mass-Observation），〈對法人輿論〉（Public opinion about the French），一九三九年至四一年[101]

有時候，我們能在倫敦街道的盡頭，看到法蘭西有如海市蜃樓般閃動。

——流亡記者安德烈・拉巴特（André Labarthe）[102]

我們再也沒有盟友需要以禮相待、忍氣縱容，我個人感到快樂多了。

——喬治六世，一九四〇年六月二十七日

5【譯註】指貝爾熱拉克的西哈克（Cyrano de Bergerac），法國小說家埃德蒙・羅斯丹（Edmond Rostand）劇作主角，是個多才多藝、熱情洋溢、能吟詩作樂的法國儲備軍官，卻因為自己生了個大鼻子而自我懷疑。熱愛自己的遠親羅珊娜（Roxane），但卻幫助友人兼情敵克里斯蒂安（Christian）追求羅珊娜。

國王喬治六世道出許多人的心聲。英國人一如法國人，把災難歸咎於盟友的失敗。這種心情在英國成了繼續作戰的動力，用邱吉爾的話來說：「只要有必要，就多打幾年；只要有必要，就獨自作戰。」史家喬治・麥考萊・屈維林（George Macaulay Trevelyan）是劍橋三一學院（Trinity College）院長，他在六月十八日給高桌[6]點了香檳，宣布：「我知道我們能打贏這一仗。」加拿大史家塔伯特・伊姆利（Talbot Imlay）也主張，歐陸戰事在一九四〇年暫止，對英國與全世界確實是「所有選擇中最好的一個」，畢竟這讓最終的凱旋有了可能。[103]

法國情況相反，孤立感反而讓人有理由接受戰敗。反英情緒是促成接受的積極要素，讓自視甚高的人有了代罪羔羊，得到安慰。他們從古老而熟悉的題材汲取靈感。不消說，這種情緒泰半有憑有據。大多數的意識形態主題變形，將英國視為全球資本體制的核心，為古老的「迦太基」印象注入反猶太思想，使之跟上時代。一位法國將領說：「英國人，代表那些幾乎摧毀我們的事物：民主—共濟會式的政治，以及猶太—薩克遜式的金融。他們代表過去，毫無建設性可言。」這種看法尤其打動夏爾・莫拉斯等反動知識分子，以及迫切想站到贏家這一邊、自抬身價的人。老派的威權主義者沒有忘記具有重大歷史意義的悲劇——維琪政府的宣傳就拿聖女貞德來用，如今他們又得到一批新的題材，特別是敦克爾克與凱比爾港。有些人希望英國人打敗仗，一來能寬慰他們的自尊，二來能改善法國相對上的國際地位。報紙、書籍、漫畫、新聞影片、電影與廣播節目聲嘶力竭，一再重複這種觀點，而且在德軍占領區與「自由地區」皆然。倫敦轟炸所帶來的恐慌、飢餓報導，讓讀者喜形於色。後來英國轟炸法國，也等於提供新的反英題材。

反英宣傳成效有限，一旦德國空軍輸了不列顛戰役、德意志國防軍入侵英格蘭失敗，成效還會更減少。非占領區的法語報紙依舊刊登英國的官方公報，版面甚至比德國公報在先。報上也會刊登官方的反英聲明，但鮮少得到主筆評論支持。英國觀察家注意到這點：「從字裡行間，可以讀到對『通敵』的保留，以及對英國及其努力心照不宣的認可。」[104]許多人效忠貝當元帥，同時對英國保持善意。他們想像貝當是祕密與倫敦合作，對德國人陽奉陰違。其他人則受到自己對英國人的怒意，以及對德國人的憎惡所拉扯。有個人對英國的偏愛，到了足以寫信給BBC的程度，此君總結這種矛盾的心態：

儘管凱比爾港遭受的懦弱攻擊引發了仇恨，儘管發生了這一切，絕大多數民眾仍然希望看到英格蘭獲勝。假如法國人因為阿爾比翁的極端利己而無法從英格蘭的勝利中有所獲得，他們仍然曉得要是希特勒贏了，自己就會失去一切。[105]

維琪政權觀點相反，押寶在德國的勝利上。貝當在人前表現審慎，私底下則直言不諱：「一切降臨在法蘭西的災禍，其源頭〔皆是〕英格蘭。」早在一九三六年，他就告訴義大利大使：「英格蘭向來

6【譯註】指大學中供學院院士與貴賓進正餐時所入座的桌子，通常擺在有墊高的平臺上。

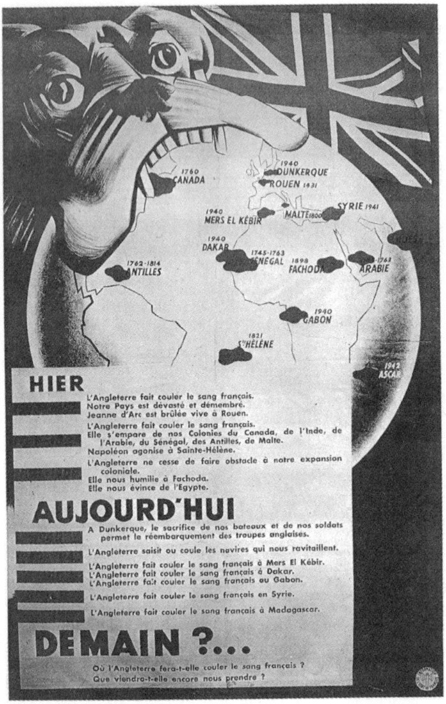

維琪法國的宣傳海報《昨日－今日－明日》（*Hier-aujourd'hui-demain*），條列英法之間的新仇舊恨，包括聖女貞德、拿破崙、法紹達事件與敦克爾克撤退皆出現在這張海報上，將法國人對歷史的不滿情緒與對未來的恐懼相結合。

是法蘭西最不共戴天的敵人」，希望法國、義大利與德國建立同盟，以確保「英國殖民地能更公平分配，為所有人帶來財富與益處」。[106]皮耶・拉瓦爾在一九四〇年至四一年、一九四二年至四四年間擔任總理，他深信無論海外發生什麼事，德國都會主宰歐陸，法國因此必須透過「合作」，尋求次一級的夥伴關係。海軍上將富蘭索瓦・達爾朗（François Darlan）是海軍總司令，曾在一九四一年至四二年短暫擔任總理。他希望德國對英國的勝利，能讓法國免於「在這場折磨精神、饑荒的戰爭裡當最大的受害者」，免於承受失業、貧困、革命、失去殖民地所苦。[107]他打算利用殖民地與海軍，讓法國在一場歐陸與盎格魯薩克遜人之間的全球鬥爭中成為關鍵夥伴，最終在未來由德國領導的歐洲聯邦中成為首要國家。

法國人民（包括許多反抗人士）花了很長的時間，才意識到維琪領導人是真心為德國效力。有些人甚至永遠都不明白。貝當德高望重，既是仁慈的凡爾登捍衛者，也是法國人遭逢厄運時會投靠他的其中一位大家長。有句口號是：「你有比他更法國人嗎？」對於試圖繼續抵抗的人來說，他是無法攻克的阻礙。維琪政府確實有與同盟國維持搖擺的接觸。英國人心裡懷疑，很早便認定「這位元帥和他的朋友若非太老，就是太愛出老千，沒有能力讓法國或一切煥然一新」。[108]他們願意保持間接接觸，期待維琪政府或海外帝國或許有少數人會改變陣營。儘管情勢相當清楚，但美國人後來仍不放棄與維琪政府恢復友好的想法，從而觸怒戴高樂，傷害兩國戰後關係。

邱吉爾在一九四〇年正式承認戴高樂為「所有自由法國人的領袖」。這雖然關鍵，卻也讓戴高樂遭人公開指責為英國的魁儡。貝當的權威與四處瀰漫的反英氣氛，傷害了戴高樂凝聚支援的努力。凱比爾港事件在最糟的一刻發生。一位人在英格蘭的法國海軍軍官寫著：「對於是否要加入那些手上滿是法人鮮血的人，今後再無疑問。只有投機分子和傻子才會留在英格蘭。就算不說我們兩個國家，即便在我們的兩支海軍之間，也必然有和特拉法加之後相同的長久恨意……持續一個世紀！」滯留英格蘭的法國海軍士兵有一萬一千五百人，其中只有八百八十二人加入戴高樂的行列，七百人加入皇家海軍（薪水比法軍高三倍），其餘都回到法國了。有些空軍官兵加入皇家空軍，參與不列顛戰役。截至一九四〇年七月，戴高樂在陸軍中募集到兩千人。海軍與陸軍官兵受到鬆散的拘留——鬆散到至少有一人在舞會結識一位英格蘭女孩，後來還與之成婚。一開始的艱困處境，讓法人益發認為自己遭受不公平對待，親貝當派的軍官也鼓動這種情緒。加入戴高樂陣營的人不僅好冒險，階級也不高，通常還相當不循常理——就此而論，沒人比得過原為出身貴族的修士、後為海軍軍官的蒂埃里・達讓六（Thierry d'Argenlieu）。自由法國因此有了極端與古怪的名聲。即便在久居倫敦的法裔居民之間，戴高樂也沒比較成功：大約一萬僑民中，只有三百人志願入伍。[109]平民身分的難民和穿著軍服的人一樣，多半都想回國。

許多人對戴高樂所知不多——只知道他是個正規軍軍人，觀念保守，性格威權，因此為之卻步。說實話，假如他是政治人物，恐怕會疏遠更多人。史畢爾斯（此時是邱吉爾派去與自由法國對口的代表）鞭辟入裡：他「讓人不得不佩服他，卻同時讓人不想同情他。」[110]如果用比較不禮貌的方式來描述，他就是個冷淡、粗魯、傲慢的人，擁有疏遠善意人士的超凡能耐。無論是出於政治因素或審慎之故，留在倫敦的法籍要人都拒絕加入他的陣營。安德烈・莫洛亞（以對英國的描寫聞名）、雅克・馬里頓（Jacques Maritain）與喬治・貝爾納諾斯（George Bernanos）等作家分別前往南美或北美，前駐倫敦大使夏爾・荀邦（Charles Corbin）也離開英格蘭。詩人外交官阿列克西・萊熱與生意人兼官員尚・莫內則前往華盛頓勸說美國反對戴高樂，造成傷害性的結果。甚至連決定堅守倫敦的政治人物、學者和記者也並非全急著想投奔戴高樂的旗幟下。有些人傾向獨立行事，或是直接參與英國的活動，在BBC和特別行動處（Special Operations Executive，簡稱SOE）扮演關鍵角色。最有影響力的流亡報紙《自由法國》（*La France Libre*），是由左翼科學家昂德烈・拉巴特所經營，與戴高樂保持距離。

許多流亡人士讓「我們的倫敦……成了流放者的首都」，[111]自由法國的成員在他們之間形成明顯而獨特的群體。一開始，法僑會提供衣物、金錢，接待他們。戴高樂得到卡爾頓花園四號（4 Carlton Gardens，巴麥尊勳爵公館也在卡爾頓花園，可以俯瞰市場），作為總部所在（今天當地有他的雕像，只是不巧看起來像個要小費的人）。他下榻在康諾特酒店（Connaught Hotel），週末時會到郊區和家人團圓。自由法國部隊以奧林匹亞展覽館（Olympia）與白城（應一九〇八年的英法博覽會而建）安營，之後才遷往各個陸軍基地，對基地中「營房之舒適印象深刻」。[112]平民在肯辛頓找到便宜的住所，有些人住在法國文化協會的房間裡，或是住到蘇活——法國流亡人士的傳統區域。他們占據酒吧、俱樂部和餐廳，包括天境酒吧（Chez Céleste）與薔薇酒吧（Chez Rose）（自由法國水兵和蘇活妓女經常上門）。位於聖詹姆士廣場（St. James's Square）紫菀旅館（Astors' House）的小法國俱樂部，成為戰時倫敦最講究也最熱鬧的夜總會。英國政府積極提升自由法國成員的形象。國王與王后會拜訪他們。邱吉爾邀請戴高樂到契克斯莊園（Chequers），邱吉爾夫人也送花到他的辦公室。政府不管這位將軍高不高興，便為專業公關活動出資，確保報紙上一片戴高樂的好話，說他是命定之人、「新兵如洪水般湧入」、「聖女貞德的旗幟在英格蘭飄揚」。一九四〇年七月十四日，自由法國在白廳閱兵；二十一日時，法籍飛行員在空襲轟炸魯爾時扮演象徵性的角色。群眾觀察組織在一九四〇年九月的一次調查，顯示戴高樂是最受歡迎的外國要人。敦克爾克撤退之後，在英格蘭的法軍人員一直引來輿論批評，因為他們急著接受停戰，而且行為缺乏紀律。但當這些軍人返回法國之後，自由法國的志願兵卻愈來愈受人歡迎，經常有英格蘭家庭邀請他們到家裡住。[113]一位年輕的法國女兵記得曾經有英格蘭無名善心人士為她付餐廳帳單，而且「當我穿著自己的制服時，街上居然經常有人對我高喊『法蘭西萬歲！』」。[114]交誼性社團舉辦時裝展示，法國合唱團舉辦音樂會，還有大量安排好的運動賽事。更好的是，「英格蘭女孩接受〔我們的〕追求」。[115] 戴高樂本人還記得「英格蘭各地民眾表現出來的慷慨善意」。當維琪政府判他死刑、沒收其財產時，英國人將大量的禮物送到他的辦公室。[116]

但官方的關係在一九四〇年秋天惡化。邱吉爾迫使戴高樂同意法國與英國聯合遠征達卡——法屬西非的海軍基地，出於戰略需要而設在通往開普敦的中途。達卡有新式戰艦「黎胥留號」（*Richelieu*），以及比利時和波蘭的黃金儲備。戴高樂相信自己能說服駐軍加入他的行列，但一支頗有規模的英國海軍部隊也陪同前往，以防萬一。偏偏多數的法國殖民地官員都傾維琪、反英國，達卡的官員也不例外。這起行動大出洋相——計畫數度匆促改變，運氣不佳，最後以失敗的登陸行動與長時間的對轟告終，好幾艘英國船艦嚴重受損。想到自己牽連進一場英國對法國部隊的失敗進攻，戴高樂就感到絕望，這不僅毀了他凝聚海外帝國領土的希望，而且似乎也坐實了維琪政府對於英國意圖染指法國殖民地的宣傳。有些人認為他考慮要自殺。史畢爾斯對此否認，但他發現戴高樂變得更冷淡、更難相處。戴高樂確實考慮要放棄自己的整個使命。邱吉爾和英國人在關鍵時刻深深受到羞辱：「在大半個世界看來，這件事似乎是誤算、混亂、膽小和糊塗的絕佳例證。」[117] 邱吉爾在下議院公開為戴高樂辯護，但雙方仍彼此指責。自由法國情報部門對駐軍的態度過於樂觀。一旦事情出了錯，英國人就認為自由法國不願意在作戰時對付自己的同胞。他們還指責法國人對保密毫不在乎：有人在公開場合敬酒說：「去達卡！」戴高樂還在眾目睽睽下到皮卡迪利大街的辛普森氏服飾店（Simpsons）購買熱帶裝備。維琪政權從未聽到達卡一事的風聲，但他們相信自由法國口風實在不緊，會讓英國人認為他們是長期安全漏洞，造成嚴重影響。戴高樂〔綽號叫「打氣夏爾」(Cheer-Up Charlie)〕更加努力，想對盟友堅持政治上的獨立，而且用的方法更是把人們的反感放到最大。白廳有些人想找其他法國人合作：「跟卡爾頓花園接觸後，英國官員收回其支持的情況之多實在嚇人。」[118]姑且不論個性與文化風格的牴觸，情勢也愈來愈清楚——戴高樂和英國人的當務之急互相衝突。前者志在拿下海外帝國，最終掌握法國，從而重建法國的獨立國家地位。後者（和後來的美國人一樣）讓法國政壇為己所用以贏得戰爭，準備利用任何手段或任何人來達到目標。

英國對法政策是由好幾個彼此競爭的部會制定出來的：外交部、祕密情報局（Secret Intelligence Service）、政治作戰處（Political Warfare Executive）、特別行動處，以及ＢＢＣ。政策中有三個彼此關連的根本問題。第一，如何應對維琪政府與貝當。第二，如何對待戴高樂。第三，如何回應法國抵抗分子。貝當仍舊受歡迎，這一點所有人都曉得。德國情報部門在一九四一年五月的報告中表示：「一百個法國人裡，有九十個人認為元帥代表法國，不容批評。即便在工人階級圈內，人們也對他相當滿意，視之為民族的嚮導。」[119]遲至一九四四年，巴黎仍有龐大的群眾為貝當歡呼。在宣傳中直接攻擊他恐怕會有反效果，而且也不利於贏得法國本土與海外帝國愛國人士的心。若干維琪政府官員與軍人已經祕密與同盟國合作，讓爭取人心的做法顯得很有吸引力。

第二個問題：如何對待戴高樂。根據戴高樂派的觀點（如今在法國廣為人所接受），英國人出於偏見、想諂媚美國人之故，因此以糟糕的方式對待戴高樂，就擔心他傲然自立。但現實複雜得多。對戴高樂的敵意泰半源於人在倫敦的法裔政治人物、記者與廣播員，以及前往華盛頓的莫內與萊熱等人——他們推了一把，讓羅斯福轉而反對戴高樂。這些人擔心戴高樂觀點反動，甚至是法西斯，而且有獨裁野心。更有甚者，一九四一年至四二年的戴高樂看來就是個敗筆。他無法在「滿臉是沙的殖民地人、少數軍人，以及法蘭西運動中最死忠的反條頓讀者們」以外吸引到支持；[120]他無法贏得海外帝國的心；他很少提出具有建設性的政治或社會理念。他似乎更關心累積權力，而非與德國人作戰：這同樣是某些法國愛國人士與倫敦、華盛頓當局共有的印象，而且有部分真是如此。英國施壓，意在促使戴高樂拓展在政治上得到的支持，而此舉（有些人希望）或許會減少他對自由法國成員的掌控。一九四一年七月，他不得不同意籌組法蘭西民族委員會（French National Committee）。自由法國新組織架構的真正建築師，來自法國國內。一九四一年十月，年輕的前省長尚．慕蘭（Jean Moulin）取道里斯本抵達倫敦，以數個重要抵抗組織（倫敦方面多半聞所未聞）的代言人身分現身。他令英國人印象深刻，同時說服戴高樂同意成立一個廣泛的組織，將抵抗運動、倫敦的自由法國成員，以及其他同情立場的政治人物囊括在內。該組織將在法國內部發起更積極的行動，「組織法國人民，在適當的時機發動全國性的起事」，[121]尤其能讓全世界看到戴高樂是法國內部公認的領導人。此前，這位將軍對祕密活動都顯得興趣缺缺。慕蘭回國成立了全國性的抵抗運動聯盟，適時增加戴高樂制衡盎格魯薩克遜人的力量。[122]

戴高樂堅持自己當「同盟國盟友」的主張，要有權採取獨立的政策。這種態度在他的支持者（和後世崇拜者）眼中是愛國勇氣的高度展現，但對批評者則是傲慢、不負責任。我們可以在勒凡特地區看到最好的戴高樂（或最糟的戴高樂），一九四〇年救他出來的史畢爾斯在此成為他的頭號敵人。一九四一年五月，由於中東地區與其油藏受到隆美爾威脅，一支英國與自由法國部隊於是入侵由法國統治的敘利亞和黎巴嫩，以避免維琪政府將空軍基地提供德國空軍使用，過程中也與維琪部隊發生激戰。英國需要安撫阿拉伯輿論，希望讓這兩塊領土獨立。戴高樂深信這是英國人不利法國的陰謀，反應非常激烈。這招奏了效，英國人大打退堂鼓（英國代表坦承自己討厭吵架）。但超過合理範圍的小吵小鬧持續了整場戰爭，甚至戰後依舊未止。這一切都嚴重損害了戴高樂跟他所仰賴的英國人之間的關係。但他已經下了判斷，認為自己最有效的戰術就是堅持己見。這得付出代價，尤其是證實美國人的疑慮。戴高樂和他麾下的部隊從此排除在未來的殖民地遠征行動中，連英國在一九四二年五月占領法國殖民地馬達加斯加，以及一支美國與英國部隊在同年十月登陸摩洛哥時，戴高樂都未接獲通知。這對戴高樂的位子帶來最大的威脅——美國人不斷嘗試以更聽話、比較不反對維琪政權的人取而代之——例如陸軍將領亨利．吉羅（Henri Giraud）、魏剛，甚至是海軍的達爾朗將軍。

危機在一九四二年下半年爆發。其中最糟的片刻，就發生在九月三十日的唐寧街，邱吉爾與戴高樂彼此面對面惡狠狠吵了一架。邱吉爾對他說：「我沒法當你是同志或朋友⋯⋯。你不跟德國開戰，反而跟英格蘭打仗，你根本是大不列顛跟美利堅合眾國有效合作的最大障礙。」戴高樂以傲慢的寡言回敬他。[123]邱吉爾決心不要為戴高樂而與羅斯福起爭執，放手讓美國人把自己推向激烈反戴高樂的陣營。但美國尋求維琪政府支持的政策，卻不待見於白廳，包括邱吉爾的閣僚。外交部警告，此舉將有在北非創造一個半法西斯寡頭政權，以及造成法國內戰的風險。這場戰爭理應是為民主與進步而戰，若與維琪政權交好，形同對歐洲受到占領的地方傳達災難性的訊息。跟維琪政府談條件，也等於讓美國主導對法國的政策。外交部常務次長亞歷山大．賈德幹（Alexander Cadogan）暗自發誓，要跟美方「以神的大能攤牌」。[124]儘管「聖人夏爾」（Charles of Arc）[7]造成白廳內一片不滿之聲，但他仍保有英國人的支持——部分是因為否定自己創造的怪物相當丟臉，部分則是因為只有他能凝聚瞬息萬變的抵抗活動。邱吉爾的閣員說服他身段放軟，他則力勸戴高樂保持冷靜，等待美方意識到自己的錯誤。[125]美國國務卿科德爾．赫爾（Cordell Hull）抱怨英國人「用金錢、他們的廣播設備之助，以及透過其他方法」為戴高樂「撐腰」。[126]美國的方針被一九四二年十一月德軍占領全法（終結了維琪政府獨立的假象）、英國對戴高樂的堅定支持，以及戴高樂將軍本人的精明給打趴。一九四二年十二月，華盛頓最為屬意的法國領袖候選人——達爾朗將軍，在阿爾及爾遭到一名與SOE有關連的法裔青年暗殺。由於此人立即遭到處決，他跟SOE的完整關係也從未揭露。於是乎，戴高樂仍然是法國鬥士唯一可以信任的領導人，只是羅斯福不斷提出荒唐的方案，想擺脫他。戴高樂認為盎格魯薩克遜人背信忘義的堅定看法得到證實。他告訴莫內，法國在戰後恐怕會轉向德國或俄羅斯，以抵抗盎格魯薩克遜人的宰制。[127]

英國政策的第三個問題是：法人的抵抗所為何來？對於在法國創造出一股異見氛圍、與反英情緒抗衡這兩件事上，BBC取得了不起的成就。倫敦的樂觀人士希望具有影響力的法國輿論，能迫使維琪政府改變政策。對於許多法國愛國人士來說，異議氛圍本身就是創造這股氛圍的目的：他們爭的是自尊。[128]但是，若干英國與法國政策制定者卻擔心，一旦讓法國人感覺處境改善，對解放法國或協助奮戰中的盟軍完全沒有幫助。[129]有些希望採取激烈反維琪抵抗行動的人，是以軍事行動為目標——像邱吉爾就想點燃法國。反過來看，諸如讓火車出軌、殺害落單德國人等偶發而不成熟的行動，只會引來大規模的報復——許多人認為這種戰略不僅缺德，還會帶來反效果。至於盟軍的參謀長們，則希望法人的抵抗是有紀律的軍事抗戰，能服從命令，支援入侵部隊，但這實在遙不可及。對戴高樂一行人而言，抵抗行動的真正目的不在軍事——雖然出身正規軍，但他並未嚴肅看待抵抗運動中的這一面。抵抗運動是法國藉由參與自己的解放，以重申其獨立性的方式。抵抗也是從維琪政府手中奪權的手段之一。為此，戴高樂派努力將所有的抵抗活動收入自己的掌控下。此舉在法國國內與同盟國圈內造成疑慮，尤其是因為自由法國在保密一事上相當無能。

這一切左右支絀所造成的影響，就是一套變化不定的英國政策——可能會讓人覺得畏首畏尾，或是平衡微妙，或者像個目標不同、彼此競爭的組織所創造的產物，難免首尾不一致。一面避免激烈批評貝當，一面批評其政府的舉措，並鼓動人變節；一面避免促成漫無目標的暴力，卻又不加以譴責；

7【編註】指夏爾・戴高樂。

一面建軍，一面按兵不動，等待正確時機；一面試圖影響、控制戴高樂，卻又對他不置可否。整體而言，英國人——內閣、官僚機構與民眾一直支持戴高樂，甚至為他與美國對抗，不時也牴觸邱吉爾的意思。等到人們瞭解到他再怎麼古怪都不是個狂人時，他那異於常人的風格也開始讓人不得不讚賞。[130]熱情親法的英國外相安東尼．艾登（Anthony Eden）在安撫美方的敵意與邱吉爾的怒火時扮演關鍵角色。但英國人仍然會限制戴高樂，尤其是限制自由法國使用廣播，對內容進行審查。此外，他們也堅持各自在法國運作獨立的情報與抵抗組織。

添柴加薪

親英派就是希望「我們的英格蘭友人」勝利的人；反英派則是希望「那些英格蘭豬玀」勝利的人。

——法人評論[131]

一旦法國已經戰敗、英國被人從歐陸趕出來，這怎麼可能打仗？戰略轟炸是一種方法，所需的投入後來變得遠比空軍在戰前所想像的龐大。另一條路則是鼓勵受到占領的國家抵抗，藉此「點燃歐洲」（邱吉爾傾向這種做法）。但這同樣需要漫長、所費不貲的準備，何況英國在法國沒有情報網。

法國戰敗後，自發性的抵抗馬上出現。早期的行動與親英國的情緒有關，尤其是北部地區——人們對於先前英國人的解放還有記憶，而且也再度經歷了德國的軍事統治。根據警方報告：「諾爾民眾如今期待一九一八年再來一回……他們盼望的拯救就是英格蘭。」[132]駁斥維琪政權反英態度的言論，經常會提到上一次的戰爭。一份地下報紙提到一九一四年至一八年英國戰死者的「巨大聲響」，「他們可是跟你貝當今天的批評完全相反」。有些行動屬於象徵性或紀念性的舉措，而且事無大小，都能創造出一種抵抗的感覺。一戰停戰日時，可以看到民眾齊聚戰爭公墓，在英國人的墳頭擺上花圈，並發放傳單：「英格蘭人會援救我們，法蘭西將再度成為法蘭西，要有信心。」人們當著德軍士兵的面唱英國軍歌，在英王生日當天配戴紅薔薇。一九四一年初，BBC發起「V代表勝利」（V for Victory）活動，接著有許多的V字出現在牆上，德軍甚至試圖禁止販賣粉筆。民眾到位於里爾的路易絲．德．貝蒂尼紀念碑獻花。德軍則以其他象徵性的舉動回應，例如炸掉特定幾個第一次世界大戰紀念碑，尤其以處理布洛涅新「不列顛女神像」的做法最引人注目。

其他的行動則以上一次戰爭的經驗為基礎，例如協助英國陸、空軍士兵逃脫——如今是一條橫跨法國前往西班牙的漫漫長路。梅爾維爾伯爵夫人〔婚前原名瑪莉．林德爾（Mary Lindell）〕欽佩艾迪絲．卡維爾，她組織逃脫路線，穿著紅十字會制服，上面別著一九一四年至一八年得到的英國勳章，以這樣的裝扮前往法國各地。當時，縝密的逃脫網絡以女性為主力，其中有嚮導、文件偽造專家、醫生、庇里牛斯山走私者，以及供應食物、衣物與庇護所的人。甚至還有一位「脫衣舞孃」（後來得到英國政府表揚），她的閉門表演幫助躲藏、等待的逃脫者維持士氣。[133]每一個人不僅冒著自己的生命危險，連家人、友人都會受到牽連。這在法國人與英國人之間創造出相當緊密、私人的紐帶，畢竟逃脫的人必須毫無保留地信任援救他們的人——醫生、家庭主婦、農人、學生、鐵道工人、老師，甚至是蘇格蘭傳教士。一位澳洲飛官估計，一路上有二十個家庭幫助他脫逃。許多幫手都很年輕，但最成功的一位卻是老小姐法蘭絲瓦・迪薩〔（Françoise Dissart），以及她的貓咪芙（Mifouf）〕。她把脫逃的人藏在她位於土魯斯的公寓，附近就是蓋世太保的指揮部，利用祕密警察吃午餐時把人送進送出。雖然有不少浪漫冒險故事，但幫人脫逃是有生命危險的。雖然瑪莉・德・梅爾維爾會帶著剪刀幫人剪掉鬍鬚，但不諳法語的挺拔年輕人通常看起來就是原本的樣子：一位軍官穿上工人的衣服當偽裝，但長得仍然「彷彿他剛從皮爾布萊特（Pirbright）的軍需庫走出來一樣」。接待未知逃脫者的需求，也讓組織容易受到德國間諜或叛徒的滲透。其中最糟糕的一位，就數真假莫辨的英國騙子哈羅德・科爾（Harold Cole）：他是個小賊，從英國遠征軍臨陣脫逃，接著為德軍效力，滲透並暴露了知名的「帕特・奧利里」（Pat O'Leary）逃脫路線，後來在一九四六年與法國警方駁火時身亡。此外，軍人和一九一四年至一八年時一樣，有時候會疏於防範。曾經有一群脫逃者被抓，女嚮導遭刑求、送進集中營，只因為有個皇家空軍士兵點了根菸。瑪莉・德・梅爾維爾「對英格蘭人有個規定……**禁女色！**……一旦他們碰上漂亮女孩，一切就都完了」。不過，至少還是有一對佳偶結了婚。[134]飛行員知道一旦遭到擊落，自己還是有很大的機會能獲救。意識到這一點對他們的士氣大有助益，但私下流傳去哪兒、和誰接觸的資訊，卻讓組織者的風險遽增。曾經有皇家空軍飛官穿著制服，走進一家已然成名的咖啡館，公開要求幫忙。一九四一年末，一位成功逃脫的人把曾經協助他的幾家人聯絡細節告訴一位密友。這位朋友遭擊墜而死，敵軍從屍體上找到那些地址，這幾家人因此送命。忠實的業餘組織者能從倫敦方面得到有限的幫助，為了安全起見，倫敦也會長期置之不理。其中一條規模最大、曾經救出六百名空軍的逃脫路線，在巔峰期有兩百五十名協助者。但這一路也曾損失一百人，若非被殺，就是進了集中營。整場戰爭共有五千至六千名空軍官兵得到幫助。約有一萬兩千曾參與組織逃脫路線，此外還有自發伸出援手的人。成千上萬的人遭到刑求、進集中營，或是喪命。[135]

對於本土及其航運深受入侵與襲擊船隻所威脅的英國而言，情報蒐集至關重要。法國戰敗時，自發性的情蒐也同時展開——民眾將自己在住家附近所見，或是工作時得知的事情設法傳出去。有位右翼的愛國者成立了龐大的情報網，滲透了維琪情報局，將情資發給軍情六處（MI6（按：即祕密情報局））。郵局職員竊聽主要的德軍電話線，一連數月將一連串的情報交給維琪政府，政府內的高級官員再轉交軍情六處。好幾個情蒐團體在法國西部形成。當地的軍港是此前為了對英國戰爭而興建的，如今對於德軍水面船艦與潛水艇來說，這些軍港在令人筋疲力竭的大西洋海戰（Battle of the Atlantic）中有關鍵的戰略地位。成員多為天主教徒的聖母兄弟會（Confrérie Notre-Dame）是其中一個諜報網，他們送去有關德軍艦隊的情報，對盟軍一九四一年成功獵殺戰艦「俾斯麥號」（*Bismarck*）也有貢獻。希特勒與建岸防工事大西洋長城（Atlantic Wall）的詳細計畫，早在興建前便有人交給倫敦了。[136]

沒那麼引人注目的情報種類，則來自出版品。[137]一九四〇年八月，邱吉爾抱怨情報之稀少，連來自非占領區的都不多：「我們和這些地方就彷彿跟德國一樣斷絕聯繫。」[138]然而，人們從來沒有像當時這樣細密研究法國。法國民眾也未曾向當時那樣，透過BBC與大量印刷品，浸淫於英國的影響。戰爭總動員提供前所未有的資源。一九三九年九月，皇家國際關係研究院成立外國研究與報紙部門（Foreign Research and Press Service）。該部門一度以牛津大學貝利奧爾學院（Balliol College）為活動地點，後來在一九四三年成為新成立的外交部研究司（Foreign Office Research Department）的一部分。其中的法國處〔後來由劍橋史家約翰・派屈克・涂爾・貝利（John Patrick Tuer Bury）主持〕有一百五十人持續監控、解讀法國廣播、報紙內容，以及來自間諜的可靠情報。離開法國的信件有人解讀。他們甚至得到維琪政府內有好的消息來源所提供的法國官方輿情報告。間諜將材料攜帶出境。連用來包東西的報紙都會打開來分析。打從一開始，最初的幾種反抗行動便創造出大量的祕密情資——從手寫傳單到弦外之音愈來愈濃的報紙都是。一九四一年下半年，一位間諜將一個裝滿上述地下出版品的手提箱帶到英國，這是當時為止抵達的最大一批材料。從一九四二年起，自由法國便一步步將獲得的樣本加以複製、流通。英國駐里斯本與斯德哥爾摩的使館也會購買、送回合法的法國報紙。

透過這些方式打探而來的情報有許多用途。關於法國局勢、輿論、政治變化雙週報在二十多個政府部會中流通，內容極為詳細，對政策有關鍵的影響。當局知道反英情緒有限，反英國宣傳效果不彰。人們愈來愈清楚，貝當個人非常受歡迎，所以持反面立場的宣傳要指向他周圍的人，而不是他。一九四三年，戴高樂顯然已經成為所有抵抗運動所接受的共主。詳盡的新情報使英國的宣傳資料可信度大增。對間諜單位來說，確保新探員熟悉細節以免露出馬腳，是當務之急：「我們想知道腳踏車稅要繳多少？某份原本用來包雞民偷帶的葡萄酒瓶……名不見經傳的地方報紙……就能給我們一點線索。」[139]

有關法國現狀的知識，同樣有助於持續投入心力，讓英國人對法國人有更好的印象。許多報紙文章和BBC節目以自由法國、抵抗運動為題。一九四三年七月十四日，BBC有了法語夜節目（French Night）。同年十月，一場由自由法國與英國政府贊助的抵抗運動展在倫敦舉行。國家美術館也舉辦印象派畫展。法英友誼週有個活動，是學童比賽畫自己對法國的印象，帶來許多迷人的畫作——美麗的鄉村景致、著傳統服飾的婦女，以及受到約翰牛和不列顛女神歡迎的聖女貞德。這類活動連同法國、英國文壇大將以《摯誠協定》為題寫的專文，又透過廣播與法語報紙回頭影響法國，成為英國友誼的證明。

「起先，」一位法國社會學家寫著：「BBC就是一切。」[140] BBC還擊維琪官媒的攻擊，為英國與法國民眾之間建立的連結更是無人能出其右。一位在法國的外國記者報導說：「英國的廣播一片喧騰，消息不斷從陽臺、窗戶和天井流瀉」。德國情報單位在一九四一年二月的報告中說：「大多數民眾仍然相信英國終將獲勝。」德軍意識到，法國年輕人私底下會講英語——「雖然口音很糟，但確實是英語」。維琪政府的廣播宣傳雖然不是完全沒有效果，但相關人士仍在一九四三年末承認自己敗下陣來。一份維琪政府密件（有人傳給BBC）抱怨「家家戶戶收聽的情況一直在增加」。承認不敵的當局一開始禁聽，後來下令將無線電設備充公，但結果只是徒然。[141] ＢＢＣ的成就有賴一支有能的法國團隊。成員是廣播新手，對新聞、秀場或藝術的經驗反倒更豐富。他們成為家喻戶曉的名字——只是有好幾個是假名。「皮耶・博丹」（Pierre Bourdan）是記者皮耶・梅堯（Pierre Maillaud）；「雅克・杜申」（Jacques Duchesne）是劇場製作人米謝・聖德尼（Michel Saint-Denis），他曾擔任對英國遠征軍聯絡官，後來從敦克爾克撤退；尚・奧伯萊（Jean Oberlé）是畫家；皮耶・達克（Pierre Dac）是夜店喜劇演員，曾因試圖前往倫敦而兩度下獄，專長是為流行曲調寫諷刺歌詞。從這批人最受歡迎的節目——《此在法蘭西》（*Ici la France*）和《法人對法人語》（*Les Français parlent aux Français*）的名稱來看，節目必須是道地的法國內容，不能是英國的政治宣傳。一位聽眾說：「法人的慧黠靈魂已經逃到倫敦了。」除了提供可靠的消息、談話與討論支外，諷刺劇、好記的口號跟順口溜亦為其特色——最有名的就是〔搭配民謠《蟑螂》（*La Cucaracha*）的曲調來唱〕：「Radio Paris ment, Radio Paris ment, Radio Paris est allemand」[8]。巴黎電臺（Radio Paris）是法國最大的廣播電臺。一家西班牙報紙報導在整個歐洲都能聽到有人哼唱他們的歌。他們以巧妙的方式和聽眾密切聯繫。聽眾居然不斷來信：數以百計的信從非占領區寄來，甚至連占領區的民眾也設法讓信穿越封鎖。一位聽眾寫著，他「最大的樂趣就是聽英格蘭廣播，這是唯一能讓我得知真相、不在德國佬軍靴下的電臺」。一位法國郵件檢查員在一封寄給ＢＢＣ的信上留下自己的感言：「我衷心祝福你們這些有勇氣為自由而戰的人。」[142] ＢＢＣ有自己的法國情報部門。信件經過仔細分析，從法國出發抵達英國的人也會接受訪談。主持人會在空中提到收到的許多信件，藉此激發一種參與感，並鼓勵更多來信。讀者信件同樣能提供價值不菲的情報，定期在政府部會與自由法國之間流通。

廣播得到政治作戰處製作的大量印刷品所支持。皇家空軍老大不情願載著這些文件，他們只喜歡空投會爆炸的東西。一架轟炸機能載多達兩萬四千份的傳單，其中超過五百種是以法語印行，例如有插圖的《協議》（*Accord*）雜誌。印刷品上有英國政策的澄清說明，還能讓世界各地與法國國內的詳盡戰爭消息（包括抵抗活動與德國的苛刻要求）得以流傳，並提供建議（「看好你的收音機」）。定期發行的《空中信使報》（*Courrier de l'Air*）刊有ＢＢＣ頻道資訊、新聞、照片、專題報導與漫畫。[143]文學評論的目標，在於讓民眾知道知識界的菁英並未與德國人合作，並刊載Ｔ・Ｓ・艾略特和喬治・貝爾納諾斯等文壇要人的作品。空投的還有一本挖苦維琪政府與德軍的諷刺廣播歌曲集（由你們在皇家空軍的朋友所投遞），裡面收錄了〈游擊隊之歌〉（Song of the Partisans），成為抵抗運動的聖歌。有報刊以英語發行，將法國觀點帶給全世界。最早投入的是《自由法國》，始於一九四〇年十一月。來自法國國內的地下報紙在國外重新發行，並收錄精選段落的譯文。當然，這些報紙最重要的主題之一，就是法國與英國友誼之親密。報上強調英國國內的改變，以顯示戰爭的目標不僅是擊敗德國，也要創造更美好的世界。《貝佛里奇報告》（Beveridge Report）[9]此時發揮重大影響力，吸引廣泛關注。一家地

8【作者註】意為「巴黎電臺在撒謊，巴黎電臺是德國臺」。
9【譯註】二戰期間，英國政府成立跨部會委員會，調查英國社會保險與福利情況。成果由經濟學家威廉・貝佛里奇（William Beveridge）編寫為《社會保險和相關服務》（*Social Insurance and Allied Services*），成為英國戰後發展社會福利的出發點。

一部分由「你在皇家空軍的朋友」空投的大規模宣傳品，這本文宣小冊中有著替ＢＢＣ播放的流行歌曲特別編寫的諷刺新歌詞。

下的天主教報紙提到英國不再符合「布蘭博上校的熟悉印象」，「邱吉爾先生表現出……約翰牛的老樣子。但他的同胞卻有了極大的變化」！[144]

性質更積極的抵抗活動，屬於ＳＯＥ——特別行動處的範疇。[145]法國是ＳＯＥ最重要的活動舞臺，最後更是在當地有五個科（包括逃脫科，以及一個與波蘭移民協作的科室），北非阿爾及利亞另有一科室。這些科室對法國抵抗運動影響很大，不僅控制所有廣播與電波通訊、提供所有武器與炸彈，甚至實地投入一千兩百名英國、法國與波蘭間諜。ＳＯＥ最重要的兩個科是Ｆ科（F Section）與ＲＦ科（RF Section）。Ｆ科是一開始的法國科，成立於一九四〇年十月，招募通法語的英國子民與法裔志願者。ＲＦ科成立於一九四一年五月，支援自由法國：ＲＦ科的探員幾乎都是法國人，其行動實際上是由戴高樂的情報部門——中央情報與行動局（Bureau Central de Renseignements et d'Action，簡稱ＢＲＣＡ）所指揮。

ＢＲＣＡ和ＳＯＥ都是從零開始。戴高樂的情報頭子——外號「帕西上校」（Colonel Passy）的安德烈・德瓦杭（André Dewavrin），是位非常年輕的陸軍軍官，沒有受過情報訓練；戴高樂對顛覆工作不感興趣，從不期待能發揮重要作用。[146] Ｆ科多年的科長陸軍上校莫里斯・巴克馬斯特（Maurice Buckmaster）也是從新手開始，此前他在法國從事汽車買賣。許多招募來的人都有類似的英法商界背景。ＲＦ科最有名的英國裔成員，是科內勇敢的二把手——佛瑞斯特・弗里德里克・尤・托馬斯（Forest Frederick Yeo-Thomas）。他負笈法國，大半光陰都在此度過，從事巴黎時尚業——對於一位在一九二〇年志願為波蘭人而戰、對付布爾什維克，後來掐死守衛而逃過處刑的人來說，他的職業實在讓人意想不到。ＲＦ科泰半都是法國公民，出身五湖四海。科裡最成功的敵後破壞隊在英國受訓，由一名消防員、一名司機、一名修車工和一名學生組成。他們摧毀一個具戰略重要性的運河系統，嚴重破壞一處戰車工廠，還殺了十一名祕密警察〔事情發生在鼠患週作戰（Operation Ratweek）[10]期間，作戰名稱恰如其分〕。Ｆ科的成員以英國子民為主，要求其法語流利到足以用法國人身分（或者至少像比利時人或瑞士人）通過國界。這代表成員一般都出身法英聯姻家庭和國際貿易圈內，其背景「從皮條客到公主」都有。約有五百名成員獲派前往法國，其中超過一百人被殺。Ｆ科通常透過推薦來招募新人：

10【譯註】鼠患週作戰（Operation Ratweek），一九四四年由ＳＯＥ策畫，在法國、荷蘭、丹麥、挪威等被占領國內暗殺納粹情報人員的祕密行動。該作戰旨在擾亂占領軍、強化地方抵抗，替盟軍諾曼第反攻鋪路。

SOE試圖排除某些動機有問題的熱情志願者，尤其是「為愛發狂或失戀」的人。[147]有些人是第一次世界大戰的產物——英國軍人的孩子。無論在當時或是今天，加入的動機都很難評估，但對法國與英國的愛國情操、想嘗試冒險，以及對敵人的個人恨意，構成了卓有成效的組合。以一九二一年生於巴黎的薇奧蕾・薩博（Violette Szabo）為例，她的雙親分別是英國陸軍拳擊冠軍與出身索姆的法國裁縫師，薩博本人與一位自由法國軍官結婚，後者在阿拉曼（El Alamein）陣亡。受到招募時，她人正在布利克斯頓（Brixton）的樂蓬馬歇百貨（Bon Marché）香水專櫃當櫃姐。毫不引人注意的招募網偶爾會讓人嚇一跳：F科情報員法蘭西斯・卡馬亞特（Francis Cammaerts）是一位在劍橋念書的比利時人，當他正準備返回法國時，以前的學院導師冷不防問他的意思，他大吃一驚。[148]他們也會招募當地人，像F科就有兩位法國警督。女性在SOE相當重要，SOE有三千名女性雇員，而整個部門也就一萬人。F科的情報官及「中樞」，是能力出類拔萃的薇拉・阿特金斯（Vera Atkins）——她生於羅馬尼亞的布加勒斯特，父母是猶太裔烏克蘭人，本身在瑞士與巴黎受教育。在法國，女性比較不會引人懷疑是情報員和無線電操作員，有五十人因此被派往法國，其中四分之一再也沒有回來。其中一位情報員佩兒・惠瑟靈頓（Pearl Witherington），最後在法國中部指揮三千人。有些人（尤其是悲劇身亡者）在戰後成為名人，最有名的是薇奧蕾・薩博與努爾・艾娜雅特・汗（Noor Inayat Khan）——蒂普蘇丹（Tipu Sultan）的直系後代。[149]

通訊是組織抵抗活動的關鍵，而通訊控制在英國人手上。起先，他們仰賴傳統方法——通常非常古老，近似於和波旁王朝與拿破崙作戰時使用的方法，例如漁船和跨庇里牛斯山的走私路線。小型船隻組成的小船隊在康瓦爾（Cornwall）與直布羅陀之間運作。其中一處方便的不列塔尼海灣，早在法國革命戰爭期間就使用過了。[150]最後，皇家空軍成為聯絡的主要手段，他們會讓情報員跳傘，並空投武器與裝備。當然，他們同樣得從錯誤中學習：隊伍有一次落在警察局屋頂，還有一次跳進了戰俘營。一九四一年之後，空軍用小型的呂山德式飛機（Lysander），在臨時起降場接送情報員。雖然風險不小，但對抵抗人士來說，飛機起降可是個讓人興奮，甚至有些歡樂的時刻。英國人試著三令五申：「起降場絕不能有家庭在此聚會。只要飛行員看到群眾，就不會降落……。任何人……若從飛機右側接近，便有可能遭到飛行員射殺。」無線電不可或缺，但也是最容易受打擊的目標。無線電設備體積很大，與沉重的旅行箱相仿，德軍也發展出有效的偵測技術，甚至有時候能利用繳獲的無線電來設陷阱。

戴高樂對SOE深懷怨恨，尤其討厭F科，認為是對自己統治權（與法國主權）的挑戰。戰間期流行的反英著作對「情報工作」的偏執看法，似乎深深影響他的觀點。他和德瓦杭相信自己人得不到多少資源，是因為有關單位特別照顧英國的行動——事實上，資源就是這麼短缺，他們還經常毫無由來便大發脾氣。SOE一度拜託說：「天啊，叫那個發瘋的聖女貞德到中非視察自己的部隊吧。」[151]英國人拒絕將所有地下工作交到自由法國手中。他們不願意讓戴高樂成為法人抵抗活動的唯一領袖，並且堅持要有與非戴高樂派組織合作的機會。這也有行動上的考量。戴高樂派的首要之務關乎政治，在於帶起一場大規模、服從、全國性的運動。英國人的重點工作則有兩個方面是非政治的。他們不希望涉入法國本國的密謀策畫，無意以此「確保任何特定政府形態，或任何特定人物所籌組的政府……在戰後成立」。[152]他們確實希望讓推翻、破壞與游擊戰等行動最大化。輕重緩急的不同，造成行動方式的根本差異。戴高樂派希望成立由中央控制的組織——最有名的就是全國抵抗運動委員會（Conseil National de la Résistance，簡稱CNR）——並招募大量成員。F科想要小組織、訓練有素、去中心化、彼此互不相識，最後成立了一百個獨立的「傳道會」（circuits，這是SOE給他們的稱呼）。前者的模式非常危險，後者則相對安全。但這無法說服戴高樂或德瓦杭：「身為法國人，我們不能接受英國人的主張，管它多有道理……。對我們來說，創造全國性的抗戰實體才是首要工作……向全世界證明法蘭西是個整體，正逐漸在戰爭中重新獲得其地位，與盟友比肩。」[153]英國人認為法國人不願保密，法國人認為英國人不想放手。雙方都有過洩密災難，這是他們活動的固有本質。但法方的失敗卻因為目標集中、缺乏基本預防措施而更為嚴重。缺乏預防措施，意味著他們所有跟法國之間的無線電通訊都有遭到敵方解讀的可能，這正是英國人不抱信任的主要原因。最後，一位年輕的SOE破譯員只好用黑板，到處向法國人解釋他們的密碼有多麼容易破解。[154]時人認為這種滿不在乎的態度是「法國人的常態」，但這或許可以用高官缺乏訓練，以及一項意想不到的難處來解釋：在本土進行情報工作，會產生一種危險的安全感。戴高樂派與英國政府不時凍結合作，但下級軍官之間的關係普遍比長官之間好得多。實地工作的情報員與抵抗組織成員常常不曉得有任何的分歧存在，這真是萬幸。對他們來說，「倫敦」代表一股團結的力量，代表武器、無線電、技術訓練與金錢的來源，更是範圍更廣、聲望更高的全國運動之象徵。

這些年充滿沮喪與考驗。若干證據顯示，法國輿論批評英國人推遲進軍歐洲——「好水手，爛士兵」。邱吉爾與幕僚確實擔心若倉促進軍，會重複一九一四年至一八年的殺戮慘劇。此外還有大量的實際問題。但法國國內的這種看法導致英國威望大減，愈來愈多人崇拜美俄，這一點從戰爭末盤與戰後走向便能看出。英國的民意調查也顯示對法國人的友好感受有類似的下降。[155]

解放：一九四三年至四四年

正打破弟兄們牢籠柵欄的就是我們，
恨意凝聚於我們的腳跟，飢餓與折磨驅使著我們。
其他國家的人民躺在溫暖的床上作夢，
可在這裡，你沒看到嗎，我們在行軍、殺人、喪命。

——〈游擊隊之歌〉，約瑟夫・凱塞爾（Joseph Kessel）與莫里斯・圖翁（Maurice Druon）一九四三年五月寫於倫敦薩維爾俱樂部（Savile Club），由皇家空軍空投進法國

少了SOE提供的組織、通訊、物資、訓練與領導……「抵抗」就沒有軍事價值。

——致盟軍參謀長聯合會議（Combined Allied chiefs of staff）的祕密報告，一九四五年七月十八日[156]

自一九四〇年德國未能擊敗英國，而「合作」的好處也未能落實之後，法國民間對維琪政府的支持便一路衰落。戲劇性的變化分別在一九四一年與一九四二年出現。俄羅斯遭到入侵，讓法國共產黨投入護國大業；美國參戰，似乎像一九一七年一樣，成為德軍終將戰敗的保證。從一九四一年八月十九日，一位共產黨員在巴黎巴貝斯（Barbès）地鐵站殺害一名德國海軍軍官之後，激烈的反抗行動也就此展開。邱吉爾有壓力得做點事情幫助俄羅斯人，他對這類行動表示贊成，英國人也決定為共產黨提供武器，後者則發展大範圍的多樣運動。維琪政府積極於「合作」，導致猶太人遭到大規模集中（一項不受眾人歡迎的措施）、成千上萬人迫遷至死亡集中營，接著在一九四二年九月又推出強制勞動措施（Service du Travail Obligatoire, STO）——徵召工人前往德國。這項為人詬病的強制勞動政策迫使法國年輕人和家人面臨兩難，如果不反抗政府，就得冒著在德國過悲慘未來的風險——BBC對此大書特書。成千上萬的青年為了逃避強制勞動，遁入中法森林、東法山區與「馬奇」（*maquis*）——原指地中海地區的矮灌木叢，後來成了大規模抵抗的代名詞。盟軍登陸摩洛哥，導致德軍在一九四二年十一月入侵南法非占領區，終結了停戰唯一的好處。投入抵抗的人數迅速膨脹。但加入鎮壓抵抗的法國人也愈來愈多，尤其是準法西斯的民兵（Milice）。慘烈的半隱性內戰於焉展開。

法國解放，一九四四年。

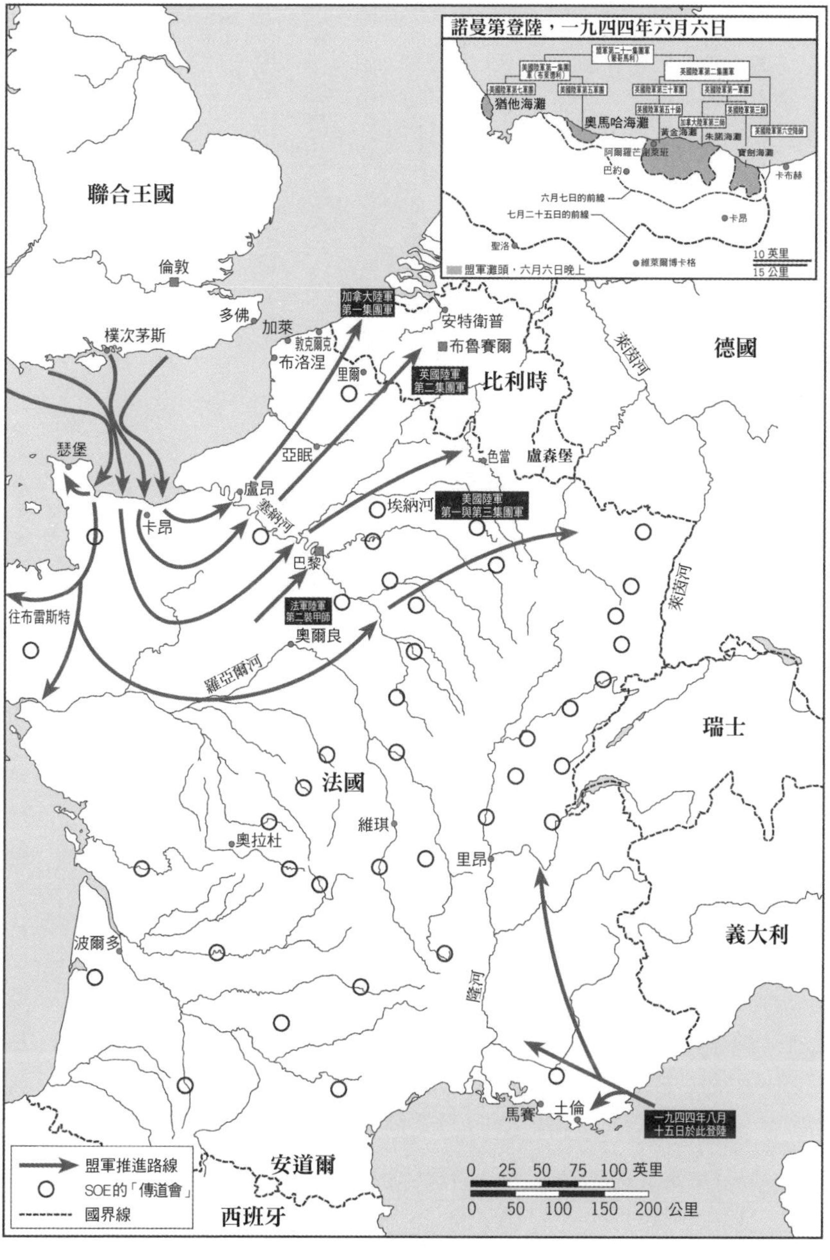
諾曼第登陸，一九四四年六月六日
盟軍第二十一集團軍（蒙哥馬利）
美國陸軍第一集團軍（布萊德利）
英國陸軍第二集團軍
美國陸軍第七軍團
美國陸軍第五軍團
英國陸軍第三十軍團
英國陸軍第一軍團
英國陸軍第五十師
英國陸軍第三師
加拿大陸軍第三師
英國陸軍第六空降師
猶他海灘
奧馬哈海灘
黃金海灘
朱諾海灘
寶劍海灘
阿爾羅芒謝萊班
巴約
卡布赫
六月七日的前線
七月二十五日的前線
卡昂
聖洛
維萊爾博卡格
盟軍灘頭，六月六日晚上
10 英里
15 公里
聯合王國
倫敦
多佛
加萊
敦克爾克
布洛涅
樸次茅斯
加拿大陸軍第一集團軍
安特衛普
布魯賽爾
里爾
英國陸軍第二集團軍
比利時
德國
萊茵河
瑟堡
亞眠
色當
盧森堡
盧昂
塞納河
卡昂
埃納河
美國陸軍第一與第三集團軍
巴黎
往布雷斯特
法軍陸軍第二裝甲師
奧爾良
羅亞爾河
瑞士
法國
維琪
奧拉杜
里昂
義大利
波爾多
隆河
馬賽
土倫
一九四四年八月十五日於此登陸
安道爾
西班牙
盟軍推進路線
SOE的「傳道會」
國界線
0 25 50 75 100 英里
0 50 100 150 200 公里

尚・慕蘭在一九四三年五月成功建立了全國抵抗運動委員會（CNR），為反抗運動提供統一的領導。戴高樂與「倫敦」具有強大的吸引力，不相統屬的抵抗運動網絡與若干後備軍人也贊成慕蘭的計畫。史家麥可・斯騰頓（Michael Stenton）便表示：「假如戴高樂從未獲邀，慕蘭恐怕無法凝聚抵抗運動。」這對戰後法國帶來重大的政治後果。但在一瞬之間，慕蘭與其他七位抵抗運動領袖就在一九四三年六月二十一日，於里昂近郊會面時遭到逮捕。慕蘭死於刑求。此事是抵抗運動史上最疑雲重重，也最動人情感的篇章——一直有人指控慕蘭是叛徒。無論真相如何，戴高樂派集權中央的野心，加上無可否認的安全疏忽引來了災禍。陸軍中將夏爾・德萊斯特蘭（Charles Delestraint）根據戴高樂的命令組織「祕密軍隊」，並擔任指揮官。早在慕蘭遇難前，德萊斯特蘭就因為忘記預定停留的巴黎藏身處通關密語，改到附近的旅館以本名進房，結果遭到逮捕。後來他死於達豪（Dachau）。九月，戴高樂的一名副官被捕，其巴黎公寓搜出四個月份的解密電報，從中查到十四名CNR可能成員的名字。[157]戴高樂的全國性階級體系曇花一現。後來重建的CNR便與基層抵抗者少有接觸。本質上是出於政治需求的CNR將注意力投入戰後行政管理的規劃上，抵抗運動的實戰面遂改採去中心化的英國模式。沒有全國性的起事，而是幾百場小規模軍事行動。這些行動泰半仰賴SOE提供武器、裝備和一捆捆鈔票，在不疏遠當地農民的情況下資助馬奇游擊隊。此舉並未改變政治上的效果，畢竟戴高樂有倫敦與莫斯科支持，如今華盛頓也不得不接受他。無論他怎麼做，他都是法國抵抗運動名義上的領導人，能從抗爭中獲益。他也做好準備，一旦解放展開，他就要掌權。[158]

一九四三年與一九四四年初，抵抗運動開始為戰爭組織起來。過程相當緩慢，畢竟受過訓練、負責給予軍事指導的男男女女得空降進法國，還要準備成堆的武器、炸彈與彈藥。只要可以朝德國城市丟炸彈，皇家空軍對於往法國原野上丟斯登衝鋒槍（sten-gun）就絕不會感興趣。此外，一九四三年至四四年的冬天迫使行動延遲，德軍因此破獲許多臨時武器庫。即便如此，得到邱吉爾支持的SOE終究還是發去了一萬噸的物資，包括將近二十萬把斯登衝鋒槍與八十萬枚手榴彈。[159] SOE計畫在盟軍D日登陸時發動破壞與擾敵行動，並且在部隊殺出橋頭堡的過程中持續進行。戰場上的領導層得到兩千名空降特勤隊（SAS，包括兩個法國SAS兵團）、九十三個由三名情報員（英國、美國與法國各一，其中一人操作無線電）組成的「傑德堡」（Jedburgh）小隊，以及獨立工作的情報員所支援。二十一歲的法國與威爾斯混血安德烈・休（André Hue）是其中一名獨立情報員，他原從事情報蒐集與逃脫路線運作，後來被帶出法國，接受SOE訓練。一九四四年六月，他隨英國陸軍一次行動空降回法國，安排與不列塔尼馬奇游擊隊的聯絡。休接著策畫武器空投和法國SAS部隊抵達事宜，在不列塔尼掀起全面起事，延緩德軍移防，對美軍南推離開諾曼第大有幫助。[160] 總之，英法之間的不和諧終於在戰場上的緊要關頭化解了。D日之後，倫敦的各個抵抗組織合而為一，變成法國內陸軍參謀本部（État-Major des Forces Françaises de l'Intérieur, EMFFI）——是個名義上由戴高樂手下的陸軍將領馬里・皮耶・柯尼希（Marie-Pierre Koenig）指揮的混亂組織。

戴高樂跟邱吉爾為了D日的事又吵了一架。眾所周知，進攻行動馬上就會展開。但日期與地點是最高機密，情報單位還用精心設計的花招，說服德軍相信盟軍會在加萊登陸。一九四四年四月，英國當局暫停各國外交特權，堅持所有傳出英國的消息都要經過解碼審查。雖然法國人在保密一事上劣跡斑斑，但他們仍然認為此舉相當侮辱人。無人將D日的計畫告訴人在阿爾及爾的戴高樂。邱吉爾請他飛到英格蘭，並且在六月五日時於樸次茅斯近郊親口告訴他進攻法國的行動即將展開。戴高樂的部隊完全沒有參與實際行動。美方與邱吉爾的參謀本部都反對在進攻開始前告知戴高樂，但邱吉爾堅決不顧他們的反對，打算以此作為和解的表示。他真的張開雙臂歡迎戴高樂。至於戴高樂是否因為自己被蒙在鼓裡而發火，各方說法不一。邱吉爾一如往常，在他的兩個古怪盟友之間搭橋。當他敦促戴高樂去見羅斯福，就解放後的法國統治事宜達成協議時，戴高樂確實大發雷霆。戴高樂對此深惡痛絕，他用自己招牌的冰冷怒氣回應，表示自己絕不會像個要統治法國的「候選人」，讓羅斯福打量：「法蘭西政府確實存在。就此而言，我完全不需要徵求美利堅合眾國或大不列顛的同意。」他拒絕與邱吉爾一起用餐，留邱吉爾一個人「冷汗直流」。情勢每況愈下，戴高樂拒絕透過BBC向法國廣播，甚至不允許法軍聯絡官前往諾曼第。「我就知道他會壞事，」布魯克將軍寫道：「所以強烈建議把他留在非洲，但安東尼．艾登非要堅持帶他過來！」一位外交部資深官員在盛怒之下寫著：「這簡直是間女校。羅斯福、首相跟……戴高樂——做事都跟快到青春期的女孩子一個樣。」[161]好幾位和事佬（最重要的就是艾登）試圖緩和場面，但罵聲依舊不絕。大半個內閣、國會與艦隊街都支持戴高樂，讓邱吉爾大為光火。戴高樂對盎格魯薩克遜陰謀的懷疑進一步加深。他記錄下邱吉爾的發言，至今在法國依舊有名，成為阿爾比翁一貫態度的總結：「每當我們得在歐洲與遼闊的大海之間選擇，我們總會選擇遼闊的大海。每當我非得在你跟羅斯福之間做選擇，我永遠會選羅斯福。」[162]

儘管有這麼一番響噹噹的宣言，向來把恢復法國的大國地位當成戰爭主要目標之一的英國，仍然透過邱吉爾與艾登的口，堅持應以對待戰勝國的方式對待法國，讓法國在德國擁有一塊占領區。一九四五年二月的雅爾達會議上，羅斯福與史達林紆尊降貴地同意了這件事，願意遷就他們眼中英國盟友奇怪的縱容做法。

最早在一九四四年六月六日破曉時分踏上法國的盟軍士兵，是第二牛津郡與白金漢郡輕步兵團的一個連。不久後，其餘英國與美國空降部隊也跟著加入，接著則是美國、英國與加拿大的大規模登陸戰。德軍從未嚴重威脅灘頭的橋頭堡，但他們確實阻止盟軍往內陸推進。這導致空軍與海軍的猛烈轟炸，嚴重破壞諾曼第土地，數千名法國平民喪生。在一位英國士兵筆下，卡昂鎮成了「一處磚石廢墟，彷彿犁過的麥田。民眾毫無表情地注視著我們，你很難直視他們的臉，因為你知道是誰造成這一切。」[163]之後是英國（有加拿大與波蘭軍隊支援）與德軍主力（包括十個裝甲師裡的八個）打了長達十週的消耗戰，造成英國六萬五千人傷亡——傷亡率與一九一七年的帕尚戴爾戰役相當。這幫助美軍往更南方突破。德軍緊守易守難攻的田埂與籬笆地形——英國人上一回遇到這個問題，是一七五八年的事（見第三章的「皮特與舒瓦瑟爾」）。雖然德軍遭受猛烈的空襲，但直到八月最後一週，盟軍才粉碎、擄獲或擊退他們。

D日帶起了法國各地抵抗行動最輝煌的時刻。抵抗組織的任務是妨礙、延遲往灘頭移動的德國援軍。成千上萬的游擊隊員在六月五日接獲BBC著名的暗碼訊息[11]，紛紛響應。如今他們獲得相當充足的小型槍械、爆裂物、訓練、領導與無線電。當晚，鐵道系統便遭受九百五十起攻擊。電話線網絡也遭到破壞，迫使德軍使用無線電，盟軍得以竊聽。其中最著名的聯合行動，延緩了獲命由土魯斯前往諾曼第的黨衛軍裝甲師：F科情報員炸了他們的儲油槽。德軍試圖經由鐵路移動，但又會受到無數的破壞所阻攔。等到蒐集到更多燃油後，黨衛軍再度嘗試一般道路，卻有好幾個SOE小隊不斷騷擾。原本三天的路程，結果用了兩週——比從俄羅斯前線來的路程還久兩倍。[164]對此，德軍最臭名遠播的報復，就是屠殺格拉納河畔奧拉杜（Oradour-sur-Glane）的居民。另一起悲劇發生在東法的韋科爾（Vercors）高原，一支大型游擊隊試圖在此起身對抗人數多得多、有戰車與飛機支援的德軍部隊，結果血流成河。這兩起事件並非獨立的暴行：德軍和法國通敵者通常會刑求、傷人四肢，甚至殺害囚犯、人質與當地民眾。抵抗分子以干擾、混亂等方式，為D日前後的關鍵期做出巨大的貢獻。八月十五日，以法軍、美軍為主的普羅旺斯登陸行動，便少不了皇家海軍、皇家空軍與英國指揮的抵抗團體帶來的幫助——他們清出路，讓登陸部隊能迅速往北挺進。法蘭西終於燃起抵抗的野火。

抵抗分子與法國正規軍參與解放行動，對民族自尊和戴高樂本人非常重要——幫助他取得他向來主張的法國合法統治者地位。他堅持要菲利浦・勒克萊爾（Philippe Leclerc）將軍的第二裝甲師（在英國受訓，部分成員抽調自英國第八軍的法裔單位）快馬加鞭「往艾菲爾鐵塔（Eiffel Tower）趕去」，「民族起義」早在八月十九日時就在巴黎展開了。戴高樂意圖搶在德軍報復前抵達，顯示首都並非被動受盎格魯薩克遜人解放的接受者，並確保戴高樂一派能掌權。勒克萊爾在二十五日抵達巴黎，戴高樂本人緊跟在後。他在巴黎市政廳發表一場名演說，宣布「巴黎是自己解放自己，是巴黎人民得到法軍幫助、得到全法蘭西——正在戰鬥的法蘭西、獨自戰鬥的法蘭西所支持與協助下解放的」。[165]戴高樂完全沒有慷慨大度的意思，不管在哪兒遇見英國SOE官員，他的反應都是「這兒沒你說話的餘地」，接著命令對方離開這個國家。指揮大半個加斯科涅地區（Gascony）的英國陸軍中將喬治・雷吉納・史達（George Reginald Starr）直接回嘴，而這一段爭吵最後以戴高樂握著史達的手、說「人家告訴我……你無所畏懼，而且曉得怎麼用法語罵『幹』（*merde*）」而告終。儘管如此，F科仍然「收拾打包，以盡可能優雅的姿態悄悄離開」。[166]年輕的探員彼得・馬洛格（Peter Maroger）出身法英聯姻家庭，他決定前往巴黎加入解放陣營，後來在巴黎遭殺害。[167]英國軍事單位完全沒有分享到這份光榮。據記者兼情報官員馬爾科姆・蒙格瑞奇（Malcolm Muggeridge）所說：「美方堅持，由於凱比爾〔港〕的關係（更別提特拉法加海戰了）……英國人在法國不受歡迎，應當盡可能不要出現在視線裡。」但他和幾位同事還是去了巴黎，樂得因為英國軍服「物以稀為貴」而得益，那身制服確保他們得到「友善的微笑、擁抱，甚至是想要的時候就有床伴，以及無止盡的好客」。包括彼得・卡靈頓（Peter Carrington，未來的

11【譯註】一九四四年六月五日D日前夕，BBC播出法國象徵派詩人保爾・魏爾倫（Paul Verlaine）的〈秋之歌〉，作為入侵行動即將展開的密語：「秋聲悲鳴／猶如小提琴／在哭泣。／悠長難耐的陰鬱／刺痛了／我心脾。」

外相）在內的幾位衛隊軍官靠著外表唬人，就得到在麗池酒店（Ritz）小住的機會。[168]

此時，英國陸軍正往北移動。經歷了爭奪諾曼第的戰役——「塵土、切開地面的壕溝、推土機和死牛」之後，部隊在熟悉的道路上迅速行軍，穿過皮卡第（Picardy）與法蘭德斯，取道亞眠、阿哈斯與里爾，抵達海峽口岸，進入比利時，群眾夾道歡呼。這一回行軍堪稱軍事史上最快速的推進，只遭遇偶發的抵抗：「整體而言……疲憊多於危險。」[169]法國人與英國人的接觸也因此相當短促，無論好壞。英國當局擔心部隊不守規矩。一位軍官警告：「我們還帶有父祖輩當年在巴黎荒唐胡鬧的記憶，把法國人看成不甚道德、色慾薰心的民族，不僅不好客，還很貪婪……。他們則以我們在維多利亞時代晚期假正經的聲名評判我們……。雙方都錯得離譜。」軍方發放指示小冊，告誡不要暴飲暴食——法國人討厭英國人發酒瘋，此外也要避免為一九四〇年的事情爭論。手冊上還呼籲拋棄「任何以蒙馬特區的故事和夜總會脫衣秀為根據來看待法國女子的想法……。法國人與我們一樣，整體而言是個重視傳統的民族」。對多數軍人來說，這類問題很少發生。第六空降師（6th Airborne Division）的一位軍官寫道：「我沒什麼機會遇見任何法國百姓。多可惜啊，我真想多認識點和他們有關的事。」[170]陸軍中士理查．科布（後來的傑出法國史家）就沒有這種怨言。他的任務是製作單張的法語新聞，這讓他有機會與形形色色的人套交情，包括一位諾曼女老師，「髮色之金黃，看起來就像維京人的直系後代。她對我有好感（這一點彼此彼此），經常弄牛排給我吃，我倆會在菜園裡一起享用……。我常覺得，我說不定是英國陸軍裡最幸運的一個。」[171]

領導人之間的齟齬、出於政治動機的刻意冷淡與政策差異，都無法減損解放的喜悅，連戰鬥與轟炸造成的破壞與死亡亦然。歡欣與報復的場面，在所有目睹的人記憶中留下難以磨滅的印象，繼而隨著新聞紀錄片的影像，進入未來世代的集體記憶中。科布經過紡織城魯貝（Roubaix），見識到「無邊的友好」：許多人家擺出一九一八年在家裡借宿的英國士兵相片。新任大使達夫·庫柏（Duff Cooper）認為：「英格蘭人在法國從來沒有這麼受歡迎……人氣最旺的就是首相……。一般大眾（對他和戴高樂之間）完全沒有任何概念，只知道他們是最忠貞的朋友。」一九四四年十一月十一日，邱吉爾來到巴黎——戴高樂寫道：「巴黎真心歡呼著。」庫柏認為場面「比我曉得的一切都要盛大」。兩位領導人一起走過香榭麗舍大道，法國與英國部隊正在大道上行進，邱吉爾還到他的偶像——克里蒙梭雕像前獻上花圈。樂隊奏著輕快的進行曲，是邱吉爾很熟的《勝利之父》（Père la Victoire）。這首曲子是寫來歌頌克里蒙梭，上一次凱旋的催生者，但今天「要獻給你」——戴高樂用英語對他說。邱吉爾「淚如雨下」，對戴高樂說：「我覺得自己彷彿看見他復活。」[172]「促成友誼理解的人」——愛德華七世的大型騎馬像躲過了破壞，興業銀行（Société Générale）的行員們不知怎地藏了兩年，此時重新安回原本的基座，作為「誠摯謝意與深刻友誼」的表示。但法國橄欖球代表隊就沒那麼客氣，以二十一比九血洗英國陸軍隊。[173]

協議終於真的有了**摯誠**。戰間期的苦澀與一九四〇年的創傷，都敵不過共同的喜悅與凱旋。反英的傳統隨著揭櫫之的維琪政權一起身敗名裂，殘餘的只有碎片。法國的愛國英雄故事中瀰漫著英國的意象：邱吉爾、BBC、人在倫敦的戴高樂、皇家空軍、跳傘到灌木叢的場景，以及D日。對英國人來說，戴高樂這號不屈不撓的人物，已成為其「最輝煌的時刻」的一部分；法國抵抗過程中的英雄事蹟與受苦的男女老幼（英國人原有可能也經歷此情此景），遮蓋了一九四〇年的共同失敗。這些強大的印象因演說、影片、口述傳統、公開儀式、歷史著作、兒童圖畫書與小說而遠近馳名，連記憶淡去時也未曾稍減。一個民族會透過一大堆意象來認識另一個民族，而上述印象對此也增色不少，甚至為人熟知到成為一部愛情喜劇的主題。法國史上最受歡迎的電影，是熱拉爾·烏里（Gérard Oury）動作誇張的喜劇《虎口脫險》（*La Grande Vadrouille*, 1966），有一千七百萬人觀影，劇情是三名英國空軍官兵得到一位巴黎居家裝修工人與一位交響樂團指揮幫助，逃出生天的過程。這部片在英國幾乎沒人曉得。如今看來挺讓人震驚，片中的英國角色態度和善但感覺疏遠，突兀得像是來自另一個星球的生物。真正緊密的關係反而存在於法國人與德國人之間。

雙方的奮鬥，都成為另一方國族敘事中的一部分。就如同二戰時的法國抵抗運動鬥士，也成為英國國族敘事的一部分。這些法國抵抗運動人士會畫上代表勝利的「V」，以示反抗。

時光荏苒，羅貝爾·法蘭克所說的「有意為之的失憶症」也跟著發作。民意調查顯示，如今的法國人不分年齡、性別與階級，皆認為英國人在法國解放過程中扮演的角色微不足道——遠不及美國人、馬奇游擊隊、自由法國，甚至是俄羅斯人來得重要。根據一般的詮釋，法國外交部長菲利普．道斯特．布拉齊（Philippe Douste-Blazy）在二〇〇五年九月所做的評論，顯示出他以為英國同樣遭到德國擊敗與占領。法蘭克指出，承認英國人的真正貢獻，會提醒法國人「兩國的不同命運」，而這太過痛苦。[174]英國人也沒更高尚：誰還記得為守護敦克爾克而死的法國軍人？二〇〇四年適逢D日的六十週年紀念與《摯誠協定》的一百週年紀念。雙方都有大大小小的儀式，既彰顯友誼，也喚起兩國共同生存下來的記憶。不過，一次意見調查卻顯示出法國人描述英國人時，最常選用的詞是「孤僻」、「褊狹」與「自私」。英國人的選擇雖然沒那麼負面，但通常也將法國人形容為「不值得信任」或「背叛成性」，而且將近有三分之一的人認為法國人「懦弱」[175]——無疑是一九四〇年的扭曲回聲。我們兩國民眾得先輕視對方才能感到自豪，這多可悲啊。

第三部　結論與異見

我們可以慶祝兩國在一九一八年與一九四五年的共同勝利，即便上百萬上千萬人死亡、百業蕭條、政治衰落也不打緊，因為戰敗的後果恐怖得讓人不敢想像。共同奮戰理所當然會讓法國與英國民眾關係緊密遠甚以往。一九一四年爆發戰爭的根本原因至今仍難以全面理解，但即便法國與英國關係更為密切，似乎也不大可能防止這場戰爭發生。根據當時的各種標準來看，甚至是以我們現代的方式衡量，一旦戰爭爆發，兩國就很難置身事外。在我倆看來，兩國難辭其咎的錯誤起自一九一八年。無論從現在還是當時來看，理由都一樣明白。

戰間期

羅伯特：歐洲泰半遭到戰禍肆虐，需要合作與重建。德國本來就強大到無法以武力永久限制之，理想主義者的看法也沒錯——根據民族自決、國際合作為基礎建立新的民主秩序，以國際聯盟為其象徵與對話園地，才是唯一的希望。歐洲各地皆渴望和解，終結由敵對與權力政治構成的舊體系。法國人的恐懼可以理解，但他們確實破壞了氛圍，恐怕也削弱了德國國內的民主力量——原因不光是他們在凡爾賽提出的要求，他們對於萊茵蘭的祕密領土野心、武力恫嚇、一九二三年的實際出兵，以及與東歐國家結盟之舉，事後皆證明只是為德國的再武裝提供口實，為希特勒的言論提供題材而已。

伊莎貝爾：這種看法太天真了。顯然靠德國永遠的善意不足以保證和平。合理的遏止手段——結盟、駐軍萊茵蘭、堅決阻止非法再武裝等——非但並不壓迫，而且原本還能藉由表現出未來沒有侵略的可能，繼而強化德國的民主。這種做法在一九四五年後就發揮了作用。問題點不在法國的野心，而是英國氾濫的理想主義、愚蠢的反法情緒和鋪天蓋地的兩面手法。法國與英國的團結，是一套維和體系所不可或缺的核心，但英國人卻悄悄迴避了自己在和會時所做的承諾。無論是自由黨、工黨或保守黨領袖執政下，英國人想像力與責任感之匱乏皆令人痛心，慕尼黑會議就是結果。英國人——連他們當中最雪亮的一員也是——太晚才意識到其手段之錯誤，要為接下來的災難負起沉重的責任。

第二次世界大戰

雙方對一九四〇年的軍事失利都有責任。由於兩國皆未盡其力，我倆也找不到什麼大吵特吵的理由。法國暴露自己政治上的痛處，英國則顯示出自己在軍事上的滿不在乎。前者成為法國後來蒙羞的原因，後者則因為不列顛戰役而為人淡忘。但事實擺在眼前：兩國讓彼此失望，雙方對此也始終未曾完全忘懷。一九四五年的勝利在軍事上與道德上一樣圓滿，不僅絲毫沒有像一九一八年時的陰影，更將一九四〇年的創傷泰半抹去——只是並不完整。但結盟鮮少能帶來好感，兩國創造出太多的矛盾了。

羅伯特：我對批評法國的民族英雄頗有疑慮，而我也承認自己很佩服戴高樂在一九四〇年抗命的豪放姿態，但此後他就成了個有害人物。民主共和國哪裡需要一個天命所歸之人？丹麥、挪威、荷蘭與比利時在沒有這種人的情況下，仍然設法抵抗、獲得解放，重建自己的戰後社會。戴高樂不只「接下」法蘭西的重擔，連眾多與他完全無關的勇士們戮力付出所應得的讚賞，也被他「接收」了。除了發展出一套後來讓民族主義者點頭稱道的神話之外，戴高樂到底做過什麼？他的灌水聲望不是該重新嚴格評價嗎？但這是法國人自己的事，不是法國跟英國之間的問題。回來談兩國的相互關係——盟國正試圖拯救上百萬人的性命、解放歐洲，他難道不能對盟國的戰備工作做點更負責、更正面的貢獻嗎？比起他的陰鬱、偏執、固執己見，稍微犧牲自己的野心——甚至是一點民族自尊，不是更能貢獻真正光榮的愛國大業嗎？

伊莎貝爾：其實，法國還真需要有個「命定之人」。因為法國作為歐洲最大的兩個民主國家之一，當時正面對前所未有的危機與誘惑——背叛其民主傳統、與納粹德國合作。戴高樂得說服一個士氣低落的民族，拒絕看似難免的戰敗，同時為自己的解放做準備。英國在一九四〇年面臨戰敗時，不也需要個「命定之人」嗎？英國只是不像法國，其國家象徵（主要是君主與國會）完好無缺而已。戴高樂固執己見的主因，正是他和自由法國成員受到的不公待遇。無可否認，這主要是因為美國一意孤行，堅持與不名譽、沒信用的維琪政權維持關係所致。但邱吉爾也默許，違逆自己的親法個性，去貼羅斯福的冷屁股——根本是未來「特殊關係」的典範！戴高樂堅持法國主權，堅持自己與盟友平起平坐的做法是正確的。他在不可能的局勢下展現了不起的決心與尊嚴，從而維護法國的自尊，這對國家戰後的長期復原價值連城——事實上，如果歐洲希望不再只仰賴超級大國，這對歐洲的長遠未來也很重要。

一九四〇年至一九四四年的戰爭經歷，為兩國留下不同的印記。英國留下的是歷久不衰的光榮與團結感，或許還結合了自滿與自瞞的傾向。法國留下的則是自豪與恥辱的混和，讓每個人都耿耿於懷——這造成內部的分歧，卻也讓人願意改變自己的做法。這樣的差異對法國與英國關係造成長遠的影響。但我們先看好的一面，以此作結。兩國一同挺過了其歷史上最大的危機，幫助全世界免於經歷一段新黑暗時代——邱吉爾說得好。成千上萬的男女老幼一同真心付出，創造出相互間的好感與尊敬。對此，人們並未完全遺忘。無論有多少不和，法國與英國還是一起度過了其近代史上最重大的各個片刻。

插曲 法國人跟莎士比亞：另一場法國大革命

拉辛在情感上給我的啟迪，是莎士比亞無法賦予的——情感出自完美。

——安德烈·紀德，小說家暨莎士比亞作品譯者[1]

在法國民眾面前完整演出的莎士比亞，就該大獲成功……我不是說這不好，也不是說這很好。我只是說，等到事情發生時——如果會發生的話，那麼法蘭西民族也將永遠不同了。

——法國文化史家埃米爾·法蓋（Émile Faguet），一九〇四年[2]

「法國接受莎士比亞的緩慢、反覆過程，」史家約翰·潘博爾（John Pemble）寫道：「是另一場法國大革命。」[3]二十世紀初，莎士比亞與易卜生和奧古斯特·史特林堡（August Strindberg）一同登上前衛藝術舞臺。一九〇四年，《李爾王》首度以法語完整演出，實驗劇場導演安德烈·安東萬（André Antoine）扮演李爾王；《脫愛勒斯與克萊西達》（*Troilus and Cressida*）則是在一九一二年首度在巴黎奧德翁劇院（Paris Odéon）全本演出。但在二十世紀的多數時候，法國的莎劇演出場面始終奇異，有大批演員與豐富的舞臺表現。人們一如兩世紀前，認為他的作品體現了那道分隔法國與英格蘭文化、悟性、甚至是民族的鴻溝。如今，莎士比亞成了多霧「北方」對豔陽「南方」、背信對忠誠、「條頓」對「拉丁」的具體呈現。對於一九二〇年代與三〇年代許許多多的民族主義者、天主教徒和新古典作家而言，「獸行……本能……與血腥的戲劇」和「理念高尚、情感高貴的戲劇」之間的鴻溝，想必比伏爾泰的時代顯得更寬。[4]但是，二十世紀的連串災難，卻讓古典完美主義中條理分明的劇情、嚴謹的格律、「高雅」的言語與喜劇收場，彷彿成了消逝時代的遺跡。存在主義作家阿爾貝・卡謬（Albert Camus）說得好，今人再也別想期待應許之地。莎士比亞式的悲劇終於進入了法國人的意識裡。在莎士比亞的黯淡世界裡，「我們之於諸神，有如蒼蠅之於頑童；祂們以殺我們為消遣」。借信奉天主教的小說家富蘭索瓦・莫里亞克（François Mauriac）的話來說：「在這個冷冽的一九四五年五月裡，歐洲有四分之三的地表成了廢墟。對於竭力其上的倖存者來說」，莎士比亞的世界「悚然降臨」。[5]莎士比亞式的題材與表現方式，出現在卡謬、尚・阿諾伊（Jean Anouilh）、山謬・貝克特（Samuel Beckett）與路易・阿拉貢（Louis Aragon）等一流現代作家的作品中。如今，莎士比亞得以首度以未經雕琢、十分簡樸的方式製作，而非色彩斑斕的陳腐場面。莎士比亞的其中二十部劇作在一九四〇年至一九六〇年間登臺，許多更是在法國的首演。人們過去認為莎士比亞的精神屬於英格蘭人，其作品要經過改寫，變得更齊整、更有邏輯也更詩意，才能為法人截然不同的鑑賞力所接受。這種老觀點如今也煙消雲散。就是在這場革命中，法國人「拒絕了語法、結構與喜劇結局，為莎士比亞凌亂的歲時脈搏敞開自己的心胸與舞臺」。[6]一套附上英語原典對照的全新法語譯本，開始在二〇〇二年[7]陸續推出——這既是法國戲劇界接受莎士比亞的徵兆，也是英語閱讀能力普及的跡象。法國人習慣以一種混和嫉妒與諷刺的獨特口吻，稱英語為「莎士比亞的語言」（*la langue de Shakespeare*）。自伏爾泰的時代以降的兩個世紀裡，平均每二十年就會有一套莎士比亞法語全譯本問世——每一代人都有自己的譯本。隨著莎士比亞使用的英語對母語人士日漸遠去，「每一回的翻譯都是一次復活」。[8]如此說來，法語也是莎士比亞的語言。

第四部

重振

PART IV: REVIVAL

〔英格蘭人〕是群筋疲力竭的人。他們得自己打起精神。

——夏爾．戴高樂，一九六四年[1]

半個世紀以來，有個疑惑一直纏著我們：我們還是偉大民族嗎？

——法國總理愛德華．巴拉杜（Édouard Balladur），一九九四年[2]

第二次世界大戰與冷戰，終結了歐洲內部三個世紀以來的戰爭與帝國爭霸。上位者與民眾心甘情願用一種對和平、繁榮與合作的「維納斯式」（Venusian）[1]奉獻，取代民族主義的狂熱；迨蘇聯垮臺後，這種精神更是延伸到大半個歐陸。但有兩個重要的例外：法國與英國並未拋棄戰神馬爾斯（Mars），也還沒習慣自己的角色重要性縮水。兩國繼續索求與眾不同的權利（甚至主張自己擁有不同於他國的長處），並承擔相應的責任。兩國的政治人物與民眾顯然憂心國家衰落。這樣的情緒，在英國經常表現為充滿酸味的自貶，在法國則是爆棚的自我肯定。遏止衰落的渴望，有助於兩國撐過無可否認的改變。咸認法國與英國在經濟、社會或政治上江河日下，但從一九五八年戴高樂再度執政，以及一九八〇年代的柴契爾時期以來，兩國便已不再如此。它們在財力、權力與人口上趨向一致，但重新振作時採取的卻是不同路徑。兩國仍然同時在歐洲內外要求扮演要角，至於誰領頭，兩國也經常互

1【譯註】維納斯也就是金星。在霍爾斯特的《行星組曲》中，金星是象徵和平使者的和平之神。同理，下文戰神馬爾斯也同時指火星。

不相讓。這種共同的態度，不時讓《摯誠協定》重新浮現，六十多年來也定期有建立夥伴關係的呼聲。只是，兩國的夙願造成的競爭通常多於團結。未來八九不離十，任何一方仍將向另一方尋求必要的協助，也將一直找對方麻煩，在豐沛的友誼表現與傳統的惡言相向間擺盪。

第十三章　尋求定位的失落帝國

悲劇的一切原因，在於我們與戴高樂幾乎事事意見一致。我們喜歡戴高樂所喜歡的政治歐洲〔國家聯盟（union des patries）〕。我們反聯邦，他也是。我們在本國的經濟規劃上態度務實，他也是……但他的自負、他與生俱來對英格蘭的恨意……最嚴重的是他對法國的強烈「虛榮心」，非要讓她作主——讓我們一半歡迎他，一半討厭他，一種奇怪的「愛恨」情節。

——英國首相哈羅德・麥克米倫（Harold Macmillan），一九六一年十一月二十九日[1]

我們世世代代最大的敵人不是德國，而是英格蘭。從百年戰爭到法紹達，她很少不跟我們作對……。她想阻止我們成就共同市場。的確，她在兩次大戰期間是我們的盟友，但她天生見不得我們好。

——夏爾・戴高樂，一九六二年六月二十七日[2]

邱吉爾與戴高樂分別在一九四五年七月與一九四六年六月下野，顯示他們的選民希望盡快收割和平的果實。但兩國繼任的政府卻遠不願縮減目標。它們渴望為夥伴關係賦予新動力、加以深化，好讓它們能一同領導，捍衛歐洲，應付可能的蘇聯入侵、美國撤出或美國霸權。我們將會瞭解，兩國在對德國、美國與阿拉伯世界關係的明確差異，讓它們的夥伴關係瓦解。關係的瓦解則讓兩國在歐洲以外勢力大減，也開啟一段試圖以各自面目形塑歐洲的對抗，而且至今仍在延續。

歐洲願景：一九四五年至五五年

按照法國人的主張行事——亦即先提出承諾，接著期待細節會自己辦妥——很可能會導致極大的失望。

——英國外交部公文，一九五〇年[3]

英國人一般相信自己的國家不知怎地，錯失了戰後的大好機會：國家領導人追逐過時的帝國榮耀，或是與美國建立特殊關係的幻覺，拒絕帶領歐洲，從而錯失了對「歐洲建構」形成時期的掌控。用東尼·布萊爾（Tony Blair）[1]的話來說：「在那個還有脫水蛋粉與海外帝國、幾乎遙不可及的年代裡，英國政界仔細打量歐洲，結果卻緊抓著無關緊要的假設和為人遺忘的陳腐口號……沒有通過考試。」[4]抱持這種看法的人當中，有人相信歐洲必然會穩定走向統一，因此目標應該是領導這個過程；其他人則認為應該將之導向不同方向。但這都只是想像。英國的政策制定者既不盲目，對於正在發生的事情也不是漠不關心。英國確實有成為歐洲領袖的宏大目標。但史家艾倫．米爾沃德（Alan Milward）話說得直接：「歐洲可沒求人領導。」那種認為英國能夠掌舵的看法「充斥著民族主義的設想」，就和認為英國是世界霸主時，用來支持的論點「一樣自命不凡，甚至更不理智」。[5]

一九四五年至一九五〇年，性格豪爽的工運老將厄尼斯特．貝文擔任工黨外相。他想建立一個「泰西聯盟」（Western Union），以法國與英國的夥伴關係為中心，將荷比盧三國、斯堪地那維亞與民主德國拉進來，再跟英國、法國、比利時的非洲殖民地和獨立的大英國協國家相連結。他相信，此舉創造出的共同體，在經濟與軍事上的行動將能與美國平起平坐，並足以對抗蘇聯威脅。貝文希望得到美國的保護以抵抗紅軍，但這只是為了「爭取時間」，直到「西歐國家同時獨立於美國與蘇聯」。他希望在四、五年內，讓美國人「對我們百依百順」。[6]法國政治人物（尤其是社會主義者萊昂．布魯姆，他從德國集中營挺過來了）大致上接受這種觀點，也願意跟隨英國的領導。布魯姆協商出第一步——法國與英國簽訂《敦克爾克條約》（Treaty of Dunkirk, 1947），他跟貝文選擇這個地點，以顯示舊盟約重生。下野的戴高樂對此表示反對。《布魯塞爾條約》（Treaty of Brussels, 1948）納入荷比盧三國，承諾在經濟

1【譯註】東尼．布萊爾（Tony Blair, 1953-），英國工黨政治家，一九九七年至二〇〇七年間擔任英國首相。

事務上「和諧一致」，並採取共同的社會與文化政策。英法對於一個自信、外向歐洲的領導地位，似乎已水到渠成。貝文期待共同市場與共同貨幣，相信「我們已創造英格蘭與法蘭西的聯盟」。[7]但逆流卻沛然莫之能禦。

英吉利海峽兩岸的經濟利益有所分歧。自十八世紀以降，兩國經濟漸形互補：法國購買英國煤礦與機械，英國購買法國農產品和奢侈品。英國向來是法國最大的出口市場。但華爾街崩盤、一九三〇年代的恐慌保護主義與接下來的戰爭，讓兩國的交換減少，甚至停止。和平並未讓舊有關係恢復。事實證明兩國經濟無法協調，畢竟工黨奉行樽節政策，以控制通膨為目標，與法國出口導向的現代化政策相悖。兩起如今已為人遺忘的事件，點出了雙方分道揚鑣的事實。一九四七年的寒冬中，暴風雪癱瘓了交通與工業，經濟危機帶來威脅，巴爾幹與巴勒斯坦也爆發問題，歐洲缺少煤炭，而煤炭供應了百分之八十的基礎能源需求。英國因此暫停將煤炭輸往法國，造成嚴重的經濟亂象。這「幾乎與一九四〇年的心理崩潰一樣嚴重」。[8]時局將歐陸煤礦供應推向整合的第一步，英國的煤礦被德國煤取代。兩年後的一九四九年，英國未預警法國便讓英鎊貶值，重創法國出口業。德國取代英國的地位，成為法國主要貿易夥伴。此外，英國購買的商品仍以傳統商品（時尚商品、紅酒、烈酒）為大宗，德方採購品項（汽車、化學材料、電器產品）則有助於迅速現代化，而法國早已在過程中產生轉變。

一種深遠的政治歧見也開始浮現——羅貝爾．法蘭克稱之為「法國人對德國人的執念，以及英國人對美國人的執念」。[9]對法國人來說，德國縱使在經濟上不可或缺，卻始終是潛在的敵人與威脅——

這種根深柢固的信念，是以八十年內的三次戰爭與三次入侵為基礎的。他們拒絕接受德國有可能成為盟友的跡象。一九四五年，戴高樂曾要求魯爾區與萊茵蘭從德國脫離（一九一八年的回聲），同時控制萊茵蘭的煤礦，好讓法國取代德國，成為歐洲最主要的鋼鐵生產國，藉此限制德國未來重新武裝。但英國人與美國人認為俄羅斯是更大的威脅。他們決定維持德國的西部國界線，恢復其經濟，成為帶領歐洲復原的火車頭。兩國傾向認為，新成立的民主西德假以時日將成為盟友的一員。他們承諾保障法國的安全，但法方想起一九二〇年代的往事，認為盎格魯薩克遜人的保證並不足夠：美國有可能再度從歐洲抽手，一旦如此，英國也會跟進。法國人得找另一種控制德國的方法，而這一直是其歐洲政策的出發點。

蘇聯占領捷克斯洛伐克、施壓斯堪地那維亞與德國，引發的危機導致一九四八年至四九年間的柏林封鎖與空中走廊。英國與法國軍事高層會面，制定應變計畫以防蘇聯入侵，這時雙方只能就是否應立即撤退至敦克爾克，或是長距離撤退到庇里牛斯山。[10]貝文建立獨立歐洲的想法前途渺茫。倫敦與巴黎皆斷定，美國的保護在可預見的未來是不可或缺的。貝文漸漸不認為英國的角色是法國的夥伴，而是歐洲與美國之間的「樞紐」或橋樑。《北大西洋公約》（North Atlantic Treaty，法國是主要倡議國）在一九四九年四月簽訂，一開始僅為期十年。但條約中有一項條款，讓德國得以在適當時間加入。法國人雖然憂心忡忡，但仍被迫接受「盎格魯薩克遜人」的歐洲安保觀點。

法人對於德國軍事復興、盎格魯薩克遜人可能的遺棄始終感到恐懼，這加深了他們收緊對德控制的渴望。自從阿里斯蒂德・白里安努力在一九二〇年代達成和解以降，超國家層次的歐洲控制便成為人們熟知的概念，此時同樣也為法國人提供了解答。也就是說，法國人的恐懼（事後看來並沒有根據）對歐洲整合有決定性的影響。一九二〇年代起，便有許多力陳歐洲統一的呼聲——心地高潔者有之，怪人有之，精打細算者亦有之。法國哲學家朱利安・班達（Julien Benda）在一九三三年寫道：「歐洲不會是區區經濟活動甚或是經濟轉變的結果，唯有接受一套道德與美學價值體系，歐洲才能真正存在。」[11]英國也有態度積極的聯邦論者，若干先驅（乍看之下頗令人意外）也是頗有遠見的帝國主義者。作家G・K・切斯特頓、T・S・艾略特與克里夫・斯特普斯・路易斯（Clive Staples Lewis）等基督教反現代主義者，呼籲建立「一個由類似威塞克斯（Wessex）與皮卡第的單位所組成的超民族國家」。[12]即便在比較低的層級，也有鋼鐵業同業聯盟與推行關稅同盟的行動。戰爭為這類構想提供強大的推動力，同時影響右派與左派。對某些人而言，納粹擁護「歐洲」主題之舉非但沒有使之蒙塵，反而進一步證明獨立國家的年代已經結束。就費邊社（Fabian Society）主席G・D・H・科爾看來：「一堆意志不堅、半調子的社會民主黨員……還相信他們各自陳舊的民族國家是『獨立的』。與其被他們統治，還不如給史達林統治。」[13]人們在一九二九年與一九四五年共同經歷的災難，創造出一股克服過往敵意、從頭再來的渴望。對於一九三〇年代經濟蕭條的記憶及戰時經濟管制的經驗，讓戰後歲月成為中央集權與計畫經濟的高峰期。不光「白廳要人」，連巴黎、波昂、莫斯科與盧森堡要人彷彿都知道該怎麼做。冷戰與去殖民似乎將會創造出貿易障礙、地區性聯邦與超國家組織。一流的工黨知識分子哈羅德・拉斯基（Harold Laski）在一九四四年預測：「民族國家時代……就經濟上而言已經結束，現在是大洲當道：美國、俄羅斯，接著是中國與印度，最後則是非洲……這場戰爭的真正教訓是，我們應該讓全歐陸結為同盟，不然就等著窒息。」

多數的願景後來都消失了，像是泛非主義（pan-Africanism）、泛阿拉伯主義（pan-Arabism）、歐洲防禦共同體（European Defence Community，一九五〇年代的規劃，由一個歐洲準政府控制歐洲的武裝力量）與歐洲政治共同體（European Political Community, 1952），其他則留了下來。對於留下來的組織來說，理念的影響力遠遠不及外交與經濟上的必要性。但歐洲整合的理想面，確實是讓通常相當齷齪的協商有了一點光彩，也讓歐洲煤鋼共同體（European Coal and Steel Community）這類很難鼓舞人心的枯燥經濟組織得到一批熱情支持者。相關組織打造自己的起源神話，憑藉後見之明，將過去出於實際、而且相當雜亂無章的初步措施，詮釋為朝統合前進的註定發展。這種信念主要的重要性，在於方便擴大成員總數，而在難以重現的一九五〇年代環境中所成立的各個組織，也必然因此徹底轉變。[14]

在英國與法國內部，民間與政界都有人抵制聯邦主義。兩國皆擁有強大的代議政府傳統，不久前還在捍衛國家獨立；兩國也都保有帝國或國協的聯繫，對外人干預也有直覺的懷疑。更有甚者，對英國來說，整合有悖於其龐大的經濟利益。倫敦因此堅持推動公開的跨政府組織，例如歐洲經濟合作組織（Organization for European Economic Cooperation）、歐洲理事會（Council of Europe）與西歐聯盟（Western European Union），避免超國家或聯邦機構。但法國人對於置身於潮流外比較沒信心。巴黎方面擺盪於與英國的緊密同盟，以及歐陸夥伴國更加整合性的戰略之間。古老的恐懼成了決定因素。一定程度的整合，將能防止法國被別國拋棄（就像一九二〇年代），得以獨力控制德國，而且或許能誘使德國放棄其主權中的關鍵部分。若干政治人物與官員（特別是出於區域主義、天主教與工會背景者）渴望建立超國家的非政治實體。尚．莫內則相信唯有強大而無須負責的行政機構，才能採取迅速而決定性的行動。舒曼計畫〔（Schuman Plan），由莫內起草，再由法國外交部長羅貝爾．舒曼（Robert Schuman）於一九五〇推動〕為中立的專家提供「最高權力」，以控制德國、法國與荷比盧的煤礦和鋼鐵業。此外，計畫還加上一個部長會議，一個法院與一個代表大會，以提供若干適法性與理想性——「幻覺與夢想」，一位法國部長這麼對貝文說。這項措施雖然沒有貝文的世界主宰願景那麼恢弘，但仍然需要「艱難甚至殘酷」的協商。美方施加強大的壓力，以促成結果。所有參與的政府中，美國是目前為止對超國家機制最熱切的一個。因為，有些事情似乎重要到不能受制於不穩固的歐洲民主國家，在這些事情上，美國需要一個可以合作的有效經濟與冷戰夥伴。[15]歐洲人雖然少了幾分熱情，但也看得到吸引力：「對法國人來說是面方便旗（flag of convenience）[2]；對義大利人來說，這正投羅馬政府所好；對德國人來說，是條求之不得的活路；對荷比盧國家來說，則是個比受到強大鄰國宰制更好的選擇。」[16]對政治人物來說，超國家權責單位成了一種把不受歡迎的決策（關閉煤礦）和昂貴的負擔（農業補助）推給別人的方法。《巴黎條約》（Treaty of Paris，一九五一年四月）簽訂後，歐洲煤鋼共同體隨之成立，內容並明確承諾最終將走向政治統合。

艾德禮的工黨政府並未加入。人們經常認為英國沒有從一開始就參與歐洲整合，此舉不僅是一次歷史性的挫敗，也是英國外交與國內政局超過半世紀以上為不斷因「歐洲」而兩難的起源。此外，法國也因此得以在歐洲內部取得政治領導地位，並保持至少四十年，堪稱貫徹決心後一次前所未有的勝利。為了踏出勇敢的一步，舒曼與莫內在美方的支持下行動。貝文告訴美國國務卿迪恩．艾奇遜（Dean Acheson），表示英國不會為了在歐洲承擔「責任」，結果限制在其他地方的利益。五天後，艾奇遜便敦促舒曼為了法國，接下「歐洲領導權，解決這些問題」。[17]貝文非常生氣，認為這就像法國與美國共謀。英國人對超國家機構充滿疑慮，據說貝文稱之為「塞滿特洛伊木馬的潘朵拉盒子」。工黨的全面國有化政策（尤其是煤與鋼）意味著政府與工會不願意將不久前獲得的控制，交給盧森堡某個不用對他們負責的單位。內政大臣赫伯特．莫里森（Herbert Morrison）知名的聲明——「杜蘭的礦工絕不容許」就是這個意思。[18]

英國處境確實艱難。自一九三〇年代以來，英國貿易已經轉移到歐洲之外，來到美國、海外帝國領土與國協國家（尤其是後兩者），並以英鎊支付和關稅特惠幫助貿易發展。英國進口便宜的食物，出口工業製品。到了一九五〇年，歐洲（雖然市場已重新恢復）只占英國出口量的百分之十，國協與殖民地卻超過百分之五十。澳洲在經濟上對英國的重要性，等於「六國」（the Six，煤鋼共同體成員[3]）

2【譯註】指船東因躲避規範或降低成本之故，將自家船隻登記為他國國籍的做法。
3【譯註】指法國、西德、義大利、比利時、荷蘭、盧森堡等六國。

的總和，紐西蘭也比德國重要。這顯然不正常——歐陸市場距離近、規模大，如果市場更為自由，自然會吸引貿易，國協國家的貿易也會多樣化。假如歐洲出現貿易壁壘，英國長期下來必然受到傷害，但英國也無法承受失去對國協的貿易。此外，當時的歐洲似乎太容易受到蘇聯入侵與共黨滲透，因此不適合作為英國經濟支柱的考慮選項。這種疑慮並非英國獨有的現象：比利時外交部長（也是未來的「歐盟之父」）保羅．亨利．斯巴克（Paul-Henri Spaak）認真考慮過比利時與荷蘭是否應申請加入大英國協的問題。[19]開放的「單一世界」貿易體系向來是英國人的雄心壯志。最糟的結果，就是英國孤立於保護主義的歐洲和關注國內的美國之間。除了會釀成經濟災難之外，孤立還會損及英國的影響力與威望，而這對白廳向來關鍵：英國恐怕會全盤皆輸，在歐洲毫無力量，在國協中聲勢大減，對華盛頓無足輕重。

一九五〇年代中葉，法國與英國走在類似的道路上。兩國都希望採取獨立的軍事方針，都有世界性的利益，也都希望維持帝國的角色。在歐洲事務上，兩國都反對聯邦制。一九五五年，荷蘭與比利時堅決要求成立委員會，由斯巴克主持，研究歐洲整合的進一步措施。此時兩國也都抱持懷疑。在斯巴克的會議上，法國代表向他的英國同僚保證，法國只會在一種情況下接受進一步的整合：「亦即聯合王國同樣參與其中，或是以某種方式密切相連……倘若聯合王國似乎不表贊成……法國也不會跟進。」駐巴黎使館相信法國國會抱持類似的立場。因此，英國代表從委員會中離席，更如一位外交部官員所說，深信「法國一抽手，便能阻止六國高速往前衝」。[20]也就是說，英國的策略——與歐洲在經濟上「打交道」，同時維持全球聯繫的做法——有賴法國的支持。接下來一場場的帝國危機，似乎讓這樣的支持比以往更形穩固。

帝國潰敗：一九五六年

戰爭讓英國與法國有期待維持帝國角色的新理由。兩國都想壯大自己的聲勢，都需要殖民地貿易與資源，也皆以對抗共產主義為目標。因此，兩國願意保持若干程度的合作，只是不時認為對方的存在令人惱火。但兩國的策略並不相同。海外帝國領土向來是自由法國的支柱。戴高樂在一九四三年曾立阿爾及爾為自由法國首都，殖民地部隊曾協助解放巴黎，法國受損的名聲也讓維持帝國勢力成為感受深刻的重責大任。相形之下，英國很清楚帝國防務帶來的戰略與金融負擔。兩國也有長期存在的意識形態差異。根據共和傳統，法國帝國主義是種解放，解放未開化的民族，宛若一七八九年的大革命解放法國農民一般。這就需要未開化的民族接受法國價值與文化。放棄這項「教化使命」，不但是法國這個國家的失敗，也是法國進步理念的挫敗。他們減輕不滿的方式不是去殖民化，而是更新帝國的結構。一九四四年，戴高樂召開布拉薩維爾會議（Brazzaville Conference），會中宣布：「教化使命的目標……不包括任何自治的想法，也不考慮在法蘭西帝國以外發展的任何可能性。」獨立的要求遭譴責為反動。英國帝國主義就連在最熱切傳道的時候，也從不曾如此野心勃勃。英國的帝國主義志在現代化、維持和平、確保通訊與貿易，並且在必要時吸收合作的當地統治者。但英國人很少試圖取代當地文化，或是併吞領土、人民為大不列顛所有，也不曾認真試圖阻止移墾殖民地自治。因此，一般人也接受帝國若自然發展到最後，就是一個關係自由的國協。若以比較犬儒的角度看，一旦帝國變得無利可圖、不受歡迎或不可能維持時，這種國協理念等於提供一種放棄帝國的體面方法。地理與現實因素當然也很重要。印度版圖之大，就連最頑強的帝國主義者都知道無法以武力維繫；但印度支那的情況就沒有那麼明顯。由於距離近的關係，把阿爾及利亞想像成法國的一部分，確實比肯亞之於英國更容易。總之，英國願意接受逐步的去殖民化過程（工黨政府執政對此也有很大的影響）；而法國即便是在社會主義政府執政下，都不願接受。

倫敦與巴黎在解放後的第一起爭執，再度是因敘利亞與黎巴嫩而起，而歐洲與亞洲的戰事在當時仍然猛烈。法國宣稱自己對當地有特別的權利，戴高樂指控英國人以肆無忌憚的做法，試圖將法國人擠出這個地區。這起就敘利亞勒凡特的衝突，對於未來發生的事是個不祥的徵兆。法國決心重獲對印度支那與北非的權力，但這跟地方上民族主義者的期待相衝突，他們認為一九四〇年之敗，就是法國統治告終的開始。阿爾及利亞第一次爆發大規模暴動，就發生在一九四五年五月八日的歐戰勝利日（VE Day）紀念活動中，這並非巧合。儘管英國人在一九四四年至四五年幫助法蘭西帝國重新立足（例如用船把法軍載往敘利亞與印度支那），但他們對於印度支那與阿爾及利亞情勢演變的全面殖民戰爭愈來愈反對。法國人決心在印度支那繼續作戰下去（日漸得到美方支持），而非協商出一套解決方案。在倫敦看來，此舉不僅無望，而且會讓整個地區動盪不安，尤其是經濟地位重要的馬來亞——英國人成功挫敗當地的共黨起事，而獨立的承諾對此也有功勞。印度支那的最終災難（一如英國人預期），發生在一九五四年五月——大批法軍在奠邊府陣亡或遭俘。奠邊府一役帶來了協商，英國首相安東尼・艾登擔任中間人，七月時在日內瓦達成協議。阿爾及利亞又是另一回事。法國人眼中的阿爾及利亞，相當於把印度、愛爾蘭、澳洲與南羅德西亞（Southern Rhodesia）對英國人的重要性加總起來：阿爾及利亞是他們的帝國冠冕，是國內激烈爭執的原因，是他們最大的一塊殖民地，也是一群犯上移民的家園。更有甚者，阿爾及利亞為法國提供石油、天然氣，以及核試爆空間。

自一九五五年以降，阿爾及利亞叛亂變得益發激烈，波及範圍日廣。這起事件也嚴重影響了法國與英國關係。英國人認為法國人太過固執己見。英國人正試圖透過支持依附國家，以維持阿拉伯世界和平——法國人對此氣憤批評——而法國人的行動正傷害西方國家（尤其是英國）與阿拉伯世界的關係。艾登雖然親法，卻仍憤怒宣稱法國人是「我們在中東的敵人」，尤其是因為法國支持以色列——英國人認為此舉帶來不穩，恐怕還會讓英國為了保護其附庸約旦，而捲入一場與以色列的戰爭。英國拒絕供應直升機給法國於阿爾及利亞使用，也不允許反叛亂專家傑拉德・坦普勒（Gerald Templer）將軍根據馬來亞經驗提供建議。不過，阿爾及利亞對法國與英國關係最主要的衝擊，在於間接引發了一場最戲劇性、發生在兩大帝國暮年的事件：蘇伊士運河危機。

深受民眾愛戴的埃及獨裁者——陸軍上校賈邁勒．阿卜杜勒．納瑟（Gamal Abdel-Nasser），讓法國與英國暫時擱置彼此的歧見。他志在摧毀西方（主要指的是英國）在中東的勢力。他也支持阿爾及利亞抵抗法國，為之提供武器（有些是英國製）、訓練與政治支援。一九五六年七月，他下令將蘇伊士運河收歸國有，而這條運河原本是由一間國際公司營運，股權多半掌握在英國與法國手中。除了實際影響之外，此舉對於倫敦與巴黎也是挑戰，是刻意針對兩國，打擊它們在阿拉伯世界的聲望。因此，法國與英國有了共同敵人。

兩國的首相——保守黨的安東尼．艾登與社會主義者居伊．摩勒（Guy Mollet），兩人都是百年來首度願意、同時能流利使用彼此語言的領導人，而且都希望強化彼此的同盟關係。摩勒原本是英語老師，出身於傳統上親英的新教徒背景。艾登則是徹頭徹尾、至死不渝的親法派。他熱愛法語文學，蒐藏的畫作包括尚．巴蒂斯．卡密爾．柯洛（Jean-Baptiste-Camille Corot）、莫內、竇加、保羅．塞尚（Paul Cézanne）與喬治．布拉克（Georges Braque）的作品。二戰期間，他也曾為戴高樂向美方與邱吉爾辯護。對於法國在戰後獲得的認可——包括聯合國安理會永久席次——他的貢獻遠比其他任何人都多。[21]艾登欣賞他的法國同僚，其中好幾個都有抵抗運動背景。對於摩勒，他說「我從未在其他任何人處，得到比他更完整而忠誠的理解。」[22]偏偏這也會增加風險：海峽兩岸一貫對彼此的疑慮，恐怕也會讓人更加審慎。

歷史的號角在兩國首都吹響，兩國政府都想像自己正面對另一次慕尼黑，納瑟扮演希特勒——這是「慕尼黑」第一次成為現成修辭。雖然情況確實相當危急，但雙方還是過於誇大了。法方相信阿爾及利亞叛亂與緊接而來的印度支那之敗，會威脅法國的自尊、地位與國內穩定，但若不是納瑟的幫忙與鼓動，他們是可以擊敗叛亂的。他們反過來跟美國人打包票，表示若不阻止叛亂，整個非洲都會拱手讓給共產主義。[23]英國人相信自己在中東的霸權面臨存亡關頭，以英鎊支付的便宜原油供應也隨之受到威脅。白廳估計，如果用美元購買石油，其經濟體每年將額外支付五至七億美元，這將導致經濟瓦解。英國的黃金儲備將會消失，英鎊區會解體，英國人將無法支應軍隊開銷——「一個國家要是不能提供國防所需，就會亡國」。[24]

一九五六年九月十日，摩勒前往倫敦，重提一九四〇年時建立法、英聯盟的想法，且法國（或許還有比利時、荷蘭與挪威）會跟著加入大英國協貿易體系。雖然白廳大加反對，但艾登仍然熱情回應。別的歐洲國家從來不曾兩度考慮自願締結政治聯盟。此舉顯示法國左派多麼渴望與英國維持特殊關係。記得這種做法的人不多，至多認為結盟感覺就是古怪。不過，假使蘇伊士危機以不同方式落幕，或許兩國在歐洲歷史轉捩點上至少會締結象徵性的連結。法國與英國將必然對共同市場協商採取一樣的立場，進而在幾個月後的《羅馬條約》（Treaty of Rome）中化為現實。簡言之，英國與歐陸在接下來半世紀中的關係，是在塞納河畔——以及尼羅河畔決定的。

當白廳上下為埃及乾著急時，奧塞碼頭[4]想出了一項大膽的計畫：以一次入侵行動除掉納瑟。他

4【譯註】奧塞碼頭（Quai d'Orsay），位於巴黎第七區、塞納河左岸的一段堤岸，是法國外交部的所在地與代名詞。

們提議將自己的武裝部隊交由英國人指揮。此舉並非表示對英國人帶兵更有信心——完全不是，只是一種把他們跟聯合行動綁在一起的手段。但英國人有個問題（只是法國人對此顯然沒有困擾）：納瑟有合法的權利將運河收歸國有。王室司法官員（Law Officers）表示：「我們處在極壞的境地。」[25]幸好大法官（Lord Chancellor）想出辦法繞過聯合國憲章。但風險依舊存在，納瑟可能會提出讓步。對此，法方還是有答案：他們的以色列朋友會進攻埃及，法國與英國遠征軍便能介入，把雙方隔開，並保護運河——再找某個更聽話的人取代納瑟。緊張兮兮的艾登派了兩名官員，到巴黎郊外一間私人房子裡和法國人、以色列人祕密會面。等到他們帶著一紙書面協議歸國時，艾登大為崩潰——他不希望有任何白紙黑字的東西。武裝干涉部隊集結之慢教人咋舌。指揮官是個紐西蘭人，他擔心法國人「暗中做了很多事」幫助以色列人。艾登警告摩勒，類似的舉動將「有損於……我們作為調停人的角色」[26]——法方絕對會認為這話是絕佳的英格蘭偽君子實例。在這些明顯的暗盤過程中，美方一再警告不要動武。但艾登認為，只要事實既成，美國人就會默許。

一九五六年十月，以色列部隊越過邊界。埃及空軍尚未升空便全軍覆滅。十一月五日，聯軍抵達塞德港（Port Said）。俄羅斯出言威脅，但兩國並未嚴肅看待這個問題——強大的美元正在造成另一個問題。人們賣掉英鎊，英格蘭銀行正流失其黃金與美元儲備，而儲備量太少，無法應付這個情況。一九五六年十月時，美元與黃金儲備共有二十二點四億美元。央行認為至少要有二十億美元才保險，等於只有兩億四千四百萬的緩衝，但光是蘇伊士行動前兩天就損失五千萬美元。簡單的加減乘除就能看出英鎊的危機——可能的貨幣擠兌、英鎊區的崩潰、英國斷送商業地位——幾天內就會發生，除非美方以美元提供貸款。人人都以為美國會像過去一樣借錢。但美國總統德懷特・艾森豪（Dwight Eisenhower）對於遭到忽視與欺瞞極為震怒，表示「他看不出一個不值得信賴的盟友有多少價值，支持他們的必要性恐怕沒有他們以為的那麼大」。[27]為了維持、增加英鎊的使用性，英格蘭銀行已經在不久前的一九五五年二月，讓部分的英鎊可以與美元互兌。正是這個舉動，讓英國無法承受美方壓力，而法國卻能無視之——法國貨幣不能跟美元互兌。財政大臣哈羅德・麥克米倫告知內閣，英國面臨立即性的英鎊危機。華盛頓的借款條件是立即停火，並迅速撤回英法聯軍。一位駐華盛頓的英國外交官寫道：「他們似乎打定主意，把我們當成得受點教訓的壞小子，這樣才會知道沒有先得到保姆允許之前不可以自己出去玩。」[28]艾登在十一月六日下午四點致電摩勒。摩勒的外長克里斯蒂安・皮諾（Christian Pineau）與西德總理康拉德・艾德諾（Konrad Adenauer）碰巧也在房間裡。艾登告訴他們，英國擔心英鎊面臨擠兌，而且艾森豪堅持在十二小時內停火。摩勒勸他以撐待變，部隊則繼續推進。艾登回他說已經太遲了，他已經在沒有與法方商討的情況下同意美方要求。皮諾「猜想摩勒的感受……對於一個熱情擁護法、英結盟的人來說，在這種處境下被人拋棄可是重重一擊」。[29]艾德諾建議，接受失敗才是明智之舉，他並補了一句：「歐洲，將為你復仇的。」

蘇伊士事件在英國、在法國，以及在兩國相互的關係上掀起漣漪。英國的世界觀是以與美國的夥伴關係、國協的領導地位、英鎊的國際角色、中東地區的霸權，以及與法國的相互理解（從而影響歐

「沒有汽油了」的告示：蘇伊士運河危機導致法國與英國同時出現用油短缺。

洲）為基礎，環環相扣。這件事情讓他們的世界觀面臨全面瓦解的危機，偏偏美國持否定態度，國協意見分歧且無能為力，英鎊則是致命傷；中東霸權崩解，埃及表示敵意，伊拉克發生民族主義革命，區域不穩日益嚴重。事實證明，英國與法國的盟友關係實力不足。更有甚者，英國政治圈（包括執政的保守黨）因為蘇伊士而分裂：艾登的繼任者哈羅德．麥克米倫旋即讓世人明白，政界沒有不計代價維持世界角色的意思。當時的政治氣候是迅速去殖民化，並放棄以世界大國自居的做法。國協關係是重建了，但意義已然生變：政治人物再也不認為國協國家是獲得權力的工具；事實上，某些人更視之為疲弱的源頭。

蘇伊士事件對法國影響遠比對英國更大：經歷此事之後，法國「再也不同了」。[30]法國與英國一樣面臨自身實力的極限。艾森豪讓英國乖乖聽話，區區一通艾登打來的電話對法國也有一樣的效果。懦弱的阿爾比翁再次讓法蘭西失望了。法國失去中東地區僅剩的據點，包括一百五十年間在埃及設立、曾經在老埃及統治階級與法國之間建立文化親和力的文化機構。不過，相較於英國人的悔不當初，法國人對於這次恥辱的反應卻是絕不原諒、絕不放棄。蘇伊士事件後一個月，法國政府便下訂鈽原料，供核武計畫使用。當局決心不計代價贏得阿爾及利亞戰爭。摩勒決定派遣徵召兵員到北非，最後有四十萬法軍在阿爾及利亞服役。軍隊再也不願意讓政治人物像印度支那與蘇伊士時接受挫敗，於是採取無情的措施。最終的結果卻是一場兵變，讓戴高樂成為拯救阿爾及利亞、阻止內戰的人，繼而在一九五八年五月重新執政。但戴高樂和艾登的繼任者麥克米倫有志一同，認為再也不值得為帝國主義付出，接著在一九六二年撤出阿爾及利亞。他將心力轉而投注在改造法國，以及扭轉法國與歐洲、與世界的關係。

蘇伊士危機讓英國人與法國人有必要重新評估與彼此、與美國以及歐洲的關係。倫敦與華盛頓急著想修復關係。英國人的反美情緒雖然一度高漲，但西敏宮瞭解是艾登無謀，美方可說是對的。一九五七年的英國國防報告論定：「若要在地中海或遠東地區打一場規模有限的戰爭，聯合王國只能在與美國合作的情況下行動。」[31] 法國人覺得自己被排除在重修舊好的範圍外，對盎格魯薩克遜人自己一國的反感自然更加穩固。一位英國外交部官員說（幸好不是對法國人說），英國跟法國的盟友關係就像是失意的追求者上窯子：「美國是他愛的女人，法國則是妓院。」[32] 對英國人而言，蘇伊士證明美國**才是**其國家安全、力量與利益的靠山。對法國人來說，蘇伊士證明美國**絕不是**那座靠山。這自然導致兩國對「歐洲」的不同詮釋。

英國與法國都需要歐洲，作為兩國萎縮的全球力量的經濟與政治後盾。英國想要一個大致以歐洲為重心的自由貿易體系。摩勒接受了艾德諾的提議——讓歐洲「復仇」，在蘇伊士事件後幾週便解決法國與德國的分歧，如今也接受更超國家的架構。《羅馬條約》因此在一九五七年三月簽訂，歐洲經濟共同體（European Economic Community, EEC）隨之成立，承諾「比以往更緊密地結合」。法國可望領導之，以平撫蘇伊士之恥。蘇伊士的慘敗因此造成「兩個古老的民族國家〔走上〕各自不同的道路……此後再無英法同盟。法國惴惴不安，在沒有英國作陪的情況下走向共同市場」。[33]

歐洲的復仇：一九五八年至七九年

我要她一絲不掛。

——夏爾・戴高樂[34]

他嘴裡說歐洲，心裡想法國。

——哈羅德・麥克米倫，一九六一年十一月[35]

人們常說，經過蘇伊士的震撼教育，英國與法國都面臨選擇，看是在整合中的歐洲扮演某個聲勢稍減但有存在感的角色，或是徒然嘗試緊抓著權力消失後的吉光片羽不放。看到這兩種選項的人，必然會認為法國選了條康莊大道。不過，這種分析會讓人誤會，彷彿暗示「歐洲政策」對法國來說意味著告老還鄉，有如過去的德國與義大利。對法國來說，「歐洲」並非全球角色的替代品，而是扮演全球角色的手段；「歐洲」並非分享主權的手段，而是強化權力的方法。巴黎因此加速其核武計畫，操作歐洲市場與資金以鞏固法國對非洲的新殖民影響力（讓人想起厄尼斯特・貝文此前的夢想），並且放大自己在全球事務中的音量。英國也認為投入歐洲不是退隱，而是維持對華盛頓與大英國協國家影響力的必要之舉。這種非常類似的目標，讓競爭難以避免。麥克米倫就認為戴高樂只是想在山中稱大王。

蘇伊士事件後，法國與英國的關係在數年間徹底發生轉變：法國占了上風——這是一八六〇年代、甚至是一八一二年以來的第一次。這樣的情況持續超過三十年。蘇伊士事件前，法國政府鮮少考慮在沒有英國支持下，於歐洲內外採取重要行動，而英國人也認為理所當然。隨著戴高樂回歸，透過政治自信心與相對優秀的經濟表現兩相結合，情勢無疑有了改變。這也貼近政治圈、媒體界與輿論對於兩國走向的一般看法。法國在一場危機中結束一九五〇年代，深陷阿爾及利亞戰爭的暴行、軍隊譁變與移民起義之中，國家面臨土崩瓦解的危機，情況簡直不能更糟。戴高樂憑藉一場體面的政變，在十二年的政治放逐後重掌大權。他鎮住軍隊，準備撤離阿爾及利亞。此舉使他成為擁護「法屬阿爾及利亞」狂熱分子的暗殺目標，但他挺了過來，為這個國家帶來穩定、甚至相當滿不講理的政府。相形之下，英國似乎漸漸走向衰落，局勢迅速惡化，充滿政治醜聞、對統治者的刺耳挖苦、社會動盪，經濟與金融危機以一個世紀以來所未見的規模一再發生。雖然麥克米倫以「你從來沒那麼好過」為口號贏得一九五九年的大選，但英國旋即成為「歐洲病夫」。英格蘭病（*La maladie anglaise*）讓人搖頭，甚至有些幸災樂禍。或許人們都誇大了法國的強大與英國的衰弱，但悲觀的情緒確實盤據白廳與西敏宮一整個世代。中東影響力的瓦解、經濟加速衰退、社會與文化凝聚力明顯消失——一切彷彿失去控制，而英國的海外力量也由此開始削弱，導致社會中堅在恐慌下失去自信。

經濟表現是國內政治與國際勢力的基石。一九四五年之後的一代人見證了相當程度的經濟與社會變革在法國發生——人稱「光榮三十年」（Thirty Glorious Years），讓法國得以克服長期的國內政治衝突，從血腥、恥辱的殖民地戰爭中復原。法蘭西脫胎換骨，從一個稱得上古老、農業部門龐大、生育率衰退的脆弱經濟體轉為工業國家，到了一九六〇年代更是成為世界上技術力與生產力最優越的國家。卡拉維爾客機〔（Caravelle），用的雖然是勞斯萊斯（Rolls-Royce）的引擎〕、雷諾太子妃車款（Renault Dauphine）、幻象戰機（Mirage）、蒙帕納斯大樓（Tour Montparnasse）與核武都是新法國的象徵，強大而優雅。戰後嬰兒潮讓人口突然以一個世紀以上所未見的幅度增加。對於這些轉變，一般認為厥功甚偉的有睿智技術官僚尚・莫內的中央計畫委員會（Commissariat-Général du Plan）所做的國家計畫、逐漸整合的歐洲經濟體，以及從戰亂中起身的集體心態變化——拒絕舊習慣，全民都有改變的決心。戴高樂在國際上重新表現強勢的做法也得益於此。法國因此超前英國，不僅是財富方面，連可見的國際影響力亦然。反法情緒隨之遽增，但不情不願的讚賞也一樣多。英國畢竟並未經歷經濟的轉變。英國沒有相應的農業部門可以發展。但這或許也有文化與政治上的因素。據觀察，戰敗通常是一九五〇年代「經濟奇蹟」的必要條件，法國敗得夠徹底，得以與過去一刀兩斷。英國則為戰時的經濟、社會與軍事領域的成就自豪，渴望享受勝利的成果，沒有承受這種改變的壓力：舊產業、舊方法、舊市場與舊方法留了下來，甚至一度蓬勃發展。要等到一九五〇年代晚期，事情看來才不對勁，一九六〇年代晚期之後的情況更是嚴重。問題是，沒有人知道怎麼把情況導正——如果真的有方法的話。

英國政府做出努力，開始跟「六國」協商建立夥伴關係。保護性的歐陸體系將會減少對國協和北美的貿易，英國政府絕不會受此吸引。加入歐陸體系對經濟會有破壞性的影響，而且在政治上也絕對不可能。英國政府自一九四五年以來，便不斷提倡全世界減少貿易障礙，期待得以與歐陸貿易，又不會跟世界其餘各地斷絕關係。但《羅馬條約》卻有關稅壁壘、農業保護政策，以及經濟與通貨合一的目標，跟英國的目標相衝突，除非條約能夠修正或規避。英國的答案是建立自由貿易區。有了自由貿易區，六國便能透過新的共同市場追求經濟與政治整合，同時允許其他歐洲與國協國家與之貿易。這個點子不傻，而且有用，不僅對第三世界經濟發展饒有助益，對歐洲的長期成長也有好處。[36]最大的障礙在於農業——農業在各國皆得到補助、受到規範，也有強大的政治影響力。法國（以及義大利與丹麥）農民不願在歐洲市場與國協進口產品競爭。英國因此提議將農業排除在自由貿易體系外。可是，一旦排除，對其他歐陸農民就吸引力驟減：他們希望自由進入歐洲最大的進口國——英國的糧食市場。還有其他政治障礙。聯邦論者對自由貿易深惡痛絕，畢竟這會削弱聯邦的規範與保護功能，而這卻是政治整合的力量來源。儘管如此，自由貿易區的提案還是很有機會通過。此舉能帶來政治與經濟上的好處，尤其利於德國出口商，他們希望英國加入歐洲貿易體系。頗具影響力的德國財政部長暨「經濟奇蹟」推手路德維希・艾哈特（Ludwig Erhard），是自由貿易區的強力支持者。[37]英國人認為德國（特別是艾哈特）會有決定性的影響力。至於現實問題，似乎可以靠協商解決。麥克米倫是第一位拜會戴高樂的外國領導人。他在一九五八年六月試圖說服戴高樂，表示在面臨蘇聯威嚇時，英國的歐洲計畫不可或缺。

然而，戴高樂擔心英國人是打算奪取歐洲領導權。[38]自由貿易將會傷害法國農業。更有甚者，法國意欲對德國施加的經濟與政治影響力將因此鬆弛，但影響德國向來都是法國主要的政策目標。一九五八年十一月，協商——「無益的討論」（*vain tractations*）[39]——被擔心會通過的戴高樂驟然中斷。他曾三次動用否決權，這是第一次，也是殺傷力最大的一次。這證明法國因為蘇伊士危機而與英國脫鉤。德國總理艾德諾認為巴黎與波昂[5]的關係不可或缺，戴高樂則向他保證會跟著他的腳步，艾哈特的意見也被駁回。[40]巴黎這麼做需要膽量，畢竟此舉（以及所有戴高樂時代與後戴高樂時代的政策）的基礎並非對法國實力的信心，而是出於「弱勢，有時甚至是絕望」。[41]法國人認為自己的經濟、政治與軍事力量相對衰落，他們希望趁還有時間時出手止跌。戴高樂是個強硬的反聯邦論者，假如《羅馬條約》出爐時他已握有大權，恐怕他會拒絕簽署，但既然執政了，他就接受這紙條約。法國產業（尤其是農業）需要有特別待遇的歐洲市場，而非跟紐西蘭奶油或加拿大小麥同場自由較勁。戴高樂動用否決權的三年後，一九六二年的共同農業政策（Common Agricultural Policy, CAP）便確立了農業的特殊待遇。國際上，法國的第一要務是在整合（但非聯邦）的歐洲體系中與德國建立夥伴關係——自一九二〇年代、甚至是一八六〇年代年代以來，法國便想過各種類似的做法，這是其中一種。當時，戴高樂有能力以紆尊降貴，甚至是目中無人的態度對待波昂。但法國人曉得，若要將德國納入一面歐洲之網，自己時間相當有限。絕不允許英國用自由貿易區的提案劃破這張網——自由貿易區（*zone de libre-échange*）這個詞甚至成了髒話。

戴高樂出手否決，促使英國在一九五九年成立歐洲自由貿易聯盟（European Free Trade Association, EFTA），成員包括瑞典、丹麥、挪威、冰島、芬蘭、瑞士、奧地利、愛爾蘭與葡萄牙。ＥＦＴＡ運作有效、實惠而友好——不久前，有人提議以此模式建立一個去中心、非官僚的歐洲聯盟。若非共同農業政策與法國的決心，ＥＦＴＡ與歐洲經濟共同體說不定會以相當快的速度融合，形成更廣大的自由貿易區，類似目前歐洲經濟共同體與ＥＦＴＡ剩餘成員國中的瑞士、挪威與冰島組成的架構。[42]但這會偏離他們建立整合歐洲的目標——麥克米倫對美方意見非常審慎。美國人強力施壓倫敦申請加入ＥＦＴＡ太小，不足以為白廳提供念茲在茲的外交影響力。此外，華盛頓也不喜歡ＥＦＴＡ，認為《羅馬條約》，倫敦當局也從善如流。「真正吸引人的，」一位樂觀派的官員寫道：「在於隨完整成員資

5【譯註】西德首都。

格而來的控制、主導歐洲的可能性。」白廳仍然認為自己能讓「歐洲」遷就其保有的非歐政治與經濟連結，至少在一段漫長的轉型期中如此。「問題是，」外交大臣塞爾溫・羅易（Selwyn Lloyd）說：「如何在經濟上接受共同市場，同時將其政治影響導向其他渠道，以免傷害我們。」

英國當局的中心目標依然是利用共同市場的會員資格，加強英國對華盛頓與國協的影響力，擔任兩者與歐洲的「橋樑」。外交部認為若不如此，「我們頂多還能在某個由美國主導的聯盟中當個小國，情況最差的話，我們只會在兩大權力集團漸漸漂離彼此時被留在中間，萬念俱灰」。相較於主權，外交部更關心影響力，內閣如今也首次考慮起主權問題。有些人用「路易十四與拿破崙的鬼魂」表達自己的憂心。大法官指出，《羅馬條約》「交託出去的廣泛權力……將遠超過我國此前經歷過的程度」。但負責主導協商的使節愛德華・希斯（Edward Heath）表明，主權只有在特定的貿易政策上會受到影響。他說，條約裡沒有聯邦思想，而且無論如何，只要英國加入，聯邦論就會退去。「我們當然可以在國會或其他場合明確表達，我們無意同意加入某個聯邦。」[43]相關人士中，有人想阻止或減輕條約中對於進一步緊密聯盟的積極承諾，有人斥之為異國的奇特論調，有人則認為一旦英國加入其中便能阻止之，而希斯很合這些人的胃口。英國人有種根深柢固的傾向，會忽視協議實際所說，堅持用英國的常理推斷協議應該是什麼內容——法國人至少從拿破崙時代就開始抱怨這一點。希斯的話堪稱是絕佳範例。經濟史家艾倫・米爾沃德曾說過，英國內部彷彿有一種共識，就是接受某些根本沒人提議的東西，[44]尤其是戴高樂不提供的東西。一位挺有歷史思維的官員下了結論：「讓我們祈禱皮特一語中的：我們將憑藉自己的努力拯救英格蘭，憑藉我們的榜樣拯救歐洲。」[45]

戴高樂完全瞭解英國的立場，畢竟跟他自己的立場相當類似——利用歐洲作為國家力量的基座。藉由搞垮自由貿易區，他阻擋了英國一直以來結合「歐洲」與全球聯繫的遠大目標。戴高樂也懷疑，英國人希望在加入之前有長期準備的做法，是另一個想達到相同目標的詭計，將破壞原本完好的共同體。他經常想起邱吉爾宣稱英國終究會選擇「遼闊的大海」而非歐洲，因此想強迫英國做選擇：只有從歐洲**或**遼闊的大海擇一，沒有歐洲**和**遼闊的大海兼有這個選項。[46]英國人向來堅持拒絕做出這個選擇——法國人自己也是。麥克米倫試圖讓戴高樂改變心意，提議協助他取得核武，並說服華盛頓允許法國至少在名義上成為盎格魯薩克遜人的夥伴，主持北大西洋公約組織（North Atlantic Treaty Organization, NATO）。但是，這將會讓法國重新扮演以前的角色，加入一個由「盎格魯薩克遜人」（戴高樂讓這個詞在法國政治詞彙中流行起來）主宰的同盟中，成為英國的小夥伴。戴高樂的諸多前任或許會受到吸引。但戴高樂對此深惡痛絕，雖然他認為英國真的會讓步（實情則有待商榷）。[47]

兩人在宏布耶（Rambouillet）的總統別邸與麥克米倫位於薩塞克斯樺樹林（Birch Grove）的別墅舉行會面。斯情斯景相當奇特。麥克米倫的廚師拒絕在她的冰箱裡找地方放戴高樂的血（供輸血之用，以防另一起暗殺事件發生）：「冰箱已經擺滿黑線鱈了。」雖然有警犬跑到灌木叢裡搗亂，但麥克米倫還是打了許多野雞。到了宏布耶，場面更加氣派，還有穿制服的助獵者與腳夫，讓麥克米倫想起愛德華時代的英格蘭——差別在於他要自己裝子彈。戴高樂參與不多，只在一旁看，等客人沒打中時提點個幾句。儘管有些許個人之間的溫情，政治氣氛仍然相當凝重。麥克米倫覺得戴高樂「顯然沒在聽人討論……。他只是一遍遍重複自己之前說過的話……根據的是直覺，而非推敲。」戴高樂告訴自己的部會首長，說他沒有給「那個可憐人」什麼鼓勵：他似乎是想引用愛迪．琵雅芙（Edith Piaf）的歌詞——「別哭，我的老爺！」（Ne pleurez pas, milord!）[48]

一九六一年至六三年間，英國展開進入共同市場的艱難協商。法國外交部長莫里斯．顧夫．德姆維爾（Maurice Couve de Murville）故意在某些會議上讀自己的書，加入討論也只是為了拒絕英國人的每一項修正。一

維克多．懷茲（Victor Weisz）所繪製的漫畫《舞會結束後》（*After the ball was over*），描繪麥克米倫試圖拉攏戴高樂，結果得不到多少諒解，更不用說熱誠。

次挑燈夜戰之後，盧森堡外長甚至累暈了過去。希斯回報國內：「法國人用盡辦法反對我們，不管對錯。他們真是絕不鬆懈。他們不知為何，要用自己高人一等的智慧、傲慢的精神，以及對真理和榮譽的無恥漠視嚇唬六國。」[49]國協的進口品是反覆出現的問題，以印度的紡織品與澳大拉西亞的食物尤其受到矚目。外交官們在不屈不撓的希斯率領下，為了糖、香蕉、小羊肉和罐頭鳳梨投入無窮的創造力，知其不可而為之。英國人發現歐陸國家比他們推測的更保護心態、更「狹隘」——艾倫．米爾沃德說，狹隘到「都縮進歐洲了」——對世界其餘各地的需求也毫不關心，但這正是英國必然有敏銳嗅覺之處。只是英國的部會首長與官員們深為衰落與孤立的恐懼所苦，想不到辦法，只能放棄跟多數國協國家的聯繫，變得「跟歐洲共同體（European Community, EC）一樣褊狹」。[50]一九六二年十二月，美國前國務卿迪恩．艾奇遜（「是個自負的蠢蛋」——麥克米倫語）用大白話道出了他們的恐懼：

> 大不列顛失去了整個帝國，但還沒找到自己的定位。試圖以跟美國的某種「特殊關係」……自外於歐洲……扮演某種強大的角色（或是）在某個不團結也沒力量的……「國協」裡當老大……這個角色已經快要沒戲了。

公司行號與政府部門預期英國將對六國讓步，對國協貿易也隨之急遽減少。對法國人來說，風險在於協商說不定會因此成功——可是即便如此，英國政府內部有可能分裂，國會和輿論也可能認為條件無法接受。戴高樂為英國人帶來這種痛苦的兩難。

戴高樂在一九六三年一月十四日（他成功捍衛共同農業政策的週年紀念日）舉行一場著名的電視新聞發布會，內容大出所有人意料——包括他自己的閣員。他是展現帝王風範的佼佼者，是一位哲學家國王，在艾麗榭宮金碧輝煌的沙龍中，在大批受邀的聽眾前，將以畢恭畢敬的態度事先安排好的問題一一化解。談到英國與歐洲的議題時，他發表了自己的恢弘判斷：

英格蘭是座朝海洋發展的島嶼，因其貿易、市場、糧食供應之故，而與各式各樣的國家——常常是最為遙遠的國家相連結……。先是大不列顛，接著是其他國家加入，這將完全改變整套業已達成的平衡、協議、補償與規範……。我們得思考打造另一個共同市場，〔其中帶有〕跟一大批其他國家有經濟關係的所有問題，是什麼樣子……。跟這一切為數甚多、國情各異的成員之間的凝聚恐怕無法長久，最後出現的將是一個龐大的大西洋社群，仰美國之鼻息，受美國之指揮……這絕對不是法國歷來與此後所一直追求的、純粹的歐洲建構。或許有一天，英格蘭能設法轉變自己到足以參與歐洲共同體的程度，不僅沒有限制、沒有保留，也符合其餘任何期待，這樣一來……法蘭西將不會出手阻攔。[51]

這份尖銳至極的聲明總結了戴高樂真正的想法，而德、法兩國在兩週後簽訂的《艾麗榭條約》（Elysée Treaty）也強化了他的發言。早在一九六一年十一月，他就已經在四下無人時告訴麥克米倫，英國為全球聯繫而生的「偉大的護航艦隊」，將會干擾六個鄰國之間付出極大努力才協商出的繁複安排。早有人告訴英國人，雖然戴高樂一派認為莫內的超國家理念「完全不切實際，而且非常危險」，但他們同樣排斥某種「西方世界自由貿易區」或任何會沖淡由白種人、基督徒與非美國人構成的「歐洲人的歐洲」願景的事物。[52]雖然麥克米倫已經向他保證，英國已經準備放棄國協、擁抱共同農業政策，並且參與歐洲核保護傘的合作，但戴高樂並不相信這個「舉世無雙、無可改變」的民族，會這麼容易改弦更張。戴高樂自忖，認為歐洲八百年來的歷史，都是以英國與歐陸之間的對抗為核心。他向麥克米倫表達疑慮，認為英國不會真的同意以更廣泛的利益為代價，「把自己關在歐洲」。[53]有些人在解讀時，強調戴高樂對美國霸權毫無疑問的厭惡，認為英國扮演「特洛伊木馬」——麥克米倫與美國總統約翰·甘迺迪（John Kennedy）談過這件事，兩人一致同意戴高樂已經「瘋了」，但這反而坐實了他的看法。[54]英美之間的「特殊關係」因《拿騷協議》（Nassau Agreement）授權將北極星飛彈（Polaris）售予英國而延長——戴高樂表示，英國「為了一大堆北極星賣掉自己與生俱來的權利」。[55]英國追求全球貿易的強烈念頭會威脅共同農業政策，但共同農業政策對於法國經濟，對於戴高樂的選票都非常重要。對於一個把國族命運的浪漫理念與當前政治現實精準眼光相結合的人來說，上述考量全都「混和得無法解析」。[56]

總之，作為對當時問題的精準歷史描述，他的分析言之成理。從此以後，同樣的問題一直是歐洲政局的關鍵議題，若用布魯塞爾的行話來說，就是「深化」與「擴大」的抗衡。他意識到，英國想要「一個沒有國界的歐洲」，而他認為這是「美國人的歐洲」，這樣的歐洲將會「失去靈魂」。[57]能夠對古往今來「盎格魯薩克遜人」帶來的侮辱進行報復，戴高樂無疑相當享受。他私底下對此可是睚眥必報，偶爾也會表現出來。當保羅・雷諾（一九四〇年的法國總理）批評他孤立法國、「蔑視《摯誠協定》」時，他只用一張潦草的便條回應，寫著「轉發到阿金庫爾或滑鐵盧」。麥克米倫心想：「假使希特勒成功在倫敦跳起舞，我們跟戴高樂就不會有爭執了」——將軍本人的若干聲明肯定了這種看法。[58]但是，除了認為英法敵對天經地義之外，戴高樂之所以排除英國最深層的理由，其實是他的悲觀看法：他和其他理想主義者所展望的傳統、密閉、以法國為中心的歐洲，將會因為盎格魯薩克遜人不守規矩而分崩離析。「我們是尚屬基督教王國的歐洲裡最後的歐洲人……。問題再也不是法國是否能成就歐洲，而是瞭解到若歐洲亡、法國亦亡的道理。」[59]

英國人就像喜劇演員格魯喬・馬克思（Groucho Marx），更看重那些否決自己入會的俱樂部。自一九六四年起擔任首相的工黨政治人物哈羅德・威爾遜（Harold Wilson），一開始表示對於當時已改稱為歐洲經濟共同體（歐洲經濟共同體）的組織不感興趣，而他所屬的政黨也承諾要發展與國協的關係。只是不到兩年，他便考慮重新申請加入，只要「是對的那種歐洲……是對外發展，而非故步自封」——換句話說，是個不會傷害對國協貿易，也不反美的歐洲。[60]威爾遜的動機與麥克米倫無異，本質上都出於外交。外交部孜孜不倦，一再重申孤立與失去影響力的風險。財政拮据削弱了英國對「蘇伊士以東」的軍事投入，讓歐洲似乎成為英國扮演國際角色僅存的舞臺，這也是英國對華盛頓有特殊意義的理由。事實上，威爾遜曾告訴美國總統林登・詹森（Lyndon Johnson），表示英國無法負擔在「蘇伊士以東」軋上一角時，同時作為歐洲經濟共同體成員，兩者皆所費不貲。威爾遜希望英國有能力搭橋，連接歐洲與美國，甚至是國協與聯合國。否則，戴高樂（在德國人的追隨下）似乎能破壞大西洋聯盟，讓易攻難守的富裕歐洲對蘇聯的滲透大開門戶。若干部會首長〔尤其是道格拉斯．傑（Douglas Jay）等與工黨立場一致者〕擔心會失去主權。對此的正統回應是：實際上不會有這樣的問題，而任何想像中的主權損失，都比不過無形的要素——「影響力」帶來的收益。然而，經濟與財政長期疲軟的抑鬱景象，卻跟這些浮誇的全球新角色願景格格不入。一連串計畫經濟政策的失敗，似乎讓歐洲經濟共同體成為這位過於衰老無能、無以處理國內事務的歐洲病夫所不可或缺的拐杖。威爾遜冥思出神，認為英國就像年華老去的美人，歐洲則是積極進取、前景看好的年輕男人。就算不是情投意合的姻緣，這恐怕也是英國得到舒適晚景的最後機會。可它出得起嫁妝嗎？

英國早已準備好加入「對的那種歐洲」。但如果是錯的那種——亦即實際存在、由夏爾．戴高樂小心守衛的那種歐洲呢？威爾遜和同僚就跟自己的前後任一樣，說服自己只要能夠加入，他們便能將歐洲倒向英國的方向：「如果我們不能主宰全局，」威爾遜說：「我們也就沒有多少話好說了。」說也奇怪，戴高樂雖然懷疑小國會成為英國潛在的衛星國，但他居然傾向同意。不過他實在無須擔心：英國人沒有念頭、信心不足，也沒有計畫跟法國人爭奪主控權。他們所期待的，是戴高樂一旦走人後，就跟巴黎締結具主導性的盟友關係——真心希望他離開。

此外，英國人也打算用協和號客機（Concorde）、捷豹汽車（Jaguar）與空中巴士（Airbus）的合作計畫，以籠絡將來的相互諒解。法國人迫不及待想接受這些提案，跟英國專家學習——法國無法成功製造噴射機引擎，戴高樂因此感到不悅。但他無意把歐洲、北約，甚或是在非洲的競爭利益讓出去。一九六六年十月，威爾遜在沒有明定先決條件的情況下提出新的申請——假使戴高樂動用否決權，也會因此更加尷尬。假如他無論如何都要否決，申請書也會在檯面上留到他卸任為止——「把球踢回……將軍的二十五碼線」——畢竟對英國加入歐洲經濟共同體來說，戴高樂本人顯然是唯一無法克服的障礙。

威爾遜仍懷有爭取戴高樂支持的希望，他的私人祕書麥可．帕里瑟（Michael Palliser）對此也表示贊成——帕里瑟是為極端親歐的外交部官員，「歐盟之父」保羅．亨利．斯巴克恰好是他岳父。帕里瑟的計畫是「訴諸〔戴高樂的〕歷史感與他偉岸的虛榮心。他毫不懷疑自己是拿破崙以來最偉大的法國人……。說實話，他說不定是對的，而他也想在歷史上留下相應的位置。」威爾遜主張，唯有在一個接納英國的歐洲裡，法國才稱得上真正偉大。誰知戴高樂光靠鄙夷，便輕鬆把英國人拋到腦後。他說自己「或許會接待」威爾遜，但不會與他「交流」：「他已神智不清，像隻在桶裡撞來撞去的蟲子。」[61]他向威爾遜坦承，說他想要相信英國如今確實**渴望**「成為一個歐洲國家」。[62]但事情還沒發生。

為了讓英國加入，英國外長喬治．布朗開始凝聚其他五國的支持，此時的戴高樂因此處境艱難。巴黎起先試圖說服英國人放棄申請。等到他們堅持提出後，戴高樂便以經濟疲軟為由，在一九六七年五月十六日的新聞發布會上為另一次的否決提供依據。外交部認為他使用的表達方式帶有「相當不尋常的挖苦、敵意與輕蔑」。[63]戴高樂說，英國在經濟上無法承擔作為會員國的義務，而該國意欲加入的不成熟渴望，是受到絕望所推動——「她的國格正面臨危亡關頭」。英國的加入會擾亂共同體。人們對他的另一項反對理由也是耳熟能詳：英國只是想要自由貿易區，而這會削弱整個共同體。英國人則自我安慰：法國與其他五國的關係已經受到傷害，他們相信時間是站在自己這一方的。

就這一點而言，英國人是對的，戴高樂似乎也已意識到。他甚至告訴威爾遜，說自己擔心「歐洲人的歐洲」恐怕有一天會完全為某個大西洋社群所掩蓋——這段悲觀的告解鼓勵了英國人。[64]事實上，歐洲理事會（European Council）的每一次會議都是對法方「無止境」的壓力。但一直要等到南提赫大學（Nanterre）與索邦大學（Sorbonne）的學生在一九六八年的暴動造成將軍威望大損，繼而加速他退休之後，讓英國成為歐洲經濟共同體會員國的護城河吊橋才降了下來，漸進擴充成員的原則也才得到決定性的支持。英國人（如今由愛德華．希斯的保守黨政府執政）抱持毫不掩飾的渴望，抓準自己的機會。此時，官僚圈中多數人的正統觀點是不計代價加入歐洲經濟共同體，相信這是英國外交、經濟與政治頑疾唯一的解藥：英國是「沉沒中的鐵達尼號」，而「歐洲」則是救生艇。[65]誰知天不從人願，這艘救生艇自己馬上就開始進水。

第一次申請時，希斯協商不屈不撓，他也因此聲名鵲起。眼下的成功將能確保他的歷史地位。羅伊．丹曼爵士（Sir Roy Denman）擔任過威爾遜與希斯的幕僚，他主張威爾遜與工黨不會推動協判，希斯所把握的恐怕是英國最後一次加入的機會。[66]希斯向法國總統喬治．龐畢度（Georges Pompidou）承諾，表示英國準備好「將〔歐洲〕的順位擺在他們在世界上的其他利益之前」。前駐布魯賽爾大使歐念儒爵士（Sir Con O'Neill）銜命擔任官方談判長，他同時也是英國加入歐洲經濟共同體的主要策士。歐念儒的觀點很簡單：歐洲經濟共同體關乎國力。「其政策對我國皆非必需，許多甚至令人反感。」但若不加入，英國將退化成「大一點的瑞典」[67]——白廳認為這樣的命運比死還糟。歐念儒對超級親歐的保守黨後排議員安東尼・邁爾爵士（Sir Anthony Meyer）表達的觀點也有同感：「無論有什麼條件，加入歐洲經濟共同體都對這個國家有利。」儘管條件相當苛刻——「要不是法國人，我們肯定能更容易加入」——英國代表團還是得像歐念儒所說：「全吞下去。」他們接受了共同漁業政策（Common Fisheries Policy, CFP），讓所有近海漁業水域成為共同資源——既有會員國忙不迭將之安排成既成事實。（挪威拒絕CFP，因此不加入歐洲經濟共同體）。他們接受透過共同農業政策付出不成比例的財政補助，作為對紐西蘭食物進口讓步的代價。但歐念儒對於英國未來影響共同體的能力感到「相當得意」：他認為漁業政策之後可以調整，共同農業政策的代價「將往減少發展」。[68]英國（與愛爾蘭和丹麥一道）在一九七三年一月一日正式加入歐洲經濟共同體。工黨在一九七四年重新上臺，他們表示有意對這份他們評為不合適的協議重新磋商，將結果訴諸公投。

他們的談判沒有什麼重要結果，但當局仍將之表現為一場勝利。公投中，有百分之六十七的選票支持留在歐洲經濟共同體，但只有全體選民的百分之四十參與投票。這很難稱得上是民眾歡欣鼓舞的表現：英國是受到對孤立與經濟衰頹的恐懼所箝制，才會加入一個由法國主導、結構上不利於英國經濟利益的共同體。英國統治者的主要動機一直是提高外交影響力；但對庶民消費來說，經濟利益才是該強調的。政治人物與外交官對外隱瞞（或者也是自欺）條約中清楚表明對未來整合的承諾，稱之為話術而不予理睬。他們的態度結合了對英國經濟與社會處境高度悲觀的解讀，以及認為自己有能力領導新夥伴國的詭異樂觀信念。他們的動機真誠而愛國，但這是一批社會名流的絕望愛國心——他們對這個國家失去信心，不相信有能力能抑制衰頹，認為只有爬上別人的「救生艇」才是唯一的救贖。未來的政治問題，就醞釀於加入過程中的搖擺不定。

偏偏海面突然颳起暴風。起於一九七三年的中東石油危機不僅對英國火上澆油，也終結了法國的「光榮三十年」與西德的「經濟奇蹟」。戰後歐洲的成長與整合，是以戰後重建與經濟現代化兩者獨一無二的結合為基礎，這段太平歲月也就此落幕。共同農業政策大幅提高英國國內的糧食價格，開徵增值稅（VAT）則進一步提高了消費者價格。借用近來一位美國史家的話，這相當於「對聯合王國每一個個別公民最大的負面衝擊」。[69]由於政府東施效顰，模仿法國計畫經濟與德國統合主義（corporatism），卻沒有第五共和（Fifth Republic）的中央集權或德國的「社會夥伴關係」（social partnership），試圖控制情勢的努力在情況最好時也效果不彰，情況最差時甚至會造成傷害。希斯、威爾遜與詹姆斯．卡拉漢（James Callaghan）接連被經濟停滯與通貨膨脹的致命組合擊倒，通膨更達到已開發國家鮮見的程度。一九七四年的公共借貸花費提高的速度，比一七九七年小皮特被迫放棄金本位制時還快。限制政府開支與工資通膨的努力，導致自一九二〇年代、甚至是一八三〇年代以來所未見的罷工與秩序混亂。英國毫無立場去染指自己吹擂的歐洲領導資格。起自戴高樂與艾德諾的法德關係，得到瓦勒里・季斯卡・德斯坦（Valéry Giscard d'Estaing）與赫爾穆特・施密特（Helmut Schmidt）的鞏固——對於盎格魯薩克遜的失敗，兩人鮮少掩飾其蔑視。英國駐巴黎大使尼古拉斯・亨德森爵士（Sir Nicholas Henderson）曾經提到：季斯卡認為「法國與聯合王國之間長年來的競爭已經全部結束了，法國是贏家」。亨德森似乎也同意，他在公文上回報本國，哀嘆「對歐洲夥伴國關係中，我國立場弱化明顯到今天的我們已不再是世界強國，甚至稱不上是歐洲強國」，結果這份報告在一九七九年六月遭人洩漏給報界。[70]

✣ ✣ ✣

【延伸】更高、更快、更昂貴：協和號情節

英國與法國在一九五〇年代各自展開超音速客機計畫。[71]步調掌控在英國人手中。開發客機的政治動機與商業動機同等重要：一方面促進世界級的技術發展，一方面為加入共同市場打通提供潤滑劑。法國人對此雖然沒那麼熱衷，但卻允許別人來討好自己。一九六二年，兩國簽訂條約，成立一個極為複雜的共管機構。隨著法國與英國製造商開始學習合作，這個機構也需要不斷重新組織。麥克米倫堅持加入不得解約的條款，以防法國人打退堂鼓——誰知此舉發揮了反效果，阻止工黨政府在一九六〇年代與七〇年代成本爆炸時取消計畫。熱情洋溢的科技部

長安東尼．威治伍德．本恩（Anthony Wedgwood Benn）強調計畫對就業機會的重要性。他也平息了長久以來對名稱的爭議：「Concord」（協和號英語）或「Concorde」（協和號法語），據說戴高樂本人堅持要後者。本恩接受了那個「e」，說那代表傑出（Excellence）、歐洲（Europe）與友好互諒（Entente Cordiale）——只是看起來像是對法國人說飛機泰半屬於他們的主張讓步。

當美國放棄打造超音速客機的計畫時，英、法兩國的工程已經雇用了三萬人，似乎證明前景看好。一家俄羅斯的對手謠傳以偷來的計畫打造飛機，結果在巴黎航空展中墜機。一九七一年五月，龐畢度總統搭乘協和號一號機首航，女王則乘二號機飛往土魯斯。但超音速飛行時的巨大音爆導致美國在一九七三年禁止協和號飛越上空，美國各家航空公司紛紛取消訂單，世界上的其他國家也跟進。值此同時，世界原油價格三級跳，兩國的預算隨之緊縮，讓協和號飛天變得愈來愈貴。經過大量討論，兩國政府同意維持計畫：名譽才是關鍵。但自始至終只有十六艘客機出廠——原本預期數字的十分之一。由於納稅人負擔了開發與生產成本，英國航空（British Airways）與法國航空（Air France）才買得起飛機。協和號是一項了不起的技術成就，得到許多人的喜愛（甚至是負擔不起期票價的人），視為愛國象徵與一件優雅的空中雕塑。

✣ ✣ ✣

協和號計畫有一種模式，是半世紀以來其他合作計畫所一再重演的：政治與外交動機、繁複的管理、抽身之困難、威信的重要性，以及不幸中的大幸——別人會買部分的帳。

尊大自滿與墮落之樂

少了壯麗輝煌，法蘭西就不是法蘭西。

——夏爾・戴高樂

性交始於
一九六三年
發生在查泰萊（Chatterley）一書解禁
與披頭四首張唱片之間

——英國詩人菲利浦・拉金（Philip Larkin），〈奇蹟之年〉（Annus mirabilis, 1974）

一九五八年十二月二十一日，戴高樂將軍獲選為新成立的第五共和國（一套按他的意思設計的制度）首任總統。一九六〇年二月，法國在撒哈拉沙漠引爆了該國的第一枚原子彈。同年，法國人均GDP數世紀以來首度超越英國。戴高樂準備好讓法國再度成為強權，領導歐洲。他打算起身與「盎格魯薩克遜人」抗衡，堅持地位平等，以不結盟國家代言人之姿行事。一切之所以可能，是因為戴高樂的威望——他既是戰爭英雄（只是這不足以讓他在一九四六年遂行己意），也是拯救法國於水火的救世主。第五共和要來領導（而非順從）動盪的民意——戴高樂對他們滿懷深情，卻又充滿鄙夷。他支持共和，也支持民主——戴高樂的崇拜者說得真心誠意。但這種民主不同於他在戰間期與一九四五年以來所批評、歸咎為法國孱弱之罪魁禍首的那種民主制度。第三與第四共和都是國會制，政府要對國會負責，而且常常遭到倒閣。戴高樂的制度——根據這位憲法主要起草人所說，是「共和君主制」。[72]政黨與國會權力受到削減。國家追求經濟現代化，政府提供支持與指導，非政界的專家也出任高官。總統並非對國會，而是直接對人民負責，漫長任期讓他能統而治之。即便一開始飽受批評（富蘭索瓦・密特朗（François Mitterrand）稱之為一場「永遠的政變」），戴高樂當政時也從未廣受愛戴，但這套制度確實贏得廣泛的接受，甚至在戴高樂下野後更形穩固。

若是沒有這些政治變化，沒有經濟活力的支持，很難想像戴高樂能在歐洲內外扮演如此強勢的角色，而這也是他的繼位者此後的方針（只是沒那麼浮誇）：以對德夥伴關係為基礎，不僅在歐洲內部發揮影響力，也透過歐洲施加影響力；始終堅持法國在世界上的特殊角色，尤其是對前殖民地；獨立的軍事力量；以及對「盎格魯薩克遜」霸權的高聲反對。這是後來的領導人無法否認的遺產。考慮到此前四十年政治分裂、經濟疲軟、領導不穩的歷史，這對法國來說堪稱驚人的復甦。最是相形見絀的國家就是英國，其未來似乎任由法國總統擺布。看來，英國不僅衰退無可避免，而且益發難以統治。

然而，衰退也能很有趣，輝煌反而很無聊。整個西方世界在戰後年代（尤其是嬰兒潮邁入青春期的一九六〇年代與七〇年代）發生了深遠的文化變遷，而這跟收入、教育機會與娛樂活動增加不脫關係。這些改變在英國——此前穩定異常、安全異常、說不定也聽話異常的國家——感受特別明顯。徵兵制在一九六〇年廢除，大學數量也同時激增。統治菁英的醜事與失敗令他們的子民拍手叫好。英國人傳統對詼諧模仿與怪誕的偏好走向政治化，「諷刺」成了電視、廣播與報紙標誌性的表現方式。人們樂得打破種種禁忌。當局因企鵝出版社（Penguin Books）在一九六〇年出版大衛・赫伯特・勞倫斯（David Herbert Lawrence）一九二八年的小說《查泰萊夫人的情人》（*Lady Chatterley's Lover*）而起訴之，但起訴失敗，再加上一九六三年的普羅富莫醜聞（Profumo scandal，保守黨的陸軍部長因涉嫌召妓而被迫辭職），這一切都讓權威顯得既偽善又荒謬——媒體的報導也等於為孩童提供早期形式的性教育。戲劇審查在一九六九年廢除。老舊產業衰敗，家父長式工人階級社群也隨之式微。這雖然導致民眾度日艱難，自信心長期低落，卻也將新世代推向其他的生活方式。

無怪乎倫敦取代巴黎成為歐洲文化中心，英格蘭更是在將近兩世紀以來首度成為新潮文化的縮影。如果衰落意味著解放，戴高樂式的輝煌也就意味國家力量深入媒體、對藝術的贊助，最後演變成一個熔墨守成規、官僚控制與裙帶關係一爐的「文化國家」。法國文化生活中的特定領域結合了令人印象深刻的智慧展現與時尚優雅，不僅風靡英國知識界，更是享譽國際。法國前衛電影人人必看。無論是哲學味濃厚的戲劇與小說、歷史學界的《年鑑學派》（Annales school），或是將重新詮釋後的德國哲學應用於文學和人文學科的做法，都對英語世界的大學科系造成無比的影響。但談到青少年大眾文化——尤其是與音樂、服裝與舉止規範有關的方面，倫敦與利物浦（充滿異國想像的城市）卻有全球性的衝擊力。相形之下，巴黎的時尚與娛樂只屬於風雅的中年人與中產階級。這一點人盡皆知，無須贅述。從我倆的角度來看，有趣的是法國人對英國認知的改變。假如禮帽、王權、蘇格蘭裙和茶杯代表法國人想像中的英國特色〔根據幽默作家皮耶．達尼紐斯（Pierre Daninos）所說，還有九尾鞭與穿黑色長襪的女學生〕，如今更加入了長髮、迷你裙、「yé yé」音樂[6]、電影、電視節目、時尚設計師，以及後來的光頭黨、龐克族、足球流氓與饒舌歌手。

不過，商界與知識界一開始也有抵抗。一九六〇年代早期，法國自有其相當美式風格的娛樂人，例如強尼．哈立戴〔（Johnny Hallyday），本名尚．菲利浦．斯梅特（Jean-Philippe Smet）〕與艾迪．米切爾（Eddie Mitchell）。一九六四年，早已世界知名的披頭四首次到法國巡迴演唱時，卻沒有受到多少關注——官方新聞臺幾乎完全忽略之，《法蘭西晚報》（*France-Soir*）甚至批評他們「退流行」。等到一九六五年至六六年，滾石樂團（Rolling Stones）與披頭四還是激起了法國年輕人的熱情，此時批評家則斥之為不健康的商業剝削現象。不過，大批法國青少年開始蜂擁渡過英吉利海峽，這還是史上頭一遭。碧姬．芭杜（Brigitte Bardot）唱起〈惡魔是英格蘭人〉（Le diable est anglais），住到倫敦的卡納比街（Carnaby Street）。至於劇場、電視與電影亦然，六〇年代年代中葉見證了從莎士比亞到詹姆士．龐德（James Bond）等英國作品的湧入。[73]

6【譯註】一九六〇年代風行南歐的流行音樂，得到英國搖滾樂所啟發。「yé yé」為當時英語流行樂中（例如披頭四）常出現的「yeah, yeah」呼喊。

假如真如拉金所宣稱，英國的性交始於一九六三年的話，法國人也馬上就發現了。這是個意料之外的發現。「英國人性無能」以前是，現在也依舊是法國人根深柢固的看法，是對法國人自稱技術高超的襯托。皮耶．達尼紐斯的暢銷書《湯普森少校筆記》（*Les Carnets du Major Thompson*, 1954）打趣道：「假如英格蘭人找到不用女人也能生小孩的方法，他們就會是世上最快樂的一群人……法國人在愛中是美食家，英格蘭人純粹只是做。」[74]但「純粹只是做」，對於身處當時（現在多少也是）相對受到控制、傳統、溫順社會中的法國青少年來說，也不是那麼不齒的事。一九六八年五月的學生暴動起於南提赫大學，起因據說是學生要求准許男女學生能進入彼此宿舍房間，但教育部長用命令他們去新蓋的游泳池裡「冷靜一下」，粗暴拒絕而導致的。當意識到來自非天主教與非「拉丁」社會中的女孩實際上比較容易靠近時，法國少年們欣喜若狂。英格蘭女孩素有特立獨行的名聲，但「搖擺六〇年代」（Swinging Sixties）的迷你裙、鮮花與自由戀愛等意象，卻為她們添上了新的面貌。法國的男孩子希望他們民族魅力與浪漫的名聲，能在一個女孩輕佻、販賣機就有賣保險套的地方占得先機。[75]一九七五年票房火熱的電影《過來吧，英格蘭女孩》（*A nous, les petites Anglaises*）就表現出這種幻想，也為法語創造了新的片語。電影講的是兩個被人送到英格蘭的法國男學生，人家送他們去學語言，但他們最喜歡的課外活動則是片名暗示的事情。

【延伸】我愛你，我不愛你

一九六〇年代最惡名昭彰的法、英文化產物，是〈我愛你，我才不〉(Je t'aime, moi non plus）的錄音——這首親暱耳語、嬌喘的二重唱，讓兩國為之興奮或震驚，推出的時間就在「六八年五月」使巴黎成為青年人革命的共同首都後不久。無論是遭到BBC禁播、法國電臺在晚上十一點前禁播的做法，或是梵諦岡的譴責，都等於為這首歌拉抬聲勢，進而在一九六九年的英國流行排行榜高踞第二名，然後才被撤榜。女聲部分原先是在巴黎錄音，歌手是碧姬·芭杜——全球性的法式肉慾象徵，但她的工作人員投反對票，覺得性意味太濃。在倫敦大理石拱門錄音室（Marble Arch Studio）錄新版本取而代之的，是年輕的英格蘭女演員珍·柏金（Jane Birkin）。柏金後來與對唱的歌手賽日·庚斯博（Serge Gainsbourg）結婚，而庚斯博正是寫這首歌的人。柏金與噘嘴、肉感的巴杜的對比之大，恐怕舉世無雙。她出身倫敦近郊，是一位海軍軍官的女兒，長得手長腳長，有點輕微暴牙，一副空靈臉龐，有濃重英格蘭口音（歌詞「我愛你，哦」(je t'ayme, oh wee)）與合唱團男童般的聲音——正是法國人認為英格蘭女孩（*les petites Anglaises*）該有的樣子。她天真無邪的聲線，為這份錄音帶來的性異常感可不只一點點——畢竟法國人確信，英國人雖然對異性性事並不擅長，但性變態卻是他們的強項。庚斯博似乎集法國左岸特色之大成，他憤世嫉俗、喜怒無常、聰明、醉醺醺，

這段橫跨海峽的關係至少還是以某種形式開花結果：看看庚斯博（Serge Gainsbourg）與柏金（Jane Birkin）在電影《大麻》（*Cannabis*）中看起來多迷人。

散發高盧牌（Gauloises）香菸的嗆鼻味。庚斯博死後，人們將他與拉伯雷、波特萊爾與蘭波等觸怒傳統的人並列。但他有不為人知的一面——與「法國人」的典型相去不遠，亦即害羞、傳統，甚至對性拘謹。他和戴高樂將軍一樣，從沒有人看過他裸體。但他是哈英族，「搖擺倫敦」（Swinging London）尤其讓他印象深刻，這一點就跟將軍不一樣了。他的藝名顯示出對畫家庚斯博羅的崇拜。他喜歡在倫敦上工，到國王路（King's Road）買衣服，寫的歌裡還有幾句英語或法式英語。這不只是跟英語流行歌的風行掛勾。「他喜愛喜劇演員湯米．庫珀（Tommy Cooper）、莫肯比與懷斯（Morecambe and Wise）……以及倫敦的計程車，」在柏金的回憶中，「要是有英國的重要歌手——例如他的偶像滾石樂團——翻唱哪怕是一首他的歌，對他的意義都會相當重大。可惜從來沒有。」然而，她卻有一段成功的電影與舞臺生涯，成為英格蘭人純真天性的化身，也因此在二〇〇一年獲頒官佐勳章（OBE）。她想：「如果我當時留在英格蘭，最後應該就是成了某個人的太太，而我也常常會想——如果在肯特有間小農舍，有個人會在傍晚為我倒一杯雪利酒（sherry），那該有多好。但我認為，我們的一生反映了我們的本質，而那種生活就是不適合我。」[76]

前往另一個國家，以滿足對方期待的方式表現自己的國家，這樣是有生意可做的——情況與十八 十九世紀時無異。柏金就像夏綠蒂・蘭普琳（Charlotte Rampling）與時代更晚的克莉絲汀・史考特・湯瑪斯（Kristin Scott-Thomas）等英格蘭名花一樣，以率直的表演開始發展。沙夏・迪斯特（Sacha Diestel）、時代稍近的安東萬・德考內（Antoine de Caunes），甚至是足球員埃里克・坎通納（Eric Cantona），則是有意自我誇大（追隨莫里斯・舍瓦利耶的腳步，亦即那位擔心失去自己法語口音的演員）。人在法國的英國文化標誌性人物都是女性，而她們在英國的同路人卻都是男性，怪哉。

雖然人們如今不常把英國女人想像成衣著過時、態度拘謹的樣子，但英國男人卻沒能在各方面提升自己的名譽——靠麥可・傑格（Mick Jagger）與詹姆士・龐德也沒用。法國首位女性總理（一九九一年）愛迪・柯瑞松（Edith Cresson）是位出身上流的新教徒，能講一口流利英語（歸功於她的保姆）。

柯瑞松對於自己在倫敦街頭居然沒人色迷迷看自己而大為光火（「每個女孩子都有注意到我」），她抱怨：「盎格魯薩克遜人對於作為女人的女人不感興趣……。這是幼年教養的問題，我覺得這算是某種疾病。」她後來解釋自己之所以會知道，是因為她的幾個兄弟曾經念過公學——「從中經歷的一切很難復原」。[77]

第十四章　分道更揚鑣

自一九七〇年代以來，法國與英國變得愈來愈像彼此，程度遠甚於其他任何兩個大國。兩國的財富、人口、軍力與對外影響力首度達到幾乎一樣的水準，國際比較與運動賽事成績也皆顯示出驚人的相似性。此前從來沒有這麼多法國與英國民眾到彼此的國家造訪、工作或生活，打量彼此的特質，或者對彼此的語言有如此深刻的理解。法國人甚至找到辦法笑對英國人的幽默感。他們的領袖經常宣稱兩國存在（或者至少期待達成）某種特殊關係。可是（到底有多少「可是」啊！）政治人物、評論家和普羅大眾擁護的政治、社會與經濟生活觀點卻彼此衝突。從第一位拿破崙以來，兩國人民鮮少顯示出如此明確的差異，或是試圖按照各自相去甚遠的面貌來重塑歐洲。

法國的歐洲？英國的歐洲？拿破崙對上亞當・斯密

一開始我就很清楚，有兩種相衝突的歐洲願景存在。

——瑪格麗特・柴契爾[1]

在各種看法中的一端，是那些支持制度性、甚至是政治性規劃的國家。這些規劃是為了確保所有堅定可靠的歐洲人都關心品質上的飛越；而我得說，我自己也是其中一員。至於另一端，則是那些無論是出於理想或意識形態，對歐洲抱持純粹自由式願景的國家。

——法國政治家雅克・德洛爾（Jacques Delors），一九八六年[2]

二十二年前，我在巴黎當酒保……。店裡有個存放公共基金的罐子，人家告訴我要把所有小費丟進去。兩個月後，我發現我是唯一這麼幹的人！這是我從社會主義體驗到的第一個教訓！

——東尼・布萊爾對法國國民議會（Assemblée Nationale）演說，一九九八年三月二十四日

英國在一九七〇年代涉足其中、舉步維艱的那個歐洲共同體，泰半是法國人的創造成果，其機構與秩序皆是以法國為模型。這並非因「開國元勳」的某種願景而來，他們的行動大都出於實際，而且其中只有一些是法國人，有名者如莫內與舒曼。之所以如此，是因為一代代的法國政治人物與官員堅

決追求國家目標所致。德國經常備受期待，要成為歐洲真正的領袖，但實情則不然。德國在各方面捉襟見肘，政治上是一九八九年以前，經濟上是一九八九年後，心理上恐怕向來皆如此。「歐洲」因此能替法國實現控制德國、與美國競爭的目標，並為法國生氣勃勃、轉變中但脆弱的經濟所用，以及讓「歐洲人的歐洲」這樣的認同至臻完美。法語與法國文化將在這樣的歐洲占有最重要的位置。

戴高樂警告過，英國就是忍不住想當這座伊甸園中的大蛇。無論由哪一黨執政，該國歷屆政府皆一再推動相對自由、大西洋走向的歐洲觀點。他們支持擴增歐洲共同體成員國——法國人確實有理由懷疑這是顛覆歐洲體系的策略。但英國政府也發現，引領共同體的目標遠比麥克米倫與威爾森時代樂觀主義者所預期的更難。部分原因是法國寸步不讓地反對——利用「歐洲」論調便能輕易對付英國——部分則是英國經濟疲軟，領導人缺乏信心，沒有明確理念所致。人們指責英國政界對於失去的光榮念念不忘，懷抱排外的反歐洲思想。他們雖然在調整現況上有些成果，卻經常在唇槍舌戰中敗陣。歐洲論調聽在法國人耳中，確實比英國人耳中聽來順耳，畢竟這代表法國實現了成為歐洲先驅的國家命運。法國的「歐洲情節」（Europeanism）可以回溯到十九世紀中葉的維克多．雨果（見第八章的【去國懷鄉：雨果與法國的雷霆之聲們】）、拿破崙軍靴底下的整合、法國大革命的「武裝傳教」，以及啟蒙時代溫和些的「文人共和國」。總之，至少法國的聯邦論者對此樂見其成。[3]

對於一個傳統上對主權與承擔責任議題高度敏感的國家來說，法國從歐洲領導地位中獲得的政治、經濟與精神利益（想得到的其實更多），是能平撫人們所感到的恐懼。但法國政府（法國公民也是，只要有人問的話）對真正的聯邦架構向來充滿疑慮，因為這會帶走他們的權力：一位法國社會科學家說得好，法國政界想要「一個組織弱小的強大歐洲」。[4] 戴高樂在一九六五年至六六年的「空椅」（empty chair）危機中杯葛共同體事務，讓超國家的潮流中止了二十年。一九七一年，喬治・龐畢度與愛德華・希斯達成成立歐洲理事會的協議，其中也確立了一套混和的三分管理架構——一部分是聯邦的雛形，另外兩部分則是以國家為單位的聯盟。這個管理架構與維也納會議一樣含糊、無權責，使用的手段對卡斯爾雷與塔列朗想必不陌生，而這也正是政界與外交界喜歡的原因。共同體的管理要由其組成國家落實——亦即戴高樂的「多國家的歐洲」（Europe des patries），而非委員會或議會等聯邦機構。就此而言，英國與法國（以及兩國大部分民眾）意見一致。法國總統瓦勒里・季斯卡・德斯坦後來表示：「大不列顛加入共同體，讓此前一直主導的聯邦理念不可能實現。」但這不是問題的癥結。季斯卡說過：「我們必須在一套有秩序的制度與一個未定型的空間（*un espace mou*）中做出選擇。」[5]

如何選擇，就是法國與英國的核心差異：歐洲是要朝經濟自由、中央控制最小化的英國模式（「未定型的空間」）發展，還是朝調節歐洲經濟、社會的法國模式（「有秩序的制度」）演變呢？說成「英國」和「法國」模式，當然是種簡化，畢竟這場辯論跨越了國家邊界，但也只是稍微減化而已。英國與法國幾乎總在提倡、實踐不同的經濟、社會與外交策略，兩國民眾對相關議題也各自表現出高度的共識。這種差異一開始就聚焦在共同農業政策（共同農業政策）上，在數十年間展現出法國人與英國人對於歐洲、經濟、社會政策、對外界的關係，甚至是國族認同上的對比看法。英國人對於小農業部門、便宜進口食物習慣已久，批評共同農業政策顯然是種不公平、成本過高的荒唐措施。法國人認為共同農業政策是共同體最大的成就，創造出跨越國界線的團結，力抗無情的商業壓力，保護了作為法國特色縮影的一種寶貴生活方式。共同農業政策關係到的不只是理性的經濟利益，更是一系列風俗、情感與信念，其古老根源足以激起論證或辯解所難以平撫的感受。

從一九八〇年代起，英國與法國出現嚴重的分歧。這廂是瑪格麗特．柴契爾，那廂則是富蘭索瓦．密特朗與雅克．德洛爾。他們在面對一九七〇年代早期以來持續存在的經濟停滯時，採取截然不同的大膽解決方法。這些受意識形態推動的政府，與前一代人相對凝聚的共識出現斷裂，並且將自己的做法從國內推向歐洲，甚至是國際舞臺上。從此之後，歐洲的法國與英國「模式」的存在也就確切無疑了。

英國加入歐洲經濟共同體之後旋即遭逢巨變。金融危機導致國際貨幣基金（International Monetary Fund, IMF）干預與「第三世界待遇」。首相詹姆斯．卡拉漢在一九七六年承認：「說好會永遠下去的溫暖世界……已經消失了。」當局試圖限制工資調漲，結果公營機構在一九七八年至七九年的「不滿的冬天」（winter of discontent）發生大規模罷工。瑪格麗特．柴契爾主事的保守黨政府因此在一九七九年五月上臺，堅定認為要下猛藥、採取極為不同的行動，才能扭轉經濟衰頹。她推動的經濟自由化——反對國家干預、限制工會力量、貨幣急貶、國有產業民營化——導致嚴重的分裂。不具競爭力的產業崩盤，失業率翻了一倍。一九八一年，法國在英國正值危機時走上了徹底相反的道路。富蘭索瓦．密特朗當選，成為第五共和首位社會主義者總統。狂喜的群眾揮舞紅玫瑰，他和財政部長雅克．德洛爾倏地展開「一國社會主義」（socialism in one country）計畫，讓人想起一九三六年的人民陣線。這是世界上最後一場血統純正的左派實驗。數十家銀行、數十種產業收歸國有，四分之一的工人因此改由政府雇用。當局頒布每週工時三十九小時的命令，最低工資也大幅提高。

手段有多不同，結果就有多不同。一九八二年至八三年間，英國的通膨開始下降，生產力提升。當時雖然看不出來，但一九八五年確實是分水嶺：此前，英國經濟表現一直比法國與德國差，此後則始終優於兩國。[6]至於法國，密特朗與德洛爾的實驗導致劇烈通膨與進口激增，但經濟發展仍然遲緩，失業情形事實上還加劇了。法郎不得不二度貶值，IMF與西德政府更威脅撤回金援。德洛爾厲行樽節以控制通膨。回到一九八三年，法國將經濟政策與德國掛勾——這既是該國經濟自主的結束，也是試圖讓德國金融力量「歐洲化」的強烈理由。密特朗與德洛爾斷定，自己的做法之所以失敗，是因為法國太小了。現在需要的，是採取更大的、全歐洲規模的行動，如此一來，政治人物才能控制經濟力量：「唯有歐洲」，密特朗宣稱：「能讓政界恢復其力量。」[7]

密特朗讓政治凌駕於經濟的渴望，讓人想起先前提過的一點：亞當・斯密的思想向來無法說服法國人（見上冊第一章的「探索知性之旅」65）。自由貿易也未曾向十九世紀的英國一樣，成為受人歡迎的政治與道德號召。過去兩世紀以來，重要的法國自由派經濟學者用手指頭就能輕易數完。右派與左派政治人物一致譴責「兇猛的自由主義」，讚揚良善的政府是公共利益的守護者。小企業主與農民早在一八四八年便握有選票，也願意運用路障與投票箱。他們向來熟練於迫使政治人物順從他們的希望，而這經常包括以保護措施對抗「不公平」的競爭。政治人物也相應注意到利益均霑對選舉的好處。一九三〇年代年代與一九九〇年代之間，法國政府對國內扮演的經濟角色與其他國家一樣，戲份都在成長，而且法國政府的重要性甚至比大多數國家成長更多。國內領公家薪水者（占總人口百分之五十七），以及許許多多在複雜權利制度中有份、擁有雇傭與補助特權的人，他們的政治影響力因此大幅提升。[8]一群同質性極高的菁英主宰了政界、公務機關與商界，其頂點則是「校友」（*énarques*），此詞專指從國家行政學院（Ecole Nationale d'Administration, ENA）畢業的學生。學院成立於一九四五年，比牛、劍兩校最小的學院還小）。截至一九九七年，三位前總統中的兩位，八位前總理中的六位，以及三大主要政黨的許多領袖皆出身國家行政學院。[9]這一切都讓政壇人物在經濟、社會保護、國家干預、官僚價值與「歐洲」相關事務上有歷久不衰的跨黨派共識——人們常稱之為獨特思想（*la pensée unique*）。柴契爾式的自由化對此不僅是挑戰，甚至是種冒犯，會轉而支持自由化的法國人少之又少。

✣　✣　✣

【延伸】法國與福克蘭戰爭

我們打算鞏固與大不列顛的團結，大不列顛……是侵略的受害者，其國家利益與民族自豪同時受到侵略。

——富蘭索瓦・密特朗[10]

密特朗與法國人在諸多方面都是我們最重要的盟友。

——約翰・諾特（John Nott），國防大臣[11]

阿根廷在一九八二年四月二日入侵福克蘭群島——這是一七七〇年以來，這些人跡罕至的領土首度引發的危機（見上冊第四章的「舒瓦瑟爾復仇記」）。密特朗隔天便致電柴契爾保證給予支持，並駁回本國外交部長克勞德・謝松（Claude Cheysson）出於「反殖民」的立場打算支持阿根廷的做法。密特朗鄭重表示「我們是英格蘭人的盟友，不是阿根廷」，其他的做法都會導致政治「災難」，何況法國自己也有島嶼殖民地。最為弔詭之處，在於法國曾將軍火售予阿根廷，包括幻象戰機與超級軍旗式（Super-Étendard）攻擊機，以及少量的飛魚（Exocet）反艦飛彈——其中有五枚服役中。這些飛彈對英國特遣隊是嚴重威脅：其中一枚擊沉了驅逐艦「謝菲爾德號」（*Sheffield*）。阿根廷人又下了五十枚飛魚飛彈的訂單，但法國人延遲出貨。他們還找理由推遲交貨給祕魯，以免飛彈落入阿根廷手中。法方並未撤回人在阿根廷、負責讓武器能夠運作的技術人員，但他們把關於阿根廷軍事力量的完整技術情報告訴英國人，包括如何對付飛魚飛彈。法國空軍還飛了一架幻象戰機與一架超級軍旗式到英國的東盎格利亞（East Anglia），這樣皇家空軍飛官就能知道這兩種飛機的能耐。後者發現在纏鬥時，幻象戰機與超級軍旗式並非獵鷹式（Harrier）戰鬥機的對手，因此鬆了口氣。[12]

政治上，密特朗維持「中間立場」，支持英國抵抗侵略，但敦促雙方就福克蘭群島進行協商。此舉讓法國跟英國的關係比大多數歐洲國家更為緊密（挪威除外）。法國人的支持多少比搖擺不定的美國更為一致，不過當然無法與多數國協國家相比。在歐洲理事會內部，法方支持對阿根廷經濟制裁，力抗愛爾蘭與義大利的反對。但法國人忍不住趁英國之危，在共同體預算與共同農業政策方面否決他們——一位法國歐洲議會議員（MEP）說：「歐洲的團結不該只有一種方式。」這是自從戴高樂將國家否決權引入歐洲審議機制以來，英國首次遭到否決。[13]在聯合國，法方對六月的停火決議中投下棄權票（而非與英國投下相同票）。但在史家菲利浦．貝爾（Philip Bell）眼中，法國的支援遠超過自利的範圍，而英國、美國與法國組成的「大西洋三角」（Atlantic triangle）也終於發揮了一次作用。[14]

柴契爾個人相當感謝密特朗。然而，法國情報員在一九八五年炸了停在奧克蘭（Auckland）港內的綠色和平組織船隻「彩虹勇士號」（*Rainbow Warrior*），英國人這時卻沒有投桃報李，法國人因此感到委屈——謝松認為：「他們不該這樣詆毀我們。」[15]

密特朗與柴契爾有種微妙的關係。密特朗認為她是個「小布爾喬亞思想家」，她則認為他的經濟理念「愚蠢瘋狂」。但他不僅是個花叢老手——雖然他有某種不討喜的特質，但或許這就是成為老手的原因——也認為自己能憑藉英國人視為典型法式的繁複禮節，「大獻殷勤」來影響她。他對她有段聲名狼藉的評語（以各式各樣的組合一再重複），說她有「卡利古拉（Caligula）[1]／史達林的雙眼與梅莎琳娜（Messalina）[2]／瑪麗蓮·夢露（Marilyn Monroe）的口／雙腿」，但這或許既表現了他對這位「身處眾男人之間，令他們的苦行光彩煥發的唯一的女人」的真心讚賞，也表現了法國人對政治正確的無動於衷。[16]而她——以一種常見的英國風格表現對法國或多或少的喜愛：她享受奢華的美食，也會蒐集菜單。對於他的言論，她還挺受用，對他的人也很有好感。對於他在福克蘭戰爭期間的支持，她也銘感五內。當然，這無法避免英國因對共同體預算不成比例的付出而起的敵意。這種高比例的支出是共同農業政策帶來的結果，英國也因此成為唯一的淨支出國。兩人都想在數字上智取對手：柴契爾比慷慨的密特朗更注意細則，她在一九八三年爭回一筆為數可觀的退款，讓當時擔任歐洲理事會主席的密特朗對「背信、偽裝、欺瞞」之舉爆發主席級的怒火。[17]一九八四年，密特朗拜訪倫敦期間，一名法國情報員在法國大使館放了塑膠炸彈，以測試蘇格蘭場（Scotland Yard）——英國人可不覺得這個把戲好玩，這也無助於雙方改善關係。

起先，英國與法國推動各自的自由主義與社會主義實驗時，是分別進行的。原本在一九七〇年代蟄伏著的「歐洲」讓兩國面對面。柴契爾的經濟成就對全歐洲，乃至於歐洲以外都造成衝擊。密特朗的失敗亦然。英國人收穫了信心，也得到推動歐洲自由化的契機。「自由化」是他們的繞樑餘音，但今天的自由化卻是以遠比此前的歷屆政府所希望——甚至是所能想像更進一步的方式，來推動的一種價值觀與一套規劃。自由化也符合如今改變的觀念，在歐洲與世界其他角落實踐。白廳的報告〈歐洲——亦即未來〉（Europe – the Future, 1984），成為一九八六年《單一歐洲法案》（Single European Act, SEA）的先聲，是項法案要創造一個「內部沒有國界，從而確保商品、人民、服務與資本得以自由移動」的單一市場。這是自歐洲經濟共同體成立以來第一個全面自由化的措施，也是「柴契爾夫人的小寶貝」。[18]推動法案的人，是她任命作為布魯塞爾執委會（Brussels Commission）成員的前貿易與產業大臣（Trade and Industry minister），考克菲勳爵（Lord Cockfield）。考克菲的計畫在「沒有太多反對」的情況下得到委員會通過。[19]《單一歐洲法案》為「歐洲聯盟」鋪了路，並逐步消弭三百種以上的非關稅貿易障礙（包括公約、政府補助、財政規範、貿易限制協定與歧視性標準），讓真正的歐洲市場有落實的前景。近年來一部談歐洲整合的重要歷史著作，將之描述成「或許是歷來對歐洲建設所做的最重要單一貢獻」，接著半開玩笑，將瑪格麗特·柴契爾擁戴為「新歐洲之母」。[20]

歐洲共同體內部的自由化「補足、強化並延伸了」朝更自由的貿易發展的「世界潮流」。[21]單一市

1【譯註】羅馬帝國第三任皇帝，本名蓋屋斯·凱薩（Gaius Caesar），「Caligula」意為「小的軍靴」。卡利古拉統治期間不長，有傳聞他殘忍施虐、縱慾、性變態。

2【譯註】羅馬帝國第四任皇帝克勞底烏斯（Claudius）的第三任皇后，政治影響力強大的女性。據說她計畫暗殺皇帝，因曝光而遭處死。

場計畫為一九八六年至九四年的烏拉圭回合（Uruguay Round）國際貿易協商帶來推動力，產業關稅也在這一回合後開始廢除，服務與投資也得以自由化。為了追求這些目標，更有力的世界貿易組織（World Trade Organization, WTO）於焉成立。WTO從農業改革著手，不過共同農業政策（以及作用相仿的美國、日本農業保護措施）仍然留了下來，讓自由派與第三世界說客大為不滿。接下來十年間，歐洲共同體與其他國家敲定了無數的雙邊貿易協定，但共同體貿易執委李昂・布列坦（Leon Brittan）提案與美國簽訂條約、成立「新大西洋兩岸市場」（New Transatlantic Market）的提案，卻在一九九八年遭到法方嚴正拒絕。所有歐洲共同體國家對共同體外的貿易皆有提升。

單一市場方案悄悄改變了共同體的本質與執行委員會的角色。厄尼斯特・貝文搞不好會說「這頭特洛伊木馬肚裡都是潘朵拉的盒子」。會員國以「相互承認」彼此的標準（只要一項商品可以在某一國販賣，就能在所有國家販賣）為關鍵原則，這意味著布魯賽爾無須為複雜的「促進和諧」進行協商、制定規範。自由化大有讓歐洲共同體機構愈來愈多餘的可能，畢竟內部障礙與外部邊界皆已瓦解。一九九二年五月，柴契爾在海牙演說時提到，自由貿易的歐洲「不需要眼下這種形式的執行委員會」。柴契爾式的歐洲共同體將必然發展為法國人向來厭惡的「自由貿易區」（*zone de libre-échange*）。「歐洲」將會像馬克思的無階級國家一樣消亡。[22]

對於許多意識到箇中深意的人來說，這種前景令他們深惡痛絕。視自由市場為至善的自由主義擁護者從不是多數，或是無法長久作為多數，縱使在英國亦然。很多人（包括柴契爾自己的若干支持者）

認為自由化是必要之惡。其餘許多人則認為自由化**就是惡**。雅克・德洛爾（一九八五年起，從密特朗手下的倒楣財政部長轉任歐洲執委會主席）則抱持稍微中庸的看法：經濟變革勢不可免，但需要有人指導，並嚴格規範。

德洛爾與柴契爾對彼此小心翼翼、互敬互重。他們對理念的興趣、細節的關注，以及不懈的抱負都很類似。德洛爾回憶兩人的討論時，得體表示內容「總是趣意盎然」。[23]他們跟謹慎、現實、被動的政治同行（以密特朗與德國總理赫爾穆特・科爾（Helmut Kohl）為首）大相逕庭。柴契爾與德洛爾同一年出生，兩人也是兩種文化的完美化身。她是信奉新教的個人主義者，是小店主之國的女兒（出身格蘭瑟姆（Grantham）分店），繼承了非國教派的工作倫理與自信，也是課業繁重的西敏政壇畢業生。他則是家父長作風的天主教徒，天性像個財經官僚（確實占了職業生涯的一部分），是白領的基督徒工會聯盟積極分子；他一開始是以檯面下的幕僚身分參與政治，後來進了歐洲議會的象牙塔中。他是人格主義（Personalism）的忠實信徒——這種流行於一九三〇年代至五〇年代的基督教「第三路線」哲學，同時拒斥他們認為不人性的資本主義與極權式群眾政治，志在以人類的創造力與團結為基礎（而非自由個人思想與競爭）來創造社會與經濟制度。有些人格主義者提倡藉由區域性認同與無黨派（亦即非選舉）的聯邦機構來瓦解民族國家。他與密特朗的策略雖然在一九八〇年代早期失敗，但兩人並未因此改信自由主義，反而說服他們——法國必須接受此前考慮已久的、程度更大的歐洲整合。他們意識到：若用面對革命時法國保守派的睿智格言來說，就是「一切都得改變，才能讓一切保持不變」。德洛爾獲命成為主席，主持此前被動的歐洲執委會——這是他創造「歐洲模式社會」的最後一次機會，而這樣的歐洲將會是個「部分日耳曼化、擴大了的……法蘭西」。[24]若要守住戰後的基督教民主制度與社會主義所帶來的社會福利，就必須在經濟上有足夠的成就。用德洛爾本人的話來說，就是「在一個因全球化而上下顛倒的世界中，成為一個希望、一套典範與一處庇護所」。[25]他的訊息很吸引人，對英國亦然，甚至讓該國的工黨與工會團體一改傳統的反歐洲論。簡言之，柴契爾視「歐洲」為邁向全球化的一步，德洛爾卻將新的目的賦予歐洲：躲避柴契爾主義的避風港。

德洛爾策略大膽，利用柴契爾的單一市場，作為將歐洲同時帶往相反方向的契機。他主張，由於單一市場消弭了國家的現有控制，因此需要將執委會的權力延伸到環境、社會、貨幣與地區領域。他一再堅持成立單一市場與共同體擴大之前，必須先有更進一步的政治整合與執委會控管職權的延伸（即「深化」）。《單一歐洲法案》的第三部分（柴契爾勉強同意）擴大了執委會的職權，讓深化有了可能。儘管表面上是出於功能需要與經濟需求，但此舉實出於意識形態與政治目的——德洛爾的原話是，藉此創造「有組織的空間」，而非「自由貿易區」。[26]為了達到這個目標，尤其是為一般認為的聯邦化措施——貨幣統合做準備，是值得付出可觀的經濟代價的（包括經濟成長緩慢與失業）。德洛爾並未低估柴契爾式自由主義對他的「歐洲典範」帶來的危害。他相信自己只剩有限的時間能反對之。

德洛爾繼續進行他「瘋狂的國家建設」[27]，增加執委會在經濟、調控與政治上的權力，並如他的一位崇拜者所寫：「提高自己的位置，達到執委會的制度結構通常容許的程度以上。」[28]他讓執委會滿是由「校友」帕斯卡爾・拉米（Pascal Lamy）與富蘭索瓦・拉穆勒（François Lamoureux）領導的法國官員。新成立的「架構」、「地區」與「研究與發展」等基金，則是在政界與商界贏得盟友的手段，尤其是愛爾蘭、希臘等主要受款國，國內金融也因為鈔票海而徹底轉變。所有政治人物都會用自己的錢賄賂別人，但德洛爾有個難以抵擋的優勢——他能拿別人的錢賄賂人，還能讓人覺得把錢放進口袋才是對的。浪費、貪腐，以及國際說客大軍常駐布魯塞爾，就是無可避免的後果。執委會成了一位高度親歐的英國官員口中的「操法語口音的坦慕尼廳（Tammany Hall）[3]」。[29] 拉穆勒將德洛爾的手法命名為「俄羅斯娃娃」：「一個娃娃裡有另一個娃娃，打開來又是下一個……直到來不及回頭。」據知情人士所說：「這把戲是把一批批能吸引不同會員國關注的複雜交易……全綁在一起。」其中相當重要的一部分，是要找出「足以安撫英國新自由主義的提案，藉此降低英國人對於進一步集中主權的心防」。[30]

「俄羅斯娃娃」策略掀起一波統合的勢頭，令人沛然莫之能禦，尤其此時唯一有分量的對手是日益孤立的柴契爾——她拒絕整合，認為會傷害經濟，在政治上也無法接受。德洛爾的活動惹來部分英國媒體對他的不齒，程度不亞於後來法國人對處世溫和的英國貿易執委李昂・布列坦的譴責，將他妖魔化為追隨柴契爾的成吉思汗。但說實在，民粹反法小報《太陽報》（*Sun*），頭條標題〈去你的，德洛爾〉（Up Yours, Delors）贏來不少罵聲」跟《世界報》或《新觀察家》（*Nouvel Observateur*）那種儒雅

3【譯註】指一七八五年成立於紐約的政治性團體聖坦慕尼協會（Society of St. Tammany），以金援等方式影響紐約地區政局、候選人提名，後於一九六七年解體。

知識分子的反英情緒實在不怎麼像。除了法國內部的支持，德洛爾還有一項重要優勢，亦即與赫爾穆特．科爾的盟友關係。德國的「萊茵資本主義」（Rhenish capitalism）穩定、一致，擁有高度社會福利而又具有國際競爭力，對德洛爾影響很深。萊茵模式因僵化與高昂成本造成的問題，已經開始在一九七〇年代出現，但情況仍然讓人印象深刻。更有甚者，這些難以解決的問題甚至成了立論點，從而讓人主張將德國風格的社會政策推及整個共同體，以保護體制不受「不公平」競爭的傷害。冷戰終結，德國的再統一前景看好，科爾因此迫切想爭取盟友支持，並再度對盟友（尤其是法國人）保證德國是個「好歐洲人」。當密特朗與柴契爾以笨拙的方式力阻德國統一時，德洛爾則是以精明地歡迎來回應科爾。科爾—德洛爾聯盟就此鞏固。隨著統一已成定局，密特朗也做出取捨，認為進一步的歐洲整合是「對於我們所遭遇的問題唯一的回應方式」，將更強大的德國跟緊密的經濟與政治結構綁在一起。[31]

洛爾的執委會是個機敏的政治角色，對選民或對結果應盡的責任並未減輕其分量。執委會就是個夢工廠，其任務在於「創造並促成可能的發展」，[32]能夠從《社會權利憲章》（Social Charter, 1989）中奉為圭臬的環境保護、區域援助、健康、安全、勞工權宜等目標中，挑出受歡迎的來推行。此舉在不經意間孤立了英國人，讓柴契爾「在國內岌岌可危」，也為後來英國一百八十度轉彎鋪好了路。[33]從一九八〇年代後半的選舉結果，便能看出柴契爾在本國愈來愈不受歡迎，而她與外交大臣傑弗瑞．侯艾（Geoffrey Howe）、財政大臣奈傑爾．勞森（Nigel Lawson）等強大政壇同僚的公開爭執，也削弱了她的聲望。侯艾與勞森都想跟德洛爾的策略達成妥協，認為柴契爾的固執抵制註定會失敗。

【延伸】柴契爾夫人與法國大革命：一九八九年

《世界報》透過這幅漫畫，諷刺瑪格麗特·柴契爾拒絕頭戴佛里幾亞無邊便帽（Phrygian bonnet）[4]的法國人與法國大革命。她那口暴牙十分突出—法國人眼中英國女性的象徵。

一九八九年七月，密特朗在巴黎舉行一場盛大的政治嘉年華，慶祝一七八九年法國大革命兩百週年——昔日如猛虎般的大革命如今已成人見人愛的玩偶。西方領袖齊聚高峰會，世界上其他地方也有許多政治人物受邀出席。柴契爾送密特朗初版的《雙城記》（*A Tale of Two Cities*）——一本在她年輕時影響至深的書。[34]《世界報》舉行專訪，邀請來訪的政治人物向大革命與法國獨特的歷史角色致敬。許多人逢場作戲，結果製造出若干相當戲謔的結果：例如奧地利總統庫爾特·瓦爾特海姆（Kurt Waldheim）便盛讚《人權宣言》（結果後來爆出他是二戰戰犯的消息）。《世界報》留著柴契爾夫人作為壓軸，在七月十三日刊登。當《世界報》問柴契爾夫人「人權是否始於法國大革命？」這個難題時，她只簡短答以猶太教與基督教的共同傳統、《大憲章》、《權利法案》與光榮革命才是人權的起點。這對法國人來說並不新鮮：早在一八二〇年代，偉大的自由主義者富蘭索瓦．基佐便已教會大家《大憲章》的重要性。其他的受訪者也有類似的回答，甚至連丹尼爾．孔恩．本迪（Daniel Cohn-Bendit）——即一九六八年法國學運領袖「紅色丹尼」（Danny the Red）——也提到《大憲章》。但《世界報》卻賞了柴契爾一面頭版與一幅漫畫。是誰招惹誰？對於許多批評柴契爾的人來說，是她先招惹人，畢竟她的形象經常是挑釁、褊狹反法。老牌左派史家克里斯多福．希爾（Christopher Hill）還點名她「對法蘭西人民道歉」。

✣ ✣ ✣

柴契爾在一九九〇年十一月下臺，一場由保守黨中最親歐派系發起的反叛拉倒了她。不過，與柴契爾有關的單一市場立法活動仍然延續。德洛爾心知肚明，而且「有時候懷疑〔歐洲〕統合是否會如他所願進行」。[35]但他是個「積極的悲觀主義者」——這個人格主義詞彙，意思是即便你預料會失敗，也應該要堅持。透過單一市場與WTO進一步推動自由化，同時擴大推行社會保障（無論多歡迎，都會增加成本與僵化程度）——兩者之間的緊張關係在所難免，期間更有讓「歐洲」變成某種機制、將投資與工作機會轉移到其他地方的風險。成員國公民逐漸上升的不安也不容小覷。莫內規劃讓非政治專家進行超國家層級的管理，而備受討論的「民主赤字」（democratic deficit）[5]卻是其藍圖與生俱來的現象。只要這些專家們的活動有嚴格的限制，而且泰半不朝痕跡，人們就能接受。柴契爾與德洛爾愈是分別以除去舊有保護與實施新限制的方式，將把「歐洲」帶入日常生活，這種「赤字」就愈刺眼。單一市場會威脅既有利益，同一時間所推行的「俄羅斯娃娃」的整合手法卻又等於「問這對佳偶（「歐洲」及其民眾」）想不想結婚之前，就先起草婚前協議書」[36]——這是德洛爾的原話。他的解決方法，是在反對勢力壯大之前搶先出手（他說，自己的目標是在二〇〇〇年成立聯邦），成事之後再按照十九世紀國家建立的模式來塑造民眾的共識：「我們已經創造了歐洲，現在我們必須創造歐洲人。」[37]德洛爾藉由他稱之為「文化經營」的方式——半官方的遊說團體、補助文化活動、青年團、各種獎項、四百個獎助教職、一千七百個教學計畫，以及引導性的教科書、電影與影片——對民眾灌輸身為歐洲人的自豪感，使之接受「比以往更緊密的結合」是歷史的歸趨。

關乎歐盟成立的《馬斯垂克條約》（Maastricht Treaty, 1992.02）將德洛爾規劃的「經濟與貨幣統合」與單一市場正式結合起來。這場賭局差點就翻盤了。丹麥人在公投中投票反對批准。密特朗也舉辦了

4【編註】佛里幾亞無邊便帽（Phrygian bonnet），在法國大革命與美國獨立中都象徵著自由與解放。

5【譯註】指表面上具備民主機制與基礎的組織結構或團體，實際上已無法實踐民主原則。

一次公投，期待用深具說服力的「是」來反制丹麥人的「否」。法國當局採用傳統的愛國措詞向投票人喊話：「在歐洲居首的法蘭西」能擴大「主權法蘭西」的力量，並且在面對外面世界時為其社會制度、經濟與文化提供保障。[38]有個口號是「拿破崙也會投『是』」。但法國選民就跟拿破崙的大軍團一樣怨聲載道，在一九九二年九月二十日追隨其政治人物，公投最後以極小的差距過關：百分之五十一對四十九。大致上，投「是」的選票都來自都市與中產階級（所有主流政黨也都鼓吹投「是」），對於意圖讓共同農業政策自由化的感到憤怒的工人與農民則選擇「否」。

密特朗在一次選舉談話中向選民保證，他在九月三日表示計畫中的歐洲中央銀行（European Central Bank）將服膺於政治調控（但他說錯了），暗示會有更寬鬆的貨幣政策。據史家約翰・吉林厄姆（John Gillingham）的看法，國際貨幣市場因為他的發言而「發狂」，投機客開始對早已搖搖欲墜的歐洲匯率機制（Exchange Rate Mechanism，功能為協調歐洲共同體各國貨幣價值）展開一系列的攻擊，迫使芬蘭、瑞典、義大利與西班牙貨幣貶值。投機操作的高峰發生在「黑色星期三」（Black Wednesday, 1992.09.16），英鎊被迫脫離歐洲匯率體系，此時距離法國公投只有四天。[39]也就是說，密特朗的政治操作對約翰・梅傑（John Major）的保守黨政府——遠比以往更居於「歐洲的心臟地帶」——帶來沉重的打擊。不過，事實證明這次的不光彩，對於英國經濟是有利的——一旦少了幣值高估的負擔，經濟表現也隨之看漲。後來，英國出於政治與經濟的混和考量，便留在了單一貨幣——歐元之外。對於法國人化德國金融力量為歐洲所用，創造單一政治與政治體系、足以在全球經濟中與美國抗衡的策略而言，一九九九年至二〇〇二年逐漸起用的歐元堪稱巔峰成就。

柴契爾與德洛爾去職時，心裡都抱著痛苦的看法，認為贏的是別人。但英國與法國模式的拔河仍未停歇。英國政壇喜歡一再重複他們「在歐洲辯贏了」，但他們在法國肯定沒有贏。兩國的歧見一如往常明顯：面對全球競爭浪潮，是該躍向浪頭，還是爬上堤防？法國政府緊守共同農業政策不放，勞動就業部長瑪蒂娜・歐布里（Martine Aubry，德洛爾的女兒）更在一九九八年推行強制性的每週工時三十五小時政策。儘管歐盟對於採行競爭政策與公開市場有其規定，但法國政府依舊透過正式的政府持股和獎金，或是非正式的施壓與偏袒的方式，來指導、保護產業。法方不停要求歐洲應正式採用這種「產業政策」，並一再痛斥單一市場競爭不理性、造成破壞。至於這些「護國衛士」（national champions）的鉅額失敗，政府卻不予理會。其中一個護國衛士——里昂信貸銀行（Crédit Lyonnais）對納稅人帶來的損失，相當於法國所有家庭放一個月的假。這間銀行的巴黎總行在火災中燒毀，讓難堪的調查得以有縮短的可能。幾年下來，其他的財政黑洞還有法國航空（德洛爾親自出手相救）、電腦製造商布爾（Bull）、跨國集團威望迪（Vivendi）以及科技集團阿爾斯通（Alstom）。這類的失敗引發公眾的指責，以及對肆無忌憚的產業大亨（此前可是被人們奉為英雄）一連串的檢舉，連少數的貪婪政客也捲進官司。但人們對保護政策的原則卻少有反彈，而英國的不干預做法（柴契爾與繼任者所奉行）似乎獨好服務業，結果導致經濟活動的產業基礎無謂犧牲——這樣的前景可不吸引人。因此，法國財政部依舊撥出龐大款項、提供優惠貸款，無視於共同市場的競爭政策。法國電力公司（Electricité de France）與法國電信（France-Télécom）等公用事業在國內得到保護，無須面對外資購買或競爭，因此有能力收購歐洲其他國家的公共事業，其中又以解除管制後的英國為甚。可是儘管有這些努力，法國經濟仍然逡巡不前。傳統產業失去活力：法國最後一處煤礦場在二〇〇四年四月關閉。《穩定與增長協定》（Stability and Growth Pact，歐元的擔保）帶來的通貨緊縮效果，讓局面每況愈下。法國與德國在二〇〇三年後公然打破協定，並且在二〇〇五年迫使協定廢除。英國財政覺得開心，因為這顯示他們留在歐元區外是正確的做法。法國人覺得開心，因為這顯示他們有權利打破或修改規則。但其他小國不開心，因為尚．莫內的法治與中立專業人士調控願景之死，就暴露出它們有多弱小。

法國經濟衰落的明顯跡象（尤其是與英國相比時），成為二〇〇〇年代熱議的主題。但很少有人呼籲追求英國式的自由化——自由化不僅破壞力強大、無情，在政治上也等於自殺。《世界報》、《解放報》（*Libération*）與《新觀察家》等進步派報紙的一整代讀者，以及肯．洛區（Ken Loach）等英國激進導演的眾多法國支持者，對於新英國的狄更斯式恐怖景象，以及該國的乞丐大軍和驕橫富豪皆感到不寒而慄。法國與歐洲不僅要避免其失敗，也要避免其成就。若干事件強化了這種反感。一九九〇年代的「狂牛」危機，以及民眾對於牛腦海綿狀病變（BSE）傳染給人的恐慌，導致法國政府對英國牛肉進口實施禁令。這紙禁令直到二〇〇二年，也就是歐盟解除其牛肉禁令之後三年，依舊得到民眾的支持。如果要大力宣揚法國農業之優越與共同農業政策的價值，這可是個不能錯過的良機。前往英格蘭的法國遊客拒絕接觸任何與肉有關的東西；父母禁止小孩吃可能含有明膠的甜食。報紙揪出某個在英國陸軍協助下，將死牛肉走私進法國的祕密組織；此時，背信忘義的東尼・布萊爾還將英國所禁止的動物飼料出口至法國。[40]供應英國牛排的連鎖餐廳業主遭到當局逮捕下獄。無怪乎等到禁令終於解除，進口也未見起色。二〇〇一年，英國爆發口蹄疫，電視不斷重播大規模屠殺牲口，以及焚燒動物屍體的畫面。「火葬堆的中世紀紅光」，就是對「二十年極端自由主義」的嚴厲報應。[41]人們一再重申這起教訓，表示相較於法國模式的明智干預做法，英國模式根本是公共危險。具爭議性且廣為人知的商業決策——例如關閉法國境內所有的馬莎百貨（Marks and Spencer）分店，以及胡佛公司（Hoover）從勃艮第遷廠至蘇格蘭的「去地化」（delocalization），都證明了進一步的威脅。報紙開始出現類似〈英格蘭全面陷入危機〉（England: total crisis）以及〈極端自由主義幻象〉（The illusions of ultraliberalism）的頭條標題。[42]沒有人提到「迦太基」（因為法國的古典教育跟英國的一樣日趨消亡），但「小店主之國」的看法並未遠去。桑加特難民營就是兩國差異的縮影。（非歐移民會從這裡無票偷乘海底隧道列車前往英格蘭，最後終於在英國的壓力下於二〇〇二年十一月關閉。尋求庇護的人急著想離開法國，法國人雖然鬆了口氣，但多少也感到冒犯）。法方譴責英國缺乏管制的體系：沒有身分證、治安管理寬鬆，以及非技術性工作構成的「灰色」經濟。英國人曾經在哪兒犯過錯，現在就在那兒遭受懲罰。

總之，「法國」與「英國」模式繼續針鋒相對。就實施布魯塞爾指示一事而言，法國並非出於疏忽而成為最不守紀律的國家之一（英國則是最快實施的國家之一）。二〇〇四年，咸認是自由派的法國財政部長尼古拉・薩科吉（Nicolas Sarkozy），為了防止破產的阿爾斯通落入「外國人」——德國的西門子公司（Siemens）手中而費盡心思。歐盟單一市場執委弗里茨．博爾克斯坦（Frits Bolkestein）憤怒表示：「我覺得自己根本陷在某種時間扭曲現象中。我得捏自己一把，才能確定自己沒有穿越到一九六〇年代、一九〇年代或一九八〇年代……。聽聽看最近法國與德國政壇的聲明，你會以為〔單一市場〕策略從不存在。」他批評兩國偏袒自家的公司，同時讓歐盟新會員國被迫成本，意在對它們設下不利條件。[43]歐盟成員國之間的貿易陷入停滯。據估計，二〇〇四年時，「反傾銷」措施（反制可疑的不公平競爭）與其他非關稅性障礙相當於對歐盟外的產品徵收百分之四十的進口稅，如果是「高科技」製品，更是高達百分之六十。儘管有所改革，但共同農業政策仍然讓歐洲的食物價格高於世界水準百分之五十至六十。《單一歐洲法案》通過二十年後，會員國本身的採購只有百分之十六完全按照單一市場規則而行，而服務業（英國的強項）也仍然受到嚴格限制。[44]英國也因此長期對歐洲其餘國家維持貿易逆差，尤其是對法國。博爾克斯坦開始對若干服務業推動單一市場的溫和計畫，在法國造成公開抗議，後來更在法國總統雅克．席哈克（Jacques Chirac）與德國聯手之下，於二〇〇五年三月遭到駁回。若干英國工運人士希望本國模仿法國的保護手段。財政大臣戈登．布朗（Gordon Brown）駁斥：「舊有的整合計畫……歐洲貿易圈的願景，已經受到無可挽回的削弱。」要知道，他是在一場談「英國特色」的演說中提出這些看法。[45]但德洛爾的前任助手富蘭索瓦．拉穆勒（仍然在布魯塞爾身居高任）卻自豪宣稱：「今天的歐洲……並非自由主義的歐洲。歐洲受到嚴格的規範，〔以維護〕特定的社會模式。」[46]這時的歐洲仍然與柴契爾和德洛爾的時代一樣，同時朝相反的方向前進。

要在二〇〇四年擴大歐盟的承諾（英國對此最為熱情，法國則最意興闌珊），[47]讓多年來的歧見化為難題。若讓大半個東歐加入歐盟，會讓共同農業政策與德洛爾式補助款吃不消。更有甚者，新國家傾向於不按照法國模式發展。正當英國人認為自己勝券在握時，法國人卻先發制人。法國與德國對於盎格魯薩克遜人處理伊拉克問題的做法不表贊同，這對「法德佳偶」也因此重燃熱情。二〇〇二年十月，席哈克在未與其他政府商討的形況下，說服德國總理格哈特・施洛德（Gerhard Schröder）同意為了既有受益國而維持共同農業政策，提高其預算，扣住給予歐盟新會員國的結構基金（structural funds），並削減新會員國公民在西歐的工作權——簡言之，是以將新成員排除在完整的參與之外，藉此維持「法國模式」。席哈克後來對法國選民誇口：「給與法國農民的補助有百分之八十來自歐洲。我們是唯一需要補助的國家。那我們是如何辦到的？是靠我們德國朋友的諒解。」[48]法方的意外一擊，導致布萊爾與席哈克激烈交鋒。對法國來說，這場勝利所費不貲——法國一心一意捍衛自己的利益，曲解或無視歐盟的規定，而且擺明對新成員國缺乏同情心，這等於讓法國成為新歐洲領袖的希望完全煙消雲散。戴高樂當年希望「歐洲」成為法國發揮力量的「手段」，但在法國人眼中，「歐洲」泰半卻成了阻擋改變的屏障。雖然「法德佳偶」宣稱要當「歐洲發電機」，但當這兩個歐洲病夫奮力阻止擴大的社群脫離自己時，它們實際上卻成了歐洲的煞車。

歐洲聯盟未來大會（Convention on the Future of Europe）的成員在二〇〇二年挑選出來，大會的原意是負責提出讓歐盟與其公民更為貼近的措施，結果反而是「深化」歐盟，在接納新成員國之前先起草憲法。英國力薦採用更簡單、更有彈性的規則，外相傑克・斯特勞（Jack Straw）更敦促其公約最好「幾行就好了」。[49]但大會（法國前總統瓦勒里・季斯卡・德斯坦擔任主席）卻寫出了上百頁的規範。二〇〇四年六月，歐盟領袖齊聚布魯塞爾，為的是批准憲法並選出新的執委會，只是任務難度空前。對於伊拉克戰爭的交相指責在歐洲政壇爆發，各方的歧見因此加劇。

不止一位中立觀察家指出，若想維持英國對布魯塞爾與華盛頓的影響力，布萊爾政府此時只能假意支持一套瀕死的聯邦制度，直到法國模式必然失效的那一刻為止。[50]假使布萊爾政府真是在演戲，那可是很有說服力的演出。布萊爾把臃腫的季斯卡憲法當成區區某種「統整練習」，試圖推動國會通過之。但他在二〇〇四年四月屈服於政治與媒體壓力，並承諾舉行公投。鮮少隱藏其不耐的法國政府，也感到有必要依樣畫葫蘆。因此，一場比賽便在從柴契爾與德洛爾時代累積至今的易燃物上展開。民意調查顯示，英國選民極有可能投下否決票。向來對海峽彼端的陰謀提防再三的《世界報》，擔心布萊爾會輸掉公投，「拉著憲法跟自己一起下臺」，藉此「贏得背信阿爾比翁的謝意」。[51]英國政府盡可能推遲公投時間，最後訂在二〇〇六年。此舉為其他國家（可能是波蘭）先投下否決票，從而拯救自己的可能性留下餘地。或者，如果其他成員多都投下贊成票，政府便能運用哀兵之計，主張英國不敢「錯過歐洲列車」、面臨孤立。

歐盟憲法是否是在新成員國有發言權之前，讓「法國模式」成為法律的最後機會？還是終於讓百般不情願的法國接受「英國模式」的最後手段？抑或是一場虛與尾蛇的練習，結果造成長達數年的政治與法律糾紛？我們永遠不會知道。不過，發生在英國與法國的爭論，卻顯示海峽兩岸之間的分歧已經擴大到什麼地步。在英國，批評者攻擊歐盟，認為干預過多。而在法國，批評者卻譴責歐盟介入得不夠。

咫尺天涯

我們總在離開時，帶著曬傷脫皮的鼻子和不捨對自己許下承諾，有朝一日一定要到這兒生活。我們已經在漫長、灰白的冬日與油綠的夏日討論過這件事……。到了現在，我們居然實現了願望，這多少出乎我們預料。我們對自己做過承諾。我們買了棟房，上了法語課，跟大家告別，讓我們的兩條狗飄洋渡海，然後成了外國人。

——英國作家彼得．梅爾，《山居歲月》（*A Year in Provence*），一九八九年

以聯合王國為據點的話，你比較會感覺自己是全球經濟體的一部分。法國做生意的步調就是比較慢。雖然近年來企業文化有長足發展，但跟聯合王國比，法國鐵定落後許多。

——人在倫敦的法國生意人，二〇〇〇年[52]

英格蘭人恨法國人，法國人也彼此彼此。一片世仇上塗了一層偏見的果醬。法國人認為英格蘭人是傲慢的島民、吃水煮小羊肉佐薄荷，對於勾引人一無所知。英格蘭人認為我們囉嗦、傲慢、骯髒、渾身汗味大蒜味、輕浮、欺瞞腐化……。英格蘭人愛法國，但不愛法國人。

——《觀點》（*Le Point*），一九九九年七月三十日

史無前例的跨海峽移民現象在一九九〇年代展開。旅遊業的爆炸性發展也是故事的一部分：二〇〇〇年，有一千一百九十萬英國人（每五人就有一人！）平均在法國待上一星期，三百萬法國人則在英國度過長週末。[53] 但住下來（而非觀光）就是嶄新的現象。截至二〇〇二年底，約有七萬四千名英國成年人擁有法國居留證，得以在法國工作——這個數字可是在十年內增加了四分之一。居住在法國的總人數其實更高，還要包括依親、退休養老的人，短暫居留者更是為數眾多。此時出現了一種前所未有的現象：根據法國官方數字，估計有六十萬棟房子是為英國人所有。[54] 這大致等於每三十個英國家庭，就有一家在法國有棟房子。傳統的南法度假區始終是人們的最愛，但西法也有新一波湧入（不列塔尼增加了百分之一百二十），南法鄉間如隆格多克與加斯科涅亦然。移民人數增加最多的，則是新開發、便宜的地區，例如普瓦圖—夏朗德（Poitou-Charente，成長百分之一百七十）。[55] 至於北部——加萊海峽（Nord-Pas-de-Calais）、洛林與香檳—阿登（Champagne-Ardennes）等陽光不那麼充足的若干地區，無論距離多近、風景多美，移民人數都見衰落。廉價航空、便宜的汽車渡輪與高速列車讓距離逐漸不再重要。

不過，自從一九九〇年代起，無論是人數或與以往不同的程度上，來到英國的法國人都比沿相反方向去的英國人更為驚人：史上第一次，在英國的法國人多於在法國的英國人。英國法國領事館就登記有九萬一千五百名法國公民住在英國——這個數字是十年來增加百分之兩百五十的結果。然而據估計，真正的人數約在三十萬人左右，其中或許有三分之二住在倫敦地區。同一時期，由於公司行號為躲避法國勞動規範，紛紛集中於倫敦，結果旅居巴黎的英國人人數下降將近四分之一。長久以來，德國與比利時都是法國移民主要的目的地，但短短幾年間，英國便將這兩國遠遠甩在身後，與美國並駕齊驅，甚至超乎其上。倫敦霎時變成世界上第八大法語城市。來到英國的法國人與前往其他國家者不同，他們身分地位各異，而且年輕許多，泰半是二十幾歲的人。[56]

這些人口流動讓一項非常古老、早在十八世紀時便清楚顯示的差異重現江湖。「從沒有法國人去英格蘭找樂子，他絕不會自己選擇在那兒生活，只想盡快返國」——這向來是人們熟悉的曲調。[57]嚴格來說，這話的真實性比不上「英格蘭人去法國**只是**找樂子」這種想當然耳的說法——二〇〇〇年，英國人有一百五十萬趟次前往法國的商務旅行，法國人前往英國者則是一百萬趟次[58]——但大致上還是對的。多數前往英國的法國人是要賺錢，多數前往法國的英國人是要花錢：一年至少花掉五十億歐元，對於鄉間經濟是一大助力。從各方面來看，中年事業有成、在隆格多克置產的英國家庭，跟他們定居在不遠處波城的老祖宗們非常類似。數世紀以來，法國消費相對低廉，容許他們過著上流生活，兼有宜人的天氣、少有人居的鄉間，以及美食享受。

無獨有偶，在餐飲、酒吧、足球隊，以及在設立於法國報紙所謂「歐洲黃金國」（European Eldorado）分公司工作的優秀法裔年輕男女，也跟三個世紀以來先他們而去的假髮匠、舞蹈老師、女僕、男侍與廚師並無二致。就特定的奢侈品行業而言，法國匠人總是有更好的訓練。倫敦向來是塊磁鐵，但一九九〇年代的榮景更是讓其吸引力迅速增加。以二〇〇三年為例，里昂商學院（Lyon Business School）便有三分之一的畢業生到倫敦金融城就業，人數比在巴黎工作者更多。當代版的舞蹈老師，或許就是足球教練了：阿爾塞納・溫格（Arsène Wenger）在法國經歷一段二流的職業生涯後，前往巴黎學習科學化的運動管理，再到劍橋的語言學校學英語。雅號「教授」的他，在一九九〇年代將職業水準的嚴謹應用在兵工廠俱樂部（Arsenal）的訓練上，對英格蘭足球帶來革命性的衝擊，兵工廠也在他手中成為全世界最優秀的球隊之一。

二〇〇四年，法國國內的失業率是英國的兩倍，年輕人的失業率據估計達百分之二十六（少數族群居住區內更是達到兩倍），這是歐洲最高的數字。[59]找到工作的人若想升職，則得聽命於在法國公司行號中地位依舊重要的老手們。至於找工作或試圖轉換跑道的人，會到英格蘭尋找機會：他們傾向於待幾個月，甚至幾年，獲取經驗，並增進英語能力。綜觀歐洲或美洲，沒有其他地方能提供這種環境。《快訊週刊》（*L'Express*）的商務副刊《成就》（*Réussir*）在一九九九年發行一份八十四頁的特刊，為在英格蘭深造、找工作、成立公司的人提供建議：「趁你還年輕，你可以在這兒從零開始。」「對英格蘭人來說，結果才是一切；你讀哪間學校一點都不重要，職場也沒那麼多小團體。」法國公司無論規模大小，都成立了英國分公司，甚至是搬到英國：截至二〇〇〇年，英國已有一千七百家法國公司，雇用三十三萬人。較低的稅賦與較少的規範，是強大的吸引力。在英國成立一家公司，需要兩天時間與兩百英鎊；在法國，費用是前者的三十五倍，需時則是四十倍。[60]法國在新興產業方面出現企業家人才外流，例如菲利浦．弗德賽（Philippe Foriel-Destezet）——世界頂尖人力服務公司的創辦人，以及馬克．拉蘇（Marc Lassus）——「『法蘭西.com』的那個『.』，第五共和對比爾．蓋茨（Bill Gates）的回應」。[61]法國的「矽谷」是泰晤士河口。二〇〇四年的法國國家足球隊中，有七名球員受雇於英格蘭的俱樂部。在英國的稅制之下，他們的單位薪水是在本國工作時的五倍。「超級名模」利蒂希婭．卡斯塔（Laetitia Casta）在二〇〇〇年離開巴黎前往倫敦一事，惹毛了愛國人士，因為第五共和的象徵——擺在所有地方政府的瑪麗安娜官方雕像，是以她為模特兒所做。也算得上是號人物的前內政部長尚．皮耶．謝維尼蒙（Jean-Pierre Chevènement），則不懷好意警告說：她不只會發現倫敦的房租比巴黎貴、倫敦地鐵沒有巴黎地鐵好，而且「要是她生病——我是希望她不會——英國醫院的照顧可是遠不及法國醫院」。

謝維尼蒙料中了，許多法裔倫敦客著實覺得大囊腫（Great Wen）[6]難以理解。《快訊週刊》告訴讀者，他們會對人們寬容古怪舉止的程度、啤酒飲用量、對顧客的尊重、不拘禮節的職場關係，以及輕易就能找到工作而感到不可思議。[62]其實，這話跟法人在一七五〇年代說的相去不遠。多數人只待相當短的時間，融入當地甚或是彼此凝聚的程度因而有限。月刊《此在倫敦》（*Ici Londres*，一九四

6【譯註】威廉．科貝特對倫敦的稱呼，熱愛鄉村的他認為快速成長的城市彷彿一國顏面上的囊腫。

○年代的諷刺迴響）便刊登有法人店面、牙醫、醫生、通靈師、徵友者，以及打貝洛特牌（*belote*）團體的名冊。不願指望英國公、私立學校的家庭若想跟南肯辛頓的夏爾・戴高樂高中（Lycée Charles de Gaulle）距離夠近，就得勇敢面對西區（West End）的生活開銷。南肯辛頓取代了蘇活區，成為最接近法人殖民地的所在。大使館、領事館、文化中心與法語中學附近湧現咖啡館與書店，街道上點綴著刻意打扮成隨興樣貌的年輕人，感覺他們彷彿是直接從聖米歇爾大道（Boulevard Saint-Michel）來的。富勒姆（Fulham）有間當地引以為豪的法人酒吧。地方城鎮也有自己的小小法人殖民地。但整體而言，這些僑居地的出現並未引起多少注意。倫敦以外的僑居地向來能見度不高：我們不妨拿這唯一的一所法語高中和西班牙的三十所相比，拿兩間領事館與英國在法國的午間相比，或是拿兩間法國教堂跟八間英國教會與三十個駐外教士職位相比。[63]這當然反映了法人的湧入相當突然，或許也是默默承認要在英國正式樹立一種值得一提的文化氛圍，是件非常花錢又費力的事。

正當法國青年結伴前來體會「英國模式」的刺激與好處時，年紀漸長的英國人則是帶著家人尋求「法國模式」的安全與舒適。高速列車、細心維護的公路、地方的小機場、過度的醫療照護以及獲得補助的文化活動所帶來的滿足，完全讓人忘記這一切需要的稅金。連英國保守黨都表現出對法國醫院與公立學校的讚賞。法國鄉間得到人們獨一無二的鍾愛，遠超過價格、便利性與天氣的考量；我們已經提過（見第九章的「下入深淵」最後一段），這個現象可以回溯到十九世紀，然而在今天卻有一陣置產的風潮，前幾個世代倒是選擇租屋。

他們從英國房地產價格激增中獲益，得以購買、翻修從莊園到鄉間小屋等因鄉村人口減少而廢棄的房產。《法國地產新聞》（*French Property News*）刊登有理想待售宅清單。英國人心裡有個阿卡迪亞桃源夢[7]，但無法在本國以合理的成本實現。到法國擁有一隅，作為第二個、甚至是第一個家，等於是夢想成真。在法國買房子的人，理由有「生活風格」、「緩慢一些的生活步調」，以及「傳統鄉間」氛圍。據估計，半數的買家已經退休，四分之一是來度假，還有四分之一（人數逐漸增加）是來尋求嶄新的、沒那麼「有壓力」的職業發展。[64]

像梅爾說的那樣變成外國人，可以是一場褪去舊有身分的重生。但重生也是考驗，尤其是接生婆是法國公證人、市長或稅監時。多數人會在頭兩年內賣掉房子，度過這段時間的人則傾向留下來。[65]電視節目會跟進報導這些勇敢的買家，跟拍他們買下雜草叢生的葡萄園、廢棄的露營車營地，以及沒水管破爛小屋的冒險和冒錯險。旅外地產經紀人、顧問、建築師、營建商、花園造景廠商與專做疑難解答的人愈來愈多，為這些人效勞。以如何在法國生活為題的書籍紛紛出版。類似《法蘭西》（*France*，「是您通往法國與法式生活的護照」）這樣的雜誌，則用旅遊特色、簡單的知識（「法國人稱早餐是『Petit déjeuner』」），或是看屋、防蚊、迅速學成法語的妙招，以及有關法國稅法的重量級建議，來鼓勵潛在的移民。這類刊物對這個彷彿古怪但熱心的盧里塔尼亞（Ruritania）[8]社會充滿善意論調：「你能想像

7【譯註】阿卡迪亞（Arcadian）位於希臘伯羅奔尼薩半島，在希臘神話中是牧神潘（Pan）的領地，自古便以田園景致著稱，後來在文學中逐漸成為有如桃花源般的存在。

有一條法律規定父母得從政府提供的名單中為小孩命名嗎？簡直難以置信，但法國法律直到一九八一年都有這種規定。」[66]法國鄉間有超過一百個以上的英國人俱樂部與社團，包括多爾多涅仕女俱樂部（Dordogne Ladies Club，成立於一九八〇年代中葉，會舉辦前往波爾多與聖誕市集的購物行）、多爾多涅老紳士會（Dordogne Old Gentlemen，英國兵團的分會）以及若干板球隊。

這些團體會讓人想起波城狩獵會、英格蘭俱樂部等不對外開放的僑民社團。一家法國報紙確實抱怨起「殖民者」，點名香港末代總督彭定康（Christopher Patten）用太平山山頂區的別墅交換布魯塞爾執委職位與阿爾比（Albi）附近的一棟房子。但現代的英國移民與前輩不同，他們巴不得得到當地人的接納。對於彼得．梅爾的死忠支持者而言，這一點相當重要。一份針對下諾曼第（Basse Normandie）的研究，發現不光所有人都想成為社群的一分子，多數人甚至認為自己已經是了。少數個案的確無庸置疑，現在已經有了英國裔的市長、市議員，以及教區神父。但整體而言，諾曼人認為英國人的參與「非常膚淺」；他們對經濟、文化與政治的知識相當「粗淺」；他們的法語能力也「非常有限」。對於成為人們眼中與世隔絕的鄉里中給人觀看的本地人，可不是所有諾曼人都會覺得開心。他們雖然對初來乍到的人少有敵意（雖然有少數人仍然認為這些人是「宿敵」），但也沒有多少熱情，除非是那些對鄉下貧窮地方經濟有所助益的人。對外來者最友善的就數年輕人、中產階級，以及會講英語的人。有些人批評英國人小氣、自掃門前雪、時間都花在翻修自己的房子。他們也因為跟「菸酒掃貨行遊客」（booze-cruisers）與足球流氓有牽扯而獲罪，受人懷疑有酗酒與暴力的嗜好。最糟的是，他們會讓房產價格抬高到本地人付不起的程度——二〇〇〇年至二〇〇二年間，亞奎丹（Aquitaine）房價漲了百分之三十五。早已生根落戶的哈法族也罵如今到來的這些人是無知的新移民：「村裡有一戶外國人家就夠了。」彼得・梅爾因為引來一車車的旅客，結果造成鄰里間的不滿。在夏慕尼（Chamonix）這個「除了稅務以外，就完全是個英格蘭郊區」的地方，有百分之十的人口是英國人。法國人苦中作樂，開玩笑說夏朗德的每個村子裡只有一個英格蘭人，但在多爾多涅卻是每個村子裡只有一個法國人。一位政治人物警告：「等到多爾多涅有百分之八十的人口是英格蘭人，多爾多涅就稱不上是多爾多涅了。」[67]至少就我倆所知，目前還沒有人對南肯辛頓的命運表達同樣的恐懼。

✣　✣　✣

【延伸】海底隧道：突破

二次大戰期間，位於桑加特的舊隧道工程遭到德軍炸毀，英國人則是豎起耳朵，從莎士比亞懸崖這端仔細聽可能的祕密挖角行動。海底隧道的構想在一九五四年，亦即《摯誠協定》五十週年時重見天日，帶著另一種歷史的回音。提議的人是保羅・勒華・博略（Paul Leroy-

8【譯註】小說家安東尼・霍普（Anthony Hope）在作品中提到的虛構中歐國家，相關的故事通常以鄉村為背景，文化風俗古樸而奇特。

Beaulieu），他是隧道公司（一八七四年成立，至今猶存）的管理者之一，也是一八六〇年自由貿易條約（見第八章的「這般忠實的盟友」最後幾段）法方協商代表米歇爾・舍瓦利耶的孫子。[68] 一九五六年，蘇伊士運河公司在失去運河之後，也加入了隧道計畫。隨著英國試圖加入共同市場，海底隧道的構想也得到了新的重要性。麥克米倫與戴高樂曾短暫討論過，而戴高樂的「Non」（不）也沒能扼殺這個計畫。真正的問題在於錢：英國財政部與法國財政部勢同水火。但提倡的人依舊不懈，等到英國終於加入歐洲經濟共同體後，挖條隧道似乎成了新紀元的重要象徵。一九七三年，兩國簽訂條約與協議，距離最早的工程喊停時，已過了九十年。然而，開隧道的成本令人膽寒，而且沒有人想要「地底協和號」。隧道計畫在一九七五年再度擱置，只挖了一千碼。不止一位法國政壇要人認為，這證明英國「對歐洲興趣缺缺」。[69] 讓海底隧道計畫重新再來的人，是瑪格麗特・柴契爾。她在與密特朗首度的高峰會後讓計畫復活，條件是要由私人資金來支付經費。一九八二年的計畫再度採用了一九七〇年代的規劃，挖掘一條鐵路隧道，而非以預鑄組件建隧道、建造橋樑，或是某種綜合體。銀行與小股東（以法國人為主）被低成本估算與樂觀過頭的交通前景撓得心癢，接下來卻後悔莫及。一九九四年，海底隧道由女王與密特朗總統揭幕啟用。密特朗表示，法國遊客將有餘裕能欣賞肯特鄉間景致，因為英格蘭火車車速不快。經歷一百九十二年，一百三十八份計畫，英國人的羞怯終於是克服了。

✣ ✣ ✣

總之，英國人與法國人與彼此的接觸愈來愈多、愈來愈久，理由也遠多於以往。雙方都想從對方身上得到特定的東西，傾向於忽略其餘一切。當然，例外會有。肯定有年輕法國企業家會經常造訪泰特美術館、體驗鄉村酒吧風情，到凱恩戈姆山脈（Cairngorms）健行。想當然，無疑也有住在普羅旺斯的英國屋主會緊盯《世界報》的政治報導，讀最新的法語小說，成為地方歷史的專家。但是，對於彼此生活與文化的那種積極興趣，是否也像在十八與十九世紀時一樣，吸引了這麼多人呢？

書籍的交流就是一項指標。[70]法國人出版的英文書譯本與進口的英語原文書，遠比英國人翻譯、進口的法國書為多。這是否成為英國人性格封閉不懂藝術，文雅法國人海納百川的又一項證據？不見得。法人進口的書籍種類相當有限，以童書、語言教科書或《金氏世界紀錄大全》（*Le Livre Guinness des Records*）等非虛構類暢銷書為主。若干較受歡迎的英國作家——如朱利安．巴恩斯（「深愛法國已無可救藥」——《快訊週刊》語）、史家西奧多．澤爾丁（Theodore Zeldin），當然還有彼得．梅爾——都是寫法國好話的人。說起來，法國人翻譯較多的當代英語小說，英國人則持續購買大量的十九世紀法國小說。相較於法國人，英國人進口的嚴肅非虛構類作品更多，顯示其學術界的目光更為對外。有些嚴肅著作，例如埃曼紐．勒華拉杜里（Emmanuel Le Roy Ladurie）的《蒙大猶》（*Montaillou*），甚至成為暢銷書。出自米歇爾．傅柯（Michel Foucault）、雅克．德希達（Jacques Derrida）、雅克．拉岡（Jacques Lacan）、羅蘭．巴特（Roland Barthes）、皮耶．布迪厄（Pierre Bourdieu）、費爾南．布勞岱爾（Fernand Braudel）等人手筆的哲學與批判之作，對盎格魯薩克遜學界有巨大的影響力。法國人對於任何英語世界的知識分子都沒有表現出與此相當的興趣，管他聲名多遠播。

書籍與電影的人氣，經常能反映既有的成見。[71]菲莉絲・桃樂絲・詹姆斯（Phyllis Dorothy James）與露絲・倫德爾〔（Ruth Rendell，法國懸疑大師克勞德・夏布洛（Claude Chabrol）拍出她的其中一本小說，在《儀式》（*La Cérémonie*）一片中傳達了原著道地的戰慄感」之所以成功，多少是因為她們的作品是法國人認為的英式精華——謀殺謎團。若干在英國取得成功的法國作家——例如米歇爾・維勒貝克（Michel Houellebecq），也會得到類似的評論，因為情色、哲學與刺激向來是人們心中的法國典型。色情也是凱瑟琳・布蕾亞（Catherine Breillat）《羅曼史》（*Romance*, 1999）之中的一個課題。這部片改變了英國的電影審查，是第一部呈現真槍實彈性交場景的主流電影，拿到了「十八禁」：英國電影分級委員會（British Board of Film Censors）解釋說，本片「非常法式」。[72]劇評同意：這部片展現了「法國閨房哲學令人肅然起敬的傳統」，「以布莉琪・瓊斯（Bridget Jones）永遠不懂的方式」單刀「直入性事的心臟」。

較低的年齡層顯示出興趣比較不刻板的跡象，反映的或許是倫敦與巴黎對彼此造成的吸引力。小品且（或）高度浪漫化的都會描繪擁有龐大的市場，這正是尼克・宏比（Nick Hornby）與海倫・菲爾丁（Helen Fielding）等作家，以及《艾蜜莉的異想世界》（*Amélie*）或《新娘百分百》（*Notting Hill*）等電影會成功的原因。音樂方面，傻瓜龐克（Daft Punk，兩個法國人組成）在一九九〇年代風靡一時，成為英國音樂刊物密集探討的主題。然而，世紀之交時最是讓人嘖嘖稱奇的文化現象，卻是受英國影響、原本主要是為孩童所寫的書籍與電影居然席捲全球——《哈利波特》（*Harry Potter*）與《魔戒》（*The Lord of the Rings*）。二〇〇〇年，四本在法國最暢銷的著作，全都是「阿里・波迭」（Arri Pottair）[9]的小說，四年內就賣了七百萬本。同一群讀者中，我們根本不可能想像同一群閱聽人中的一小部分人，會對以真實的英國為背景的書或電影有興趣，無論時間設定是現代或古代。

兩國對於南美洲、印度、非洲與美國電影或小說皆求知若渴，而且有興趣的通常是一樣的作品。法國人（先別算《哈利波特》！）比英國人購買更多德國、義大利、比利時與美國小說。除了少數例外，當代法國小說家的作品在英國銷路有限，而且只有少數嚴肅的週刊偶爾對未經翻譯的法語著作做書評。一間英國出版社怪法國作家故步自封、自鳴得意、眼光褊狹。[73]總之，無論特定的作品多麼迎合口味，二〇〇〇年代的法國與英國普羅大眾對於彼此的當代文化，表現出的興趣皆遠低於歷史上的關鍵時期。但兩國人民之間的個人接觸，在這段時期卻也是史無前例的頻繁。會不會只是因為熟悉，所以毫不在乎？

兩國民眾對於彼此有高評價的部分，多讓人想到輝煌的過去，而非乏味的當下。這些隱隱約約卻由來已久的感受，會在廣告意象、消費商品與意見調查中浮現。法國雜誌中的英國或仿英國產品廣告，會強調精緻、貴族、獨特、傳統，有時甚至是「怪」——全都是古老的主題。（二〇〇五年，巴黎某家

9【編註】法文發音的《哈利波特》。

知名百貨在展示一條流行線商品時，居然名之為「艾塞克斯少女」，或許是有規則必有例外吧）。捷豹與路華（Rover）車款的賣點在於其皮革座椅與木質邊飾，而非車輛性能。這是種「英式」意象，雖然有時明明是蘇格蘭花格紋。[74] 法國上層階級仍然喜歡找講英語的保姆，有些保姆講話會拖長語調，讓口音稍微像英格蘭人。巴黎老店老英格蘭〔Old England，幾代下來都是由同一個（法裔）家族所擁有〕提供昂貴的花呢與麥金塔雨衣（mackintosh）給「卑塞卑皆」（*bon chic bon genre*，「時尚有型」之意）的巴黎客：他們的理想，就是「要來點歷史情調與鄉村元素」。這種所費不貲的便裝風格一如過往兩個世紀，是以男性為主導；而且，一旦法國女性也開始穿起來，就代表這種風格已走向優雅的極致，一如既往。

法國商品在英國的廣告方式也很傳統：*chic* 跟性感的老題材。雷諾汽車在一九九〇年代有一系列的廣告，觸及率很高，裡頭演出的是一位冒冒失失、典型左岸風格的「妮可」（Nicole，由一位捷克女演員飾演）；她放蕩不羈、世故的「爸爸」；爸爸的情婦、母親，以及私人司機——彷彿迷你版的馬塞爾・帕尼奧爾（Marcel Pagnol）故事，瀰漫著一九五〇年代的味道。近年來的汽車廣告之所以試圖以更露骨的方式展現色慾，愈來愈不那麼「法國」，原因或許正在於此：不再強調法國或英國的品牌形象，似乎成為普遍趨勢，而這可能反映了海峽兩岸的緊張關係。時代啤酒（Stella Artois）是個例外，這個牌子的酒在英國釀造，用喜劇版的《戀戀山城》（*Jean de Florette*）鄉村氣息來行銷。唯有在女性時尚與化妝品方面，「法國特色」才會代表「現代性」。法式男性形象（除了偶有的陽剛足球員）顯然無法吸引英國男性消費者。這或許反映了十九世紀晚期出現的民族刻板印象性別化過程（見第二部插曲「各種觀感」之「陽剛與陰柔」）。

關於懷舊情感、當前事件及其造就的記憶，意見調查為這三者的混和提供了奇特的洞見。針對一九九〇年代，以及二〇〇四年《摯誠協定》一百週年時的深入研究，顯示出許多延續與些許改變。[75]古老的刻板印象生命力依舊旺盛。英國人把法國人跟高雅、教養、文化、多話、講究美食、誘人魅力與傲慢連在一起。說到英國人，法國人會想到幽默、古怪、島民性格、冷漠、原則、自我中心、酗酒、傳統與勢利，他們還認為「五點鐘喝茶」（five o'clock tea）[10]是英國普遍的風俗。即便是約翰森醫生、布朗神父、弗蘿拉・崔斯坦與威廉・梅克皮斯・薩克萊，對這些深植於文學、記憶與語言中的概念也不會陌生。現實經常為了迎合概念而扭曲——因此搞笑喜劇演員班尼・希爾（Benny Hill）在法國才會人氣始終不墜，成為觀眾眼中英國幽默的超現實絕妙表徵；也因為如此，英國人才會以為法國足球員都能聊哲學。兩國仍有一小部分人認為對方又臭又噁心，但其實兩國在個人衛生上已經進步到對方認不出來的程度了。延續之外，亦有改變。英國人對一度遭人遺忘的法國鄉間（週末副刊經常出現的主題）表示讚賞，而一度異口同聲對英國風景讚不絕口的法國人，卻再也不把這放心上。法國人也不再羨慕英國的政治制度。許多英國人仍然認為法國人「膽怯」（馬爾博羅與威靈頓絕不會這麼想，他們反而認為不顧一切的勇氣是法國人的特色）。曾經鋪天蓋地的陳腔濫調，有些似乎正逐漸消失。

10【譯註】典出瑪莉・卡薩特（Mary Cassatt）一八八〇年代的畫作之名，圖中是兩名婦女喝下午茶的模樣。

法國人普遍不常把英國人描述成「背信棄義」或「假道學」：其實，他們認為英國人最強烈的個性，就是「堅守原則」，只是不認為這是純粹的德性。他們也不再視英國人為好運動者（*sportifs*）。兩國人仍舊認為對方獨立、自私、驕傲且自大——這些抱怨由來已久，起因則是對方「對自己國家的自豪之情，居然能高到無視海峽對岸典範人物的地步」，令人惱火。[76]不過，英國人反倒不受自家八卦小報的反法心態（通常是開玩笑）影響，他們對法國人的喜愛、推崇與信任顯然比法國人對他們的高上不少。[77]

對於彼此的這些看法雖然根深柢固，但它們的根據不過只是少之又少的地理、歷史、文化與政治知識。報章雜誌雖然經常報導彼此——諸如旅遊業發展、巴黎與倫敦景點建議、書評與影評，以及大量關於時尚的文章——但留下來的明確印象卻很少。只有倫敦與巴黎，只有大笨鐘（Big Ben）、艾菲爾鐵塔、羅浮宮金字塔、凱旋門，以及牛津和劍橋，能立刻引發人們的迴響。二〇〇〇年代的上百萬遊客似乎沒有多少常識。關於歷史，人們只知道大規模的動亂：英國人知道法國大革命，許多法國人記得滑鐵盧，但除此之外就只有第二次世界大戰是雙方都有深刻印象的事件，戴高樂與邱吉爾則跨越在兩國人共同記憶之上。關於政界，只有現任的法國總統與英國首相為海峽兩岸所知，此外還有瑪格麗特・柴契爾。王室成員永遠在法國人的腦海中占據顯著位置，但除此之外，就很少有當代英國人為法人所知。兩國人對彼此文化的知識都很粗淺。法國人聽過莎士比亞，英國人聽過印象派畫家。當代文化則是船過水無痕。對於一九九〇年代的英國人來說，西蒙・波娃（Simone de Beauvoir）與尚・保羅・沙特（Jean-Paul Sartre）依舊是備受推崇的知識分子，而最有名的法國女人則是愛迪・琵雅芙（她都死了三十年了）與碧姬・芭杜——她是《上帝創造女人》（*Et Dieu créa la femme*）將近四十年後，唯一在英國人記憶中留下深刻印記的法國女演員。[78] 多數人的文化認知似乎都有一大段時間差。幾乎所有以法國為題的英國廣播節目，都會配上一九五〇年代流行的手風琴音樂。在英國文化的各個方面中，「音樂」是法國人在二〇〇二年時表示自己最欣賞的一面（然而不包括亨利・普賽爾〔Henry Purcell〕、艾爾加或班傑明・布列頓〔Benjamin Britten〕的作品），但他們想到的都是一、兩代人以前的名字——披頭四與性手槍（Sex Pistols）。雖然有百分之八十的英國人表現自己對法國藝術、文化與創造力的欽佩，但在二〇〇四年的調查中，他們認得出來的當代人姓名都是足球員，以及（高達百分之一的人曉得）身材魁武的演員傑哈・德巴狄厄（Gérard Depardieu）。每十個人裡，就有六個人完全講不出任何還在世的法國名人。[79] 簡言之，英國人對於他們認為的法國還算喜歡；法國人對於他們心裡想的英國則是相當不喜歡。

兩國向來都是對方能自我檢視的一面鏡子。在一九六〇年之後的一代人的時間裡，英國人看到了一個成功、堅定的法國，並以此衡量自己的衰敗。等到頹勢在一九八〇年代反轉時（至少在經濟上），他們則用法國「生活方式」——從高速列車（*trains à grande vitesse*）到極慢食（*extrême lenteur*）的午餐——提醒自己用樽節與工作狂換得復興的代價。這是許多法國人渴望聽到的消息，畢竟這對他們在本國與歐洲捍衛「法國模式」的決心是種肯定。只是異議之聲在英國與日俱增，到了二〇〇〇年代，書店裡滿是主張法國正在衰落的小書。有些人甚至指向英國，作為法國復興時應該遵循的典範。

✣ ✣ ✣

【延伸】語言：用舌頭投票

還記得查理五世的妙語嗎：人對神要講西班牙語，對男人講法語，對女人講義大利語，對馬講德語……。他完全想不到該對誰講「天殺的」的語言……連馬都不聽！

——夏爾・戴高樂[80] 11

一國的經濟力與其文化傳播之間互有關連……這正是我們必須不停在世界上加強、拓展法國文化傳播的原因。

——瓦勒里・季斯卡・德斯坦[81]

談到語言，沒有哪個國家比法國更為敏感。早在十八世紀，法國人便開始關心如何維持法語新取得的國際地位了。這件事向來同時是政治與文化議題，因為法語既是影響的手段，又是影響力的象徵。當物質力量衰頹後，法國的語言、價值觀與文化仍然確保法國擁有獨一無二的聲望。法國當局努力維持：二〇〇〇年時，有八萬五千名文化專員在海外工作，政府也為鞏固法語國家及地區國際組織（大致可說是語言版的大英國協）付出相當心力。國際上減少使用法語的情況，頗能解釋法國對外界的悲觀態度。法蘭西學院與法國文化部等政府機構，把注意力擺在一個敵人身上：英語。法語若從其他語言借用詞彙，可是很少造成紛爭。沒有人會堅持稱呼「披薩」（*pizza*）為「乳酪餡餅」（flan aux fromages），或是管「鬥牛」（*corrida*）叫「鬥牛比賽」（concours tauromachique）。相較之下，「軟體」（software）與「電子郵件」（email）卻因為法語最高委員會（Haut Comité de la Langue Française）之故，正式改名為「*le logiciel*」與「*le courrier électronique*」。一九九四年的《都蓬法》〔（Toubon Law），由文化部長雅克．都蓬（Jacques Toubon）所提出〕要求官方文件上全部採用法文字，包括由公基金贊助的學術會議與講座。「語言的使用絕非無害，」部長解釋道：「語言會成為……宰制的工具。」[82]法語的使用和歐洲的規範（由巴黎所促成）皆是以保護法國商業文化、對抗美國競爭為目標，例如限制可以出現在廣播中的美國流行樂數量。法國的人氣表演者八成是看到市場上的空缺，於是錄起英文歌——有些英國樂評認為，法國歌手得天獨厚，能比別人更有膽唱出像「嗯嗯嗯寶貝，感覺真棒」這樣的英語歌詞。法國當局也在電信通訊與廣播體系、配音與字幕上保有許多規範性與技術性障礙。「歐洲」一直是法國人心中，對抗都蓬所謂「盎格魯商人文化」最堅強的屏障〔壞心眼的同胞給都蓬取綽號叫「都好」（Allgood）[12]〕。[83]直到一九九五年，英語都還禁絕於歐洲執委會新聞發布室。但歐洲整合其實卻成了傳播英語最

11【作者註】「天殺的」（*les Godons*）是法國人給英格蘭人起的諢號，由來是因為他們常常罵咧。

12【譯註】英語的「都好」（all good）可以直譯為「Tout bon」，與「Toubon」近似。

佳媒介之一。經過二〇〇四年擴大歐盟後，執委會就多半講英語——雖然法國政府在亞維儂（Avignon）附近一處莊園，為新的執委們提供充滿享受法語課程。有些英國與法國官員認為，用語的轉變必然對布魯塞爾的看法有潛移默化的改變；但惹人厭的行話恰如其分得了個「壞英語」（le Bad English）的綽號，這也暗示了歐盟首都的思考沒那麼簡單。連法國財政部內部也開始使用英語，只要討論的文件最終目的是布魯塞爾，就會採英語撰寫，因為布魯賽爾所有經濟與金融報告都是以英語起草。自告奮勇的看門狗——英語門墊學會（Académie de la Carpette Anglaise）每年都會在傳播英語的「通敵」國內名人中選人出來，頒發「不名譽公民」獎（「英語門墊」）。相較於這個古怪組織的存在，這個組織抹黑的範圍之廣才更引人注意，包括歐洲央行總裁、布魯塞爾高官帕斯卡爾．拉米、法蘭西大學出版社（Presses Universitaires de France）社長（因為出版社以英語出版一本管理學教科書），克里斯汀．迪奧（Christian Dior）老闆——因為這間公司用「哈英」的名稱為美妝商品做行銷。可就連這個學會自己的網站，也有到倫敦上實地語言課程，以及在巴黎的英語約會安排公司的廣告。推動防止使用英語的運動顯然更是反動，當席哈克在二〇〇六年三月步出一場歐盟峰會時，他甚至因為聽到某個法國人講英語而「深感震驚」。

超乎尋常的變化發生在草根層級：法國人學起英語，或者像某些人偏好的說法——學美語。不過才一代人以前，受過教育的法國民眾很少會說英語，讀也只讀一點點。自認為懂英語的人裡面，講話流利的也不多。頂尖學術機構以英語出版重要著作時，不會加上任何註解。到了二〇〇〇年代，受過相當教育卻一點英語都不懂的人，成為一種相當稀少的現象，而且人們普遍英語相當流利。二〇〇四年，談教改的《泰洛報告》（Thélot Report）呼籲法國小要教更多英語（從而為報告的作者贏得一張「英語門墊」）。自一九六〇年代起，到英國念一段時間的語言學校，已經成為許多法國青少年的成年儀式。法國菁英的搖籃如「巴黎政治學院」（Sciences Po）與「巴黎高等商學院」（Hautes études commerciales de Paris, HEC）[84]也開始全英語授課。事實證明，高等教育方面的歐洲整合是英語化的進一步工具，交換學生創造了大量湧入英國的學子——二〇〇四年時有五萬名全職大學生——卻沒有另一個方向的湧出加以平衡。有遠見的法國親歐派人士有意重新恢復均勢，要求歐洲所有大學生在**兩個**國家強制學習。

英國人雖然仍然是世界上學法語的主要外國人，但他們難免愈來愈懶得學其他語言。[85]盎格魯薩克遜人旅遊、談生意用英語都能通，但這種便利的代價則是貧瘠的單語文化。法國人再也不能是自己的語言為全世界首要的文化媒介——其實，法語擁有這種地位的時間相當短暫。但學習其他語言的刺激成了補償，而且對於一個傳統上一向相當內向、不出家門的社會來說，學習外語有著無法估量的長期重要性。否則，法國會愈來愈邊緣化，老笑話也能改口為「霧鎖巴黎，世界孤立」。

✣ ✣ ✣

大小很重要

各國都會不斷與鄰國相比較，但少有國家像法國與英國這般強迫性的擔憂。兩國評論家與政界一再宣稱自己是「世界第四大經濟體」，僅次於美國、日本與德國[13]。法國評論家自信滿滿，說法國是世界「第三大軍事強國」，甚至是美國以外唯一的「全球」勢力。雖然英國人不常做出類似的主張，但很少人會承認法國排在自己前面。民意調查經常顯示，兩國皆認為自己比對方重要得多。

兩國在各自的歷史上首度並駕齊驅。儘管法國領土大得多，但兩國如今的人口其實一樣多。雖然雙方大力鼓吹彼此以不同方法追求教育與醫療照護，但在經濟、社會與文化發展的大致衡量上卻沒有太多區別。就各種饒富興味的生活領域而言——例如第一次性交的年齡（據說法國人平均早別人一個月失去自己的童貞）、運動成就、藝術活動，甚或是抽菸與謀殺律——兩國人皆相去不遠，或者根本一樣。某些明顯的差距（例如交通事故傷亡）正在縮小。酒類消費也趨於一致，法國人減少飲用，英國人則是酩酊大醉。貪腐指數（Corruption Index）倒是呈現不同，英國仍然是咸認全世界最清廉的大國，法國則顯示出惡化的危急跡象。

唯有對國力的實情與感受造成影響時——也就是經濟表現與軍事力方面，法國與英國的比較才會引發爭議。這兩個經濟體表現不相上下。兩國都是「可見」（商品）與「不可見」（金錢與服務）兩者的主要貿易國。兩國各有其獨特的優勢：例如英國的倫敦金融城（有助於該國成為世界第二大服務出

誰領了最多補助？英國（布萊爾）還是法國（席哈克）？

口國）與法國的旅遊業（該國有三分之二收入來自服務業）。兩經濟體規模變得相當類似，讓愛國的統計學家對於哪一國更大難以得到共識，光是英鎊或歐元價值的小幅震盪就能讓一國看來富於另一國。但發展的趨勢很清楚。戰後年代，法國的成長顯然較高，其人均GDP也在一九六〇年超越英國。情勢從一九八〇年代開始反轉。英國的成長率趕過一九九〇年代早期的法國，人均財富則在一九九〇年代中葉超越法國，讓英國首度成為歐洲最有錢的大國。

13【作者註】然而就購買力而言，兩國並列第七——落後於中國、印度……以及義大利！

成長率，一九九〇年至二〇〇四年

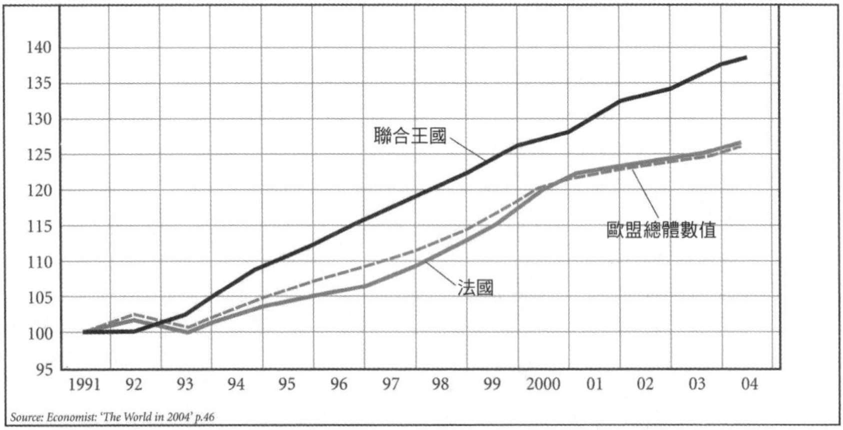

成長率（實際GDP：一九九一年數值＝100）

財富，一九八〇年至二〇〇四年

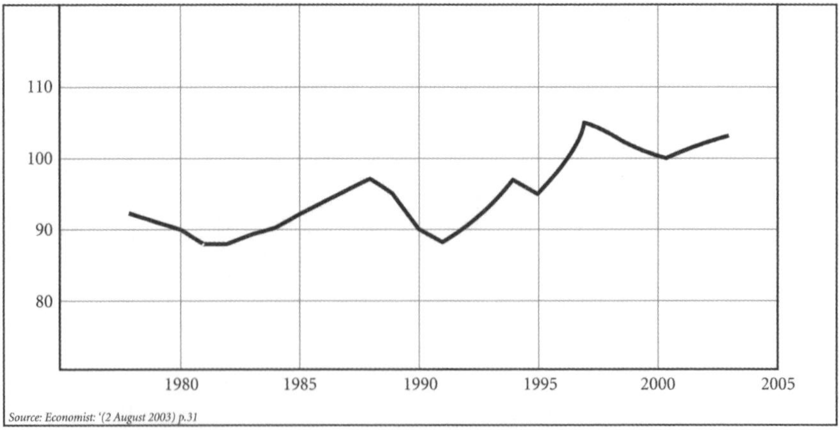

財富（英國人均GDP化為法國人均GDP百分比）

【延伸】不甚相像的雙胞胎[86]

	法國	英國
人口	六〇四〇萬人	六〇五〇萬人
人口密度（每平方公里）	一〇八人	二四四人
GDP	一・九一一兆美元	一・九二七兆美元
人均GDP	二・八六萬美元	三・〇二萬美元
GDP成長率	一・七％	三％
通貨膨脹率	一・六％	一・五％
總勞動力	二七二〇萬人	三〇二〇萬人
失業率	九・八％	四・八％
年工時	一五〇〇小時	一七五〇小時
國債占GDP百分比（與OECD排名）	五〇・九％（世界第十）	四〇・四％（世界第十六）

政府支出（占GDP百分比）	五三・五%	四〇・七%
貿易占世界出口百分比（與排名）	五・一八%（世界第六）	六・七四%（世界第四）
無形貿易占世界出口百分比	五・六一%（世界第五）	一〇・九一%（世界第二）
貿易差額（二〇〇三—〇四年）	順差四十六億美元	逆差八八四億美元
最大貿易夥伴國	德國	美國
對海峽彼岸出口[87]	香水、塑膠、橡膠、紙、汽車、家具、時尚產品	化學材料、金屬商品、機械、電器、男性與運動服飾
製造業生產力（二〇〇〇—〇二年增加百分比）[88]	一三・七%	一一・三%
外商直接投資（一九九四—二〇〇三年）	三五一六億美元	四六三一億美元
歐洲排名（二〇〇四年）[89]	第二名	第一名
競爭力（二〇〇四年世界排名）[90]	第二十七名	第十一名
人類發展指數	九二・八	九二・八
諾貝爾獎數量	四十四名	八十八名

占世界前二十五名大學數量[91]	〇所	四所
貪汙指數（10＝絕對清廉）	六・三	八・七
保健支出占GDP百分比	九・七%	七・七%
預期壽命	七十九歲	七十八・二歲
第一次性經驗平均年齡（一九九八年）[92]	十六・六歲	十六・七歲
監獄人口	六三〇〇〇人	七三〇〇〇人
謀殺案數（一九九九年）[93]	九五三件	九二七件
交通意外死亡人數（一九九六年）[94]	八〇八〇人	三五九八人
吸菸（人均年吸菸數與歐洲排名）	一三〇三支（第十三名）	一一〇六支（第十四名）
酒類（人均年飲用量）	十一公升	八公升
書籍銷售（年額度）	二十五億美元（世界第七）	四十三億美元（世界第四）
外援（年額度）	四十二億美元	四十六億美元
奧運金牌數（一八九六—二〇〇四年）	二〇〇枚	一九七枚
歐洲歌唱大賽排名（二〇〇五年）	第二十三名	第二十二名

法國評論家指出，該國每位勞工平均生產力較高，貿易也長期保持（但正在衰退）淨出口——對英國的出超更大於對其餘任何國家。這顯示出法國經濟在特定領域的實力（例如汽車、奢侈品、旅遊業、食物加工業）、更多的投資，以及訓練多少更完善的勞動力。這種觀點不僅將英國的優勢（以金融服務業為主，面臨中國與印度的經濟復甦，這是唯一不會遭受打擊，甚至仍有潛在獲利能力的部門）縮到最小，也忽略了法國的弱項。高生產力是高度管制的勞動市場與獨一無二的沉重工資稅造成的結果，公司行號因此寧可設置機械設備，也不願意雇用工人。如果擴大經營就意味著更多員工，許多公司寧可拒絕擴廠。多數湧入的外國投資因此注入大量生產的產業部門，創造的新工作少之又少。後果就是長期失業問題與未能充分發揮的生產力。英國成長率較高、失業率較低的事實，在法國民眾的意識範圍內產生影響——到了二〇〇五年，這已經成了「人盡皆知」的事。[95]以最簡化的方式說，英國的情況是國家拿得少，更多人有工作，有工作的人工時更長。法國則是政府與公部門大得不尋常，失業率高得不尋常，有工作的人做的事情更少。當然，兩種模式各有所好，這一點從跨海峽的移民就能看出。儘管工黨政府遵循的政策不比托利黨來得市場導向，但布萊爾與柴契爾之間的差異，仍小於布萊爾與席哈克的差異。從若干標準來看，二〇〇〇年代初期的英國在經濟上更接近於美國或日本，而非法國。兩國的這種分歧多少愈來愈大，證實了英國確實是歐盟各經濟體中最不「歐洲」的一個。英國對美國貿易份額自一九九〇年代起不斷提升，對歐盟者則不斷下降。據戈登．布朗觀察，英國有百分之八十的潛在貿易會發生在歐盟之外。歐陸對英國的投資在二〇〇二年後一度突然減少，此時來自美國的投資則高速前進，使英國成為目前為止美國資本最大的目的地（金額超過全亞洲），也是接受外國資本最多的歐洲國家（法國第二）。英國也是目前歐洲最大的對外投資國，投注在歐盟外的資金是對內的兩倍。[96]

不過，我們不清楚英國與法國之間的經濟分歧還會持續多久。東尼・布萊爾在二〇〇〇年向歐洲議會（European Parliament）保證，說英國「緊抓著某種極端盎格魯薩克遜市場哲學」的說法是「過於誇大了」：他已經「提升對我國公部門的投資，幅度遠大於其他任何歐洲國家」。[97]在稅率水準、公共借貸、公部門雇員與開支上（八年間提高了百分之六十四），英國確實往歐元區靠近。多年來外國資金流入超前法國的情形，也暫時落後相當程度（二〇〇三年時為一百四十六億美元，法國得到的外國投資則有四百五十三億美元），長期的走向則不明朗。[98]到了二〇〇五年，英國經濟成長突然放緩，達到一九九三年以來最低，有些人預測法國經濟成長將在二〇〇六年領先——這是二十年來的第一次。[99]正當英國朝法國方向走去時，法國似乎早已走向英國。更有甚者，許多評論家開始公開承認「歐洲」不能把全世界關在外面，尤其是亞洲崛起的經濟強權。一份官方報告承認「我國模式的局限」，鄭重表明法國必須大幅刪減「窒息」等級的公共開銷，縮減公營事業規模，減少公債，對外界也不能那麼「害怕」。[100]為了迴避「法國模式」中的合法雇用保障，私部門雇主逐漸增加臨時工與短期契約工的人數。政府在二〇〇五年加速天然氣、公路與電力的民營化，以堵住國家稅收缺口。綜前所述，法國與英國似乎有可能再度交換經濟地位。不過，外國投資人仍然對法國是否真會改變抱持懷疑，[101]而二〇〇五年突然因歐盟憲法而起的政治風暴，也顯示出民眾對於經濟自由化依然有著多深厚、強烈的敵意——當然，公營事業內部特別如此。

歐洲戰鬥民族

就是因為法蘭西不再是個大國，所以她更該繼續行事像個大國。

——夏爾．戴高樂

近年來，英國在世界上不斷超常發揮。我們打算讓情勢繼續下去。

——英國外相道格拉斯．赫德（Douglas Hurd），一九九二年

我們兩國人民都瞭解權力。我們無懼於權力，也不恥於權力。兩國皆希望在世界上保持前進的勢頭。

——東尼．布萊爾對國民議會演說，一九九八年

有條分隔線……一邊是對歐洲抱持某種中立、和平甚或享樂的願景，對國際關係則有某種理想展望的人；另一邊的人則曉得這個世界仍然是由權力平衡所宰制……就此而論，法蘭西與英國應該會站在同一邊才是。

——法國前外交部長于貝爾．韋德里納（Hubert Védrine），二〇〇四年

英國希望在世界上發揮超乎其實力的表現。法國也是。或者，至少兩國政界與外交界是這麼想的。但這種志向不僅非比尋常，而且冒險。多數國家傾向於在能力範圍內行動，多數歐洲國家樂得完全不行動，而這向來是人們口中的歐洲「美神維納斯」與美國「戰神馬爾斯」之間的對比。[102]然而，英國與法國卻是歐洲尚存的戰神之子。兩國皆強調其武裝力量，作為國家認同與國際影響力的象徵。兩國是唯二有持續的意願，也有能力在距離本國遙遠的地方動武的歐洲國家。戰爭對兩國國庫消耗甚鉅，也讓軍人的鮮血不斷汩汩流出，對國內經濟與政治生活帶來深刻影響。英國人比歐洲其他民族更相信戰爭有時候是合理的。法國人想讓歐盟成為一股軍事力量。[103]這種癖性既讓兩國水火不容，也讓他們團結一致。

法國評論家按照戴高樂的思路，強調法國的獨一無二的自主性，與自己的傳統與核子武器相輔相成。戴高樂說過：「咱們用自己的杯子喝酒，杯子小歸小，好歹是自己的杯子。」其實，法國的核威懾向來得仰賴北約的預警機制與其他技術合作，才能發揮作用。[104]法國人反而常常不重視英國人，認為他們仰賴美國，只不過是美國的附庸。法國政界因此宣稱法國才是歐洲真正且唯一的大國，自然也是歐洲領袖與保護者。這種主張在法國之外從來沒人買帳。法國推動歐洲獨立軍事力量的不懈努力並未得到多少結果。事實上，這需要支持北約的英國人合作才行。法國的獨立性向來代價高昂，而且不只花錢，其武裝部隊也無法取得最精良的裝備，除非正好是由法國生產的。法國也為其獨立行徑（例如在太平洋進行不受歡迎的核試爆）付出外交上的代價。就情報事務方面，處在「盎格魯薩克遜」體系之外，讓情報部門捉襟見肘。除了駐非洲的小規模遠征軍，法軍缺少能運送大部隊所需的船隻與飛機。更有甚者，直到二〇〇二年為止，重心擺在歐洲的法軍仍是以短期的義務役軍人為主；志願役只占少數，人數遠不及訓練糟、裝備爛、沒有應變能力的龐大徵召兵部隊。無論是獨立出兵，或是與盎格魯薩克遜人聯合出動，法軍都沒有能力以最高專業與技術水準行動。總而言之，法國軍事自主是象徵意義大於實際意義。

有兩起衝突披露了英國與法國在實力上的差距。一九八二年福克蘭戰爭時，英國派遣一支能獨力作戰的特別部隊到遠方，即便有其風險，卻仍在阿根廷國土附近擊敗敵軍。法國就無法打類似的主意。一九九一年的第一次波灣戰爭（First Gulf War）顯示其陸軍之弱。法軍得將職業軍人從平時所屬的單位抽調出來，才能湊成一小支輕武裝機動部隊，而且只能在距離主力英美聯軍甚遠處扮演象徵角色。名義上的獨立自主被實際上的無力抵銷了。法國人因此對軍隊展開革新。核威懾遭到裁減，徵兵制也在一九九六年至二〇〇二年間逐漸廢除，法國人放棄了珍視的「公民成軍」共和原則。這是法國史上第一次決定追隨英國陸軍。

漫長的巴爾幹悲劇從一九九一年延續到一九九九年，是歐洲歷史自一九四五年以來最血腥的篇章，至少導致成千上萬人死亡，甚至可能高達數十萬人。對於英國與法國而言，南斯拉夫分裂一事考驗了兩國成為歐洲軍事領袖與保護者的能力與夙願。美國不希望被迫捲入，歐洲國家則不想主動插手。人人都說這場危機是「歐洲的關鍵時刻」。法國與英國負起責任。法方有明確的追求目標。根據英國外交大臣道格拉斯・赫德的看法（他對法國相對友善，但不無疑慮），法國人志在讓「法蘭西與法國政策閃耀」，在「南斯拉夫派駐一支歐洲大軍，成為英法保護國」，並且（一如往常）促成一股獨立於美國的歐洲軍事力量。對英國政府來說，自從瑪格麗特・柴契爾下野後，隨法方一同行動就是個契機，能展現其「位於歐洲心臟」的新位置。赫德宣稱：「在歐洲內部提供保護可不像《社會憲章》（Social Chapter），不是一件我們有選擇退出權的項目。」「與法國合作是一項重要的考量。」[105]英國與法國主導了歐洲政策走向，因此也必須對結果負責。兩國固執於對危機的錯誤解讀，戰爭的煎熬也因為兩國不願意採取其他做法，而有不必要的延長。[106]

但是，無論倫敦或巴黎，都沒有意願或沒有能力以相應的軍事力量支持自己的政治主張，這是南斯拉夫民眾的大不幸。兩國都不願意讓事情自己化解——這個選擇雖然殘忍，但符合邏輯。偏偏英國與法國將領與半退休的政治人物（尤其是英國，包括卡靈頓與大衛・歐文〔David Owen〕兩位勳爵）卻一個接著一個出山，試圖運作巴爾幹事務。英國人與法國人同樣喜歡宣稱自己對國際事務經驗豐富（承襲自帝國時代），以此作為涉入這類事件的正當理由。這一回，過去的經驗領他們走上歧路。他們從三點假設發展出一項錯誤的共識。第一，巴爾幹衝突是一場無解的「部落」衝突，根植於古老的仇恨，事件各方皆有錯。第二，事件未來肯定會成為一攤「泥淖」（常有人以越南與北愛爾蘭類比），成千上萬的士兵將滅頂其中，造成龐大傷亡。第三，塞爾維亞人不會屈服，實際上也無法戰勝之（常有人錯舉第二次世界大戰為例）。從這些假設導出來的結論是——局外人應有的態度，就是拒絕選邊站，避免人道角色以外的軍事干預，並施壓促成一場必然有利於大塞爾維亞的妥協。聯合國的武器禁令對塞爾維亞人有利，他們早已充分武裝。這些觀點是「現實主義」的高峰，顯示兩國拒絕「簡化」情勢，提出批評的人則遭到怒氣與輕蔑打發對待。

但這種分析是錯的。造成這場危機的根本不是伸手不見五指的巴爾幹歷史迷霧，而是斯洛波丹・米洛塞維奇（Slobodan Milosevic）的塞爾維亞前共黨政權的侵略態度，先是針對克羅埃西亞，接著是波士尼亞與科索沃。從後來的情勢來看，要擊敗他可說是相對輕鬆迅速。英國與法國政界、軍界跟塞爾維亞人發展出不尋常的融洽關係。對法國人來說（尤其是總統密特朗），這是因為某種迷糊的感覺——兩國曾經在兩場世界大戰中作為盟友，應該用安撫的方式對待他們。英國人也同意。不斷有人提到一九四一年至一九四四年間，德國大軍無法擊敗塞爾維亞的往事。主要責任雖然是由巴黎與倫敦的執政者承擔，但他們極為悲觀的看法卻也得到兩國政界各黨派、軍界，以及政府、學界或媒體界專家的壓倒性支持。兩國的知識分子對自己的判斷信心過度，但他們的判斷不但缺乏實地見聞，還用不精確、引喻失當的歷史與政治類比來支持。少數真正的專家從親身經歷得知傳統的見解是種曲解，但他們的意見遭到忽視。[107]

英、法兩國的共識堪稱災難，不僅拖長衝突，更無意間鼓勵塞爾維亞侵略，伴隨著組織性的強暴、屠殺與「種族清洗」。然而當其方針顯然不奏效時，兩國仍繼續推動之。甚至連華盛頓的柯林頓政府都不得不提倡「解除與打擊」政策——解除對波士尼亞的武器禁運，並空襲塞爾維亞軍事目標時，倫敦與巴黎還在長篇大論為自己的做法辯護。赫德在日記中寫道：「我國的審慎立場顯得既無力又不人道。但我不認為空襲就比較能處理好事情，對付狙擊手等等的地面行動只會沒完沒了。」[108]保守黨閣員嘲笑柴契爾等國內的批評者，法國社會主義內閣則忽視左派提倡的「人道干預」。兩國主持政策走向的人不考慮改變，以免打擊自己先前的立場。更有甚者，英國與法國終於同意因人道原因投入少量部隊後，卻發現部隊實際上成為人質，無法進一步採取軍事行動。法國人道組織無國界醫生（Médecins sans Frontières）祕書長譴責這種情勢為一場「可恥的鬧劇」。[109]

正當巴爾幹的尷尬處境還在發展時，非洲卻爆發一場規模有過之而無不及的慘劇：一九九四年的盧安達種族滅絕。英國人與法國人身為主要的前殖民勢力，兩國在半干預非洲事務上有著不負責任的紀錄。自一九六〇年代起，法國人就在西非與中非採取新殖民主義政策，由一小群直接對總統負責的圈內人主導。為了追求商業利益、戰略基地與特權，他們對於手段沒有什麼顧忌，貪汙也很普遍。巴黎用錢、武器與軍隊支持好幾個政權，交換對法國的優待。其中一個得到法人支持的是盧安達的胡圖族（Hutu）政府，特別因為胡圖族講的是法語。在巴黎看來，圖西族（Tutsi）的反對不僅「傾英」而且與盎格魯薩克遜人關係太近。一九九四年四月，胡圖當局對少數民族圖西族發動種族滅絕攻擊，期間有八十萬人慘遭殺害。法方應對遲緩，後來還披著聯合國的外衣繼續操弄權術，「保護種族屠殺的劊子手，使當地長期動盪不安」。[110]英國人深陷巴爾幹，對此充耳不聞。沒有其他國家關心，直到為時已晚。

到了一九九四年下半，英國的巴爾幹政策「在我們四周化為碎片」，[111]白廳避免行動的做法日益受到抨擊。結局在一九九五年來到。塞爾維亞持續炮擊波士尼亞首都塞拉耶佛（Sarajevo），導致新上任的英國指揮官下令空襲塞爾維亞彈藥庫：這是整場戰爭中第一次類似行動，這位指揮官有一位法國前任，就是因為力陳空襲而遭撤職。塞爾維亞人的反應是扣押聯合國軍人（包括三十名英國人）為人質。一九九五七月，塞爾維亞部隊占領斯雷布雷尼察（Srebrenice）的「避風港」，屠殺上千名波士尼亞成年男子與少年。雖然斯雷布雷尼察名義上的保護者是一小支荷蘭部隊，但最終的失敗要算到英法頭上。新任法國總統雅克．席哈克與英國人決裂，同意美方對於確實軍事干預的要求。倫敦驚覺法美協議有可能排除自己，於是急忙同意，將一支幾個月前建軍的英法小規模快速反應部隊派往當地。不過，新戰略中的關鍵要素是美國的空中武力，另外還有克羅埃西亞與波士尼亞部隊的反擊配合。塞爾維亞人迅速撤軍，足證先前的預測有誤，各方於是在美國俄亥俄州的代頓（Dayton）簽署和解協議。許多人評論說，事情原本可以早幾年結束。這場戰爭不僅讓過去的南斯拉夫化為焦土，也傷害了英美關係。人們批評英國人畏畏縮縮，冥頑不靈。美國人甚至提到蘇伊士事件與一九三〇年代。據說柴契爾曾將赫德與張伯倫相提並論，席哈克對於此前英法對塞爾維亞政策也有類似的譴責：「就好比張伯倫與達拉第。」[112]美國政界有些人公開質疑英國與美國的「特殊關係」，甚至質疑整個北約的價值。

受到軍事與政治壓力，法國人與英國人走到了一起。根據赫德的看法：「波士尼亞將英國與法國之間的軍事合作帶往二戰後的新高度。」[113]一九九三年與一九九四年，雙方採取措施，在空軍與核威懾方面往合作發展。一九九七年至二〇〇二年的法國國防計畫提到與英國建立「特別的夥伴關係」，新上任的布萊爾政府也在一九九八年時到聖馬洛簽署軍事協議，內容為在二〇〇〇年時以英法部隊為核心，建立歐洲快速反應部隊。但簽約國一如既往，對於目標沒有一致看法。英國外交大臣指陳「集體防禦並非歐盟的任務，（而是）北約的工作」。法國外長則表示其目標為「超脫於」北約，不過席哈克同意「讓北約軋一角」，算是對倫敦讓步。[114]

❖　❖　❖

【延伸】錙銖要必較

二〇〇〇年代伊始，法國的傳統武力與核武仍遠多於英國，但隨著前者結束徵兵制，兩國的發展也趨於一致。從支出來看，英國、法國與日本幾乎相同，但遠遠落後於美國，（根據若干衡量方式）也稍稍落後於中國。有鑑於日本基本採取守勢，中國、俄羅斯與印度軍隊機動性差且有技術限制，英國與法國因此成為全世界最有實際戰力的二等軍事強國。[115]兩國（與全歐洲）皆因一九九〇年代減少開支而獲得「和平效益」（peace dividend）。但兩國也是唯二自二〇〇三年起微幅增加國防預算的歐洲國家，占了全歐洲軍事硬體開銷的三分之二。法國的有效軍事力量受到其軍事獨立方針所束縛，包括規模龐大、昂貴且過時的核威懾。部隊的混成本質也有影響，直到徵兵制終於逐步退場為止。無論是朝全職部隊轉變，或是裝備的現代化，都需要金錢與時間，預計到二〇一五年才會全部達成。法國軍備泰半不堪使用或居於劣勢，例如勒克萊爾戰車（Leclerc）、沒有夜視能力的幻象戰機，以及僅剩巡邏能力的戰艦。威嚇「流氓國家」、採取行動對付難以捉摸的恐怖分子網絡，以及在失能國家中的維和行動——這些後冷戰時代的需求少不了訓練有素的人員，要能夠迅速反應、廣泛部署，使用昂貴的偵測與通訊裝備，並配備精準武器。英國歷來在裝備、研究，以及發展較小規模職業軍人部隊上花了相當多前，這一點很關鍵。軍隊願意購買武器與裝備，投入海外，因此提升了效益。皇家海軍遠比法國海軍更有能力將軍力投射到一定距離之外。

軍事力量比較表[116]

	法國	英國
國防預算（二〇〇三年）[117]	三五〇億元（世界第四）	三七〇億元（世界第三）
國防預算占GDP百分比	二·五%	二·四%
總兵力（包括文職人員）	四二八〇〇〇人	三〇四〇〇〇人
陸軍（二〇〇四年）	一三四〇〇〇人	一一三〇〇〇人

海軍與陸戰隊（二〇〇四年）	四二八六六人	四〇八八〇人
空軍（二〇〇四年）	六〇九九〇人	五三三九〇人
軍備支出（二〇〇三年）	七十二億元	八十七億元
每名士兵支出（一九九九年）	九二四〇〇元（世界第十五）	一六七〇〇〇元（世界第三）
海軍（二〇〇三年）		
航空母艦／直升機母艦	二艘	三艘
水面主力軍艦	二十三艘	三十一艘
潛艇	十艘	十五艘
核彈頭	三四八枚（世界第四）	一八五枚（世界第五或第六）
戰機	三二九架	三二四架
裝甲車	七五四輛	一〇二六輛

兩國始終保持武器生產，作為國防安全的基礎，以及對外營利與外交制衡力的重要來源。兩國都在個別與合作計畫上浪費大量資金——一旦外交需求超過軍事與經濟需求時也就難免，要是能力追不上目標，花費更是加倍。人們很難決定是要把吊車尾的殊榮頒給

法國那艘老出意外的航空母艦「夏爾．戴高樂號」，還是給英國對造價奇高的颱風戰鬥機（Eurofighter）所做的投資。二〇〇四年六月，期待戰勝了經驗，兩國同意合作建造多達三艘大致一樣的航空母艦。不過，主要的齟齬（反映了法國與英國價值觀的基本差異）在於英國政府鼓勵國際參與航母武裝供應的競爭，而且英國的軍火產業確實更獨立於該國政府，在歐洲各國之間與大西洋兩岸的交流中都很活躍。法國政府與本國武器製造商保持極為密切的關係，主要的武器都跟它們購買，也不跟美國打交道。為了強化這種關係，這些武器公司到二〇〇四年時甚至擁有法國百分之七十的報紙。[118] 法國推動各項歐洲軍事合作計畫，包括間諜衛星與通訊設備，並劍指歐洲太空軍事產業。愛挖苦的人說不定會懷疑其目標在於某種軍事版的共同農業政策，法國是主要受益者，英國則是主要出資者。法國身為武器生產國與出口國，雖然有著惡名昭彰、毫無道德原則的銷售方針，但重要性卻遠不如英國。不過，由於英國武器出口在二〇〇〇年代初期減少百分之五十，同時間法國銷往中東地區、臺灣、印度與巴基斯坦的軍火量遽增（許多以低於生產成本的價格賣出），法國因此成為世界第三大武器供應國。英國則落到第六位（主要供應國協國家）。[119]

儘管英國與法國軍力在帳面上大致均衡，但當有人告訴法國國防部長米謝勒．阿利奧．瑪麗（Michèle Alliot-Marie，二〇〇二年獲得任命），表示法國在陸海空三軍的裝備與部署能力上仍然「遠遜於英國人」時，她還是相當「震驚」。[120] 一位頂尖的美國國防專家告訴《世界報》，說

「就影響力與世界角色而言」，英國是世界第二強國，德國第三。[121] 法國決心至少要追上英國（否則後者便會主宰任何歐洲防禦組織），並且公開宣布與英國結成「特殊夥伴關係」。一切皆有賴於兩國願意花多少，能夠花多少。兩國面臨類似的兩難。政府支出、借款與稅收已經達到在政治上相當危險，經濟上傷害不小的等級了。兩國皆對社會福利與擴大中的一般公部門投入大量預算。兩國都有隱隱約約的退休金危機。偏偏兩國都希望有能力獨立行動，或是作為歐洲聯軍的領袖。英國人希望在技術上超前的幅度，足以與美國一同行動；法國則打算領導歐洲，作為反制美國的力量。這意味著在技術上花大錢（包括為過去的錯誤埋單），代價則是精簡人力。法國大幅提升國防支出，過程中打破了歐盟的《穩定與增長協定》——法國主張國防支出不應納入規範，接著直接無視協定。由於國家財政在五年內從大筆預算盈餘擺盪為大筆赤字，英國在二〇〇四年七月設法讓國防支出在數字上增加，但對與人力、兵團數、戰車、船艦與飛機做出相應的大規模刪減。不過，維和任務和與日俱增的海外投入所需要的不只是工具，還需要人力。儘管政治立場有所差異，可一旦兩國利益有重疊之處，財政邏輯便會將兩國推向合作。比方說，法國為了與英國在「勢力範圍」上合作，於是放棄了對非洲法語區的軍事保護；兩國雖然因伊拉克而爭執，但聯合航空母艦計畫理論上仍在二〇〇六年至〇七年度展開。

這一切是否表示，兩國挑戰的情勢確實超過自己的量級了？一位因伊拉克之災而憤怒的左派評論家咆哮說，英國花了「比法國以外的全歐洲更多的錢在國防上，我們無法（像）家道中落的貴族那樣，為了保持門面，讓自己在跟我們同個階級的人眼中顯得可笑又討厭，像個孤立於歐洲的……歐洲國家，在世界上到處教訓別人，擺出荒唐的架子……我們必須放棄挑戰任何分量的對手，只對聯合國與歐洲部隊做出維和上的貢獻」。[122]有些右派評論人士雖然不苟同他的情緒，但也同意他的結論。不過，法國與英國仍然在世界最富裕國家的行列中，有各種廣泛的利益關注與義務。對兩國來說，無論人們如何評判特定政策，在世界事務軋上一角皆絕非過時或可笑之舉。我們可以說，兩國目前是打比自己輕量的對手——如果不要再用拳擊做比喻，那就是兩國不願意為自己所標榜的一切付出代價。兩國國防花費在GNP中的比例遠少於美國（甚至少於希臘），只比挪威稍多。假如美國的支出多少能讓人瞭解國際雄心的代價，這就代表英國與法國需要將國防支出提升三分之一——這對兩國皆無法想像。英國與法國政界經常對本國的特殊角色自圓其說，但不是靠財富與力量的現況，而是主張自己擁有「新」強國無法比肩的卓越智慧。但一九九〇年代與二〇〇〇年代的經驗，已經充分顯示這種智慧無論在倫敦、巴黎或其他地方，都一樣乏人問津。這是否能成為要兩國放棄「擺架子」，管好自家事的有力論點？自掃門前雪，就意味著讓美國成為世界舞臺上唯一的演員。假如兩國認真不希望這種情況發生，就得設法支付其代價。沒有力量還想擔起責任，恐怕帶來的傷害會多於好處，無論是對己或對人。

✣ ✣ ✣

雅克・席哈克在一九九五年獲選為總統，東尼・布萊爾則在一九九七年五月成為首相。從之後的事件來看，前者是個超乎尋常的大西洋派，後者則是熱情奔放的「歐洲派」，都讓人跌破眼鏡。兩人皆從目光遠大的新外交政策著手。席哈克在太平洋展開為期短暫的核試爆，並聲明會更投入北約。一九九五年，法國人在英國人鼓勵下，於三十年間首度開始參加北約高峰會，但他們打算讓北約按照自己的意思發展：「我們投入北約的程度，將反映北約改變的程度。」[123]他們志在獲得與英國人同等的對待，同時在北約體系中發展出一種歐洲自主的行動手段。席哈克提議（接著在一九九六年九月不智地公開表示）讓一位歐洲將官（意思是法國將官）取代美國人在北約南區的指揮權。美方反對，席哈克顏面掃地，從此結下樑子。[124]布萊爾的方針意在比他的保守黨前任更有原則、更堅定也更有效率，同時修復英國與美國的關係，使英國成為歐洲事務的重心。軍事行動因此達到前所未有的頻率：六年內五次。[125]儘管布萊爾主張自己承繼自格拉斯東，但他其實是巴麥尊的傳人，綜合了類似的理想主義與誇誇其詞：「我是英國愛國者，」他在一九九七年聲明：「我眼裡的英國，並非背向世界的英國——狹隘、羞怯、不確定……。我們若非萬國之領袖，則無以為領袖。」[126]但他恐怕缺乏巴麥尊的冷靜，而且絕對沒有巴麥尊的實力。

新政府挾國內的高人氣與在國外創造的利益，明確訂定一套新的「倫理」——甚至是「後現代」的戰略，與傳統的國家利益與國家主權觀脫鉤。新戰略的目標是為善而自得。第一步是在一九九八年參與美國主導的伊拉克轟炸行動。第二步則是在一九九九年的巴爾幹，隨著愈來愈多塞爾維亞人入侵科索沃而發生。法國與英國兩國外長于貝爾・韋德里納與羅賓・庫克（Robin Cook）聯合主持會議，在宏布耶與塞爾維亞領導人米洛塞維奇會面，但無法阻止暴行發生。布萊爾強力主張先轟炸塞爾維亞人，隨後要求派出地面部隊，承諾必要時將派出一九四五年以來規模最大的英國遠征軍。最後，由英國與法國領軍的北約部隊與俄羅斯部隊一同占領科索沃，以恢復和平。這段過程很難稱得上不流血——左派反戰人士大為憤怒，龐大的難民危機頓時爆發，讓暴力與不穩定的餘波在當地蕩漾。不過，一般仍認為此舉是兩害相權取其輕，而且是「人道干預」新信條的一次勝利——法國左派創造了這個信條，布萊爾拿來用，而且得到工黨多數人的支持。雖然聯合國並未開綠燈，但北約、歐盟與大多數輿論的認可，便足以為這場布萊爾認為是歷來第一場「帶來進步的」戰爭提供充分理由。法國與英國同心協力。巴爾幹最大的麻煩製造者——米洛塞維奇——遭到推翻。

傲慢之情蠢蠢欲動。一九九〇年代的失敗，原因始終是逡巡不前——對此，唐寧街與白宮意見一致。當突如其來的災禍打擊波士尼亞與盧安達時，負責的都是不斷指出困難處的外交與軍事專家。此前對外交並無興致的布萊爾，將歐洲與美國同時納入自己的巴爾幹政策中。膽識與新思維奏效了。過去提倡對米洛塞維奇動武的人，之後也會主張對薩達姆・海珊（Saddam Hussein）動武；此前反對在波士尼亞動武的人，未來也會反對在伊拉克動武。

人們經常說二〇〇一年九月十一日紐約雙子星大廈（Twin Towers）倒塌，改變了全世界。但九一一並未改變一切。伊拉克問題早就發生了。薩達姆・海珊——伊拉克獨裁者——使用化學武器。

他攻擊鄰國。他發展長程火炮與飛彈，而且有可靠證據顯示他仍意圖製造、購買生化武器或核武等「大規模毀滅性武器」（weapons of mass destruction，暴得惡名的「WMDs」）。他全神貫注於自己的老敵人伊朗，伊朗本身也企圖獲得大規模毀滅性武器。擊敗伊朗能讓他成為伊斯蘭世界的主宰人物，對於一大部分的全球原油也有潛在的支配力。自從一九九一年入侵科威特遭到擊敗以來，伊拉克不時成為聯合國經濟制裁與武器檢查的對象。這種應對方式比任何人以為的還要有效，薩達姆根本不敢承認：他手邊再也沒有大規模毀滅性武器了。

薩達姆的首要之務，在於終結聯合國禁令與控制。為了與美國恢復友好，他提出各式各樣的祕密提議，但遭到美方忽略。儘管美國態度如此，對於伊拉克的箝制仍然告終。其中一項原因是，禁令對伊拉克人民帶來驚人的傷害——薩達姆為了宣傳需要，甚至使情況更為惡化。另一項原因則是，除了美國與英國以外，每一個國家都不願意實施制裁。聯合國的以油換糧計畫（Oil for Food Programme, 1995）表面上是為了讓必需品得以進口，減輕民眾受的折磨，卻也讓薩達姆有了收買政治與經濟友人的方法。俄羅斯與法國是收取貿易回扣最多的國家。[127]此時，法國（以及俄羅斯、中國和其他國家）的角色就變得很重要，即便不是反派，也頗具爭議。說好聽是渴望與薩達姆互動，影響他。說難聽就是腐敗無謀。伊拉克人相信（多少想得簡單了點），法國的興趣純粹跟錢有關，尤其是石油。他們以為巴黎的白手套能讓他們與席哈克牽上線。[128]他們之所以這麼想的原因很簡單：付錢給政黨是法式生活最陰暗的一面，也是法國國內外貪腐四處蔓延的源頭。但法國人的動機更深沉，而且跟他們的大國野心有關。

法國的政策起源於一九二〇年代，亦即伊拉克的石油成為第一次世界大戰戰利品一部分的時候。在與「盎格魯薩克遜人」的競爭中使對方認識到自己對中東的影響力，是戴高樂後來念茲在茲的事。至於在核能、武器銷售與石油等戰略領域中分食全球市場，則是戴高樂的後繼者全神貫注的焦點。一九七二年，阿拉伯復興社會黨（Baathist）政權的第二把交椅——年輕的薩達姆．海珊應邀前往艾麗榭宮，向東道主保證他已經「選了法國」——而非英國、俄羅斯或美國，這對法國有數不盡的好處。法國開始銷售軍火，法國的石油公司道達爾（Total）則確保了特權。身為青壯派總理，雅克．席哈克在外交事務上首度大膽冒險，便是與薩達姆建立私交。一九七五年，他邀請薩達姆參觀法國核子設備，招待他週末到普羅旺斯私下會面，並且在凡爾賽宮隆重接待之。席哈克宣布，法國將幫助伊拉克獲得兩座反應爐與六百位法國訓練的技術人員。薩達姆對阿拉伯報界表示，這是「阿拉伯人生產原子彈的第一步」。[129]以色列人——法國的前門徒——在一九八一年六月七日轟炸尚未完工的第一座核反應爐，讓計畫軋然中止。伊拉克在同年進攻伊朗，對法國軍火的需求因此增加——阿拉伯各個政府也呼籲巴黎供應之。法國（就像蘇聯一樣）欣然從命。伊拉克成為法國重要性第二的石油來源，而伊拉克的戰爭也幫助法國軍火工業蒸蒸日上：一九八一年出口值達到一百四十億法郎，一九八二年則是一百三十億法郎。伊拉克很快便欠下大筆債務，法國財長雅克．德洛爾便指出，這是法國幫助伊拉克打勝仗的代價。法國最先進的飛機也交到伊拉克手上，有些還是從自家海軍撥去的。國防部長聲明：「伊拉克的安全是法國國防的責任。」[130]石油公司億而富（Elf）——法國政府的下手，也是二〇〇〇年代年代一連串貪腐指控的焦點——在巴格達如魚得水。

第一次波灣戰爭令人心寒。密特朗和閣員是真的直到最後一刻還在說服薩達姆和平撤出科威特，但他們後來感覺有義務加入聯合國批准的聯合軍事行動，對此只有外交部長尚・皮耶・謝維尼蒙辭職抗議。法國政界、石油與軍火業和其他商業相關人士在一九九〇年代與伊拉克恢復關係，他們預料聯合國將結束禁令。自一九九〇年代晚期開始，法國公司便暗度陳倉，供應飛機、軍事車輛與其他武器給伊拉克。一九九七年，法國人、俄羅斯人與中國人施壓，要求終結制裁與聯合國武器檢查。薩達姆趁機開始妨礙武器檢查，檢查員隨後也撤離。此舉相當危險，讓美國人與英國人往最壞的情況想。一九九八年，兩國不顧法國與德國反對，對懷疑有發展武器的地點發動空襲。法國成功撮合雙方和解，但從實施限制中抽手。二〇〇〇年至二〇〇一年間，法國與俄羅斯政府——薩達姆操弄兩國彼此對抗——施壓聯合國，要求聯合國宣布伊拉克以解除武裝，並終結武器檢查，停止制裁。法國生意人前往伊拉克就重建與石油合約進行磋商。巴黎的遊說團體與「鞏固邦誼」的各個委員會獲得「大量的石油錢」鼓勵。[131]許多國家逐漸忽視仍未取消的各項制裁，其中以法國為甚——這些國家購買石油，銷售農產品與武器，並簽訂公共建設合約——二〇〇一年時價值已達十六億歐元。伊拉克外交部長觀察到，巴黎遵奉的是制裁的文字，而非其精神。[132]所有人都放眼未來的龐大利益。他們的貪婪讓情勢危險不穩。

沒有人曉得薩達姆・海珊是否已解除武裝，放棄他的軍事野心。假使他放棄了，關係的正常化也就指日可待；而且，如果——大大的如果——薩達姆此後聽勸，對自己的人民與鄰國更好，說不定還能皆大歡喜。但如果他沒有放棄，制裁的終結便會讓他能不受控制，運用伊拉克的石油財富，持續對國內的壓迫，恢復大規模毀滅性武器計畫，為未來的侵略作準備。布萊爾因為伊拉克武器的「恐怖」情報而大為緊張。他急著想做點事情已避免未來的危險，並且與美國總統柯林頓討論這個問題。早在一九九七年十一月，布萊爾便私下表示薩達姆「即將擁有駭人的若干大規模毀滅武器。我不懂為何法國人和其他人都不瞭解這件事情」。[133]他的疑惑不難解答：法國人跟其他大國與聯合國專家一樣，都認為薩達姆仍然擁有武器，且計畫獲得更多軍火。各方都預料武器檢查能找到證據。除非能找到新的遏制手段，否則一場推翻他的戰爭就勢在必行——尤其是「九一一」紐約攻擊事件後，美方先發制人對付「流氓國家」的渴望就愈演愈烈。和平遏制的唯一希望，是西方大國以聯合陣線威嚇薩達姆，而法國身為薩達姆在西方最好的友邦，將處在關鍵位置。布萊爾希望法國人能談出「一條保存顏面的出路」。但薩達姆在二〇〇二年五月時從伊拉克情報單位得知：某位法國政治人物向他們保證，法國將利用自己在聯合國安全理事會（UN Security Council）的位置，否決任何軍事攻擊提案。[134]假如是這條情報讓伊拉克人過度自信，那可真要命，因為美國人早就準備好打仗了。

英美的「特殊關係」從來沒有像二〇〇一至〇三年間這麼特殊。邱吉爾從未接受，也絕不會讓羅斯福政府如此併吞，柴契爾也不會跟雷根政府合併到這種程度。布萊爾出於內政、外交等諸多因素，說服抱持懷疑的喬治・W・布希（George W. Bush）利用聯合國程序對抗薩達姆・海珊，並承諾他將「捎去」歐洲的支持。作為交換，他很可能承諾在必要時與美軍共同作戰——這種結果既符合他的意願，也吻合對情勢的解讀。[135]看起來，他是在二〇〇二年春、夏季時暗自下了決心——說不定是八月間在法國浸淫於庇里牛斯山自然景色時，實在是神清氣爽。[136]英國政府倒退回十七世紀，布萊爾及其一小群隨員在願景、膽識、欺瞞與無能構成的無解糾葛中制定國策。他們跟華盛頓之間的親密接觸已經超越了查理二世與凡爾賽宮——只差沒有相當於樸次茅斯女大公的已知人物。內閣態度消極，對時不時「不打草稿」的指示照章全收。[137]內閣的國防與海外政策委員會（Defence and Overseas Policy Committee）與情報委員會（Intelligence Committee）從未彼此商討。外交部沒有得到徵詢，法律建議則遭到忽視。首相深信通往天堂的道路是由善意所鋪成的，而立憲政府實際上等於被他架空。結果就是像門外漢一樣使用「挑逗」的情報、低級的事實謬誤，以及向歐洲與聯合國瘋狂無益「輸誠」的一小撮興奮但相當無知的唐寧街廷臣。一心一意想兜售而非質疑政策的他們，一再被情勢打的措手不及，而且還誤解其他國家的觀點——尤其是法國人的看法。

醞釀中的危機讓缺乏激情的「法德佳偶」重燃愛苗，德國輿論對美國政策愈來愈反感。一位圈內人評道，這是法德關係首度跨過警惕有禮，達到真心誠懇。總理施洛德樂於追隨席哈克的腳步——法方可是很想利用形勢得利。這在歐盟政局造成迴響。二〇〇二年十月二十四日，英國人在布魯塞爾歐盟峰會突然面對法德間一紙同意保持共同農業政策的協議（見本章的「法國的歐洲？英國的歐洲？拿破崙對上亞當·斯密」最後幾段）。布萊爾譴責這種做法既於法無據，也對第三世界農民造成打擊。席哈克此前曾教訓布萊爾，要是他兒子「小李歐」（little Leo）哪天開始思考爸爸在戰爭中做了什麼，那該怎麼辦。這一回席哈克大發雷霆。或許是習慣第五共和國總統得到的尊重與服從，他追著布萊爾罵，斥責他「沒禮貌」（*mal élevé*），然後取消了年度的法、英峰會。一九八七年，席哈克曾經在柴契爾長篇大論時魯莽插嘴，這事相當有名[14]。對於還記得這件事的人來說，現在這一幕真是珍貴的瞬間。一位英國目擊者說兩人就像「星期五晚上在酒吧外找架打的小夥子」。[138]兩人之間的私交原本相當友好，此後變得愈來愈敵對。

發生在艾麗榭宮與奧賽碼頭裡的事情向來遠沒有唐寧街透明，未來肯定也如此。每一屆法國政府絕對會試圖放緩美方行動，以維繫經營已久的阿拉伯之友形象。此舉不只是為了保住自己藏汙納垢、有利可圖的經濟基礎，也是確保能收回伊拉克的龐大債務。法國政客不僅對處在歐洲與阿拉伯世界「斷層線」的地中海立場非常敏感，[139]對於國內穆斯林公民的人數與感受也得照顧。一般認為席哈克是個剛愎自用的人物，他的外交部長多明尼克・加盧佐・德・維勒班則是個花拳繡腿、貴族氣息的職業外交官，懷抱政治野心與拿破崙式的懷舊之情。兩人是否對處理薩達姆問題有長期規劃，人們不得而知。然而，他們不大可能計畫與盎格魯薩克遜人直接衝突。法國情報單位一如往常與盟國合作，巴黎也施壓巴格達要求讓步。[140]巴黎同意《第一四四一號決議》（Resolution 1441, 2002.11.08），對伊拉赫實施嚴格要求，但否決在要求未達成的情況下形同允許開戰的解釋。法國的方針是，利用在伊拉克及其他阿拉伯國家內部的合約，勸服伊拉克接受更大規模的武器檢查。我們可以推測，這麼做是為了挽救伊拉克政權，或者至少要保護法國在阿拉伯世界的影響力。話雖如此，從二〇〇二年九月至二〇〇三年一月，法國人（不像德國人）仍然表示他們在必要時將加入軍事行動，就像在第一次波灣戰爭中所為。不過，唯有在薩達姆抗拒武器檢查，且聯合國安理會批准進攻的情況下，法國才會加入。二〇〇三年一月，美國人與英國人開始派部隊到波斯灣。一月七日，席哈克決定讓法國武裝部隊準備參戰。[141]誰知薩達姆非但沒有抵制聯合國的要求，反而允許武器檢查員搜索大規模毀滅性武器的證據，藉此爭取時間。巴黎以實際行動支持他，在檢查員進行他們「漫長且艱鉅的任務」時呼籲暫緩行動。但盎格魯薩克遜人無法讓軍隊無限期待在波斯灣。除非薩達姆有條件投降，接受更嚴格的檢查（這等於終結他的威望，甚至是葬送其權力），否則他們將不得不動武。法國與英美的立場迅速、公開走向分歧。

法國與英國關係沒能成為橫跨大西洋的橋樑——從貝文到布萊爾，這始終是英國政界重視得理念。跨海峽的外交幾乎沒有發揮作用。影響輿論變得比政府間的禮貌更重要，至於嚴肅的商議就更不用說了。法國與其他國家的輿論對美國政策厭惡已極，席哈克與維勒班鐵定同時受到誘惑，覺得有責任為之喉舌。席哈克在二〇〇二年重新獲選為總統，當時形勢相當低迷——他有些支持者用的口號是「選騙子比選法西斯仔好」[15]。對他來說，這是個成為國家真正領袖的契機。對維勒班這位執迷於重振法國輝煌的浪漫民族主義者來說，[142]此時則是向戴高樂的時代看齊，與超級大國的傲慢公然對抗的機會。

英國與法國政策在二〇〇三年一月驚天相撞。二十日，維勒班在聯合國聲明「今天沒有任何理由，

14【作者註】有個版本是：「她是想要我的蛋蛋嗎？」（Est-ce qu'elle veut mes couilles ?）另一個近乎於成語，而且無法翻譯的版本，則是：「Ça m'en touche une sans faire bouger l'autre.」見《快訊週刊》（二〇〇二年十一月十四日）與《世界報》（二〇〇四年四月四至五日）。

15【作者註】法國的選舉制度碰上社會民主黨的潰敗，導致年長的右派煽動政客尚—馬里．勒龐（Jean-Marie Le Pen）成為唯一的其他候選人，迫使左派轉投席哈克。

能讓軍事行動合理化」，廣受好評——暗示法國或許會動用安理會否決權。接著就是一場法國與英國在歐洲內外的外交角力，一旁看著的美方多少有點困惑。法國與德國國會在凡爾賽舉行一場儀式性的雙邊會議。一月三十日，布萊爾與七位（最後變成十五位）歐洲國家首相在未知會法國外交官員的情況下（連英國自己人也沒有）起草了一封公開信，支持美國對伊拉克政策。一位法國評論家形容這封藉「歐洲」之口發表的宣言，是在「英格蘭人口授下寫成的」。[143]法國人認為，背信棄義的阿爾比翁故意公然分裂歐洲，為的是討好美國人——戴高樂一直以來擔心的就是這件事。更有甚者，布萊爾還拉攏新加入歐盟與尚待審查加盟的國家，藐視法德的領導。粗魯的美國國防部長唐納德．倫斯斐（Donald Rumsfeld）幸災樂禍，表示法國、德國與其支持者不過只是「老歐洲」。席哈克以他標誌性的無禮回應，告訴「幼稚的」新歐盟成員國：要是他們曉得什麼對自己才好，就會閉嘴。此事凸顯出法國鮮少掩飾對於「上下兩層」歐洲的渴望。

顏面掃地的要麼是布萊爾，要麼是席哈克。二月二十日，法方私下敦促美國放棄以聯合國決議作為出兵根據的念頭，直接在沒有決議的情況下進攻，如此便能避免安理會公開分裂。[144]此舉顯示席哈克正試圖避免最後的衝突。美方暗示英國或許傾向不讓其部隊加入入侵伊拉克的行動，這也就消除了重返安理會的需要。但布萊爾堅持英國完整參與，因此要求要有新的安理會決議。出於國內因素——工黨議員愈來愈難駕馭，情況相當罕見，而抗議群眾又擠滿街頭——布萊爾需要決議文。倫敦的抗議群眾唱起〈馬賽曲〉，法國使館收到洪水般的來信，讚揚法國的政策——在英國，這種對法國領導地位的擁護，是一七九〇年代以來所僅見。在法國，輿論壓倒性反對戰爭，若干觀察家認為直到目前的最後階段，法國政策才確定下來。[145]布萊爾在三月二日於勒圖凱（Le Touquet）與席哈克短暫會面，會後他看來有十足把握能贏得法國的支持，而英國人也蠢到公開暗示席哈克準備放棄立場。[146]《衛報》（三月二日）認為，法方「幾乎肯定願意……對伊拉克開戰，在後薩達姆時代的重建占有一席之地」。

英國人旋即意識到這是種幻想。兩國外長在聯合國交換著裹了糖衣的侮辱言詞，斯特勞帶著刻意的友善，稱呼維勒班為「多明尼克」。法國與英國的閣員追著彼此繞著地球跑，試圖在安理會衝高支持票。相關人士也策動「法語國家」與大英國協的關係。辛巴威獨裁者羅伯特．穆加比（Robert Mugabe）獲邀前往巴黎，這是對非洲的示好——英國人認為此舉相當無恥。憤怒的布萊爾斷定席哈克想破壞他在歐洲的地位，甚至是拉他下臺。席哈克心裡說不定也有類似的懷疑。三月十日，後者粗心鑄下大錯。席哈克在一次廣播訪談中，說「無論情勢如何」，法國都會對英美提出的聯合國決議案投下反對票——也就是動用否決權，「因為，為了……解除伊拉克武裝而興戰，這根本沒有依據」。白廳抓住話柄（法國人認為此舉是他們典型的背信棄義），作為避開聯合國投票的方式。英國人說，如果法國人就是會否決決議案，那整個投票過程也就隨之失效——但英國司法部長私底下曾駁斥這種論點，認為缺乏任何法律的基礎。[147]法國與其支持者宣稱英國的主張只是藉口，因為英國無論如何都會輸掉投票。但假如果真如此，席哈克何必動用否決權？布萊爾用「愚蠢」與「不負責任」來形容席哈克的態度。斯特勞則稱之為「拿破崙路線——別忘了後來是誰贏了」。法國大使遇見得意洋洋的斯特勞揮著《世界報》跟他打招呼，說：「真是份大禮，我們不會就這樣放手。」維勒班發牢騷：「對於一個既是盟友，也是歐洲夥伴的國家，還真不值得費心批評。」[148]

二〇〇三年四月時迅速擊敗伊拉克軍隊的興奮之情，很快便被不祥的幻滅所掩蓋。關於大規模毀滅性武器的誇大假情資（絕對是一九三九年以來最嚴重的和平時期失敗，見第十一章的「通往黝暗深淵：一九二九年至三九年」），以及各種錯誤、愚行與始料未及的後果（包括英國國內的恐怖活動），帶來無邊無際的政治傷害。兩國報界的評論重新提起過往反對彼此的情節，強調席哈克的不誠實和布萊爾的阿諛諂媚，還暗示後者已經失去理性、陷入宗教狂熱，「新世紀（New Age）狂舉」與「成衣式神祕主義」。[149]這些攻擊已經超越政治人物本身，甚至及於民族的層次。

但「盎格魯薩克遜」的失敗並不代表法國勝利。一位樂觀的法國社會主義者一開始宣稱反戰示威代表「有個新民族誕生在街頭——歐洲民族」。但另一位有分量的批評家，卻看出法國整體戰後策略的「崩盤」。[150]薩達姆垮臺時，法國似乎將面臨「外交上的阿金庫爾」，但聯軍隨後的麻煩讓法國逃過一劫。儘管如此，巴黎失去了在歐洲的權威，也失去左右世界大事的能力，下場相當駭人。當法國呼籲召開高峰會，成立新的防禦組織時（對英國人下戰帖），呼應的只有德國人、比利時人與盧森堡人。波蘭與葡萄牙等國家曾支持盎格魯薩克遜人，它們或許會後悔自己涉足此事，但它們並未原諒席哈克的托大，或是遺忘他的軟弱：由半打歐洲國家組織的象徵性部隊，甚至曾一度在南伊拉克接受英國人指揮。布萊爾立刻設法支撐搖搖晃晃的大西洋之橋（布希則不情不願），與巴黎和柏林接觸，但幾乎得不到，甚或根本沒有回應。雙方仍然堅持自己才是對的。布希在二〇〇四年再度獲選為總統，巴黎方面原本希望布希敗選將能帶來更好說話的政府，這對巴黎無疑是個挫折。法國（與德國）拒絕參與伊拉克維和與重建：法方居然只答應派一名官員！這讓兩國得以占據道德制高點，何況憤怒的輿情無論如何都不允許兩國涉入此事。但這也讓「老歐洲」與「新歐洲」之間的分裂延續下去，凸顯巴黎與柏林的孤立，兩國也在關鍵時刻錯失對中東政局的發言權。法德政治同盟的構想（讓人想到一九四〇年與一九五六年胎死腹中的法、英同盟）在二〇〇三年十一月浮現。法國總理尚・皮耶・拉法蘭（Jean-Pierre Raffarin）說得好：「假如二十五國組成的歐洲瓦解了，法國還剩下什麼？就是法德友好。」[151]法德重修舊好在過去原本是件令人興奮的事，如今卻幾乎沒有任何人關心。到了二〇〇四年，組成、通過新任歐盟執委會遭遇前所未有的困難。新執委會由「自由市場派與大西洋派」主導（此乃根據《費加洛報》所言），主席是若澤・曼努埃爾・巴洛索（José Manuel Barroso）——他是一月那封惡名昭彰的公開信上其中一位聯名者。巴黎對此咬牙切齒，但也逐漸瞭解「歐洲」正從手中溜走。

英國觀點：濃妝豔抹的瑪麗安娜挑逗薩達姆・海珊。

這場危機再度凸顯真正的歐洲防務與外交政策多麼遙不可及，縱使有可能創造制度上的門面，法國人也曉得這樣的政策若要有可信度，就需要英國——歐洲最主要的軍事強國加入。雖然一位法國外交官重申有關「英國必須選擇」的舊調——「他們要不與我們一起，團結在他們理應歸屬於的歐洲，不然就註定要成為……類似美洲的國家」，但法國人私底下很害怕英國人會在後伊拉克戰爭的相互指責中，對防禦夥伴關係「失去興趣」。[152]

四十年前，迪恩·艾奇遜用「過時」來嘲笑英國以「特殊關係」和國協為基礎的角色。入侵伊拉克之後，某些評論家讚揚英國首相是美國「真正的副總統」（一個眾所皆知的無權職位，真諷刺），美國到處都有人認為他是溫斯頓·邱吉爾與尼爾遜·曼德拉（Nelson Mandela）的結合。英國跟澳洲都是進攻伊拉克聯軍的一部分，其中還有一大票歐洲國家。當年艾奇遜口出此言時，選擇走向歐洲未來的英國，已經從「蘇伊士以東」撤離了。如今，英國的前線部隊泰半都在伊拉克。戴高樂下野將近四十年後，法國

布萊爾在撒謊嗎？法國輿論心知肚明，該國人氣最旺的漫畫家普朗圖（Plantu）在其作品中呈現的直白鮮明。

反對盎格魯薩克遜人的程度，遠比將軍在任時還要強烈。歷史的根本教訓是——未來永遠會超乎我們預料。但歷史也教會我們，我們對意外的反應，是由長久以來的思維與情感舊習慣所形塑的。因此，儘管協商過程激烈，氣氛不穩而焦慮，布萊爾與席哈克最後仍一如預期，扮演起迷你版的邱吉爾與戴高樂。長久以來對於國家利益的設想，以及本能的同理心與偏見，在兩國民眾、政界與外交圈內依舊強烈。兩國政府其實也沒有多少行動自由：本性畢竟難移。法國有著反對盎格魯薩克遜主宰北約的夙願，而且已實現到遠比以往更徹底的程度。但該政策的目標——由法國主導、與美國抗衡的強大歐洲——卻煙消雲散。英國同樣有個長久珍視的政策——成為連接大西洋兩岸的橋樑。但事實證明這對國內政局相當危險，而且跟布萊爾此前加入法國與德國行列、一同領導歐盟的願景也格格不入。倫敦與巴黎之間歷史性的諒解，恐怕尚在未定之天。

【延伸】死活都要當朋友：慶祝《摯誠協定》，一九〇四年至二〇〇四年

諷刺總是層出不窮——正值這一代人爭吵最烈時，兩國居然不畏險阻，著手紀念《摯誠協定》一百週年慶。十九世紀哲學家歐內斯特．勒南名言道，一國之團結少不了遺忘無益歷史的意願。跨國的團結要的也是這些。學者（包括我們倆）參加無數的學術會議，製造出論文跟專書。橫跨海峽兩岸的企業也為慶祝活動提供相當的補助。宴會舉行，節目上檔，副刊付梓。女王跟隨其父與祖母的腳步，在四月——亦即協議簽署的紀念日——出發迷倒法國民眾。法國人——忠貞的共和派與王室追星族——也禮尚往來。王室來訪一事，或許能解釋協約在法國引起比英國更多、更深刻討論的原因。七月十四日，擲彈兵衛隊齊步走過香榭麗舍大道，這點出了英國與法國儘管江河日下，卻仍然是歐洲的勇士：「我們的軍事關係向來……讓兩國走到一塊兒。」[153]法國電臺由於擔心發生敵意示威，錯把衛隊說成是僅供閱兵之用，而非駐伊拉克駐軍那種實戰部隊。席哈克在十一月的回訪並未引起多少衝突，但他應邀前往溫莎城堡的滑鐵盧廳觀賞音樂劇版《悲慘世界》的御前表演，卻讓若干法國新聞人士懷疑此舉是故弄玄虛的精妙侮辱。

兩國都有一種值得讚許、想表現友好，像史家菲利浦．貝爾所說的——以理想樣貌表現兩國關係的渴望。法國報界突然提起他們喜歡什麼樣的英格蘭，而怪誕、喝茶和小說偵探博得最多同意。基層有數十個怪得感人的慶祝活動，顯示出個人層面的接觸有多麼廣泛：索米爾酒品酒騎士團沃里克團部（Warwick Chapter of the Commanderie du Taste Saumur）舉辦了一次盛宴；切斯特（Chester）有一場法國骨董車展和一九一八年停戰日紀念活動；塞拉耶佛有輛電車漆成了紅、白、藍三色。[154]但是，除去個人的和藹可親，從民意調查仍能清楚看到政治情感已經受到伊拉克戰爭所影響。只有百分之九的法國人對「親美」的英國人表示「大為信任」，只有美國人跟俄羅斯人得到更低的信任度；相形之下，大為信任德國人的比例卻達到百分之二十八。英國人信任美國人，程度遠甚於對法國人的信任。一份對法國民眾態度的廣泛研究顯示，歐洲各民族中激起的反應最強烈、最不討喜的就是「英格蘭人」。字詞自由聯想測驗得到的結果則是「自負」、「勢利眼」、「無禮」、「高傲」、「冷淡」、「自私」、「自大」、「假道學」與「不舒服」；不過，當然還是有少數傳統的哈英族，想到的是「實際」、「優雅」、「風趣」、「客氣」、「紳士」、「親切」、「寬容」等。但法國人普遍同意英格蘭人非常不同：「島嶼性格」、「君主主義者」、「反歐洲」與「自行其是」。[155]

兩國人普遍對於反感維持之久表達詫異，但造成反感的因素也淺白得多。不過，他們對於跟對方作朋友的渴望同樣根深柢固，這更教人訝異。你很難想到其他任兩個國家會如此費力展現親切友好，恐怕只有法國與德國例外，原因由此略現端倪：喜愛的豐沛表現，是為了祛除敵意。但索米爾酒品酒騎士團沃里克團部（與許多類似他們的人）的歡聲笑語足以證明，英國人與法國人都覺得彼此讓人好奇、發噱，甚至挺好相處，而且幾世紀以來都這麼覺得，何況他們也比自己以為的還要相像——遠比英國人跟美國人，或是法國人跟德國人之間相似的程度高。如果讓我們倆針對法國人與英國人的相似處做個關鍵詞聯想測驗，我們想到的會是「犬儒」、「無禮」、「自持」、「刻薄」、「個人主義」、「寬大」——當然還有「自以為是」。

✣ ✣ ✣

二〇〇五年：似曾相似又一回

忘記黑格爾是在哪兒說過，世界歷史上所有的偉大人格與世界，都會以或此或彼的形式重現。他忘記補充說：第一次出現是悲劇，第二次是鬧劇。

——卡爾・馬克思

「盎格魯薩克遜模式」……根據的是英國人接受的那種社會不平等，但我們這兒顯然無法接受不平等……。對於社會關係，你不能期待一個由革命所造就、把自己的國王送上斷頭臺、把貴族吊死在路燈柱上的民族，會跟某個國會裡有一院全由貴族組成的君主國有同樣的看法。

——《世界報》，二〇〇五年六月五日至六日

我強烈傾向歐洲……。我相信歐洲是個政治發展方向。我對歐洲的信念帶有強烈而關懷的社會面向。我絕不接受一個純粹是個經濟市場的歐洲……。可你告訴我：這究竟是哪一種社會模式，會有兩千萬人失業？

——東尼・布萊爾對歐洲議會演說，二〇〇五年六月二十三日

布萊爾是惡劣版的柴契爾。不但一樣傲慢，而且還很自私。

——雅克・席哈克，二〇〇〇年六月[156]

二〇〇五年五月二十九日，法國人民拒絕了《歐盟憲法》，他們瞧不起自己的政府，震驚所有主流政黨，讓整個國家在政治上進退無依。這場公投及其餘波（包括數天後荷蘭投下的反對票）讓法國與英國半世紀以來的鬥爭彷彿回到戴高樂時代，再度成為歐洲政壇的顯著焦點。一位敏銳的法國新聞人士指出，二〇〇五年的「否」跟一九六三年戴高樂對英國加入共同體的「否」的確如出一轍——兩次都表現出法國對於英國與廣闊世界的聯繫「長久的懷疑」。[157]

目前看來，法國這一回的投票結果，是將近半世紀以來的英法歷史上最重要的事件，讓英國統治菁英自一九六〇年代所採取的策略——以竭盡所能的優雅姿態，爬上正要離站的歐洲列車——就此失效。長久以來，布萊爾皆宣稱自己的使命是確保英國絕不會遭到「孤立或遺棄」，他也公開表示會加入歐元區，接受憲法。法國的投票結果讓他能停辦英國的公投，免於最終的恥辱——民意調查顯示，會有百分之七十的人投下否決票。他巧妙運用這次機會，為「親歐」的意思重新定調。一位深感佩服的對手表示，這「就跟我們許多人向來所說的歐盟懷疑論意思一樣」。[158]英國人對於「歐洲」的分歧因此暫時打住。布萊爾恢復在國內的威望，並成為（尤其是在法國人看來）主導歐洲的人物。他運氣好得不得了，正好摘下八大工業國組織（G8）主席與歐盟高峰會主席的位置。為了慶祝特拉法加海戰兩百週年，史上在承平時期規模最大的一次戰艦集結就在樸次茅斯舉行，彷彿襯托他重振的聲威。法國人甚至把二〇一二年奧運主辦權在七月五日獎落倫敦一事，解釋成布萊爾魅力無法擋的光榮凱旋、法國非商業化與公平競爭理念的挫敗、「盎格魯薩克遜人」實力的證明，以及法國全球影響力衰退的又一次警訊。海峽兩岸媒體習以為常的互噴口水，也因為七月七日倫敦恐怖攻擊爆炸案的悲劇而消止。換作是幾個月前，這樣的事件將會動搖布萊爾的地位，如今反而是讓批評噤聲。

事後來看，法國人的否定似乎可以預期：他們差點在一九九二年否決《馬斯垂克條約》，不但一直對真正的聯邦體制抱持懷疑（「你無法把我們不喜歡的東西強加在我國之上」[159]），對於擴大、自由化的「歐洲」也愈來愈不抱幻想。人們能輕易料想到，「一旦珍視的國內傳統與外交政策碰撞時，馬上就會面臨當今的歐洲政策是否能與充分的民主共識相容的問題」。[160]不過，雖然否定在情理之中，但投票過程卻難以預料。對《歐盟憲法》表示反對的民意調查遭到忽略。法國人居然真能抵抗民族光榮由來已久的吸引力，不去當歐洲的歷史領袖，而且居然連在不友善的世界中遭到孤立的民族恐懼也無法動搖他們，這簡直難以想像。季斯卡聲明《歐盟憲法》將能讓歐盟成為「與地球上幾個最強國家平起平坐的政治勢力」。[161]對法國民眾來說，這種半民族主義式的願景是最強大的主張。用最白話的方式來說：「對歐洲憲法說不，就是對布希說好。」但經濟恐懼壓倒了政治期望。法國社會主義者憑藉「反對自由主義歐洲」的造勢活動，在二〇〇四年的歐洲議會選舉中有所斬獲。幾乎每一個人（尤其是此前支持歐盟的天主教徒）都強烈反對讓土耳其加入歐盟（英國表示支持）；一旦土耳其入歐，就代表戴高樂的「歐洲人的歐洲」就此終結，帶來的是個「多文化的空間，變動而缺乏認同」。[162]法國憑藉修改本國憲法，讓歐盟無法在未經法國特別公投允許的情況下擴大，從而為土耳其最終加入歐盟設下單邊障礙。布魯塞爾與史特拉斯堡都有人抨擊英國的預算減免、英國選擇退出最高工時的限制，以及博爾克斯坦對服務業下達採用單一市場的指令（見本章的「法國的歐洲？英國的歐洲？拿破崙對上亞當．斯密」最後幾段），顯見法國政界抱持的憂慮相當普遍。但這些爭議在法國轟動的程度，讓人漸漸有種「歐洲」走錯路的感覺。[163]甚至連支持《歐盟憲法》，視為通往「歐洲共和國」之路的法國聯邦主義者，都批評現在的歐洲「不夠社會福利，不夠聯邦，不夠民主，太過複雜，太自由」，而且對「英格蘭人」太過遷就。[164]

即將擔任總理的多明尼克．德．維勒班總結了問題癥結：「我們不要自由主義的歐洲——這等於是將歐洲僅僅視為市場的英國式願景獲得勝利。」[165]支持《歐盟憲法》的人堅持憲法能防止這樣的災難發生。雅克．席哈克上電視試圖喚起對同意票的支持，他堅稱《歐盟憲法》將防止「一個盎格魯薩克遜的、大西洋的歐洲」誕生。當某位新聞業人士談到英國較低的失業率時，他說其原因在於「我們不會接受，也無法接受的……若干辦法與社會規範」。私底下他講得更明白：「多年來，英格蘭人已經毀了他們的農業與工業。如今他們直所以能活命，全是靠資產價格膨脹、金融投機，以及他們的石油和天然氣。」[166]

多年來未曾思考歐洲整合方向之優劣的法國人，如今卻在疑心病上超越英國人，用一種少有其他政治文化能及的細心與公民責任感，開始爬梳這部憲法的細則。文件內容模稜兩可之高超，挑戰著法國人引以為豪的「笛卡兒思想」。《歐盟憲法》一方面包含他們熟悉的德洛爾式「社會市場經濟」元素，以及賦予執委會的新「權限」——包括約束公家機關的新權力。另一方面，憲法中的條款1.3與1.4卻要讓「自由公平競爭（不得扭曲）的內部市場」，以及「人員、服務、商品與資本的自由流動」成為歐洲基本法的一部分。反對者抓住這些文字。從博爾克斯坦的指令來看，這樣的文字等於威脅讓不受法國勞動法管轄的外國勞工湧入（無論是波蘭水電工還是英國銀行家），讓他們得以對法國勞工削價競爭。一份被人壓下來的政府研究警告將有二十萬個服務業工作機會流失，當報紙頭條披露這份報告的內容時，勞工問題變成為造勢活動的中心德目。[167]《歐盟憲法》支持者指出，過往所有歐洲整合的條約中都有這類令人不快的措詞。但他們的努力徒勞無通：多數的法國選民如今反對（至少是暗示反對）共同市場最早打下的基礎。

百分之五十五的選票為否決票。出口民調顯示失業的恐懼是反對的關鍵。法國的一百個省裡，只有十六個省——也是最發達、以天主教徒為主的省份投下贊成票，但多只是堪堪過半。歐洲整合的熱情支持者局限於巴黎最富有的郊區與居住區，以及太平洋和加勒比海海外領土。至於法國內陸，投下贊成票的社會經濟群體只有大企業、自由業、學者與退休人士。年輕選民與傳統左派投了大大的否。投票結果的天秤之所以從一九九二年微幅領先的贊成，變成二〇〇五年明確的否定，是因為大量公部門中產階級變節，例如老師、護理師、社工與公務人員，[168]而他們的政治代表——社會主義黨自然也有部分導向否決。這個群體雖然偏好「更為緊密統合」的政治願景，但必須達成保護公務員，亦即保證他們的工作機會免於「極端自由式」競爭才行。

法國政界與學術界當權派受到極大震撼。這可不是背叛掌權的政治人物這麼簡單的事，他們對於「英國式歐洲願景」的反對跟選民是一樣的。雖然這些政治人物堅持《歐盟憲法》反映了法國的理念與傳統，但選民卻是認定他們無法確保歐洲仍然是法國的屏障。人們也因此對於歷史、對於未來的整幅願景，以及法國在其中的位置產生懷疑。或許就像一位評論家所自忖，「歐洲歷史的潮流」終歸是朝「阿爾比翁的渴望」流去。[169]財政大臣戈登．布朗大表贊同：

單一市場與單一貨幣將帶來稅務協調、聯邦財政政策，以及某種類似聯邦國家的存在——這些假設已經在歐洲整合的概念中根深柢固。但全球化從本質上改變了這一切……。身分認同仍然根植於民族國家，有關聯邦體制的陳舊假設與我們當代的現況不合。[170]

法國人高估了白廳的遠見，以為英國人不知怎地早就計畫好這一切。人們帶著苦澀——有時也帶著讚賞，將布萊爾追捧為新「歐洲強人」。

席哈克用公投後首度的公開聲明來面對挑戰：「為維護我國利益……我將堅決……根據法國模式，而非盎格魯薩克遜模式行動。」[171]據說，他私底下的反應一如往常不客氣：「布萊爾那個驕傲的白癡……對否決的結果沾沾自喜。你看他根本就高潮了。他想利用英國的主席職位大出鋒頭……。我才不會忍受他這種英式傲慢。」[172]席哈克的開局方式令人熟悉，不出倫敦與巴黎雙方的預料：他攻擊瑪格麗特．柴契爾為英國保住的優惠，藉此讓布萊爾在國內難堪，趁他的主席任期剛開始時在歐洲孤立他。英國人的回應同樣淺白：攻擊共同農業政策，席哈克稱此舉為「他們的偏執」。布萊爾對於將歐盟「現代化」有著全新的熱情，等到據說德國反對黨領袖安格拉．梅克爾（Angela Merkel，不久後成為德國總理）與他頗有同感時，法國人也開始擔心——他們與德國的特殊關係似乎出了問題。

根據啟蒙的宏大敘事，[173]歐洲歷史註定超越民眾的選擇，走向更緊密的結合。但《歐盟憲法》的觸礁相當於歐盟內發生的絲絨革命，破除了最後一絲啟蒙論調，動搖了所有曾經確定的事。《世界報》斷定，法國統治菁英半世紀以來堅定而巧妙奉行的歐洲領導策略遭遇了滑鐵盧，成就「英國對法國，以及其理念對歐洲的漂亮勝利」：

> 阿爾比翁看來從未如此卑劣，卻又如此幸運……。畢竟法國選民用自己的選票，滿足了英格蘭人的兩大夙願：他們對政治統合的計畫帶來打擊，而且說不定是致命一擊；他們也引發法德同盟的嫌隙。[174]

此前，人們認為布萊爾的政治生涯瀕臨失望的結局，這時他卻絆絆磕磕走向勝利。法國民眾讓他得到在歷史上留名的機會。他政治才能與表演能力的吸睛結合，讓他與其他深具領袖魅力，在與法國抗衡的重要時刻掌權的英國領導人——老皮特、巴麥尊、勞合．喬治、麥克米倫等人並列。剎那間，足以影響歐陸未來、自貝文以來的每一位英國政治人物所能得到的最好機會，就這麼落到他身上。

但貝文早就發現歐洲很難影響。等到六個月後，亦即二〇〇五年十二月英國主席任期結束時，有關歐洲未來的討論寥寥無幾，一切仍懸而未決。巴黎堅定執行搗蛋戰術，這對一個除了勸告以外似乎別無他法的英國政府來說非常有效。英國大使對《世界報》（二〇〇六年一月四日）解釋，英國已經暫緩提出任何明確的建議，以免激起反對。法國評論家大鬆一口氣，他們瞭解到歐洲不會天翻地覆，甚至連英國人改革預算的遠大目標也只是薄弱的幻想。至於登得上頭版的標誌性議題——當英國放棄其預算減免時，共同農業政策在歐盟支出中占的比例其實還增加了，這和布萊爾對歐洲議會的表態直接牴觸。二〇〇六年新年演說時，席哈克表示法國將繼續領導歐洲，走向更「政治」、「社會福利」、保護主義與干預主義的未來。他的發言以歐盟全數二十四種官方語言發送出去，可就連法國輿論都懷疑有誰在聽他講話。法國獲得短期的戰術勝利，但也再度顯示出該國沒有能力在歐洲政壇採取任何正面的行動。

總之，法國與英國的願景一如既往相互對立，其決議也無限期推遲。不過，英國主席任期間的一項重要舉動，卻有促成結果的潛力：土耳其加入歐盟的談判正式展開。法國與其他國家有許多人力阻土耳其得到會員資格，因為這很可能終將摧毀「更加緊密結合」的目標，歐盟的內涵也將因此稀釋為戴高樂所擔心的「廣大的自由貿易區」。但從另一個角度來看，歐陸或許會因為土耳其加入歐盟，而分裂成法國政策所追求的「內圍」與「外圍」。歐洲的「大博弈」（Great Game）還在等人出招。

第四部　結論與異見

我們兩國過去這六十年的故事總是讓人驚訝，甚至是鼓舞人心。一九四五年，半殘的法國與力竭的英國在戰後的寒冷中打著哆嗦。衰亡直盯著它們的臉：失去海外帝國領土，失去名望，失去財富，失去凝聚力，失去信心——「瞧啊，我們昨日一切的盛況，今與尼尼微（Nineveh）與泰爾（Tyre）同逝[1]。」不過，亞當．斯密曾經說過，要毀掉一個國家，得先搞垮很多東西。兩國恢復了活力。若說兩國將在一個和平而未分裂的歐洲裡成為最堅定、最有目標與態度最明晰，可用的軍力超越俄羅斯，更是世界上幾個最富有的國家，在當年恐怕很不切實際。至於它們是否有明智使用自己的新生命，就是另一回事了。但是，兩國雖然同樣有衰落的問題，都有自覺與渴望抵抗衰落，但兩國鮮少展現出團結。兩國遵循非常不同的道路，在國內外皆然。兩國近年來的競爭歷史，更是其餘任兩兩盟國之間所

1【編註】尼尼微（Nineveh），古代亞述帝國的首都，位於今伊拉克。泰爾（Tyre，又譯推羅），腓尼基人的重要城市，位於今黎巴嫩。兩者皆為《聖經》中所提及之古都，在十九世紀的英國文學中被視為文明與強權走向衰弱與滅亡的象徵。

難以比擬——而且絲毫沒有減緩的跡象。

伊莎貝爾：問題的核心向來都很清楚：英國出於不安，無法接受自己在世界上的位置，也就是位居歐洲心臟的國家。這正是英國與法國和其他鄰國相處困難、深陷傷害性的外交纏結、國內政治分歧的共同泉源。英國本該像法國，從一九五〇年代起便瞭解自己能找到新角色（也是抵抗衰落的方法），全心投入歐洲的建設，這才是真正具有歷史重要性的任務。假如英國在一九五〇年代掌握機會，成為戰後歐洲初期的幾個領袖之一，其世界地位與經濟、社會穩定性便不會那麼動盪。東尼·布萊爾說過：「我們說這不會發生。接著我們說這不會奏效。接著我們說自己不需要它。但事情確實發生了。英國也被人拋在腦後。」[1] 英國採取兩種自貶身價、自尋敗局的立場，亦即跟隨美國與跟隨歐洲——把前者視為理所當然，把後者視為負擔。尤其是，假如英國基於在代議政府、民族認同、與外界交手時的類似傳統，而與法國建立一種歐洲的夥伴關係，該國便能幫助歐盟內部更為民主，對外也更有影響力。英國背對未來，如今歐洲面臨的危機，正是此舉的其中一項後果。

羅伯特：這真是相當浪漫，而且從幾個角度來看當然也是非常法式的觀點——假設各國與各大洲各有其命運，假定歷史會遵循註定的路徑發展。但沒有路能通往未來：我們得一邊走，一邊開路。為了討論，就假設有人接受這種種「命定」說吧。就算接受，這人說不定會斷定英國跟法國所擁護的定數有截然不同的天命。英國似乎決心「更加緊密結合」於世界——也就是戴高樂說的「遼闊海洋」。這人甚至有可能相信歐洲亦終將選擇走向這樣的天命，如此一來，英國將大大影響歐洲至今，以至於未來。這才是戴高樂所憂心、不願接受的。從一九七〇年代看，英國政府在一九五〇年代置身於早期歐洲共同市場之外是件錯事，但從今天來看卻很難說，因為共同市場將摧毀其全球貿易，讓後來的經濟復甦更加困難。的確，若從經濟角度來看，ＥＦＴＡ與歐洲經濟共同體創造純粹貿易夥伴關係的策略或許會更有效益。但英國的動機向來是政治多於經濟。追求的也是傳統方針：防止單一強權（此時則是集體強權）宰制歐洲，並促成更自由的貿易——此舉實際上等於防止新的「大陸封鎖」成真。由此而論，英國一直相當成功，二〇〇五年的情勢更是成功得不得了。你可以認為這是瞎矇、是遠見，或是只是走運，但這確實關乎合理的政治選擇：「歷史」沒有規定我們必須順服於「**單一的未來**」。

後記 抽絲剝繭

我們已經試著講出超過三個世紀以來，法國人與英國人彼此關係的故事。我倆相信，兩者的關係在近代世界獨一無二。這不光是因為歷時之長與其文化、經濟和政治影響層面之廣，更是因為這段關係對全球造成的影響。若以上述一切為標準來衡量，兩國之間的關係遠比兩國各自對任何國家（例如德國或美國）的關係來得重要。我們還會更進一步，說明兩國關係造成的結果，向來比現代任兩國之間的關係更有分量。人們幾乎不可能想像，兩國倘若少了彼此會變成什麼樣子。自一六八〇年代以來，兩國的政治制度與經濟特色、形形色色的人口規模與組成，以及思想和民族情感，皆不斷深受彼此的接觸而形塑、轉變。魯德雅德·吉卜林說得好，兩國人各自的任務向來是「以鍛造自己命運的方式，去塑造對方的命運」。亞洲、非洲與南北美洲同樣深受兩國競爭所影響。

我們開始寫這本書時，完全不確定是否真能寫出一段一以貫之的故事。會不會寫到最後變成一系列不連貫的插曲，彼此之間只能靠地理關係與自圓其說來串聯？從太陽王到東尼·布萊爾之間，是否真存在有意義的線索？近年來，一位法國史家觀察到：「縱使在滑鐵盧之後，兩國之間就再也沒有武裝衝突，但鬥爭在今日仍然以某種方式進行。」[1] 他說對了嗎？或者這不過是政治宣傳、媒體界、過多的歷史書籍所維繫的某種幻覺？許多評論家（尤其是法國的親英人士，以及深受八卦小報「教訓青蛙」之舉所苦的英國親法人士）確實認為「鬥爭」是種幻覺，理應透過說理、正面報導與善意驅散之。直到不久前，人們還常常主張這種對抗只不過是英國人（應該說是英格蘭人）的偏執，是種盲目仇外，法國人對此則傲然不置一詞。[2]

乍聽之下，說今日的摩擦只是激情過往的繞樑餘音，似乎言之成理。一再重複的衝突創造出根深柢固的差異感受，甚或是世代相傳的敵意，進而對「身分認同」這個用爛了的概念大有貢獻。十九世紀中葉，偉大的史家米什萊寫道：「與英格蘭的對抗，大大有益於法蘭西，鞏固、澄清其民族感。地方透過團結對抗敵人的過程，發現彼此是同一個民族。近距離觀看英格蘭人，讓他們感到自己是法蘭西人。」[3] 自十八世紀中葉以來（尤其是法國革命與拿破崙戰爭期間），法國人逐漸視英國——應該說英格蘭（*l'Angleterre*）——為死敵，代表的不僅是敵對勢力，甚至是一套相反的價值：商業的、不穩定的，以及個人主義的。英國是挑戰羅馬的「迦太基」，也像迦太基一樣必須摧毀之。類似的現象在英國同樣能看到。琳達．科莉深信，聯合王國以及英國人的認同（與島上各民族各自的認同對立）就是十八世紀對法衝突的產物。因此，身為（或是自認是）英國人，必然包含反法的感受。

不過，還有一段有平衡作用的法、英故事，內容講的不是衝突，而是彼此著迷、取悅、讚賞、交流與模仿。三個世紀以來的旅遊觀光、找工作和易地而居，讓理念、藝術、時尚、運動、食物與文學如此交織，讓人經常難以一眼看出從哪兒開始屬於英國，哪兒屬於法蘭西。從若干久得難以置信的刻板印象（其中許多是兩國人都接受的）來看，其間有不少悠久的延續。法國人以前傾向於（現在也是？）認為英國在文化上相當獨立、不合常理、未經雕琢，因此是新意與罕見的源頭——經常令人發噱，而且總讓人不安。英國人過去則視（如今亦然？）法國人大有文化，無論在服裝、食物或藝術上，皆是品味與舉止精妙的標誌。向來是比較多英國人前往法國，去讚嘆、體驗與享受。法國人總樂得接受其恭維，而且不禮尚往來。但他們反而向英國人學習，從英國進口，前往英國之行一般出於實際與有限的目的——通常是掙錢。與直覺正好相反，盛行的文化潮流向來是從北往南流，特別是有種新玩意兒都來自英格蘭的感覺，只是會改頭換面，變成法國的精髓（就像自行車賽、橄欖球、牛排、莫內的霧或可可．香奈兒的套裝）。這種往來的結果，就是其他國家少有的文化纏結。但兩國人很好玩，喜歡把對方想成與自己相反。

無論法國與英國之間的衝突影響多麼深遠，假如衝突確實在一八一五年告終，那麼剩下來的一切必然是由逐漸褪去的迷思所構成的，而傳遞迷思的則是種種故事、書籍、圖像，以及法國人所謂的「記憶所繫之處」——例如位於傷兵院的拿破崙墓與特拉法加廣場的納爾遜紀念柱（皆來自一八四〇年代）。許多人愛看帕特里克．蘭博德（Patrick Rambaud）或派屈克．歐布萊恩（Patrick O'Brian）的拿破崙小說，但古老的愛國沙文傳統只存在於少數幾個陰暗角落，偶爾被不講道德的政客與記者喚醒過來。琳達．科莉主張，要是沒有新教徒的尚武、帝國間的對抗，以及十八世紀對法衝突底下支撐的經濟榮景，英國性與英國政府也就無用武之處，化為更小與更大的實體——例如蘇格蘭與歐洲——才合乎情理。同樣的道理也能套用在法國，假使人們為了讓科西嘉、不列塔尼、奧克西塔尼（Occitanie）等地方重新浮現，或是為了與歐洲整合而放棄「雅各賓」中央集權（一套戰時體制），則法蘭西也會瓦解。[4]可是，英國與法國都是古老的國家（與各國的結合），其統合由來已久的程度，不下於其多樣性。說兩國會滅亡，這似乎過於誇大。[5]

那麼，從十八世紀的敵意到二十一世紀的友誼，從對外侵略的愛國主義到和平的世界主義，其間的轉變是否是我們這段故事中一個連貫的主題？沒錯，多少算是，只是路途從不平坦。愛與恨向來同時出現，掀起波濤，而非輪流上陣——我們倆就是法國人說的「一對怨偶」（*un couple infernal*）。兩國在知識與文化上的關係，從來沒有像「第二次百年戰爭」的無情鬥爭期間這麼張力十足。縱使在戰時，法國知識分子也試著像英格蘭人一樣思考；英國鄉紳試圖讓舉止有如法國人；哈英族與通心粉更爭相模仿彼此的時尚。一七八九年後，英國激進分子與法國保守派發現自己更支持敵人。兩國的公開衝突在十九世紀畫下句點。儘管雙方都愛譏笑對方，但法國政治人物與英國藝術家都抱著熱情讚嘆前往海峽對岸。二十世紀時，兩國成為盟國，卻鮮少成為朋友，而且雙雙望向別處尋找新意與文化刺激。但到了存亡關頭，兩國人民卻體驗了史上難有的親密。第一次世界大戰期間，數以萬計的英國人在法國經歷生死。二戰期間，倫敦更成為自由法國的首都。法國陸海空三軍將士為保衛英國而戰。英國的男男女女——無論是穿著軍服或是祕密進行，都為了解放法國甘冒其性命危險。最後在二十一世紀時，儘管人們酸度爆表，卻還是創造出歷史性的驚異現象：一批批的人群以遠勝以往的規模橫渡英吉利海峽，到彼此的國家追求新生活。

但是，如果我們想把故事簡化成國族敵對的消退與友誼的成長，就會有明顯的問題。經過兩世紀的和平、協約與同盟關係後，英國與法國政府針對於重大議題為何仍奉行互相衝突的政策，而且這種衝突非但不是偶發，反而可以預測，甚至早有計畫？兩國人民對於彼此所感受到與表達的好感，也仍然少於對象是其他國家時。善意的評論家經常歸咎於倫敦小報。不過，儘管沒有法國版的《太陽報》（*Soleil*）或《每日郵報》（*Courrier Quotidien*），法國人對英國人的態度，也比英國人對他們來得冷淡。英國與兩世紀前差不多，都是法人眼中對法國價值的挑戰。

理解法國人與英國人之間的這種差異，而非僅僅當成偏見打發，是件非常重要的事。萊昂．托洛斯基（Leon Trotsky）的意思是，你或許會忽略歷史，但歷史可不會忽略你。歷史的一開始，是英國捲入了對抗路易十四的歐陸鬥爭中。這場鬥爭發展為以法國與英國之間為主的衝突，因為英國透過海上力量、貿易與金融，日漸獲得動員世界資源用於歐陸競爭的能力。一七五〇年至一八一五年間是衝突的關鍵時刻。兩國皆被迫參與一場有自覺的爭霸，以掌控歐洲與外面世界之間的聯繫。法國更大、更強，能結合陸海力量，似乎在稱霸全球時居於比英國更優越的地位。假如法國真能擊倒英國——例如在一再入侵的嘗試中的某一次——各種跡象皆顯示法國將成為全球霸主。但法國卻登陸失敗，無法給予致命一擊。縱使法國在一七八三年取勝，讓美利堅合眾國得以成立，英國也沒有因此降級到無足輕重的位子。法國的付出反而讓波旁君主國破產，導致革命發生。公開戰事在一七九二年重新打響，以拿破崙試圖征服歐陸、從而控制海洋的致命之舉為高潮。法國的挫敗意味著她「錯過了與大海的約會」（見上冊第三章的「占領全球」），英國則保住了「海神的三叉戟與世界的權柄」。

無論是過去或現在，這件事對兩國都有重大影響。十九世紀時，英國走上了一條商業、帝國、全球化的道路，其經濟專擅於大量生產，將製品與資本出口到全世界，其糧食日益從遠方的生產者處進口，收入則仰賴服務業與投資，對於開闢新市場的追求則毫無止盡。英國人口爆炸，移民至每一個大洲，成為「島民與移民的聯盟」。[6] 法國則失去十八世紀的殖民貿易，沿岸地區也隨之衰落。財富的創造如今發生在法國北部與東部，而非西部和南部。法國仍然懷有全球性的目標，與英國一樣相信自己既有權利也有責任，要打造一個帝國，在世界各地推動「教化使命」。法國國會在一八四六年獲命為「某個不確定的時間」做準備，屆時「在大海的廣袤戰場上，我們將得與英國的影響力競爭」。但那個「不確定的時刻」從未到來，法國人甚至不再從整體角度思考世界：英國、德國與美國都有深具影響力的地緣政治作家，但法國沒有。法國把焦點擺在歐洲與地中海，試圖將主要的殖民地吸收進母國，讓法國特色成為放諸四海皆準的發展模式。不過，一位政治領袖卻抱怨海外帝國唯一能激起法國民眾興趣的，只有肚皮舞；而阿爾及利亞的白人移民，也泰半出身義大利與西班牙。法國的殖民貿易與投資仍然無足輕重，無論想當海權強國或是大規模工業生產國，都無法與英國競爭。該國的生計反而來自至臻完美的傳統產業與手法，以及在歐洲內部銷售高品質的商品。英國、德國與俄羅斯是法國的主要經濟夥伴國。法國歷屆政府泰半得到民意支持，保護國內經濟不售外部競爭，追求社會穩定甚於經濟活力。法國發展趨緩的程度極為驚人，尤其是人口。該國仍然是個由小城鎮、小鄉村組成的社會，內有大量有地農民，以及許多中小企業。長途遷徙的人有限，出國的人也不多。對都會英國人來說，這正是法國大部分魅力所在：未經破壞、古色古香、便宜，不僅似乎不汲營於利，而且保存了傳統文化價值。

儘管科技上有全盤的變化，但上面的描述不僅適用於一八三〇年代，也適用於一九三〇年代。不過值此期間，兩國之間也有嶄新而互有關連的發展。簡單來說，法國結束與英國的海上衝突，繼而將主要目標重新導向於再度成為歐陸的領導大國，結果與俄羅斯、奧地利和普魯士接連發生戰爭，最後以一八七一年普魯士擊敗法國、德意志帝國成立告終。英國全副心思都擺在全球利益上，對此袖手旁觀。但到了二十世紀初，德國似乎走上了法國此前的道路，以稱霸歐陸為務，作為躋身世界大國的手段。德國接連成為法國與英國的國家大敵。局勢讓法國與猶豫的英國在一九一四年與一九三九年成為盟友，而英國就像兩百年前一樣，化為成功結盟、對抗歐陸威脅的要角，只是結果與兩百年前大不相同。

無庸置疑的，第二次世界大戰終結了一個時代。英國與法國國力漸弱，西歐不再是世界的樞紐。冷戰代表兩大超級強權長達四十年的霸權。殖民地紛紛獲得自由，或是自我解放，而一九五六年的蘇伊士運河危機也同時讓法國與英國學到現實的慘痛教訓。此時，英國、法國及其周遭國家正經歷一段迅速的經濟、社會與文化變動。尤其是法國，從一九四五年至一九七五年的光榮三十年更是徹底的轉變。

不過，十八與十九世紀的走向不只在一九四五年後延續，甚至得到強化。法國的政治與經濟考量聚焦於歐陸的程度甚於以往。雖然法國比英國更用心在保住海外帝國的碎片，以及創造後帝國時代的聯繫，但在失去最大的幾個殖民地時卻馬上便不放心上。法國跟鄰國做貿易，此外也得確保德國的威脅不會再現，因此才會參與超國家的計畫，以控制、保護西歐。法國的經濟活動與政治制度看來有如十九世紀般疲軟，因此國家開始推動現代化，而且也像過去一樣受政府主導與保護，其目標在於應付變局，使安全與穩定最大化。此舉奏效，使政府掌握前所未有的經濟、財政與社會力量，創造出一套複雜的權利與特權制度，幾乎人人有份。英國的立場則相當不同，其政府仍持續致力於減少世界貿易障礙，並維持全球性的聯繫。對國協與美國的貿易，以及倫敦金融城皆具備龐大的重要性，這意味著英國政府的舉動不單只是懷舊。英國人向來接受的金科玉律，是在全世界競爭，而非適應某個區域貿易圈。政府福利與經濟干預制度的目的在於面對不幸，而非創造幸福。成為歐洲經濟共同體成員國一事在一九七〇年代看似徹底調轉方向，事後卻證明只是繞了段小路：二〇〇五年，英國與歐陸鄰國的貿易占不到整體的一半，而且所占比例自一九九〇年代早期便開始下降。這種情況與一九〇〇年大致相同，甚至與一八〇〇年相仿。但法國卻有三分之二的貿易是歐洲貿易，這也跟一九〇〇年代相同。[7]

長久累積的差異造成深遠的影響，加起來構成了「離心」（英國）與「向心」（法國）的社會類型。人類學研究則表示法國人在經濟生活中的行動更有上下階級、小心翼翼且「陰柔」，而英國人的舉止則更平等、冒險且「陽剛」。[8]這些差異有一部分可以透過貿易與金融之於英國生活，以及農業和中小企業之於法國生活歷史悠久的重要性來解釋。至於個人與群體權利孰先孰後，兩國看法的差異也相當古老。我們先前說過，亞當・斯密從未說服法國人。因此，當法國與英國在一九八〇年代採取截然不同的藥方，對治其經濟頹勢時，兩國也是在重申它們在十八與十九世紀較勁時確立的路線分歧：前者試圖抵抗世界經濟壓力，後者則是擁抱之。人們跨海尋求在本國無法尋得的一切，而且人數遠比以往更多，這證明的不是兩國相似之處愈來愈多，而是兩國差異還在延續。

從對歐洲與美國的態度，最能清楚看出兩國政治上的分歧。法國確實在將歐洲整合轉為該國安保、利益、野心，甚至是幻想的載體時獲得一定成就，國內也出現一股強大的政治共識，認為所有難題的解決方法，就是「永遠更歐洲一些」（密特朗的口號）。從無數談歐洲歷史、概念與政局的文章和書籍就能看出，這正是英國有意無意想忽略的歐洲概念。法國對美國這個「新迦太基」的態度源自傳統的反英情緒，法國人使用「盎格魯薩克遜」一詞的習慣也顯示了這一點。[9]有些法國人認為「歐洲」證明了拿破崙的遠見：歐陸統一在法國的領導下，對抗遼闊的大海。他們可不是鬧著玩的。忠於祖國的法國人甚至願意讓法國本身與歐洲這個帶有其基因的新造物融合。也正因為如此，等到他們開始懷疑那樣的歐洲恐怕不是自己的孩子時，才會如此創痛，尤其是二〇〇五年的公投。潛伏在與華盛頓或倫敦的政治歧見底下的，其實是因為法國感受到自己的語言、文化與價值觀勢不如前，才產生的嚴重悲觀情緒。

英國人對「歐洲」的態度，就相當於法國人對「美國」的態度，而且根源同樣來自十八世紀的分歧。不同於法國，英國不會有人認為與歐洲整合是實現其歷史命運。人們反而認為此舉是垂頭喪氣、放棄獨一無二的世界角色，以悔悟的心情接受降級的地位。對許多人而言，這也是政治與情感吸引力之所在：投入歐洲，就代表拋棄惹人厭的帝國昔日，代表「剪掉維多利亞女王的臍帶」。[10]但這種拋棄可不是人人稱道。當然，英國人也不可能額手稱慶，把歐洲當成抵禦「盎格魯薩克遜」世界的屏障，而歐洲經濟共同體的成員國資格便已意味著與這個世界部分脫離了。因此，自歐洲整合伊始，英國政府便戮力當兩個世界的「橋樑」。或者根據許多法國人的看法，也可以說是為混亂、缺乏教養的全球化力量扮演特洛伊木馬的角色。戴高樂心裡明白：他用「島嶼性格」來形容英國，但他瞭解這指的並非孤立，而是聯繫。

英國（連同戴高樂稱之為「成群結隊」的海外夥伴）是個試圖走向歐洲的全球性實體。法國則是試圖走向全球的歐洲性實體。兩國政界都希望歐洲能成為後帝國時代的基座，以強化其國際地位。兩國獨步西歐，皆懷抱在海外扮演政治角色的雄心壯志，而且在武力支持下多少也有能耐。這對兩國往歐洲貼近，以及小心貼近彼此的做法，是非常關鍵的因素。但兩國的戰略仍然不同。英國（透過與美國亦步亦趨）試圖讓實力勝過表象。法國（透過宣稱其獨立自主）則試圖讓表象勝過實力，就像戴高樂所說，之所以行事像個大國，正是因為法國不再是個大國。英國的立場在法國人眼中就是附庸，而法國的立場對英國人來說則是裝模作樣。兩國對歐洲防禦與外交政策的態度，就表現了這種不同。當然，只要兩國共同行動，就能夙願得償。偏偏兩國只有在放棄各自的夙願時，才願意共同行動。

一九八〇年代與九〇年代發生在歐洲內外的事件，讓法國與英國的遠大志向有了新的迫切性。經濟全球化、其他大洲的競爭、冷戰結束、兩德統一與蘇維埃帝國瓦解，讓歐洲社群從遲滯中回魂。強大經濟力重新抬頭的英國，是單一市場的主要支持者，該國也堅持支持新成員國加入。法國則堅持政治與貨幣統合。歐洲同時被人拉往相反的方向，只是檯面上稱之為互補：一邊朝向自由化與東擴（可能造就戴高樂討厭的「廣大自由貿易區」），一邊朝向經濟與政治整合（恐怕帶來柴契爾譴責的「超級大國」（superstate））。化圓為方的艱鉅任務落在歐盟頭上，結果就是二〇〇四年出爐的憲法，迫使尷尬的政府舉行公投，做出若干無法逃避的決定。鮮少人能料到，居然是法國人在二〇〇五年對這部憲法說不，擔心其中蘊藏「英國的歐洲願景」，喊停可預見的未來中會發生的整合。

法國的親英派多年來敦促英國擁抱一種歐洲式的命運，亦即變得更像法國。但英國說不定也會鼓勵法國開拓眼界，面向「遼闊的大海」，而不是只學英語。我們故事中的種種線索就這麼緊緊交織起來，伏爾泰與莎士比亞的分量不亞於馬爾博羅或拿破崙。至少，直到歷史再一次讓我們大感意外之前，都會是如此。

致謝

承蒙女王陛下恩准引用皇家檔案館（Royal Archive）文件。

萊弗爾梅基金會（Leverhulme Trust）的慷慨，讓撰寫本書所必須的學年輪休得以成真，也感謝劍橋大學聖約翰學院（St. John's College）教師勉力支持。

能夠在撰寫本書時，得到這麼多人——不只是朋友、同事與知己，甚至是與我們素未謀面的人——慷慨提出意見、提供知識與撥出時間，這是莫大的榮幸。我們最希望感謝以下自告奮勇，細讀無數段落、做出評論的人：David A. Bell、Steven Englund、M.R.D. Foot、Iain Hamilton、Robin Harris、Dick Holt、John Keiger、Charles-Edouard Levillain、John Morrill、Helen Parr（她還允許我們閱覽她最近的書）、Simon Prince、Jean-Louis Six、John Ranelagh、Dennis Showalter，以及聖約翰學院的三位同僚——Sylvana Tomaselli、Bee Wilson和John Harris。

我們想特別謝謝過去和現在教過的學生，他們多數就讀劍橋，或者慷慨應允們引用他們未出版的著作——如Katy Caie、Philippe Chalon、Marion Lenoir、Katie Watt與David Young de la Marck——或者提供專業意見，如Edward Castleton、Emmanuelle Hériard-Dubreuil、Sarah Howard、Katsura Miyahara、Siau Yin Goh與Kiva Silver。尤其感謝Katrina Gulliver整理書目。

在這所出過華茲華斯、卡斯爾雷、威伯福斯、巴麥尊和馬修・普瑞爾（還有比較名不見經傳的詹姆斯・道森，一七四五年叛亂其間，道森被吊死、泡水，然後分屍），更有一位法國王后在此婚配，諾曼第登陸在此進行部分規劃的學院裡工作，時時刻刻討喜地提醒我們這面跨越海峽交流網有多麼綿密。各科系的同事、研究生與大學生在餐桌對面提供立即的專業見解（有時候甚至自己都沒有注意到），尤其是Victoria Argyle、Jack Goody、Susie Grant、John Iliffe、Joe McDermott、Richard Nolan、Mary Sarotte、Simon Szreter、George Watson與Marcus Werner。我倆經常覺得要不是在劍橋，哪能這麼容易為寫這本書做好準備？為此，一代代的圖書館員特別值得我們感謝。

更有其他許多人——學者、事件當事人，有時候兩者皆是——耐心回答問題，讓我們在著作出版前提供預覽，檢查文字細節，或是好心提供（而且是自願！）消息。他們是Martin Alexander、Christopher Andrew、Lucy Ash、Simon Atkinson、Stéphane Audoin-Rouzeau、Christina de Bellaigue、Tom Bartlett、Annette Becker、Jeremy Black、Tim Blanning、Roy Bridge、Tony Bohannon（巴黎公社難民的孫子）、Florence Bourillon、Simon Burrows、Betty Bury（把Patrick Bury晚年的著作給我們看）、

Yvonne Bussy（活力無窮、自動自發的公關，也是伊莎貝爾的母親）Corinne Chabert、June Charman、Chris Clark、Jonathan Conlin、Martyn Cornick、Martin Daunton、Philip Dine、Jack Douay、David Dutton、Graham Floater、Joëlle Garriaud-Maylam、Caroline Gomez、Björn Hagelin、David Heley、Rachel Hammersley、Jacques Herry（曾效力勒克萊爾麾下的法國第二裝甲師）、Boyd Hilton、John Horne、Hubertus Jahn、Keith Jeffery、Colin Jones、Jean-Marc Largeaud、John Leigh、Renaud Morieux、Patrick Minford、Bill Philpott、Patrice Porcheron、Jean de Préneuf、Munro Price、Emma Rothschild、Guy Rowlands、George St. Andrews、Meg Sanders、Ruth Scurr、Jim Secord、Brendan Simms、Hew Strachan、Kirk Swinehart、Francis Tombs與Paul Vallet。Cécile、Bruno、Juliette與Charles讓我們即時瞭解法國初、中、高等教育界的觀點。Henry Woudhuysen無意間帶來的書名。Nicholas Garland大方允許我們複製他的一幅漫畫。

對於前面提到，以及所有其他提供幫助與鼓勵的人，我們銘感五內。他們的幫忙，讓我們獲益甚豐。至於書中傳達的所有看法，以及檢查到的錯誤，全由兩位作者負責。

Bill Hamilton、Ravi Mirchandani、Caroline Knight和Amanda Russell毫不動搖的鼓勵與專業的支持，可是惠我倆良多。

第十三與十四章全由羅伯特．圖姆斯執筆，其間表示的是他個人的看法。文中沒有任何資訊，是由任職於女王陛下之外交及國協事務部（HM Foreign and Commonwealth Office）的伊莎貝爾・圖姆斯所提供。

除非另有說明，所有法語英譯文皆出自兩位作者之手。

Weber, Eugen (1995), *The Hollow Years: France in the 1930s*, London, Sinclair Stevenson.
Weber, Jacques (2002), *Les Relations entre la France et l'Inde de 1673 à nos jours*, Paris, Les Indes Savantes.
Webster, C.K. (1921), *British Diplomacy, 1813–1815*, London, G. Bell.
Webster, Paul (2001), *Fachoda*, Paris, Félin.
Weinburg, Gerhard L. (1994), *A World at Arms: A Global History of World War II*, Cambridge, Cambridge University Press.
Weiner, Margery (1960), *The French Exiles, 1789–1815*, London, John Murray.
Wells, Roger (1986), *Insurrection: The British Experience 1795–1803*, Gloucester, Alan Sutton.
Welsh, Jennifer M. (1995), *Edmund Burke and International Relations: The Commonwealth of Europe and the Crusade against the French Revolution*, London, Macmillan.
Wentworth, Michael (1984), *James Tissot*, Oxford, Clarendon Press.
Whatmore, Richard (2000), *Republicanism and the French Revolution: An Intellectual History of Jean-Baptiste Say's Political Economy*, Oxford, Oxford University Press.
Wheatley, Edmund (1997), *The Wheatley Diary*, Gloucester, Windrush Press.
Wheeler (1951), *The Letters of Private Wheeler*, London, Michael Joseph.
Whiteley, John (2004), 'Auguste Rodin in Oxford', *The Ashmolean Magazine*, summer 2004.
Whiteman, Jeremy J. (2003), *Reform, Revolution and French Global Policy, 1787–1791*, Aldershot, Ashgate.
Williams, David (1979), 'Voltaire's war with England: the Appeal to Europe, 1760–1764', in *Voltaire and the English, Studies on Voltaire and the Eighteenth Century*, no. 179, Oxford, Voltaire Foundation.
Wilson, Kathleen (1995), *The Sense of the People: Politics, Culture and Imperialisms in England, 1715–1785*, Cambridge, Cambridge University Press.
Wilson, Kathleen, ed. (2004), *New Imperial History: Culture, Identity and Modernity in Britain and the Empire, 1660–1840*, Cambridge, Cambridge University Press.
Wilson, Keith M. (1994), *Channel Tunnel Visions, 1850–1945: Dreams and Nightmares*, London, Hambledon Press.
Wilson, Keith M. ed. (1995), *Decisions for War, 1914*, London, UCL Press.
Wilson, Keith M. (1996), 'Henry Wilson and the Channel Tunnel before and after the Great War: an example of policy and strategy going hand in hand', *Franco-British Studies*, 22, pp. 83–91.
Wilson, Keith M., ed. (2001), *The International Importance of the Boer War*, Chesham, Acumen.
Winch, Donald, and O'Brien, Patrick K., eds. (2002), *The Political Economy of British Historical Experience, 1688–1914*, Oxford, Oxford University Press.
Wolf, John B. (1968), *Louis XIV*, London, Gollancz.
Woodbridge, John D. (1995), *Revolt in Prerevolutionary France: The Prince de Conti's Conspiracy against Louis XV, 1755–1757*, Baltimore, Johns Hopkins University Press.
Woolf, Virginia (1924), *Mr Bennett and Mrs Brown*, London, L. and V. Woolf.
Young, Hugo (1998), *This Blessed Plot: Britain and Europe from Churchill to Blair*, London, Macmillan.
Young, Robert J. (1986), *France and the Origins of the Second World War*, London, Macmillan.
Young de la Marck, David de (2003) 'De Gaulle, Colonel Passy and British intelligence, 1940–42', *Intelligence and National Security*, 18, pp. 21–40.

d'Orsay, Brussels, Complexe.
Vallès, Jules (1951), *La Rue à Londres*, ed. L. Scheler, Paris, Editeurs français réunis.
Van Kley, Dale K. (1984), *The Damiens Affair and the Unravelling of the Ancien Régime, 1750–1770*, Princeton, Princeton University Press.
Varouxakis, Georgios (2002), *Victorian Political Thought on France and the French*, London, Palgrave.
Vergé-Franceschi, Michel (1996), *La Marine Française au XVIIIe Siècle*, Paris, Sedes.
Veuillot, Louis (1867), *Les Odeurs de Paris*, Paris, Balitout.
Victoria, Queen (1930), *The Letters of Queen Victoria, 3rd series: a selection from her majesty's correspondence and journal between the years 1886 and 1901*, 3 vols., London: Murray.
Vigarello, Georges (1997), 'The Tour de France', in Pierre Nora, ed., *Realms of Memory: The Construction of the French Past, vol. 2, Traditions*, New York, Columbia University Press.
Vigié, Marc (1993), *Dupleix*, Paris, Fayard.
Villepin, Dominique de (2002), *Les Cent-Jours ou l'esprit de sacrifice*, Paris, Perrin.
Vincent, Rose, ed. (1993), *Pondichéry, 1674–1761: l'échec d'un rève d'empire*, Paris, Autrement.
Vion, Marc (2002), *Perfide Albion! Douce Angleterre?*, Saint-Cyr-sur-Loire, Alan Sutton.
Vizetelly, Ernest Alfred (1904), *Emile Zola, Novelist and Reformer: An Account of His Life and Work*, London, Bodley Head.
Voltaire, François-Marie Arouet de (1785), *Du théâtre anglais (Appel à toutes les nations d'Europe)* in vol. 61, *Oeuvres Complètes de Voltaire*, 92 vols., Kehl, Société littérairetypographique.
Voltaire, François-Marie Arouet de (1946), *Lettres philosophiques*, ed. F.A. Taylor, Oxford, Blackwell.
Voltaire, François-Marie Arouet de (1966), *Siècle de Louis XIV*, 2 vols., Paris, Flammarion.
Voltaire, François-Marie Arouet de (1992), *Candide and Other Stories*, trans. R. Pearson, London, Everyman.
Waddington, Richard (1899), *La guerre de sept ans: histoire diplomatique et militaire*, 5 vols., Paris, Firmin-Didot.
Wahnich, Sophie (1997), *L'impossible citoyen: l'étranger dans le discours de la Révolution française*, Paris, Albin Michel.
Walpole, Horace (1904), *Letters of Horace Walpole*, trans. C.B. Lucas, London, Newnes.
Walton, Whitney (1992), *France at the Crystal Palace: Bourgeois Taste and Artisan Manufacture in the Nineteenth Century*, Berkeley, University of California Press.
Ward, Marion (1982), *Forth*, Chichester, Phillimore.
Watkin, David (1984), *The Royal Interiors of Regency England*, London, Dent.
Watson, D.R. (1974), *Georges Clemenceau*, London, Eyre Methuen.
Watson, George (1976), 'The revolutionary youth of Wordsworth and Coleridge', *Critical Quarterly*, 18, pp. 49–65.
Watt, Donald Cameron (2001), *How War Came*, London, Pimlico.
Watt, Katie (1999), 'Contemporary British Perceptions of the Paris Commune, 1871', Cambridge, historical tripos part II dissertation.
Wawro, Geoffrey (2000), *Warfare and Society in Europe, 1792–1914*, London, Routledge.
Weber, Eugen (1962), *Action Française: Royalism and Reaction in Twentieth-Century France*, Stanford, Stanford University Press.
Weber, Eugen (1976), *Peasants into Frenchmen: The Modernization of Rural France, 1870–1914*. London, Chatto & Windus.
Weber, Eugen (1986), *France Fin de Siècle*, Cambridge, Mass., and London, Harvard University Press.
Weber, Eugen (1991), *My France: Politics, Culture, Myth*, Cambridge, Mass., Harvard University Press.

Taylor, Miles (2000), 'The 1848 revolutions and the British empire', *Past and Present*, 166, pp. 146–80.
Taylor, Patricia (2001), *Thomas Blaikie (1751–1838): The 'Capability' Brown of France*, East Linton, Tuckwell Press.
Terraine, John (1972), *Mons, the Retreat to Victory*, London, Pan.
Thatcher, Margaret (1993), *The Downing Street Years*, London, HarperCollins.
Thicknesse, Philip (1766), *Observations on the customs and manners of the French nation: in a series of letters, in which that nation is vindicated from the misrepresentations of some late writers*, London, Robert Davis.
Thiers, Adolphe (1972), *Histoire du Consulat et de l'Empire*, Paris, Robert Laffont.
Thody, Philip (1995), *Le Franglais: Forbidden English, Forbidden American: Law, Politics and Language in Contemporary France*, London, Athlone Press.
Thomas, Hugh (1997), *The Slave Trade: The History of the Atlantic Slave Trade, 1440–1870*, London, Picador.
Thomas, Martin (1996), *Britain, France and Appeasement*, Oxford, Berg.
Thomas, Martin (1997), 'From Dien Bien Phu to Evian: Anglo-French imperial relations', in Sharp, Alan, and Stone, Glyn, eds. (2000), *Anglo-French Relations in the Twentieth Century*, London, Routledge.
Thompson, Dorothy (1984), *The Chartists*, New York, Pantheon.
Thompson, Neville (1971), *The Anti-Appeasers: Conservative Opposition to Appeasement in the 1930s*, Oxford, Clarendon Press.
Thrasher, Peter Adam (1970), *Pasquale Paoli: An Enlightened Hero, 1725–1807*, London, Constable.
Tillier, Bertrand (2004), *La Commune de Paris, révolution sans images?*, Seyssel, Champ Vallon.
Tombs, Isabelle (2002), 'Scrutinizing France: collecting and using newspaper intelligence during World War II', *Intelligence and National Security*, 17, pp. 105–26.
Tombs, Robert (1998), 'Lesser breeds without the law: the British establishment and the Dreyfus affair, 1894–1899', *Historical Journal*, 41, pp. 495–510.
Torrès, Tereska (2000), *Une Française libre: Journal, 1939–1945*, Paris, Phébus.
Tracy, Louis (1998), *The Final War*, ed. G. Locke, London, Routledge.
Travers, Tim (1990), *The Killing Ground*, London, Unwin Hyman.
Troost, Wout (2005), *William III, the Stadholder-King: A Political Biography*, Aldershot, Ashgate.
Trubek, Amy B. (2000), *Haute Cuisine: How the French Invented the Culinary Profession*, Philadelphia, University of Pennsylvania Press.
Tucoo-Chala, Pierre (1999), *Pau, ville Anglaise*, Pau, Librairie des Pyrénées & de Gascogne.
Tudesq, André-Jean (1964), *Les Grands Notables en France*, 2 vols., Paris, Presses Universitaires de France.
Tulard, Jean (1977), *Napoléon: ou, Le mythe du sauveur*, Paris, Fayard.
Turgot, Anne Robert Jacques (1913), *Oeuvres de Turgot et documents le concernant*, ed. Gustave Schelle, 5 vols., Paris, Alcan.
Turner, Arthur (1998), *The Cost of War: British Policy on French War Debts, 1918–1932*, Brighton, Sussex Academic Press.
Tyson, Moses, and Guppy, Henry, eds. (1932), *The French Journals of Mrs Thrale and Doctor Johnson*, Manchester University Press.
Uglow, Jenny (2002), *The Lunar Men: The Friends Who Made the Future, 1730–1810*, London, Faber and Faber.
Vaïsse, Maurice (1989), 'Post-Suez France', in W.R. Louis and R. Owen, *Suez 1956*.
Vaïsse, Maurice, ed. (2004), *L'Entente cordiale de Fachoda à la Grande Guerre: dans les archives du Quai*

Smyth, Jim, ed. (2000), *Revolution, Counter-Revolution and Union: Ireland in the 1790s*, Cambridge, Cambridge University Press.

Sonenscher, Michael (1997), 'The nation's debt and the birth of the modern republic: the French fiscal deficit and the politics of the revolution of 1789', *History of Political Thought*, 18, pp. 64–103 and 266–325.

Sorel, Albert (1969), *Europe and the French Revolution: The Political Traditions of the Old Regime*, ed. and trans. A. Cobban and J.W. Hunt, London, Collins.

Spang, Rebecca L. (2000), *The Invention of the Restaurant: Paris and Modern Gastronomic Culture*, Cambridge, Mass.., Harvard University Press.

Spears, Edward (1954), *Assignment to Catastrophe*, 2 vols., London, William Heinemann.

Spears, Edward (1999), *Liaison 1914*, London, Cassell.

Speck, W. A. (2002), *James II*, London, Longman.

Spencer, Colin (2002), *British Food: An Extraordinary Thousand Years of History*, London, Grub Street Publishing.

Spiers, Edward M., ed. (1998), *Sudan: The Reconquest Reappraised*, London, Frank Cass.

Statistics (1922), *Statistics of the Military Effort of the British Empire during the Great War, 1914–1920*, London, HMSO.

Steele, Valerie (1998), *Paris Fashion: A Cultural History*, Oxford, Berg.

Steiner, Zara S. (1977), *Britain and the Origins of the First World War*, London, Macmillan.

Steiner, Zara S. (2005), *The Lights That Failed: European International History 1919–1933*, Oxford, Oxford University Press.

Stenton, Michael (2000), *Radio London and Resistance in Occupied Europe: British Political Warfare 1939–1943*, Oxford, Oxford University Press.

Stevenson, David (1998), 'France at the Paris peace conference: addressing the dilemmas
of security', in Robert Boyce, ed., *French Foreign and Defence Policy: The Decline and Fall of a Great Power*, London, Routledge.

Stevenson, David (2004), *1914–1918: The History of the First World War*, London, Allen Lane.

Stone, Glyn (2000), 'From entente to alliance: Anglo-French relations, 1935–1939', in Sharp, Alan, and Stone, Glyn, eds., *Anglo-French Relations in the Twentieth Century*, London, Routledge.

Stone, Lawrence, ed. (1994), *An Imperial State at War: Britain from 1689 to 1815*, London, Routledge.

Stothard, Peter (2003), *30 Days: A Month at the Heart of Blair's War*, London, HarperCollins.

Strachan, Hew (2001), *The First World War: vol 1: To Arms*, Oxford, Oxford University Press.

Strauss-Kahn, Dominique (2004), *Oui! Lettre ouverte aux enfants d'Europe*, Paris, Grasset.

Styan, David (2004), 'Jacques Chirac's "non": France, Iraq and the United Nations, 1991–2003', *Modern and Contemporary France*, 12, pp. 371–85.

Subramanian, Lakshmi, ed. (1999), *The French East India Company and the Trade of the Indian Ocean: A Collection of Essays by Indrana Ray*, Calcutta, Munshiram Manoharlal.

Swart, Koenraad W. (1964), *The Sense of Decadence in Nineteenth-Century France*, The Hague, Martinus Nijhoff.

Taine, Hippolyte (1903), *Notes sur l'Angleterre*, 12th edn, Paris, Hachette.

Talmon, Jacob L. (1960), *Political Messianism: The Romantic Phase*, New York, Frederick A. Praeger.

Taylor, A.J.P. (1971), *The Struggle for Mastery in Europe, 1848–1918*, Oxford, Oxford University Press.

Taylor, Derek (2003), *Ritzy: British Hotels, 1837–1987*, London, Milman Press.

Taylor, James Stephen (1985), *James Hanway, Founder of the Marine Society: Charity and Policy in Eighteenth-Century England*, London, Scolar.

Schroeder, Paul W. (1994), *The Transformation of European Politics 1763–1848*, Oxford, Clarendon Press.

Scott, H.M. (1990), *British Foreign Policy in the Age of the American Revolution*, Oxford, Clarendon Press.

Scott, H.M. (1992), 'The second "hundred years war", 1689–1815', *Historical Journal*, 35, pp. 443–469.

Scott, Jonathan (2000), *England's Troubles: Seventeenth-Century English Political Instability in European Context*, Cambridge, Cambridge University Press.

Semmel, Stuart (2004), *Napoleon and the British*, New Haven and London, Yale University Press.

Serman, William, and Bertaud, Jean-Paul (1998), *Nouvelle Histoire Militaire de la France 1789–1919*, Paris, Fayard.

Shackleton, Robert (1961), *Montesquieu: A Critical Biography*, Oxford, Oxford University Press.

Sharp, Alan, and Stone, Glyn, eds. (2000), *Anglo-French Relations in the Twentieth Century*, London, Routledge.

Shawcross, William (2003), *Allies: The United States, Britain, Europe and the War in Iraq*, London, Atlantic Books.

Sheffield, Gary (2001), *Forgotten Victory*, London, Review.

Shepherd, John (2002), *George Lansbury: At the Heart of Old Labour*, Oxford University Press.

Sheriff, Mary D. (1997), 'The immodesty of her sex. Elisabeth Vigée-Lebrun and the Salon of 1783', in A. Bermingham and J. Brewer, eds., *The Consumption of Culture 1600–1800*.

Sherwig, John M. (1969), *Guineas and Gunpowder: British Foreign Aid in the Wars with France, 1793–1815*, Cambridge, Mass., Harvard University Press.

Shoemaker, Robert B. (2002), 'The taming of the duel: masculinity, honour and ritual violence in London, 1660–1800', *Historical Journal*, 45, pp. 525–45.

Shore, Cris (2000), *Building Europe: The Cultural Politics of European Integration*, London, Routledge.

Shuker, Stephen A. (1976), *The End of French Predominance in Europe*, Chapel Hill, NC, University of North Carolina Press.

Sieburth, Richard (2005), 'Over to the words: translations from the English and other shimmering Mallarmé', *Times Literary Supplement* (14 Jan. 2005), pp. 3–4.

Siegel, Mona L. (2004), *The Moral Disarmament of France: Education, Pacifism, and Patriotism, 1914–1940*, Cambridge, Cambridge University Press.

Simmons, Sylvie (2001), *Serge Gainsbourg: A Fistful of Gitanes*, London, Helter Skelter.

Simms, Brendan (2003), *Unfinest Hour: Britain and the Destruction of Bosnia*, London, Penguin.

Simms, Brendan (2003b) 'Continental analogies with 1798: revolution or counterrevolution?', in Thomas Bartlett, David Dickson, Daire Keogh and Kevin Whelan, eds., *1798: A Bicentenary Perspective*, Dublin, Four Courts Press.

Simon, Marie (1995), *Mode et peinture: le Second Empire et l'impressionnisme*, Paris, Hazan.

Sirinelli, Jean-François, ed. (1992), *Histoire des droites en France*, 3 vols., Paris, Gallimard.

Sitwell, Osbert (1949), *Laughter in the Next Room: An Autobiography*, London, Macmillan.

Skidelsky, Robert (1983), *John Maynard Keynes: A Biography*, 3 vols., London, Macmillan.

Smith, Adam (1991), *The Wealth of Nations*, 2 vols., London, Everyman.

Smith, Hillas (2001), *The Unknown Frenchman, the Story of Marchand and Fashoda*, Lewes, Book Guild.

Smith, Timothy B. (2004), *France in Crisis: Welfare, Inequality and Globalization since 1980*, Cambridge, Cambridge University Press.

Smollett, Tobias (1999), *Travels through France and Italy*, Oxford, Oxford University Press.

Ross, George (1995), *Jacques Delors and European Integration*, Cambridge, Polity Press.
Ross, Ian Simpson (1995), *The Life of Adam Smith*, Oxford, Clarendon Press.
Rothenstein, William (1931), *Men and Memories, 1872–1900*, 3 vols., London, Faber and Faber.
Rothschild, Emma (2001), *Economic Sentiments: Adam Smith, Condorcet, and the Enlightenment*, Cambridge, Mass., Harvard University Press.
Rothschild, Emma (2002),'The English Kopf', in Donald Winch and Patrick K. O'Brien, eds., *The Political Economy of British Historical Experience, 1688–1914*, Oxford, Oxford University Press.
Roudaut, Christian (2004), *L'Entente glaciale: Français–Anglais, les raisons de la discorde*, Paris, Alban.
Rougerie, Jacques (1971), *Paris libre 1871*, Paris, Seuil.
Rounding, Virginia (2003), *Grandes Horizontales: The Lives and Legends of Four Nineteenth-Century Courtesans*, London, Bloomsbury.
Rousseau, A.M. (1979), `Naissance d'un livre et d'un texte', in *Voltaire and the English*, *Studies on Voltaire and the Eighteenth Century*, no. 179, Oxford, Voltaire Foundation.
Rousseau, Frédéric (2003), *La Guerre censurée*, Paris, Seuil.
Rousseau, Jean-Jacques (1969), *Emile, ou de l'Education*, in *Oeuvres Complètes*, eds. B. Gagelin and M. Raymond, Paris, Pléiade.
Rowe, Michael (2003), *From Reich to State: The Rhineland in the Revolutionary Age*, Cambridge, Cambridge University Press.
Sadler, M. (1992), 'Classy customers: the image of the British in French magazine advertising, 1991–2', *Franco-British Studies*, 14, pp. 67-79.
Sahlins, Peter (2004), *Unnaturally French: Foreign Citizens in the Old Regime and After*, Ithaca and London, Cornell University Press.
St Clair, William (1967), *Lord Elgin and the Marbles*, Oxford, Oxford University Press.
Saint-Girons, Baldine (1998), 'Le sublime de Burke et son influence dans l'architecture et l'art des jardins', *Canadian Aesthetics Journal/Revue canadienne d'esthétique*, 2.
Salmond, Anne (2003), *The Trial of the Cannibal Dog: The Remarkable Story of Captain Cook's Encounters in the South Seas*, New Haven and London, Yale University Press.
Sanderson, Claire (2003), *L'impossible alliance? France, Grande-Bretagne et défense de l'Europe (1945–1958)*, Paris, Sorbonne.
Sareil, Jean (1969), *Les Tencin: histoire d'une famille au dix-huitième siècle*, Geneva, Droz.
Sargent, T.J. and Velde, F.R. (1995), 'Macroeconomic Features of the French Revolution', *Journal of Political Economy*, 103, pp. 474–518.
Saunders, Andrew (1997), *Channel Defences*, London, Batsford.
Saville, John (1987), *1848: The British State and the Chartist Movement*, Cambridge, Cambridge University Press.
Scarfe, Norman (1995), *Innocent Espionage: The La Rochefoucauld Brothers' Tour of England in 1785*, Woodbridge, Boydell Press.
Schaad, Martin P. C. (2002),'Bonn between London and Paris', in Jeremy Noakes et al., eds., *Britain and Germany in Europe 1949–1990*, Oxford, Oxford University Press.
Schama, Simon (1989), *Citizens: A Chronicle of the French Revolution*, London, Viking.
Schama, Simon (2005), *Rough Crossings: Britain, the Slaves and the American Revolution*, London, BBC Books.
Scheck, Raffael (2005), '"They are just savages": German massacres of Black soldiers in the French army in 1940', *Journal of Modern History*, 77, pp. 325–44.
Schom, Alan (1987), *Emile Zola: A Bourgeois Rebel*, London, Macdonald.

Reddy, William M. (2001), *The Navigation of Feeling: A Framework of the History of Emotions*, Cambridge, Cambridge University Press.
Regenbogen, Lucian (1998), *Napoléon a dit*, Paris, Les Belles Lettres.
Reitlinger, Gerald (1961), *The Economics of Taste*, 2 vols., London, Barne & Rockliff.
Rendall, Matthew (2004), '"The Sparta and the Athens of our Age at Daggers Drawn": Politics, Perceptions, and Peace', *International Politics*, 41, pp. 582–604.
Répertoire (1818), *Répertoire générale du théâtre français*, 67 vols., Paris, Petitot.
Reynolds, David (1991), *Britannia Overruled: British Policy and World Power in the Twentieth Century*, London, Longman.
Reynolds, David (2004), *In Command of History: Churchill Fighting and Writing the Second World War*, London, Allen Lane.
Reynolds, Siân (2000), 'Running away to Paris: expatriate women artists of the 1900 generation, from Scotland and points south', *Women's History Review*, 9, pp. 327–44.
Ribeiro, Aileen (1983), *A Visual History of Costume: The Eighteenth Century*, London, Batsford.
Richards, Denis (1974), *Royal Air Force, 1939–1945, vol. 1: The Fight at Odds*, London, HMSO.
Richey, Paul (1980), *Fighter Pilot: A Personal Record of the Campaign in France, 1939–1940*, London, Jane's Publishing Co.
Rioux, Jean-Pierre, and Sirinelli, Jean-François (1998), *Histoire culturelle de la France, vol. 4, Le Temps des masses*, Paris, Seuil.
Rivarol, Antoine (1998), *L'Universalité de la langue française*, ed. Jean Dutourd, Paris, Arléa.
Robb, Graham (1997), *Victor Hugo*, London, Picador.
Robb, Graham (2000), *Rimbaud*, London, Picador.
Roberts, Andrew (2001), *Napoleon and Wellington*, London, Phoenix Press.
Roberts, J.M. (1973), 'The Paris Commune from the Right', *English Historical Review*, supplement 6.
Roberts, John L. (2002), *The Jacobite Wars: Scotland and the Military Campaigns of 1715 and 1745*, Edinburgh, Polygon.
Robespierre, Maximilien (1967), *Oeuvres de Maximilien Robespierre*, Bouloiseau, Marc, and Soboul, Albert, eds., 10 vols., Nancy, Société des Etudes Robespierristes.
Robson, John, ed., (2004), *The Captain Cook Encyclopedia*, London, Chatham.
Roche, Daniel (1993), *La France des Lumières*, Paris, Fayard.
Roche, Daniel, ed. (2001), *Almanach parisien: en faveur des étrangers et des personnes curieuses*, Saint-Etienne, Publications de l'Université de Saint-Etienne.
Rocolle, Pierre (1990), *La guerre de 1940*, 2 vols., Paris, Armand Colin.
Rodger, N.A.M. (1988), *The Wooden World*, London, Fontana.
Rodger, N.A.M. (2004), *The Command of the Ocean*, London, Allen Lane.
Roger, Philippe (2002), *L'Ennemi américain: généalogie de l'antiaméricanisme français*, Paris, Seuil.
Rogers, Nicholas (1998), *Crowds, Culture and Politics in Georgian Britain*, Oxford, Clarendon Press.
Rogers, Nicholas (2004), 'Brave Wolfe: the making of a hero', in Kathleen Wilson, ed., *A New Imperial History: Culture, Identity and Modernity in Britain and the Empire, 1660–1840*, Cambridge, Cambridge University Press.
Rosanvallon, Pierre (1985), *Le moment Guizot*, Paris, Gallimard.
Rosanvallon, Pierre (1994), *La Monarchie Impossible*, Paris, Fayard.
Rose, Craig (1999), *England in the 1690s: Revolution, Religion and War*, Oxford, Blackwell.
Rose, John Holland (1911), *Life of William Pitt*, 2 vols., London, G. Bell.
Rose, R. B. (1960), 'The Priestley riots of 1791', *Past and Present*, 18, pp. 68–88.

Publications de l'Université de Lille III.
Plank, Geoffrey (2001), *An Unsettled Conquest: The British Campaign against the Peoples of Acadia*, Philadelphia, University of Pennsylvania Press.
Pluchon, Pierre (1996), *Histoire de la Colonisation Française: des origines à la Restauration*, Paris, Fayard.
Pocock, J.G.A. (1985), *Virtue, Commerce, and History: Essays on Political Thought and History*, Cambridge, Cambridge University Press, 1985.
Pocock, J.G.A. (1999), *Barbarism and Religion* vol. 1, *The Enlightenments of Edward Gibbon, 1737-1764*, Cambridge, Cambridge University Press.
Pocock, J.G.A. (2005), *The Discovery of Islands: Essays in British History*, Cambridge, Cambridge University Press.
Poirier, Jean-Pierre (1999), *Turgot: laissez-faire et progrès social*, Paris, Perrin.
Pomeau, René (1979), 'Les Lettres Philosophiques: le projet de Voltaire', in *Voltaire and the English: Studies on Voltaire and the Eighteenth Century*, no. 179, Oxford, Voltaire Foundation.
Pomeau, René (1991), *L'Europe des Lumières: Cosmopolitisme et unité européenne au XVIIIe siècle*, Paris, Stock.
Porter, Bernard (1979), *The Refugee Question in Mid-Victorian Politics*, Cambridge, Cambridge University Press.
Porter, Roy (2000), *Enlightenment: Britain and the Creation of the Modern World*, London, Allen Lane.
Poumiès de La Siboutie, François Louis (1911), *Recollections of a Parisian Doctor under Six Sovereigns, Two Revolutions, and a Republic (1789–1863)* London, John Murray.
Prados de la Escosura, Leandro, ed. (2004), *Exceptionalism and Industrialisation: Britain and Its European Rivals, 1688–1815*, Cambridge, Cambridge University Press.
Price, Munro (1995), *Preserving the Monarchy: The Comte de Vergennes, 1774–1787*, Cambridge, Cambridge University Press.
Price, Munro (1995b), 'The Dutch affair and the fall of the ancien régime, 1784–1787', *Historical Journal*, 38, pp. 875–905.
Prior, Robin and Wilson, Trevor (2005), *The Somme*, London, Yale University Press.
Quimby, Robert S. (1957), *The Background of Napoleonic Warfare: The Theory of Military Tactics in Eighteenth-Century France*, New York, Columbia University Press.
Quinault, Roland (1999), 'The French invasion of Pembrokeshire in 1797: a bicentennial assessment', *Welsh History Review*, 19, pp. 618–41.
Radisich, Paula Rea (1997), '"La chose publique." Hubert Robert's decorations for the "petit salon" at Méréville', in Ann Bermingham and John Brewer, eds., *The Consumption of Culture 1600–1800.*
Ramm, Agatha, ed. (1952), *The Political Correspondence of Mr Gladstone and Lord Granville, 1868–1876*, London, Royal Historical Society.
Rapport, Michael (2000), *Nationality and Citizenship in Revolutionary France: The Treatment of Foreigners, 1789–1799*, Oxford, Clarendon Press.
Rauser, Amelia (2004), 'Hair, authenticity and the self-made Macaroni', *Eighteenth-Century Studies*, 38, pp. 101–17.
Raymond, Dora N. (1921), *British Policy and Opinion during the Franco-Prussian War*, New York, Columbia University Press.
Rearick, Charles (1997), *The French in Love and War: Popular Culture in the Era of the World Wars*, New Haven and London, Yale University Press.
Réau, Elisabeth du (1993), *Edouard Daladier 1884–1970*, Paris, Fayard.
Réau, Elisabeth du (2001), *L'Idée d'Europe au XXe siècle*, Brussels, Complexe.

Mervaud, eds., *Voltaire et ses combats*, vol. 1.
Parker, R.A.C. (2000), *Churchill and Appeasement*, London, Macmillan.
Parr, Helen (2005), *British Policy towards the European Community: Harold Wilson and Britain's World Role, 1964–67*, London, Routledge.
Parry, Jonathan P. (2001), 'The impact of Napoleon III on British politics, 1851–1880', *Transactions of the Royal Historical Society*, 11, pp. 147–75.
Pasquet, D. (1920), 'La découverte de l'Angleterre par les Français au XVIIIe siècle', *Revue de Paris* (15 Dec. 1920).
Passerini, Louisa (1999), *Europe in Love, Love in Europe: Imagination and Politics in Britain between the Wars*, London, I.B. Tauris.
Passy, Colonel [André Dewavrin] (1947), *Souvenirs*, vols. 1 and 2, Monte Carlo, R. Solar; vol. 3, Paris, Plon.
Patterson, A. Temple (1960), *The Other Armada: The Franco-Spanish Attempt to Invade Britain in 1779*, Manchester, Manchester University Press.
Pemble, John (2005), *Shakespeare Goes to Paris: How the Bard Conquered France*, London, Hambledon & London.
Perrod, Pierre Antoine (1976), *L'Affaire Lally-Tolendal: une erreur judiciaire au XVIIIe siècle*, Paris, Klincksieck.
Peters, Marie (1980), *Pitt and Popularity*, Oxford, Clarendon.
Peters, Marie (1998), *The Elder Pitt*, London, Addison Wesley Longman.
Petiteau, Natalie (1999), *Napoléon de la Mythologie à l'Histoire*, Paris, Seuil.
Petitfils, Jean-Christian (1995), *Louis XIV*, Paris, Perrin.
Peyrefitte, Alain (1994), *C'Etait de Gaulle*, 2 vols., Paris, Fayard.
Philpott, William (1996), *Anglo-French Relations and Strategy on the Western Front, 1914–18*, London, Macmillan.
Philpott, William (2002),'Why the British were really on the Somme: a reply to Elizabeth Greenhalgh', *War in History*, 9, pp. 446–71.
Pick, Daniel (1989), *Faces of Degeneration: A European Disorder, c. 1848–c.1918*, Cambridge, Cambridge University Press.
Pilbeam, Pamela (1991), *The 1830 Revolution in France*, London, Macmillan.
Pilbeam, Pamela (2003), *Madame Tussaud and the History of Waxworks*, London and New York, Hambledon & London.
Pincus, Steven (1995), 'From butterboxes to wooden shoes: the shift in English popular sentiment from anti-Dutch to anti-French in the 1670s', *Historical Journal*, 38, pp. 333–61.
Pineau, Christian (1976), *1956: Suez*, Paris, Robert Laffont.
Pitt, Alan (1998), 'The irrationalist liberalism of Hippolyte Taine', *Historical Journal*, 41, pp. 1035–53.
Pitt, Alan (2000), 'A changing Anglo-Saxon myth: its development and function in French political thought, 1860–1914', *French History*, 14, pp. 150–73.
Pitt, William (n.d.), *Orations on the French War, to the Peace of Amiens*, London, J.M. Dent.
Pitte, Jean-Robert (1991), *Gastronomie française: histoire et géographie d'une passion*, Paris, Fayard.
Pitts, Jennifer (2005), *A Turn to Empire: The Rise of Liberal Imperialism in Britain and France*, Princeton, Princeton University Press.
Plaisant, Michel (1976), *L'Excentricité en Grande-Bretagne au 18e siècle*, Lille, Publications de l'Université de Lille III.
Plaisant, Michel, and Parreaux, André, eds. (1977), *Jardins et Paysages: Le Style Anglais*, 2 vols., Lille,

Neillands, Robin (1999), *The Great War Generals on the Western Front 1914–18*, London, Robinson.
Newman, Gerald (1997), *The Rise of English Nationalism: A Cultural History, 1740–1830*, London, Macmillan.
Newnham-Davis, Lieut.-Col. N., and Bastard, Algernon (1903), *The Gourmet's Guide to Europe*, London, Grant Richards.
Newsome, David (1998), *The Victorian World Picture: Perceptions and Introspections in an Age of Change*, London, Fontana.
Nicolet, Claude (1982), *L'Idée républicaine en France (1789–1924)*, Paris, Gallimard.
Nicolson, Harold (1980), *Diaries and Letters 1930–1964*, ed. S. Olsen, London, Collins.
Noblett, W.A. (1996), 'Propaganda from World War II', *Bulletin of the Friends of Cambridge University Library*, no. 17, pp. 22–5.
Noon, Patrick, ed. (2003), *Constable to Delacroix: British Art and the French Romantics*, London, Tate Publishing.
Nora, Pierre, ed. (1984), *Les Lieux de mémoire*, 3 vols., Paris, Gallimard.
North, Douglas C., and Weingast, Barry R. (1989), 'Constitutions and commitment: the evolution of institutions governing public choice in seventeenth-century England', *Journal of Economic History*, 49, pp. 803–32.
Nosworthy, Brent (1995), *Battle Tactics of Napoleon and His Enemies*, London, Constable.
Nott, John (2002), *Here Today, Gone Tomorrow: Recollections of an Errant Politician*, London, Pimlico.
Ó Ciardha, Eamonn (2002), *Ireland and the Jacobite Cause, 1685–1766*, Dublin, Four Courts Press.
O'Brien, R. Barry (1901), *The Life of Lord Russell of Killowen*, London, Smith, Elder.
O'Gorman, F. (1967), *The Whig Party and the French Revolution*, London, Macmillan.
O'Neill, Con (2000), *Britain's Entry into the European Community: Report by Sir Con O'Neill on the Negotiations of 1970–1972*, ed. D. Hannay, London, Frank Cass.
Occleshaw, Michael (1989), *Armour against Fate: British Military Intelligence in the First World War*, London, Columbus Books.
Ogg, David (1947), *Herbert Fisher, 1865–1940: A Short Biography*, London, Arnold.
Olsen, Donald J. (1976), *The Growth of Victorian London*, London, Batsford.
Olsen, Donald J. (1986), *The City as a Work of Art: London, Paris, Vienna*, New Haven and London, Yale University Press.
Ormesson, François d', and Thomas, Jean-Pierre (2002), *Jean-Joseph de Laborde: Banquierde Louis XV, mécène des Lumières*, Paris, Perrin.
Orpen, William (1921), *An Onlooker in France, 1917–1919*, London, Williams & Norgate.
Ostler, N. (2005), *Empires of the Word: A Language History of the World*, London, HarperCollins.
Ottis, S. G. (2001), *Silent Heroes: Downed Airmen and the French Underground*, University Press of Kentucky.
Ousby, Ian (2002), *The Road to Verdun: France, Nationalism and the First World War*, London, Jonathan Cape.
Ozanam, Denise (1969), *Claude Baudard de Sainte-James*, Genève, Librairie Droz. Packe, Michael (1957), *The Bombs of Orsini*, London, Smith, Elder.
Padfield, Peter (1973), *Guns at Sea*, London, Hugh Evelyn.
Padfield, Peter (2000), *Maritime Supremacy and the Opening of the Western Mind*, London, Pimlico.
Paine, Thomas (1989), *Political Writings*, ed. Bruce Kuklick, Cambridge, Cambridge University Press.
Pakula, Hannah (1996), *An Uncommon Woman: The Empress Frederick*, London, Phoenix Giant.
Pappas, John (1997), 'La campagne de Voltaire contre Shakespeare', in Ulla K-lving and Christian

Milward, Alan S. (2002), *The UK and the European Community, vol. 1, The Rise and Fall of a National Strategy, 1945–1963*, London, Frank Cass.

Mintz, Max M. (1999), *Seeds of Empire: the American Revolutionary Conquest of the Iroquois*, New York and London, New York University Press.

Mitchell, B.R. and Deane, Phyllis (1962), *Abstract of British Historical Statistics*, Cambridge, Cambridge University Press.

Mitchell, Harvey (1965), *The Underground War against Revolutionary France: The Missions of William Wickham, 1794–1800*, Oxford, Clarendon Press.

Monaco, Maria (1974), *Shakespeare on the French Stage in the Eighteenth Century*, Paris, Didier.

Monod, Paul Kléber (1993), *Jacobitism and the English People, 1688–1788*, Cambridge, Cambridge University Press.

Moore, Christopher (1994), *The Loyalists: Revolution, Exile, Settlement*, Toronto. McClelland & Stewart.

Moore, George (1972), *Confessions of a Young Man*, ed. Susan Dick, Montreal, McGill-Queens University Press.

Mori, Jennifer (1997), 'The British government and the Bourbon restoration: the occupation of Toulon, 1793', *Historical Journal*, 40, pp. 699–720.

Mori, Jennifer (2000), *Britain in the Age of the French Revolution 1785–1820*, London, Longman.

Morieux, Renaud (2006), '"An inundation from our shores": travelling across the Channel around the Peace of Amiens', in Mark Philip, ed., *Resisting Napoleon: The British Response to the Threat of Invasion, 1797–1815*, Aldershot, Ashgate.

Mornet, Daniel (1910), 'Les enseignements des bibliothèques privées, 1750–1780', *Revue d'Histoire Littéraire de la France*, pp. 458–62.

Mornet, Daniel (1967), *Les Origines Intellectuelles de la Révolution Française 1715–1787*, Paris, Librairie Armand Colin.

Morrill, John (1991), 'The sensible revolution', in Jonathan Israel, ed., *The Anglo-Dutch Moment*.

Morris, A.J.A. (1984), *The Scaremongers*, London, Routledge & Kegan Paul.

Morriss, R. (2000), 'British Maritime Supremacy in 1800: Causes and Consequences', *Napoleonic Review*, 1–2, pp. 193–201.

Morse, Ruth (2002), 'I will tell thee in French: Pléiade's parallel-text Shakespeare', *Times Literary Supplement* (9 August. 2002), pp. 4–5.

Mossner, E.C. (1980), *The Life of David Hume*, Oxford, Clarendon Press.

Muggeridge, Malcolm (1973), *Chronicles of Wasted Time*, 2 vols., London, Collins.

Muir, Rory (2001), *Salamanca 1812*, New Haven and London, Yale University Press.

Murphy, Orville T. (1982), *Charles Gravier, Comte de Vergennes: French Diplomacy in the Age of Revolution, 1719–1787*, Albany, State University of New York Press.

Murphy, Orville T. (1998), *The Diplomatic Retreat of France and Public Opinion on the Eve of the French Revolution, 1783–1789*, Washington, Catholic University of America Press.

Mysyrowicz, Ladislas (1973), *Autopsie d'une défaite: origines de l'effondrement militaire français de 1940*, Lausanne, L'Age d'Homme.

Napoleon (1858–69), *Correspondance de Napoléon Ier*, 32 vols., Paris, Imprimerie Impériale.

Naughtie, James (2005), *The Accidental American: Tony Blair and the Presidency*, London, Pan.

Navailles, Jean-Pierre (1987), *Le Tunnel sous la Manche: deux siècles pour sauter le pas, 1802–1987*, Seyssel, Champ Vallon.

Neave, Airey (1969), *Saturday at MI9: A History of Underground Escape Lines in North-West Europe in 1940–5*, London, Hodder & Stoughton.

Sheffield PhD.
Maupassant, Guy de (1984), *Boule de Suif*, Paris, Albin Michel.
Maxwell, Constantia (1932), *The English Traveller in France, 1698–1815*, London, Routledge.
May, Ernest R. (2000), *Strange Victory: Hitler's Conquest of France*, London, I.B. Tauris.
Mayne, Richard et al., eds. (2004), *Cross Channel Currents: 100 Years of the Entente Cordiale*, London, Routledge.
Mayo, Katherine (1938), *General Washington's Dilemma*, London, Jonathan Cape.
McCalman, Iain (1998), *Radical Underworld: Prophets, Revolutionaries, and Pornographers in London, 1795–1840*, Oxford, Clarendon Press.
McCarthy, William (1985), *Hester Thrale Piozzi: Portrait of a Literary Woman*, Chapel Hill NC, University of North Carolina Press.
McIntyre, Ian (2000), *Garrick*, London, Penguin.
McKay, Derek, and Scott, H.M. (1983), *The Rise of the Great Powers 1648–1815*, London and New York, Longman.
McLynn, Frank (1981), *France and the Jacobite Rising of 1745*, Edinburgh, Edinburgh University Press.
McLynn, Frank (1987), *Invasion from the Armada to Hitler, 1588–1945*, London, Routledge.
McLynn, Frank (1997), *Napoleon: a biography* London, Jonathan Cape.
McLynn, Frank (1998), *The Jacobite Army in England 1745*, Edinburgh, John Donald.
McLynn, Frank (2005), *1759: The Year Britain Became Master of the World*, London, Pimlico.
McPhail, Helen (1999), *The Long Silence: Civilian Life under the German Occupation of Northern France, 1914–1918*, London, I.B. Tauris.
McPherson, James M. (1988), *Battle Cry of Freedom*, New York, Ballantine.
Mehta, Uday Singh (1999), *Liberalism and Empire: A Study in Nineteenth-Century British Liberal Thought*, Chicago, University of Chicago Press.
Mennell, Stephen (1985), *All Manners of Food: Eating and Taste in England and France from the Middle Ages to the Present*, Oxford, Blackwell.
Mercier, Louis Sébastien (1928), *The Picture of Paris before and after the Revolution*, London, Routledge.
Mercier, Louis Sébastien (1933), *The Waiting City, Paris 1782–88*, London, Harrap.
Mervaud, Christiane (1992), 'Des relations de voyage au mythe anglais des Lettres philosophiques', *Studies on Voltaire and the Eighteenth Century*, 296, pp. 1–15.
Meyer, Jean, and Acerra, Martine (1994), *Histoire de la Marine Française*, Rennes, Editions Ouest-France.
Meyer, Jean, Tarrade, Jean, and Rey-Goldzeiguer, Annie (1991), *Histoire de la France coloniale vol. 1 La conquête*, Paris, Armand Colin.
Michelet, Jules (1946), *Le Peuple*, Paris, Calmann-Lévy.
Middleton, Richard (1985), *The Bells of Victory: The Pitt-Newcastle Ministry and the Conduct of the Seven Years' War, 1757–1762*, Cambridge, Cambridge University Press.
Mierzejewski, Alfred C. (2004), *Ludwig Erhard: A Biography*, Chapel Hill, NC, and London, University of North Carolina Press.
Migliorini, Pierre, and Quatre Vieux, Jean (2002), *Batailles de Napoléon dans le Sud-Ouest*, Biarritz, Atlantica.
Miller, John (1978), *James II, a Study in Kingship*, Hove, Wayland.
Millman, Richard (1965), *British Foreign Policy and the Coming of the Franco-Prussian War*, Oxford, Clarendon Press.
Milward, Alan S. (1992), *The European Rescue of the Nation-State*, London, Routledge.

Mackesy, Piers (1964), *The War for America, 1775–1783*, London, Longman.
Mackesy, Piers (1984), *War without Victory: The Downfall of Pitt, 1799–1802*, Oxford, Clarendon Press.
Mackesy, Piers (1989), 'Strategic problems of the British war effort', in Dickinson, *Britain and the French Revolution*.
Macleod, Emma Vincent (1998), *A War of Ideas: British Attitudes to the Wars against Revolutionary France, 1792–1802*, Aldershot, Ashgate.
MacMillan, Margaret (2001), *Peacemakers: The Paris Conference of 1919 and Its Attempt to End War*, London, John Murray.
Macnab, Roy (1975), *The French Colonel: Villebois-Mareuil and the Boers, 1899–1900*, Oxford, Oxford University Press.
Magenheimer, Heinz (1998), *Hitler's War: German Military Strategy, 1940–1945*, London, Arms and Armour.
Maier, Charles B. (1975), *Recasting Bourgeois Europe: Stabilization in France, Germany and Italy in the Decade after the First World War*, Princeton, Princeton University Press
Maingueneau, Dominique (1979), *Les livres d'école de la République, 1870–1914*, Paris, Sycomore.
Mallett, Donald (1979), *The Greatest Collector: Lord Hertford and the Founding of the Wallace Collection*, London, Macmillan.
Manceron, Claude (1977), *The Men of Liberty*, London, Eyre Methuen.
Manceron, Claude (1979), *The Wind from America, 1778–1781*, London, Eyre Methuen.
Mangold, Peter (2001), *Success and Failure in British Foreign Policy: Evaluating the Record, 1900–2000*, London, Palgrave.
Manning, Catherine (1996), *Fortunes à Faire: The French in Asian Trade, 1719–48*, Aldershot, Variorium.
Mansel, Philip (1981), *Louis XVIII*, London, Blond & Briggs.
Mansel, Philip (2001), *Paris between Empires, 1814–1852*, London, John Murray.
Mantoux, Etienne (1946), *The Carthaginian Peace, or The Economic Consequences of Mr Keynes*, Oxford, Oxford University Press.
Marandon, Sylvaine (1967), *L'Image de la France dans l'Angleterre Victorienne*, Paris, Armand Colin.
Marchand, Bernard (1993), *Paris, Histoire d'une ville (XIXe–XXe siècle)*, Paris, Seuil.
Marder, Arthur J. (1974), *From the Dardanelles to Oran: Studies of the Royal Navy in War and Peace*, Oxford, Oxford University Press.
Marks, Leo (1999), *Between Silk and Cyanide: A Codemaker's War, 1941–1945*, London, HarperCollins.
Marks, Sally (1998), 'Smoke and mirrors: in smoke-filled rooms and the Galerie des Glaces', in Manfred F. Boemeke et al., *The Treaty of Versailles: A Reassessment after 75 Years*, Cambridge, Cambridge University Press.
Marly, Diana De (1980), *Worth: Father of Haute Couture*, London, Elm Tree Books.
Marsh, Peter T. (1999), *Bargaining on Europe: Britain and the First Common Market, 1860–1982*, New Haven and London, Yale University Press.
Marshall, P.J. (2005), *The Making and Unmaking of Empires: Britain, India and America c. 1750–1783*, Oxford, Oxford University Press.
Martel, Gordon (1998), 'A Comment', in Manfred Boemeke et al., *The Treaty of Versailles: A Reassessment after 75 Years*, Cambridge, Cambridge University Press.
Martin, Andy (2000), *Napoleon the Novelist*, Cambridge, Polity.
Martin, Jean-Clément (1987), *La Vendée et la France*, Paris, Seuil.
Martin-Fugier, Anne (1990), *La Vie élégante, ou la formation du Tout-Paris, 1815–1848*, Paris, Fayard.
Martinez, Paul (1981), 'Paris Communard refugees in Britain, 1871–1880', 2 vols., University of

Lenoir, Marion (2002),'Regards croisés: la représentation des nations dans la caricature, Allemagne, France, Royaume-Uni, 1870–1914', *maîtrise* dissertation, Université de Bourgogne.

Lentin, Anthony (2000), 'Lloyd George, Clemenceau and the elusive Anglo-French guarantee treaty, 1919: a disastrous episode?' in Alan Sharp and Glyn Stone, eds., *Anglo-French Relations in the Twentieth Century: Rivalry and Cooperation*, London, Routledge.

Lentin, Anthony (2001), *Lloyd George and the Lost Peace: From Versailles to Hitler*, London, Palgrave.

Léribault, Christophe (1994), *Les Anglais à Paris au 19e siècle*, Paris, Editions des Musées de la Ville de Paris.

Leroy, Géraldi, and Bertrand-Sabiani, Julie (1998), *La vie littéraire à la Belle Epoque*, Paris, Presses Universitaires de France.

Lever, Evelyne (1996), *Philippe Egalité*, Paris, Fayard.

Levillain, Charles-Edouard (2004), 'Ruled Britannia? Le problème de l'influence française en Grande-Bretagne dans la seconde moitié du XVIIe siècle', in Laurent Bonnaud, ed., *France–Angleterre: un siècle d'entente cordiale.*

Lewis, Cecil (1936), *Sagittarius Rising*, London, Davies.

Lewis, Michael (1960), *A Social History of the Navy 1793–1815*, London, Allen & Unwin.

Lewis, Michael (1962), *Napoleon and His British Captives*, London, Allen & Unwin.

Lindert, Peter H. (2004), *Growing Public: Social Spending and Economic Growth since the Eighteenth Century*, Cambridge, Cambridge University Press.

Linton, Marisa (2001), *The Politics of Virtue in Enlightenment France*, London, Palgrave.

Llewellyn-Jones, Rosie (1992), *A Very Ingenious Man: Claude Martin in Early Colonial India*, Oxford, Oxford University Press.

Lochnan, Katharine, ed. (2004), *Turner, Whistler, Monet*, London, Tate Publishing.

Longford, Elizabeth (1969), *Wellington*, 2 vols., London, Weidenfeld & Nicolson.

Longmate, Norman (2001), *Island Fortress: The Defence of Great Britain 1603–1945*, London, Pimlico.

Louis, Wm Roger, and Owen., R., eds. (1989), *Suez 1956: The Crisis and Its Consequences*, Oxford, Clarendon.

Lovie, J., and Palluel-Guillard, A. (1972), *L'Episode napoléonien*, Paris, Seuil.

Lowry, Donal, ed. (2000), *The South African War Reappraised*, Manchester, Manchester Univeristy Press.

Lucas, William (1754), *A Five Weeks' Tour to Paris, Versailles, Marli &c.*, London, T. Waller.

Ludendorff, Erich von (n.d.), *My War Memoirs*, 2 vols., London, Hutchinson.

Lukacs, John (1976), *The Last European War, September 1939-December 1941*, London, Routledge.

Lüthy, Herbert (1959), *La Banque protestante en France de la révocation de l'Edit de Nantes à la Révolution*, 2 vols., Paris, SEVPEN.

Lyautey, Pierre (1940), *Soldats et marins britanniques*, Paris, Plon.

Lynn, John A. (1989), 'Toward an army of honor: the moral evolution of the French army, 1789–1815', *French Historical Studies*, 16, pp. 152–73.

Lynn, John A. (1999), *The Wars of Louis XIV 1667–1714*, London and New York, Longman.

Macdonald, Janet (2004), *Feeding Nelson's Navy: The True Story of Food at Sea in the Georgian Era*, London, Chatham.

Macdonald, Lyn (1983), *Somme*, London, Michael Joseph.

Macdonald, Lyn (1989), *1914*, London, Penguin.

Macintyre, Ben (2001), *A Foreign Field: A True Story of Love and Betrayal in the Great War*, London, HarperCollins.

Mackenzie, William (2000), *The Secret History of SOE*, London, St Ermin's Press.

Lacour-Gayet, Georges (1902), *La marine militaire de la France sous le règne de Louis XV*, Paris, H. Champion.
Lacour-Gayet, Georges (1905), *La marine militaire de la France sous le règne de Louis XVI*, Paris, H. Champion.
Lacouture, Jean (1977), *Léon Blum*, Paris, Seuil.
Lacouture, Jean (1984), *De Gaulle*, 3 vols., Paris, Seuil.
Lacouture, Jean (1990), *De Gaulle*, 2 vols. London, HarperCollins.
Lamartine, Alphonse de (1870), *History of the French Revolution of 1848*, London, Bell & Daldy.
Lancashire, Ian (2005), 'Dictionaries and power from Palgrave to Johnson', in Lynch, Jack, and McDermott, Anne, eds., *Anniversary Essays on Johnson's Dictionary*, Cambridge, Cambridge University Press.
Landes, David S. (1969), *The Unbound Prometheus*, Cambridge, Cambridge University Press.
Landes, David S. (2000), *Revolution in Time*, London, Viking.
Lanfranchi, Pierre, and Wahl, Alfred (1998), 'La professionnalisation du football en France (1920–1939)', *Modern and Contemporary France*, 6, pp. 313–26.
Langford, Paul (2000), *Englishness Identified: Manners and Character, 1650–1850*, Oxford, Oxford University Press.
Langlade, Jacques de (1994), *La mésentente cordiale: Wilde – Dreyfus*, Paris, Julliard.
Lansbury, George (1938), *My Quest for Peace*, London, Michael Joseph.
Larcan, Alain (2003), *De Gaulle inventaire: la culture, l'esprit, la foi*, Paris, Bartillat.
Largeaud, J.-M. (2000), 'Waterloo dans la mémoire des Français (1815–1914)', 3 vols., doctoral thesis, Université Lumière Lyon II.
La Rochefoucauld, François de (1933), *A Frenchman in England, 1784: being the Mélanges sur l'Angleterre of François de La Rochefoucauld*, ed. Jean Marchand, Cambridge, Cambridge University Press.
Las Cases, Emmanuel de (1968), *Mémorial de Sainte-Hélène*, 2 vols., Paris, Seuil.
Lasterle, Philippe (2000), 'Marcel Gensoul (1880–1973), un amiral dans la tourmente', *Revue Historique des Armées*, 219, pp. 71-91.
Lawlor, Mary (1959), *Alexis de Tocqueville in the Chamber of Deputies: His Views on Foreign and Colonial Policy*, Washington, Catholic University of America Press.
Le Blanc, Jean-Bernard (1751), *Lettres de Monsieur l'Abbé Le Blanc, historiographe des bastiments du Roi*, Amsterdam.
Le Blanc, Jean-Bernard (1745), *Lettres d'un François*, The Hague, J. Neaulme.
Leclerc, Yvan (1991), *Crimes écrits: la littérature en procès au XIXe siècle*, Paris, Plon.
Ledru-Rollin, Alexandre Auguste (1850), *The Decline of England*, 2 vols., London, E. Churton.
Lees, Lynn (1973), 'Metropolitan types: London and Paris compared', in H.J. Dyos and Michael Wolff, *The Victorian City: Images and Realities*, vol. 1, London, Routledge.
Lefebvre, Georges (1962), *The French Revolution from Its Origins to 1793*, London, Routledge & Kegan Paul.
Lemoinne, John (1867), 'La colonie anglaise', in *Paris Guide par les principaux érivains et artistes de la France*, 2 vols., Paris, Lacroix, Verboeckhoven.
Lemonnier, Bertrand (2004), 'La culture pop britannique dans la France des années 60, entre rejet et fascination', in Laurent Bonnaud, ed., *France–Angleterre: un siècle d'entente cordiale*.
Lenman, Bruce (1992), *The Jacobite Cause*, Edinburgh, Chambers.
Lenman, Bruce (1998), 'Colonial wars and imperial instability, 1688–1793', in *OHBE*, vol. 1.
Lenman, Bruce (2001), *Britain's Colonial Wars 1688–1783*, Harlow, Longman.

Western Europe and the United States, Princeton, Princeton University Press.

Keane, John (1995), *Tom Paine: A Political Life*, London, Bloomsbury.

Kedward, H. Roderick (2004), 'Britain and the French Resistance', in Mayne, Richard, et al., eds., *Cross Channel Currents*.

Keegan, John (1983), *Six Armies in Normandy: From D-Day to the Liberation of Paris*, London, Penguin.

Keegan, John (1998), *The First World War*, London, Hutchinson.

Keiger, John F.V. (1983), *France and the Origins of the First World War*, London, Macmillan.

Keiger, John F.V. (1997), *Raymond Poincaré*, Cambridge, Cambridge University Press.

Keiger, John F.V. (1998), 'Perfidious Albion: French perceptions of Britain as an ally after the First World War', *Intelligence and National Security*, 13, pp. 37–52.

Keiger, John F.V. (2001), *France and the World since 1870*, London, Arnold.

Keiger, John F.V. (2004), 'How the Entente Cordiale began', in Mayne, Richard, et al., eds., *Cross Channel Currents*.

Keiger, John F.V. (2005), 'Foreign and defence policy', in Alistair Cole et al., eds, *Developments in French Politics 3*, London, Palgrave.

Kennedy, Paul M. (1976), *The Rise and Fall of British Naval Mastery*, London, Allen Lane.

Kennett, Lee (1967), *The French Armies in the Seven Years War: A Study in Military Organization and Administration*, Durham, NC, Duke University Press.

Kennett, Lee (1977), *The French Forces in America, 1780–1783*, Westport, Conn., and London, Greenwood Press.

Kersaudy, François (1981), *Churchill and de Gaulle*, London, Collins.

Kershaw, lan (1998), *Hitler* 2 vols., London, Penguin.

Keynes, John Maynard (1971), *The Collected Writings of J.M. Keynes*, 10 vols., London, Macmillan.

Kishlansky, Mark (1996), *A Monarchy Transformed: Britain 1603–1714*, London, Penguin.

Klaits, Joseph (1976), *Printed Propaganda under Louis XIV*, Princeton, Princeton University Press.

Klein, Lawrence E. (1997), 'Politeness for plebes: consumption and social identity in early eighteenth-century England', in Ann Bermingham and John Brewer, eds., *The Consumption of Culture 1600–1800*.

Kleine-Ahlbrandt, William Laird (1995), *The Burden of Victory*, Lanham, Md, University Press of America.

Klingberg, Frank J., and Hustvedt, Sigurd B. (1944), *The Warning Drum: The British Home Front Faces Napoleon: Broadsides of 1803*, Berkeley and Los Angeles, University of California Press.

Knapp, J.M. (2001), *Behind the Diplomatic Curtain: Adolphe de Bourqueney and French Foreign Policy, 1816–1869*, Akron, Ohio, University of Akron Press.

K-lving, Ulla, and Mervaud, Christiane, eds. (1997), *Voltaire et ses combats*, 2 vols., Oxford, Voltaire Foundation.

Kremer, Thomas (2004), *The Missing Heart of Europe*, Totnes, June Press.

Kunz, Diane B. (1989), 'The importance of having money: the economic diplomacy of the Suez crisis', in Louis and Owen, *Suez 1956*.

Kwass, Michael (2000). *Privilege and the politics of taxation in eighteenth-century France: liberté, égalité, fiscalité*, Cambridge, Cambridge University Press.

Kyle, Keith (1989) 'Britain and the crisis, 1955–56' in Louis and Owen, *Suez 1956*.

Labouchere, P.C.G., et al. (1969), *The Story of Continental Cricket*, London, Hutchinson.

La Combe, M. (1784), *Observations sur Londres et ses environs avec un précis de la constitution de l'Angleterre et de sa décadence (La vérité offense les méchans et les sots)*, Londres, Société typographique.

Hugo, Victor (1972), *Choses vues: souvenirs, journaux, cahiers 1830–1846*, ed. H. Juin, Paris, Gallimard.
Hulot, Frédéric (1994), *Suffren: L'Amiral Satan*, Paris, Pygmalion.
Humbert, Jean-Marcel, and Ponsonnet, Bruno, eds. (2004), *Napoléon et la mer: un rêve d'empire*, Paris, Seuil.
Hurd, Douglas (2003), *Memoirs*, London, Little, Brown.
Huysmans, J.-K. (2001), *A rebours*, Paris, Gallimard.
Hyam, Ronald and Henshaw, Peter (2003), *The Lion and the Springbok: Britain and South Africa since the Boer War*, Cambridge, Cambridge University Press.
Imlay, Talbot C. (2003), *Facing the Second World War: Strategy, Politics and Economics in Britain and France, 1938–1940*, Oxford, Oxford University Press.
Instructions for British Servicemen in France 1944 (2005), Oxford, Bodleian Library.
Ironside, Edmund (1962), *The Ironside Diaries*, ed. R. Macleod and D. Kelly, London, Constable.
Israel, Jonathan I., ed. (1991), *The Anglo-Dutch Moment: Essays on the Glorious Revolution and Its World Impact*, Cambridge, Cambridge University Press.
Isselin, Henri (1965), *The Battle of the Marne*, London, Elek.
Jackson, Clare (2005), '"The rage of parliaments": the House of Commons, 1690–1715'. *Historical Journal*, 48, pp. 567–87.
Jackson, Julian (2003), *The Fall of France: The Nazi Invasion of 1940*, Oxford, Oxford University Press.
James, Harold (2003), *Europe Reborn: A History, 1914–2000*, Harlow, Pearson Longman.
James, Henry (1984), *A Little Tour in France*, Oxford, Oxford University Press.
Jarrett, Derek (1973), *The Begetters of Revolution: England's Involvement with France, 1759–1789*, London, Longman.
Jasanoff, Maya (2005), *Edge of Empire: Conquest and Collecting on the Eastern Frontiers of the British Empire*, London, Fourth Estate.
Jauffret, Jean-Charles, ed., (1997), *Les Armes et la Toge*, Montpellier, Université Paul Valéry.
Jennings, Lawrence C. (1973), *France and Europe in 1848*, Oxford, Clarendon Press.
Jersak, Tobias (2000), 'Blitzkrieg revisited: a new look at Nazi war and extermination planning', *Historical Journal*, 43, pp. 565–82.
Johnson, Douglas (1963), *Guizot: Aspects of French History, 1787–1874*, London, Routledge & Kegan Paul.
Johnson, Douglas (1972), 'Britain and France in 1940', *Transactions of the Royal Historical Society, 5th Series*, 22, pp. 141–57.
Johnson, Douglas, Crouzet, François, and Bédanda, François (1980), *Britain and France: Ten Centuries*, Folkestone, Dawson.
Johnson, Jo (2003), 'French Farce', *The Spectator* (28 June 2003), pp. 22–3.
Joly, Bertrand (1998), *Déroulède: l'inventeur du nationalisme français*, Paris, Perrin.
Jones, Colin (2002),*The Great Nation: France from Louis XV to Napoleon 1715–99*, London, Penguin.
Jones, Colin (2002b),*Madame de Pompadour: Images of a Mistress*, London, National Gallery.
Jones, E.H. Stuart (1950), *The Last Invasion of Britain*, Cardiff, University of Wales Press.
Judt, Tony (1997), *A Grand Illusion: An Essay on Europe*, London, Penguin.
Judt, Tony (2005), *Postwar: A History of Europe since 1945*, London, William Heinemann.
Kagan, Robert (2004), *Of Paradise and Power: America and Europe in the New World Order*, London, Vintage.
Kampfner, John (2003), *Blair's Wars*, London, Simon & Schuster.
Katznelson, Ira, and Zolberg, A.R., eds. (1986), *Working-Class Formation: Nineteenth-Century Patterns in*

Hedgcock, Frank A. (1911), *David Garrick and his French Friends*, London, Stanley Paul.

Henderson, Nicholas (1987), *Channels and Tunnels: Reflections on Britain and Abroad*, London, Weidenfeld & Nicholson.

Herold, J. Christopher, ed. (1955), *The Mind of Napoleon: A Selection from His Written and Spoken Words*, New York, Columbia University Press.

Herwig, Holger H. (1997), *The First World War: Germany and Austria-Hungary 1914–1918*, London, Arnold.

Hibbert, Christopher (1961), *The Destruction of Lord Raglan; A Tragedy of the Crimean War. 1854–55*, London, Longman.

Hickman, Katie (2000), *Daughters of Britannia: The Lives and Times of Diplomatic Wives*, London, Flamingo

Hinsley, F.H., ed. (1977), *British Foreign Policy under Sir Edward Grey*, Cambridge, Cambridge University Press.

Hoehling, Adolphe A. (1958), *Edith Cavell*, London, Cassell.

Hoffman, Philip T., and Norberg, Kathryn, eds. (1994), *Fiscal Crises, Liberty and Representative Government, 1450–1789,* Stanford, Stanford University Press.

Hoggett, Paul (2005), 'Iraq: Blair's mission impossible', *British Journal of Politics and International Relations*, 7, pp. 418–28.

Holmes, Richard (2001), *Redcoat: The British Soldier in the Age of Horse and Musket*, London, HarperCollins.

Holmes, Richard (2004), *Tommy: The British Soldier on the Western Front, 1914–1918*, London, HarperCollins.

Holt, Richard (1981), *Sport and Society in Modern France*, London, Macmillan.

Holt, Richard (1998), 'Sport, the French and the Third Republic', *Modern and Contemporary France*, 6, pp. 289–300.

Holton, Woody (1999), *Forced Founders: Indians, Debtors, Slaves and the Making of the American Revolution in Virginia*, Chapel Hill, University of North Carolina Press.

Hopkin, David (2005), 'The French army, 1624–1914: from the king's to the people's', *Historical Journal*, 48, pp. 1125–37.

Hoppit, Julian (2000), *A Land of Liberty? England 1689–1727*, Oxford, Clarendon Press.

Hoppit, Julian (2002),'The myths of the South Sea Bubble', *Transactions of the Royal Historical Society*, 12, pp. 141–65.

Horn, Martin (2002),*Britain, France and the Financing of the First World War*, Montreal, McGill-Queen's University Press.

Horne, Alistair (1965), *The Fall of Paris: The Siege and the Commune 1870–71*, London, Macmillan.

Horne, Alistair (1979), *To Lose a Battle: France 1940*, Harmondsworth, Penguin.

Horne, Alistair (1988), *Macmillan: The Official Biography*, 2 vols., London, Macmillan.

House, John, ed. (1994), *Impressionism for England: Samuel Courtauld as Patron and Collector*, London, Yale University Press.

Hue, André, and Southby-Tailyour, Ewen (2004), *The Next Moon: The Remarkable True Story of a British Agent behind the Lines in Wartime France*, London, Penguin.

Hughes, Jackson (1999), 'The battle for the Hindenburg Line', *War and Society*, 17, pp. 41–57.

Hugo, Victor (1922), *Hernani*, in *Oeuvres Complètes*: *théâtre*, vol. 1, Paris, Albin Michel.

Hugo, Victor (1937), *William Shakespeare*, in *Oeuvres Complètes: philosophie*, vol. 2, Paris, Albin Michel.

Hugo, Victor (1967), *Les Misérables*, 3 vols., Paris, Garnier-Flammarion.

Guiomar, Jean-Yves (2004), *L'Invention de la guerre totale, XVIIIe-XXe siècles*, Paris, Le Félin.
Guizot, François (1850), *On the Causes of the Success of the English Revolution of 1640–1688*, London, John Murray.
Guizot, François (1854), *Histoire de la Civilisation en Europe*, Paris, Didier.
Guizot, François (1884), *Lettres de M. Guizot*, Paris, Hachette.
Guizot, François (1971), *Mémoires pour servir à l'histoire de mon temps*, Paris, Robert Laffont.
Gunny, Ahmad (1979), *Voltaire and English Literature: a Study of English Literary Influences on Voltaire*, Oxford, Voltaire Foundation.
Gury, Jacques (1999), *Le voyage outre-Manche: Anthologie de voyageurs français de Voltaire à Mac Orlan*, Paris, Robert Laffont.
Gwynn, Robin D. (1985), *Huguenot Heritage: The History and Contribution of the Huguenots in Britain*, London, Routledge.
Hamerton, Philip Gilbert (1876), *Round My House: Notes of Rural Life in France in Peace and War*, London, Seeley, Jackson & Halliday.
Hamilton, C.I. (1989), 'The diplomatic and naval effects of the Prince de Joinville's *Note sur l'état des forces navales de la France* of 1844', *Historical Journal*, 32, pp. 675–87.
Hamilton, C.I. (1993), *Anglo-French Naval Rivalry 1840–1870*, Oxford, Clarendon Press.
Hammersley, Rachel (2004), 'English republicanism in revolutionary France: the case of the Cordelier Club', *Journal of British Studies*, 43, pp. 464–481.
Hammersley, Rachel (2005), 'Jean-Paul Marat's *The Chains of Slavery* in Britain and France, 1774–1833', *Historical Journal*, 48, pp. 641–60.
Hampson, Norman (1998), *The Perfidy of Albion: French Perceptions of England during the French Revolution*, London, Macmillan.
Hancock, Claire (2003), *Paris et Londres au XIXe siècle: représentations dans les guides et récits de voyage*, Paris, CNRS Editions.
Hanks, Robert K. (2002),'Georges Clemenceau and the English', *Historical Journal*, 45, pp. 53–77.
Hantraye, Jacques (2005), *Les Cosaques aux Champs-Elysées: l'occupation de la France après la chute de Napoléon*, Paris, Belin.
Hardman, John (1993), *Louis XVI*, New Haven, Yale University Press.
Hardman, John (1995), *French Politics, 1774–1789: From the Accession of Louis XVI to the Fall of the Bastille*. London, Longman.
Hardman, John, and Price, Munro, eds., (1998), *Louis XVI and the Comte de Vergennes*, Oxford, Voltaire Foundation.
Harman, Nicholas (1980), *Dunkirk: The Necessary Myth*, London, Hodder and Stoughton.
Harris, J.R. (1998), *Industrial Espionage and Technology Transfer: Britain and France in the Eighteenth Century*, Aldershot, Ashgate.
Harvey, A.D. (1981), *English Literature and the Great War with France*, London, Nold.
Harvey, Karen (2004), *Reading Sex in the Eighteenth Century: Bodies and Gender in English Erotic Culture*, Cambridge, Cambridge University Press.
Harvey, Robert (2001), *A Few Bloody Noses: the American War of Independence*, London, John Murray.
Haskell, Francis (1976), *Rediscoveries in Art: Some Aspects of Taste, Fashion and Collecting in England and France*, London, Phaidon.
Haudrère, Philippe (1997), *Le Grand Commerce Maritime au XVIIe Siècle*, Paris, Sedes.
Hawkes, Jean, ed. (1982), *The London Journal of Flora Tristan*, London, Virago.
Hazareesingh, Sudhir (2004), *The Legend of Napoleon*, London, Granta.

Girardet, Raoul (1986), *Mythes et Mythologies Politiques*, Paris, Seuil.

Girardin, René Louis de (1777), *De la Composition des Paysages sur le Terrain, ou des moyens d'embellir les campagnes autour des Habitations en joignant l'agréable à l'utile*, Paris.

Godechot, Jacques (1956), *La Grande Nation*, 2 vols., Paris, Aubier.

Godfrey, John F. (1987), *Capitalism at War: Industrial Policy and Bureaucracy in France, 1914–1918*, Leamington Spa, Berg.

Goldfrank, David M. (1994), *The Origins of the Crimean War*, Harlow, Longman.

Gombin, Richard (1970), *Les socialistes et la guerre: la SFIO et la politique étrangère française entre les deux guerres mondiales*, Paris, Mouton.

Goncourt, Edmond and Jules de (1956), *Journal: Mémoires de la vie littéraire*, ed. Robert Ricatte, 3 vols., Paris, Robert Laffont.

Gosse, Philip (1952), *Dr Viper, the Querulous Life of Philip Thicknesse*, London, Cassell.

Gotteri, Nicole (1991), *Soult: Maréchal d'Empire et homme d'Etat*, Besançon, Editions la Manufacture.

Gough, Hugh and Dickson, David, eds., (1990), *Ireland and the French Revolution*, Dublin, Irish Academic Press.

Goulstone, John, and Swanton, Michael (1989), 'Carry on Cricket: the Duke of Dorset's 1789 Tour', *History Today*, 39 (8 August), p. 18.

Goux, Dominique, and Maurin, Eric (2005), '1992–2005: comment le oui s'est décomposé', *Le Monde* (2 June 2005), pp. 16–17.

Grainger, John D. (2004), *The Amiens Truce*, Woodbridge, Boydell Press.

Grainger, John D. (2005), *The Battle of Yorktown 1781: A Reassessment*, Woodbridge, Boydell Press.

Graves, Robert (1960), *Goodbye to All That*, London, Penguin.

Grayzel, Susan R. (1999), *Women's Identities at War: Gender, Motherhood, and Politics in Britain and France during the First World War*, Chapel Hill and London, University of North Carolina Press.

Greenfeld, Liah (1992), *Nationalism: Five Roads to Modernity*, Cambridge, Mass., Harvard University Press.

Greenhalgh, Elizabeth (1999), 'Why the British were on the Somme in 1916', *War in History*, 6, pp. 147–73.

Greenhalgh, Elizabeth (2005), 'Writing about France's Great War', *Journal of Contemporary History*, 40, pp. 601–12.

Greenwood, Sean (2000), 'The most important of the western nations', in Sharp, Alan, and Stone, Glyn, eds., *Anglo-French Relations in the Twentieth Century*, London, Routledge.

Grente, Georges, and Moureau, François, eds. (1995), *Dictionnaire des Lettres françaises: le XVIIIe siècle*, Paris, Fayard.

Grenville, J.A.S. (1976), *Europe Reshaped 1848–1878*, London, Fontana.

Grieder, Josephine (1985), *Anglomania in France, 1740–1789: Fact, Fiction, and Political Discourse*, Geneva and Paris, Librairie Droz.

Griffiths, Richard (1970), *Marshal Pétain*, London, Constable.

Grosley, Pierre-Jean (1770), *Londres*, 3 vols., Neuchâtel, Société Typographique.

Guéry Alain (1991), 'Les comptes de la mort vague après la guerre: pertes de guerre et conjoncture du phénomène guerre', *Histoire et Mesure*, 6, pp. 289–314.

Guiffan, Jean (2004), *Histoire de l'anglophobie en France: de Jeanne d'Arc à la vache folle*, Rennes, Terre de Brume.

Guillaume, Pierre (1992), 'L'hygiène et le corps', in J.-F. Sirinelli, ed., *Histoire des droits en France, vol. 3, Sensibilités*, Paris, Gallimard.

Gaillard, Jeanne (1977), *Paris, la Ville*, Paris, Honoré Champion.

Galison, Peter (2004), *Einstein's Clocks, Poincaré's Maps: Empires of Time*, London, Sceptre.

Garrett, Clarke (1975), *Respectable Folly: Millenarians and the French Revolution in France and England*, Baltimore and London, Johns Hopkins University Press.

Garriaud-Maylam, Joëlle (2004), 'The French in Britain', in Richard Mayne et al., eds., *Cross Channel Currents.*

Garrick, David (1939), *The Journal of David Garrick: Describing His Visit to France and Italy in 1763*, ed. George Winchester Stone, New York, Modern Language Association of America.

Gates, David (2002), *The Spanish Ulcer: A History of the Peninsular War*, London, Pimlico.

Gates, Eleanor M. (1981), *End of the Affair: The Collapse of the Anglo-French Alliance, 1939–40*, London, Allen & Unwin.

Gaulle, Charles de (1970), *Mémoires d'espoir*, 2 vols., Paris, Plon.

Gaulle, Charles de (1998), *The Complete War Memoirs of Charles de Gaulle*, New York, Carroll & Graf.

Gault, Henri, and Millau, Christian (1970), *Guide Gourmand de la France*, Paris, Hachette.

Gee, Austin (2003), *The British Volunteer Movement, 1794–1815*, Oxford, Clarendon Press.

The Gentleman's Guide in his Tour through France wrote by an officer in the Royal Navy, n.d [c. 1760], Bristol and London.

Genuist, André (1971), *Le Théâtre de Shakespeare dans l'oeuvre de Pierre Le Tourneur, 1776–1783*, Paris, Didier.

George IV and the Arts of France (1966), London, Queen's Gallery.

Gerbod, Paul (1995), *Les Voyageurs français à la découverte des îles britanniques du XVIIIe siècle à nos jours*, Paris, Harmattan.

Gibson, Kenneth Craig (1998), 'Relations between the British army and the Civilian Populations on the Western Front, 1914–18', PhD dissertation, Leeds University.

Gibson, Kenneth Craig (2000), '"My chief source of worry": an assistant provost marshal's view of relations between the 2nd Canadian division and local inhabitants on the Western Front', *War in History*, 7, pp. 413–41.

Gibson, Kenneth Craig (2001), 'Sex and soldiering in France and Flanders: the British Expeditionary Force along the Western Front, 1914–1919', *International History Review*, 23, pp. 535–79.

Gibson, Kenneth Craig (2003), 'Through French eyes: the British Expeditionary Force and the records of the French postal censor, 1916-18', *History Workshop Journal*, 55, pp. 177-88.

Gibson, Kenneth Craig (2003b), 'The British army, French farmers and the war on the Western Front, 1914-18', *Past & Present*, 180, pp. 175-239.

Gibson, Robert (1995), *Best of Enemies: Anglo-French Relations since the Norman Conquest*, London, Sinclair-Stevenson.

Gibson, Robert (1999), 'All done by mirrors: the French and English in each other's fiction', in James Dolamore, ed., *Making Connections: Essays in French Culture and Society in Honour of Philip Thody*, Bern, Peter Lang.

Gildea, Robert (1994), *The Past in French History*, New Haven and London, Yale University Press.

Gillingham, John (2003), *European Integration 1950–2003*, Cambridge, Cambridge University Press.

Gilmour, David (2002), *The Long Recessional: The Imperial Life of Rudyard Kipling*, London, John Murray.

Gilmour, Ian (1992), *Riot, Risings and Revolution*, London, Pimlico.

Girard, Louis (1986), *Napoléon III*, Paris, Fayard.

Girard d'Albisson, Nelly (1969), *Un précurseur de Montesquieu: Rapin-Thoyras, premier historien français des institutions anglaises*, Paris, Klincksieck.

& Nicolson.
Ferguson, Niall (1998b), *The Pity of War*, Harmondsworth, Allen Lane.
Ferguson, Niall (2001), *The Cash Nexus: Money and Power in the Modern World, 1700-2000*, Harmondsworth, Allen Lane.
Ferling, John (2003), *A Leap in the Dark: the struggle to create the American Republic,* Oxford, Oxford University Press.
Ferrone, Vincenzo, and Roche, Daniel, eds. (1999), *Le Monde des Lumières*, Paris, Fayard.
Fierro, Alfred (1996), *Histoire et Dictionnaire de Paris*, Paris, Robert Laffont.
Fischer, Conan (2003), *The Ruhr Crisis, 1923–1924*, Oxford, Oxford University Press.
Fitzpatrick, Martin, Jones, Peter, Knellwolf, Christa, and McCalman, Iain, eds. (2004), *The Enlightenment World*, London, Routledge. *A Five Weeks' Tour to Paris, Versailles, Marli &c* (1754), London.
Flaubert, Gustave (1991), *Bouvard et Pécuchet*, Paris, Gallimard.
Foley, Robert T. (2005), *German Strategy and the Path to Verdun: Erich von Falkenhayn and the Development of Attrition, 1870–1916*, Cambridge, Cambridge University Press.
Foot, M.R.D. (1978), *Resistance*, London, Paladin.
Foot, M.R.D. (2004), *SOE in France: An Account of the Work of the British Special Operations Executive in France, 1940–1944*, London, Frank Cass.
Foote, Samuel (1783?), *The Dramatic Works of Samuel Foote, Esq.*, 4 vols., London, Rivington, Lowndes.
Footitt, Hilary (2004), *War and Liberation in France: Living with the Liberators*, London, Palgrave.
Foreman, Amanda (1999), *Georgiana Duchess of Devonshire*, London, HarperCollins.
Forrest, Alan (2002), 'La patrie en danger', in Daniel Moran and Arthur Waldron, eds., *The People in Arms: Military Myth and National Mobilization since the French Revolution*, Cambridge, Cambridge University Press.
Fortescue, Winifred (1992), *Perfume from Provence,* London, Black Swan.
Fougeret de Montbrun, Louis Charles (1757), *Préservatif contre l'anglomanie*, Minorca.
Fournier, Eric (2005), 'Paris en ruines (1851–1882): entre flânerie et apocalypse, regards, acteurs, pratiques', Paris, Université de Paris I, thèse de doctorat.
Frank, Robert (1993), 'Pétain, Laval, Darlan', in Jean-Pierre Azéma and François Bédarida, eds., *La France des années noires*, vol. I, Paris, Seuil.
Frank, Robert (1994), *La hantise du déclin: Le rang de la France en Europe, 1920–1960: Finances, défense et identité nationale*, Paris, Belin.
Frank, Robert (1995) 'Résistance et résistants dans la stratégie des Britanniques et Américains', in L. Douzou et al., eds., *La Résistance et les Français: villes, centres et logiques de décision, Bulletin de l'Institut d'Histoire du Temps Présent*, supplement no. 61, pp. 471–83.
Frankiss, Charles C. (2004), 'Camille Pissarro, Théodore Duret and Jules Berthel in London in 1871', *Burlington Magazine*, pp. 470–502.
Freedman, Laurence (2005), *The Official History of the Falklands Campaign*, 2 vols., London, Frank Cass.
Fry, Michael G. (1989), 'Canada, the North Atlantic Triangle, and the United Nations', in Wm Roger Louis and Roger Owen, eds., *Suez 1956*.
Fuller, J.G. (1990), *Troop Morale and Popular Culture in the British and Dominion Armies, 1914–1918*, Oxford, Clarendon Press.
Fumaroli, Marc (2001), *Quand L'Europe parlait français*, Paris, Editions de Fallois.
Furet, François (1992), *Revolutionary France, 1770–1880*, Oxford, Blackwell.
Gabory, Emile (1989), *Les guerres de Vendée*, Paris, Robert Laffont.

Dull, Jonathan R. (2005), *The French Navy and the Seven Years War*, Lincoln, Nebr., and London, University of Nebraska Press.
Duloum, Joseph (1970), *Les Anglais dans les Pyrénées et les débuts du tourisme pyrénéen, 1739–1896*, Lourdes, Les Amis du Musée Pyrénéen.
Dumas, Alexandre (2000), *Grand Dictionnaire de Cuisine*, Paris, Phébus.
Du Maurier, George (1995), *Trilby*, Oxford, Oxford University Press.
Dutton, David (2001), *Neville Chamberlain*, London, Arnold.
Dutton, David (2004), 'A Francophile', in Richard Mayne et al., eds., *Cross Channel Currents*.
Dwyer, P. G. (2002),'From Corsican nationalist to French revolutionary', *French History*, 16, pp. 132–52.
Dziembowski, Edmond (1998), *Un nouveau patriotisme français, 1750–1770: La France face à la puissance anglaise à l'époque de la guerre de Sept Ans*, Oxford, Voltaire Foundation.
Eagles, Robin (2000), *Francophilia in English Society 1748–1815*, London, Macmillan.
Echard, William E. (1983), *Napoleon III and the Concert of Europe*, Baton Rouge, Louisiana State University Press.
Edwards, F.A. (1898), 'The French on the Nile', *The Fortnightly Review*, 63, pp. 362–77.
Edwards, Geoffrey (1984), 'Europe and the Falkland Islands crisis,' *Journal of Common Market Studies*, 22, pp. 295–313.
Egremont, Max (1997), *Under Two Flags: The Life of Major-General Sir Edward Spears*, London, Phoenix.
Egret, Jean (1977), *The French Pre-Revolution, 1787–1788*, Chicago and London, University of Chicago Press.
Ehrman, John (2004), *The Younger Pitt*, 3 vols., London, Constable.
Elliot, Marianne (1982), *Partners in Revolution: The United Irishmen and France*, New Haven and London, Yale University Press.
Ellis, Geoffrey (1997), *Napoleon*, London and New York, Longman.
Ellmann, Richard (1988), *Oscar Wilde*, Harmondsworth, Penguin.
Emsley, Clive (1979), *British Society and the French Wars 1793–1815*, London, Macmillan.
Engerman, Stanley L. (2004), 'Institutional change and British supremacy, 1650–1850: some reflections', in L. Prados de la Escosura, *Exceptionalism and Industrialisation*.
Englund, Steven (2004), *Napoleon: A Political Life*, New York, Scribner.
Esdaile, Charles (1995), *The Wars of Napoleon*, London, Longman.
Esdaile, Charles (2002), *The Peninsular War: A New History*, London, Allen Lane.
Esteban, Javier C. (2001), 'The British balance of payments, 1772–1820: India transfers and war finance', *Economic History Review*, 54, pp. 58–86.
Esteban, Javier C. (2004), 'Comparative patterns of colonial trade: Britain and its rivals', in L. Prados de la Escosura, *Exceptionalism and Industrialisation*.
Evans, Eric J. (1999), *William Pitt the Younger*, London, Routledge.
Evans, Julian (2004), 'Europe's lost stories', *Prospect* (July 2004), pp. 40–45.
Evans, R.J.W. and Pogge von Strandmann, Hartmut, eds. (1990) *The Coming of the First World War*, Oxford, Clarendon Press.
Farge, Arlette (1994), *Subversive Words: Public Opinion in Eighteenth-Century France*, Cambridge, Polity Press.
Farrar-Hockley, Anthony (1970), *Ypres 1914: The Death of an Army*, London, Pan.
Favier, Pierre, and Martin-Rolland, Michel (1990), *La Décennie Mitterrand*, 4 vols., Paris, Seuil.
Ferguson, Niall (1998), *The World's Banker: The History of the House of Rothschild*, London, Weidenfeld

Darriulat, Philippe (2001), *Les Patriotes: la gauche républicaine et la nation, 1830–1870*, Paris, Seuil.
Darrow, Margaret H. (2000), *French Women and the First World War: War Stories of the Home Front*, Oxford, Berg.
Das, Sudipta (1992), *Myths and Realities of French Imperialism in India, 1763–1783*, New York, Peter Lang.
Dedieu, Joseph (1909), *Montesquieu et la tradition politique anglaise en France: les sources anglaises de l'Esprit des lois*, Paris, J. Gabalda.
Deerr, Noël (1949), *History of Sugar*, London, Chapman & Hall.
Delattre, Floris (1927), *Dickens et la France: Etude d'une interraction littéraire anglo-française*, Paris, Librairie universitaire J. Gamber.
Delfau, Gérard (1971), *Jules Vallès: l'exil à Londres*, Paris, Bordas.
Delors, Jacques (2004), *Mémoires*, Paris, Plon.
Delpla, François (2000), *Churchill et les Français: six hommes dans la tourmente, septembre 1939-juin 1940*, Paris, Plon.
Demolins, Edmond (1898), *Anglo-Saxon Superiority: To What Is It Due?*, London, Leadenhall Press.
Denman, Roy (1996), *Missed Chances*, London, Indigo.
Desagneaux, Henri (1975), *A French Soldier's War Diary 1914–1918*, Morley, Elmsfield Press.
Diary (1941), *The Diary of a Staff Officer (Air Intelligence Liaison Officer) at Advanced Headquarters North BAAF 1940*, London, Methuen.
Dickens, Charles (1965), *The Letters of Charles Dickens*, ed. Madeline House et al., 12 vols., Oxford, Clarendon Press.
Dickens, Charles (1993), *A Tale of Two Cities*, London, Everyman.
Dickens, Charles (1994), *Oliver Twist*, London, Penguin.
Dickinson, H.T. (1985), *British Radicalism and the French Revolution, 1789–1815*, Oxford, Blackwell.
Dickinson, H.T., ed. (1989), *Britain and the French Revolution, 1789–1815*, London, Macmillan.
Dickson, P.M.G. (1967), *The Financial Revolution in England: A Study of the Development of Public Credit, 1688–1756*, London, Macmillan.
Digeon, Claude (1959), *La Crise allemande de la pensée française (1870–1914)*, Paris, Presses Universitaires de France.
Dine, Philip (2001), *French Rugby Football: A Cultural History*, Oxford, Berg.
Dockrill, Michael (2002),'British official perceptions of France and the French', in Philippe Chassaigne and Michael Dockrill, eds., *Anglo-French Relations, 1898–1998*, London, Palgrave.
Doise, Jean, and Vaïsse, Maurice (1987), *Diplomatie et outil militaire 1871–1969*, Paris, Imprimerie nationale.
Donald, Diana (1996), *The Age of Caricature: Satirical Prints in the Reign of George III*, New Haven and London, Yale University Press.
Drayton, Richard (1998), 'Knowledge and empire', in *OHBE*, vol. 2.
Druon, Maurice (2004), 'Franco-British Union: a personal view', in Richard Mayne et al., eds., *Cross Channel Currents*.
Du Bocage, M.-A., (1770), *Letters concerning England, Holland and Italy: By the celebrated Madam du Bocage*, 2 vols., London, E. and C. Dilly.
Duffy, Michael (1987), *Soldiers, Sugar and Seapower: The British Expeditions to the West Indies and the War against Revolutionary France*, Oxford, Clarendon Press.
Dull, Jonathan R. (1985), *A Diplomatic History of the American Revolution*, New Haven and London, Yale University Press.

Cornick, Martyn (1993), '*Faut-il réduire l'Angleterre en esclavage?* French anglophobia in 1935', *Franco-British Studies*, special number (January 1993), pp. 3–17.

Cornick, Martyn (1994), 'The BBC and the propaganda war against occupied France: the work of Emile Delavenay and the European Intelligence Department', *French History*, 8, pp. 316–54.

Cornick, Martyn (1996), 'The Impact of the Dreyfus Affair in late-Victorian Britain', *Franco-British Studies*, 22, pp. 57–82.

Cornick, Martyn (1999), The Dreyfus Affair – another year, another centenary. British Opinion and the Rennes Verdict, September 1899', *Modern and Contemporary France*, 7, pp. 499–508.

Cornick, Martyn (2000), 'Fighting myth with reality: the fall of France, Anglophobia and the BBC', in Valerie Holman and Debra Kelly, eds., *France at War in the Twentieth Century: Propaganda, Myth and Metaphor*, New York and Oxford, Berghahn.

Cornick, Martyn (2004), 'The White City, 1908', in Mayne et al., eds., *Cross Channel Currents*.

Cornick, Martyn (2004b), 'Colonel Driant and his "Inevitable War" [*La Guerre fatale*] against Britain', paper given at the conference *Refocusing on Europe? International Relations from the Entente Cordiale to the First World War* at Salford University, March 2004.

Courtney, C.P. (1975), *Montesquieu and Burke*, Westport, Conn., Greenwood Press.

Coward, Noël (2002), *The Lyrics*, London, Methuen.

Crane, Ronald S. (1922), 'The diffusion of Voltaire's writings in England', *Modern Philology*, 20, pp. 260–71.

Cranston, Maurice (1997), *The Solitary Self: Jean-Jacques Rousseau in Exile and Adversity*, London, Allen Lane.

Crémieux-Brilhac, Jean-Louis (1975), *Ici Londres, 1940–1944: les voix de la liberté*, 5 vols, Paris, La Documentation Française.

Crémieux-Brilhac, Jean-Louis (1990), *Les Français de l'an 40*, 2 vols., Paris, Gallimard.

Crémieux-Brilhac, Jean-Louis (1996), *La France libre: du 18 juin à la Libération*, Paris, Gallimard.

Crossley, Ceri, and Small, Ian, eds. (1988), *Studies in Anglo-French Cultural Relations: Imagining France*, London, Macmillan.

Crouzet, François (1996), 'The second hundred years war: some reflections', *French History*, 10, pp. 432–50.

Crouzet, François (1999), *De la supériorité de l'Angleterre sur la France: l'économique et l'imaginaire, XVIIe-XXe siècles*, Paris, Perrin.

Cruickshanks, Eveline (2000), *The Glorious Revolution*, London, Macmillan.

Crystal, David (2004), *The Stories of English*, London, Penguin.

Cullen, Fintan (2000), 'Radicals and reactionaries: portraits of the 1790s in Ireland', in Jim Smyth, *Revolution, Counter-Revolution and Union: Ireland in the 1790s*, Cambridge, Cambridge University Press.

Cullen, L.M. (2000), *The Irish Brandy Houses of Eighteenth Century France*, Dublin, Lilliput Press.

Cunningham, Hugh (1975), *The Volunteer Force: A Social and Political History, 1859–1908*, London, Croom Helm.

Dallaire, Roméo (2004), *Shake Hands with the Devil: The Failure of Humanity in Rwanda*, London, Arrow Books.

Dalton, Hugh (1940), *Hitler's War, Before and After*, Harmondsworth, Penguin.

Dalton, Hugh (1986), *The Second World War Diary of Hugh Dalton, 1940–45*, ed. Ben Pimlott, London, Jonathan Cape.

Daninos, Pierre (1954), *Les Carnets du major W. Marmaduke Thompson*, Paris, Hachette.

Chevalier, Louis (1973), *Labouring Classes and Dangerous Classes in Paris during the First Half of the Nineteenth Century*, London, Routledge & Kegan Paul.

Childs, John (1996), 'The Williamite war, 1689–1691', in Bartlett, Thomas, and Jeffery, Keith, eds., *A Military History of Ireland*, Cambridge, Cambridge University Press.

Choiseul, Duc de (1881), 'Mémoire de M. de Choiseul remis au roi en 1765', *Journal des Savants*, pp. 171–84, 250–57.

Christiansen, Rupert (1994), *Tales of the New Babylon*, London, Sinclair-Stevenson.

Christie, Ian R. (1984), *Stress and Stability in Late Eighteenth-Century Britain: Reflections on the British Avoidance of Revolution*, Oxford, Clarendon Press.

Churchill, Winston Spencer (1948), *The Second World War*, 6 vols., London, Cassell.

Churchill, Winston Spencer (2002),*Marlborough, His Life and Times*, 2 vols., Chicago, University of Chicago Press.

Claeys, Gregory (2000), 'The Reflections refracted: the critical reception of Burke's Reflections on the Revolution in France during the early 1790s', in John C. Whale, ed., *Edmund Burke's Reflections on the Revolution in France: New Interdisciplinary Essays*, Manchester, Manchester University Press.

Clairambault-Maurepas (1882), *Chansonnier historique du XVIIIe siècle*, ed. Emile Raumé, 10 vols., Paris, Quentin.

Clark, J.C.D. (2000), 'Protestantism, nationalism, and national identity, 1660–1832', *Historical Journal*, 43, pp. 249–76.

Clarke, I.F. (1992), *Voices Prophesying War: Future Wars 1763–3749*, Oxford, Oxford University Press.

Clodong, Olivier, and Lamarque, J.-M. (2005), *Pourquoi les Français sont les moins fréquentables de la planète*, Paris, Eyrolles.

Cobb, Richard (1983), *French and Germans, Germans and French*, Hanover and London, Brandeis University Press.

Cobb, Richard (1998), *Paris and Elsewhere: Selected Writings*, ed. David Gilmour, London, John Murray.

Cogan, Charles (2003), *French Negotiating Behaviour: Dealing with La Grande Nation*, Washington DC, US Institute of Peace Press.

Cohen, Michèle (1999), 'Manliness, effeminacy and the French: gender and the construction of national character in eighteenth-century England', in Tim Hitchcock and Michèle Cohen, eds., *English Masculinities, 1660–1800*, London, Longman.

Cole, G.D.H. (1941), *Europe, Russia and the Future*, London, Gollancz.

Colley, Linda (1992), *Britons: Forging the Nation 1707–1837*, New Haven and London, Yale University Press.

Collini, Stefan (1993), *Public Moralists*, Oxford, Clarendon Press.

Commune photographiée, La (2000), Paris, Editions de la Réunion des Musées Nationaux.

Conlin, Jonathan (2005), 'Wilkes, the Chevalier d'Eon and "the dregs of liberty": An Anglo-French perspective on ministerial despotism, 1762–1771', *English Historical Review*, 120, pp. 1251-88.

Considérant, Victor (1840), *De la politique générale*, Paris, La Phalange.

Conway, Stephen (2000), *The British Isles and the War of American Independence*, Oxford, Oxford University Press.

Cookson, J.E. (1997), *The British Armed Nation 1793–1815*, Oxford, Clarendon Press.

Cooper, Duff (1953), *Old Men Forget: The Autobiography of Duff Cooper*, London, Hart-Davis.

Corbett, Graham (2004), 'The Tunnel', in Mayne et al., eds., *Cross Channel Currents*.

Corbett, Julian S. (1907), *England in the Seven Years War*, London, Longmans, Green, 1907.

Corbin, Alain (1978), *Les filles de noce*, Paris, Aubier.

Cadogan, Alexander (1971), *The Diaries of Sir Alexander Cadogan, O.M., 1938–1945*, ed.
David Dilks, London, Cassell.

Caie, Katy (2002),'The Prosecution of Henry Vizetelly: A Study of Attitudes to French Morals and Literature', Cambridge University MPhil.

Cairns, David (1989), *Berlioz: The Making of an Artist*, London, André Deutsch.

Caldicott, C.E.J., Gough, H., and Pittion, J.-P., eds. (1987), *The Huguenots and Ireland: anatomy of an emigration*, Dun Laoghaire, Glendale Press.

Campbell, John (2000), *Margaret Thatcher*, 2 vols., London, Jonathan Cape.

Campos, Christophe (1965), *The View of France: From Arnold to Bloomsbury*, London, Oxford University Press.

Campos Christophe (1992), 'La Grand-Bretagne et les Anglais', *Franco-British Studies*, 14, pp. 53-66.

Campos Christophe (1999), 'English stereotypes of the French', *Franco-British Studies*, 27, pp. 39-54.

Card, David, and Freeman, Richard B. (2002),'What have two decades of British economic reform delivered?', Washington DC, National Bureau of Economic Research, Working Paper 8801.

Cardwell, M. John (2004), *Arts and Arms: Literature, Politics and Patriotism during the Seven Years War*, Manchester, Manchester University Press.

Carey, John (1992), *The Intellectuals and the Masses: Pride and Prejudice among the Literary Intelligentsia, 1880–1939*, London, Faber and Faber.

Carlton, David (2004), 'Churchill and the two "evil empires"', in David Cannadine and Ronald Quinault (eds.), *Winston Churchill in the Twenty-First Century*, Cambridge, Cambridge University Press.

Carpenter, Kirsty (1999), *Refugees of the French Revolution: Emigrés in London, 1789–1802*, London, Macmillan.

Carrington, Charles (1970), *Rudyard Kipling: His Life and Work*, Harmondsworth, Penguin.

Carrington, Peter, Lord (1988), *Reflect on Things Past*, London, Collins.

Castetbon, Philippe (2004), *Ici est tombé: paroles sur la Libération de Paris*, Paris, Tirésias.

Cénat, Jean-Philippe (2005), 'Le ravage du Palatinat: politique de destruction, stratégie de cabinet et propagande au début de la guerre de la Ligue d'Augsbourg', *Revue Historique*, 307, pp. 97–132.

Chalon, Philippe A.S. (2002),'The setting up of the Anglo-French "cultural front" and its manifestations in the French public sphere (1938–1940)', Cambridge University MPhil.

Chandler, David G. (1966), *The Campaigns of Napoleon*, London, Weidenfeld & Nicolson.

Channon, Henry (1967), *Chips: The Diaries of Sir Henry Channon*, ed. Robert Rhodes James, London, Weidenfeld & Nicolson.

Charle, Christophe (1991), *Histoire sociale de la France au XIXe siècle*, Paris, Seuil.

Charle, Christophe (2001), *Les intellectuels en Europe au XIXe siècle*, Paris, Seuil.

Charles-Roux, Edmonde (2005), *The World of Coco Chanel: Friends, Fashion, Fame*, London, Thames & Hudson.

Chassaigne, Philippe, and Dockrill, Michael, eds. (2002),*Anglo-French Relations, 1898–1998: From Fashoda to Jospin*, London, Palgrave.

Chateaubriand, René de (1973), *Mémoires d'Outre-Tombe*, Paris, Livre de Poche.

Chaunu, Pierre (1982), *La France: histoire de la sensibilité des Français à la France*, Paris, Robert Laffont.

Chaussinand-Nogaret, Guy (1993), *Gens de finance au XVIIIe siècle*, Paris, Seuil.

Chaussinand-Nogaret, Guy (1998), *Choiseul (1719–1785): Naissance de la gauche*, Paris, Perrin.

Chesterfield, Earl of (1932), *Letters of the Earl of Chesterfield to his Son*, ed. Charles Strachey, London, Methuen.

Brettell, Richard R. and Lloyd, Christopher (1980), *The Drawings of Camille Pissarro in the Ashmolean Museum*, Oxford, Clarendon Press.

Brewer, John (1990), *The Sinews of Power: War, Money and the English State, 1688–1783*, Cambridge, Mass., Harvard University Press.

Brewer, John (1997), *The Pleasures of the Imagination: English Culture in the Eighteenth Century*, London, HarperCollins.

Briggs, Asa (1970), *The History of Broadcasting in the United Kingdom*, vol. 3, *The War of Words*, Oxford, Oxford University Press.

Brioist, Pascal (1997), *Espaces Maritimes au XVIIIe Siècle*, Paris, Atalante.

Brisson, Max (2001), *1900: quand les Français détestaient les Anglais*, Biarritz, Atlantica.

Bristow, Edward J. (1977), *Vice and Vigilance: Purity Movements in Britain since 1700*, Dublin, Gill & Macmillan.

Britsch, Amédée, ed. (1926), *Lettres de L.-P.-J. d'Orléans, duc de Chartres à N. Parker Forth*, Paris, Société d'Histoire Diplomatique.

Broers, Michael (1996), *Europe Under Napoleon 1799–1815*, London, Arnold.

Broers, Michael (2001), 'Napoleon, Charlemagne and Lotharingia: acculturation and the boundaries of Napoleonic Europe', *Historical Journal*, 44, pp. 135–54.

Brown, David (2004), *The Road to Oran: Anglo-French Naval Relations, September 1939–July 1940*, London, Frank Cass.

Browne, Mary (1905), *Diary of a Girl in France in 1821*, London, John Murray.

Browning, Oscar, ed. (1887), *England and Napoleon in 1803, being the dispatches of Lord Whitworth and others*, London, Longman.

Browning, Oscar, ed. (1909), *Despatches from Paris 1784–1790*, 2 vols., London, Camden Society.

Brumwell, Stephen (2002),*Redcoats: The British Soldier and War in the Americas, 1755–1763*, Cambridge, Cambridge University Press.

Buchanan, William (1824), *Memoirs of Painting with a Chronological History of the Importation of Pictures of the Great Masters into England since the French Revolution*, 2 vols., London, Ackermann.

Buck, Anne (1979), *Dress in Eighteenth-Century England*, London, Batsford.

Buckmaster, Maurice (1952), *Specially Employed*, London, Blatchworth.

Bullen, Roger (1974), *Palmerston, Guizot and the Collapse of the Entente Cordiale*, London, Athlone.

Burke, Edmund (2001), *Reflections on the Revolution in France*, ed. J.C.D. Clark, Stanford, Stanford University Press.

Burrow, J. W. (1983), *A Liberal Descent*, Cambridge, Cambridge University Press.

Burrow, John (2000), *The Crisis of Reason: European Thought, 1848–1914* New Haven and London, Yale University Press.

Burrows, Simon (2000), *French Exile Journalism and European Politics, 1792–1814*, London, Royal Historical Society.

Buruma, Ian (2000), *Voltaire's Coconuts, or Anglomania in Europe*, London, Phoenix.

Bury, J.P.T. (1982), *Gambetta's Final Years: 'The Era of Difficulties', 1877–1882*, London, Longman.

Bury, J.P.T., and Tombs, R.P. (1986), *Thiers 1797–1877: A Political Life*, London, Allen & Unwin.

Butler of Brockwell, Robin, Lord (2004), *Review of Intelligence on Weapons of Mass Destruction: Report of a Committee of Privy Counsellors*, House of Commons paper 898.

Buton, Philippe (2004), *La Joie douloureuse: la Libération de la France*, Brussels, Complexe.

Cabanes, Bruno (2003), *La Victoire endeuillée: la sortie de guerre des soldats français, 1918–1920*, Paris, Seuil.

Black, Jeremy (2000b), *Culloden and the '45*, Stroud, Sutton.
[Blakiston, John] (1829), *Twelve Years' Military Adventures in Three Quarters of the Globe*, 2 vols., London, Henry Colburn.
Blanning, T.C.W. (1977), '"That horrid electorate" or "ma patrie germanique"? George III, Hanover, and the *Fürstenbund* of 1785', *Historical Journal*, 20, pp. 311–44.
Blanning, T.C.W. (1983), *The French Revolution in Germany: Occupation and Resistance in the Rhineland 1792–1802,* Oxford, Clarendon Press.
Blanning, T.C.W. (1986), *Origins of the French Revolutionary Wars*, London and New York, Longman.
Blanning, T.C.W. (1996), *The French Revolutionary Wars 1787–1802*, London, Arnold.
Blanning, T.C.W. (2002),*The Culture of Power and the Power of Culture: Old Regime Europe 1660–1789*, Oxford, Oxford University Press.
Blanning, T.C.W. (2003), 'The Bonapartes and Germany', in Peter Baehr and Melvin Richter, eds., *Dictatorship in History and Theory: Bonapartism, Caesarism, and Totalitarianism*, Washington, Cambridge University Press.
Bloch, Marc (1949), *Strange Defeat*, London, Oxford University Press.
Blount, Edward (1902), *Memoirs of Sir Edward Blount*, ed. S. J. Reid, London, Longman.
Bluche, Frédéric (1980), *Le Bonapartisme: aux origines de la droite révolutionnaire*, Paris, Nouvelles Editions Latines.
Bluche, Frédéric (1990), *Louis XIV*, Oxford, Basil Blackwell.
Bodley, J.E.C. (1898), *France*, 2 vols., London, Macmillan.
Boigne, Comtesse de (1971), *Mémoires de la Comtesse de Boigne, née d'Osmond*, ed. Jean-Claude Berchet, 2 vols, Paris, Mercure de France.
Bombelles, Marc de (1989), *Journal du voyage en Grande-Bretagne et en Irlande, 1784*, trans. and ed. Jacques Gury, Oxford, Voltaire Foundation.
Bonaparte, Napoléon-Louis (1839), *Des Idées Napoléoniennes*, London, Colburn.
Bongie, Laurence L. (1977), 'Voltaire's English high treason and a manifesto for bonnie prince Charles', *Studies in Voltaire and the Eighteenth Century*, 171, pp. 7–29.
Bonnaud, Laurent, ed. (2004), *France-Angleterre: un siècle d'entente cordiale 1904–2004*, Paris, Harmattan.
Bonney, Richard, ed. (1999), *The Rise of the Fiscal State in Europe, c. 1200–1815*, Oxford, Oxford University Press.
Boswell, James (1992), *The Life of Samuel Johnson*, London, Everyman.
Boucard, Robert (1926), *Les Dessous de l'espionnage anglais*, Paris, Henri Etienne.
Boucher, François (1996), *A History of Costume in the West*, London, Thames & Hudson.
Bourguet, M.-N. (2002),'Science and memory: the stakes of the expedition to Egypt 1798–1801', in Howard G. Brown and Judith A. Miller, eds., *Taking Liberties: Problems of a New Order from the French Revolution to Napoleon*, Manchester, Manchester University Press.
Bourne, Kenneth (1982), *Palmerston, The Early Years 1784–1841*, London, Allen Lane.
Bowen, H. V. (1998), *War and British Society, 1688–1815*, Cambridge, Cambridge University Press.
Boyce, Robert, ed. (1998), *French Foreign Policy and Defence Policy, 1918–1940: The Decline and Fall of a Great Power*, London, Routledge.
Brecher, Frank W. (1998), *Losing a Continent: France's North American Policy, 1753–1763*, Westport, Conn., and London, Greenwood Press.
Bremner, G. Alex (2005), 'Nation and empire in the government architecture of mid-Victorian London: the Foreign and India Office reconsidered', *Historical Journal*, 48, pp. 703–42.

415–36.
Becker, Jean-Jacques, et al., eds. (1990), *Les sociétés européennes et la guerre de 1914–1918*, Nanterre, Publications de l'Université.
Becker, Jean-Jacques, et al., eds. (1994), *Guerre et cultures, 1914–18*, Paris, A. Colin.
Beddard, Robert, ed. (1991), *The Revolutions of 1688*, Oxford, Clarendon Press.
Bell, David A. (2001), *The Cult of the Nation in France*, Cambridge, Mass., Harvard University Press.
Bell, David A. (2003), 'The Napoleon complex: Dominique de Villepin's idea of glory', *The New Republic*, 14 April 2003.
Bell, P.M.H. (1974), *A Certain Eventuality: Britain and the Fall of France*, Farnborough, Saxon House.
Bell, Philip M. (1995), 'Some French diplomats and the British, c. 1940–1955: aperçus and idées reçues', *Franco-British Studies*, pp. 43–51.
Bell, P.M.H. (1996), *France and Britain, 1900–1940: Entente and Estrangement*, London, Longman.
Bell, P.M.H. (1997), *France and Britain, 1940–1994: The Long Separation*, London, Longman.
Bell, P.M.H. (2004), 'The narrowing Channel?' in Richard Mayne et al., eds., *Cross Channel Currents*.
Bellaigue, Christina de (2003), 'A comparative study of boarding-schools for girls in England and France, c. 1810–1867', Cambridge University PhD.
Belloy, Pierre (1765), *Le Siège de Calais: tragédie dédiée au Roi*, Paris, Duchesne.
Bély, Lucien (1992), *Les relations internationales en Europe, XVIIe – XVIIIe siècles*, Paris, Presses Universitaires de France.
Ben-Israel, Hedva (1968), *English Historians on the French Revolution*, Cambridge, Cambridge University Press.
Bennett, Martyn (1997), *The Civil Wars in Britain and Ireland, 1638–1651*, Oxford, Blackwell.
Bensimon, Fabrice (2000), *Les Britanniques face à la révolution française de 1848*, Paris, Harmattan.
Bentley, G.E. (2001), *Stranger from Paradise: A Biography of William Blake*, New Haven and London, Yale University Press.
Béranger, Jean, and Meyer, Jean (1993), *La France dans Le Monde au XVIIIe siècle*, Paris, Sedes.
Béraud, Henri (1935), *Faut-il réduire l'Angleterre à l'esclavage?*, Paris, Editions de France.
Bermingham, Ann, and Brewer, John, eds. (1997), *The Consumption of Culture 1600–1800: Image, Object, Text*, London, Routledge.
Bernard, Jean-Pierre A. (2001), *Les Deux Paris: les représentations de Paris dans la seconde moitié du XIXe siècle*, Seyssel, Champ Vallon.
Bernstein, George L. (1986), *Liberalism and Liberal Politics in Edwardian England*, Boston and London, Allen & Unwin.
Bernstein, George L. (2004), *The Myth of Decline: The Rise of Britain since 1944*, London, Pimlico.
Bertaud, Jean-Paul (1988), *The Army of the French Revolution: From Citizen-Soldiers to Instrument of Power*, Princeton, Princeton University Press.
Bertaud, Jean-Paul (1998), *Guerre et Société en France de Louis XIV à Napoléon 1er*, Paris, Armand Colin.
Bertaud, Jean-Paul (2004), 'Le regard des Français sur les Anglais', in Jean-Paul Bertaud, Alan Forrest and Annie Jourdan, eds., *Napoléon, Le Monde et les Anglais: Guerre des mots et des images*, Paris, Editions Autrement.
Binney, Marcus (2003), *The Women Who Lived for Danger*, London, Coronet.
Black, Jeremy (1987), 'Fit For a King', *History Today*, 37 (4 April), p.3
Black, Jeremy (1998), *America or Europe? British Foreign Policy, 1739–63*, London, UCL Press.
Black, Jeremy (1999), *The British Abroad: The Grand Tour in the Eighteenth Century*, London, Sandpiper.
Black, Jeremy (2000), *A System of Ambition: British Foreign Policy 1660–1793*, Stroud, Sutton.

Anstey, Roger (1975), *The Atlantic Slave Trade and British Abolition, 1760–1810*, London, Macmillan.

Antier, Jean-Jacques (1991), *L'amiral de Grasse, héros de l'indépendance américaine*, Rennes, Ouest-France.

Antoine, Michel (1989), *Louis XV*, Paris, Fayard.

Antonetti, Guy (1994), *Louis-Philippe*, Paris, Fayard.

Ardagh, John, Crouzet, F., and Delouch, F. (1996), 'Situation du livre', *Franco-British Studies*, 22, pp. 1-37.

Arnold, Matthew (1960), *Complete Prose Works*, ed. R. H. Super, 11 vols., Ann Arbor, University of Michigan Press.

Aron, Jean-Paul (1973), *Le Mangeur du XIXe siècle*, Paris, Robert Laffont.

Arzalier, Jean-Jacques (1997), 'Dénombrer les pertes: les difficultés françaises d'adaptation à la Grande Guerre', in Jean-Charles Jauffret, ed., *Les Armes et la Toge*.

Ashdown, Paddy (2001), *The Ashdown Diaries: vol. 2, 1997–1999*, London, Allen Lane.

Asselain, Jean-Charles (1984), *Histoire Economique de la France*, 2 vols., Paris, Seuil.

Atkin, Nicholas (2003), *The Forgotten French: Exiles in the British Isles, 1940–44*, Manchester, Manchester University Press.

Aubert, Natalie (2004), 'L'esthétique des brumes: 1904, Proust traducteur de Ruskin', *Franco-British Studies*, 35, pp. 107–19.

Baker, Keith M. (1990), *Inventing the French Revolution: Essays on French Political Culture in the Eighteenth Century*, Cambridge, Cambridge University Press.

Bamford, P. W. (1956), *Forests and French Sea Power, 1660–1789*, Toronto, Toronto University Press.

Barker, Juliet (2001), *Wordsworth: A Life*, London, Penguin.

Barnouw, Jeffrey (1997), 'The contribution of English to Voltaire's Enlightenment', in Ulla K-lving and Christian Mervaud, eds., *Voltaire et ses combats*, vol. 1.

Barsley, Michael, ed. (1946), *This England*, London, New Statesman.

Barthes, Roland (1957), *Mythologies*, Paris, Seuil.

Bartlett, Thomas, and Jeffery, Keith, eds. (1996), *A Military History of Ireland*, Cambridge, Cambridge University Press.

Battesti, Michèle (2004), *Trafalgar: les aléas de la stratégie navale de Napoléon*, Paris, Napoléon 1er Editions.

Bauberot, Jean, and Mathieu, Séverine (2002),*Religion, modernité et culture au Royaume- Uni et en France, 1800–1914*, Paris, Seuil.

Baudemont, Suzanne (1980), *L'Histoire et la légende dans l'Ecole élémentaire victorienne, 1862–1901*, Paris, Klincksieck.

Baugh, Daniel A. (2004), 'Naval power: what gave the British navy superiority?', in L. Prados de la Escosura, ed., *Exceptionalism and Industrialisation*.

Bavarez, Nicholas (2003), *La France qui tombe*, Paris, Perrin.

Baxter, Stephen B. (1966), *William III and the Defense of European Liberty 1650–1702*, New York, Harcourt, Brace & World Inc.

Bayly, Christopher A. (2004), *The Birth of the Modern World, 1780–1914*, Oxford, Blackwell.

Beach, Vincent W. (1964), 'The Polignac ministry: a revaluation', *University of Colorado Studies: series in history 3*.

Beal, Mary, and Cornforth, John (1992), *British Embassy, Paris: the house and its works of art*, London, Government Art Collection.

Beales, Derek (1961), *England and Italy 1859–60*, London, Thomas Nelson.

Beales, Derek (2005), 'Edmund Burke and the monasteries of France', *Historical Journal*, 48, pp.

全書引用書目

◎此處所列書目盡量會以可取得之最新版本為主

Abarca, Ramón E. (1970), 'Classical Diplomacy and Bourbon "Revanche" Strategy, 1763–1770', *Review of Politics* 32, pp. 313–37.

Acomb, Frances (1950), *Anglophobia in France 1763–1789*, Duke, NC, Duke University Press.

Adamthwaite, Anthony (1995), *Grandeur and Misery: France's Bid for Power in Europe 1914–1940*, London, Arnold.

Adler, Kathleen (2003), *Pissarro in London*, London, National Gallery.

Alanbrooke, Field Marshal Lord (2001), *War Diaries 1939–1945*, eds. Alex Danchev and Daniel Todman, London, Phoenix.

Alavi, Seema, ed. (2002), *The Eighteenth Century in India*, New Delhi, Oxford University Press.

Albion, Robert Greenhalgh (2000), *Forests and Sea Power*, Annapolis, US Naval Institute.

Aldridge, E.-M. (1992), 'Le retour de Guillaume le Conquérant', *Franco-British Studies*, 14, pp. 97-101.

Alexander, Martin S. (1992), *The Republic in Danger: General Maurice Gamelin and the Politics of French Defence, 1933–40*, Cambridge, Cambridge University Press.

Alexander, Martin S., and Philpott, William J. (1998), 'The entente cordiale and the next war: Anglo-French views on future military cooperation, 1928–1939', *Intelligence and National Security*, 13, pp. 53–84.

Alger, J. G. (1898), 'The British Colony in Paris, 1792–1793', *English Historical Review*, 13, pp. 672–94.

Allen, Robert C. (2004), 'Britain's economic ascendancy in a European context', in L. Prados de la Escosura, ed., *Exceptionalism and Industrialisation.*

Anderson, Fred (2000), *Crucible of War: The Seven Years' War and the Fate of Empire in British North America. 1754–1766*, London, Faber and Faber.

Andrew, Christopher (1968), *Théophile Delcassé and the Making of the Entente Cordiale,* London, Macmillan.

Andrew, Christopher (1986), *Her Majesty's Secret Service: The Making of the British Intelligence Community*, New York, Viking.

Andrew, Christopher, and Kanya-Forstner, A. S. (1981), *France Overseas*, London, Thames and Hudson.

Andrew, Christopher, and Vallet, Paul (2004), 'The German threat', in Richard Mayne et al., eds., *Cross Channel Currents.*

Andrews, John (1783), *Remarks on the French and English Ladies in a series of letters interspersed with various anecdotes and additional matter, arising from the subject*, London, Longman & Robinson.

Andrews, Stuart (2003), *Unitarian Radicalism: Political Rhetoric, 1770–1814*, London, Palgrave.

Paris.

[155] Clodong and Lamarque (2005), pp. 17–19.

[156] Private remarks reported in *Le Canard Enchaîné* (15 June 2005), p. 2.

[157] Jean-Pierre Langellier, in *Le Monde* (7 June 2005).

[158] Peter Oborne, in *The Spectator* (25 June 2005).

[159] A French diplomat, in Cogan (2003), p. 89.

[160] R. Tombs, in *TLS* (19 January 1996), p. 7.

[161] *The Economist* (25 September 2004).

[162] *Le Figaro* (25 March 2005), p. 11.

[163] Poll and commentary in *L'Express* (14March 2005), p. 43; *Le Canard Enchaîné* (23 March 2005), p. 1.

[164] *Le Monde* (21 July 2004), p. 14.

[165] *L'Homme Européen* (Paris, Plon, 2005), in *TLS* (3 June 2005), p. 24.

[166] *Le Canard Encha*îné (15 June 2005), p. 2.

[167] *Le Monde* (20 April 2005), p. 1.

[168] Goux and Maurin (2005), pp. 16–17.

[169] J.-P. Langellier, in *Le Monde* (7 June 2005).

[170] Speech at the Mansion House, 22 June 2005.

[171] 'Déclaration aux Français', 31 May 2005.

[172] *Le Canard Encha*îné (15 June 2005), p. 2.

[173] Shore (2000), p. 207.

[174] *Le Monde* (6 June 2005).

第四部　結論與異見

[1] Speech of 23 November 2001.

後記　抽絲剝繭

[1] Guiomar (2004), p. 21.

[2] e.g. Young (1998); Roudaut (2004).

[3] Bell (1996), p. 1.

[4] In both countries, there has been an enormous volume of academic and journalistic cogitation on these perceived crises of national identity. In Britain, the predominant line has been to endorse and welcome the decline of Britishness. In France it has been to regret and attempt to revive Frenchness. In both countries, much of this writing has been oddly introspective, as if identities develop in isolation from the outside world. An egregious example is Nora (1984). For a powerful antidote, see Pocock (2005).

[5] For a magisterial account of these, and other aspects of Europe's recent history, see Judt (2005).

[6] Pocock (2005), p. 21.

[7] HM Treasury, 'UK and EU trade' (2004), pp. 17–18, 23; *The World in 2006* (*The Economist*, 2005), p.34; Mitchell and Deane (1962), pp. 311, 316–22; French government paper 'France in the World' (10 January 2005).

[8] Kremer (2004); Lescent-Giles, in Bonnaud (2004), pp. 255–9.

[9] See the important study by Roger (2002).

[10] Anthony Wedgwood Benn, in Reynolds (1991), p. 232.

[102] Kagan (2004).

[103] Transatlantic Trends 2004 (German Marshall Fund), pp. 8, 18.

[104] Keiger (2001), p. 76.

[105] Simms (2003), p. 111.

[106] See Simms (2003), on which much of this section is based.

[107] Simms (2003), pp. 264–6.

[108] August 1992, Hurd (2003), p. 455.

[109] Simms (2003), p. 35.

[110] Dallaire (2004), p. 515.

[111] Hurd (2003), p. 471.

[112] Simms (2003), pp. 50, 325.

[113] ibid., p. 111.

[114] Robin Cook to Foreign Affairs Select Committee, 21 November 2000; Cogan (2003), p. 143.

[115] For a concise summary, see Stockholm International Peace Research Institute [SIPRI] *Yearbook* (2004), pp. 322–3.

[116] Sources: SIPRI *Yearbooks*, 2003 and 2004; Ministry of Defence/ Ministère de la Défense nationale, 'Une commemoration statistique de l'entente cordiale' (2004); *Jane's World Armies* (2003); *Jane's World Air Forces* (2004).

[117] In US dollars, at constant 2000 prices and market exchange rate.

[118] *The Economist* (7 August 2004), p. 36.

[119] *SIPRI Yearbook* (2004), pp. 456–7.

[120] *Jane's World Armies*, issue 14, December 2003, p. 264.

[121] Zbigniev Brzezinski, in *Le Monde* (15 July 2004), p. 2.

[122] Polly Toynbee, *Guardian* (16 July 2004), p. 27.

[123] Simms (2003), pp. 111, 113.

[124] Keiger (2005); Cogan (2003).

[125] Kampfner (2003), p. ix.

[126] 21 April 1997, in Kampfner (2003), p. 3.

[127] *Comprehensive Report of the Special Adviser to the DCI on Iraq's WMD* (2004), p. 31.

[128] ibid., p. 56.

[129] *L'Express* (13 February 2003), p. 85.

[130] ibid., p. 88.

[131] Styan (2004), p. 377.

[132] *Comprehensive Report* , p. 111; Styan (2004), p. 378.

[133] Ashdown (2001), p. 127.

[134] ibid., p. 163; *Comprehensive Report* , p. 56.

[135] Kampfner (2003); Stothard (2003), p. 13.

[136] We owe this suggestion to John Ranelagh, presently preparing a biography of Blair. See also Hoggett (2005), p. 418.

[137] Butler (2004) para. 610

[138] Kampfner (2003), p. 245.

[139] Keiger (2001), p. 221.

[140] Kampfner (2003), p. 204; Styan (2004), p. 381.

[141] Cogan (2003), p. 206.

[142] See review of Villepin's book on Napoleon by Bell (2003).

[143] Bavarez (2003), p. 57.

[144] Cogan (2003), pp. 209–10.

[145] Styan (2004), p. 384.

[146] Naughtie (2005), p. 143; Kampfner (2003), p. 267.

[147] Lord Goldsmith's secret advice to the prime minister, 7 March 2003, para. 31.

[148] Kampfner (2003), pp. 286–8; Stothard (2003), pp. 14, 28, 41–2; Roudaut (2004), p. 39.

[149] e.g. 'Blair est-il fou?' *Marianne* (24–30July 2004), pp. 34–5.

[150] Bavarez (2003), pp. 43, 61.

[151] *Sunday Times* (23 November 2003), p. 25.

[152] *Sunday Times* (23 November 2003), p. 25; *Jane's World Armies*, issue 14, December 2003, p. 262.

[153] Geoff Hoon, defence secretary, in *Daily Telegraph* (15 July 2004), p. 3.

[154] Part of a wealth of information on Franco-British celebrations kindly sent to us by Patrice Porcheron of the Mairie de

pp. 126–8; *Le Monde* (21 May 1997).

[57] Lemoinne (1867), vol. 2, p. 1053.

[58] Bell (2004), p. 246.

[59] Bavarez (2003), pp. 46, 82–3; Smith (2004), pp. 178–9.

[60] Kremer (2004), p. 87.

[61] *The Spectator* (19 August 2000), pp. 12–13.

[62] *L'Express* (31 January 2002), p. 127.

[63] Garriaud–Maylam, in Mayne et al. (2004), p. 273.

[64] Le Point (30 July 1999).

[65] We are grateful to the châtelain of Moncla, John O'Beirne Ranelagh, for some of these insights, and for general comments on this chapter.

[66] France (May–June 2003).

[67] Le Point (30 July 1999), pp. 46–8; Aldridge (1992), pp. 98–100; *L'Express* (19 July 2004); Roudaut (2004), p. 247; Gillian Tindall, in Mayne et al. (2004), p. 276; *The Spectator* (16 October 2004), p. 57.

[68] Bonnaud (2004), p. 218. See also Navailles (1987).

[69] Bonnaud (2004), p. 239.

[70] See Ardagh, Crouzet and Delouch (1996).

[71] Special thanks to Simon Prince for his guidance in this section.

[72] *Guardian* (8 October 1999).

[73] Evans (2004), pp. 42–5.

[74] Sadler (1992), pp. 67–79.

[75] Campos (1992) and (1999); *Libération/Guardian*, 5 April 2004 –a telephone poll of 1,005 people.

[76] Campos (1999), p. 42.

[77] *Libération/Guardian* poll, 5 April 2004.

[78] Campos (1999), pp. 50–52.

[79] *Libération/Guardian* poll, 5 April 2004.

[80] Vion (2002), p. 219.

[81] Keiger (2001), p. 21.

[82] Keiger (2001), p. 224; see also Thody (1995), *passim*.

[83] Thody (1995), p. 63.

[84] The Institut des Sciences Politiques and the École des Hautes Études Commerciales.

[85] *The Economist* (25 October 1997), p. 68.

[86] Figures for 2003 unless otherwise stated. Sources unless otherwise stated: *OECD in Figures* (2004); *OECD Main Economic Indicators* (2004); *The Economist* (19 June 2004); *Pocket World in Figures 2004* (Economist and Profile Books, 2003); *The World in 2004* (London: Economist, 2003); OECD International Direct Investment Database.

[87] Categories in which each country has an export surplus with the other. Isabelle Lescent-Giles, in Bonnaud (2004), pp. 248–9.

[88] US Dept of Labor: Bureau of Labor Statistics.

[89] *Le Monde* (30 June 2005), p. 17.

[90] World Economic Forum ranking.

[91] Shanghai Jiao Tong University study, 2004.

[92] *L'Express* (3 January 2002), p. 53.

[93] UK Home Office Crime Statistics.

[94] International Road Federation Statistics.

[95] *Le Monde* (3 January 2005), p. 1.

[96] Sources: A.T. Kearney (report on foreign direct investment, October 2004); HM Treasury paper 'UK and EU Trade', pp. 21–3; G. Brown, Mansion House speech, 22 June 2005.

[97] Speech of 23 June 2005.

[98] OECD International Direct Investment Database.

[99] *The Economist* (9 July 2005), pp. 12–13, 25; *The World in 2006* (*The Economist*, 2005), pp. 106-8.

[100] Letter from finance minister Nicholas Sarkozy to Michel Camdessus (honorary governor of the Banque de France) and Camdessus report 'Vers une nouvelle croissance pour la France', 19 October 2004.

[101] Report by Ernst and Young, in *Le Monde* (30 June 2005), p. 17.

[2] Gillingham (2003), p. 240.
[3] For a semi-official reiteration of these themes, see 'Building a Political Europe' (2004), a report commissioned by the European Commission from a committee chaired by a former French finance minister, Dominique Strauss-Kahn, pp. 31–5.
[4] Anne Marie Le Gloannec, in Gillingham (2003), p. 343.
[5] *L'Express* (17 May 2004), p. 34.
[6] Card and Freeman (2002), pp. 20, 70.
[7] Gillingham (2003), p. 143.
[8] Smith (2004), ch. 2.
[9] Keiger (2001), p. 27.
[10] Freedman (2005), vol. 2, p. 531.
[11] Nott (2002), p. 305.
[12] Favier and Martin-Rolland (1990), vol. 1, pp. 382–5; Nott (2002), p. 305; Freedman (2005), vol. 2, pp. 71, 281.
[13] Edwards (1984), p. 307.
[14] Bell (1997), p. 249.
[15] Favier and Martin-Rolland (1990), vol. 1, p. 385.
[16] ibid., p. 364, quoting former ministers Claude Cheysson and Michel Jobert.
[17] ibid., p. 370.
[18] Gillingham (2003), p. 231; Reynolds (1991), p. 267; James (2003), pp. 368–9.
[19] Delors (2004), p. 255.
[20] Gillingham (2003), p. 136, 146.
[21] ibid., pp. 307, 310–11.
[22] See e.g. Thatcher (1993), pp. 548–9, 553.
[23] Delors (2004), p. 237.
[24] Gillingham (2003), p. 160.
[25] Interview in *Le Nouvel Observateur* (20–26 March 1997), p. 26.
[26] Speech in Stockholm, 1988, in Ross (1995), p. 43.
[27] Gillingham (2003), p. 261. See also Shore (2000), *passim*.
[28] Ross (1995), p. 36.
[29] Denman (1996), p. 281.
[30] Ross (1995), pp. 34, 229.
[31] Quoted in an unpublished paper by John Keiger, cited by kind permission of the author.
[32] Ross (1995), p. 29.
[33] ibid., p. 45.
[34] Campbell (2000), vol. 2, p. 619.
[35] Interview in *Le Nouvel Observateur* (20–26 March 1997), p. 25.
[36] *Le Monde* (30 October 1994); Ross (1995), pp. 232–4.
[37] Strauss-Kahn (2004). See also Shore (2000), pp. 21–9, 58–61.
[38] 'Lettre de Matignon', July 1992.
[39] Details in Gillingham (2003), pp. 288–9.
[40] See e.g. *Le Canard Enchaîné* (9 July 1997), *Le Monde* (29 November 2000).
[41] *Le Monde diplomatique* (April 2001), p. 1.
[42] See e.g. *Le Nouvel Observateur* (7–13 June 2001).
[43] *Financial Times* (14 June 2004), p. 19.
[44] Frits Bolkestein, paper given at ELDR seminar at European Parliament, 8 January 2004; Patrick Minford, unpublished lecture, June 2004, cited by kind permission of the author.
[45] British Council lecture, July 2004.
[46] Interview in *Le Monde* (5 April 2005), p. 16.
[47] A poll showed that 40 per cent in Britain supported enlargement, only 26 per cent in France – the lowest in Europe. Gillingham (2003), p. 416.
[48] Broadcast 'débat avec les jeunes', 14 April 2004.
[49] *The Economist* (10 July 2004).
[50] Gillingham (2003), p. 403.
[51] 'Tony Blair, l'européen?', *Le Monde* (30 April 2004), p. 16.
[52] *The Spectator* (19 August 2000), p. 13.
[53] Bell (2004), p. 246.
[54] We are grateful to Senator Joëlle Garriaud-Maylam for this figure.
[55] Garriaud-Maylam, in Mayne et al. (2004), p. 271.
[56] ibid., pp. 271–2; *L'Express* (14 October 1999), pp. 34–8 and (31 January 2002),

[21] David Dutton, in Mayne et al. (2004), pp. 136–8.
[22] Milward (2002), p. 258.
[23] Vaïsse (1989), p. 137.
[24] Permanent Under-Secretary of Foreign Office, in Kyle (1989), p. 123; Kunz (1989), p. 220.
[25] Kyle (1989), p. 114.
[26] ibid., p. 128.
[27] Kunz (1989), p. 225.
[28] Kunz (1989), 228.
[29] Pineau (1976), p. 177.
[30] Vaïsse (1989), p. 335.
[31] Kyle (1989), p. 130.
[32] Fry (1989), p. 312.
[33] Milward (2002), p. 260.
[34] ibid., p. 475.
[35] Diary entry, Horne (1988), vol. 2, p. 319.
[36] Milward (2002), pp. 306–8.
[37] Mierzejewski (2004), pp. 158–9.
[38] Milward (2002), p. 288.
[39] Gaulle (1970), pp. 196, 204.
[40] Schaad (2002), pp. 70–77.
[41] Milward (2002), p. 291.
[42] Gillingham (2003), pp. 37, 76.
[43] Milward (2002), pp. 317–18, 330, 345, 348, 444–8.
[44] ibid., p. 60.
[45] ibid., p. 327.
[46] Gaulle (1970), p. 236; Peyrefitte (1994), vol. 1, pp. 368, 370–71.
[47] Lacouture (1990), vol. 2, pp. 355–7. A careful analysis of de Gaulle's position is in Milward (2002), pp. 463–83. His popularization of the term 'Anglo-Saxon' was pointed out by Colin Jones in an unpublished paper given in 2005 at CRASSH, Cambridge.
[48] Horne (1988), vol. 2, pp. 314–19, 429–32; Lacouture (1990), vol. 2, p. 357.
[49] Horne (1988), vol. 2, p. 428.
[50] Milward (2002), pp. 416–20.=
[51] Full text, Lacouture (1984), vol. 3, p. 337.
[52] Milward (2002), pp. 474–5; Gaulle (1970), pp. 185, 186, 215; Peyrefitte (1994), vol. 1, p. 61; see also Horne (1988), vol. 2, pp. 314–19.
[53] Gaulle (1970), pp. 203, 236; Peyrefitte (1994), vol. 1, p. 63.
[54] Horne (1988), vol. 2, p. 446; Peyrefitte (1994), vol. 1, p. 348.
[55] Peyrefitte (1994), vol. 1, p. 348.
[56] ibid., p. 303.
[57] ibid., p. 367.
[58] Horne (1988), vol. 2, p. 319; and see Peyrefitte (1994), vol. 1, pp. 62–3.
[59] Larcan (2003), p. 670.
[60] Wilson in 1965, in Parr. We are most grateful to Dr Helen Parr for kindly allowing us a preview of her book *Britain's Policy towards the European Community: Harold Wilson and Britain's World Role, 1964–1967* (London: Routledge, 2005) on which this section, including quotations not otherwise attributed, is based.
[61] Vion (2002), p. 219.
[62] British record of January 1967 talks, in Parr (2005).
[63] O'Neill (2000), p. 11.
[64] In Parr (2005).
[65] Denman (1996), p. 233.
[66] ibid., pp. 231–2.
[67] O'Neill (2000), p. 355; dispatch 1964, in Parr (2005).
[68] O'Neill (2000), pp. 39, 40, 355, 358–9.
[69] Bernstein (2004), p. 243.
[70] Henderson (1987), p. 143.
[71] Bonnaud (2004), pp. 220–21.
[72] Michel Debré, in Gildea (1994), p. 82.
[73] Lemonnier (2004), pp. 196–202.
[74] Daninos (1954), pp. 91, 97.
[75] Lemonnier (2004), p. 214.
[76] Interview in *Daily Telegraph* (10 May 2003); and see Simmons (2001), and *Le Monde* (19 July 2005), p. 16.
[77] Vion (2002), p. 273.

第十四章　分道更揚鑣

[1] Thatcher (1993), p. 536.

work remains Foot, first published in 1966, now in a new edition (2004). See also the recently published official 'secret history' by Mackenzie (2000).
[146] Young de la Marck (2003), p. 22.
[147] Foot (2004), pp. 41–58, 222, 322.
[148] 'A useful racket', *TLS* (27 April 2001).
[149] Foot, entries on Szabo and Atkins in *ODNB* (2004); Binney (2002), *passim*.
[150] Foot (1978), p. 39.
[151] Mackenzie (2000), p. 289.
[152] Foreign Office policy statement, 1942, Mackenzie (2000), p. 265.
[153] Passy (1947), vol. 2, p. 167.
[154] Marks (1999), pp. 390–96.
[155] Frank (1994), pp. 258–9, 270.
[156] Foot (2004), p. 388.
[157] ibid., p. 217.
[158] Young de la Marck (2003); Buton (2004), pp. 85–6, 93–5; Crémieux-Brilhac (1996), pp. 778–82.
[159] Foot (2004), pp. 421–4.
[160] See his recently published memoir, Hue (2004).
[161] Alanbrooke (2001), p. 554; Kersaudy, (1981), p. 346.
[162] Gaulle (1998), p. 557. The official British record is less poetic, see Kersaudy (1981), p. 343.
[163] Keegan (1983), p. 188.
[164] Foot (2004), pp. 386–7.
[165] Lacouture (1990), vol. 1, p. 575.
[166] Mackenzie (2000), pp. 584, 598.
[167] Castetbon (2004), p. 168.
[168] Muggeridge (1973), vol. 2, pp. 210–15; Carrington (1988), pp. 53–5.
[169] Carrington (1988), p. 57.
[170] *Instructions 1944* (2005); Footit (2004), pp. 24–6, 45, 63.
[171] Cobb (1998), p. 28.
[172] Kersaudy (1981), p. 369; Cooper (1953), p. 341; Gaulle (1998), p. 723; Nicolson (1967), p. 412.
[173] *Résistance*, 5 September 1944 and 2 January 1945.
[174] Frank (1994), p. 244.
[175] *Libération*, 5 April 2004.

插曲　法國人跟莎士比亞：另一場法國大革命

[1] Pemble (2005), p.133.
[2] ibid., p. 119.
[3] ibid., p. 141.
[4] Léon Daudet, in ibid., p. 63.
[5] Pemble (2005), p. 155.
[6] ibid., p. 163.
[7] Morse (2002), pp. 4–5.
[8] ibid.; Pemble (2005), pp. 69, 92.

第四部　重振

[1] Peyrefitte (1994), vol. 2, p. 311.
[2] Thody (1995), pp. 27–8.

第十三章　尋求定位的失落帝國

[1] Diary entry, Horne (1988), vol. 2, p. 319.
[2] Peyrefitte (1994), vol. 1, pp. 153–4.
[3] Mangold (2001), p. 55.
[4] Speech to European Research Institute, Birmingham, 23 November 2001.
[5] Milward (2002), p. 3.
[6] Greenwood (2000), p. 259.
[7] Cooper (1953), p. 377.
[8] Frank (1994), p. 271.
[9] ibid., p. 260.
[10] John Young, in Sharp and Stone (2000), p. 268.
[11] Réau (2001), pp. 77–8.
[12] Passerini (1999), p. 218.
[13] Cole (1941), pp. 102–3.
[14] See the brilliant summary by Judt (1997), and for detail Milward (1992) and (2002).
[15] Gillingham (2003), pp. 25, 27, 496.
[16] Gillingham (2003), p. 27. See also Greenwood (2000), and Milward (1992), chs. 3, 5 and 6.
[17] Milward (2002), p. 44. 18 ibid., p. 71.
[18] ibid., p. 71.
[19] Milward (1992), p. 210.
[20] Milward (2002), pp. 200, 203.

93.
[91] Cooper (1953), p. 341; Briggs (1970), vol. 3, p. 230.
[92] Adamthwaite (1995), p. 120.
[93] Parker (2000), pp. 31–4, 43, 157.
[94] Gaulle (1998), p. 92.
[95] Kersaudy (1981), pp. 34–5.
[96] Lady Spears, in Lacouture (1990), vol. 1, p. 265.
[97] Egremont (1997), p. 203.
[98] Crémieux-Brilhac (1996), p. 161.
[99] Larcan (2003), p. 490.
[100] Crémieux-Brilhac (1996), p. 65.
[101] Atkin (2003), p. 66.
[102] Roderick Kedward, in Mayne et al. (2004), p. 132.
[103] Imlay (2003), p. 16.
[104] 'The French Press since the Armistice,' Foreign Research andPress Service, 20 January 1941. Cambridge University Library Official Publications Room.
[105] Cornick (2000), p. 80.
[106] Lukacs (1976), p. 408; Cornick (2000), p. 69.
[107] Frank (1993), p. 315.
[108] Foreign Office minute, 6 July 1940, Stenton (2000), p. 127.
[109] Crémieux-Brilhac (1996), pp. 87–8, 91–2; Atkin (2003), p. 84.
[110] Egremont (1997), p. 209.
[111] Jean Oberlé in *Le Populaire*, 4–5 November 1944.
[112] Letter to the authors from Jacques Herry, who, aged eighteen, sailedto Falmouth in a fishing boat to volunteer.
[113] Atkin (2003), pp. 158, 259.
[114] Torrès (2000), pp. 182, 220.
[115] Letter from Jacques Herry.
[116] Crémieux-Brilhac (1996), pp. 72–5; Gaulle (1998), p. 102.
[117] Churchill (1948), vol. 2, p. 437.
[118] Atkin (2003), pp. 257–8.
[119] Stenton (2000), p. 163.
[120] ibid., p. 173.
[121] De Gaulle to Major Morton, October 1941, in Young de la Marck (2003), p. 26.
[122] Stenton (2000), p. 198; Crémieux-Brilhac (1996), p. 305.
[123] Lacouture (1990), vol. 1, p. 368; Crémieux-Brilhac (1996), p. 414.
[124] Cadogan (1971), p. 494.
[125] Lacouture (1990), vol. 1, p. 404.
[126] Stenton (2000), p. 219.
[127] Jackson (2003), p. 241.
[128] Frank (1995), p. 471.
[129] Stenton (2000), p. 170.
[130] ibid., p. 181.
[131] Frank (1994), p. 256.
[132] Police report, November 1940, kindly communicated to us by Professor Annette Becker.
[133] Ottis (2001), p. 45.
[134] ibid., pp. 41, 160.
[135] Neave (1969), *passim*; Foot (2004), pp. 87–94; Ottis (2001), pp. 22, 44–6.
[136] Roderick Kedward, in Mayne et al. (2004), pp. 124–5; Foot (1978), pp. 239–45.
[137] See Tombs (2002).
[138] Cornick (1994), p. 319.
[139] Buckmaster (1952), pp. 67–8.
[140] Briggs (1970), vol. 3, p. 251.
[141] ibid., p. 255; *Pariser Zeitung*, in Foreign Research and Press Service report, 18 May 1942; Stenton (2000), p. 161; Cornick (2000), p. 77.
[142] Cornick (1994), p. 322.
[143] Noblett (1996), p. 23; see also 'A Complete Index of Allied Airborne Leaflets and Magazines', Cambridge University Library Official Publications Room.
[144] *Témoignage Chrétien*, 23 February 1945.
[145] Works on the Resistance and its London links are legion. For concise summaries, see Foot (1978), and Kedward, in Mayne et al. (2004). The standard French works are Crémieux-Brilhac (1975), and (1996). On SOE, the main

Gates (1981), p. 124.
[33] Reynolds (2004), pp. 166–7.
[34] Churchill (1948), vol. 2, pp. 41–2; Gates (1981), pp. 77–9.
[35] Churchill (1948), vol. 2, p. 46; Réau (1993), p. 425; Gates (1981), pp. 125–6.
[36] Paul Baudoin, in Gates (1981), p. 134.
[37] Jersak (2000), p. 568.
[38] *Diary* (1941), p. 26; Ironside (1962), p. 321.
[39] Bloch (1949), p. 75.
[40] Dalton (1986), pp. 27–8.
[41] Rocolle (1990), vol. 2, p. 224.
[42] Lukacs (1976), p. 407.
[43] Spears (1954), vol. 2, p. 24.
[44] Alanbrooke (2001), pp. 67–8.
[45] Bloch (1949), p. 71.
[46] Rocolle (1990), vol. 2, p. 224.
[47] Crémieux-Brilhac (1990), vol. 2, pp. 631–2.
[48] Harman (1990), p. 228.
[49] Bloch (1949), pp. 20–21.
[50] Numbers from Harman (1990), *passim*. There are differing estimates, depending mainly on whether one includes the mainly British noncombatants evacuated earlier.
[51] Magenheimer (1998), p. 25.
[52] Clare Booth Luce, in Gates (1981), p. 133.
[53] Spears (1954), vol. 2, p. 24.
[54] Crémieux-Brilhac (1990), vol. 2, p. 641.
[55] Crémieux-Brilhac (1990), vol. 2, pp. 337–45, 668; Gates (1981), pp. 118–19, 161; Richards (1974), p. 150.
[56] Spears (1954), vol. 2, p. 76.
[57] Lukacs (1976), p. 406.
[58] Spears (1954), vol. 2, p. 188.
[59] Churchill (1948), vol. 2, pp. 159–60; Gates (1981), pp. 191–2.
[60] Alanbrooke (2002), p. 84.
[61] Gates (1981), p. 219.
[62] Lacouture (1990), vol. 1, p. 202.
[63] Johnson (1972), p. 154; Dalton (1940), p. 154; Mayne et al. (2004), pp. 99–100; Gates (1981), pp. 227–33, 517–18; Delpla (2000), pp. 515–16; Frank (1994), pp. 260–61. For the full text, Churchill (1948), vol. 2, pp. 183–4.
[64] Crémieux-Brilhac (1990), vol. 2, pp. 696–8; Jackson (2003), p. 179; Scheck (2005), pp. 325–44.
[65] Jackson (2003), pp. 179–80; Horne (1979), p. 650.
[66] Full text in English, Gaulle (1998), pp. 83–4.
[67] Delpla (2000), p. 505.
[68] Atkin (2003), p. 98.
[69] Lasterle (2000), pp. 71–91; Marder (1974), ch. 5; Brown (2004).
[70] We are grateful to Jean de Préneuf, of the Service Historique de la Marine, for this information.
[71] Marder (1974), p. 277.
[72] Lacouture (1984), vol. 1, p. 402.
[73] Marder (1974), p. 222; Bell (1974), pp. 142–3.
[74] Churchill (1948), vol. 2, p. 206; Gates (1981), pp. 258–61, 352–68, 555–63.
[75] Ironside (1962), p. 355 (6 June 1940).
[76] Dalton (1986), p. 48.
[77] Frank (1994), pp. 91–3. See also Imlay (2003), p. 363.
[78] Lukacs (1976), pp. 417–19.
[79] Robert Vansittart, 6 September 1940, in Jersak (2000), p. 578.
[80] Gaulle (1998), p. 88.
[81] Churchill (1989), p. 646.
[82] Gaulle (1998), p. 104.
[83] ibid., p. 3; Churchill (1948), vol. 2, p. 291.
[84] Churchill (1948), vol. 1, pp. 526–7; Gaulle (1998), p. 84.
[85] Lacouture (1990), vol. 1, p. 154.
[86] ibid., vol. 1, p. 191.
[87] Delpla (2000), p. 450.
[88] Maurice Druon, in Mayne et al. (2004), p. 102.
[89] Stenton (2000), p. 123.
[90] Roy Jenkins, in Mayne et al. (2004), p.

[88] Dockrill (2002), pp. 97–8; Dutton (2001), p. 164.
[89] Thompson (1971), p. 27.
[90] Mangold (2001), p. 147.
[91] Bell (1996), p. 212; Stone (2000), p. 193.
[92] Siegel (2004), p. 200.
[93] Mangold (2001), p. 56.
[94] Crémieux-Brilhac (1990), vol. 1, pp. 94–5.
[95] Réau (1993), p. 268.
[96] Sir Alexander Cadogan, permanent under-secretary, Cadogan (1971), pp. 72–3.
[97] Dockrill (2002), p. 99.
[98] Réau (1990), pp. 273–4.
[99] ibid., p. 277.
[100] ibid., pp. 278–9.
[101] Kershaw (1998), vol. 2, p. 164.
[102] ibid., vol. 2, 123.
[103] Crémieux-Brilhac (1990), vol 1, p. 95.
[104] Weber (1962), pp. 394, 426.
[105] Hermann Goering, in Kershaw (1998), vol. 2, p. 122.
[106] Siegel (2004), p. 200.
[107] Lacouture (1990), vol. 1, p. 154.
[108] *Bulletin Socialiste* (September 1938), in Gombin (1970), p. 246.
[109] Channon (1967), p. 194; Dutton (2001), p. 132.
[110] Channon (1967), p. 177.
[111] Frank (1994), p. 88; Jackson (2003), p. 149; Parker (2000), p. 223.
[112] Watt (2001), pp. 99–108, 164.
[113] Nicolson (1980), p. 145.
[114] Watt (2001), p. 185.
[115] Adamthwaite (1995), p. 221.
[116] Channon (1967), p. 209.
[117] Memorandum, 1935, in Dutton (2001), p. 201.
[118] November 1939, in Gates (1981), p. 61.

第十二章　最輝煌的時刻與最黑暗的年代

[1] Conversation with American ambassador, in Jackson (2003), p. 70.
[2] May (2000), p. 306.
[3] Alanbrooke (2001), p. 43.
[4] Crémieux-Brilhac (1990), vol. 2, pp. 400–401; Jersak (2000), pp. 566–7.
[5] See Alexander and Philpott (1998), pp. 72–6.
[6] This is the argument of Imlay (2003).
[7] Gamelin, in Bloch (1949), p. 74n.
[8] Ironside (1962), p. 172. See also Alexander and Philpott (1998).
[9] Harman (1980), p. 70.
[10] Gates (1981), p. 74.
[11] Mysyrowicz (1973), pp. 43, 49, 155–6.
[12] Alanbrooke (2001), pp. 26, 37.
[13] ibid., p. 7; Lyautey (1940), p. 14.
[14] Bloch (1949), pp. 69–70; Johnson (1972), p. 145; Crémieux-Brilhac (1990), vol. 2, p. 508.
[15] Barsley (1946), p. 3.
[16] Alanbrooke (2001), pp. 4, 7–8, 13, 18, 20, 35.
[17] Johnson (1972), p. 145; Ironside (1962), pp. 231–2.
[18] Letter of 6 February 1940, in Rocolle (1990), vol. 1, pp. 282–3.
[19] Jackson (2003), pp. 201–6; Gates (1981), pp. 21–5; Crémieux-Brilhac (1990), vol. 1, p. 61; Frank (1994), p. 251.
[20] Alanbrooke (2001), p. 18.
[21] Ironside (1962), p. 313.
[22] Gaulle (1998), p. 65.
[23] May (2000), pp. 402–4.
[24] Jersak (2000), p. 568.
[25] Jackson (2003), p. 164.
[26] *Diary* (1941), p. 13; Rocolle (1990), vol. 2, pp. 83–5; Richards (1974), p. 120; Crémieux-Brilhac (1990), vol. 2, pp. 657–9.
[27] *Diary* (1941), p. 10.
[28] May (2000), p. 432.
[29] Jersak (2000), p. 568.
[30] Richey (1980), p. 106. See also Richards (1974), pp. 125–7.
[31] *Diary* (1941), p. 18; Ironside (1962), p. 307; Gates (1981), pp. 74–9, 125.
[32] Churchill (1948), vol. 2, pp. 38–9, 42;

92, 146.
[23] Horn (2002), p. 119.
[24] Keynes (1971), pp. 20–23.
[25] Preface to French edition of Keynes, in Mantoux (1946), pp. 22–3.
[26] Skidelsky (1983) vol. 2, p. xvii.
[27] ibid., p. 4.
[28] Keynes (1971), p. 170. See comments by Martel (1998), pp. 627–36.
[29] Lentin (2001), p. 81.
[30] Watson (1974), p. 361.
[31] Lentin (2000), pp. 106–8.
[32] Steiner (2005), p. 605.
[33] Lentin (2001), pp. 60, 64; Guiomar (2004), p. 282.
[34] Adamthwaite (1995), p. 74.
[35] Keiger (1998), p. 41.
[36] Adamthwaite (1995), p. 75.
[37] MacMillan (2001), p. 404.
[38] Alexander and Philpott (1998), p. 56; Andrew (1986), p. 296.
[39] Turner (1998), p. 241.
[40] ibid., p. 20.
[41] Fischer (2003), *passim*; Cabanes (2003), pp. 86–95, 234–9; Kleine-Ahlbrandt (1995), p. 117.
[42] Shuker (1976), p. 380; Jackson (2003), p. 67; Gombin (1970), pp. 49–50.
[43] Shuker (1976), p. 388.
[44] Cash and goods to the value of 21.5 billion gold marks. Marks (1998), p. 367.
[45] Bell (1996), p. 150.
[46] Shuker (1976), p. 392.
[47] Jackson (2003), p. 215; Steiner (2005), pp. 615–19.
[48] George Riddell, in Lentin (2001), p. 65.
[49] Stevenson (1998), p. 24.
[50] Shuker (1976), pp. 388, 393.
[51] Bell (1996), p. 157.
[52] Wilson (1994).
[53] Wilson (1994), pp. 86, 89, 90.
[54] Bell (1996), pp. 158–9.
[55] ibid., p. 159.
[56] Graves (1960), p. 240.
[57] Sitwell (1949), pp. 151–2, 331.
[58] House (1994), pp. 11–21.
[59] Adamthwaite (1995), p. 78.
[60] ibid., p. 79.
[61] Chalon (2002), p. 13.
[62] Rioux and Sirinelli (1998), p. 162.
[63] Rearick (1997), p. 80.
[64] Adamthwaite (1995), p. 77.
[65] Balfour, in Shuker (1976), p. 388.
[66] Bell (1996), p. 161; Adamthwaite (1995), p. 129; Cornick (1993), pp. 3–17.
[67] Béraud (1935), pp. 6, 7, 8, 11, 13, 17, 19.
[68] Boucard (1926), pp. 17, 264–5, 269.
[69] Cornick (1993), p. 12.
[70] Chalon (2002), *passim*, on which by kind permission of the author this section is largely based.
[71] Bell (1996), p. 175.
[72] Col. H.R. Pownall, in Dockrill (2002), p. 95.
[73] Adamthwaite (1995), p. 140.
[74] Parker (2000), p. 14. For a general analysis of British policy, see Reynolds (1991).
[75] Maier (1975), p. 579.
[76] Keiger (1997), pp. 327–31; Frank (1994), p. 161.
[77] Thomas (1996), p. 10.
[78] Bell (1996), p. 178.
[79] To House of Commons, 14 March 1933, in Carlton (2004), p. 170.
[80] Parker (2000), p. 87. See Kershaw (1998), vol. 1, pp. 582–9.
[81] Adamthwaite (1995), p. 203.
[82] Doise and Vaïsse (1987), pp. 303–4.
[83] Thomas (1996), p. 69.
[84] Dutton (2001), p. 170; Mysyrowicz (1973), pp. 185, 195–7, 320; Weber (1995), p. 239.
[85] Mysyrowicz (1973), p. 337.
[86] Siegel (2004), *passim*.
[87] Lacouture (1977), p. 251; Lansbury (1938), pp. 127–45. See also Shepherd (2002), pp. 325–7; Gombin (1970), p. 122.

[81] Philpott (1996), p. 94.
[82] ibid., p. 94.
[83] ibid., pp. 98, 103, 115.
[84] Marder (1974), p. 1.
[85] Stevenson (2004), p. 118.
[86] Jauffret (1997), pp. 361–2.
[87] Conference conclusion, Philpott (1996), p. 112.
[88] ibid., p. 115.
[89] Foley (2005), pp. 187–92; Herwig (1997), pp. 180–88; Ousby (2002), pp. 39–40; Keegan (1998), pp. 299–300.
[90] Ousby (2002), p. 49.
[91] ibid., pp. 65–6, 245.
[92] Philpott (1996), p. 121, 124.
[93] Gibson (1998), p. 63.
[94] Ousby (2002), p. 231.
[95] Horn (2002), p. 128.
[96] Macdonald (1983), p. 65.
[97] Keegan (1998), p. 318.
[98] See Greenhalgh (1999); Philpott (2002); Prior and Wilson (2005), pp. 47–50.
[99] Foley (2005); Prior and Wilson (2005).
[100] William Philpott, in Mayne et al. (2004), p. 58.
[101] Serman and Bertaud (1998), pp. 764–6. More were executed for other offences.
[102] Travers (1990), p. 208; Occleshaw (1989) pp. 336–9.
[103] Keegan (1998), p. 388.
[104] Herwig (1997), pp. 287, 295–6, 312–25.
[105] Occleshaw (1989), p. 372.
[106] Gibson (1998), pp. 216–17.
[107] Travers (1990), pp. 221–231.
[108] Sheffield (2001), pp. 226–7.
[109] Herwig (1997), p. 406.
[110] On the relative fighting quality of English troops, see Holmes (2004), pp. 180–81.
[111] Desagneaux (1975), pp. 56–8.
[112] Gibson (1998), p. 217.
[113] Sheffield (2001), p. 232.
[114] Griffiths (1970), p. 71.
[115] Herwig (1997), p. 410.
[116] Ludendorff (n.d.), vol. 2, pp. 680, 684.
[117] William Philpott, in Mayne et al. (2004), p. 60.
[118] Jauffret (1997), p. 378.
[119] Gibson (1998), p. 220; McPhail (1999), pp. 192, 199.
[120] Hughes (1999), p. 56.
[121] Statistics (1922), p. 757.
[122] Stevenson (2004), pp. 476–81.
[123] Holmes (2004), p. 614.
[124] Becker et al. (1994), pp. 413–14, 419–24.
[125] Philpott (1996), p. 161.
[126] Jauffret (1997), p. 363.
[127] Bell (1996), p. 96.
[128] Adamthwaite (1995), p. 79; Graves (1960), p. 240.

第十一章　失去和平

[1] MacMillan (2001), p. 39.
[2] Churchill (1948), vol. 1, p. 7.
[3] Mantoux (1946), p. 3.
[4] Adamthwaite (1995), p. 40.
[5] MacMillan (2001), p. 39.
[6] ibid., pp. 53–4, 156–8; Lentin (2001), p. 4.
[7] MacMillan (2001), pp. 43, 447.
[8] Hanks (2002), p. 56. See also Hanks, in Mayne et al. (2004).
[9] Watson (1974), p. 388.
[10] Guiomar (2004), p. 281.
[11] Lentin (2001), pp. 50–54; MacMillan (2001), p. 205.
[12] 'Reply of the Allies and Associated Powers', 16 June 1919, Mantoux (1946), p. 94.
[13] Turner (1998), pp. 4–5; Marks (1998), p. 360; Horn (2002), pp. 120–24, 183.
[14] Shuker (1976), p. 14.
[15] Marks (1998), p. 351.
[16] Harold Nicolson, in Lentin (2001), p. 74.
[17] Lentin (2001), pp. 73–7; MacMillan (2001), p. 479.
[18] Lentin (2001), p. 81.
[19] Keynes (1971), pp. 169–70.
[20] Coward (2002), p. 271.
[21] Mantoux (1946), p. 6.
[22] Keynes (1971), pp. 2, 26–8, 32, 90, 91,

[11] Ferguson (1998b), p. xxxix.
[12] Wilson (1995), p. 177.
[13] Bernstein (1986), p. 193; Steiner (1977), pp. 223, 231–3.
[14] Wilson (1995), p. 189.
[15] Keiger (1983), p. 116, 162.
[16] Andrew and Vallet (2004), p. 31.
[17] John Keiger in Mayne et al. (2004), p. 8.
[18] e.g. Ferguson (1998b), pp. 460–62.
[19] Macdonald (1989), p. 76.
[20] Philpott (1996), pp. 7–8.
[21] Strachan (2001), vol. 1, p. 206; Keegan (1998), p. 83; Macdonald (1989), p. 73; Lyautey (1940), p. 8.
[22] Terraine (1972), pp. 7–8.
[23] ibid., p. 4.
[24] Strachan (2001), vol. 1, p. 200.
[25] Philpott (1996), pp. 4–6.
[26] Spears (1999), p. 106.
[27] Macintyre (2001), p. 20.
[28] Philpott (1996), p. 26.
[29] Macintyre (2001), p. 12.
[30] Keegan (1998), p. 118.
[31] Spears (1999), pp. 417–18.
[32] Isselin (1965), p. 192.
[33] Strachan (2001), vol. 1, p. 278.
[34] Stevenson (2004), p. 59.
[35] Strachan (2001), vol. 1, p. 278; Farrar-Hockley (1970), p. 190; Herwig (1997), p. 119; J.-J. Arzalier, in Jauffret (1997), p. 400.
[36] Neillands (1999), p. 133.
[37] Greenhalgh (2005), p. 610.
[38] Godfrey (1987); Serman and Bertaud (1998), p. 728; Horn (2002), p. 141.
[39] Horn (2002), p. 118; Ogg (1947), p. 58.
[40] Terraine (1972), pp. 7–8.
[41] The recent pioneering work of Kenneth Craig Gibson marks a welcome change.
[42] Cobb (1983), p. 45.
[43] Fuller (1990), *passim*.
[44] Gibson (2003), p. 180.
[45] Holmes (2004), p. 354.
[46] Graves (1960), p. 107.
[47] Gibson (2003), p. 183.
[48] Gibson (2001), p. 574, and (2003), p. 161; Orpen (1921), p. 57.
[49] See Gibson (1998), (2001), (2003) and (2003b) *passim*.
[50] Gibson (1998), p. 53.
[51] Graves (1960), p. 140.
[52] Bell (1996), p. 99.
[53] Fuller (1990), p. 135.
[54] *The Outpost* (trench newspaper), May 1917, in Fuller (1990), p. 136.
[55] Orpen (1921), p. 41; John Glubb, in Keegan (1998), p. 336; Gibson (2001), pp. 545, 541.
[56] Gibson (1998), p. 53.
[57] Lewis (1936), p. 74; soldiers' memoirs, in Gibson (2001), pp. 537, 539.
[58] Graves (1960), p. 195.
[59] Gibson (2001), p. 540.
[60] ibid., p. 546.
[61] Official report, in ibid., p. 569.
[62] Rousseau (2003), p. 313.
[63] Dorgelès, 'Les Croix de bois', in Rousseau (2003), p. 193.
[64] Gibson (2001), pp. 560–61.
[65] Grayzel (1999), pp. 126–7.
[66] Gibson (2001), p. 564
[67] Dine (2001), p. 63.
[68] Gibson (2001), pp. 573–7; Bell (1996), p. 99.
[69] Cobb (1983), p. 46.
[70] Spears (1999), pp. 519–24; McPhail (1999), pp. 27–30.
[71] Macintyre (2001).
[72] ibid., p. 191.
[73] Spears (1999), pp. 523–4.
[74] McPhail (1999), pp. 117–23.
[75] Occleshaw (1989), p. 244; McPhail (1999), p. 153.
[76] Hoehling (1958), pp. 88–91.
[77] Darrow (2000), pp. 277–84.
[78] Philpott (1996), p. 83.
[79] Sir Henry Rawlinson, in Travers (1990), p. 135.
[80] General Charles Mangin, in Sheffield (2001), p. xxii.

[155] MAE Papiers Delcassé: Angleterre II, vol. 14 (15 March 1903).

[156] A senior French diplomat, in Andrew (1968), p. 195.

[157] Cutting from *Morning Post* (7 May 1878), in *RA*.

[158] APP Ba 1064.

[159] APP Ba 112: daily reports to prefect of police (April–May 1903); see also Joly (1998), pp. 331–2.

[160] RA PS/GV/Visits/France/1914/12; and X32/306.

[161] APP Ba 112 (2 and 3 May 1903).

[162] Cambon to Delcassé, 31 July 1903, MAE Grande-Bretagne (nouvelle série), vol. 14, fo 136.

[163] Bodleian Library, Monson Papers, MS Eng. Hist. c. 595, fos 108–9.

[164] RA PP/EVII/B2164.

[165] MAE Grande-Bretagne (nouvelle série), vol. 14, fo 137.

[166] RA VIC/W 44/49 (our translation from French original).

[167] MAE Grande-Bretagne (nouvelle série), vol. 14.

[168] Andrew and Vallet (2004), p. 23.

[169] Taylor (1971), p. 413.

[170] RA VIC/W 44/49.

第二部 結論與異見

[1] Rendall (2004), p. 599.

插曲 各種觀感

[1] 'Dictionnaire des Idées reçues', in Bouvard and Pécuchet.

[2] John Keiger, in Mayne et al. (2004), p. 4.

[3] For example, there was less illegitimacy in France, a more rural, hence controlled, society. On the other hand, French married couples generally had fewer children, but married earlier and had them sooner, and then practised contraception; British couples married later and spaced children out, probably by lessfrequent sex. (We are grateful to Simon Szreter for this information.)

[4] See discussion by Crouzet (1999).

[5] Brisson (2001), p. 11.

[6] School book, in Maingueneau (1979), p. 273.

[7] Pemble (2005), p. 58.

[8] Brisson (2001), p. 58.

[9] Pemble (2005), p. 58.

[10] Taine (1903), pp. 277–8.

[11] Arnold (1960), vol. 9, p. 71.

[12] Bellaigue (2003), p. 35.

[13] Demolins (1898), p. 12, 51.

[14] Taine (1903), p. 25.

[15] *Le Rire* (23 November 1899).

[16] *Fortnightly Review*, 1888, in Marandon (1967), p. 230.

[17] Roudaut (2004), p. 230; Gibson (1999), pp. 51–2.

[18] *La Guerre fatale: France-Angleterre* (1902–3), in Cornick (2004b).

[19] Maingueneau (1979), p. 61.

[20] *Le Canard Enchaî*né (13 July 2005), pp. 1, 8.

[21] Tracy (1896), p. 7; Du Maurier (1998), p. 79.

[22] Taine (1903), p. 25.

[23] Demolins (1898), p. 52.

[24] *L'Assiette au Beurre*: 'Les Anglais chez nous' (3 January 1903).

[25] Cornick (2004b).

第十章 止戰之戰

[1] Morris (1984), p. 52.

[2] Hinsley (1977), p. 324.

[3] Richard Cobb, in Evans and von Strandmann (1990).

[4] Martyn Cornick, in Mayne et al. (2004), pp. 17–19.

[5] Andrew and Vallet (2004), p. 23.

[6] Terraine (1972), p. xix.

[7] Taylor (1971), p. 480. Taylor's italics.

[8] Sir Arthur Nicholson, in Wilson (1996), p. 90.

[9] Steiner (1977), p. 223.

[10] Andrew and Vallet (2004), p. 30.

[85] Dine (2001), pp. 63, 80–82.
[86] Dine (1998), p. 305.
[87] *Le Monde* (2 August 2004).
[88] Holt lecture, 2003. See also Labouchere et al. (1969), pp. 83–5.
[89] Trubek (2000), p. 42.
[90] Carey (1992), p. 80.
[91] Spang (2000), p. 140.
[92] Pitte (1991), p. 167; Aron (1973).
[93] Ferguson (1998), p. 208.
[94] ibid., p. 209.
[95] Newnham-Davis and Bastard (1903), p. 11.
[96] Spencer (2002), p. 229–30.
[97] Mennell (1985).
[98] Spencer (2002).
[99] Andrew (1968), p. 113.
[100] Spencer (2002), p. 299.
[101] Pitte (1991), p. 175.
[102] Taylor (2003), pp. 147–56.
[103] Dumas (2000); see also Aron (1973), pp. 181–3.
[104] James (1984), p. 112; Newnham-Davis and Bastard (1903), pp. 44, 49, 55, 69–70.
[105] Pitte (1991), pp. 178ff.
[106] Hamerton (1876), p. 243. For modern confirmation of this summary, see Weber (1976), ch. 9.
[107] Mennell (1985), p. 329.
[108] ibid., p. 176.
[109] Aron (1973), p. 125.
[110] Trubek (2000), p. 46.
[111] Dumas (2000), p. 88.
[112] Hamerton (1876), p. 245.
[113] Tombs (1998), p. 500.
[114] Brisson (2001), p. 9.
[115] ibid., p. 32.
[116] PRO FO 27 3320 696 (19 November 1897) and 698 (23 November).
[117] RA VIC/Add A 4/48 (25 January 1898).
[118] On British reactions, see Cornick (1996) and Tombs (1998).
[119] PRO FO 27 3459 382 ('Secret'), 14 August 1899.
[120] Victoria (1930), vol. 3, p. 386; RA VIC/Add U 32/16 September 1899.
[121] The original is in RA VIC/J 91/61; and see O'Brien (1901), pp. 314–25.
[122] See e.g. socialist papers *Justice* (20 May and 16 September 1899) and *Clarion* (23 September).
[123] Edwards (1898), p. 371.
[124] Edwards (1898), p. 362.
[125] Smith (2001), p. 105.
[126] ibid., pp. 110, 112.
[127] Gaulle (1998), p. 4.
[128] Langlade (1994), pp. 111, 115, 117, 119, 125, 128, 136, 137; Goncourt (1956), vol. 3, pp. 1118, 1136–7, 1216; Ellmann (1988), pp. 453, 466.
[129] PRO FO 27 3393 100 (20 February 1898).
[130] Vizetelly (1904), pp. 467–80.
[131] Ellmann (1988), pp. 530, 540.
[132] Wilson (2001), pp. 14, 22.
[133] Iain R. Smith, in Lowry (2000), p. 26.
[134] Speech in French parliament, Brisson (2001), p. 28.
[135] Vaïsse (2004), p. 30.
[136] Macnab (1975), p. 235.
[137] ibid., p. 53.
[138] ibid., *passim*.
[139] Wilson (2001), p. 160.
[140] Tracy (1998), pp. 2, 13.
[141] Clarke (1992), pp. 53–4.
[142] Andrew (1986), p. 35.
[143] Tracy (1998), p. 80.
[144] ibid., p. 271.
[145] Brisson (2001), p. 97.
[146] Andrew (1968), p. 116.
[147] Hyam and Henshaw (2003), pp. 98–9.
[148] Andrew (1968), p. 114.
[149] ibid., p. 91.
[150] ibid., p. 106.
[151] First Lord of the Admiralty, Lord Selborne, in Wilson (2001), p. 161.
[152] Kennedy (1976), p. 215.
[153] Andrew (1968), p. 116.
[154] Taylor (1971), p. 404.

117.

[28] Huysmans (2001), pp. 237–48.

[29] Ellmann (1988), p. 329.

[30] L'Eclair (23 January 1901).

[31] The accuracy of the reports in the French police file on the Prince, APP Ba 1064, seems to be confirmed, though of course discreetly, by his appointments diaries at Windsor, RA VIC/EVIID *passim*.

[32] RA VIC/Add C7/1/21, February 1881: Dilke to Knollys. See also Bury (1982), pp. 196–7.

[33] Goncourt (1956), vol. 3, p. 625.

[34] APP Ba 1064. We are grateful to Hubertus Jahn for verification concerning the Russians.

[35] 'This Englishman's a bore.' Ellmann (1988), p. 328.

[36] ibid., p. 360.

[37] Much of this section is based, with the author's kind permission, on Caie (2002).

[38] *The Channel/Le Détroit: A Weekly Résumé of Fact, Gossip and Fiction* (25 June 1881). BL (Colindale) F Misc 2213.

[39] Ellmann (1988), p. 352.

[40] Gibson (1999), p. 46.

[41] Caie (2002), pp. 59–60.

[42] Frank Harris, in Bristow (1977), p. 202.

[43] Caie (2002), p. 24.

[44] ibid., p. 15.

[45] Campos (1965), pp. 242–5.

[46] Rothenstein (1931), vol. 1, p. 151.

[47] Whiteley (2004), pp. 17–18.

[48] RA VIC/EVIID/1908.

[49] Goncourt (1956), vol. 3, p. 1142.

[50] Hamerton (1876), p. 365.

[51] Weber (1986), p. 263.

[52] Leroy and Bertrand-Sabiani (1998), p. 168; Leclerc (1991), pp. 387–421.

[53] Corbin (1978), pp. 460–64.

[54] Marandon (1967), pp. 155–7.

[55] Fortescue (1992), pp. 1, 59.

[56] Digeon (1959), p. 79.

[57] Demolins (1898), p. 93.

[58] Andrew and Kanya-Forstner (1981), p. 27.

[59] Navailles (1987).

[60] Pitt (2000).

[61] Demolins (1898), p. 104.

[62] Galison (2004), pp. 144–51, 159.

[63] Edmond Demolins, *A quoi tient la supériorité des Anglo-Saxons?* (1897); Emile Boutmy, *Essai d'une psychologie politique du peuple anglais au XIXe si*ècle (1901); Max Leclerc, *L'Education des classes moyennes et dirigeantes en Angleterre* (1894).

[64] Demolins (1898), p. 51.

[65] Varouxakis (2002), p. 47.

[66] Bauberot and Mathieu (2002), p. 22–3.

[67] Millman (1965), p. 207.

[68] MacMillan (2001), p. 63; Bell (1996), p. 50; Cogan (2003), p. 123.

[69] Thatcher (1993), p. 552.

[70] Cogan (2003), ch. 4; Clodong and Lamarque (2005), pp. 3–7; Chassaigne and Dockrill (2002), p. 159. We are grateful to Victoria Argyle for her comments.

[71] Mayne et al. (2004), p. 263.

[72] Weber (1991), p. 208.

[73] Quoted by Dick Holt in his Sir Derek Birley Memorial Lecture, April 2003.

[74] Dine (2001), p. 61.

[75] Holt lecture, 2003.

[76] Tucoo-Chala (1999), pp. 56, 177; Weber (1986), p. 220.

[77] Dine (2001), p. 33.

[78] Guillaume (1992), vol. 3, pp. 513–16; Dine (2001), pp. 25–7; Weber (1986), p. 221.

[79] Buruma (2000), pp. 173–5.

[80] Guillaume (1992), vol. 3, p. 515; Weber (1991), p. 205.

[81] Holt (1981), pp. 143–4; Holt (1998), p. 291.

[82] Holt (1981), p. 66; Weber (1986), p. 222; Lanfranchi and Wahl (1998), pp. 322–3.

[83] Vigarello (1997), p. 472.

[84] ibid., pp. 470, 471, 477.

183.
[98] Adler (2003), p. 8; Frankiss (2004), p. 472; Tillier (2004), p. 82.
[99] Tillier (2004), p. 189; Wentworth (1984), pp. 88, 95–8, 122, 139.
[100] Vallès (1951), p. 184.
[101] Pakula (1996), p. 278.
[102] Millman (1965), pp. 114–22, 199–207.
[103] Pakula (1996), p. 271. See also Varouxakis (2002), pp. 152–63.
[104] Ramm (1952), vol. 1, pp. 124, 135, 137.
[105] Raymond (1921), p. 228.
[106] Bury and Tombs (1986), p. 186.
[107] Horne (1965), p. 165.
[108] 'Un Duel' (1883), in Maupassant (1984), pp. 192–8.
[109] Watt (1999), pp. 3–4.
[110] Horne (1965), pp. 170–71.
[111] Watt (1999), p. 10.
[112] ibid., p. 13.
[113] Horne (1965), pp. 241–2.
[114] ibid., p. 163; Millman (1965), p. 216.
[115] Horne (1965), p. 182.
[116] Blount (1902), pp. 218–19; Horne (1965), pp. 167, 249.
[117] Watt (1999), pp. 19, 26; Lenoir (2002), p. 55.
[118] *Macmillan's Magazine*, vol. 24 (May–October 1871), p. 386.
[119] Watt (1999), pp. 14, 15, 29.
[120] Lenoir (2001), p. 185.
[121] ibid., pp. 189, 194.
[122] Watt (1999), pp. 37, 39, 40.
[123] Horne (1965), pp. 421–2.
[124] Contemporary quotations, in *La Commune photographiée* (2000), p. 7. See also Fournier (2005), pp. 384–92.
[125] We are grateful to Professor Florence Bourillon for this information.
[126] Vallès (1951), p. 247.
[127] Roberts (1973), pp. 15, 41.
[128] Lenoir (2001), pp. 199–200.
[129] Andrew (1986), p. 17.
[130] Tillier (2004), p. 188.
[131] Information kindly supplied by Pilotelle's grandson, Mr A. E. Bohannan.
[132] Martinez (1981), vol. 1, pp. 138–46, vol. 2, 340–74; Delfau (1971), pp. 70, 354; Horne (1965), p. 425; Robb (2000), pp. 208–9.
[133] Robb (2000), pp. 184, 194.
[134] Vallès (1951), pp. 2, 3, 7, 90–91, 164–8, 174–7, 184–5, 223, 250.
[135] Mallet (1979), p. xviii. It remains freely open to the public in their house in Manchester Square, once the French embassy.

第九章　衰頹與重生

[1] Pick (1989), p. 19.
[2] *Bouvard et Pécuchet* (1991), pp. 411–12.
[3] Burrow (2000), p. 95.
[4] Belloc, in Carey (1992), p. 82.
[5] Swart (1964), p. 124.
[6] 'Locksley Hall, Sixty Years After'.
[7] Taine (12th edition, 1903), p. 394.
[8] ibid., p. 26.
[9] ibid., p. 135.
[10] ibid., p. 139.
[11] Pick (1989), pp. 41–2.
[12] Bristow (1977), p. 82.
[13] Charle (2001), pp. 185–6.
[14] Moore (1972), p. 57.
[15] Reynolds (2000), p. 333.
[16] Moore's valet, 1873, in Moore (1972), p. 235.
[17] Corbin (1978), part III.
[18] Ellmann (1988), p. 324; Rothenstein (1931), vol. 1, p. 238.
[19] Moore (1972), p. 75.
[20] Rothenstein (1931), vol. 1, p. 129; Weber (1986), p. 10.
[21] Crossley and Small (1988), p. 7.
[22] Du Maurier (1995), p. 165.
[23] Ellmann (1988), p. 352.
[24] Mr Bennett and Mrs Brown (1924).
[25] Collini (1993), p. 369.
[26] Lochnan (2004), pp. 52, 180, 181.
[27] Sieburth (2005), p. 4; Aubert (2004), p.

[20] Antonetti (1994), pp. 904, 906.
[21] Grenville (1976), p. 24.
[22] ibid., p. 22.
[23] Tudesq (1964), vol. 1, p. 546.
[24] Jennings (1973), p. 48.
[25] Saville (1987), p. 77.
[26] Thompson (1984), p. 318.
[27] 26 February 1848, in Bullen (1974), p. 330.
[28] Lamartine (1870), p. 277.
[29] Jennings (1973), p. 50.
[30] Lamartine (1870), pp. 278–85.
[31] Jennings (1973), p. 19.
[32] Saville (1987), p. 89.
[33] Taylor (2000), pp. 173–5.
[34] Saville (1987), p. 131.
[35] Porter (1979), p. 64.
[36] Constable Educational Series, 1860, in Baudemont (1980), p. 157.
[37] See the valuable survey by Bensimon (2000).
[38] Porter (1979), p. 56.
[39] ibid., pp. 27–8.
[40] Ledru-Rollin (1850).
[41] Porter (1979), pp. 23–4; Robb (1997), p. 324.
[42] Robb (1997), p. 330.
[43] Beales (1961), p. 120.
[44] Newsome (1998), p. 110.
[45] Bonaparte (1839), pp. 143, 145.
[46] Parry (2001), p. 152.
[47] Goldfrank (1994), p. 178.
[48] Hibbert (1961), pp. 17, 18, 28, 45, 147, 274, 298–9.
[49] Echard (1983), pp. 51, 63.
[50] Packe (1957).
[51] Porter (1979), pp. 192–4.
[52] ibid., pp. 173–4.
[53] Hamilton (1993), p. 84.
[54] Beales (1961), pp. 20, 55.
[55] Hamilton (1993), pp. 83–9, 275, 280, 285.
[56] Beales (1961), p. 142.
[57] Cunningham (1975), p. 70 and *passim.*
[58] McPherson (1988), p. 384.
[59] Lord Clarendon, in Beales (1961), p. 139.
[60] Marsh (1999).
[61] Marchand (1993), p. 156.
[62] Delattre (1927), p. 170.
[63] Jules Vallès, in Bernard (2001), p. 229.
[64] Gibson (1999), p. 47. Our translation.
[65] Oliver Twist (1994), p. 103.
[66] Jules Janin, in Chevalier (1973), p. 67.
[67] Ben-Israel (1968), p. 278.
[68] Dickens (1965), vol. 9, pp. 258–9.
[69] *A Tale of Two Cities* (1993), p. 95.
[70] ibid., p. 403.
[71] Furet (1992), p. 374.
[72] Jules Michelet (1847), in Talmon (1960), p. 252.
[73] Lees (1973).
[74] Olsen (1986), p. 181.
[75] Hancock (2003), p. 259.
[76] ibid., p. 229.
[77] Gaillard (1977), p. 38.
[78] Veuillot (1867), p. v.
[79] Marchand (1993), pp. 156–7.
[80] Olsen (1986), p. 181.
[81] Hancock (2003), p. 60.
[82] Bernard (2001), p. 184.
[83] Edmond About, in Fournier (2005), p. 45; Veuillot (1867), pp. vii, x.
[84] Bremner (2005).
[85] Hancock (2003), pp. 158–9, 182–3; Parry (2001), pp. 166–7.
[86] Helen Taylor (daughter of J. S. Mill), in Watt (1999), p. 11.
[87] Parry (2001), p. 166.
[88] Christiansen (1994), p. 94.
[89] Gibson (1995), p. 211.
[90] Marly (1980), p. 209.
[91] Simon (1995), p. 128.
[92] Marly (1980), p. 52.
[93] J.-D. Franoux, in Bonnaud (2004), pp. 175–80. See also Charles-Roux (2005).
[94] Rounding (2003), p. 234.
[95] Rounding (2003), p. 237. See also *ODNB* (2004).
[96] Brettell and Lloyd (1980), p. 117.
[97] Lochnan (2004), pp. 22, 33, 40–49, 181,

[27] Browne (1905), p. 105; Mansel (2001), p. 47; Fierro (1996), p. 1177.
[28] Martin-Fugier (1990), pp. 332–40. See also Guillaume (1992), vol. 3, pp. 511–12.
[29] Tucoo-Chala (1999), p. 26.
[30] Duloum (1970), p. 120.
[31] Tucoo-Chala (1999), p. 57.
[32] Duloum (1970), p. 136.
[33] Pyrénées Magazine (Juillet–Août 2004), p. 7.
[34] Noon (2003), p. 13.
[35] Boigne (1971), vol. 1, p. 373.
[36] Gury (1999), pp. 591, 608, 617, 622.
[37] Guizot (1850), p. 1.
[38] ibid.
[39] Arnold Scheffer, in Noon (2003), p. 21.
[40] *William Shakespeare*, published 1864, in Hugo (1937), p. 195.
[41] Berlioz, in Cairns (1989), p. 228.
[42] ibid.
[43] Hugo (1937), p. 250.
[44] Hugo (1922), pp. 19, 20, 25, 32, 50.
[45] ibid., pp. 714, 719, 726, 15, 20.
[46] Pemble (2005), pp. 105–6.
[47] Hugo (1937), p. 195.
[48] Robb (1997), p. 337.
[49] Gury (1999), p. 1079.
[50] ibid., p. 939.
[51] Asselain (1984), vol. 1, p. 136.
[52] Katznelson and Zolberg (1986), p. 116; Rougerie (1971), p. 13.
[53] Walton (1992), pp. 222–3.
[54] Crouzet (1996), p. 448. This 100 million was later a fantasy of de Gaulle.
[55] Landes (1969), pp. 288, 149.
[56] Gury (1999), p. 82.
[57] ibid., p. 111.
[58] ibid., p. 92.
[59] Gerbod (1995), pp. 26–7, 29–30.
[60] Gury (1999), p. 111.
[61] Gerbod (1995), pp. 32–3.
[62] Darriulat (2001), p. 104.
[63] Custine, in Gury (1999), p. 1051.
[64] Hugo (1972), p. 294.
[65] Gury (1999), p. 81.
[66] ibid., pp. 788, 1021.
[67] Pilbeam (1991), pp. 6–7.
[68] Darriulat (2001), p. 53.
[69] ibid., p. 58.
[70] Beach (1964), p. 133.
[71] Antonetti (1994), p. 356.
[72] Guizot (1971), p. 356; Bullen (1974), p. 4.
[73] Considérant (1840), p. 8; *L'Atelier* (socialist workers' paper), May 1842.
[74] Michelet (1946), p. 240.
[75] Tudesq (1964), vol. 1, pp. 486–7.
[76] Antonetti (1994), p. 816.
[77] Guizot (1971), p. 344.
[78] Bury and Tombs (1986), p. 67.
[79] ibid., p. 72.
[80] *AP* (1840–41), vol. 3, p. 195.
[81] Letter to J.S. Mill, 6 February 1843, in Lawlor (1959), p. 90.
[82] Knapp (2001), p. 98.
[83] Bourne (1982), p. 613.

第八章　不成戰爭的戰爭

[1] Longmate (2001), p. 307.
[2] Lawlor (1959), p. 74.
[3] Antonetti (1994), p. 858.
[4] ibid., p. 897.
[5] Charles II and James II had of course been there as exiles.
[6] Antonetti (1994), p. 858.
[7] Hugo (1972), p. 292.
[8] Guizot (1884), p. 227.
[9] Bullen (1974), p. 38.
[10] Saville (1987), p. 53.
[11] Johnson (1963), p. 203.
[12] Guizot (1884), p. 244.
[13] Antonetti (1994), p. 821.
[14] Johnson (1963), p. 308.
[15] Knapp (2001), p. 100.
[16] Letter of 4 November 1846, in Guizot (1884), pp. 244–5.
[17] Pitts (2005).
[18] Hamilton (1989), pp. 18–21.
[19] Taylor (2000), pp. 146–80.

下冊注釋

註釋縮寫

AN 法國國家檔案館
AGR 比利時國家檔案館
AP 法國國會檔案（國會議事之公開紀錄）
APP 巴黎市警局檔案館
BL 大英圖書館
MAE 法國外交部檔案館
MD 法國外交部檔案「回憶錄與文件」
MDA 法國外交部檔案「回憶錄與文件：英國」
MDF 法國外交部檔案「回憶錄與文件：法國」
ODNB 牛津國家人物傳記大辭典（二〇〇四年）
OHBE 牛津大英帝國史三冊（一九九八年）
PRO 倫敦公共檔案署（國家檔案館）
FO 英國外交部檔案
RA 英國溫莎城堡皇家檔案館
SIPRI 斯德哥爾摩國際和平研究所

第二部　共存

[1] Bodley (1898), vol. 1, pp. 59–61.

第七章　摘下和平果實

[1] Chateaubriand (1947), vol. 4, book 5, p. 15.
[2] Guizot (1854), p. 310 (13th lecture).
[3] Rosanvallon (1994), pp. 7–8.
[4] Poumiès de La Siboutie (1911), p. 171.
[5] Browne (1905), p. 122.
[6] Léribault (1994), p. 7.
[7] Browne (1905), p. 22.
[8] Beal and Cornforth (1992).
[9] Martin-Fugier (1990), p. 151.
[10] Browne (1905), p. 67.
[11] Hantraye (2005), pp. 19–20.
[12] Longford (1969), vol. 2, pp. 16, 26, 42.
[13] Hazareesingh (2004), p. 64.
[14] Wheeler (1951), pp. 176–7.
[15] Boigne (1971), vol. 1, p. 348.
[16] Mansel (2001), pp. 92–6.
[17] Antonetti (1994), p. 523.
[18] Mansel (2001), pp. 58–9.
[19] Darriulat (2001), p. 144.
[20] Browne (1905), p. 84.
[21] Duloum (1970), p. 136.
[22] Hickman (2000), pp. 121, 123.
[23] Dumas (2000), p. 142. The origin of chips is uncertain.
[24] 'Le bifteck et les frites', in Barthes (1957).
[25] Léribault (1994), p. 59.
[26] ibid., p. 60.

Beyond 03

甜蜜的世仇：英法愛恨史三百年——從路易十四、邱吉爾到歐盟

That Sweet Enemy: The French and the British from the Sun King to the Present

作者——羅伯特．圖姆斯（Robert Tombs）、伊莎貝爾．圖姆斯（Isabelle Tombs）
譯者——馮奕達
執行長——陳蕙慧
總編輯——張惠菁
責任編輯——洪仕翰
行銷總監——李逸文
行銷企劃——姚立儷、尹子麟
封面設計——莊謹銘
校對——李鳳珠
排版——宸遠彩藝

社長——郭重興
發行人兼出版總監——曾大福
出版——衛城出版／遠足文化事業股份有限公司
發行——遠足文化事業股份有限公司
地址——二三一四一　新北市新店區民權路一〇八－二號九樓
電話——〇二－二二一八一四一七
傳真——〇二－二二一八〇七二七
客服專線——〇八〇〇－二二一〇二九
法律顧問——華洋法律事務所　蘇文生律師
印刷——呈靖彩藝有限公司
初版——二〇一九年十二月
定價——上、下冊不分售共一二〇〇元

國家圖書館出版品預行編目資料

甜蜜的世仇：英法愛恨史三百年：從路易十四、邱吉爾到歐盟／羅伯特.圖姆斯
(Robert Tombs),伊莎貝爾.圖姆斯(Isabelle Tombs)著；馮奕達譯.
－初版.－新北市：衛城出版：遠足文化發行，2019.12
冊；　公分
譯自：That sweet enemy : the French and the British from the Sun King to the present
ISBN　978-986-97165-7-4(上冊：平裝).--
ISBN　978-986-97165-8-1(下冊：平裝).--
ISBN　978-986-97165-9-8(全套：平裝)

1.外交　2.文化交流　3.英國　4.法國

578.41　　108017560

有著作權　翻印必究
（缺頁或破損的書，請寄回更換）

That Sweet Enemy: The French and the British from the Sun King to the Present
Copyright © 2006, Robert and Isabelle Tombs
Complex Chinese copyright © 2019 by Acropolis, an imprint of Walkers Cultural Enterprise Ltd.
All rights reserved.
This edition arranged with A.M. Heath & Co. Ltd. through Andrew Nurnberg Associates International Limited.

特別聲明：有關本書中的言論內容，不代表本公司／出版集團之立場與意見，文責由作者自行承擔。

ACRO POLIS 衛城

EMAIL　acropolismde@gmail.com
FACEBOOK　www.facebook.com/acrolispublish

● 親愛的讀者你好，非常感謝你購買衛城出版品。
我們非常需要你的意見，請於回函中告訴我們你對此書的意見，
我們會針對你的意見加強改進。

若不方便郵寄回函，歡迎傳真回函給我們。傳真電話 —— 02-2218-0727

或上網搜尋「衛城出版FACEBOOK」
http://www.facebook.com/acropolispublish

● 讀者資料

你的性別是 □ 男性 □ 女性 □ 其他

你的職業是 ________________ 你的最高學歷是 ________________

年齡 □ 20 歲以下 □ 21-30 歲 □ 31-40 歲 □ 41-50 歲 □ 51-60 歲 □ 61 歲以上

若你願意留下 e-mail，我們將優先寄送________________衛城出版相關活動訊息與優惠活動

● 購書資料

● 請問你是從哪裡得知本書出版訊息？（可複選）
□ 實體書店 □ 網路書店 □ 報紙 □ 電視 □ 網路 □ 廣播 □ 雜誌 □ 朋友介紹
□ 參加講座活動 □ 其他 ________

● 是在哪裡購買的呢？（單選）
□ 實體連鎖書店 □ 網路書店 □ 獨立書店 □ 傳統書店 □ 團購 □ 其他 ________

● 讓你燃起購買慾的主要原因是？（可複選）
□ 對此類主題感興趣
□ 覺得書籍設計好美，看起來好有質感！
□ 議題好熱，好像很多人都在看，我也想知道裡面在寫什麼
□ 其他 ________
□ 參加講座後，覺得好像不賴
□ 價格優惠吸引我
□ 其實我沒有買書啦！這是送（借）的

● 如果你覺得這本書還不錯，那它的優點是？（可複選）
□ 內容主題具參考價值 □ 文筆流暢 □ 書籍整體設計優美 □ 價格實在 □ 其他 ________

● 如果你覺得這本書讓你好失望，請務必告訴我們它的缺點（可複選）
□ 內容與想像中不符 □ 文筆不流暢 □ 印刷品質差 □ 版面設計影響閱讀 □ 價格偏高 □ 其他 ________

● 大都經由哪些管道得到書籍出版訊息？（可複選）
□ 實體書店 □ 網路書店 □ 報紙 □ 電視 □ 網路 □ 廣播 □ 親友介紹 □ 圖書館 □ 其他 ______

● 習慣購書的地方是？（可複選）
□ 實體連鎖書店 □ 網路書店 □ 獨立書店 □ 傳統書店 □ 學校團購 □ 其他 ________

● 如果你發現書中錯字或是內文有任何需要改進之處，請不吝給我們指教，我們將於再版時更正錯誤

____
____
____
____
____

請
沿
虛
線
剪
下

廣　告　回　信
臺灣北區郵政管理局登記證
第 1 4 4 3 7 號

請直接投郵•郵資由本公司支付

23141
新北市新店區民權路108-2號9樓

衛城出版 收

● 請沿虛線對折裝訂後寄回，謝謝！

ACRO POLIS 衛城出版

Beyond

03

世界的啟迪